OR.
SE
ME
OC.

Kloster Seeon

Kloster Seeon

Beiträge zu Geschichte,
Kunst und Kultur
der ehemaligen Benediktinerabtei

Herausgegeben vom Bezirk Oberbayern
durch Hans von Malottki

Anton H. Konrad Verlag

Umschlagbild
Klosterinsel im Seeoner See. Detail aus dem ehem. Kreuz- und Stephansaltar, 1636 geschaffen als Grabmal des 1634 erwählten Seeoner Abtes Honorat Kolb, vielleicht nach dem Vorbild der Seeon-Ansicht in Carl Stengels Seeoner Klostergeschichte aus dem Jahre 1620.
Martin und Michael Zürn aus Überlingen am Bodensee,
damals (1636) bereits Bürger von Wasserburg am Inn. Untersberger Rotmarmor

Vorsätze
»Closter Seon«. Kupferstich von Michael Wening in: Historico-Topographica Descriptio Bavariae, 1701–1726 in vier Teilen erschienen (Teil II: Rentamt Burghausen)

Frontispiz
Vogelschau der Klosterinsel mit Steg, Alter Pfarrkirche St. Walburgis und Wallfahrtskirche Breuhausen (im Hintergrund). Ansicht aus dem zweiten der sogen. Nekrologe (fünf Miniaturen ca. 20 × 30 cm), durch Wappen datierbar in die Zeit des Abtes Columban I. Freitlsperger 1653–1665.
München, Bayerisches Nationalmuseum. Bibl. 3688

Die Deutsche Bibliothek – CIP-Einheitsaufnahme

Kloster Seeon : Beiträge zu Geschichte, Kunst und Kultur der ehemaligen Benediktinerabtei / im Auftr. des Bezirks Oberbayern hrsg. von Hans von Malottki. – Weissenhorn : Konrad, 1993
ISBN 3-87437-346-0
NE: Malottki, Hans von [Hrsg.]

Herstellung Brend'amour, Simhart & Co. München (Lithos)
MZ-Verlagsdruckerei Memmingen (Satz und Druck)
Conzella Verlagsbuchbinderei Urban Meister
München und Pfarrkirchen (Bindearbeit)
ISBN 3-87437-346-0

Inhalt

Zu diesem Buch

Eine fundierte Darstellung der Geschichte des Klosters Seeon gibt es bisher nicht. Zwar hat die romantisch im See gelegene einstige Benediktinerabtei zu allen Zeiten besondere Aufmerksamkeit auf sich gezogen, und häufig haben auch einzelne Aspekte Seeons in einer weit verstreuten Literatur ihren Niederschlag gefunden. Für den Interessierten blieb damit aber nur der Rückgriff auf ältere, z. T. längst vergriffene Abhandlungen, die sich in den Beständen einiger Bibliotheken befinden.
Um auf die vielen Fragen nach der Vergangenheit der ehemaligen Klosteranlage eine Antwort zu geben und nicht zuletzt auch, um den künftigen Besuchern eine Vorstellung vom früheren Leben in den ehrwürdigen Gebäuden zu vermitteln, hat der Bezirkstag von Oberbayern beschlossen, das vorliegende Buch herauszugeben. Hinzu kommt, daß 1994 tausend Jahre seit der Gründung der *cella sancti Lamberti* im Seeoner See vergangen sein werden – auch dies ein Anlaß, die reiche Vergangenheit des einstigen Benediktinerklosters der Öffentlichkeit zugänglich zu machen.
Von Anfang an bestand darüber Klarheit, daß eine wissenschaftliche Aufarbeitung des gesamten überlieferten Materials für die Fachwelt nicht das Ziel sein konnte. Vielmehr war es die Absicht des Bezirkstags, ein Buch herauszubringen, dessen Inhalt, auf gesicherter Grundlage erarbeitet, nicht zuletzt durch seine Ausstattung anspricht. Dem interessierten Bürger sollte ein anschauliches Bild von der Vergangenheit dieses Teils des nördlichen Chiemgaues vermittelt werden, der sich seinen beschaulichen Charakter durch die Jahrhunderte hindurch bewahren konnte und durch das Kloster wesentliche Beiträge zur Kultur in Bayern und im benachbarten Salzburg geleistet hat.
Dem Buch kommt zugute, daß es gelang, für die Ausarbeitung der einzelnen Abschnitte ausgewiesene Fachleute zu gewinnen. Sie haben vielfach durch mühevolle und zeitaufwendige Archivarbeit die Kenntnis über die ehemalige Abtei erheblich erweitert und auf eine solide Basis gestellt. Einzelne Fragen erfordern weitere Forschungsarbeit, die in dem vorgegebenen Rahmen nicht geleistet werden konnte. Das Spektrum der Themen wurde bewußt sehr weit gefaßt. Besonderen Reiz versprach es auch festzustellen, welchen Niederschlag das einstige Inselkloster in der Malerei gefunden hat – die berühmten Chiemseemaler arbeiteten ja in nächster Nähe –, und auch seine Schicksale nach der Säkularisation durften nicht ausgespart werden, insbesondere der Zusammenhang mit den Herzögen von Leuchtenberg und durch sie mit der Zarenfamilie, denn die Erinnerung daran verblaßt von Generation zu Generation.
Wie den Autoren, so ist auch dem Anton H. Konrad Verlag zu danken. In bewährter Weise hat er das Rohmaterial geformt und gestaltet. Durch sorgfältige

Auswahl und Wiedergabe der Abbildungen und durch großzügige, gediegene Ausstattung hat er ein Werk geschaffen, das der Bedeutung des tausendjährigen Seeon Rechnung trägt. Der Bezirk Oberbayern hat durch die Abnahme eines Teils der Auflage das Erscheinen dieses Buches wirtschaftlich gestützt und es für einen breiten Leserkreis erschwinglich gemacht. So kann es die Erinnerung an das einstige geistige und kulturelle Zentrum Seeon lebendig erhalten und seine Tradition weitergeben an das neue *Kultur- und Bildungszentrum Kloster Seeon* des Bezirks Oberbayern.

Hans von Malottki
Pressereferent des Bezirks Oberbayern

Autoren

Prälat Dr. Walter Brugger, Pfarrer, Berchtesgaden
Prof. Dr. Heinz Dopsch, Institut für Geschichte an der Universität Salzburg
Johann Hofer, Bürgermeister a. D., Seeon
Dr. Odilo Lechner OSB, Abt von St. Bonifaz und Andechs, München
Dr. Volker Liedke, Oberkonservator, Bayerisches Landesamt für Denkmalpflege, München
Dr. Robert Münster, Bibliotheksdirektor i. R., München
Gerhart Nebinger, Oberregierungsarchivrat a. D., Neuburg an der Donau
Prof. em. Dr. Hans Pörnbacher, Wildsteig
Prof. Dr. Friedrich Prinz, Institut für Bayerische Geschichte an der Universität München
Hans Roth, Geschäftsführer des Bayerischen Landesvereins für Heimatpflege, München
Yvonne Schmidt M. A., Kunsthistorikerin, Vachendorf
Hermann Schuster, Bezirkstagspräsident von Oberbayern
Dr. Hans-Jürgen Schubert, Bibliotheksdirektor, Bayerische Beamtenfachhochschule, FB Archiv- und Bibliothekswesen, München
Dr. Christian Soika, Heimatpfleger des Landkreises Traunstein
Ferdinand Steffan M. A., Kreisheimatpfleger im Landkreis Rosenheim, Wasserburg
Dr. Gude Suckale-Redlefsen, Kunsthistorikerin, Berlin
Dr. Helmut Wittmann, Ministerialrat, Bayerisches Staatsministerium für Unterricht und Kultus, Wissenschaft und Kunst, München
Dr. Klaus Wollenberg, Bankkaufmann, Dipl.-Handelslehrer, Fürstenfeldbruck
Eva-Maria Zehetmair M. A., Redakteurin, München

Quellen und Literatur in Auswahl

Die Literatur zu Einzelfragen ist beim jeweiligen Beitrag verzeichnet.

Adalbert von Bayern: Die Herzen der Leuchtenberg, München (Prestel) ^{1}1963. München (Nymphenburger) ^{2}1992
Brugger, Walter: Seeon. Freilassing 1991
Doll, Johann: Seeon, ein bayerisches Inselkloster. Eine Studie zur Geschichte des Benediktinerordens. München 1912
Drouin, Josephine v.: Kurze Beschreibung des Bades Seeon's im königlich bayerischen Isarkreise nebst dessen Umgebungen mit geschichtlichen Erinnerungen. München 1835
Faistenauer, Johann: Zehn Blätter mit Grundrissen und Ansichten des Klosters Seeon von 1636, Bayerische Staatsbibliothek München, clm 1459 a
Fehn, Hans: Die Entwicklung der Seeoner Kulturlandschaft seit 1800. In: Die Landschaft von Seeon. Hrsg. v. Richard Finsterwalder und Hans Fehn (Mitteilungen der Geographischen Gesellschaft München, 42). München 1957, S. 61–78
Ferstl, Anton, und Josef Klemens Stadler: [Kirchenführer] Kirche und Kloster Seeon. 15. Aufl. (Schnell, Kunstführer 91), München, Zürich 1989
Geßner, Fritz: Die Limnologie des Naturschutzgebietes Seeon. In: Archiv für Hydrobiologie 47, 1953, S. 553–624
Großmann, Dieter: Der Meister von Seeon. In: Marburger Jahrbuch für Kunstwissenschaft 19, 1974, S. 85–138
Haderstorfer, Rudolf: Die Säkularisation der oberbayerischen Klöster Baumburg und Seeon, Stuttgart 1967
Hemmerle, Josef: Die Benediktinerklöster in Bayern (Germania Benedictina, 2), Augsburg 1970
Kolb, Honoratus: Chronicon Monasterii Seon, 1644. – Handschriftliche Chronik des Klosters Seeon, Bd. I und II. Bayerische Staatsbibliothek München, clm 1458 und 1459

Die Kunstdenkmale des Regierungsbezirkes Oberbayern, bearb. v. Gustav von Besold, Berthold Riehl und Georg Hager, Teil VI, Stadt und Bezirksamt Traunstein, sowie Stadt und Bezirksamt Wasserburg, Nachdruck der Ausgabe München 1902, München und Wien 1982, S. 1830–1852

Sandberger, Adolf: Das Kloster Seeon. Historische Einführung. In: Die Landschaft von Seeon, S. 54–60, s. Fehn, Hans

Scholz, Helmut: Das Kloster Seeon. Baugeschichtliche Untersuchungen mit Rekonstruktionsversuchen. 2 Bde. München 1971

Schulz, Karl: Das idyllische Kloster Seeon im Schatten großer europäischer Politik. Facharbeit am Chiemgau-Gymnasium Traunstein. 1986 (S. 1–36)

Siebeck, Otto: Zwanzig Jahre Limnologische Station Seeon des Zoologischen Instituts der Ludwig-Maximilians-Universität München 1970–1990, München 1990

Siegert, Carl: Seon in Oberbayern, einst Schloß, dann Kloster, nun Curort mit Mineral-, Soolen- und Seebädern . . . München 1856

Stengel, Karl: Seon Inferioris Bavariae Monasterium, aeri incisum una cum Fundatione, Privilegijs, Antiquitatum Monumentis & alijs, Acceßit ad calcem, Series et Vita Abbatum Seonensium, a varijs Monasterij Fratribus varijs Epigrammatis adornata. Opera ac studio R. P. F. Caroli Stengelij, & edita. Augustae Vindelicorum [Augsburg] 1620

Steub, Ludwig: Das bayrische Hochland. München 1860

Steub, Ludwig: Seon. In: Ludwig Steub, Wanderungen im bayerischen Gebirge, 2. Auflage München 1864, S. 94–122

Wiest, Veneranda OSB: Honorat Kolb. Abt von Seeon 1603–70. (StMBO, Erg.heft 13) München 1937, zugl. Diss. München 1936

Zoege von Manteuffel, Claus: Die Bildhauerfamilie Zürn 1606–1666. Mit einem Beitrag von Peter von Bomhard, 2 Bde, Weißenhorn 1969, zugl. Habilitations-Schrift TU Berlin 1967

Abkürzungen

ADB	Allgemeine deutsche Biographie, Berlin 1875–1912
AEM	Archiv des Erzbistums München
AÖG	Archiv für Österreichische Geschichte, Wien 1865 ff.
BB	Bayerische Bibliothek. Texte aus zwölf Jahrhunderten. Bde 1–5. München 1978–1990; hier vor allem Bd. II: Die Literatur des Barock. München 1985.
BHStA	Bayerisches Hauptstaatsarchiv München
cgm	codex germanicus monacensis
clm	codex latinus monacensis
DLL	Deutsches Literatur-Lexikon. Biographisch-bibliographisches Handbuch. Begründet von Wilhelm Kosch, 3. Aufl. Bern/München 1968 ff.
Erg.heft	Ergänzungsheft
FMASt	Frühmittelalterliche Studien, Berlin 1967 ff.
FS	Festschrift
fl	Florin (Gulden)
GL	Gerichts-Literalien (der kgl. bayer. Landgerichte)
GLB	Geistliche Literatur der Barockzeit, hg. v. Hans Pörnbacher und Guilliaume van Gemert, Univ. Nijmwegen, Maarssen/NL, 1979 ff.
HAB	Historischer Atlas von Bayern, München 1950 ff.
HbG	Max Spindler und Andreas Kraus (Hg), Handbuch der bayerischen Geschichte, Bd. 2, 2. Aufl. München 1988
Hg, hg	Herausgeber, herausgegeben
Hs	Handschrift
Jb	Jahrbuch

KL	Kloster-Literalien
kr	Kreuzer
KU	Kloster-Urkunden
Kunst-denkmale	Die Kunstdenkmale des Regierungsbezirkes Oberbayern, bearb. v. Gustav von Bezold, Berthold Riehl und Georg Hager, Teil VI, Stadt und Bezirksamt Traunstein, sowie Stadt und Bezirksamt Wasserburg. Neudruck d. Ausgabe München 1902, München und Wien 1982
LexMA	Lexikon des Mittelalters, München 1980 u. ö.
Lindner	August (Pirmin) Lindner, Die Schriftsteller und die um Wissenschaft und Kunst verdienten Mitglieder des Benediktiner-Ordens. Bde 1–2. Regensburg 1880.
LThK	Lexikon für Theologie und Kirche, Freiburg 1930–1938, 2. Aufl. Freiburg 1957–1967
MC	Monumenta historica ducatus Carinthiae. Geschichtliche Denkmäler des Herzogtums Kärnten, Bd. I–IV, hg. v. August von Jaksch, Klagenfurt 1896–1915
MGSL	Mitteilungen der Gesellschaft für Salzburger Landeskunde, Salzburg 1861 ff.
MIÖG	Mitteilungen des Instituts für Österreichische Geschichtsforschung, Wien 1880ff.
MGH	Monumenta Germaniae Historica, Berlin und München 1821 ff. DD Diplomata Necr. Necrologia SS Scriptores rerum Germanicarum

ND	Neudruck
NDB	Neue deutsche Biographie, Berlin 1953 ff.
NF	Neue Folge
OA	Oberbayerisches Archiv für vaterländische Geschichte, München 1839 ff.
PfA	Pfarrarchiv
QE	Quellen und Erörterungen zur bayerischen und deutschen Geschichte, NF München 1930 ff.
Sp	Spalte
StMBO	Studien und Mitteilungen zur Geschichte des Benediktinerordens und seiner Zweige, hg. v. d. Bayer. Benediktinerakademie, München 1911 ff.
SUB	Salzburger Urkundenbuch, bearb. v. Willibald Hauthaler und Franz Martin, Salzburg 1910 ff.
Thieme-Becker	U. Thieme/F. Becker, Allgemeines Lexikon der bildenden Künstler von der Antike bis zur Gegenwart. Bd. 1–37, Leipzig 1907–50.
ZBLG	Zeitschrift für Bayerische Landesgeschichte, München 1928 ff.
ZHVSt	Zeitschrift des Historischen Vereins für Steiermark, Graz 1903 ff.
Zs	Zeitschrift

Seeon

Abt Odilo Lechner OSB

Der Bezirk Oberbayern richtet im ehemaligen Benediktinerkloster Seeon ein Bildungszentrum ein und sucht nicht nur mit großer Einfühlung das alte Gebäude zu erneuern, sondern schenkt uns auch mit diesem Buch eine schöne Darstellung der Geschichte dieses Klosters. Das muß das Herz eines Benediktiners erfreuen, das sonst nur mit etwas Wehmut vor einem ehemaligen Benediktinerkloster steht. Wenn solche Räume für private Zwecke, als Krankenhaus oder gar als Gefängnis genutzt werden, dann scheinen sie mir zuzurufen: »Warum erfüllt ihr uns nicht mehr mit eurem Leben und Gebet, mit eurer Arbeit und eurem Gesang?« Die vielen Klöster, die einmal geprägt waren von benediktinischem Geist und durch die Säkularisation oder auch vorher schon in der Ungunst der Zeiten untergegangen sind, können nicht wieder mit Mönchen oder Nonnen besiedelt werden.

Mit Wehmut habe ich selbst öfters in früheren Jahren von den nahen Hügeln über den See und das Kloster Seeon hin zu den Alpen geblickt oder in der Kirche, im alten Kreuzgang oder Kapitelsaal an die vergangenen benediktinischen Zeiten gedacht. Von hieraus kamen ja Mönche auf die mittelalterliche Burg der Grafen von Andechs-Meranien. Hier fühlte sich Mozart zu Hause. Hier entfaltete sich reiches benediktinisches Leben. Die Weisheit der Regel des heiligen Benedikt hat die mittelalterliche Kultur und Gesellschaft geprägt – sie hat auch von Seeon aus das Umland bis hin zur Salzburger Benediktineruniversität bis 1803 vielfältig mitgestaltet. Muß dies Vergangenheit bleiben oder kann benediktinischer Geist auch in Zukunft von Seeon aus wieder wirksam werden?

Wenn nun der Bezirk Oberbayern ein Bildungszentrum aus dieser Stätte macht, nimmt er die Bildungsarbeit des benediktinischen Klosters auf. Benedikt selbst wollte ja mit dem Kloster eine »Schule des Herrendienstes« errichten. Worum ging es ihm in dieser Schule? Zunächst um eine Schule des Hörens. »Höre mein Sohn«, beginnt das Vorwort zur Regel, »neige das Ohr deines Herzens«. Nichts scheint mir dringender in unserer Zeit der Überinformation und Hektik, als daß wir wieder lernen, stille zu werden und zu hören. Gerade in einem Bildungszentrum sollten die klösterlichen Räume einladen, Zeit zu finden für das Hören – das Hören auf die innere Weisung, aber auch auf den anderen. Benedikt mahnt im 61. Kapitel den Abt, er solle, wenn ein fremder Mönch, ein Gast eine begründete Kritik äußert, klug erwägen, ob diesen der Herr nicht vielleicht gerade deshalb geschickt habe.

Das Kloster sollte sodann für Benedikt eine Schule der Gemeinschaft darstellen. Menschen sollten erfahren, daß wir »ob Sklave oder Freier in Christus alle eins sind und unter dem einen Herrn die Last des gleichen Dienstes tragen«. Freilich sieht Benedikt auch, daß jeder seine Eigenart hat, seine besondere

Gabe, aber auch seine Schwächen, die berücksichtigt werden sollen. Gerade diese Rücksicht auch auf die Schwachen, das Verständnis für das je Eigene des einzelnen kennzeichnet die Regel St. Benedikts. Darum ist auch für ihn die discretio, die Unterscheidung der Geister, die Suche nach dem rechten Maß, die Mutter der Tugenden. So ist es möglich, danach zu streben, daß jeder seinen Platz in der Gemeinschaft findet und das erhält, was er braucht. Benedikt sagt im 34. Kapitel: »Wer weniger braucht, danke Gott und sei nicht traurig. Wer mehr braucht, werde demütig wegen seiner Schwäche und nicht überheblich. So werden alle Glieder der Gemeinschaft im Frieden sein.«

Das Kloster ist der immer neue Versuch, ein Stück der Welt aus dem Glauben zu gestalten. Wie der Tag in Zeiten des Gebetes und der Arbeit gegliedert ist, so soll eine solche Ordnung auch unser Verhalten zur Schöpfung bestimmen. Wir dürfen anfangen, die Welt so zu formen, daß »in allem Gott verherrlicht werde.« Der Verwalter des Klosters soll »alle Geräte, den ganzen Besitz des Klosters betrachten als heiliges Altargerät«. Maß und Schönheit klösterlicher Anlagen geben davon Zeugnis.

So möchte ich sehr wünschen, daß hier eine Stätte des Hörens und Einanderbegegnens, der weisen Unterscheidung und gegenseitigen Annahme, der neuen Ordnung und der schönen Gestaltung unserer Welt ersteht. So kann es eine terra benedictina und darum benedicta werden, ein Ort, der erfüllt ist vom guten Wort Gottes, gesegnet und vielen Menschen Segen bringend.

Benediktinisch Land – gesegnet Land

Die Landschaft um Kloster Seeon im Spiegel historischer und zeitgenössischer Quellen

Helmut Wittmann

»Du bist dem gelben Postwagen, der Dich an der Station Endorf in Verwahrsam genommen hat, mit erleichtertem Aufatmen entstiegen und hast bereits auf dem niedlichen Eiland, vom freundlichen Wirtschaftsführer geleitet, Dach und Herberge gefunden. Seeon, eine Insel der Seligen! Im Überschwange meiner Freude heiße ich ihn so, diesen wundersamen Rundfleck bayerischen Landes, umwogt von den sanft flutenden Wassern eines friedlichen kleinen Sees. Darum entreiße Dich, gütiger Leser, wenn Du kannst, dem herz- und ohrenbetäubenden Poch- und Rasselwerk der Stadt, entfliehe den lungentötenden Staubwolken und der mit allen giftigen Gasen geschwängerten Atmosphäre der Straße! Hierher magst Du flüchten in die heilige und stärkende Ruhe eines glücklichen Insellandes« (Zettel 1895, Seite 170).

»Wer vom Weinberg bei Seeon aus seinen Blick nach Süden richtet, dem bietet sich ein unvergleichlich schönes Bild: Zu Füßen die lieblichen Klosterseen, inmitten das uralte, malerische Kloster Seeon, bewaldete Höhen und grüne Auen, eine Unzahl von Bauernhöfen, wie von Gottes eigener Hand gesät... So bietet sich den entzückten Augen der nördliche Teil des Chiemgaus dar. Dahinter liegt der Chiemsee selbst, der unserem Gau den Namen gegeben hat, und weiter im Süden ein Kranz von Bergen. Da sieht man sie vor sich, die Berge des Landkreises, den Hochgern, den Hochfelln, den Rauschberg und wie sie alle heißen. In weiter Ferne ragen aber die majestätischen Riesen der Zentralalpen auf, als die stummen Zeugen einer nicht einmal allzuweit zurückliegenden Vergangenheit, die um die Gestaltung unserer Landschaft wissen... Ich habe diesen beherrschenden Punkt im Norden des Chiemgaus mit Absicht gewählt. Von hier aus sieht man einen weiten Ausschnitt im Süden. Hier war es, wo der mächtige Chiemseegletscher, der letzte der Eiszeit, seinen Weg nach Norden nahm. Dort aber, nur wenige Kilometer nördlich des Weinbergs, war die Stelle, wo er auf den noch mächtigeren und weiterreichenden Inntalgletscher stieß und zum Stillstand kam« (Töpfner, in: Heimatbuch I, S. 7).

Diese beiden marginal geschilderten Eindrücke der Landschaft von Seeon aus unterschiedlichen Zeitepochen mögen uns helfen, die drei großen Fragestellungen der folgenden Thematik sinnentsprechend einzuordnen:

- Was fanden die Mönche vor (geomorphologischer Aspekt, Entstehung und Besiedlung der Landschaft von Seeon)?
- Wie gestalteten die Benediktiner Seeons Landschaft und wirtschaftlich-geistlich-kulturelles Leben im Sinne einer Klosterlandschaft?
- Welchen gravierenden Einflüssen und Veränderungen waren Kloster und Klosterlandschaft seit der Säkularisation durch unterschiedliche Besitzer und Zielsetzungen ausgesetzt?

Welche Reisebeschreibungen liegen bis in die Gegenwart herein vor? Die Verwendung möglichst vieler authentischer Texte unterstreicht das besondere Anliegen, Schönheit und kulturellen Wert der Landschaft von Seeon herauszustellen und – wenn der geneigte Leser das akzeptieren kann, auch das pädagogische Anliegen: Nur was ich liebe und schätze, bin ich auch bereit zu schützen!

1. Was fanden die Mönche vor?

Zur Entstehung der Landschaft, mit vor- und frühgeschichtlichen Hinweisen

»Inseln und Berge waren von jeher bevorzugte Orte, wo sich Menschen niederließen, die von der Welt abrücken und Gott näher sein wollten. Die Chiemseeinseln und Seeon legen dafür beredt Zeugnis ab. Der hier geschenkten Einheit von Landschaft und Geschichte, Kunst und Glauben gilt es nachzuspüren. Die Landschaft um das Kloster Seeon aber hilft uns mehr als anderswo, den Horizont zu weiten und sich neue Dimensionen zu erobern. Wer denkt beim Blick über dieses schöne Land schon daran, daß vor 130 Millionen Jahren die Geburt der Alpen begann und es 110 Millionen Jahre dauerte, bis sie vollendet waren! Wer weiß schon, daß früher bis hierher das Mittelmeer reichte, adriatisches Küstenklima herrschte und sich in den Sümpfen Rhinozerosse, Krokodile, Schildkröten und Riesensalamander tummelten! Vor zwölf Millionen Jahren wurde dieses Land aus dem Meer geboren, und vor einer Million Jahren begann das Eiszeitalter, das ihm im wesentlichen sein Gepräge gab« (Brugger 1991, S. 1).

Die Landschaft von Seeon kann als ein Kind der vorletzten und letzten Eiszeit – bekannt als Riß- und Würmeiszeit – bezeichnet werden. Für das Gebiet von Seeon sind insbesondere der Chiemsee-Gletscher und der Inn-Gletscher prägend. Der kleinere Chiemsee-Gletscher ist dabei eingezwängt zwischen dem mächtigen Inn-Gletscher im Westen, der im Norden bis Waldkraiburg und im äußersten Westen bis Glonn reicht, sowie dem ebenso gewaltigen Salzach-Gletscher, der im Gebiet der heutigen Traun sich nahe an den Chiemsee-Gletscher heran- 1
schob.

Die Landschaft von Seeon ist als typische Eiszerfallslandschaft an der Nahtstelle des Inn-Gletschers und seines kleineren Bruders, des Chiemsee-Gletschers, anzusehen.

Nach Carl Rathjens (1957, S. 17ff.) läßt sich die Entwicklung etwa folgendermaßen beschreiben: Die äußersten Endmoränen des Chiemsee-Gletschers werden durch den Weinberg von Seeon und den Waltenberg markiert und setzen sich nach Osten gegen die Alz fort. Die zu diesen Moränen gehörigen, vom Schmelzwasser gebildeten Schotterfelder ziehen gleichmäßig nach Nordosten gegen Rabenden. Ein jüngerer, paralleler Endmoränenwall folgt den Höhen zwischen Pavolding und Ischl. Der Höhenberg, der nach Westen mit den Moränenrücken der Hauptrandlagen des Inn-Gletschers in Verbindung steht, ist als eine Mittelmoräne zwischen Inn-Gletscher und Chiemsee-Gletscher aufzufassen. Die unterschiedliche Bewegung der Gletscher an ihrer Naht hat die Lostrennung, die Vor- oder Umschüttung von Toteisblöcken besonders begünstigt. Es entstand somit eine Zone besonders starker Toteisbildung, die sich von Landertsham und Seeon nach Südwesten über die Eggstätter und Langbürgener Seen bis zum Chiemsee bei Rimsting verfolgen läßt. Kleine Toteisblöcke in mächtigem Schotter hinterließen rundliche, geschlossene Hohlformen, sog. Kessel. Ein von Kesseln durchsetztes Schotterfeld unterscheidet sich wegen seiner gleichmäßigen Oberfläche deutlich von Moränenmaterial in der

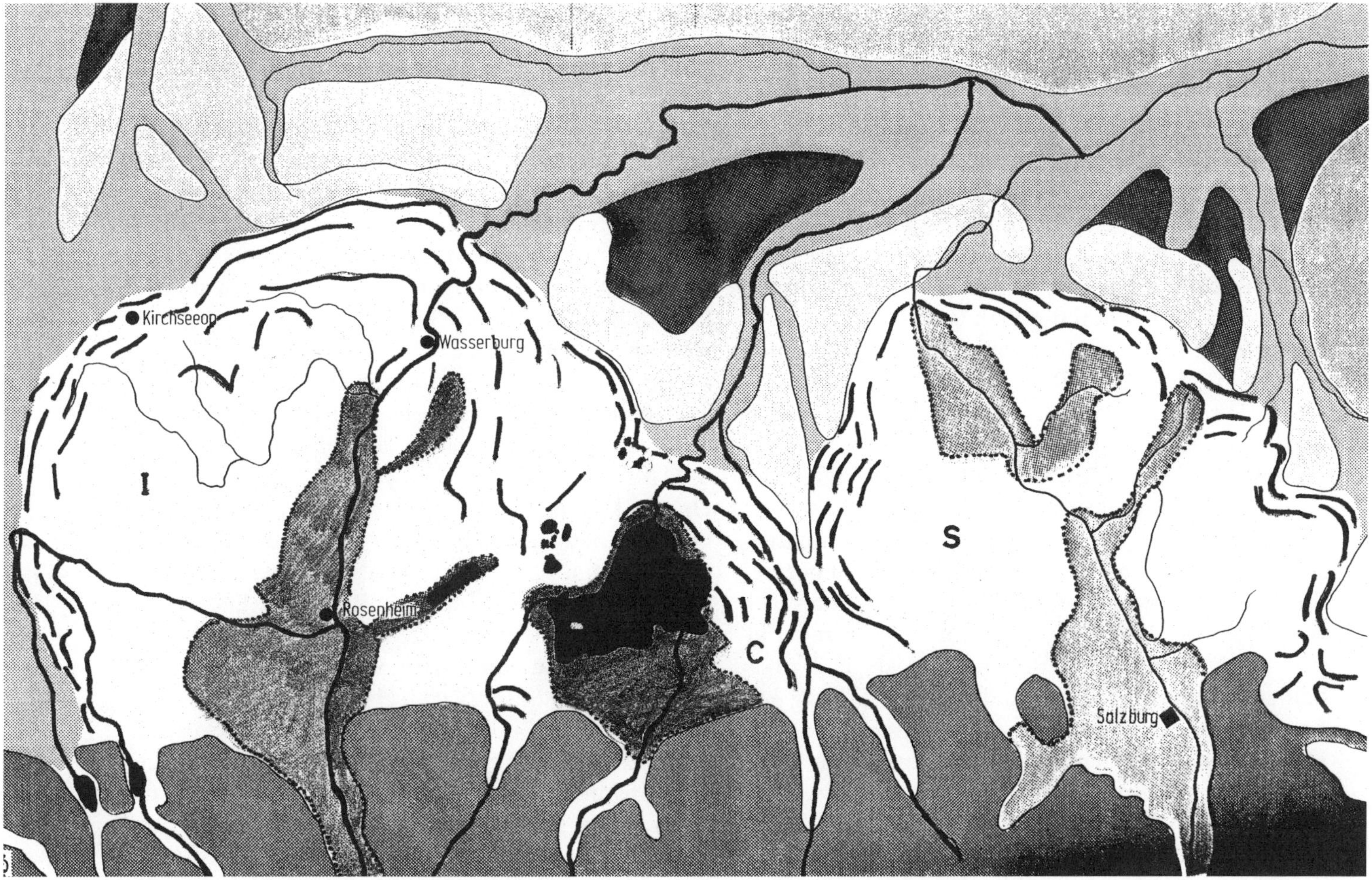

1 Das Gebiet der drei Gletscher während der Würm-Eiszeit (nach Otto Siebeck):
I Inngletscher Ch Chiemseegletscher S Salzachgletscher

End- bzw. Grundmoräne. So handelt es sich auch bei
8 der Eisrandlage von Wattenham (deutlich beim Maierhof von Kloster Seeon) um ein verkesseltes Schotterfeld, das unmittelbar am Eisrand wurzelte. Da der Chiemseegletscher offenbar bei Apperting noch eine Zeitlang an seiner äußersten Endmoräne verharrte und den Schmelzwassern den Ausgang in die Gegend des heutigen Alztales versperrte, entwickelte sich als Abflußrinne für die Wattenhamer Eisrandlage das heutige Trockental nördlich von Niederseeon.

Zu etwas anderen Ergebnissen kommt rund 25 Jahre später Ortwin Ganss (1983, S. 72):

»In der Umgebung der Seeoner Seengruppe wechseln markante Moränenwälle des östlichsten Inngletscher-Vorstoßes mit Toteisformen, die glazialgeologisch und landschaftlich reizvolle Anziehungspunkte sind. Die Moränen des östlichsten Inngletscher-Vorstoßes ragen inselförmig aus der Schotterflur von Rabenden. Es sind dies die Moränenhügel von Engering, Weinberg, Waltenberg (571 m) und von hier ostwärts die kleinen Kuppen, die sich über Eglhart, Guggenbichl, Schmidberg und Erlberg bis zum Hölltal erstrecken.«

»Mit der einsetzenden Erwärmung des Klimas während und nach dem Rückzug des Eises begann wieder die modellierende Tätigkeit des Wassers, das – in Wannen und Hohlräumen aufgestaut – die zusammenhängenden Moränenwälle der verschiedensten Eisstadien erst durchstoßen mußte. Zwischen den einzelnen Wällen des Moränengürtels entstanden zu dieser Zeit zahllose Seen, sogenannte Eisrandseen. Oft blieben aber auch große Restmassen des Eises unter einer Bedeckung von Moränen und Schottern noch lange Zeit erhalten, als sogenanntes Toteis. Später schmolz es ab, die überlagernde Schotterdecke brach ein, und heute sehen wir Erdlöcher mehr oder weniger großen Ausmaßes. Eine für diesen Bereich charakteristische Landschaft ist die Seeoner Seenplatte. Von dem ursprünglich einheitlichen, allerdings von Inseln und Halbinseln zerlappten See, sind heute, nach der Verlandung, noch 14
Restseen erhalten« (Ziegler 1957, in: Fehn, S. 16). 2
Geomorphologisch gesehen handelt es sich beim Seeoner Seengebiet wohl um ein ehemaliges Gletschertor. »Die im Gletschertor liegenden Hügel und Hügelketten sind Füllungen von Schmelzwassertunnels in totem oder stagnierendem Eise, also Oser. Einer dieser hoch aufragenden Hügel, das Brunnsee-Os, hat besonders steile Hänge (20 bis 25 Grad), was wohl darauf hindeutet, daß er während seiner Entstehung zwischen Eiswänden lag. Die westlich anschließende Hohlform des Brunnsees dürfte den dazu gehörenden Osgraben darstellen« (Ebers 1957, S. 24 ff.). Das Brunnsee-Os wie das Landertshamer-Os, einst aus den Schottern eines unter dem Eise fließenden Gletscherbaches gebildet, ist umgeben von Flachmooren und Tiefmooren und einer einzigartigen Flora und Fauna, die sich in dieser Eiszerfallslandschaft des Seeoner Ursees bilden konnte. So war es nur konsequent, weite Gebiete der »Seeoner Seen« ab 1985 unter Naturschutz zu stellen.

»Eng verbunden mit dieser wechselvollen Naturgeschichte ist eine ebenfalls wechselvolle Zeitgeschichte dieses Gebiets. Die Seen waren Ursache für menschliche Ansiedlung, boten sie doch neben Wasser und Nahrung eine Insel als Zufluchtsort bei Bedrohung und als Stätte für Kult und kulturelle Handlungen. Mehr als 2000 Jahre menschlicher Geschichte haben dem Landschaftsbild ihren Stempel aufgeprägt und es letzten Endes doch nicht so verändert, daß seine Harmonie gestört wäre« (Regnauer 1976, S. 71).

So soll im folgenden in einem Schnellgang durch die Vor- und Frühgeschichte anhand von Funden in und um Seeon belegt werden, daß im Vergleich zur Umgebung schon frühzeitig eine Besiedlung dieser Landschaft erfolgte. »Während allgemein in der jüngeren Steinzeit, der Bronze- und Urnenfelderzeit, die

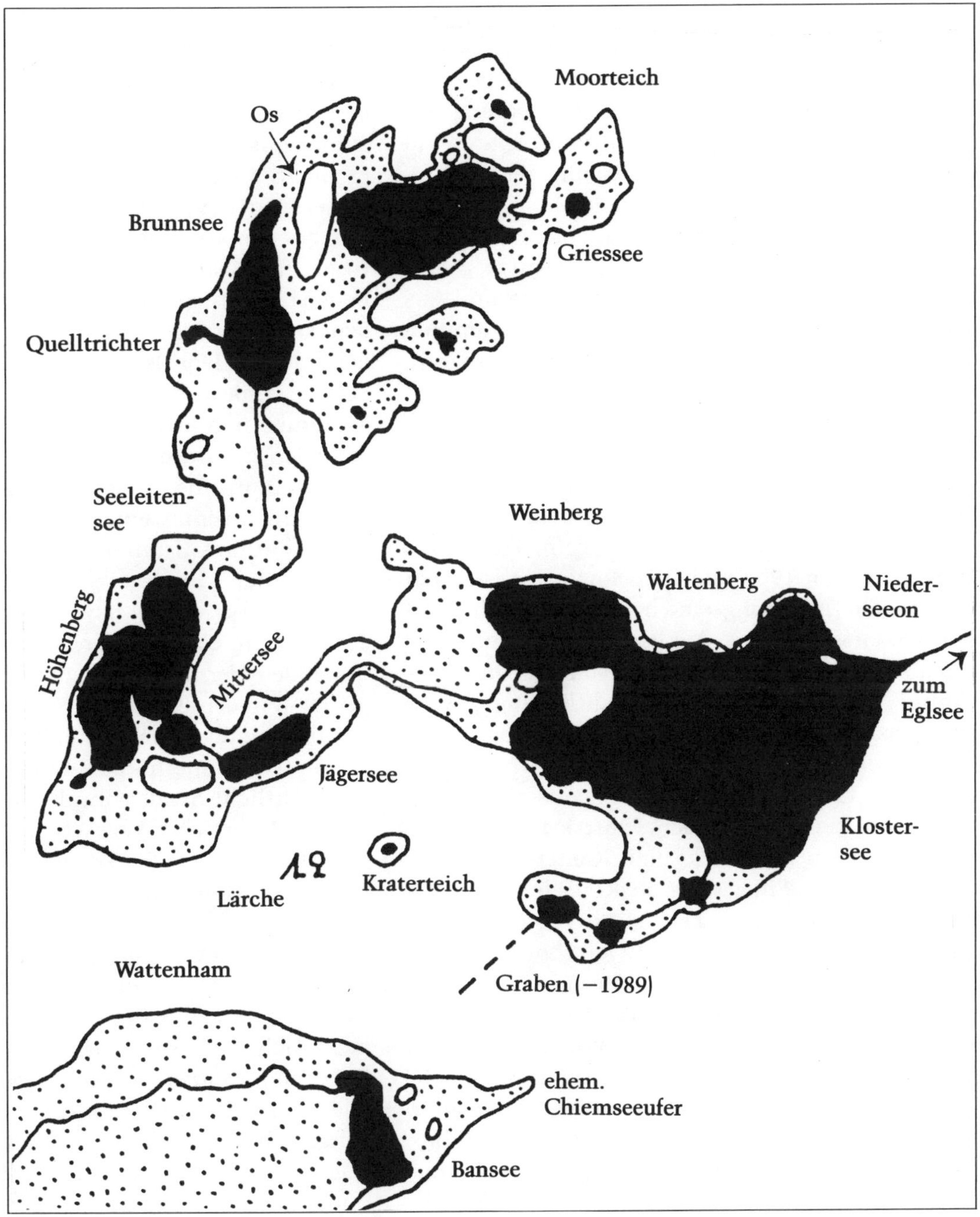

2
Seeoner Restseen im Verlandungsgebiet des Seeoner »Übersees/Ursees« (nach R. Zahner)

nordwestalpinen und ostalpinen Seen, Inseln und Alpenrandmoore dicht von menschlichen Siedlungen besetzt sind, fehlt dergleichen praktisch im bayerischen Alpenvorland, eine Ufersiedlung am ehemaligen Jakobsee bei Weilheim und Spuren auf der Roseninsel im Starnberger See und der Krautinsel im Chiemsee ausgenommen« (Maier, in: Heimatbuch I, S. 25). Aus der Urnenfelderzeit gibt es einen Einzelfund, nämlich eine Lanzenspitze, gefunden ca. 500 m südlich der Kirche von Roitham. Aus der frühen Bronzezeit (1800–1600 v. Chr.) stammen die 1916 in Heimhilgen gefundenen Ringhalskragen, Ringbarren und Beil (heute Museum Traunstein). Geradezu eine Fundgrube bietet die Landschaft von Seeon hinsichtlich der etwa vom 7. bis 6. Jahrhundert v. Chr. dauernden Hallstattperiode. Östlich von Niederseeon besteht ein Grabhügelfeld mit noch acht obertägig sichtbaren Grabhügeln. Funde aus Grabungen von 1902 und 1906 sowie aus weiteren Grabhügeln (Apperting) sind heute in der Prähistorischen Staatssammlung. Aus der Keltenzeit des 5. bis 1. Jahrhunderts v. Chr. ist insbesondere die sogenannte Viereckschanze von Truchtlaching erwähnenswert. Im Jahr 15 v. Chr. wird der Chiemgau dem Römischen Reich einverleibt und bis zum 5. Jahrhundert n. Chr. in Besitz gehalten. Aus dieser Zeit gibt es eine Reihe von Funden. Führt doch vom römischen Bedaium (Seebruck) eine Römerstraße über Ischl, Rabenden, Emertsham strikt nach Norden bis Regensburg. Aus dieser Zeit ist zu vermelden: ein römischer Grabstein aus Ischl (verschollen), römische Münzen aus Apperting (Museum Trostberg), römisches Pferdegeschirr aus Ischl (Prähistorische Staatssammlung), Brandgräber südlich der Kirche von Roitham (Prähistorische Staatssammlung).

Zuwanderer in der Völkerwanderung, Bajuwaren, sind an ihren einheitlichen Grablegungen (Blick nach Osten, mit Beigaben versehenen Körperbestattungen in sogenannten Reihengräbern des Mittelalters) leicht erkennbar. Ein solches Reihengrab des 7. Jahrhunderts befindet sich nordöstlich der Kirche von Ischl. »Daß die Baiern im 7. Jahrhundert in engen Beziehungen zu den Langobarden in Italien standen, ist eine bekannte Tatsache. So verwundert es nicht, wenn die baierischen Reihengräberfelder dieser Zeit manches südliche Importstück enthalten, das damals über die Alpen gelangte. Das prächtigste langobardische Erzeugnis vom baierischen Boden bleibt fraglos ein reich verzierter Schild, der in den achtziger Jahren des vorigen Jahrhunderts in dem kleinen Dorf Ischl an der Alz zutage kam. Der Schild wurde von einem Bauern angeblich in einer Kiesgrube nordöstlich des Dorfes am Ufer der Alz gefunden, zusammen mit einem stark beschädigten Sax mit Blutrinne. Beide Waffen gehörten offensichtlich zum Inventar eines reichen Grabes, das vom Finder nur unvollständig geborgen wurde. Den Sax, den eisernen Schildbuckel und je zwei Beschläge in der Form von Vögeln bzw. von Löwen verschenkte der Bauer an einen in der Nähe zur Sommerfrische weilenden Herrn Reichel aus München. Später ging der Fund in den Besitz des Historischen Vereins von Oberbayern über, um schließlich mit dessen Beständen an Altertümern in die Münchner Vor- und frühgeschichtliche Staatssammlung zu gelangen.« (Werner, in: Bayerische Vorgeschichtsblätter, Heft 18/19 München 1951/52, S. 45 ff.). Eine Nachbildung befindet sich im Römermuseum Bedaium in Seebruck.

Damit soll der Gang durch die Landschaft von Seeon von der Zeit des Rückzugs der Gletscher vor rund 11 000 Jahren, die ihr im wesentlichen den noch heute sichtbaren Formenreichtum und einzigartigen Reiz von Moränen, Schmelzwasserrinnen, Schotterfeldern und Toteiskesseln verliehen, bis hin zur Klostergründung beendet sein. Die Landschaft »bei den Seen« (keltisch: Sevun, Sewen, Sewa, Seuwa, Soin) findet auch Eingang in das spätere Klosterwappen,

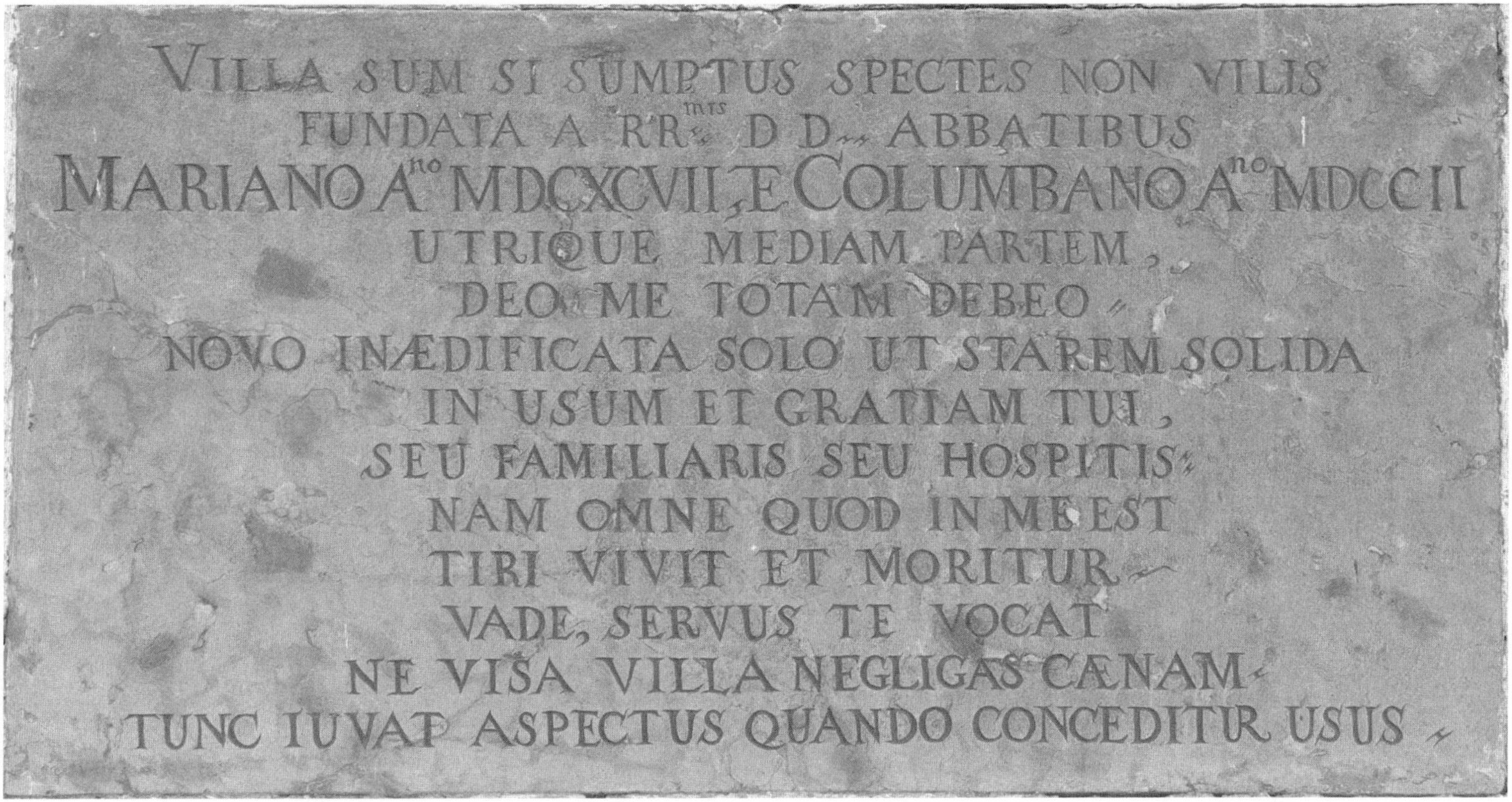

3 *Inschriftplatte am vierseitigen Seeoner Maierhof mit Hinweis auf die jeweils hälftige Erbauung unter Abt Marianus Perger 1697 und unter Columban II. Freitlsperger im Jahre 1702*

einem stilisierten Seerosenblatt auf drei Hügeln, dem Höhenberg, Weinberg und Waltenberg. Dieses Wappen finden wir nicht nur an vielen Stellen im Kloster oder klosterzugehörigen Gebäuden, sondern auch z.B. in der Wildschönau (zehentpflichtig) oder im Gemeindewappen von Halfing (seit 1731 mit Schloß Forchteneck zu Kloster Seeon gehörig).

2. Wie gestalteten die Mönche die Landschaft?

– Wirtschaftsmaßnahmen wie Rodung, Seeregulierungen, Fischfang, Zehentbetrieb als Eingriffe in die Landschaft; Landschaftszeichen; Gestaltung der »Klosterlandschaft« –

»Für die Geschichte Seeons wird die günstige Verbindung nach Regensburg wertvoll. Die Durchreise des hl. Severinus ist denkbar. Eindringlicher verdichtet sich die Vermutung, daß der heilige Wolfgang, der besondere Freund des Pfalzgrafen Aribo, doch in unserem St. Wolfgang gerastet hat. 994 versuchte der erste Abt von Seeon – Adalbert, 994 bis 1002, aus Regensburg – dem Stiftungsauftrag des Pfalzgrafen Aribo gerecht zu werden. Die kaiserliche Huld Ottos III. und das unmittelbare Schutzdekret des Papstes Sylvester II. verschaffen dem Reichskloster schon 999 die Befreiung aus der Hand der Herzöge, Immunität, freie Abtwahl und die Verbindung mit den Reformklöstern. Der Papst verlangt kein Eigentumsrecht, er besteht nur auf einem Census in Geld oder Sachleistung, z.B. der Lieferung eines Schimmels. Kaiser Konrad II. bestätigt dem Kloster Seeon am 14. August 1026 den Besitz der Hofstatt im Kaiserviertel zu Regensburg. Das Mutterkloster St. Emmeram schenkt dem ersten Abt 17 ausgesuchte Benediktiner, die als Maler, Goldschmiede und Maurer den höchsten Aufgaben zuwachsen. Sie kommen aus Regensburg, einer Stadt der Hochblüte der Kunst in der damaligen Zeit« (Buckler, in: Heimatbuch I, S. 187ff.).

Es sind wohl Zweifel anzumelden, ob als Beschreibung dessen, was die Mönche in unserer Gegend antrafen, auch die kraftvolle Schilderung voller Überschwang und Heimatliebe gelten kann, die Bischof Arbeo von Freising 200 Jahre früher gegeben hat: »Herrlichstes Land, erstrahlend in Anmut, überreich an Wäldern, fruchtbar an Wein, ergiebig an Eisen, an Gold und Silber und Purpur; die Männer hoch gewachsen und strotzend in Kraft, aber gutmütig und handsam; das Erdreich gesegnet mit Garben, Zugvieh und Herden, soviel, daß sie fast den Boden bedecken; Bienen und Honig in Mengen; in den Seen und Flüssen ein Gewimmel von Fischen; das Land bewässert durch Quellen und Bäche; Salz, was man nur braucht; auch das Bergland fruchtbar und für die Weide bereitet; gute Kräuter in Überfluß; die Wälder prachtvoll besetzt mit Hirschen und Elchen und Auerochsen, mit Gemsen und Steinböcken und mit Wildzeug aller Art« (Hubensteiner 1980, S. 36). Mannigfach und mühevoll waren die Arbeiten der Mönche in einem Land, das sich keinesfalls überall so darstellte, wie es Arbeo im Überschwang überzeichnete. Eingriffe in die Landschaft entsprangen meist wirtschaftlichen Motiven, wie Rodung zur Gewinnung von Acker- und Weideland, Regulierungen an den Seen- und Bachsystemen, um Land trockenzulegen oder Erleichterungen für den Fischfang oder den Transport von Gütern zu schaffen.

4 Die »Seenplatte« von 24 Seen rings um Seeon ist schon auf der Apian-Karte von 1568 verzeichnet

Albertaich
Pfeffing
Trosperg
Mögling
Kirchperg
Diepersperg
Obing
Perckhaim
Rabentn
S. Wolfg.
Plicknperg
altn Marckt
Lintach
Amerang
Pütnhart
Talhaim
Prehausn
Pämburg
Meilnhaim
Seon
Ischl
Truchtlaching
Vrsing
Picknpach
Prün
Puclach
Pelsee
Eschnaw
Serbrück
Alz fl.
Fürmos syl.
Vempach
Ysing
Hart
Zell
Gallnhausn
Weidach
CHIMVS LACVS
Eckstet
Stethaim
Maurkirchn
Höchstet
Estat
Rimbsting
Praitnprun
Hoch
Wert
F. Chiemsee
Greimarting
Stockn
Merbang
Harras

Durchstich zum Bansee

»Abt Benedikt I. wollte um das Jahr 1606 einen Abflußkanal in den Bansee und von dort in die nahe, bei Pavolding, seiner Heimat, vorbeifließende Achen graben lassen, fand aber bei der Ausführung dieses Vorhabens so viele Schwierigkeiten, daß er die schon weit gediehene Arbeit wieder einstellen ließ. Es ist dieser angefangene Kanal noch deutlich am südwestlichen Ende des Sees zu sehen, wo sich derselbe in gerader Linie zum Grienwegerhaus hinzieht« (Siegert 1856, S. 182). Aus heimatkundlicher Sicht ist leider festzustellen, daß dieser Kanaleinschnitt im Rahmen der Straßenbauarbeiten 1989 zugeschüttet wurde. Die Schwierigkeiten, die Abt Benedikt hatte, lagen wohl vor allem in der Tatsache, daß der Seespiegel des Bansees rund fünf Meter tiefer liegt als der des Klostersees. So konnten seine Absichten, durch Senkung des Seespiegels Kulturarbeiten am Westufer des Klostersees durchzuführen und zugleich Verbindung zwischen dem Seeoner und dem Eggstätter Seensystem über die Ischler Ache zu schaffen, nicht realisiert werden.
Zur Absenkung des Seespiegels sann Abt Benedikt, der Fischerssohn von Pavolding, nun nach einer anderen Lösung.
»Man grub sodann den Abzugsgraben durch Niederseon in den unterhalb Egelhart gelegenen Egelsee und ließ den Egelhartern als Grundentschädigung die Gilt einige Jahre nach« (Siegert, ebd., S. 182). Dieser Graben sollte den Seeonern bis in unsere Zeit herein noch manchen Kummer bereiten (vgl. Darstellung der Baumaßnahmen 1854 und ihre Folgen unter Abschnitt 3).

Fischfang und Jagd

Das Landgericht Kling verzeichnet 1430 schon großen Fischreichtum in den Seeoner Seen: »Item drey sew zu Puch pey Sewn haissent alle drey Uchsee... und in den sewn allen drein habent von Vischen Prägsen, Hechten, Slein, Apeis und Haseln« (Gericht 4
Kling in: Sandberger 1957, S. 55).
Der Eglsee (auch Eglharder See) ist in der Landtafel von Philip Apian (1563), in der Weinerus-Karte (1579) und in der Finckhschen Karte (1655) bereits vermerkt. Nach einer alten Zeichnung aus dem Jahr 1806 zählt er zu den »Königlichen Seen«. »Er rechnet zu den 24 Fischseen des Klosters und wird um 1500 mit dem Eschenauer See als der fischreichste bezeichnet. Vom Eschenauer See weiß man, daß am 26. September 1720 ein 96 Pfund schwerer Waller gefangen wurde, der als Schaustück an die Hoftafel nach München kam. Vom Eglsee liest man, daß sein Fischreichtum unerschöpflich sei ... und daß auch im Winter die dort bewahret Fisch von den Mönchen aufgesucht wurden. Da mögen wohl die Pogner und Feller von Egelhart, der Gugg am Pichl, der Mair und Hueber von Steinrab und der Sepp der Appertinger untertänigst die Hauben glupft haben, wenn sie dem Herrn Prälaten begegneten, der schmunzelnd seinen Fischreichtum betrachtete. Sie brauchten den hohen Herrn auch gar nicht zu fürchten, denn das Kloster hatte schon 1597 auf die niedere Gerichtsbarkeit verzichtet. Die 24 Toteis-Seen bleiben durch die Jahrhunderte fischreich, wie die Klostervisitationen 1470 und 1633 ausdrücklich verzeichnen. Um 1500 lesen wir, daß in dem Seuner See so warme Köchbrunnen [Quellen] sprudeln, daß auch zu strengst Winters an diesen Stellen sich kein Eis tuet« (Buck- 5
ler 1953, S. 1).
»Auch im weiteren Umkreis war die Landschaft vom Kloster her bestimmt. Die Seen dienten alle der Fischzucht, die umrandenden Niedermoore wurden als Streuwiesen genutzt; von viel größerer Bedeutung waren die Wälder, die Holz zu Bau- und Brennzwecken für das Kloster und dessen Untertanen lieferten, aber, wie besonders der Höhenberg, auch zu Jagdzwecken Verwendung fanden. In die durch

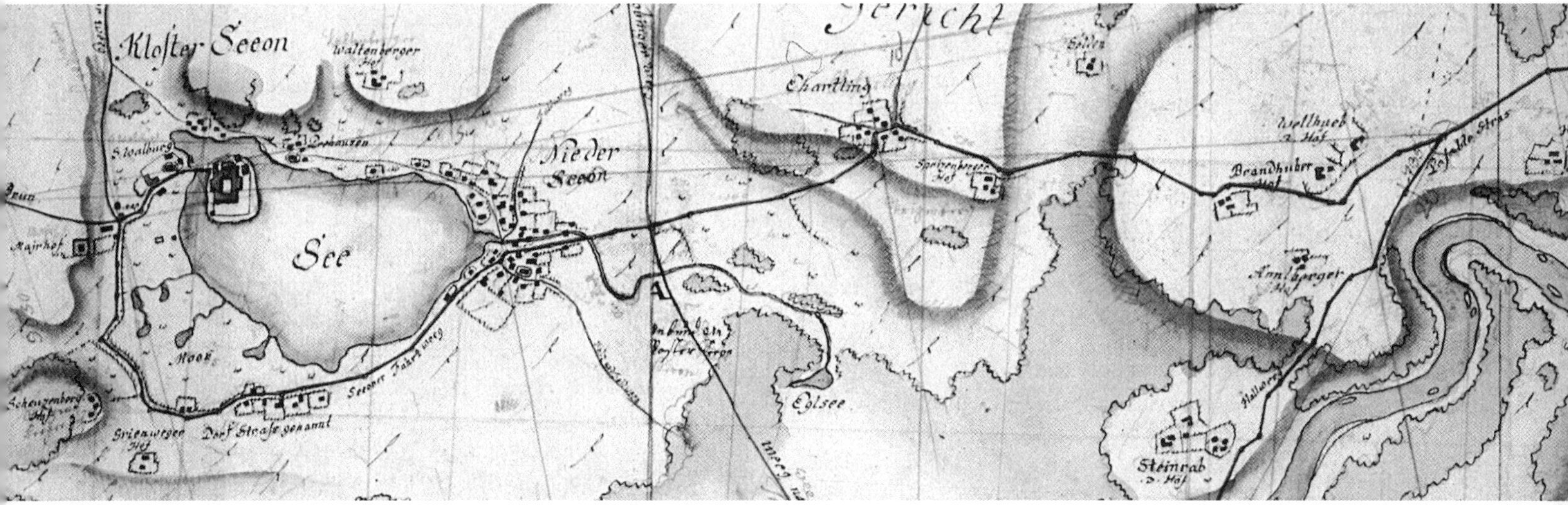

Rodung stark aufgelockerten Wälder sind, in erster Linie auf den ebenen Terrassenflächen, bäuerliche Siedlungen eingestreut, und zwar sowohl Weiler und Kleindörfer, als auch Einödhöfe, die ebenfalls zur Klosterhofmark gehörten« (Fehn 1957, S. 63).

Pater Rufinus Widl berichtet in seinem Diarium ausführlich über eine Hofjagd des Bayerischen Kurfürsten Max III. Joseph an einem Herbsttag des Jahres 1777 mit stattlichem Gefolge und anschließender Einkehr im Kloster. »Der Mangel einer ausgebildeten Jagdgesetzgebung hatte zur Folge, daß keine Schonzeit beachtet wurde und es fortwährend Streitigkeiten bald mit den herzöglichen Jägern über die Art der Ausübung, bald mit den benachbarten Adeligen und Klöstern über die Grenze absetzte. Und mit Recht klagt Abt Sigismund: daß jagen macht halt vill feindseeligkeiten« (Doll 1912, S. 65).

5 Seit 1806 werden die rings um Seeon gelegenen Seen auch als »Königliche Seen« bezeichnet
Hauptstaatsarchiv München Pl 1419 (Ausschnitt)

Landschaft und Wirtschaft

Die Wirtschaftsführung hatte eine Reihe von Baumaßnahmen zur Folge, wobei hier die Bauten auf der Klosterhalbinsel nicht dargestellt werden. Der große Vierseit-Maierhof wurde anstelle des älteren, näher am See befindlichen in den Jahren 1697 bis 1702 von den Äbten Marianus und Kolumbanus aufgeführt. Davon zeugt die Inschrift:

Villa sum si sumptus spectes non vilis
fundata a Reverendissimis D. D. Abbatibus
Mariano Ao. MDCXCVII, et Columbano Ao. MDCCII
utrique mediam partem,
Deo me totam debeo.
Novo inaedificata solo ut starem solida
in usum et gratiam tui,
seu familiaris seu hospitis:
nam omne quod in me est
tiri vivit et moritur.
Vade, servus te vocat
ne visa villa negligas caenam.
Tunc juvat aspectus quando conceditur usus.

Der unweit der Meierei befindliche große Getreidekasten wurde 1732 von Abt Rufinus erbaut (vgl. die Inschrift):

Pro praesenti paterne solicitus pro
futuro solicite providus granarium hoc extruxit et â fundamentis erexit anno regiminis sui VI, Christi vero MDCCXXXII. Rufinus Abbas in Seon.

Ebenso legte Abt Rufinus Maier 1727 am Weinberg den Bierkeller an (vgl. die Inschrift):

Utilitati et honestati monasterii
hujus Seonensis provide consulens cellam hanc cerevisiariam a fundamentis extruxit sibique memoriam
posuit memorandus Rufinus Abbas in Seon anno sui regiminis primo, Christi vero MDCCXXVII.

Der Weinbau am Seeoner Weinberg, von den Mönchen über Jahrhunderte betrieben, ging im 17. Jahrhundert schon sichtlich zurück (1635 erscheint auch der Weinberg besiedelt), da das Kloster angesichts seiner Neuerwerbungen an Weinbergen in Tirol (Brixen) und Niederösterreich (Krems) den Weinbau an der Seeoner Leite nicht mehr nötig hatte.
Aus dieser Zeit stammen auch das Apothekerhäusl (Beherbergung der Klosterapotheke), die Prälatenpferdestallung mit Wohnung des Klosterrichters im Obergeschoß (später Schulhaus, heute Pfarrhof) und gegenüber das Mesner- oder Schneiderhaus; die benachbarte Klosterschmiede wurde 1855 abgebrochen. In Niederseeon entstand 1616 die Klosterweinschenke als eine mit vier Rundtürmen ausgestattete Tavernenwirtschaft (vgl. die Inschrift):

Si lubet legito. Sigismundus Abbas Seonens.
Hanc tabernam vinariam vetustate corruptam arvina et
interitu vindicavit, turribus ornavit, columnis et incamerationibus munivit, dilectae posteritati dicavit.
Tu quicunque es hospes cave ne supremi numinis hic iram provoces sed corporis mage vires pius reficias. Bene vive. Bonus hospes bene etiam moritur.
M.D.C.XVI.

Diese hat wohl damals regen Zuspruch gefunden, hat sich doch Niederseeon mehr und mehr als Markt- und Umschlagplatz für die Produkte aus dem Klosterbetrieb entwickelt. »Im Einkünftebuch aus dem 15. Jahrhundert erscheinen: 1 Wirt, Nickl der Schmied, der Säns-Schmied, der Uel Schuster, Michel Schneider, der Peck Christian Weeber, der Chramer, Chuntz Koch und Matheus Koch, Christian der Schuster, der Pader, der Weber von Ultzhaim und die Witwe Heinrich Schreibers. Der Marktcharakter und der Marktbetrieb wurden gefördert durch Privilegien wie die Befreiung vom Ungeld (Umsatzsteuer) durch Herzog Stephan vom Jahr 1392 oder die Verleihung der Mautfreiheit für 10 Fuder Wein auf der Donau vom Jahr 1340 durch Herzog Albrecht von Österreich. Entsprechend dem Zweck der Siedlung erfolgt auch die Ausstattung der Anwesen mit landwirtschaftlich nutzbarem Grund nur in äußerst bescheidenem Rahmen. Nach dem Kataster von 1812 gehörten unter 45 Häusern zu 12 Anwesen weniger als 1 Tagwerk Grund, weitere 12 besitzen zwischen 1 und 10 Tagwerk. Nur durch Zusammenlegen mehrerer Betriebe entstehen größere Einheiten, wie beim Wirt, der Ambros und Sensenschmied mitumfaßt, dann Bartl und Reiter, Schroll und Hanslschmied, Metzger und Weißbrunner mit Friedlschmied und Beckenschneider. Bis zur Auflösung des Klosters differenziert und vermehrt sich schließlich diese kleinlandwirtschaftlich-gewerbliche Struktur von Niederseeon so weit, daß im Kataster von 1812 aufgrund der Hausnamen mit Breuhausen, Weinberg, Neubichl und Sandgrub nachfolgende Gewerbetreibende festgestellt werden können: 5 Schneider, 4 Schmiede, 1 Schlosser, 1

Tischler, 2 Wagner, 3 Weber, 2 Binder, 1 Bader, 1 Sattler, 1 Kramer, 2 Maurer, 1 Gärtner, 1 Kohlbrenner. Daß an die Spitze der Gewerbetreibenden aber die Tafernwirtschaft mit fast 100 Tagwerk Grundbesitz tritt, gehört zwingend zum Bild jener Siedlung. Das Kloster und nur das Kloster konnte eine solche Siedlung schaffen und erhalten« (Sandberger 1957, S. 58f).

Verhältnis Bauern und Klosterbetrieb

Einen Eindruck von der Größe des landwirtschaftlichen Betriebs von Kloster Seeon vermittelt der folgende Bericht: »Im Klosterstalle standen um 1590 2 Stiere, 4 Mastochsen, 17 Melkkühe, 22 Jungrinder, 11 Kälber, 41 Schweine, 25 Schafe mit 8 Lämmern und 3 Ziegen, ein Stand, der mit geringen Schwankungen sich auch in der Folgezeit erhielt. Dazu kamen unter einem Magister Stabuli (Stallmeister) noch 8 Zugpferde und 4 Luxuspferde.«
Betrachten wir nun die Leistungen der Seeoner Untertanen, wie sie uns im Haushalts- und Kuchlbuch des Paters Benno Feichtmayer vom Jahr 1766 entgegentreten (B. HStA, Seeoner Klosterliteralien 66). Da werden alle Jahr 26 Bauern aufgeboten, um den Zehent der Pflichtigen zum Kloster zu fahren, neben denen, die es für sich selbst tun. Andere (21) müssen das Korn des Klosters herbeischaffen, andere das eingekaufte Getreide, wieder andere das Brennholz, das Holz für die Zimmerarbeiten, den Sand und Kalk und die Kalksteine, die zum Kalkofen kommen. 15 Bauern haben die Fässer zu fahren für den Wein, der aus Österreich oder des Klosters eigenen Weinbergen kommt, 33 müssen den Wein von Tittmoning abholen, wohin er zu Schiff aus Österreich gebracht wird. Ferner müssen die Untertanen das Heu mähen und ins Kloster schaffen, sie müssen ackern, säen und mit ihren eigenen Sicheln das Getreide schneiden, und zwar 52 an Zahl, die schon morgens fünf Uhr zur Arbeit antreten sollen. Ebenso obliegt ihnen das Pflanzen und Hacken der Rüben und des Krautes, das sie auch zu schneiden haben. Wird der Flachs geerntet, so müssen die Untertanen ihn rillen, brechen und schwingen, und zwar sollen täglich 31 zum Brechen und Schwingen kommen und fortmachen, bis die Arbeit vollendet ist. – Wie beträchtlich diese Leistungen im ganzen waren – in Wirklichkeit verteilen sie sich auf viele Pflichtige und sind darum trotzdem nicht sehr hoch – erkennt man aus den Mitteilungen vom Jahr 1575. Demnach lieferte der Zehent 100 Fuder Korn und Weizen und 100 Schäffel Hafer; in die Klosterküche wanderten 1297 Hühner, 115 Gänse, 1178 Enten, 170 Lämmer, 33 Schafe, 219 Stück Tiroler Käse. Nachdem unter Abt Sigismund (1609–1634) noch der Schmalzdienst eingeführt war, betrug dieser, soweit er nicht in Geld geleistet wurde, im Jahr 1680 etwa 2550 Pfund Schmalz.

Für all ihre Leistungen erhalten die Untertanen an den Frontagen oder bei Ablieferung ihrer Abgaben Verköstigung, meist eine Suppe und Brot, in einzelnen Fällen Fleisch und Bier. Daß dabei manchmal auch anderes abfiel, zeigt der Bericht des Paters Feichtmayer über die Weinfuhren. Da heißt es: Es ist ein alter, aber übel eingeführter Brauch, den die Bauern aber nicht mehr einstellen lassen, daß die Bauern, wenn sie den Wein in das Kloster fahren, etlichemal von ihrer Fuhr trinken dürfen, und zwar trinken sie, sobald sie den Wein geladen und auf den Berg zu Tittmoning geführt. Danach spannen sie aus und bleiben über Nacht zu Tittmoning. Den anderen Tag trinken sie das erstemal, wenn sie eingespannt haben und fortfahren, das zweitemal neben Freytsmos, das drittemal zu Trostberg oder Stein. Den dritten Tag wird ihnen zu trinken erlaubt, erstens zu Altenmarkt, das andermal bei dem Guggenbichler, das drittemal zu Straß [Anm.: Dem nicht hiesigen Leser sei kundgetan, daß sich die letzten drei Trinkpausen auf eine Gesamtwegstrecke von etwa 10 km verteilen!].

Eine besondere Einrichtung, die auch anderwärts berichtet wird, bestand darin, daß bei der Einbringung der Getreide- und Heuernte ein eigener Spielmann aufgestellt war, welcher die Leute mit einer Fidelgeige zur Arbeit aufmuntern soll »und insgemein der Schuster zu Seeon ist« (An dieser Stelle sei dem Verfasser eine persönliche Anmerkung erlaubt: Über Generationen hinweg und auch heute noch erfreuen Musikanten aus der Seeoner Schuhmacherei, aus deren Familie auch der Verfasser stammt, ihre Mitmenschen als Leiter von Blaskapellen, Chören – wenn sich auch die Anlässe im Vergleich zu denen bei ihrem »Urahn« wohl verändert haben!). Er muß den Schnittern »von dem Mairhaus hinaus ins Feld, von dem Feld in die Thürniz (Speisesaal für die Leute und einfacheren Gäste), von der Thürniz wiederum ins Feld hinaus vorgeigen und vorsingen. Also (ebenso) auch zu dem Unteren (Vesperbrot) und auf die Nacht zum Essen« (Lamprecht 1926, S. 140ff).

Baumzeichen in der Klosterlandschaft

Im Umgriff von Kloster Seeon fallen Ensembles und Einzelstücke alter Baumbestände, insbesondere Eichen, auf, die auf Klosterzeiten rückverweisen. Diese Bäume hatten Berechtigung als Grenzbäume (Lach-, Mal- oder Schiedbäume), als Wegzeichen und Orientierungshilfen in der Landschaft, zumal in einem Seengebiet mit starker Nebelentwicklung, aber auch als Bildstock- und Marterlbäume. Einen besonders markanten Einzelbaum finden wir am
7 Ufer des Weinbergsees, die sogenannte »Mozarteiche«. Ihr Alter reicht auf die Besuchszeiten des jungen Wolfgang Amadeus Mozart im Kloster Seeon zurück; sie liegt auch am Verbindungsweg von Klostergebäude und Gästehaus des Klosters am Weinberg. Ob ein Zusammenhang zur Salzburger Mozartfamilie besteht, die sich nachweislich des öfteren im Kloster aufgehalten hat, läßt sich nicht mehr klären.

Flurdenkmale (Kapellen, Bildstöcke, Wegkreuze) in der Klosterlandschaft

»Die zahlreichen Wegkreuze, Bildstöcke und Kapellen bezeugen die einstige Einbindung des bäuerlichen Menschen in seinen religiösen Daseinsbedacht, sie erzählen von einem Leben, dessen irdische Laufbahn mit dem Taufsakrament begann und nach viel Arbeit, Mühe und Plage mit dem Sterbesakrament endete. Manche Flurdenkmale weisen über das irdische Leben hinaus; sie erflehen die Fürbitte des Gebetes für den Verstorbenen und sind ein rührender Hinweis auf den alles überragenden Gedanken an die Ewigkeit. In manchen Flurdenkmalen spiegelt sich bis auf den heutigen Tag die Suche nach dem Schutz und Segen Gottes in allen Lebenslagen« (Werner 1991, S. 9). Die Klosterlandschaft von Seeon bietet eine Fülle solcher geistlicher Flurdenkmale
(vgl. Übersichtskarte *Abb. 6*, nach Soika, Kreishei- 6
matpfleger).

Besonders zu erwähnen sind hier die Kapellen in Roitham (hl. Katharina), Schachen, Eglhart, Wöllhub, beim Esterer, Nähreit (mitten im Wald, zugehöriger Bauernhof vor dem Ersten Weltkrieg abgebrannt). In der Pavoldinger Kapelle stand bis 1933 die um 1400 entstandene stehende Muttergottes (heute Klosterkirche). In der Feldkapelle in Schachen stand die zwischen 1525 und 1530 entstandene Madonna aus dem Leinberger-Kreis (heute Klosterkirche).

An bedeutsamen Bildstöcken sind erwähnenswert im Ortsteil Straß ein Kreuzigungsrelief aus Marmor, 1606, mit dem Wappen von Abt Benedikt I. (Werk-

6 Flurdenkmale im Umgriff von Kloster Seeon. (Kartierung von Christian Soika)

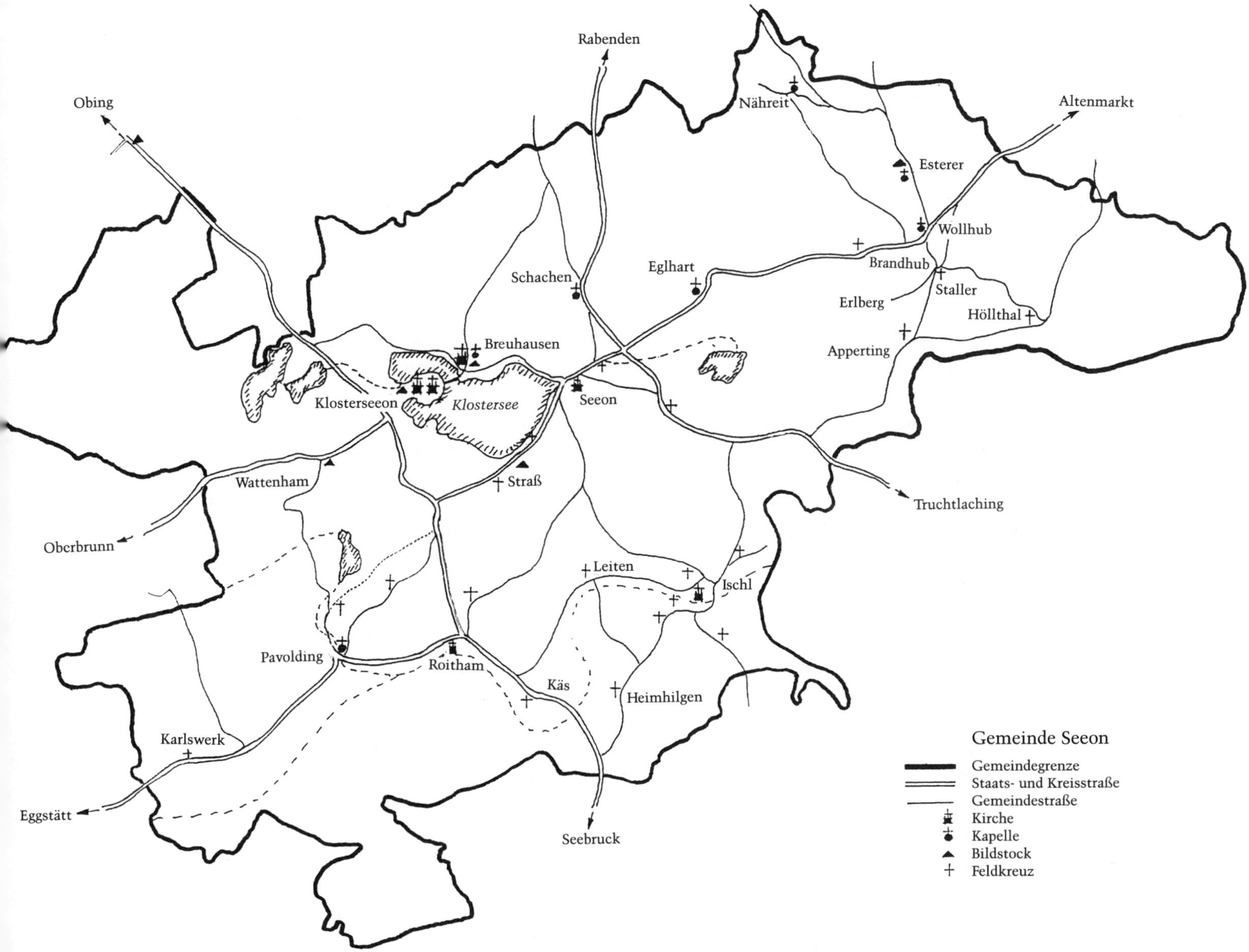
Rabenden
Obing
Altenmarkt
Nähreit
Esterer
Wollhub
Brandhub
Eglhart
Schachen
Erlberg
Staller
Höllthal
Apperting
Breuhausen
Klosterseeon
Klostersee
Seeon
Truchtlaching
Wattenham
Straß
Oberbrunn
Leiten
Ischl
Pavolding
Roitham
Käs
Heimhilgen
Karlswerk
Eggstätt
Seebruck
Gemeinde Seeon
Gemeindegrenze
Staats- und Kreisstraße
Gemeindestraße
Kirche
Kapelle
Bildstock
Feldkreuz

stück in gleicher Form und Größe auch an Pfarrhofmauer, am Fischerhaus in Pavolding und im Kreuzgang) sowie die sogenannte »Pestsäule«, 17. Jahrhundert, an der Staatsstraße von Seeon nach Obing. Im Gebiet der ehemaligen Gemeinde Seeon sind außerdem mehr als 20 Feldkreuze feststellbar.
»So führt also der See seinen Namen Klostersee zu Recht, denn alle typischen Bestandteile einer klösterlichen Kulturlandschaft säumen seine Ufer, angefangen von den geistlichen Zwecken dienenden Kirchen und Klostergebäuden auf den zwei Inseln und der Wallfahrtskirche auf der Höhe nördlich davon, den Wirtschaftsgebäuden des Klostermaierhofes und des Getreidekastens am Westufer, Weinberg, Bräuhaus und Bierkeller sowie Häuschen von Klosterbediensteten am Nordufer bis zu dem bescheidenen Klosterdorf Niederseeon am Ostufer und den kleinen bäuerlichen Betrieben in Straß im Südosten« (Fehn 1957, S. 62).

Landschaft um Kloster Seeon nach der Säkularisation

Aus der wechselvollen Geschichte nach der Säkularisation des Klosters seien im folgenden einige marginale Ereignisse, die insbesondere auf die Landschaft Auswirkungen hatten, herausgegriffen.
Mit allen Mitteln hat Lambert, der letzte Abt von Seeon, versucht, sich einer Aufhebung des Klosters entgegenzustellen. Am 7. August des Jahres 1802 rief er seine Konventualen und Patres Expositi in den Kapitelsaal des Klosters und führte aus: »Auch von Ihnen, meine Brüder, fordere ich Mut und Standhaftigkeit! Unsere Sache ist gerecht, sie muß also mit aller Anstrengung verteidigt werden. Wir müssen nach allen Kräften den Machinationen des jetzigen Zeitgeistes entgegenarbeiten. Wir dürfen von den Stiftungsgütern so wenig vergeben, als unsere seligen Vorfahren davon etwas vergeben konnten oder durften... Einer Reform bin ich nicht entgegen: Sie wird in mehrerer Hinsicht notwendig sein. Aber unsere Auflösung werden wir nie begehren, noch zulassen. Würde es nicht der schwärzeste Undank von uns sein, wenn wir unser Stift, das sich schon über 800 Jahre aufrecht erhalten hat, das so viele der geschicktesten und gelehrtesten Männer hervorgebracht hat, das uns bisher immer so reichlich und sorgfältig genährt hat, das auch nach dem Tode noch für uns sorgt, wenn wir dieses Stift den heutigen Klosterfeinden mutwillig ausliefern wollten?... Auf, also meine Brüder! Auf! Es gilt unsere Existenz. Die Sache ist zu wichtig, als daß wir noch zaudern wollten... Überzeugen Sie alle von der Reinheit, von der Harmonie ihrer Gesinnungen und unterschreiben Sie diesen Aufruf.« Der Abt ging zur Klosterkirche und betete. Die Konventualen traten an das Schreibpult und gaben – jeder in freier Überlegung – ihre Erklärungen ab (Buckler 1953, S. 1; Dokument erhalten unter Nummer B. HStA-KAM' – GR 634/46).
Der Einsatz des Konvents von Seeon war vergeblich. Am 7. August 1804 verkaufte der Staat sämtliche Klosterrealitäten mit Ausnahme der Klosterkirche, der angebauten Sakristei, des Schatzkammerstokkes, der Kapitelkapelle, des Kreuzgangs und des Seeoner Sees an Xaver Distler aus München, die Waldung Höhenberg an einen Wiener, dem wiederum 1811 Distler diese Waldung abkaufte. Am 3. Januar 1815 übergab Xaver Distler Gut Seeon seiner Tochter Rosina, die sich mit Georg Reichenwallner verehelichte, der nach dem Tod seiner ersten Frau Eigentümer des ehemaligen Klosters wurde. Nach dem Tode Reichenwallners im Mai 1852 verkauften seine neun Kinder den ererbten Besitz an ihre Majestät, die Kaiserinwitwe, Donna Amalia von Brasilien, Herzogin von Braganza. 1853 wurden auch der Seeoner See sowie der Getreidekasten vom Staat verkauft.

Streitobjekt Wasser

Immer wieder haben Hochwasser auf der großen Halbinsel Schäden angerichtet, so 1808 und 1809 mit Überschwemmung der Brücke; 1813 gerät der Pfarrhof in Wassernot und ist von der Stiftskirche abgeschnitten, am 5. August 1815 droht das Hochwasser selbst die Klostergebäude anzugreifen.

»War der seit 1803 nicht mehr geräumte Graben vom Klostersee zum Eglharter See durch Niederseeon schuld? Und wenn das so war, wer mußte diesen Graben räumen, da er ja nicht mehr in Klosterbesitz war, und wer sollte die Kosten dafür tragen? Oder war es möglich, vom Eglsee aus einen kanalartigen neuen Graben über Guggenbichl in die Alz bei Höllthal zu bauen und so den geregelten Ablauf des Wassers ein für allemal sicherzustellen? Seit 1600 bis 1803 hatten die anliegenden Bauern das Grabenräumen als Scharwerk (Untertanenarbeit) dem Kloster gegenüber geleistet. Holz zum Ausbessern stellte das Kloster. 1809 und 1815 räumte der Staat, und der Grabenmacher Joseph Mittermaier von Oberbrunn erhielt dafür 33 Gulden 18 Kreuzer. Da erinnerte sich der Staat plötzlich des Scharwerks und zwang die jetzigen Anwohner des Grabens, den Hufschmied Benedikt Auer, den Metzger Kasper Heidentaler, dann den Grabenmaxe und den Fatze, den Graben unentgeltlich zu räumen. Das kam den Staat gewiß billig, aber sie erhoben Klage.

Und wenn man den neuen Kanal zur Alz anlegt? Für 7000 Schuh Aushub mit den Brücken, den Fallschuß in die Alz, der Stöck- und Steinarbeit sollte der Mittermaier insgesamt 872 Gulden erhalten. Als man erfuhr, daß später nach erfolgter Trockenlegung des Eglharter Sees auf Anordnung des Ministers Montgelas der Tiefgrund als Ackerland verkauft werden soll, da kannte die Erregung und Wut keine Grenzen mehr. Und in den hell aufflammenden Streit waren verwickelt: Die Spezial-Klosterkommission München, die Kreisfinanzdirektion Salzburg in Burghausen, die Landesfinanzdirektion München, die Landesbauinspektion München, die Bauinspektion Reichenhall, die Straßen- und Wasserbauinspektion Altötting, das Kgl.-Bayerische Appellationsgericht in München, der Kgl. Fiskus, die Kgl. Mineralsteuer- und Domänen-Sektion und sogar das Geheime Ministerium Sr. Kgl. Majestät. Höher ging es gewiß nicht mehr« (Buckler 1953, S. 2).

1854 schließlich wurde der Graben beträchtlich tiefergelegt und damit der Seespiegel um durchschnittlich zwei Fuß gesenkt, eine »Umweltsünde«, die in ihrer Langzeitwirkung noch eineinhalb Jahrhunderte später den Bezirk Oberbayern als Bauherrn des Bildungszentrums eine Unmenge Geld kosten sollte, da die hölzernen Pfahlreihen als Fundamente der Klostermauern auf Grund der Absenkung des 11
Seespiegels vermoderten.

Veränderungen auf der Klosterhalbinsel

Schon bald nach der Übernahme durch Distler wurden das Krankenhaus, der Bibliotheksstock, das Eingangstor von St. Walburg aus und der Teil des Seitengebäudes, der den Vor- und Prälatenhof umschloß, abgebrochen. 1816 wurde auch der Graben aufgefüllt, der die Klosterinsel vom westlichen Festland trennte, ein Damm aufgeschüttet und ein Steg nach Bräuhausen errichtet, den es zu Klosters Zeiten nicht gab. Distler richtete in der ehemaligen Klosteranlage ein Bad ein, über das ein eigenes Kapitel in diesem Buch berichtet.

Klosterumgebung gegen Ende des 19. Jahrhunderts

1867 umfaßt die Gemeinde Seeon nach dem Topographisch-Statistischen Handbuch des Königreiches Bayern 880 Einwohner in 267 Gebäuden und 33

Orten. Aign (9E, 3G), Apperting (9E, 3G), Bauschberg (9E, 1G), Bräuhausen (13E, 4G), Eglhart (27E, 12G), Engering (14E, 7G), Esterpoint (5E, 1G), Etz (6E, 1G), Grünwegen (4E, 2G), Gugg am Bichl (4E, 2G), Heimhilgen (7E, 2G), Höllthal (2E, 4G), Ischl (57E, 14G), Käs (6E, 2G), Kloster Seeon (43E, 15G, Schule), Leiten (10E, 3G), Maisham (12E, 4G), Neubichl (16E, 8G), Niederseeon (191E, 51G), Nierreit (7E, 3G), Obereschlecht (69E, 12G), Waltenberg (18E, 4G), Wattenham (44E, 14G), Weinberg (48E, 8G).

Die Häuser wurden gegen Ende des Jahrhunderts vielfach umgestaltet. »Anstelle der ursprünglichen Holzblockbauten mit flachem Legschindeldach stehen heute fast ausschließlich weißverputzte Backsteinbauten mit einem allerdings immer noch flachgeneigten Ziegeldach. Nur das Obergeschoß des Wirtschaftsteiles zeigt meist eine luftigere Holzkonstruktion mit Bretterverschalung, gelegentlich auch noch einen Ständerbau mit Bundwerk. Der Eingang ist meist draufenseitig, die Altane im Obergeschoß des Wohnteiles ist weitgehend verschwunden oder zu einem kleinen Balkon zusammengeschrumpft« (Fehn 1957, S. 69).

Im Jahr 1895 besucht *Dr. Karl Zettel*, Kgl. Gymnasialprofessor a.D., Seeon, der in Zusammenarbeit mit Felix Dahn das Werk »Bayern – unser Panier! Ein vaterländisches Buch« herausgibt. Er schreibt über Seeon: »Durch mehrere Gänge gelangen wir in das ehemalige Kloster selbst, welches aus den stattlichen Prälatenzimmern und etlichen 50 Zellen besteht. Ein besonderes Interesse weckte mir der sogenannte schwarze Saal, ein mächtig großes Gevierte mit schwarzgebeizter Holztafeldecke, in welchem die Bildnisse der Äbte, wohl alle im Auftrag des Klosters nach alten Bildern und Beschreibungen von einem und demselben Maler hergestellt, neben- und übereinander die Wandflächen einnehmen... Sie haben aber auch ein gar zu trauriges Geschick zu erdulden. Während sie über dickbäuchigen Volianten und mächtig langen Pergament- und Papierrollen brüten, am Globus herumzirkeln oder in frommsinnigen Betrachtungen vertieft oder gar in ekstatischen Zustand versetzt sind, trampeln die Dienstmägde des Badehotels über den Boden, um die Tisch- und Bettwäsche des Hauses zum Trocknen aufzuhängen. Noch vor etlichen Jahren hingen die Bildnisse der Bleichgesichter in den Korridoren über den Türen der Fremdenzimmer, der früheren Zellen, in Stuckrahmen eingepreßt. Zartnervige Dämchen und Herrchen mit lahmer Lende konnten die schwarzen Gestalten nicht länger mehr über den Eingängen zu ihren Kemenaten sehen, ohne ein gelindes Gruseln zu verspüren, und so mußten denn alle zu schweigsamer Todesgemeinschaft im schwarzen Saale zusammenrücken. Was mag ihrer noch warten? Wer weiß, ob sie nach einigen Dezennien nicht in verschiedenen städtischen Trödlerbuden oder auf Tändlermärkten zwischen verrosteten Eisenpfannen oder verstaubten Teppichen gespenstisch hervorlugen?« (Zettel 1895, S. 172ff; Anm. des Verfassers: An dieser Stelle sieht der Herr Gymnasialprofessor a.D. tatsächlich zu schwarz. Die Äbtebildnisse konnten durch die Gemeinde Seeon-Seebruck von Kloster Ettal zurückgekauft und wieder ihren ursprünglichen Plätzen zugeführt werden).

Eingriffe in die Landschaft, Natur- und Landschaftschutz

»Im 19. Jahrhundert wurde auch eine Nutzung der Moore versucht, und zwar zuerst im Bereich der großen Hochmoore zwischen Chiemsee und Seeoner See. 1852–1854 verkaufte der Bayerische Staat zu billigen Preisen Teile des Weit- oder Freimooses (östlich von Eggstätt), des Burghamermooses (im Nordwesten von Seebruck), den Bansee und die Pavoldinger Filze, insgesamt eine Fläche von rund 3.000 Tagwerk, an die umliegenden Bauern. Die Regierung ließ in den Mooren die Hauptentwässerungsgräben anlegen, die teils in den Chiemsee oder in die Alz, vor allem aber nach Norden in die Ischler Ache führen. Die Kosten schoß die Regierung vor und legte sie anteilmäßig auf die Eigentümer der erworbenen Flächen um. Man hoffte, die Filze durch zweckmäßige Kulturmaßnahmen in nutzbare Wiesen, zum Teil auch in Wald, ja selbst in Ackerland umwandeln zu können. Auch die Streu und der Torf wurden als wertvoll für die bäuerlichen Betriebe erachtet. In den Jahren 1915 bis 1921 wurde auch die Ischler Ache reguliert.

Während dieses Latschendickichtmoor durch Versumpfung über Tonboden sich bildete, handelt es sich bei der Umrandung der Seeoner Seen um typische Verlandungsmoore. Auch in diesen Verlandungsflächen sind menschliche Eingriffe erfolgt. Von der Anlage des Hauptentwässerungsgrabens im 17. Jahrhundert, der die Seen miteinander verbindet und sie dadurch in den Klostersee entwässert, wurde schon berichtet. Wesentlich später, erst seit dem 19. Jahrhundert, wurden weitere Gräben gezogen. Insgesamt ist der menschliche Eingriff in die Moor- und Seelandschaft verhältnismäßig gering. Um weitere Veränderungen hintan zu halten, wurden die Seeoner Seen einschließlich des Klostersees zum Landschafts-Schutzgebiet erklärt. Es ist zu hoffen, daß die geomorphologisch so interessante Landschaft auch hinsichtlich ihres Pflanzen- und Tierbestandes, vor allem aber in ihrer landschaftlichen Schönheit erhalten bleibt. Sie wird sicher auf viele Jahre hinaus ein lohnendes Studienobjekt für die biologische Station sein, die Prof. Woltereck 1926 in Neubichl erbaute und die nach seinem Tode vom Bund Naturschutz in Bayern unter Leitung von Prof. Geßner weitergeführt wurde. Seitdem wurden dort zahlreiche Kurse für Studenten, Junglehrer und Laien abgehalten und dadurch manche pflanzen- und tiergeographische Besonderheit dieser einzigartigen Seen- und Moorlandschaften erforscht« (Fehn 1957, S. 76ff).

Durch die Errichtung der Limnologischen Station des Zoologischen Instituts der Ludwig-Maximilians-Universität München im Jahre 1970 in der alten Volksschule Seeon konnten diese Arbeiten konsequent fortgesetzt werden. »Im Jahr 1990 wiederholt sich zum zwanzigsten Male der Tag, an welchem in Seeon nach langer Pause wieder mit limnologischer Forschung begonnen worden ist. Anfangs war es noch ausschließlich eine aus Neugier motivierte Grundlagenforschung. Immerhin ist es in der zurückliegenden Zeit gelungen, mehrere Forschungsaufträge zu erhalten und erfolgreich abzuschließen. Schließlich konnte auch einiges bei der Durchsetzung ökologischer Sachverhalte erreicht werden. Wenn wir hier und dort mithelfen konnten, ein ökologisch wertvolles Gebiet unserer Landschaft unter Naturschutz zu stellen, Biotope vor der unmittelbaren Zerstörung zu retten , zu erweitern oder neu anzulegen, für vorsichtigeres Düngen und reduzierten Einsatz von Xenobiotika zu plädieren, so sind das freilich immer nur winzige Schritte gegenüber dem allgemeinen Trend der Zerstörung hier und überall auf der Welt. Wichtig ist aber, daß jeder an seinem Platz seinen Beitrag leistet. Wurden wir Limnologen anfangs in Seeon noch eher als ›etwas weltfremde Wasserforscher‹ eingestuft, die sich in irgendeiner Form mit diesen oder jenen Organismen beschäftigen, so gelten wir heute als engagierte Mitstreiter in der Auseinandersetzung um die Erhaltung unserer Umwelt« (Siebeck 1990, S. 6). Daß ein Großteil der Seeoner Seenplatte einschließlich des Westteils des Klostersees seit 1985 unter Naturschutz steht, kann mit als ein Verdienst der Seeoner Limnologen angesehen werden. Als Schutzzweck wird in der Verordnung vom 3. 12. 1984 der Regierung von Oberbayern festgelegt,

– eine reizvolle Eiszerfallslandschaft mit hervorra-

gender Naturausstattung, die das größte zusammenhängende Gebiet dieser Art im Landkreis Traunstein darstellt, zu schützen,
- den zahlreichen und zum Teil seltenen Tier- und Pflanzenarten die erforderlichen Lebensbereiche zu sichern und Störungen von ihnen fernzuhalten,
- die entstehungsgeschichtlich bedingte natürliche Eigenart des Gebietes zu bewahren und dessen natürliche Entwicklung zu gewährleisten,
- ein ökologisches Ausgleichs- und Rückzugsgebiet in einer sonst weitgehend landwirtschaftlich intensiv genutzten Landschaft zu erhalten.

Literarische Impressionen aus dem 20. Jahrhundert

»Das stille Inselkloster im Seeoner See war durch alle Jahrhunderte nach dem Sinn des erlauchten Stifters eine Zentrale des wirtschaftlichen Lebens geblieben. Aber die Mönche, die den Boden bebauten, verstanden es noch besser, in den Herzen der Menschen und in den Sternen zu lesen. Natur- und Geisteswissenschaft hatten in den Klostermauern in Seeon eine Heimstätte gefunden. An den Kunstschöpfungen der Vergangenheit erfreut sich heute noch das Auge des Forschers. Wer je einmal das nördliche Gelände des Chiemsees durchwandert, plötzlich von den Höhen aus den einsamen, stillen See von Seeon mit seinem reichen Schilf und den melancholischen Seerosenblättern zwischen Hügeln eingebettet vor sich ruhen sieht, wer den alten Steg entlang oder auf dem Damm, der jetzt anstelle der alten Brücke die Insel mit dem Festlande verbindet, das ehrwürdige Heiligtum betritt, den umfängt der stille, heilige Friede trauter Weltabgeschiedenheit, den grüßt aus alten Marmorsteinen der Genius vergangener Jahrhunderte – und Geist und Herz schwelgen im Genusse einer gesunden, machtvollen, auf dem Boden des Christentums erblühten Kultur« (Doll 1912, S. 69).

Auf seinen Wanderungen durch den Chiemgau besucht *Josef Hofmiller* auch Seeon. »Die alte romanische Basilika von Seeon liegt reizend mit ihrem Stufenaufgang zwischen niedrigen Häuschen und Schloß, dahinter der schlichte Kirchengiebel: Portal, Madonnenstatue und Fenster, übereinander, und die zwei alten achteckigen Türme mit ihren Hauben, die an den Turm von Frauenchiemsee erinnern. Aber innen ist sie ein geschichtlich anziehendes, aber künstlerisch unerfreuliches Gemisch: spielerische spätgotische Gewölbe, an einer Wand eine blasse Spur mittelalterlicher Fresken, eine gotische Flachkuppel, wenigstens fürs Auge, alles barockisiert, die Farben nicht ohne Reiz, braune Rokokobeichtstühle, hilflose moderne Altäre, der übliche miserable Fabrik-Kreuzweg, zopfige Orgelbrüstung, die romanischen Säulen viereckig übermörtelt, barock übermalt, weiß überkalkt. Am einheitlichsten wirkt der romanische Vorraum mit vorzüglichen Grabplatten aus Salzburger Marmor, wie allerorten im Rupertigau, wahre Meisterwerke darunter – wer sammelt sie, wer gibt sie heraus?« (Hofmiller 1921, S. 20).

»Der letzte Besitzer der umfangreichen Gebäulichkeiten war der vielgenannte Herzog von Leuchtenberg, der im Weltkrieg von sich reden machte. Da Geldmittel fehlen, ist das umfangreiche Bauwerk, in dem zeitweise auch ein Schwefelbad und eine Pension betrieben wurden, nicht mehr im besten Stande. In der Pfingstwoche dieses Jahres werden drei große Pontifikalmessen unter Anwesenheit großer Würdenträger im uralten Gotteshaus abgehalten werden. Nicht einfach ist Seeon zu erreichen: Aber dem Wanderer dankt es seinen Besuch mit der Erinnerung an ein wundersames Stück deutscher Landschaft, in ihrer vollkommenen Geschlossenheit und

ruhigen Schönheit, jedem unvergeßlich, der Sinn für Natur hat« (Anderl 1933, S. 175).
Benno Hubensteiner schildert uns schon 1950 einen Aufenthalt in Seeon: »Zwischen weichem Ufergelände, zwischen Schilf und Moos, ein versandender See. Und mitten im seichten Wasser treibt die Klosterinsel wie ein flaches Medaillon: Gründunkle Bäume, helle Gebäudeflügel, davor, einprägsam und beherrschend, die zwei grauen Achtecktürme des Münsters. Das ist Seeon, das Kloster ›bei den Seen‹, wie der althochdeutsche Name sagen möchte... Aber schon geht's dem Abend zu, wo die kleinen Formen des Tages auslöschen und nur die großen Linien bleiben. Etwa ein Umriß von der verhaltenen Kraft der beiden Achtecktürme drüben auf der Klosterinsel. Und ein leiser Wind hebt an, spielt mit der Wasserfläche, treibt ein paar Seerosenblätter vor sich her. Seeon: Es ist ein Bild voll Gesättigtheit und Reife, herb und zugleich wieder voll versponnener Schönheit. Und was sind hier schon tausend Jahre? Sind sie nicht wie eine Nachtwache oder wie der Tag, der eben vergangen ist?« (Hubensteiner 1950).
»Der Konventbau ist heute, 1957, frisch geweißt. Die schwarzen Rußflecken sind von der Wand verschwunden und die zahlreichen Ofenröhren dazu; fast aus jedem Fenster hat eine ins Freie gesucht. Gewohnter Anblick in den Jahren nach dem Krieg. Die Notherde sind auf den Speicher gekommen oder von denen mitgenommen worden, die anderswo ihr Unterkommen gefunden haben. Das große Haus ist heute von Flüchtlingen leer« (Huttner/Graßmann 1975, S. 52).

In einem Tonbild des Bayerischen Rundfunks haben Robert Münster und Eberhard Dünninger 1963 im Rahmen einer Darstellung der musikalischen Tradition des Klosters auch auf seine Einbettung in die Landschaft hingewiesen: »Das Kloster Seeon im Chiemgau führt in seinem Wappen das Blatt einer

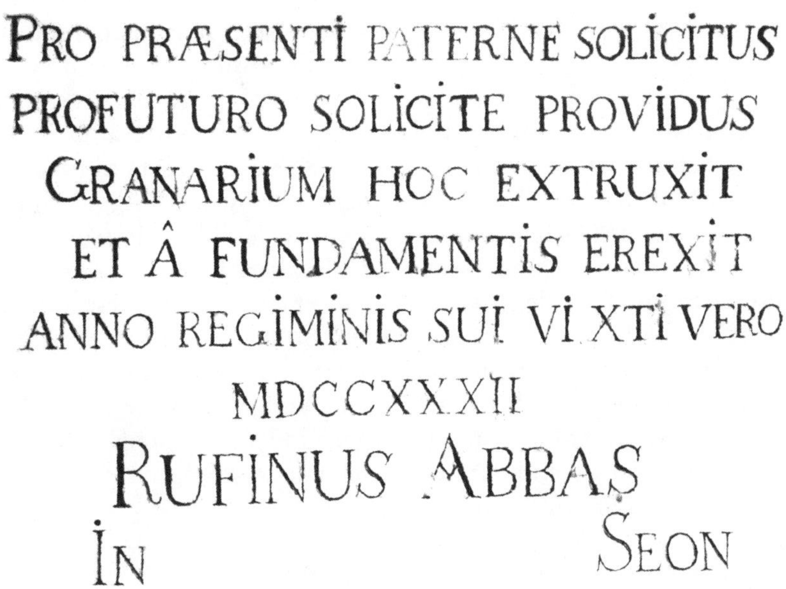

7
Seeoner Getreidekasten von 1732, erbaut unter Abt Rufinus Mayr (1727–1753). Inschriftplatte (Gebäude jetzt als Hotel umgebaut)

Seerose: eine geschwungene Ranke erhebt sich auf weißem Grund, und von ihr neigt sich nieder das rote Blatt der Wasserrose. Es ist nicht nur ein sprechendes Wappen, wie es auch die nahe Abtei auf der Fraueninsel im Chiemsee zeigt, es ist ein Sinnbild wie der schöne Name des Klosters, in dem seine wasserumschlossene Lage anklingt – ›bei den Seen‹ hieß es einst – ein Symbol für die enge Verbindung von Landschaft und klösterlicher Siedlung« (Münster/Dünninger, 1963).
Aus unseren Tagen ist die Impression, die Ruth Rehmann von einem Besuch in Seeon wiedergibt: »Seeon ist anders. Von diesem Kloster im See, von der Anordnung der Bauten um die beiden gedrungenen Türme geht ein stiller, inständiger Zauber aus. Wünsche werden wach, die von der Hektik des Alltags immer wieder überrannt werden: einmal zur Ruhe kommen, bleiben, schauen, nachdenken, im Rhythmus des Stundengebetes mit sich und Gott und der Welt ins reine kommen« (in: Soika 1988, S. 73).

Ausblick

Die Landschaft von Seeon ist sowohl hinsichtlich ihrer Entstehung an der Nahtstelle von Inn- und Chiemseegletscher als auch in ihrer jahrhundertelangen Wechselwirkung mit dem Kloster zu einer »Klosterlandschaft« und zu einem Kleinod geworden, das sich für Einheimische und Fremde als schützens- und erhaltenswert darstellt. Daher sei dem Bayerischen Landesamt für Denkmalpflege das Schlußwort eingeräumt (Böttger, in: Wittmann 1982): Seeon ist das letzte annähernd vollständig erhaltene der großen Inselklöster im Voralpenraum. Dieser Bedeutung sollten sich alle bewußt werden, die jetzt über Maßnahmen entscheiden oder mitentscheiden an den überkommenen Bauten des Klosters selbst oder über Veränderungen der das Kloster unmittelbar umgebenden Landschaft mit ihren zur Gesamtanlage gehörenden Straßen und Wegen, Alleen, Wasserläufen und Kanälen, Grundstücksmauern, Kirchen, Kapellen, Wohn- und Wirtschaftsgebäuden.

Kloster Seeon war mit seinem umfangreichen Besitz an Land, Orten und Untertanen ca. 800 Jahre lang ein bedeutender politischer und wirtschaftlicher Faktor im Chiemgau, der im Laufe dieser Zeit die umgebende Kulturlandschaft entscheidend geprägt hat. Diese Prägung der Landschaft zu unverwechselbarer Eigenart ist ein weiterer wichtiger Teil der Klosteranlage, der hocheingeschätzt und sorgfältig bewahrt werden muß.
Zunächst fällt auf, wie Sakralbauten mit ihren Türmen (Walburgiskapelle, Mutter-Gottes-Kapelle von Breuhausen, Pfarrkirche in Niederseeon) aus wechselnden Blickpunkten zusammen mit den Türmen der Klosterkirche und der Dachlandschaft des Klosters die wichtigsten Akzente in dieser »Sakrallandschaft« setzen. Bei näherem Hinsehen zeigt sich, daß auch die Anlage aller Bauten sowie das Straßen- und Wegenetz auf das Kloster bezogen ist: Die frühmittelalterliche Klosteranlage richtet sich aus auf die viel ältere, bereits in römischer Zeit angelegte Straße Seebruck-Wasserburg, die hier der ehemaligen Uferkontur des (damals weit größeren) Sees folgt und wohl als Hinweis auf das Kloster, in diesem Bereich mit prachtvollen Alleebäumen bepflanzt ist. Zu dieser Straße orientieren sich auch die wichtigsten Wirtschaftsgebäude des Klosters aus barocker Zeit: Das vielgeschossige quergelagerte ehemalige Stallgebäude/Zehentstadel und der – ehemals außen bemalte – streng symmetrische Maierhof mit seinen

8 »Mozarteiche«

11 »*Klosterlandschaft*« *von Seeon. Luftbild 1993 (Klosteranlage noch eingerüstet)*

Vorhergehende Seiten
9 *Toteisloch beim Maierhof*
10 *Seeoner Klosterweinberg mit dem 1727 erstmals erbauten Sommerkeller*

axial angeordneten Durchfahrten. Das ebenfalls dieser Straße zugewandte ehemalige gotische Tor mit Zieraufsätzen, das die noch bestehende Bautengruppe bei St. Walburgis als eine Art »Vorwerk« des Klosters ausweist, ist auf der Ansicht von Wening 1720 noch erkennbar. Die Beziehung dieser Bauten (heute Pfarrhaus, Laden- und Wohnhaus) auf das Kloster wird aber auch ohne das Tor noch heute für jeden aufmerksamen Betrachter erkennbar. Besonders charakteristisch ist auch der Weinberg, dessen Bebauung noch immer dem Wening-Stich entspricht, mit dem ehemaligen Lagerkeller des Klosters für Bier und den noch heute erkennbaren ehemaligen Weinbauflächen, auf denen derzeit wieder ein kleiner Weingarten heranwächst.

Ein mittelalterliches Wegenetz hat sich nahezu unverändert im Bereich nordwestlich des Klosters, beidseitig der Römerstraße (nach Obing-Wasserburg) erhalten. Jahrhundertealte Eichen markierten hier Kreuzungspunkte, die auch bei Nacht, Nebel und Schnee erkennbar sind. Zu diesem Bereich gehören auch die von Abt Benedikt I., dem Fischersohn aus Pavolding, zu Beginn des 17. Jahrhunderts neu geschaffenen Verbindungsgräben vom Klostersee zum Jägersee und zu den benachbarten Seen, und der vom Kloster eigens angelegte und gepflegte Abflußgraben des Klostersees zum Eglsee.

Die nähere Umgebung des Klosters ist somit Teil der Klosteranlage und eine der ganz wenigen in solchem Umfang erhaltenen »Klosterlandschaften« in Bayern. Es ist daher Aufgabe aller verantwortlich Handelnden, nicht nur den Baukomplex auf der Insel, sondern den gesamten landschaftlichen Umgriff in seiner Bedeutung zu erkennen, zu pflegen und zu bewahren.

Abgekürzt zitierte Literatur

Anderl, Rudolf: Ein halbes Jahrtausend Seeon. Pfingstfahrt im stillen Chiemgau. In: Der Heimgarten 11/1933

Böttger, Peter: Die Klosteranlage von Seeon. In: Wittmann (Hrsg.), Festschrift Seeon 1982

Brugger, Walter: Seeon, Freilassing 1991

Buckler, Hans: Ihr Fischreichtum schien unerschöpflich. Viel Streit um die friedlichen Seen und harmlosen Wasser des ehemaligen Klosters Seeon. In: Der Heimatspiegel 4/1953

Buckler, Hans: Ein neu gehobenes einmaliges Dokument des Klosters Seeon. In: Der Heimatspiegel Nr. 7/1953

Doll, Johann: Seeon, ein bayerisches Inselkloster. Eine Studie zur Geschichte des Benediktiner-Ordens. München 1912

Drouin, Josephine von: Kurze Beschreibung des Bades Seeon's im Königlich-Bayerischen Isarkreise, nebst dessen Umgebungen mit geschichtlichen Erinnerungen. München 1835

Ebers, Edith: Das Gletschertor von Seeon. Morphologisch-quartiärgeologische Beschreibung des Seeoner Seengebiets im Chiemgau/Oberbayern. In: Die Landschaft von Seeon, Mitteilungen der Geographischen Gesellschaft, München 1957

Fehn, Hans: Die Entwicklung der Seeoner Kulturlandschaft seit 1800. In: Mitteilungen der Geographischen Gesellschaft, München 1957

Ganss, Ortwin: Geologische Karte von Bayern, 1:25 000, Erläuterungen zum Blatt Nr. 8040 Eggstätt; Bayerisches Geologisches Landesamt (Hrsg.), München 1983

Haderstorfer, Rudolf: Die Säkularisation der oberbayerischen Klöster Baumburg und Seeon. Die wirtschaftlichen und sozialen Wandlungen. Stuttgart 1967

Heimatbuch des Landkreises Traunstein, Töpfner (Hrsg.), I Historischer Teil, III Land und Volksthum, Traunstein

Hofmiller, Josef: Seeon, Baumburg, Rabenden. In: Wanderbilder und Pilgerfahrten, Leipzig [3]1938
Hubensteiner, Benno: Das Kloster bei den Seen. In: Inn-Salzach-Land 1950/12
Hubensteiner, Benno: Bayerische Geschichte, Jubiläums-Sonderausgabe, München 1980
Huttner, Karl und Graßmann, Günther: Land zwischen Salzach und Inn. Sechzig Kalenderblätter, München 1957
Lamprecht, Heinrich: Hofmarken und Bauernleben im Chiemgau. In: Heimatbilder aus dem Chiemgau 1926/1
Münster, Robert und Dünninger, Eberhard: Konzert in Seeon. Musikalische Tradition eines Chiemgauklosters. Hörbild, Bayerischer Rundfunk, 1963
Ortslexikon des Landgerichts Trostberg. In: Topographisch-Statistisches Handbuch des Königreichs Bayern nebst alphabetischem Ortslexikon, München 1867
Rathjens, Carl: Geomorphologische Beschreibung der Karte 1:10000 der Eiszerfall-Landschaft von Seeon. In: Mitteilungen der Geographischen Gesellschaft, München 1957
Regnauer, Alfons: Die Eiszerfallandschaft Seeon. Geologie und Hydrographie der Seen von Seeon. In: Jahresbericht 1975/76 Landschulheim Schloß Ising
Sandberger, Adolf: Das Kloster Seeon. Historische Einführung. In: Mitteilungen der Geographischen Gesellschaft, München 1957
Siebeck, Otto: Zwanzig Jahre Limnologische Station Seeon des Zoologischen Instituts der Ludwig-Maximilians-Universität München. Eine Dokumentation der »Gesellschaft der Freunde und Förderer der Limnologischen Station Seeon, der Ludwig-Maximilians-Universität München e. V.«, München 1990
Siegert, Carl: Seon in Oberbayern einst Schloß, dann Kloster nun Curort mit Mineral-, Soolen- und Seebädern unter Rücksicht auf seine Umgegend geschichtlich und beschreibend dargestellt, München 1856
Soika, Christian: Bei uns. Geschichte und Kultur zwischen Chiemsee und Salzach, Traunstein 1988
Stetter, Gertrud: Bayern in alten Ansichten und Schilderungen, Sigmaringen (und München) 1971
Werner, Joachim: Bayerische Vorgeschichtsblätter, Heft 18/19, München 1951/52
Werner, Paul und Werner, Richilde: Vom Marterl bis zum Gipfelkreuz. Flurdenkmale in Oberbayern, Berchtesgaden 1991
Zettel, Karl: Bayern – unser Panier. Ein vaterländisches Buch, Regensburg 1895
Ziegler: Die Erd- und Landschaftsgeschichte des Landkreises Traunstein. In: Heimatbuch des Landkreises Traunstein, I, Historischer Teil

Mönchtum und Kultur

Die frühmittelalterlichen Grundlagen

Friedrich Prinz

Das alte Bayern, dessen geistliche Organisationsform das Erzbistum Salzburg gewesen ist, hat eines mit der Ile de France, dem kulturellen Herzstück des mittelalterlichen Frankreich, gemeinsam: Beide Regionen sind seit der Frühzeit die dichtesten Klosterlandschaften des kontinentalen Europa, denen seit dem Hochmittelalter nur noch das cluniazensische Burgund als typisch monastische Region an die Seite gestellt werden kann. Altbayern wurde dadurch dauerhaft geprägt, denn noch bei der Säkularisation des Kirchenbesitzes im Jahre 1803 war mehr als die Hälfte des Grundbesitzes in geistlicher, vor allem klösterlicher Hand; Abteien und Stifte waren bis dahin die wichtigsten Träger von Landeskultur, Bildung und Wissenschaft in Altbayern.[1]

Die Spuren der Vergangenheit sind nicht erloschen, das Werk vergangener Generationen ist nicht verschwunden und nicht zerstört, wenn es nicht in unserer Generation von technikbesessener Zerstörung der Schöpfung vernichtet wird. Wer die hinreißend schöne Landschaft des Voralpenlandes – das »Land vor den Bergen«, wie es Benno Hubensteiner genannt hat[2] – nur einigermaßen kennen- und damit lieben gelernt hat, der sollte auch wissen, daß die Schönheit dieses Landstrichs zum großen Teil durch die unermüdliche Rodungs- und Kulturarbeit der Klöster entstanden ist, jener Klöster, die seit dem 7. und 8. Jahrhundert am Alpenrande entstanden und die aus unwegsamer Wildnis und Öde einen Garten Gottes, Urbild des Paradieses, erschufen und ihn durch die Jahrhunderte hegten, pflegten und ins Hochgebirge hinein erweiterten. Die karolingischen Könige und Kaiser, die agilolfingischen Herzöge Bayerns und der Adel des Landes haben durch reiche Landschenkungen an Klöster zum Entstehen der malerischen monastischen Kulturlandschaften Bayerns beigetragen. So entstanden im Frühmittelalter bedeutende Klöster und Stifte, wie Schäftlarn, Tegernsee und Schliersee, Benediktbeuern, Kochel und Wessobrunn; desgleichen die Klöster im Donautal, wie Weltenburg, Niederalteich, Metten, St. Emmeram in Regensburg, aber auch heute in Österreich liegende Stifte, wie Mondsee, Mattsee und Kremsmünster.[3]

Karl der Große fand in Bayern bereits eine blühende Klosterlandschaft vor, als er 788 Herzog Tassilo III. absetzte, zur Klosterhaft auf Lebenszeit verurteilte und das Herzogtum endgültig seinem fränkischen Großreich – der Keimzelle Europas – einverleibte. In diese geistliche Landschaft ist auch das hochmittelalterliche Kloster Seeon eingebettet, das mit der zweiten monastischen Gründungswelle im Zeitalter der Kirchenreform entstand. Auch diese Epoche hat das geistliche Antlitz Bayerns tief geprägt.[4]

Der St. Gallener Klosterplan, wohl um 820 in dem Reichskloster Reichenau im Bodensee gezeichnet, zeigt uns den Typus eines Großklosters der Karolingerzeit, gewissermaßen als Muster für Anlage und

Ausbau aller frühmittelalterlichen Benediktinerklöster.[5] Vermutlich handelt es sich um einen Idealplan, der im Zuge der karolingischen Klosterreform am Kaiserhof in Aachen entwickelt wurde. Es ist wirklich eine geistliche Stadt, die uns dieser Plan zeigt – eine Stadt, mit Schutzmauern umgeben, ein Kosmos von Gebet, Arbeit, Forschung und Kunst, in dem Geistliches wie Weltliches eng miteinander verbunden waren. Hier Mönchszellen, Kreuzgang und Heilkräutergarten – dort die Küche, Vieh- und Hühnerställe, hier Schülerseminar, Abtwohnung und Kapelle – dort das Palatium für den König und sein Gefolge; hier Sakristei und Friedhof – dort Werkstätten, Rüstkammern, die Brauerei, die Bäckerei sowie Wassermühlen für das Klostergetreide und das Korn der zinspflichtigen klostergrundherrschaftlichen Bauern. Vergessen wir auch nicht, daß ein Kloster als Vorratszentrum mit Krankenhaus, Apotheke und Armenversorgung zugleich die erste Entwicklungsstufe dessen war, was man heute soziale Fürsorge nennt! Architektonisch gleichsam ausgefaltet, finden wir fast alle Aufgaben und Lebensbereiche monastischen Daseins und dessen Verbindung zur Welt dargestellt. Die geistliche Stadt des St. Gallener Klosterplans – nach dieser Musterzeichnung sind wohl viele karolingische Klöster des 8./9. Jahrhunderts gebaut worden – war aber undenkbar ohne ausgedehnte, effiziente Grundherrschaft.[6] Die klösterliche Grundherrschaft mit ihren Knechten und Mägden, ihren oft Tausende zählenden Frondienstleistenden und abgabepflichtigen Bauern, mit ihren Mühlen, Werkstätten und Fischteichen war der notwendige solide Unterbau, auf dem sich kulturelles Leben erst entfalten konnte. Zu einem richtigen Kloster gehörte neben Kirche, Kreuzgang, Mönchszellen und Refektorium vor allem auch eine Schule, in der zwar in erster Linie monastisches Leben – conversatio – gelehrt wurde, aber auch Schreiben, Lesen, Musik, Mathematik, Astronomie und nicht zuletzt natürlich Theologie: die Heilige Schrift und die Schriften der Kirchenväter. Die Münchner Staatsbibliothek, aber auch Bamberg und andere Bibliotheken, besitzen Tausende wertvoller Handschriften aus bayerischen Klöstern, die am Beginn des 19. Jahrhunderts im Zuge der Säkularisation den Klöstern entrissen wurden, darunter viele kostbare Handschriften mit wundervollen Miniaturen und Initialen aus Tegernsee, Benediktbeuern, Seeon, Chiemsee, aus Freising, Regensburg, Niederalteich, Metten und anderen Zentren monastischer Kultur. Die Kunst hatte in den Klöstern ihre Heimstatt, sie wuchs aus der reichen Bilder- und Gleichniswelt der Heiligen Schrift. An Klosterbauten entfalteten sich die mittelalterliche Architektur – die sakrale ebenso wie die weltlich-repräsentative – und der Zweckbau; man denke etwa an Benedikts Urkloster Subiaco östlich von Rom mit seinen herrlichen Fresken, an das cluniazensische Vézelay in Burgund, dieses einzigartige Juwel monastischer Kirchenbaukunst, oder an die mächtigen Gebäudekomplexe von St. Emmeram in Regensburg. Aber auch die Kleinkunst fand in Klöstern sorgfältige Pflege: Man verfertigte goldverzierte, mit Elfenbeintafeln geschmückte Buchdekkel, köstliche Altargeräte, plastischen Schmuck in den Abteikirchen. Die Baukunst selbst erreichte nach der Antike wiederum eine erste Blüte. Die gewaltige Kirche, die der irische Abt und Salzburger Bischof Virgil, ein Gegner des heiligen Bonifatius, als Salzburger Domkloster erbaute und die 774 geweiht wurde, war einer der größten Kirchenbauten nördlich der Alpen überhaupt, größer als der Bau des merowingischen und karolingischen Königsklosters St. Denis bei Paris.[7]

Mit Virgil von Salzburg begegnen wir einem besonders markant entwickelten Zweig des abendländischen Mönchtums auch in Altbayern: Seit dem Ende des 6. Jahrhunderts kamen immer wieder irische Mönche auf den Kontinent, als Missionare, als Lehrer, später als Gelehrte am Hofe Karls des Großen und dann, seit dem Hochmittelalter, auch in die Klöster der aufblühenden Städte, etwa St. Jakob in Regensburg. Irland wurde bekanntlich nie von Rom okkupiert und behielt daher auch – anders als das vorgermanische England – seine eigenartige keltische Stammesverfassung. Seit dem 5. Jahrhundert setzte mit dem heiligen Patrick die Bekehrung der »grünen Insel« zum Christentum ein, und so wurde Irland zwar stark von der spätantik-christlichen Kultur der Mittelmeerwelt geprägt, nicht aber von der politisch-militärischen Staatsorganisation des Imperium Romanum. Deshalb entwickelte auch dieses Land am äußersten Rande der zivilisierten spätrömischen Welt wegen seiner Clan-Verfassung den Typus des »Familienklosters«, das heißt Angehörige der Häuptlings- oder Kleinkönigsfamilie wurden Äbte und Äbtissinnen, Mönche und Nonnen in den klösterlichen Zentren der jeweiligen Stammesregionen. Damit wurden diese Klöster auch die kultischen Mittelpunkte der einzelnen Clans: Das war die Vorform des adeligen Eigenklosters, wie es sich unter irischem Einfluß seit dem 6./7. Jahrhundert überall auf dem Kontinent entwickelte. Ragende Figur irischer Mission auf dem Kontinent war der heilige Columban. Er starb 616 – vertrieben von der Burgunderkönigin Brunhilde – im oberitalienischen Kloster Bobbio an der Trebbia, seiner letzten Gründung. Sein wichtigstes Kloster hatte er aber schon zuvor im burgundischen Luxeuil gestiftet, und von Luxeuil aus hatten seine Schüler Mitte des 7. Jahrhunderts wohl das Kloster Weltenburg am Donau-Durchbruch bei Kelheim ins Leben gerufen. Columbans zahlreiche Klostergründungen im Frankenreich waren nach einer Mischregel organisiert, in der die Regel Benedikts mit der Regel Columbans – einer sehr strengen Regel – verbunden war.

Ende des 7. Jahrhunderts dürfte auch der Ire St. Kilian in Mainfranken das Evangelium gepredigt und dann den Märtyrertod erlitten haben. Auf jeden Fall trugen irische Mönche die Klosterkultur, die in der Spätantike als radikal-asketische, christliche Gegenkultur gegen die sinnliche römische Stadtzivilisation entstanden war, in die ländlichen Regionen Mittel- und Nordeuropas. Dies taten nach ihnen im 8. und 9. Jahrhundert auch angelsächsische Mönche.[8] Jetzt erst, im 7., 8. und 9. Jahrhundert, entsteht das große europäische Landkloster, das durch Schenkungen des Königs und des Adels zu reichem Grundbesitz kommt und damit auch zur Herrschaft über Land und Leute: um ein paar Beispiele zu nennen: St. Germain des Prés– heute in Paris liegend – hatte im 9. Jahrhundert etwa 20000 Bauernhöfe; die Karolingerstiftung Prüm in der Eifel, Kloster Lorsch bei Worms und Kloster Fulda, eine Stiftung des heiligen Bonifatius und seines bayerischen Schülers Sturmi, besaßen ebenfalls große Ländereien und Tausende von Hörigen von der Nordsee bis zum Alpenrand.[9] In Bayern waren Benediktbeuern, Tegernsee und St. Emmeram in Regensburg solche Großklöster, die Zentren der Kultur wie der Rodung geworden sind.[10]

Ein Kloster, das war sicherlich in erster Linie ein religiöses, ein kultisches Zentrum, Ort der Askese als einer strengen Form der Nachfolge Christi, Stätte des gemeinsamen Lebens und gemeinsamen Gebetes der Mönche nach der Regel Benedikts: ein unblutiges Martyrium als Lebensform. Ein Kloster war aber auch oft Grablege und zumeist auch Eigentum einer Adelsfamilie, des bayerischen Herzogs oder des karolingischen Herrschers oder eines adeligen Spitzenahnen, wie bei Graf Aribo in Seeon. Es diente auch als Pfalzort für den Herrscher, und war als Pfalzort wichtiger, meist befestigter politisch-militärischer Stützpunkt. Es hatte für den Fürsten Truppen und Geld für dessen Feldzüge zu stellen. So nennt das berühmte Reichsklosterverzeichnis Kaiser Ludwigs des Frommen vom Jahre 819 drei Gruppen von Klöstern, die dem Herrscher je nach ihrer Leistungsfähigkeit Truppen aufzubieten hatten, Geldabgaben leisten mußten oder auch »nur« für den Kaiser und seine Familie beten sollten. Gebete der Mönche – das war aber für das religiöse Gefühl des Mittelalters – und nicht nur des Mittelalters – eine äußerst wirksame Hilfe in Kampf und Krieg, genauso real wie Waffen und Geld! Und der Kaiser forderte sie als Pflicht der Mönche, als religiösen Schutz regelmäßig ein, als oratio pro rege oder pro imperatore.[11] Um dem Herrscher materielle Hilfe geben zu können, mußten die Klöster ökonomisch leistungsfähig sein. Als Wirtschaftszentrum mit einer ausgedehnten Grundherrschaft war eine Abtei zugleich Ausgangspunkt für den Landesausbau, die mittelalterliche Rodung, die unsere Kulturlandschaft hervorgebracht hat. Vom Alpenvorland ausgehend, erschlossen die Klöster auch die Gebirgsregionen und erlangten Kontrollfunktionen auf den Paßstraßen. Auch die Einführung moderner Agrarmethoden ging im Karolingerreich vor allem auf die Klöster zurück. Dort kannte man nämlich nicht nur die klassischen antiken Autoren: Vergil, Livius, Sueton und Tacitus, sondern neben antiker medizinischer Fachliteratur auch Standardwerke rationeller Landwirtschaft, die die Römer Columella im 1. Jahrhundert oder Palladius im 4. oder 5. Jahrhundert n. Chr. verfaßt hatten und die in den Klöstern des Frühmittelalters abgeschrieben und natürlich auch benutzt wurden.[12] In den Lebensbeschreibungen der Heiligen dieser kulturellen Pionierepoche des 7.–9. Jahrhunderts wird immer wieder begeistert geschildert, wie durch die Arbeit der Mönche und ihrer Grundholden aus Urwald, Einöde und Wildnis eine reiche, liebliche Kulturlandschaft mit Getreidefeldern, Obstbäumen und Fischteichen entsteht, kurz ein menschliches, man möchte sagen »umweltfreundliches« Paradies.[13] Es war jedoch kein schnurgerader Weg, der das Mönchtum aus dem ursprünglich radikalen Rückzug aus der Welt – nämlich in Wüsten, auf einsame Felsinseln oder in Einöden am Rande der Zivilisation – wieder in »die Welt« zurückführte. Das hing mit dem Wandel dieser einst verlassenen Welt zwischen Spätantike und Frühmittelalter zusammen; man kann ohne Übertreibung von einem völligen Szenenwechsel sprechen. Ursprünglich war ja mönchische Askese, das heißt das bewußte, »unblutige Martyrium« in der Nachfolge Christi, zugleich ein leidenschaftlicher Protest gegen die spätantike, erotisierte Großstadt- und Weltzivilisation gewesen, man kämpfte gegen die obszöne antike Literatur, gegen die lasziven Wandmalereien in römischen Villen, gegen das Treiben der Bordelle in den riesigen Badeanlagen, und man unterstrich diesen Protest dadurch, daß man die Welt der Bäder vermied und sich selbst in unscheinbarer, oft schmutziger Gewandung zeigte: Mönchtum war also eine echte Protestkultur, eine »Gegenkultur«. In der neuen Umgebung der germanischen Nachfolgestaaten des Imperium Romanum stellten sich aber den Mönchen mit Mission und auch mit der Bewahrung der christlichen Substanz in der Völkerwanderungsepoche ganz andere Aufgaben, die auch für sie eine Herausforderung bedeuteten. Es war kein Zufall, daß seit dem 6. und 7. Jahrhundert die Mönche vom Rande der Gesellschaft schrittweise in den geistig-politischen Mittelpunkt der fränkisch-merowingischen, später der karolingischen Kultur rückten: als Missionare bei den germanischen und dann bei den slawischen Völkern, als Lehrer und Erzieher der Söhne und Töchter des Adels in den Königs- und Adelsklöstern des Frankenreichs. Die Mönche verließen nunmehr die alten Stätten der Einsamkeit: die Wüstenklöster und Eremitensiedlungen, die einsamen Inseln, wie das berühmte Kloster Lérins bei Cannes.[14] Sie schickten sich an, Träger der christlichen Kultur in den neuen Reichsbildungen zu sein, aus denen sich das Abendland entwickeln sollte. Die

Mönche wurden Lehrer der neuen Völker, nicht nur im Geistigen, sondern auch in den praktischen Dingen des Lebens. Ihre ausgedehnten Grundherrschaften wurden zum Beispiel »Mustergüter« für effizientere Landwirtschaft: Sie führten die wesentlich ertragreichere Dreifelderwirtschaft anstelle der älteren Feld-Gras-Wirtschaft ein, so daß im christlichen Europa mehr Menschen besser ernährt werden konnten – ein wesentlicher Schritt zur künftigen Vorrangstellung unseres Subkontinents gegenüber anderen Kulturen. Die Mönche dienten Königen und Kaisern auch mit materiellen Leistungen aus den Erträgen ihrer Großgrundherrschaften, ferner auch als Ratgeber, als Gesandte und Gelehrte: Mit einem Wort, das Mönchtum wurde eine tragende Säule der gesamten Gesellschaftsordnung des Mittelalters. Das barg auch große Gefahren für das Selbstverständnis der Mönche in sich, und so erklärt es sich auch, daß das Mönchtum als asketische Lebensform in immer neuen reformerischen Anläufen um die Bewahrung und Erneuerung seiner christlichen Ursubstanz ringen mußte, nämlich um seinen tieferen religiösen Daseinszweck, daß es aber mit diesem ständigenKampf um die Erhaltung seines metahistorischen Wesensgrundes gleichzeitig immer wieder die Gesamtgesellschaft »im Nebenschluß« selbst mit umformte, beeinflußte, veränderte und ihr strengere Normen der Sittlichkeit, des Verhaltens und der religiösen Selbstkritik aufprägte.

Ein weiteres wichtiges Moment trat aber hinzu. Seit Papst Gregor der Große am Ende des 6. Jahrhunderts vor allem im mittel- und nordeuropäischen Raum dem Mönchtum die große Aufgabe einer Universalmission unter den heidnischen Germanen stellte,[15] wandelte sich mit dieser Missionsarbeit auch das benediktinische Selbstverständnis, ohne daß es dabei seinen asketischen Wesenskern aufgegeben hätte. Als Glaubensverkünder betraten die Mönche jetzt weite Gebiete ohne schriftliche Kulturtradition, ja, sie wurden dort die ersten Träger und Vermittler geistlich-literarischer Kultur, einer Buchkultur überhaupt. Damit verließen sie aber auch ihre ursprüngliche rigoristische Segregation und Abkehr von »der Welt«, die für die ersten Jahrhunderte des Mönchtums bis hin zu Benedikt so wesensbestimmend war. Die benediktinischen Mönche mußten sich durch den Missionsauftrag auf die Welt einlassen, sie formten und prägten jetzt die heidnische, ländliche Welt. Daß dies neue Probleme schuf, liegt auf der Hand. In den Briefen des heiligen Bonifatius, der die neue Kirchenorganisation des agilolfingischen Bayern schuf, klingt immer wieder die Sehnsucht nach der ursprünglichen asketischen Abkehr von der Welt hindurch – vita activa und vita contemplativa können offenbar nicht immer in ein harmonisches Verhältnis zueinander gebracht werden.[16]

Missionsauftrag und mittelalterlicher Landesausbau als neue mönchische Aufgabe zeitigten auch Folgen für das Kulturbewußtsein im engeren Sinne. In einer Umgebung, in der ein Mönch oft der erste und einzige Träger von literarischer Kultur war, mußte die Bildungsvermittlung von selbst einen ganz anderen Stellenwert erhalten als zuvor im Ambiente einer noch einigermaßen intakten antikchristlichen Weltzivilisation. Erst eine solche Zeit, die den chronologischen wie räumlichen Zusammenhang mit der Spätantike weitgehend verloren oder nie besessen hatte und in der daher auch das Mönchtum keine radikal-asketische Gegenposition gegen eine immer noch mächtige weltliche Bildungstradition einzunehmen gezwungen war, erst dann also, als Kirche und Kloster zwangsläufig ein Bildungsmonopol hatten, konnte wiederum eine unbefangenere Zuwendung zur antiken Kultur und ihren literarischen Zeugnissen erfolgen. Es ist daher kein Zufall, daß sich zuerst die irischen und dann die angelsächsischen und fränkischen Mönche schon sehr früh für klassische antike Literatur interessierten und daß sie in Italien und Südfrankreich antike Texte schon seit dem 7. Jahrhundert eifrig zu erwerben suchten. Im späten 8. und vor allem im 9. Jahrhundert setzte dann in monastischen Kreisen geradezu eine Jagd nach antik-heidnischen Autoren ein. Die Reichenau, St. Gallen, Murbach und besonders Lorsch und Fulda bewahrten im deutschen Sprachraum manche antiken Texte. Im Briefwechsel des Abtes Lupus von Ferrières in Burgund haben wir ein beredtes Zeugnis für das Wiederaufleben klassischer Studien in dieser Zeit, dem wir den Namen »karolingische Renaissance« zu geben pflegen. Er – Lupus – spürte wie ein Humanist des 15. und 16. Jahrhunderts Handschriften antik-klassischer Texte durch ganz Europa nach.[17]

Die tiefgreifende, das gesamte Abendland prägende Kulturarbeit benediktinischen Mönchtums war keine Selbstverständlichkeit, sondern hat sich den Mönchen eigentlich gegen ihren asketischen Auftrag auf Grund eines völlig neuen historischen Umfelds gestellt: Kultur ist somit das Ergebnis einer langen Entwicklung, in der innere wie äußere Faktoren wirksam waren. Als innerer Faktor ist der neue, ganzheitliche Kulturbegriff zu nennen, wie ihn das vor- und frühbenediktinische Mönchtum aus christlich-asketischem Geiste entwickelt und gelebt hat. Aus diesem neuen, das gesamte Leben bestimmenden Kulturbegriff erwuchs ein neues, die gesamte europäische Zivilisation prägendes Arbeits- und Leistungsethos. Es beflügelte die Mönche der Rodungsklöster mit ihrem hervorragenden Anteil an der materiellen Landeskultur: geistlicher Impetus wurde zur kulturschöpferischen Tat.

Dem Auf und Ab der Zeiten konnte sich auch das Mönchtum als geistlich-asketische Gemeinschaft nicht entziehen. Das späte 9. und das 10. Jahrhundert gelten als ein Intervall und sogar als Epochen des Niedergangs, obwohl regional große Unterschiede hinsichtlich der kulturellen Kontinuität bestehen und beispielsweise Altsachsen von der militärischen, politischen und kulturellen Krise kaum betroffen war.[18] Nichtsdestoweniger kam es seit der zweiten Hälfte des 10. Jahrhunderts, nachdem die benediktinisch-anianische Klosterreform des 9. Jahrhunderts ausgelaufen war, zu einer bald das gesamte Abendland umfassenden Reform der Klöster, die zunehmend in eine Kirchenreform einmündete, die im 11. Jahrhundert kulminierte.[19] Auch das hochmittelalterliche Bayern wurde von diesen großen Bewegungen erfaßt und bildete schon früh ein bedeutendes Reformzentrum aus, das unmittelbar mit der Gründungsgeschichte des Klosters Seeon zusammenhängt: St. Emmeram in Regensburg.[20]

Bayern und Kloster Seeon

Kloster Seeon, kurz vor der Jahrtausendwende entstanden, ist die Gründung einer weitverzweigten Adelssippe, der Aribonen, die im 10. und 11. Jahrhundert im Herzogtum Bayern eine maßgebliche politische Rolle spielte.[21] Sie stellte im 10. Jahrhundert zwei Salzburger Erzbischöfe, nämlich Odalbert (923–935) und Egilolf (935–939), und hatte auch in den Salzburger Suffraganbistümern Regensburg und Freising großen Einfluß. Durch eine Heiratsverbindung erlangten die Aribonen die bayerische Pfalzgrafenwürde, die sie durch drei Generationen innehatten. Im Erzbistum Salzburg stifteten sie die Klöster Millstatt und Göß und ihr Hauskloster Seeon als Grablege ihres Geschlechtes.[22]

Seeons Vorgeschichte ist bereits mit den Aribonen eng verknüpft. Der Ort, der ursprünglich »Burgili« hieß, was auf eine burgähnliche Anlage verweist, taucht urkundlich erstmals 924 auf, und zwar aus Anlaß eines Gütertausches, den der Aribone Erzbischof Odalbert mit einer vornehmen Frau Rihni aus der Herzogsfamilie der Luitpoldinger vornahm.

Rihni war die frühere Gattin des Erzbischofs Odalbert, mit der er sechs oder sieben Kinder hatte. Vermutlich erfolgte die Trennung der beiden vor Empfang der höheren Weihen des Erzbischofs.[23] Welche Bewandtnis es mit diesem »auf Ersuchen und Befehl« Herzog Arnulfs erfolgten merkwürdigen Tausch zwischen dem Metropoliten und seiner ehemaligen Gattin hatte, kann hier beiseite gelassen werden;[24] für unser Thema ist jedoch wichtig, daß Rihni, eine Verwandte des Herzogs, ihren Besitz zu »Seuua« (Seeon) Odalbert übertrug und dafür einen sehr großen Besitz mit 18 Kirchen und Höfen und den Drittelzehnt von 9 weiteren Kirchen erhielt. Die bisherige Forschung sieht in diesem »Seuua« den Ort der späteren Klostergründung, da die Schutzurkunde Kaiser Ottos III. vom 15. April 999, ausgestellt in Rom für Kloster Seeon, diesen Ort genau beschreibt. Er sei einst Burgili, nun aber die Zelle des hl. Lantpert und Seeon (Xeuua) genannt. Diese Gleichsetzung beider Ortsnamen, d.h. deren Identität, ist neuerdings mit bedenkenswerten Argumenten angezweifelt worden.[25] Der erste Abt des Klosters, Adalbert (vor 999 bis nach 1001), kam aus dem einflußreichen bayerischen Reformkloster St. Emmeram in Regensburg.[26] Zentrum der von Gorze in Lothringen ausgehenden Reichsklosterreform war St. Maximin in Trier, von dem aus das Mauritius-Kloster in Magdeburg, St. Pantaleon in Köln, die Klöster Weißenburg, Echternach, die Reichenau, Ellwangen und viele andere Konvente reformiert und oft auch neu besetzt wurden. Aus St. Maximin berief Bischof Wolfgang von Regensburg 947 den Mönch Ramwold als Abt und Erneuerer des alten Reichsklosters St. Emmeram, das seinerseits u.a. St. Peter in Salzburg reformierte und um 994 Seeon als Filiation ins Leben rief.[27]

Die weltlichen Gründer, die durch Landschenkungen die materielle Basis des neuen Klosters sicherten, waren Pfalzgraf Aribo I. († nach 1020) und dessen Gattin Adala; es wurde als Doppelkloster gestiftet, d.h. für Mönche und Nonnen, wobei letztere auf einer kleineren, jetzt verlandeten Insel einen eigenen, der hl. Walburgis geweihten Konvent erhielten, während die Mönche auf der größeren Insel lebten.

Der Rang der Gründungsfamilie erhellt auch aus der Privilegierung des Klosters durch Papst Sylvester II., der auf Wunsch seines Freundes, Kaiser Ottos III., am 18. April 999 Papstschutz und freie Wahl von Abt und Klostervogt verlieh.[28] Die Aribonen, eine sowohl bayerische wie, nach ihrer älteren Herkunft, reichsfränkische Familie, sind im altbayerischen Bereich vorerst die einzige Adelssippe, die sich auf Grund der Freisinger Traditionen bis ins 8. Jahrhundert zurückverfolgen läßt, nämlich bis auf die Familie Bischof Arbeos von Freising.[29] Sie waren ein Familien-Clan, der sich später um das bayerische Pfalzgrafenamt von Hartwig I. (seit ca. 970) bis Aribo II. (bis ca. 1110) gruppierte und sich bei zahlreichen Klöstern im Sinne der hochmittelalterlichen Klosterreform engagierte. Neben Seeon, Göß und Millstatt waren dies Seckau und Michaelbeuern. Mitglieder der Familie besetzten mit Erzbischof Pilgrim (1021–1036) und Aribo (1021–1031) die kirchlichen Metropolen Köln und Mainz, aber auch Aquileja und die Bistümer Säben und Freising, vor allem jedoch das Erzbistum Salzburg seit Pilgrim und Odalbert.[30]

Anders als in der Agilolfinger- und Karolingerzeit waren seit dem 10. Jahrhundert weniger der König oder Herzog maßgeblich an Klostergründungen beteiligt, sondern vor allem der Hochadel, das heißt die sich damals herausbildenden Dynastenfamilien. Ungeachtet des Kampfes, den das Reformmönchtum seit dieser Epoche um Vogtfreiheit und päpstlichen Schutz der Klöster vor weltlichen Eingriffen führte und damit gegen das Eigenklosterwesen alten Stils, war der Adel überall die treibende Kraft des monastischen Aufschwungs im Hochmittelalter. Die Grafen von Andechs stifteten Dießen und Attel sowie das

Benediktinerinnenkloster Hohenwart bei Schrobenhausen. Die Ebersberger gründeten neben ihrem Hauskloster Ebersberg die Konvente in Kühbach und Geisenfeld, die Welfen Rottenbuch, Steingaden, Ranshofen und Altomünster; die Babenberger Melk, Klosterneuburg, das Wiener Schottenkloster, Heiligenkreuz im Wienerwald, Klein-Mariazell und reorganisierten 1157 Metten. Wittelsbachischen Ursprungs sind Scheyern, Indersdorf, Bernried und Ensdorf, während die Grafen von Sulzbach Berchtesgaden und Baumburg gründeten und die Vohburger-Diepoldinger Waldsassen und Reichenbach. Auch der Ursprung Seeons auf einem befestigten Platz (»Burgili«)[31] unterstreicht den Charakter der Gründung als adeliges Eigenkloster. Gerade in dieser Epoche der Reformgründungen ist auffällig, daß eine Reihe von adeligen Stammburgen in Haus- und Begräbnisklöster umgewandelt werden oder Klöster zusammen mit den Stammburgen entstehen. So im Falle von Klöstern wie Ebersberg und Baumburg sowie in Neuburg, Wilhering und Vornbach. Solche Klöster und Stifte auf einem adeligen »praedium libertatis« (Hantgemal), das heißt an einem Ort, an dem die Adelsqualität einer Familie hing, waren etwa Melk, Scheyern, Reichenberg am Inn, Mallersdorf, Kastl in der Oberpfalz, Windberg, Attel, Weyarn, Beuerberg und Biburg, desgleichen Klein-Mariazell in Niederösterreich.[32]

Dies war das herrschaftliche und kirchlich-monastische Umfeld, in dem sich Seeon entfaltete. Es war sicher eines der kleineren Klöster, aber dennoch trug es mit Besitzungen im näheren Umkreis und Tirol seinen Teil zur Kultivierung des Oberlandes bei. Auch zog es aus seiner offenbar ertragreichen Salzquelle in Reichenhall, die es gegen St. Zeno an demselben Ort in Prozessen verteidigen mußte, wesentliche Mittel zum Unterhalt der Mönche und Nonnen. Daher war das Kloster materiell in der Lage, für Kaiser Heinrich II. wertvolle Handschriften anzufertigen, wofür der Herrscher seinerseits durch Schenkung an das See-Kloster beitrug.[33] Die heute scheinbar so idyllische, ja einsame Lage darf nicht darüber hinwegtäuschen, daß es in einem für mittelalterliche Verhältnisse dichten Netz von Fernstraßen, Befestigungen, Kirchen und Siedlungen lag,[34] an deren Ausbau die Gründungsfamilie Seeons und deren Nachfolger, die Grafen von Wasserburg und schließlich seit 1247 die Wittelsbacher, maßgeblich beteiligt waren. Zweifel an der Identität des Ortes »Burgili« und seiner Lambertkirche mit dem späteren Kloster Seeon sind unbegründet,[35] hingegen könnte man auf Grund des Terminus »cella« vermuten, daß es dort schon vor der von Regensburg aus besiedelten Reformgründung des Grafen Aribo (um 994) eine Mönchssiedlung gegeben hat. Dafür spräche auch das karolingische Lambertpatrozinium; doch mehr als eine Vermutung kann dies nicht sein. Als Siedlungsbeginn nimmt man das 8./9. Jahrhundert an.[36] Auffällig bleibt, daß der gesamte Raum zwischen Ebersberg, Wasserburg und Chiemsee schon seit der Agilolfinger- und Karolingerzeit herrschaftlich gut durchorganisiert gewesen sein muß.[37] Seeon ist damit nur sehr bedingt als eine Gründung »aus wilder Wurzel« zu bezeichnen, sondern seine Geschichte erweist sich als eng mit der politisch-herrschaftlichen Raumerschließung und -organisation des Frühmittelalters verknüpft, wie es dann auch seinerseits durch Rodung und Grundherrschaft die Voralpenregion zu jener schönen, parkartigen Ausgeglichenheit mitgeformt hat, die das »Land vor den Bergen« zu einem bewahrenswerten Juwel im Kranz deutscher Landschaften werden ließ.

1 *E. Weis*, Die Begründung des modernen bayerischen Staates unter König Max I. (1799–1825), in: *M. Spindler (Hg.)*, Hdb. der bayerischen Geschichte IV, München 1974, S. 3–86, bes. S. 39ff.

2 *B. Hubensteiner*, Land vor den Bergen, München ^{2}1979.

3 *F. Prinz*, Frühes Mönchtum im Frankenreich. Kultur und Gesellschaft in Gallien, den Rheinlanden und Bayern am Beispiel der monastischen Entwicklung (4. bis 8. Jahrhundert), München ^{1}1965, Darmstadt ^{2}1988.

4 *F. Prinz*, Die innere Entwicklung: Staat, Gesellschaft, Kirche, Wirtschaft, in: *M. Spindler (Hg.)*, Hdb. d. bayerischen Geschichte I, München ^{1}1967, München ^{2}1981, bes. S. 440ff.

5 *W. Horn, E. Born*, The Plan of St. Gall, 3 Bde., Berkeley, Los Angeles, London 1979; *K. Hecht*, Der Sankt Galler Klosterplan, Sigmaringen 1983.

6 Neueste Literatur zur klösterlichen Grundherrschaft b. *L. Kuchenbuch* u. *D. Hägermann* in: *F. Prinz (Hg.)*, Herrschaft und Kirche. Beiträge zur Entstehung und Wirkungsweise episkopaler und monastischer Organisationsformen, Stuttgart 1988, S. 297–343 u. 345–385; vgl. auch *W. Rösener, J.-P. Devroey, E. Thoen*, Art. »Grundherrschaft«, in: LexMA 4 (1989), Sp. 1739–1745.

7 *H. Sedlmayr*, Die politische Bedeutung des Virgildomes, in: Mitteilungen d. Ges. f. Salzburger Landeskunde 115 (1975), S. 145–160; *S. Haider*, Zur Baugeschichte des Salzburger Virgildomes, in: MIÖG 80 (1972), S. 35ff.

8 *F. Prinz*, Mönchtum (wie Anm. 3), S. 121ff, 194ff, 345ff; *A. Angenendt*, Willibrord im Dienst der Karolinger, in: Annalen d. Hist. Vereins f.d. Niederrhein 175 (1973), S. 63–113; vgl. allgemein: *ders.*, Das Frühmittelalter. Die abendländische Christenheit von 400 bis 900, Stuttgart 1990; *K. Schäferdiek (Hg.)*, Die Kirche des früheren Mittelalters (= Kirchengeschichte als Missionsgeschichte Bd. II,1), München 1978; *H. Löwe (Hg.)*, Die Iren und Europa im früheren Mittelalter, 2 Bde., Stuttgart 1982; *P. Ní Chatháin, M. Richter (Hg.)*, Irland und Europa, 2 Bde., Tübingen 1984/87; *J. Erichsen u.a. (Hg.)*, Kilian – Mönch aus Irland – aller Franken Patron, München 1989.

9 *A. Verhulst (Hg.)*, Le grand domaine aux époques mérovingienne et carolingienne, Gent 1985; *L. Kuchenbuch*. Bäuerliche Gesellschaft und Klosterherrschaft im 9. Jahrhundert, Wiesbaden 1978; *F. Hülsen*, Die Besitzungen des Klosters Lorsch in der Karolingerzeit, Berlin 1913 (Hist. Studien 104); *U. Weidinger*, Untersuchungen zur Wirtschaftsstruktur des Klosters Fulda in der Karolingerzeit, Stuttgart 1991; *H. Büttner*, Lorsch und St. Gallen, in: Lorsch und St. Gallen in der Frühzeit. Zwei Vorträge von Heinrich Büttner und Johannes Duft, hg. v. Konstanzer Arbeitskreis für mittelalterliche Geschichte, Konstanz/Stuttgart 1965, S. 5–20.

10 *F. Prinz*, Mönchtum (wie Anm. 3), S. 365ff u. 468f; *D. Lucas*, Der Anteil der Klöster Niederalteich und Metten an der Kulturlandschaft des bayerischen Waldes, in: Mitt. d. Geogr. Ges. München 40 (1955), S. 9–120; *G. Stadtmüller, P. Pfister*, Geschichte der Abtei Niederalteich, Augsburg 1971; *C. Rädlinger-Prömper*, St. Emmeram in Regensburg, Kallmünz 1987; abwegig: *L. Holzfurtner*, Gründung und Gründungsüberlieferung, Kallmünz 1984.

11 *F. Prinz*, Klerus und Krieg im frühen Mittelalter. Untersuchungen zur Rolle der Kirche beim Aufbau der Königsherrschaft, Stuttgart 1971, bes. S. 73ff.

12 Zwei erhaltene Handschriften des 9. oder 10. Jahrhunderts stammen wahrscheinlich aus Corbie in der Picardie oder Fulda. *Lucius Iunius Moderatus Columella*, De re rustica, 3. Bde., hg. v. W. Richter, München 1981/83; *G. E. Fussell*, The Classical Tradition in West European Farming, Rutherford 1972. Weiter verbreitet war im Mittelalter das nach den 12 Monaten gegliederte landwirtschaftliche Werk des Rutilius Taurus Aemilianus Palladius.

13 *F. Prinz*, Mönchtum (wie Anm. 3), S. 532ff.

14 Ebd., S. 47ff.; *C. M. Kaspar*, Theologie und Askese. Die Spiritualität des Inselmönchtums von Lérins im 5. Jahrhundert, Münster 1991.

15 *W. Fritze*, Universalis gentium confessio. Formeln, Träger und Wege universalmissionarischen Denkens im 7. Jahrhundert, in: FMASt 3 (1969), S. 78–130; *K. Schäferdiek*, Kirche (wie Anm. 8).

16 *Th. Schieffer*, Winfrid-Bonifatius und die christliche Grundlegung Europas, Darmstadt 1980.

17 *E. von Severus*, Lupus von Ferrières. Gestalt und Werk eines Vermittlers antiken Geistes-Gutes an das Mittelalter im 9. Jahrhundert, Münster 1940; vgl. generell: *P. Lehmann*, Deutschland und die mittelalterliche Überlieferung der Antike, in: *ders.*, Erforschung des Mittelalters, 5 Bde., Stuttgart 1941/62, hier Bd. 3, S. 149–172; ferner: Das Problem der karolingischen Renaissance, ebd., Bd. 2, S. 109–138; *B. Bischoff*, Panorama der Handschriftenüberlieferung aus der Zeit Karls des Großen, in: *ders.*, Mittelalterliche Studien, 3 Bde., Stuttgart 1966/81, hier Bd. 3 S. 5–38.

18 Zu dieser Problematik: *E. Hlawitschka*, Vom Frankenreich zur Formierung der europäischen Staaten- und Völ-

kergemeinschaft 840–1046, Darmstadt 1986, bes. S. 58ff. u. 75ff.; ferner *J. Fried*, Die Formierung Europas 840–1046, München 1991.

19 *J. Wollasch*, Mönchtum des Mittelalters zwischen Kirche und Welt, München 1973; *K. Hallinger*, Gorze-Kluny. Studien zu den monastischen Lebensformen und Gegensätzen im Hochmittelalter, 2 Bde., Graz 1950/51, ND 1971 (grundlegend); vgl. auch *G. Tellenbach (Hg.)*, Neue Forschungen über Cluny und die Cluniazenser, Freiburg 1959. Zur Reform Benedikts von Aniane: *J. Semmler*, Die Beschlüsse des Aachener Konzils im Jahre 816, in: Zschr. f. Kirchengeschichte 74 (1963), S. 65–76.

20 *C. Rädlinger-Prömper*, St. Emmeram (wie Anm. 10).

21 S. den Beitrag von H. Dopsch in diesem Bande; *G. Diepolder*, Die Herkunft der Aribonen, in: ZBLG 27 (1964), S. 74–119; *F. Prinz*, Innere Entwicklung (wie Anm. 4), S. 421f.

22 Lit. b. *F. Prinz*, Innere Entwicklung (wie Anm. 4), S. 441ff.; *H. Dopsch (Hg.)*, Geschichte Salzburgs, Bd. I,1 u. Registerbd., Salzburg 1981/83/84 u. den Beitrag dieses Bandes.

23 Auf das interessante Problem, ob vor dem Investiturstreit der Zölibat für Kleriker überhaupt zwingend gewesen ist, kann hier nicht eingegangen werden.

24 S. den Beitrag von *H. Dopsch* in diesem Band.

25 MGH DO III 318. – *W. Hauthaler*, SUB I Nr. 44a, S. 105f. u. *K. Reindel*, Die bayerischen Luitpoldinger 893–989, München 1953, Nr. 65, S. 134ff. Zur neuen Lokalisierung vgl. den Beitrag von H. Dopsch in diesem Band (Soyen bei Gars am Inn).

26 *K. Hallinger*, Gorze-Kluny (wie Anm. 19), hier S. 142f.

27 *A. Brackmann*, Germania Pontificia I, Berlin 1911, S. 72f. Immer noch unentbehrlich für die Klostergeschichte: *J. Doll*, Seeon – ein bayerisches Inselkloster, München 1912.

28 Germ. Pontif. (wie Anm. 27), I. Nr. 1, S. 73.

29 *G. Diepolder*, Aribonen (wie Anm. 21), S. 100ff. – Das Lambertuspatrozinium Seeons hängt mit der reichsfränkischen Herkunft der Aribonen zusammen.

30 S. Beitrag von *H. Dopsch*.

31 Übersicht b. *F. Prinz*, Entwicklung (wie Anm. 21), S. 490ff.

32 Monumenta Boica II, Monumenta Seonensia, Nr. I, S. 123: »... qualiter Aribo Comes ... in quodam sue proprietatis loco olim Burgili vocato, sed modo ab incolis Seuva cella sancti Landperti Martyris dicto, Monasterium ... construxit...«; MGH DO III 318, S. 744: »... Arbonis comitis quendam locum quondam Burgili, sed modo cella sancti Lantperti ac Xeuua nuncupatum in securitatis nostre ius et muniburdium [sic!] suscepimus, ...« »Burgili« steht wie in anderen Fällen eindeutig für »castellum« [Befestigung, Burg], vgl. dazu *W. Schlesinger*, Burg und Stadt, in: *ders.*, Beiträge zur deutschen Verfassungsgeschichte des Mittelalters II, Göttingen 1963, S. 102.

33 S. die Beiträge von *G. Suckale-Redlefsen* und *K. Wollenberg* in diesem Band.

34 *K. Schwarz*, Archäologisch-topographische Studien zur Geschichte frühmittelalterlicher Fernwege und Ackerfluren im Alpenvorland zwischen Isar, Inn und Chiemsee, Kallmünz 1989; *J. Heitmeier*, Ortsnameninterpretation und Siedlungsgeschichte. Ein methodischer Versuch am Beispiel des südöstlichen Chiemgau, in: ZBLG 53 (1990), S. 551–658.

35 *K. Schwarz*, Studien (wie Anm. 34), I, S. 168f. u. II. Karte 87, 5a u. b. – Bemerkenswert ist die Tatsache, daß südlich des Sees eine sehr alte, wohl schon römische Fernstraße verläuft, die an dieser Stelle eine Abzweigung zum römischen Siedlungszentrum Seebruck (Bedaium) hat (Schwarz, Straßennr. FW 62 u. FW 63).

36 *A. Sandberger*, Das Kloster Seeon, in: *R. Finsterwalder, H. Fehn (Hg.)*, Die Landschaft von Seeon, München 1957, S. 54–60, hier S. 55, u. *K. Schwarz*, Studien (wie Anm. 34), I, S. 168.

37 Dafür sprechen auch die von *K. Schwarz* kartierten zahlreichen, archäologisch feststellbaren Burgställe, deren Alter im einzelnen (von Eberberg abgesehen, wo *W. Sage* gegraben hat) noch untersucht werden müßte (frdl. Mitteilung von Frau *G. Diepolder*).

Die Aribonen – Stifter des Klosters Seeon

Heinz Dopsch

Für die Besucher des romantisch gelegenen Inselklosters Seeon bildet das monumentale Hochgrab des Pfalzgrafen Aribo I. in der Barbarakapelle einen besonders eindrucksvollen Anziehungspunkt. Das in den Jahren 1395 bis 1400 geschaffene Epitaph ist ein Meisterwerk spätgotischer Steinmetzkunst.[1] Die erhabenen, fast majestätischen Gesichtszüge des Klostergründers mit dem langen, sorgfältig gepflegten Bart sind der Phantasie des Künstlers entsprungen, denn vom Pfalzgrafen Aribo gibt es – wie überhaupt aus der Zeit des späten 10. Jahrhunderts – kein lebensnahes Portrait. Das prunkvolle Grabmal erinnert aber nicht nur an den Gründer selbst, sondern ruft auch den Charakter der Abtei Seeon als eines »Hausklosters« und einer »Familiengrablege« der Aribonen in Erinnerung. Diesen Eindruck bestätigt auch das Totenbuch des Klosters Seeon, in dem neben dem Pfalzgrafen Aribo als dem Klosterstifter seine Gattin Adala, zwei Brüder des Pfalzgrafen, weiters drei Söhne und vier Töchter verzeichnet sind.[2]
Drei Generationen hindurch hat die Abtei Seeon die Aufgabe als Hauskloster der Aribonen, die noch eine Reihe von weiteren Klöstern gestiftet haben, durchaus erfüllt. Gerade diese Bestimmung aber verleiht Seeon, das seiner Größe und Ausstattung nach nicht zu den bedeutendsten Klöstern Bayerns zählt, einen ganz besonderen Rang. Die Aribonen waren nämlich nicht nur eines der mächtigsten Adelsgeschlechter des hochmittelalterlichen Reiches, sie sind auch – obwohl sie bereits am Beginn des 12. Jahrhunderts erloschen – eine der ganz wenigen Familien, die schon zu Lebzeiten in der Sage verherrlicht wurden.
Der Chronist Ekkehard von Aura, wohl bayerischer Abstammung und zunächst Mönch in Tegernsee, später zum Abt des mainfränkischen Klosters Aura bestellt, überliefert in seiner Chronik, mit der er das Werk des Mönches Frutolf von Michelsberg fortsetzte, wichtige Details über die Aribonen. Man hat Ekkehard ob seiner genauen Kenntnisse sogar als einen Verwandten der Aribonen angesprochen.[3] Im Jahre 1102 vermerkt Ekkehard:

Der schon hoch betagte Aerbo, der edle Fürst von Kärnten und frühere Pfalzgraf von Bayern, verschied im Herrn.[4]

Zum Jahre 1104 finden wir dann folgende Nachricht:

Graf Boto der Starke, der Bruder des schon erwähnten Aerbo, starb in der Fülle seiner Tage in der Nähe von Regensburg; er wurde zum Kloster Theres (am Main) übergeführt, das er selbst aus seinen Mitteln und Gütern reich beschenkt hatte, und dort beigesetzt. Diese beiden Brüder, Aerbo und Boto, stammten väterlicherseits aus ältestem bayerischen Adel; sie waren die Nachkommen jenes berühmten Aerbo, von dem Volkslieder noch heute erzählen, daß er auf der Jagd von einem Wisent durchbohrt worden sei; sie waren Söhne des Pfalzgrafen Hartwig, des Bruders jenes Sigehard, dessen Sohn Sigehard in Regensburg getötet wurde. Mütterlicherseits stammten sie aus dem hochadeligen sächsischen Geschlecht der Immidinger, das dem berühmten Geschlecht der Ottonen verwandt sein soll.

Ekkehard geht dann auf die Bedeutung der Immidinger ein, wobei er aus der Sachsengeschichte des Widukind von Corvey zitiert. Dann setzt er fort:

Aus dem Samen dieser hochberühmten Fürsten stammt, wie gesagt, die Edle Friderun, die Mutter des Aerbo und des Boto, die Tochter des Reting, des Sohnes von Boto, dessen Vater wiederum Reting, der Sohn eines zweiten Boto war; sie nahm sofort nach dem Tod Hartwigs den Witwenschleier, als Aerbo noch ein kleines Kind war, während Boto erst nach dem Tode des Vaters geboren wurde. Beide machten in der Bildung, der Waffenkunst und bei den ihnen obliegenden Aufgaben ansehnliche Fortschritte, wie wir wissen; wie das Volk fast ganz Deutschlands und Italiens bezeugt, war Boto obwohl schlanker an Gestalt und von vornehmerem Auftreten dennoch in den Waffen der tüchtigere und berühmtere. Ungarn aber bekennt, ihn einst als einen Mann von solcher Größe verspürt zu haben, daß man bei ihnen glaubt, er sei wahrhaftig einer der Giganten der Vorzeit gewesen. Von ihm wäre noch eine Menge zu berichten, wenn es das Vorhaben dieses zusammenfassenden Werkes nicht verbieten würde.[5]

Dem eindrucksvollen Zeugnis Ekkehards ist zu entnehmen, daß sowohl der »Spitzenahn«, Markgraf Aribo, der von 871–907 die Donaugrafschaften verwaltete und im gesetzten Alter auf der Wisentjagd den Tod fand,[6] als auch der letzte Sproß des Aribonenhauses, Graf Boto »der Starke«, der sich in den Kämpfen gegen die Ungarn besonders hervorgetan hatte, in Liedern verherrlicht wurden und in die Sage eingegangen waren. Es hat bis heute nicht an Versuchen gefehlt, Herkunft und Genealogie der Aribonen im Detail zu erforschen und dabei über die Angaben des Ekkehard von Aura hinauszukommen.[7] Trotzdem gibt es noch immer keine zusammenfassende Darstellung, die frei von den groben Irrtümern älterer Arbeiten ist und dem heutigen Stand der Forschung entspricht. Da es unmöglich ist, im Rahmen eines knapp bemessenen Beitrags eine umfassende Skizze der gesamten Aribonensippe mit ihren wichtigen Zweigen in Freising, Salzburg und Regensburg, in Kärnten, in Ober- und Niederösterreich auch nur in groben Konturen zu entwerfen, sollen hier vor allem die »pfalzgräflichen Aribonen« in Bayern, denen der Gründer von Seeon entstammte, behandelt werden.[8]

Die Blütezeit der Aribonen fällt in eine Epoche, in der sich der Adel noch nicht nach festen Burgen nannte, somit auch keine Herkunfts- oder Geschlechtsnamen führte, sondern vor allem an seinen charakteristischen Leitnamen zu erkennen war.[9] Nach einem derartigen Leitnamen, nämlich Aribo, wird auch die mächtige Sippe der Aribonen – nicht in den zeitgenössischen Quellen, sondern von der historischen Forschung – bezeichnet. Den Namen Aribo, der auch in den Formen Arbeo, Aerbo, Arbo, Erbio und Erbo auftaucht, hat einer der ersten, ganz bedeutenden Vertreter der Aribonensippe selbst treffend erläutert. Bischof Arbeo von Freising (764–783) erklärt nämlich seinen eigenen Namen so: Arbeo das ist der Erbe (*Arbeo id est heres*). Will man der vieldiskutierten Frage nachgehen, woher die Aribonen stammten und wie alt diese Sippe war, dann muß man zwangsläufig die ältesten Nennungen des Leitnamens Aribo in den frühmittelalterlichen Quellen verfolgen.

Bayerisch oder fränkisch – woher kamen die Aribonen?

Bevor man versucht, anhand des Leitnamens und seiner verschiedenen Formen Herkunft und Ursprünge der Aribonen zu erschließen, muß man sich ein Bild von der Struktur des Adels im frühen Mittelalter machen, die sich von den Sozialformen der späteren Jahrhunderte grundlegend unterschied.[10] Vom Hochmittelalter bis in die Gegenwart gilt der Grundsatz, daß sich die alten Adelsgeschlechter nach ihren Stammburgen als Herkunftsbezeichnung nennen. Ämter im Dienste des Königs, wie Herzog, Markgraf oder Graf sind im Laufe der Jahrhunderte zu reinen Standesbezeichnungen geworden. Signifikante Vornamen werden bis heute auch in weiblicher, vor allem aber in männlicher Linie weitergegeben. Dementsprechend zeigen auch die bei uns üblichen Stammtafeln großer Adelsgeschlechter vor allem die Abfolge der Generationen und die Fortpflanzung in männlicher Linie.

Diese uns vertraute Struktur des Adels ist ein Ergebnis tiefgreifender sozialer Änderungen, die um und nach der Jahrtausendwende stattfanden und mit dem Schlagwort »von der Sippe zum Geschlecht« charakterisiert werden.[11] Die Verleihung von Immunitätsprivilegien für den Kirchenbesitz und die großen Königsschenkungen an den geistlichen und weltlichen Adel hatten die alten Amtsbezirke der Marken und Grafschaften zunehmend ausgehöhlt. Der Adel begann sich deshalb nicht mehr auf das vom König verliehene Amt und den damit verbundenen Amtsbezirk sondern auf Eigen- und Lehenbesitz als Grundlage seiner Macht zu stützen. Während es in den älteren »Amtsgrafschaften« meist keine fixen Mittelpunkte gab, sondern der Graf im gesamten Amtsbereich seine Funktion ausübte, errichteten Markgrafen, Grafen und Edelfreie auf ihren Eigen- und Lehengütern seit dem 11. und 12. Jahrhundert Burgen als feste Mittelpunkte ihrer Herrschaft, nach denen sie sich fortan nannten. Die beiden Brüder Aribo und Boto, die letzten Vertreter der pfalzgräflichen Aribonen, nannten sich in der zweiten Hälfte des 11. Jahrhunderts Grafen von Haigermoos (im Salzburggau) und von Botenstein (Pottenstein in Oberfranken).[12] Mit der Vererbung des »festen Hauses« als Kern der Herrschaft in männlicher Linie, meist an den ältesten Sohn, setzte sich das uns heute vertraute *agnatische* Denken, die Abfolge von Generationen in männlicher Linie, beim Adel endgültig durch. Ergänzend zur Burg, bisweilen auch an Stelle einer Feste, wurden »Hausklöster« gegründet, die als Erbgrablege und geistlicher Mittelpunkt des Geschlechts dienten.[13] Sie blieben als Eigenklöster oder zumindest durch die erbliche Vogtei fest an die Stifterfamilie gebunden.

Vor der Jahrtausendwende, in der Zeit der Einnamigkeit, war der Adel nicht in Form von Geschlechtern sondern in Sippen organisiert. Diese Sippen werden meist nach dem bei ihnen üblichen Leitnamen bezeichnet, so die Aribonen nach Aribo, die Sighardinger nach Sig(e)hard und die Otakare nach Otakar. Im Gegensatz zu den späteren agnatischen Beziehungen, wie sie uns noch heute vertraut sind, herrschten damals die *kognatischen* Verbindungen vor. Nicht die Abfolge von Generationen, sondern Verwandtschaftsbeziehungen, die durch Eheverbindungen innerhalb einer Generation hergestellt wurden, waren von entscheidender Bedeutung. Durch die Einheirat in eine mächtige Adelssippe konnte man rasch an Macht und Ansehen gewinnen. Häufig war mit einer derartigen »Ansippung« auch eine Änderung des adeligen Selbstverständnisses verbunden. Man übernahm den Leitnamen, der bei jener mächtigen Sippe, in die man eingeheiratet hatte, dominant war, und gab damit zumindest Teile der eigenen Identität preis.[14] Die bisher üblichen Leitnamen wurden nur mehr an dritter oder vierter Stelle weitergegeben. So war der Name Sigehard zunächst bei den Ahnen der Grafen von Ebersberg üblich, um sich dann bei den Sighardingern und deren Zweigen, den Grafen von Tengling und Burghausen, fortzupflanzen, während er sich bei den Ebersbergern verlor. Der Name Sighardinger müßte daher als Leitname die ältesten Grafen von Ebersberg und in der Folge die Sighardinger als Grafen von Tengling und Burghausen umfassen, während die moderne genealogische Forschung zwei Geschlechter unterscheidet, die zwar gemeinsamen Ursprungs sind, aber frühzeitig eigene Wege gingen.

Angesichts der zwangsläufigen Ungenauigkeit der Bezeichnung von Sippen nach ihren Leitnamen muß die moderne Forschung versuchen, den erfaßten Personenkreis möglichst einzuschränken, indem sie – entgegen dem damaligen Selbstverständnis des Adels – vor allem die Verbreitung des Namens im Mannesstamm zu erfassen sucht. Auch für die Zeit der kognatischen Sippenbeziehungen gilt es, nach Möglichkeit eine Abfolge in Generationen zu erforschen, die unseren heutigen agnatischen Vorstellungen von der Struktur des Adels entspricht. Damit sind zugleich die Schwierigkeiten angedeutet, die mit der Frage nach der Herkunft oder gar der »Abstammung« der Aribonen verbunden sind. Gertrud Diepolder und Michael Mitterauer, die sich zuletzt eingehend mit diesem Problem befaßt haben, sind zu scheinbar sehr unterschiedlichen Ergebnissen gekommen.

Auszugehen ist jedenfalls vom Leitnamen Aribo, der – zumindest solange er in der Hauptlinie der Sippe weitergegeben wurde – den Weg ins Frühmittelalter zurückweist. Gertrud Diepolder hat sich zunächst mit der sprachgeschichtlichen Entwicklung des namens Aribo beschäftigt und kam dabei zu dem Schluß, daß Aribo nur von der in Bayern üblichen Form Arbeo-Arbo, nicht aber vom fränkischen Erbio-Erbo abzuleiten ist.[15] Aufgrund dieser Feststellung wandte sie ihre Aufmerksamkeit jenen Nennungen des Namens Aribo zu, die in den umfangreichen Traditionen des Bistums Freising zu finden sind. Tatsächlich läßt sich in keiner anderen Quelle der Name Arbeo so weit zurückverfolgen. Bereits die zweite Traditionsnotiz aus dem Jahre 748 nennt einen Arbeo unter den Zeugen.[16] Während für das 10. und 11. Jahrhundert im Gebiet um Freising ein jüngerer Zweig der Aribonen faßbar ist, bei dem neben Aribo vor allem der Leitname Jacob kennzeichnend war, sind im frühen 9. Jahrhundert die Verbindungen zwischen den Aribonen und der Sippe des Edlen Pilgrim bemerkenswert.

Pilgrim, der in engen Beziehungen zu den Freisinger Bischöfen Hitto und Erchanpert stand und als deren Vogt fungierte, war mit den Huosiern, die im bayerischen Stammesrecht als erste der fünf berühmten genealogiae genannt werden, verwandt. Vielleicht stammte er von einem Oadalker ab, der dem engeren Kreis der Genealogie der Huosi angehörte. Durch Pilgrim, der sich von 814 bis nach 853 in den Quellen nachweisen läßt,[17] ist jedenfalls der Leitname Pilgrim an die Aribonen übergegangen, wo er durch viele Generationen bis ins 11. Jahrhundert hinein üblich blieb. Gertrud Diepolder hat aber noch auf andere verwandtschaftliche Verbindungen hingewiesen: Die Namen Anulo, Uuetti, Uurmhart und Reginolf, die häufig gemeinsam mit der Pilgrimsippe auftauchen, sind typisch für die bayerische Genealogie der Fagana. Die Zusammenhänge zwischen den Fagana, der Pilgrimfamilie und den Aribonen werden daran deutlich, daß noch im Jahre 908 ein Graf Wetti gemeinsam mit den Grafen und Arbo und Sigihart Zeugenschaft leistet[18] und ein Edler namens Wetti noch 926/37 mehrfach gemeinsam mit Aribo, Jacob und Dietrich erscheint.[19] Diepolder kam daher zu dem Schluß, daß die Herkunft von einer Linie, nämlich der Freisinger Aribonen, aus dem engeren

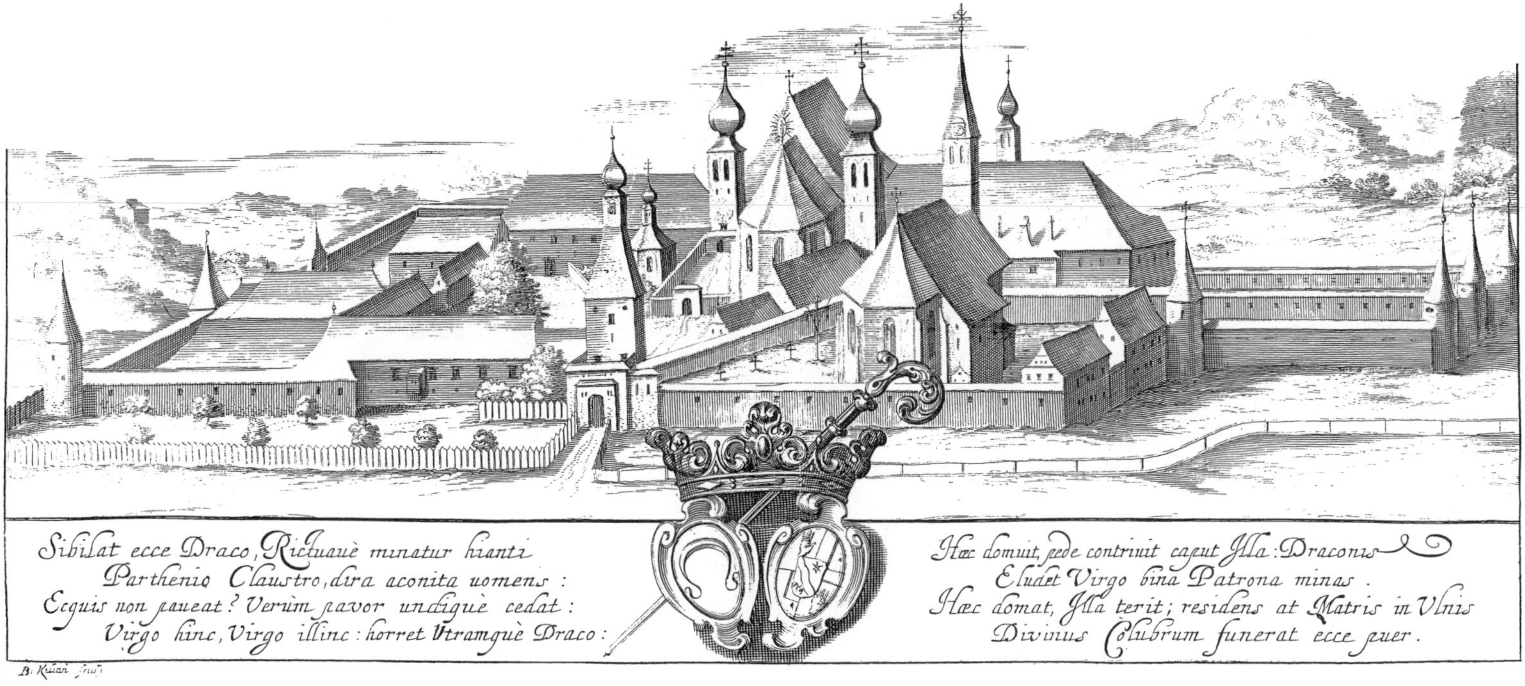

12 Ehem. Benediktinerinnenkloster Göß in der Obersteiermark, unter dem Patronat der »Maria Mater Gratiae et Sancta Margaritta Virgo et Martyr«. Kupferstich von Bartholomäus Kilian, Augsburg, 1663 (Auschnitt)

Kreis der Fagana und ihre kognatische Verbindung mit dem weiteren Kreis der Huosi gesichert sei.[20] Ohne diese Ergebnisse schmälern zu wollen, muß auf eine gewisse Gefahr hingewiesen werden, die mit dem zur Verfügung stehenden Quellenmaterial verbunden ist: Die Freisinger Traditionen sind in ihrer Fülle und Geschlossenheit eine Quelle für das Frühmittelalter, mit der in ganz Bayern kein zweiter Bestand auch nur annähernd verglichen werden kann. Das verleitet fast zwangsweise zu einer gewissen Überbewertung des Gebietes um Freising für die Herkunft und Geschichte der Aribonen. Auch aus dem Raum von Benediktbeuern, das zum Bistum Augsburg gehörte, und aus dem Gebiet um Regensburg sind frühe Nennungen von Trägern des Namens Aribo überliefert, die dort eine bedeutende Stellung einnahmen. Aufgrund des spärlichen Quellenmaterials ist es aber nicht möglich, daraus genauere genealogische Schlüsse zu ziehen. Außerdem scheint die bewußte Beschränkung von Diepolder auf die Namensform Arbeo-Arbo nicht gerechtfertigt. Es ist nämlich gar nicht notwendig anzunehmen, daß sich ein fränkischer Erbio, der nach Bayern kam, sofort Arbeo oder Arbo nannte, denn jeder bayerische Schreiber wird selbstverständlich anstelle des fränkischen Erbio die ihm vertraute Form Arbeo oder Arbo gesetzt haben.

Methodisch andere Wege als Diepolder ist Michael Mitterauer[21] gegangen. Für ihn war der Name Aribo nicht gleichbedeutend mit der Sippe der sogenannten Aribonen und daher auch die Herkunft von Name und Sippe nicht identisch. Er versuchte, dem Begriff »Aribonen« einen konkreten Inhalt zu verleihen, indem er die Sippenbeziehungen, die für das 10. und 11. Jahrhundert kennzeichnend waren, zurückverfolgte. Im 10. Jahrhundert aber kam dem Namen Otachar (Otakar) für den von ihm untersuchten Personenkreis eine ähnliche Bedeutung zu wie dem Namen Aribo. Die 20 Königshufen bei Leoben in der Steiermark, auf denen im 11. Jahrhundert die bedeutende Aribonenstiftung Göß errichtet wurde, erhielt im Jahre 904 ein Aribo, der Sohn eines Otachar, auf Intervention jenes berühmten Grenz- und Markgrafen Aribo, den Ekkehard von Aura als »Spitzenahn« der Aribonen bezeichnet hat.[22] Mitterauer ist deshalb vor allem der otacharisch-aribonischen Verwandtschaft nachgegangen und hat durch Eintragungen in Verbrüderungsbüchern einen Zusammenhang mit der Gruppe um den königlichen Vasallen Otachar nachgewiesen, der im Gebiet von Mainz begütert war und besonders häufig in Urkunden des Klosters Fulda nachzuweisen ist.[23] Mit diesem Mainzer Otachar, der 792 starb, steht sein Namensvetter, der Awarensieger Audaccrus (Autchar), der auch in die Heldensage eingegangen ist, in enger Verbindung. Von ihm hat eine ganze Reihe von Forschern sowohl die Aribonen als auch die Otachare ableiten wollen. Mitterauer hat weiters nachgewiesen, daß im weiteren Umkreis um den Mainzer Otachar nicht nur der Name Erbio-Aribo, sondern auch die Namen Odalbert und Chadalhoch, somit alle für die Sippe der Aribonen relevanten Leitnamen, nachzuweisen sind. Daraus hat er den Schluß gezogen, daß nicht nur Otachare sondern auch Aribonen fränkischer Herkunft waren und frühzeitig mit der Sippe der schwäbischen Alaholfinger, von der sie den Leitnamen Chadalhoch übernahmen, in Verbindung traten. Eine Versippung mit der Freisinger Pilgrimfamilie nahm Mitterauer erst für die Generation des Markgrafen Aribo an. Er dachte an eine Heirat Aribos mit einer Schwester des Erzbischofs Pilgrim von Salzburg, wodurch die gemeinsame Beschenkung des Markgrafen und des Erzbischofs mit der Abtei Traunsee (im heutigen Ort Altmünster am Traunsee) zu erklären wäre.[24]

Zusammenfassend ist festzuhalten, daß die Frage nach der Herkunft der Aribonen nicht als entweder bayerisch oder fränkisch gestellt werden darf und nur in der Form »sowohl als auch« zu beantworten ist. Einerseits haben die mächtigsten bayerischen Sippen frühzeitig im Frankenreich und in der Reichspolitik Fuß gefaßt und wurden damit in die fränkische »Reichsaristokratie« integriert, andererseits wirkten in Bayern selbst viele fränkische Familien, die dort die Interessen des Königs wahrnahmen. Die Arbeiten von Diepolder und Mitterauer, die sich in den Ergebnissen weitgehend decken, haben durch die jeweilige Betonung eines dieser beiden Akzente es erstmals ermöglicht, den Anteil des bayerischen und des fränkischen Elements in vollem Umfang zu erkennen. Bereits um die Mitte des 8. Jahrhunderts ist der Name Arbeo-Aribo in Freisinger Quellen mehrfach nachzuweisen. Für die Träger dieses Namens konnten Sippenbeziehungen zur bayerischen Genealogie der Huosi und vielleicht sogar die Abstammung von der Genealogie der Fagana wahrscheinlich gemacht werden. Besonders eng war die Versippung mit der Familie des Freisinger Vogtes Pilgrim. Von diesen Aribonen der Freisinger Quellen führen direkte Verbindungen zur bayerischen Pfalzgrafenfamilie und damit zum Gründer des Klosters Seeon. Bereits im 8. Jahrhundert ist aber auch die Verwandtschaft dieser »Aribonen« mit dem fränkischen Adel, vor allem mit der mächtigen Sippe der Otachare, nachzuweisen. Diese Verbindung und die daraus resultierenden Leitnamen Aribo, Otachar, Pilgrim und Odalbert sollten durch mehr als drei

13 *»Das Hoch Adeliche Iungfraw Closter Göss« bei Leoben in der Steiermark. Ansicht des Benediktinerinnenklosters. Diese einzige Reichsabtei auf dem Boden des heutigen Österreich wurde mit Zustimmung des Pfalzgrafen Aribo I., des Stifters von Seeon, um das Jahr 1000 von dessen Gattin Adala und ihrem Sohn Aribo, dem späteren Erzbischof von Mainz, gegründet. Blatt 106 aus: Georg Matthäus Vischer, Topographia Ducatus Stiriae, 1681, gestochen von Andreas Trost*

Jahrhunderte für die Aribonen kennzeichnend bleiben. Erst um 900 wurde durch eine Heiratsverbindung mit der Sippe der schwäbischen Alaholfinger Chadalhoch als weiterer Leitname bei den Aribonen üblich.

Agnatische Verwandtschaft zum altbayerischen Adel, aber auch die Ansippung und die damit verbundene Einbeziehung in den Kreis der »fränkischen Reichsaristokratie« sind somit die entscheidenden Merkmale für die älteste Geschichte der Aribonen.

Der Aufstieg zur Macht – Aribonen und Sighardinger

Als Spitzenahn der »pfalzgräflichen Aribonen« ist der berühmte Markgraf Aribo, der 871–907 die Grafschaften an der Donau verwaltete, gesichert. Ekkehard von Aura bezeichnet nämlich die Brüder Aribo II. und Boto, die beiden letzten Vertreter der Aribonen, ausdrücklich als Nachkommen (*posteri*) des Markgrafen.[25] Aribo war eine der markantesten aber auch skrupellosesten Persönlichkeiten seiner Zeit. In den ständigen Kämpfen der ostfränkischen Könige mit den Fürsten der Mährer, die sich am Ende des 9. Jahrhunderts als Großmacht und ständige Bedrohung der fränkischen Ostgrenze etablierten, verstand es Aribo, ein geschicktes Schaukelspiel zu treiben. Damit konnte er sich immer mehr an Einfluß und Macht sichern und sich trotz aller persönlichen Intrigen und des wechselnden Kriegsglücks durch Jahrzehnte in seinem exponierten Amt behaupten.[26] Noch um 905 führte er mit dem Salzburger Erzbischof Theotmar den Vorsitz in jener Zusammenkunft, bei der die berühmte Zollordnung von Raffelstetten (bei Enns) in Form eines Weistums erlassen wurde.[27] Da Aribo wegen seines Alters am Feldzug gegen die Ungarn 907 nicht mehr teilnahm, ist er der Katastrophe des bayerischen Heerbanns bei Preß-

Aribonen und Sighardinger

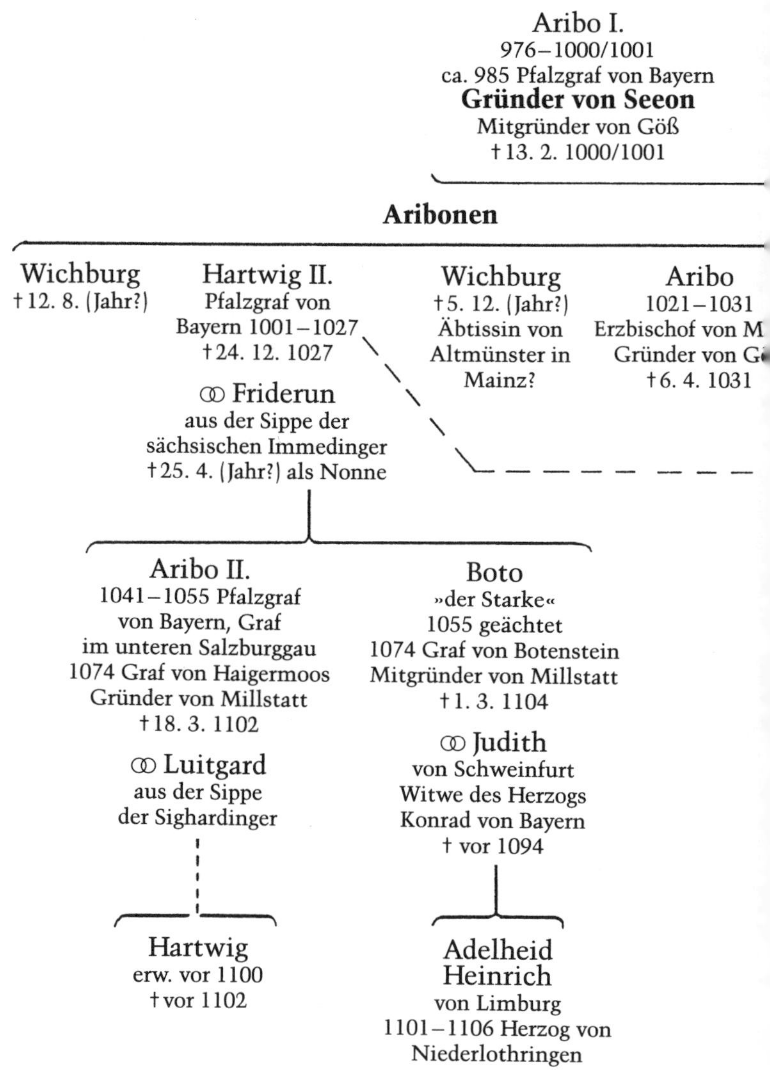

1. ⚭ **Adala**, Tochter des Pfalzgrafen Hartwig I. von Bayern, †7. 9. nach 1020 2. ⚭ **Engelbert**, ca. 965–1020, Graf im Chiemgau

From 1st marriage:

- **Chadalhoch**, 1011–ca. 1030, Graf im Isengau, †11. 9. ca. 1030
  - **Chadalhoch**, ca. 1030–1050 Graf im Isengau, †30. 10. ca. 1050, ⚭ **Irmgard** von Zütphen (Aspel), †5. 2. 1075
    - (dashed line) **Chacil (Kazelin)**, Graf in Friaul, Stifter von Moggio an der Fella und Eberndorf in Kärnten, †16. 5. nach 1190, ⚭ **Kunigunde**
  - **Pilgrim**, 1021–1036, Erzbischof von Köln, †25. 8. 1036
- **Hildburg**, †5. 8. (Jahr?), ⚭ **Arnold I.**, Graf an der Traun (von Wels und Lambach), †1. 3. um 1020
- **Kunigunde**, 1020 Äbtissin von Göß, †28. 9. (Jahr?)

— — *germani* — — (Chadalhoch – Sighard)

From 2nd marriage:

Sighardinger

- **Sighard**, Graf, †5. 7. 1044 bei Menfö, ⚭ **Philhilde**, Tochter Friedrichs I. von Andechs, †23. 10. (Jahr?)
  - **Sighard (Syrus)**, 1068–1077 Patriarch von Aquileia, †12. 8. 1077
  - **Friedrich**, Graf von Tengling, †17. 7. 1071
    - **Sighard**, Graf von Tengling, †5. 2. 1104
      - Grafen von Burghausen und Schala (bis 1192)
    - **Kunigunde**, Nonne in Michaelbeuern
    - **Heinrich**, 1098–1137 Bischof von Freising, †9. 10. 1137
    - **Friedrich**, Graf von Tengling, Vogt von Salzburg, †23. 7. ca. 1120
      - Grafen von Peilstein, Mörle und Kleeberg (bis 1218)
  - **Friedgund**, Äbtissin von St. Maria in Aquileia 1072
- **Friedrich**, Diakon, erw. um 1020
- **Hartwig**, Bischof von Brixen 1023–1039, †31. 1. 1039
- **Engelbert**, 1035–1041 Graf im Inn- und Norital und im Pustertal, †15. 3. nach 1040, ⚭ **Luitgard**
  - **Richgard** »von Lavant«, ⚭ **Siegfried** von Spanheim, †1065
    - **Spanheimer**: Herzoge von Kärnten, Markgrafen von Kraiburg und Istrien, Pfalzgrafen von Bayern, Grafen von Ortenberg, Grafen von Lebenau

Heinz Dopsch

burg (Bratislava) entgangen. Wenige Jahre nachdem er schließlich aus seiner Position als Markgraf geschieden war, fand der schon betagte aber doch noch rüstige Mann auf der Wisentjagd den Tod.

Aribos älterer Sohn Isanrich, der besonders eng mit den mährischen Feinden konspiriert hatte, war bald nach 903, schon vor dem Vater, gestorben.[28] Ein zweiter Sohn namens Otachar, der als Graf in Karantanien amtierte, dürfte schon etwas vor dem Vater oder gleichzeitig mit diesem aus dem Leben geschieden sein. Otachars Sohn Arpo erhielt 904 von König Ludwig dem Kind 20 Hufen im Leobental (bei Leoben in der Steiermark) mit einem ummauerten Hof in Schladnitz als freies Eigen.[29] Erzbischof Odalbert von Salzburg (923–935), dessen Zugehörigkeit zur Aribonensippe durch zahlreiche Hinweise gesichert scheint, ist wohl als Bruder des 904 beschenkten Arpo einzureihen. Unter Odalberts Nachkommen pflanzte sich zwar der Leitname Otachar, nicht aber Aribo fort.[30]

Arpo-Aribo, der nur anläßlich der Schenkung des Jahres 904 genannt wird, dürfte mit einer Tochter des Grafen Chadalhoch, der aus der Sippe der schwäbischen Alaholfinger stammte und die Grafschaften im Aargau und im Alpgau verwaltete, vermählt gewesen sein und seinen ältesten Sohn nach dem mächtigen Schwiegervater benannt haben. Das an ihn geschenkte Königsgut ging nämlich auf den Grafen Chadalhoch, der 926–959 eine Grafschaft im bayerischen Isengau verwaltete, über.[31] Seit damals war der Name Chadalhoch neben Aribo und Pilgrim bei den Aribonen als Leitname üblich. Graf Chadalhoch tritt insgesamt achtzehnmal als Zeuge für den Erzbischof Odalbert von Salzburg auf.[32] Dieses Naheverhältnis des Grafen zum Metropoliten ist ein weiterer Hinweis auf nahe Verwandtschaft, da Chadalhoch – sofern die Einreihung Odalberts als Bruder des 904 beschenkten Arpo-Aribo zutrifft – ein Neffe des Erzbischofs war.

Mit Graf Chadalhoch nehmen die urkundlich überlieferten Nachrichten zu den Aribonen einen solchen Umfang an, daß von diesem Zeitpunkt an eine weitgehend gesicherte Genealogie erstellt werden kann. Chadalhochs ältester Sohn war Aribo, der spätere Pfalzgraf von Bayern und Gründer der Abtei Seeon. Aus dem Totenbuch dieses Klosters erfahren wir, daß Aribo zumindest zwei Brüder, den Grafen Eberhard und den Priester Egilolf hatte.[33] Aribo selbst wird im Jahre 976 anläßlich eines Tauschgeschäftes mit dem Salzburger Erzbischof Friedrich erstmals als Edler und Sohn des Grafen Chadalhoch genannt. Damals tauschte er vom Erzbischof die Kirche zu Neubeuern am Inn samt dem umliegenden Land gegen Besitzungen im heutigen Tirol, die einst sein Vater Chadalhoch von Erzbischof Odalbert erworben hatte, ein.[34] Mit Gütern in Tirol hat er auch seine Stiftung, das Kloster Seeon, ausgestattet. Im Jahre 979 erhielt Aribo von Kaiser Otto III. drei Königshufen im Herrschaftsgebiet (*regimen*) des Gewaltboten Hartwig im Kroatengau in Kärnten, der das Tal der Glan oberhalb von St. Veit umfaßte.[35] Dort amtierte seit 953 als unmittelbarer Beauftragter des Königs ein Hartwig, der ab 959 als Graf auftritt und zu den engen Vertrauten Ottos des Großen zählte. Er begleitete 962 den König nach Rom und nahm dort an der Kaiserkrönung teil.[36] Drei Jahre später wird er dann erstmals als Gewaltbote (*waltpoto*) angesprochen, der die Interessen des Kaisers in Kärnten wahrzunehmen hatte. Diese Funktion ist am ehesten mit jener der Pfalzgrafen in den alten Stammesherzogtümern zu vergleichen.[37] Die Pfalzgrafen hatten neben der Verwaltung des Königsgutes und der Wahrnehmung der königlichen Interessen auch die Überwachung des Herzogs im Auftrag des Königs zu besorgen. Nach der Absetzung des Pfalzgrafen Berthold, eines Enkels des Herzogs Arnulf »des Bösen« von Bayern, im Jahre 976 wurde der Graf und Kärntner Gewaltbote Hartwig auch zum Pfalzgrafen von Bayern bestellt. Diesen bedeutenden Aufstieg und auch den Großteil seiner riesigen Besitzungen in Bayern, Kärnten und der heutigen Steiermark verdankte Hartwig seiner Ehe mit Wichburg, die wahrscheinlich dem bayerischen Herzogshaus der Luitpoldinger entstammte. Hartwig vermochte seine Doppelstellung als Pfalzgraf in Bayern und Gewaltbote in Kärnten bis zu seinem Tod um 980/85 zu behaupten.[38]

In die Machtpositionen Hartwigs sind vor allem die Aribonen nachgerückt. Die bayerische Pfalzgrafenwürde und die Grafschaft im unteren Salzburggau fiel an Aribo, Sohn des Grafen Chadalhoch, die Grafschaft im Isengau, die ebenfalls von Pfalzgraf Hartwig I. verwaltet worden war, an Aribos Bruder Eberhard. Nur das Amt des Kärntner Gewaltboten wurde vom Kaiser nicht an die Aribonen sondern an Ozi, einen Angehörigen der mit den Aribonen verwandten Sippe der Otachare, verliehen.[39] Aufgrund des Erbgangs wurde und wird Pfalzgraf Hartwig I. immer wieder als Vater des Pfalzgrafen Aribo I. angesprochen. Wie bereits dargelegt wurde und urkundlich einwandfrei bezeugt ist, war jedoch Aribo I., der Gründer von Seeon, ein Sohn des Grafen Chadalhoch.[40] Pfalzgraf Hartwig I. hingegen entstammte nicht den Aribonen, sondern einer im Salzburggau und Chiemgau reich begüterten Sippe, in der die Leitnamen Hartwig und Engelbert üblich waren. Hartwigs Vater war wohl jener Engelbert, der als Sohn von Hartwig, einem engen Vertrauten (*proximus*) des Erzbischofs Odalbert von Salzburg, bezeugt ist.[41] Pfalzgraf Hartwig I. hatte, wie nicht nur aus Urkunden sondern auch aus besitzgeschichtlichen Untersuchungen hervorgeht, drei Kinder. Sein einziger überlebender Sohn, der ebenfalls den Namen Hartwig führte, wurde Erzbischof von Salzburg (991–1023). Die jüngere Tochter namens Wichburg war mit dem Grafen Otwin vom Pustertal vermählt und gründete das Kloster St. Georgen am Längsee in Kärnten. Die ältere Tochter des Pfalzgrafen, Adala, wurde die Gattin von Aribo I. und brachte diesem nicht nur das bayerische Pfalzgrafenamt sondern auch reiche Besitzungen in Bayern, Kärnten und der Steiermark zu.[42]

In welchem Ausmaß Pfalzgraf Aribo I. diesen Aufstieg seiner Gattin Adala und seinem Schwiegervater, Pfalzgraf Hartwig I. von Bayern, verdankte, geht aus der Tatsache hervor, daß er seinem ältesten Sohn und Nachfolger im Pfalzgrafenamt nach dem Schwiegervater den Namen Hartwig gab, der bis dahin in der Aribonensippe überhaupt nicht üblich war.[43] Außerdem wirkte Pfalzgraf Aribo I. mit seinem Schwager, dem Erzbischof Hartwig von Salzburg, eng zusammen, wie in der Lebensbeschreibung des hl. Wolfgang von Regensburg besonders betont wird. Auch im Totenbuch von Seeon wird der Eintrag des »seligen« Erzbischofs Hartwig am 5. Dezember hervorgehoben und seiner Schwester, der Gräfin Wichburg, am 17. März gedacht.

Mit Adala, der Tochter des Pfalzgrafen Hartwig I., ist schließlich jenes Problem verbunden, das bei der Erforschung der Aribonen und ihrer Genealogie bisher die größten Probleme bereitet hat. Ekkehard von Aura bemerkt in der eingangs zitierten Würdigung der Aribonen, daß die Brüder Aribo II. und Boto, die Enkel des Gründers von Seeon, Söhne des Pfalzgrafen Hartwig waren, den er als Bruder (*germanus*) jenes Sigehard bezeichnet, dessen Sohn Sigehard in Regensburg getötet wurde.[44] Daraus haben die meisten Forscher geschlossen, daß die Aribonen und die mächtige Sippe der Sighardinger stammesgleich waren und deshalb von einer aribonisch-sighardingischen Sippe gesprochen.[45] Damit verbunden war das Bild einer ungeheuren Machtfülle, die sich in den Händen dieser überaus weitverzweigten Sippe befunden habe. Betrachtet man aber diese Annahme aus dem Blickwinkel der im Frühmittelalter so streng beachteten Leitnamengebung, dann findet man weder im Namensgut noch in der Tradition und im Selbstverständnis von Sighardingern und Aribonen irgendwelche Übereinstimmungen, die eine gemeinsame Abstammung rechtfertigen würden. Bei den Sighardingern war kein einziger der aribonischen Leitnamen Aribo, Chadalhoch oder Pilgrim üblich und kein Angehöriger der Aribonen hat jemals einen der für die Sighardinger typischen Namen, nämlich Sigehard, Engelbert, Heinrich oder Friedrich geführt. Auch die Familienstiftungen der Aribonen, Seeon, Göß (in der Steiermark) und Millstatt (in Kärnten), stehen zu den Hausklöstern der Sighardinger, Baumburg und Michaelbeuern (bei Salzburg), in keiner engeren Verbindung. Während die Macht der Aribonen sich vor allem in Bayern, Kärnten und der Steiermark konzentrierte, lag der Schwerpunkt der sighardingischen Besitzungen im Chiemgau, vor allem aber in Niederösterreich, wo sie sich Grafen von Schala und Peilstein nannten, und im Raum von Wien.[46]

Angesichts dieser deutlichen Differenzen fällt es um so mehr auf, daß nicht nur Hartwig, der Sohn des Pfalzgrafen Aribo I., nach seinem Großvater Hartwig I. benannt wurde, sondern auch ein Bruder von Hartwigs *germanus* Sigehard, nämlich Bischof Hartwig von Brixen (1023–1039), den Namen Hartwig trug.[47] Des Rätsels Lösung bietet eine Urkunde, die um das Jahr 1020 anzusetzen ist. Darin wird berichtet, daß die edle Frau Adala mit der Hand ihres Sohnes Sigehard ihren Eigenbesitz zu Pietenberg (südöstlich von Kraiburg) als Seelgerät für ihren verstorbenen Gatten Engelbert an die Abtei St. Peter in Salzburg übergab.[48] Adala, die im Totenbuch des Klosters Seeon als Gattin des Gründers, des Pfalzgrafen Aribo I., vermerkt ist,[49] hatte nach dessen Tod am 13. Februar des Jahres 1000/1001 in zweiter Ehe den Grafen Engelbert, der der Sippe der Sighardinger entstammte und eine Grafschaft im Chiemgau verwaltete,[50] zum Mann genommen. Deshalb konnte ihr Sohn Sigehard als Bruder (*germanus*) des Pfalzgrafen Hartwig II., der Adalas erster Ehe entstammte, angesprochen werden, obwohl er de facto nur sein Halbbruder war.

Diese Verbindung von Aribonen und Sighardingern durch die beiden Ehen der Adala, Tochter des Pfalzgrafen Hartwig I. von Bayern, wird durch eine Vielzahl von Indizien bestätigt. Neben dem Namen von Adalas Vater Hartwig pflanzte sich auch jener von Hartwigs Gattin Wichburg bei Aribonen, Sighardingern und den Nachkommen von Adalas Schwester Wichburg, der Gründerin von St. Georgen am Längsee, durch etliche Generationen fort. Vor allem aber trifft man Besitzungen der Aribonen, der Sighardinger und der Stifterfamilie von St. Georgen am Längsee in Bayern, in Kärnten und in der Steiermark an zahlreichen Stellen in dichter Gemengelage. Sie gehen alle auf ursprünglich einheitliche Besitzkomplexe zurück, die vom bayerischen Pfalzgrafen Hartwig I. herstammten.[51] Aribonen und Sighardinger sind daher als durchaus getrennte Sippen mit eigenständiger Tradition und adeligem Selbstverständnis zu betrachten, die durch die beiden Ehen der Adala nur lose miteinander verknüpft wurden.

Überblickt man den Aufstieg der Aribonen, so war Markgraf Aribo I. der erste bedeutende Vertreter dieser Sippe, den Ekkehard von Aura deshalb auch als »Spitzenahn« angeführt hatte. Er stand in verwandtschaftlichen Bindungen zu der Familie der Grenzgrafen Wilhelm und Engelschalk und ist nach deren tragischem Ende als Markgraf 871 in ihre Positionen nachgerückt.[52] Aribos Stellung als Markgraf vermochten seine unmittelbaren Nachkommen nicht zu behaupten. Um so wichtiger waren die engen Beziehungen und auch die verwandtschaftlichen Verbindungen zum bayerischen Herzogshaus der Luitpoldinger. Mit Odalbert (923–935) und wahrscheinlich auch mit seinem Nachfolger Egilolf (935–938) wurden zweimal Aribonen zu Erzbischö-

14 Seeons Klosterstifter Pfalzgraf Aribo I. und seine Gemahlin Adala. Fresko um 1625 an der Hochschiffwand (Klosterkirche)
15 Die Klosterstifter mit dem Klostermodell. Ölgemälde (zwei Gegenstücke, »Schatzkammer« über dem Kapitelsaal)

fen von Salzburg erhoben.[53] Das Recht der Bistumsbesetzung stand aber damals dem Bayernherzog Arnulf aufgrund einer Abmachung mit König Heinrich I. zu.[54] Entscheidend für den weiteren Aufstieg war jedoch das Erbe nach dem bayerischen Pfalzgrafen und Kärntner Gewaltboten Hartwig I. Dieser hatte mit Wichburg eine Angehörige des bayerischen Herzogshauses der Luitpoldinger zur Frau genommen und war, da er sich gegenüber den Kaisern Otto I. und Otto II. stets loyal verhielt, in jene Positionen nachgerückt, die den verwandten Luitpoldingern aufgrund ihres Aufstands gegen den Kaiser entzogen worden waren.

Durch die Heirat mit Adala, der Tochter Pfalzgraf Hartwigs I., rückte Aribo I. nicht nur in dessen Stellung als Pfalzgraf nach, sondern er trat auch in verwandtschaftliche Beziehungen zum sächsischen Kaiserhaus. Als Kaiser Otto III. im Jahre 999 bekanntgab, daß er die vom Grafen Aribo gestiftete Abtei Seeon in seinen Schutz genommen und ihr Immunität sowie das Recht der freien Abtswahl verliehen habe, betonte er, daß Herzog Heinrich von Bayern, der spätere Kaiser Heinrich II., als Intervenient für den Klosterstifter aufgetreten sei, in dessen Hände Aribo die Ausstattungsgüter für das Kloster übertragen hatte. Die Privilegierung von Seeon geschah nach den Worten des Kaisers *auf Bitten des Heinrich, des Herzogs der Bayern, seines überaus geliebten Neffen, der den Ort (Seeon) vom vorgenannten Grafen Aribo übertragen erhielt, vor allem deshalb, weil er ihm durch Verknüpfung der Verwandtschaft besonders nahe stand.*[55] Diese etwas merkwürdige Umschreibung deutet darauf hin, daß Pfalzgraf Aribo mit den Sachsenkaisern nicht blutsverwandt war, durch seine Ehe aber in verwandtschaftliche Beziehungen zu ihnen getreten war. Tatsächlich waren Judith, die Gattin Herzog Heinrichs I. von Bayern und Großmutter Kaiser Heinrichs II., und Eberhard, der Schwiegervater des Pfalzgrafen Hartwig und Großvater der Gräfin Adala, Geschwister. Adala und Kaiser Heinrich II. waren beide Urenkel des Herzogs Arnulf von Bayern. Diese enge Bindung an das sächsische Kaiserhaus hat es Pfalzgraf Aribo I. ermöglicht, die meisten Positionen seines Schwiegervaters Hartwig I. zu übernehmen und die vor allem mit der bayerischen Pfalzgrafschaft verbundene Machtstellung für seine Nachkommen zu bewahren.

Pfalzgraf Aribo I. und die Stiftung der Abtei Seeon

Aribo I., der nach dem Tode seines Schwiegervaters Hartwig I. um 985 die Würde eines bayerischen Pfalzgrafen erlangt hatte,[56] nahm ein Jahrzehnt später die Stiftung eines Klosters in Angriff. Es waren eine Reihe von Gründen, die ihn dazu veranlaßten: Einerseits schien es seiner eigenen Position und dem Rang seiner Familie angemessen, ein »Hauskloster« als geistlichen Mittelpunkt und Erbgrablege zu errichten. Andererseits verband den Pfalzgrafen eine persönliche Freundschaft mit dem großen Reformer, Bischof Wolfgang von Regensburg (972–994), die in der Lebensbeschreibung des Heiligen besonders hervorgehoben wird: Aribo sei ihm von allen weltlichen Personen der Teuerste gewesen (*inter laicos carissimus*). Noch unmittelbar vor seinem Tode habe Bischof Wolfgang vorausgesagt, daß Erzbischof Hartwig von Salzburg gemeinsam mit dem Grafen Aribo einen Schiffbruch auf der Donau überstehen und unversehrt ankommen werde. Der Erzbischof und Pfalzgraf Aribo I. überführten dann den Leichnam des hl. Wolfgang nach Regensburg, wo er am siebenten Tage in der Kirche des hl. Emmeram beigesetzt wurde.[57] Es lag daher für Aribo nahe, sich an dem großen Werk der Kirchenreform, für das sich Wolfgang so eingesetzt hatte, mit der Stiftung eines eige-

nen Klosters zu beteiligen. Vielleicht steht sogar das traditionelle, urkundlich nicht gesicherte Gründungsjahr von Seeon 994 mit dem Tod des hl. Wolfgang in Verbindung, dem Aribo die Stiftung eines Klosters gelobt haben könnte.
Schließlich aber kam noch ein ganz besonderer Grund hinzu: Die sagenhaft ausgeschmückte Auffindung der Gebeine des hl. Lambert (Lantpert) von Lüttich, der mehr als zwei Jahrhunderte zuvor den Märtyrertod erlitten hatte. Lambert, Bischof von Maastricht, war 705 in seiner *villa* in Lüttich einem Akt der Blutrache zum Opfer gefallen. Da er den Mord ohne Gegenwehr geschehen ließ, galt er bald als Märtyrer, dem schon in karolingischer Zeit zahlreiche Kirchen, vor allem in den heutigen Niederlanden und in der Kirchenprovinz Köln, geweiht wurden. In der zweiten Hälfte des 10. Jahrhunderts erfaßte der Lambert-Kult, vom Rheingebiet ausgehend, auch Süddeutschland, wo fast ausschließlich der hohe Adel das Lambert-Patrozinium für seine Kirchen- und Klosterstiftungen wählte.[58] Schon vor Aribo hat der Herzog von Kärnten, Otto von Worms aus dem Geschlecht der Salier, in Pörtschach unterm Ulrichsberg mit der Gründung eines Klosters zu Ehren des hl. Lambert begonnen, aber trotz kaiserlicher Privilegierung im Jahr 983 scheiterte dieses Unterfangen.[59] Offenbar in der Tradition der Salier haben dann die Kärntner Herzöge aus dem Hause der Eppensteiner eine Zelle des hl. Lambert im Walde gegründet und knapp vor ihrem Ende auch besonders reich ausgestattet, das heutige St. Lambrecht in der Steiermark.[60] Für die Aribonen aber scheint Lambert als »Hausheiliger« eine ganz besondere Bedeutung besessen zu haben. Schon beim ersten Auftreten des Lambert-Patroziniums in Dachau im Bistum Freising 805 wird ein Geistlicher namens Arbeo in Verbindung damit genannt.[61] Auch in der zweiten Klostergründung der Aribonen, der Nonnenabtei Göß in der Steiermark, wurde nahe der

Die Aribonen

Pfalzgrafen in Bayern und Stifter des Klosters Seeon

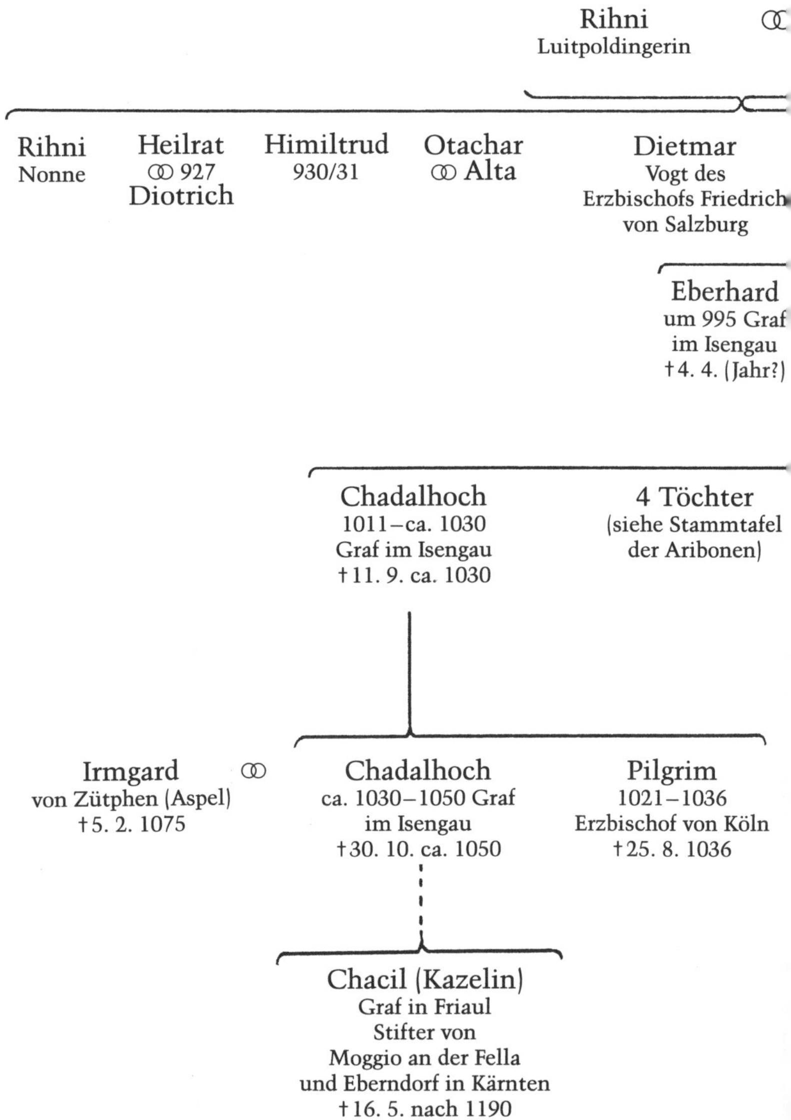

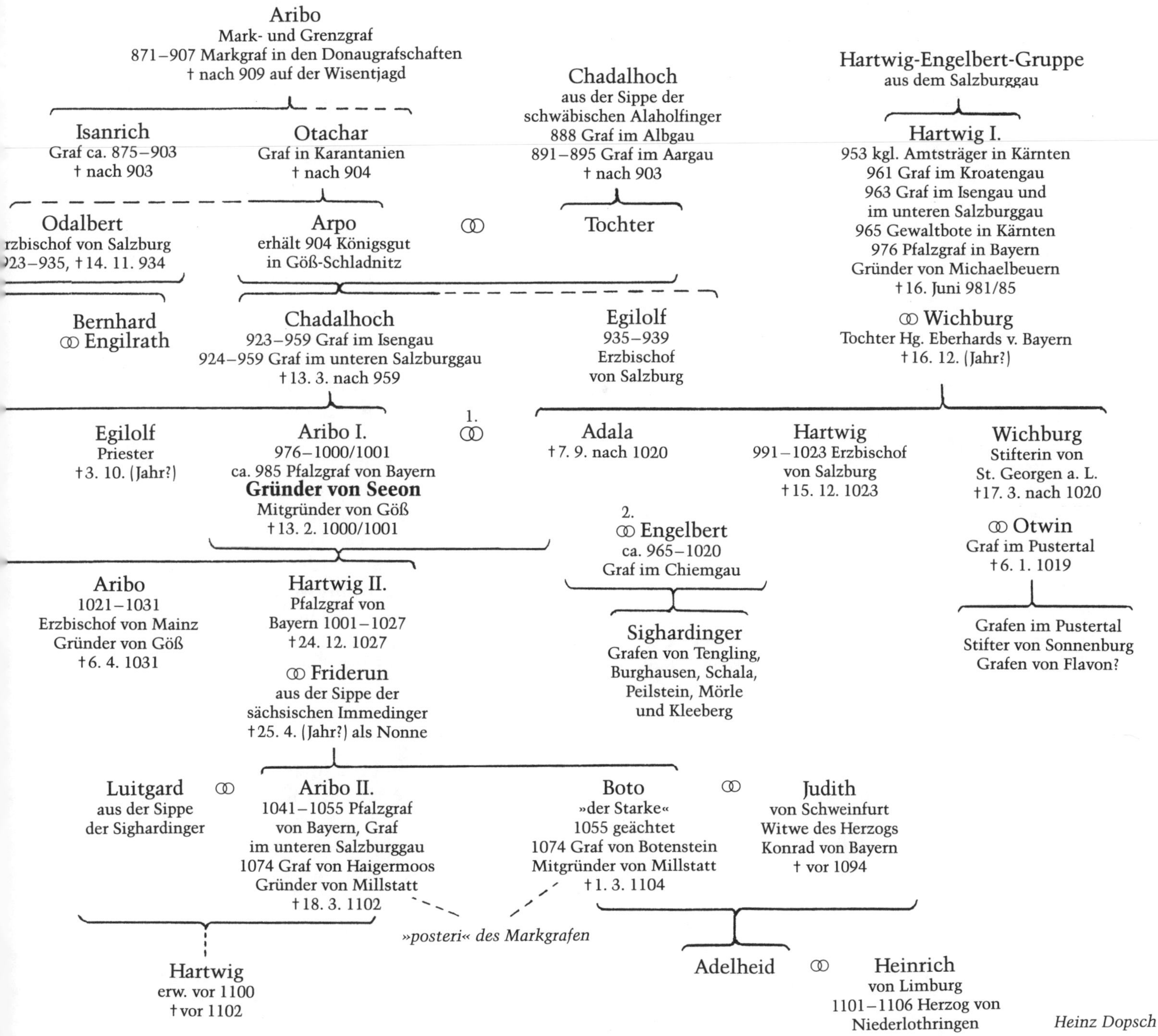
Aribo
Mark- und Grenzgraf
871–907 Markgraf in den Donaugrafschaften
† nach 909 auf der Wisentjagd
Chadalhoch
aus der Sippe der
schwäbischen Alaholfinger
888 Graf im Albgau
891–895 Graf im Aargau
† nach 903
Hartwig-Engelbert-Gruppe
aus dem Salzburggau
Isanrich
Graf ca. 875–903
† nach 903
Otachar
Graf in Karantanien
† nach 904
Hartwig I.
953 kgl. Amtsträger in Kärnten
961 Graf im Kroatengau
963 Graf im Isengau und
im unteren Salzburggau
965 Gewaltbote in Kärnten
976 Pfalzgraf in Bayern
Gründer von Michaelbeuern
† 16. Juni 981/85
Odalbert
rzbischof von Salzburg
)23–935, † 14. 11. 934
Arpo
erhält 904 Königsgut
in Göß-Schladnitz
⚭
Tochter
Bernhard
⚭ Engilrath
Chadalhoch
923–959 Graf im Isengau
924–959 Graf im unteren Salzburggau
† 13. 3. nach 959
Egilolf
935–939
Erzbischof
von Salzburg
⚭ Wichburg
Tochter Hg. Eberhards v. Bayern
† 16. 12. (Jahr?)
Egilolf
Priester
† 3. 10. (Jahr?)
Aribo I.
976–1000/1001
ca. 985 Pfalzgraf von Bayern
Gründer von Seeon
Mitgründer von Göß
† 13. 2. 1000/1001
1. ⚭
Adala
† 7. 9. nach 1020
Hartwig
991–1023 Erzbischof
von Salzburg
† 15. 12. 1023
Wichburg
Stifterin von
St. Georgen a. L.
† 17. 3. nach 1020
2. ⚭ Engelbert
ca. 965–1020
Graf im Chiemgau
⚭ Otwin
Graf im Pustertal
† 6. 1. 1019
Aribo
1021–1031
Erzbischof von Mainz
Gründer von Göß
† 6. 4. 1031
Hartwig II.
Pfalzgraf von
Bayern 1001–1027
† 24. 12. 1027
⚭ Friderun
aus der Sippe der
sächsischen Immedinger
† 25. 4. (Jahr?) als Nonne
Sighardinger
Grafen von Tengling,
Burghausen, Schala,
Peilstein, Mörle
und Kleeberg
Grafen im Pustertal
Stifter von Sonnenburg
Grafen von Flavon?
Luitgard
aus der Sippe
der Sighardinger
⚭
Aribo II.
1041–1055 Pfalzgraf
von Bayern, Graf
im unteren Salzburggau
1074 Graf von Haigermoos
Gründer von Millstatt
† 18. 3. 1102
Boto
»der Starke«
1055 geächtet
1074 Graf von Botenstein
Mitgründer von Millstatt
† 1. 3. 1104
⚭
Judith
von Schweinfurt
Witwe des Herzogs
Konrad von Bayern
† vor 1094
»posteri« des Markgrafen
Hartwig
erw. vor 1100
† vor 1102
Adelheid
⚭
Heinrich
von Limburg
1101–1106 Herzog von
Niederlothringen
Heinz Dopsch

Klosterkirche eine Kapelle zu Ehren des hl. Lambert errichtet. Es war daher sicher mehr als ein Zufall, daß ausgerechnet Pfalzgraf Aribo I. auf wunderbare Weise in den Besitz der Gebeine des hl. Lambert gelangte und dadurch zu einer Klostergründung veranlaßt wurde. Im Totenbuch von Seeon wird der Geburtstag des hl. Bischofs und Märtyrers Lambert in Lüttich am 17. September ganz besonders hervorgehoben.

Die Bedeutung der Lambert-Reliquien wird auch in dem bereits angesprochenen Brief Kaiser Ottos III., mit dem er die Privilegierung des Klosters Seeon bekanntgab, besonders herausgestrichen:[62] Auf wunderbare Weise seien die wertvollen Gebeine des Bischofs und Märtyrers Lambert, die einst bis zu den Grenzen der Parther verschleppt worden waren, in Bayern wieder aufgefunden worden, wohin sie ein gläubiger Mann gebracht hatte. Dort habe die Reliquien ein Graf von vornehmer Abkunft namens Aribo auf seinem Erbgut Seeon in Empfang genommen. Der gnädige Gott aber, der die Enge und die Armut des Ortes nicht verachtete, habe begonnen, unbeschreibliche Wunder zu wirken, wodurch sich der Ruhm des Märtyrers überallhin verbreitete. Reiche und arme Leute kamen aus Liebe zu Gott und übergaben Güter, Geschenke und beachtliche Geldsummen. Deshalb faßte Aribo den Plan, etwas von seinem väterlichen Erbgut für den Gottesdienst zu widmen. Er errichtete innerhalb weniger Jahre ein berühmtes Kloster mit einer ansehnlichen Kirche und versammelte eine stattliche Schar von bewährten Männern, die dort als Mönche nach der Regel des hl. Benedikt lebten. Durch die Berichte der Fürsten, die das Kloster häufig besuchten, sei der Ruhm bis zum Kaiser gedrungen. Der Kaiser nahm deshalb auf Bitten Herzog Heinrichs von Bayern, der als Tradent fungierte, das Kloster unter seinen Schutz, bestätigte den Abt Adalbert in seinem Amt, verlieh dem Kloster Seeon Immunität und das Recht der freien Abtwahl gemäß der Regel des hl. Benedikt.

Die Schutzurkunde, die Kaiser Otto III. am 15. April 999 in Rom für Seeon ausstellte,[63] bezeichnet den Ort, an dem die Klostergründung vollzogen wurde als *einst Burgili, nun aber die Zelle des hl. Lantpert und Seeon (Xeuua) genannt*. Er verlieh den vom Grafen Aribo auf seinem Eigengut gestifteten Kloster die Stellung einer freien Reichsabtei und für alle Höfe, Besitzungen, Güter und Orte, die ihm übertragen wurden, die Immunität, ebenso für deren Gerätschaften, Felder, Gebäude und für die Hörigen beiderlei Geschlechts. Den Mönchen wurde das Recht der freien Abtwahl gemäß der Benediktinerregel zugestanden, doch sollte der Gründer Aribo bis zu seinem Lebensende Vogt und Richter bleiben.

Auch in jener Urkunde, mit der Papst Sylvester drei Tage später Seeon dem Schutz des hl. Stuhls unterstellte,[64] wird der Gründungsvorgang ganz ähnlich beschrieben: Der Graf Aribo habe zu seinem eigenen Seelenheil und dem seiner Eltern begonnen, an einer Stelle seines Eigenbesitzes, die einst *Burgili* hieß, jetzt aber von den Einwohnern die Zelle des hl. Landpert zu Seeon (*Seuva*) genannt werde, ein Kloster zu Ehren des seligen Märtyrers Landpert zu errichten.

Der Inhalt dieser Urkunden wurde hier genauer ausgeführt, da damit auch die Frage nach der Vorgeschichte der Seeoner Klostergründung verbunden ist. In der bisherigen Forschung galt es als erwiesen, daß sich Seeon schon seit mindestens 70 Jahren in der Hand der Aribonen befand, die dort eine Kirche errichtet hatten. Zum Jahr 924 überliefert das von Erzbischof Odalbert von Salzburg angelegte Traditionsbuch nämlich ein merkwürdiges Tauschgeschäft. Die edle Frau Rihni übergab an Erzbischof Odalbert ihren Eigenbesitz in *Sewa* mit Kirche, Haus, Hof und allem übrigen Zubehör und erhielt dafür vom Erzbischof das Kloster (*cella*) Gars am Inn mit dessen gesamtem Besitz an Kirchen und Höfen in insgesamt 18 Dörfern, außerdem den Drittelzehent von neun Kirchen für sich und einen ihrer nächsten Verwandten. Die Übergabe der Güter erfolgte »auf Ersuchen und Befehl« des Bayernherzogs Arnulf und wurde von den herzoglichen Sendboten (*missi*) Reginbert und Dietrich überwacht.[65] Drei Jahre später wurde dieses Tauschgeschäft in geänderter Form, abermals auf Intervention des Herzogs, erneuert.[66] Die Bedingungen fielen diesmal für den Erzbischof etwas günstiger aus, dennoch fällt das Mißverhältnis der getauschten Güter ins Auge.

Wie aus einer Reihe von anderen Urkunden hervorgeht, war Rihni mit Odalbert vor dessen Berufung zum Erzbischof verheiratet gewesen, und dieser Ehe waren eine Reihe von Kindern entsprossen.[67] Das Eingreifen des Bayernherzogs Arnulf und eine Anzahl von weiteren Indizien weisen darauf hin, daß Rihni selbst dem bayerischen Herzogshaus der Luitpoldinger entstammte. Da Odalbert offenbar ohne Mitwirkung Herzog Arnulfs, dem das Recht der Bischofseinsetzung in Bayern zustand, den Metropolitansitz von Salzburg erlangt hatte, wurde er vom Herzog zu diesem für ihn und seine Kirche unvorteilhaften Tauschgeschäft gezwungen. Den Nutzen daraus zog mit Rihni eine nahe Verwandte des Herzogs. Es galt bisher als ausgemacht, daß der von Rihni an Erzbischof Odalbert übergebene Eigenbesitz in Seeon lag. Von Erzbischof Odalbert, der selbst zu den Aribonen zählte, sei Seeon dann an den Pfalzgrafen Aribo I. gekommen.

Gegen die Gleichsetzung des 924 genannten Besitzes in *Sewa* mit Seeon, dem Ort von Aribos Klostergründung, ergeben sich jedoch schwere Bedenken. Erzbischof Odalbert selbst konnte Salzburger Kirchenbesitz nicht an seine Angehörigen weitervererben. Für eine Belehnung, wie sie im Falle von Aribos Vater Chadalhoch mehrfach bezeugt ist, fehlen bei Seeon jedoch alle Nachrichten. Vor allem aber sprechen die recht detaillierten Nachrichten der Traditionsnotiz des Jahres 924 und der Urkunden Kaiser Ottos III. aus dem Jahre 999 gegen eine Gleichsetzung. Rihni übertrug nämlich ihren Eigenbesitz zu *Sewa* mit Kirche, Haus, Hof und allem übrigen Zubehör an Erzbischof Odalbert. In den Urkunden von Kaiser Otto III. und Papst Sylvester II. heißt der Gründungsort des Klosters hingegen *Burgili*, der erst dann als *cella* des hl. Landpert und *Xeuua* bezeichnet wurde. Die Bezeichnung *Burgili* weist darauf hin, daß Pfalzgraf Aribo I. das Kloster an der Stelle einer Burg, die er von seinem Vater geerbt hatte, errichtete. Derartige Klosterstiftungen in ehemaligen Burgen sind häufig bezeugt, so in Ebersberg, Neuburg am Inn, Kastl in der Oberpfalz, Attel, Weyarn, Lambach und Reichersberg (beide im heutigen Oberösterreich) und St. Paul im Lavanttal (in Kärnten).[68] Als Zubehör des neugegründeten Klosters werden in der ersten Urkunde Ottos III. Höfe, Eigengüter und geschenkte Orte genannt, von einer Kirche ist hingegen nirgends die Rede. In dem zweiten, ausführlicheren Schreiben des Kaisers wird von einem Ort des väterlichen Erbgutes berichtet, der *Seuua* genannt wurde. Gleichzeitig werden aber die Kleinheit, Enge und Armut des Ortes hervorgehoben.

Das steht doch in deutlichem Gegensatz zur Beschreibung des von Rihni übergebenen Gutes mit Kirche, Haus, Hof und weiterem Zubehör, für den der Erzbischof eine Vielzahl von Besitzungen hingeben mußte. Eine Gleichsetzung des 924/27 eingetauschten Gutes zu *Sewa* mit dem *locus Burgili*, an dem Pfalzgraf Aribo I. sein Kloster errichtete, und der erst später den Namen Seeon erhielt, ist daher abzulehnen. Wahrscheinlich ist das von Rihni übergebene Gut zu *Sewa*, wie Wilhelm Störmer nahegelegt hat, mit Soyen bei Gars am Inn zu identifizieren.

Das Kloster Seeon wurde nach dem Willen seines Stifters, des Pfalzgrafen Aribo I., mit Mönchen aus St. Emmeram in Regensburg unter der Leitung des

Abtes Adalbert besiedelt. Diese Verbindung war durch die Freundschaft des Pfalzgrafen Aribo mit Bischof Wolfgang von Regensburg vorgegeben.[69] Damit wurde aber das neue Kloster von Anfang an in die große Bewegung der Reichsklosterreform einbezogen. Das erste und bedeutendste Zentrum dieser Reform im Reich war die Abtei St. Maximin in Trier, die gleichzeitig mit dem lothringischen Kloster Gorze und offenbar unabhängig von diesem die Ziele der Reform an viele deutsche Klöster weitervermittelte.[70]

Bischof Wolfgang von Regensburg trennte im Jahre 974 die Abtei St. Emmeram, die bis dahin unter seiner persönlichen Leitung gestanden war, vom Bistum und berief den Mönch Ramwold aus St. Maximin in Trier zum ersten Abt (974–1000). Unter Ramwolds Leitung entwickelte sich St. Emmeram zu einem der bedeutendsten Reformzentren in Bayern und ganz Süddeutschland.[71] Von hier trug der Mönch Tito die Reform auch in die Metropole Salzburg, wo Erzbischof Friedrich 987 nach dem Vorbild seines Suffragans Wolfgang ebenfalls die Abtei St. Peter vom Erzbistum trennte und Tito aus St. Emmeram zum ersten Abt bestellte.[72]

Im Gegensatz zur burgundischen Klosterreform von Cluny bildete sich im Reich kein fester Reformverband. Die Klöster hielten an ihren älteren Privilegien fest und blieben weiterhin im Rahmen der Diözesen. Auch das Eigenkirchenrecht wurde nicht grundsätzlich negiert. Eine allzugroße Verweltlichung der Klöster und deren Dienstbarkeit gegenüber dem Adel wurde jedoch auch von der Reichsklosterreform, die sich für die Beseitigung der Laienäbte und des Kommendewesens einsetzte, abgelehnt. Neben dem Festhalten an der von Benedikt von Aniane eingeführten Tracht, der anianischen Skapulierkukulle, und der Institution der Laienbrüder (Konversen) in ihrer älteren Form, ist besonders die kulturelle Aufgeschlossenheit der Reichsreform hervorzuheben. Die von ihr erneuerten Klöster wurden Träger der Reichskultur und vollbrachten Hochleistungen auf dem Gebiet der Literatur, der Buchmalerei und der bildenden Kunst.[73] Da die reformierten Klöster weiterhin eng mit dem Adel zusammenarbeiteten, konnte auch Pfalzgraf Aribo I. als Klostergründer die Vogtei über Seeon ausüben und an seine Erben weitergeben.

Besonders deutlich wird die Position Seeons als Reformkloster an der Verleihung des päpstlichen Schutzes durch Papst Sylvester II. am 18. April 999. Schon lange vor den bekannten Abteien Hirsau, St. Blasien und St. Paul zählte Seeon damit zu den ersten Klöstern in Süddeutschland, die – offenbar mit dem Einverständnis des Metropoliten, Erzbischof Hartwig von Salzburg – dem hl. Stuhl unterstellt wurden. Es war Kaiser Otto III., der zugunsten seines engen Vertrauten und weitschichtigen Verwandten, des Pfalzgrafen Aribo I., beim Papst intervenierte. Nur drei Tage nachdem er der jungen Abtei den kaiserlichen Schutz verliehen hatte, erhielt Seeon dann das begehrte päpstliche Schutzprivileg.[74] Papst Sylvester II. bestätigte außerdem das Recht der freien Abtwahl und setzte einen Zins von zwölf Pfennigen fest, der zu Ehren der zwölf Apostel jährlich an den hl. Stuhl zu entrichten war. Dem Klostergründer Aribo behielt er nicht nur die Vogtei auf Lebenszeit vor, sondern setzte zugleich fest, daß bei einer Bedrohung oder beim Erlöschen des klösterlichen Lebens die Abtei in das Eigentum des nächstverwandten Erben des Klostergründers Aribo zurückfallen und solange von diesem bewahrt werden sollte, bis sich das Klosterleben zu neuer Blüte entfalten könnte. Entsprechend dem engen Zusammenwirken zwischen Kaiser Otto III. und dem Papsttum anerkannte Sylvester ausdrücklich den Charakter von Seeon als freier Reichsabtei unter königlichem Schutz.

Ein genaues Gründungsdatum für Seeon ist in den

kaiserlichen und päpstlichen Urkunden nicht überliefert. Dem detaillierten Bericht in dem Schreiben Kaiser Ottos III. ist jedoch zu entnehmen, daß der Gründungsvorgang in zwei Phasen zerfiel: Zuerst empfing Pfalzgraf Aribo I. die Gebeine des Märtyrers Lambert von Lüttich und setzte sie auf seinem väterlichen Erbgut *Burgili* bei. Dazu errichtete er offenbar ein kleines Klösterchen, das als *cella* des hl. Lambert bezeichnet wird. Einige Jahre hindurch ereigneten sich dann die zahlreichen Wunder an den Reliquien des Märtyrers, die zu den reichen Spenden der hilfesuchenden Gläubigen, vor allem von adeligen Standesgenossen des Pfalzgrafen, führten. Innerhalb weniger Jahre gründete dann Aribo I., vielleicht durch den Tod des großen Reformers Wolfgang von Regensburg 994 dazu veranlaßt, das Kloster und errichtete die dafür notwendigen Gebäude samt der Kirche. Für den Bau eines Klosters ist ein Zeitraum von fünf Jahren als relativ kurz anzusehen und würde dem Wortlaut des kaiserlichen Schreibens durchaus entsprechen. Das traditionelle Gründungsjahr 994 kann damit zwar nicht gesichert werden, aber als durchaus wahrscheinlich gelten.

Seiner Bestimmung als Hauskloster und Erbgrablege der Aribonen ist Seeon in den folgenden Jahrzehnten durchaus gerecht geworden. Das Totenbuch des Klosters verzeichnet als Wohltäter aus dem Kreis der Stifterfamilie den Pfalzgrafen Aribo I. als Gründer,[75] dessen Gattin, die Gräfin Adala,[76] und als Brüder Aribos den Grafen Eberhard und den Priester Egilolf.[77] Als Söhne des Stifterpaares sind Graf Hartwig,[78] der dem Vater im Pfalzgrafenamt folgte, und (Graf) Chadalhoch[79] vermerkt, außerdem Erzbischof Aribo von Mainz,[80] der das Kloster beschenkte. Nach dem Zeugnis des Totenbuchs wurden neben dem Pfalzgrafen Aribo I. sein Bruder Eberhard, sein Sohn und Nachfolger Hartwig II. und sein Enkel, der 1102 verstorbene Pfalzgraf Aribo II.,[81] im Kloster selbst beigesetzt. Die Reliquien dieser vier Männer haben sich bis heute in Seeon erhalten. Von den Töchtern Aribos sind Wichburg, Hiltiburch, eine zweite Tochter namens Wichburg und Kunigunde, die erste Äbtissin der Aribonenstiftung Göß, mit dem Todestag vermerkt.[82] Besonders hervorgehoben sind im Totenbuch von Seeon außerdem Erzbischof Hartwig von Salzburg, der als Seliger (*beatus*) bezeichnet wird, und dessen Schwester, die Gräfin Wichburg.[83]

Als Lambertkloster und damit als typische Adelsstiftung hat Seeon eine besondere Anziehungskraft auf den bayerischen Adel ausgeübt.[84] Die frühen Beziehungen der Grafen von Andechs zu Seeon, von denen der 1075 als Mönch in St. Blasien verstorbene Graf Friedrich II. in Seeon bestattet sein soll und ein Graf Berthold angeblich unter Abt Heimo 1140 Mönch in Seeon wurde, entspringen einer späten Tradition und dürften auf einer Verwechslung beruhen. Graf Otto III. von Wolfratshausen wurde im Alter Mönch in Seeon und nach seinem Tod dort beigesetzt.[85] Auch Herzog Engelbert von Kärnten aus dem Hause der Spanheimer, der 1135 seiner Würde entsagt hatte, beschloß 1141 sein Leben als Mönch in Seeon.[86] Für die Grafen von Lebenau (nördl. von Laufen an der Salzach), einen Zweig der Kärntner Spanheimer, nahm Seeon erneut die Funktion eines Hausklosters wahr, in dem auch Graf Bernhard, der letzte Sproß dieses Geschlechts, 1229 beigesetzt wurde.[87] Die Grafen von Lebenau hatten, wohl über Vermittlung des Herzogs Engelbert II. von Kärnten, die Vogtei über Seeon erlangt. Nach deren Ende zog Erzbischof Eberhard II. von Salzburg sofort die Vogteirechte an sich.

Machthöhe und Ende – Die Aribonen und ihre Stiftungen im 11. Jahrhundert

In der ersten Hälfte des 11. Jahrhunderts konnten die Aribonen ihre bedeutenden Positionen im römisch-deutschen Reich noch weiter ausbauen. Hartwig II., der seinem Vater Aribo I. als Pfalzgraf von Bayern folgte,[88] nahm Friderun aus der berühmten sächsischen Adelssippe der Immidinger zur Gattin. Obwohl er in relativ jungen Jahren verstarb, als sein älterer Sohn Aribo noch ein kleines Kind war, während der jüngere Sohn Boto erst nach dem Tod des Vaters geboren wurde,[89] blieb die Position der Familie unangetastet. Das bayerische Pfalzgrafenamt wurde auch zwischenzeitlich an keinen anderen Adeligen vergeben, sondern blieb dem jungen Aribo vorbehalten, bis dieser es selbst übernehmen konnte.

Noch bedeutender waren die Positionen im Rahmen der Reichskirche, die von den Aribonen besetzt wurden. Aribo, der Sohn des Stifters von Seeon, wurde 1020 von Kaiser Heinrich II. in die Hofkapelle berufen und im September 1021 zum Erzbischof von Mainz bestellt. Als solcher griff er mehrfach entscheidend in die Reichspolitik ein. Verwiesen sei nur auf seine Rolle im Streit um die Rechtmäßigkeit der Ehe des Grafen Otto von Hammerstein, wo Aribo jede Appellation an die römische Kurie verbot. Mit Konrad II., zu dessen Wahl er maßgeblich beitrug und den er 1024 in Mainz krönte, arbeitete Aribo eng zusammen. Gegen Ende seines Lebens zog er sich jedoch durch sein schroffes, jähzorniges Verhalten das Mißfallen des Kaisers zu, worauf Aribos Neffe Pilgrim als Erzbischof von Köln immer mehr Einfluß gewann.[90]

Noch als Diakon vollendete Aribo jene Klosterstiftung, die seine Eltern, Pfalzgraf Aribo I. von Bayern und dessen Gattin Adala, im steirischen Göß bei Leoben begonnen hatten. Grundlage dafür bildete jenes Schenkungsgut, das Arpo, wohl der Großvater von Aribo I., 904 von König Ludwig dem Kind erhalten hatte.[91] Das Gründungsdatum der Nonnenabtei Göß wird traditionell in das Jahr 1020 gesetzt, in dem sowohl Kaiser Heinrich II. als auch Papst Benedikt VIII. Schutzprivilegien für Göß ausstellten.[92] In diesen Urkunden wird berichtet, daß Pfalzgraf Aribo I. mit seiner Gattin Adala den Bau des Klosters begonnen hatte, der Pfalzgraf jedoch damals aufgrund eines Schlaganfalls schon rechtsunfähig war. Da Aribo I. im Diplom Kaiser Ottos III. für Seeon vom 15. April 999 zum letztenmal genannt wird und als traditionelles Gründungsdatum von Göß das Jahr 1000 überliefert ist, dürfte der Pfalzgraf am 13. Februar des Jahres 1000 oder 1001 gestorben sein.

Sein Sohn Aribo, der damals noch ein junger Diakon war, hat gemeinsam mit seiner Mutter Adala die Klosterstiftung fortgeführt. In der Urkunde Kaiser Heinrichs II. wird betont, daß der Diakon Aribo mit Zustimmung seines Vaters die Nonnenabtei auf seinem Eigenbesitz gegründet und errichtet habe. Der Bau einer relativ großzügigen Klosteranlage konnte viele Jahre in Anspruch nehmen. Entscheidend aber war, daß der Diakon Aribo erst kurz vor 1020 von seinem Verwandten, Kaiser Heinrich II., zum Hofkaplan bestellt wurde und deshalb die kaiserliche Bestätigung und auch der päpstliche Schutz erst 1020, als das Kloster vielleicht schon längere Zeit vollendet war, verliehen wurden. Der Kaiser selbst bezeichnete in seinem Diplom für Göß den Diakon Aribo ausdrücklich als seinen Blutsverwandten (*consanguineus noster*). Bereits ein Jahr später avancierte Aribo dann zum Erzbischof von Mainz.

Im Gegensatz zu Seeon, das von Pfalzgraf Aribo I. als Reformkloster gegründet wurde, stand die Stiftung von Göß keineswegs im Zeichen der Reichsklosterreform. Die Abtei wurde mit Nonnen aus dem Kloster Nonnberg bei Salzburg besiedelt und erhielt von dort den Charakter eines »adeligen Damenstiftes«, der durchaus im Widerspruch zu den Zielen der Kirchenreform stand. Nonnberg, heute das älteste Frauenkloster nördlich der Alpen, hat allen seinen Tochtergründungen diese freiere Form des Zusammenlebens, die besonders den Töchtern aus höherem Adel und dem von ihnen gepflogenen Lebensstil zugute kam, mitgegeben.[93] Kunigunde, die Tochter des Pfalzgrafen Aribo I., die zur ersten Äbtissin berufen wurde,[94] war von ihrem familiären Hintergrund her mit diesem adeligen Lebensstil sicher eher einverstanden, als mit der strengen Befolgung der Benediktinerregel. Aber auch ihr Bruder, Erzbischof Aribo von Mainz, der kein so prononcierter Anhänger der Klosterreform war wie sein Neffe Pilgrim von Köln, hat an dieser Ausrichtung von Göß sichtlich keinen Anstoß genommen. Auch Göß blieb als Familienstiftung zunächst unter dem Einfluß der Aribonen, die als Erbvögte auftraten. Von ihnen ist die Vogtei – offenbar im Erbwege – an die verwandten Edelfreien von Traisen und Feistritz in Niederösterreich, die Stifter des Klosters Seckau, übergegangen.[95] Ähnlich wie in Seeon wurde auch in der Reichsabtei Göß 1544 ein Hochgrab für Adala, die Gattin des Stifters von Seeon, als Klostergründerin und für deren Tochter Kunigunde, die erste Äbtissin von Göß, errichtet, das einen zentralen Platz im Mittelschiff der Stiftskirche einnahm. Von diesem Stiftergrab, das 1786 abgebrochen wurde, hat sich nur die Inschrift erhalten, die auch den Anteil des Erzbischofs Aribo von Mainz an der Gründung hervorhebt.

Der dritte Sohn des Pfalzgrafen Aribo I., Chadalhoch, hatte von seinem Onkel Eberhard die Grafschaft im Isengau übernommen, die er 1011–1030 verwaltete.[96] Während ihm sein gleichnamiger Sohn als Graf im Isengau nachfolgte, wurde ein weiterer Sohn, Pilgrim, Erzbischof von Köln. Er erhielt die Metropolitanwürde sogar wenige Monate vor seinem Onkel Aribo, der im selben Jahr 1021 zum Erzbischof von Mainz bestellt wurde. 15 Jahre hindurch hat Pilgrim als Metropolit die Kirchenprovinz Köln geleitet, sich dabei als Exponent der Kirchenreform hervorgetan und schließlich auf Kosten seines Onkels Aribo immer mehr Einfluß in der Reichspolitik erlangt.[97] In diesen Jahrzehnten stand die Familie der pfalzgräflichen Aribonen auf dem Höhepunkt ihrer Macht.

Aribo II. hatte, sofort nachdem er mündig geworden war, die bayerische Pfalzgrafschaft und die Grafschaft im Salzburggau übernommen. Bereits 1041, im Alter von kaum mehr als sechzehn Jahren, bezeugte er als Pfalzgraf eine Schenkung Kaiser Heinrichs III.[98] In den folgenden zwölf Jahren werden jedoch weder Aribo noch sein Bruder Boto in einer Kaiserurkunde erwähnt, was auf einen zunehmenden Gegensatz zu Heinrich III. schließen läßt. Im Jahre 1053 schlossen sich die beiden Brüder dem Aufstand des Herzogs Konrad von Bayern aus dem Geschlecht der Ezzoniden gegen den Kaiser an. Maßgeblich dafür waren wohl enge persönliche Bindungen an den Bayernherzog, da Boto nach Konrads Tod dessen Witwe Judith zur Frau nahm. Der Aufstand gegen den Kaiser schlug fehl und Aribo verlor sein Pfalzgrafenamt. Über Boto verhängte Heinrich III. die Reichsacht und entzog ihm Lehenbesitz und Teile seiner Eigengüter im Grazer Feld, im Mattiggau (nördlich von Salzburg), um Regensburg und im bayerischen Nordgau.[99] Die bayerische Pfalzgrafschaft übertrug der Kaiser an Kuno von Rott aus der den Aribonen verwandten Sippe der Pilgrimiden.[100]

Mit dem Verlust der Pfalzgrafschaft war die politische Bedeutung der Aribonen empfindlich geschmälert, zumal sie schon seit dem Ende des sächsischen Kaiserhauses, das mit ihrem Blutsverwandten Heinrich II. 1024 erloschen war, an Einfluß in der Reichspolitik verloren hatten. Aribo II. und Boto vermochten sich aber ebenso wie ihr Vetter Chadalhoch, der um 1050 verstorben war, auf ihre reichen Eigenbesitzungen in Bayern und fast im gesamten Ostalpenraum zu stützen. Als Kaiser Heinrich III. kurz vor seinem Tode 1056 seinen Gegnern Verzeihung gewährte, gab er auch dem vorher geächteten Boto einen Teil der ihm entzogenen Güter, soweit diese inzwischen nicht weiterverliehen worden waren, zurück. In der Folge bewährte sich Boto als treuer Parteigänger des salischen Königshauses.[101] Im Jahre 1060 nahm er an einem Kriegszug teil, der zur Unterstützung des Königs Andreas von Ungarn gegen dessen Bruder Bela unternommen wurde. Das deutsche Heer erlitt beim Rückzug eine empfindliche Niederlage, wobei König Andreas selbst von Pferden zu Tode getrampelt wurde. Die Jahrbücher des Klosters Oberalteich berichten in ausführlicher Darstellung vom Heldenkampf, den Boto und Markgraf Wilhelm von Meißen bei Wilhelmsburg (in Niederösterreich) gegen die Magyaren ausfochten. Die Tapferkeit der beiden Recken soll bei den Ungarn die Vorstellung erweckt haben, die Helden der Vorzeit wären zu ihnen herabgestiegen.[102]

Auch Ekkehard von Aura streicht die Heldentaten Botos im Kampf gegen die Ungarn hervor, die ihm den Namen »der Tapfere« (*cognomento fortis*) eintrugen.[103] Der heldenmütige Kampf von Boto und Wilhelm erregte nicht nur die Bewunderung der Ungarn, sondern verschaffte den deutschen Recken auch freien Abzug. Um 1070 treten dann Boto als »Graf von Botenstein« (Pottenstein in Oberfranken) und sein Bruder Aribo als »Graf von Haigermoos« (bei Tittmoning im Salzburggau) auf. Während Haigermoos alter Familienbesitz der Aribonen war, die durch viele Jahrzehnte die Grafschaft im unteren Salzburggau verwalteten, stammte Pottenstein offenbar aus dem Besitz von Botos Frau, der Herzoginwitwe Judith von Schweinfurt.[104] Es ist das einzige Mal, daß Angehörige der Aribonen sich nach bestimmten Orten Grafen nannten. Damit deutet sich auch bei dieser mächtigen Adelssippe der Übergang zum Geschlecht an, der wegen des baldigen Endes aber nicht mehr zum Tragen kam.

In welchem Ausmaß Boto das Vertrauen des salischen Königshauses zurückgewonnen hatte, zeigt die Tatsache, daß ihn König Heinrich IV. 1075 mit einer schwierigen Mission zu den aufständischen Sachsen betraute.[105] Da Boto durch seine Mutter Friderun selbst dem sächsischen Hochadel entstammte, schien er für diese Aufgabe besonders geeignet. Der Dank des Königs kam darin zum Ausdruck, daß er seinem *miles* Boto im Jahr 1074 eine Reihe von Besitzungen schenkte.[106] Boto hielt dem König sowohl in der Schlacht gegen die Sachsen an der Unstrut 1075 als auch im folgenden Investiturstreit die Treue. Das Kloster Millstatt, eine Gründung seines Bruder Aribo II., beschenkte er mit Gütern im Pinzgau und wurde deshalb selbst zu den Gründern gezählt.[107] Im Jahre 1091 beteiligte er sich mit dem wohl verwandten Bischof Erpo von Münster an einer Pilgerreise nach Palästina.[108] Nach seiner Rückkehr bestiftete er das Kloster Theres am Main mit derart reichen Gütern aus dem Besitz seiner Frau, daß er in der Folge als zweiter Gründer galt.[109] In diesem Kloster wurde er, als er 1104 starb, beigesetzt. Seine Tochter Adelheid, die der Ehe mit Judith von Schweinfurt entstammte, war mit Heinrich von Limburg, dem Herzog von Niederlothringen, vermählt.[110]

Obwohl mit dem Grafen Boto die Sippe der Aribonen zumindest in ihrem Hauptstamm erlosch, lebt das Andenken an ihn bis heute weiter. Seine Taten im Ungarnkrieg 1060 waren so eindrucksvoll, daß der sächsische Name Boto, der durch seine Mutter Friderun von den Immidingern zu den Aribonen vermittelt worden war und vorher im gesamten deutschen Südosten nicht auftauchte, zu einem Modenamen im bayerisch-ungarischen Grenzgebiet wurde. Schon in der unmittelbar auf Boto folgenden Generation führte eine große Anzahl von Männern aus dem

16 *Epitaph vom ehemaligen Gösser Hochgrab für die Klosterstifterin Adala, Gattin des Pfalzgrafen Aribo I., und deren Tochter Kunigunde, der ersten Äbtissin von Göß, das sich im Mittelschiff der Stiftskirche Göß befand und 1786 abgebrochen wurde. Die Inschrift lautet in deutscher Übersetzung: Die selige Adula aus der Familie des Kaisers Heinrich II., genannt der Heilige, liegt in diesem Hochgrab zusammen mit ihrer Tochter Kunigunde, der ersten Äbtissin dieses Klosters, begraben. Sie hat das Kloster Göß zusammen mit ihrem Sohn Aribo, dem Erzbischof von Mainz, zur unablässigen Verehrung und zum Ruhm des ewigen Gottes errichtet und gegründet. Ihnen allen möge es gut ergehen durch alle Zeiten hindurch, Amen. (Das Epitaph ist heute an der rechten Seitenwand der Stiftskirche von Göß eingemauert. Die Abbildung stammt aus dem Steiermärkischen Landesarchiv, Kunst- und Altertumssammlung 9)*

freien Adel diesen Namen: Poto von Asparn, Poto von Merkenstein, Poto von Maleisdorf, Poto von Pottenbrunn, Poto von Pottenstein und Poto von Schwarzenburg seien als Beispiele genannt.[111] Dieser Entwicklung entspricht eine große Anzahl von Orten, deren Namen auf Boto zurückgeht: Pottenau, Pottenburg, Pottenbrunn bei St. Pölten, Pottenbrunn am Leithagebirge, Pottendorf in Niederösterreich, Pottendorf bei Stützenhofen, Pottenhofen und Pottenstein. Aber auch im Burgenland, einst einem Teil von Ungarn, erinnern die Namen Podersdorf und Potzneusiedel und nicht zuletzt das mächtige Geschlecht der Grafen Poth in Ungarn[112] an den heldenhaften Aribonen. In Oberfranken wurde die Burg Albuinestein, die Boto von seiner Gattin Judith erhalten hatte, nach ihm in Pottenstein umbenannt. Nicht nur in Ortsnamen sondern auch in der Dichtung hat sich das Andenken an den letzten der »pfalzgräflichen Aribonen« erhalten. Die Taten Botos sind eingegangen in die größte deutsche Heldensage des Mittelalters, das Nibelungenlied.

Botos älterer Bruder, Aribo II., hat um 1077 gemeinsam mit seiner Gattin Luitgard die Benediktinerabtei Millstatt in Kärnten am gleichnamigen See gegründet.[113] Er knüpfte dort an eine bereits bestehende Kirche, vielleicht auch an ein kleines Kloster an, das mit Unterstützung eines einheimischen Fürsten schon in der Zeit der Slawenmission des 8./9. Jahrhunderts gegründet worden war. Das Andenken daran wurde in Millstatt in der Legende vom hl. Karantanenherzog Domitian festgehalten.[114] Das Kloster Millstatt wurde von Aribo II. mit reichem Besitz, einem Erbe nach seinem Urgroßvater, dem Pfalzgrafen Hartwig I., ausgestattet. Aber auch Aribos Gattin Luitgard, die der Sippe der Sighardinger entstammte, hat zahlreiche Güter an Millstatt übergeben.[115] Manche Indizien deuten darauf hin, daß der Ehe von Aribo II. und Luitgard ein Sohn namens Hartwig, der nach dem Großvater benannt war, entsproß.[116] Dieser Sohn muß jedoch in jungen Jahren, wahrscheinlich noch vor Aribo II., verstorben sein.

Als Papst Calixt II. 1122 das Kloster Millstatt auf Bitte des bayerischen Pfalzgrafen Engelbert dem Schutz des apostolischen Stuhles unterstellte, betonte er, daß die Vorfahren (*parentes*) des Pfalzgrafen das Kloster gestiftet hätten.[117] Da Engelbert einer der ersten Vertreter der Grafen von Görz war,[118] hat die Forschung bis heute immer wieder die Grafen von Görz als unmittelbare Nachkommen von Aribo II. angesprochen. Ein Blick in die Genealogie der Görzer zeigt jedoch, daß diesen die aribonischen Leitnamen Aribo, Chadalhoch, Pilgrim oder Hartwig gänzlich fremd waren, während die bei den Görzern üblichen Namen Meinhard, Engelbert und Heinrich bei den Aribonen niemals auftauchen. Auch in ihrem adeligen Selbstverständnis haben die Grafen von Görz niemals eine aribonische Tradition vertreten. Daraus geht hervor, daß die Grafen von Görz offenbar einer anderen Ehe der Gräfin Luitgard entstammten und deshalb die Gründer von Millstatt als ihre Vorfahren ansprechen konnten. In welchem Maß sich Besitz und Macht Aribos II., die durch seine Ehe mit Luitgard noch vermehrt worden waren, in Kärnten konzentrierten, zeigt die bereits erwähnte Charakteristik des Ekkehard von Aura, der den einstigen Pfalzgrafen von Bayern als *edlen Fürsten aus Kärnten* bezeichnete.[119] Aribo II. wurde nach seinem Tod 1102 im aribonischen Hauskloster Seeon beigesetzt.[120]

Undeutlicher sind die Spuren, die Graf Chadalhoch, der Vetter von Aribo II. und Boto, und dessen Nachkommen hinterlassen haben. Chadalhoch hatte von seinem gleichnamigen Vater die Grafschaft im bayerischen Isengau übernommen, wo er 1049 nachzuweisen ist.[121] Durch seinen Bruder, Erzbischof Pilgrim von Köln, wurde er in dessen Einflußsphäre im Rheingebiet einbezogen. Dadurch wurde auch Cha-

17 *Kloster Seeon, die Stiftung Aribos I., des Freundes des hl. Wolfgang, und seiner Gemahlin Adala. Miniatur aus dem sog. Seeoner Nekrolog von 1636. München, Bayerisches Nationalmuseum, Bibl. 3686*

18
Ansicht der ehemaligen Benediktinerabtei Millstatt am gleichnamigen See in Kärnten, die der frühere Pfalzgraf von Bayern, Aribo II., ein Enkel des Stifters von Seeon, gemeinsam mit seiner Gattin Luitgard und seinem Bruder Boto »dem Tapferen« um 1070/1077 gründete

19
Das ehemalige Stift Eberndorf im Jauntal in Kärnten. Die Gründung des Klosters geht auf den Grafen Chadalhoch (Kazzelin) aus der Sippe der Aribonen zurück. Patriarch Ulrich I. von Aquileia ließ den Leichnam des Stifters in die Kirche Maria Jaun, wie Eberndorf ursprünglich hieß, überführen und begann mit der Klostergründung. Unter dem Patriarchen Peregrin von Aquileia (1132–1161) wurde das Kollegiatstift Eberndorf eingeweiht, unter Salzburger Einfluß 1154 in ein Augustiner-Chorherrenstift umgewandelt

dalhochs Ehe mit Irmgard, einer geborenen Gräfin von Zütphen am Niederrhein, vermittelt.[122]
Gemeinsam mit ihr schenkte er seinen Hof in Pürten (gegenüber von Kraiburg am Inn), in dem er zeitweise selbst residiert hatte, an das Erzbistum Salzburg.[123] Die dort verwahrte spätkarolingische Evangelienhandschrift mit Miniaturen eines Malers aus Reims hatte die Gräfin Irmgard aus ihrer Heimat mitgebracht. Zu diesem wundertätigen »Mirakelbuch« wurden frühzeitig Wallfahrten unternommen.[124] Bald nach der Schenkung von Pürten um 1050 ist Graf Chadalhoch verstorben. Sein Todestag ist nicht nur im Hauskloster Seeon und in St. Emmeram in Regensburg, wo er Vogt war, sondern auch in St. Viktor in Xanten, im Marienstift zu Aachen und in Köln bei den Aposteln eingetragen und zeigt den großen politischen Aktionsradius, über den dieser Aribonensproß verfügte.[125]
Ein letzter Vertreter des Namens Chadalhoch begegnet uns weit im Süden, in Unterkärnten und im italienischen Friaul. Im Jahre 1072 erneuerte Patriarch Sigehard von Aquileia die Abtei Michaelbeuern (nördlich von Salzburg), die Pfalzgraf Hartwig I. um 977 gestiftet hatte. Im Gefolge des Patriarchen wird damals ein Graf *Chazele* genannt, der in der längeren Fassung der Stiftungsurkunde als *Chazili de Mvosiza* und Vasall des Patriarchen bezeichnet wird.[126] Chacil bzw. Kazelin ist eine Kurzform für Chadalhoch, Mvosiza/Mosniz der slawische und Mosach der deutsche Namen für Moggio in Friaul. Dort übergab Graf Chazelinus dem Patriarchen Friedrich von Aquileia (1084–1085) Güter in Friaul, vor allem um Moggio an der Fella, und in Kärnten zur Stiftung eines Klosters.[127] Gesichert ist nur die Weihe der Klosterkirche durch den Bischof Andreas von Cittanova im August 1119.[128] Der Stiftsbrief des Patriarchen Ulrich für die Abtei Moggio zum Jahr 1072 ist hingegen eine Fälschung,[129] ebenso das angebliche Testament des Stifters Kazelin, in dem dieser sogar als Pfalzgraf bezeichnet wird.[130] Daß in diesem Machwerk aus der ersten Hälfte des 14. Jahrhunderts noch eine undeutliche Erinnerung an die einstige Position der Aribonen als Pfalzgrafen von Bayern mitschwingt, ist immerhin möglich. Das Andenken an den Grafen Chadalhoch/Kazelin lebt aber bis heute im Orte Villacaccia fort, der einst Kezlinsdorf und *villa Chazil* hieß. Moggio selbst, das von Graf Chacil gestiftete Kloster, wurde einst als »Burg des Chacil« (*arx Chazzila*) bezeichnet, da es wohl an der Stelle einer gräflichen Burg errichtet wurde.[131]
Noch eine zweite Klosterstiftung geht auf Chadalhoch/Chacil zurück. Kurz vor seinem Ableben hatte er seinen gesamten, ihm noch verbliebenen Besitz an den Patriarchen Ulrich von Aquileia übergeben, um damit an seinem Begräbnisort ein Kloster zu stiften. Der Patriarch ließ den Leichnam des Grafen Chacil von Gösseling (bei St. Georgen am Längsee in Kärnten) nach der Kirche St. Maria in Eberndorf (im Kärntner Jauntal), die südlich der Drau und damit im Gebiet des Patriarchats Aquileia lag, überführen und errichtete dort ein größeres Kloster. Dieses wurde mit dem Nachlaß des Grafen ausgestattet und vom Bischof Riwin von Concordia geweiht.[132] Als Augustiner-Chorherrenstift bildete Eberndorf dann durch Jahrhunderte ein geistliches Zentrum im Kärntner Diözesangebiet des Patriarchats Aquileia.
Der Begräbnisort Gösseling, unmittelbar neben dem Kloster St. Georgen am Längsee gelegen, das Wichburg, die Tochter des Pfalzgrafen Hartwig I. gestiftet hatte, weist auch Chadalhoch/Chacil als Nachkommen des Pfalzgrafen aus und reiht ihn mit seinem

20
Die ehemalige Benediktinerabtei Moggio an der Fella in Friaul, eine Stiftung des Grafen Chazelin (Chadalhoch) aus der Sippe der Aribonen. Das Kloster wurde an der Stelle der Burg des Grafen Chazelin errichtet und mit Gütern in Friaul, die der Graf vor 1090 an den Patriarchen Ulrich von Aquileia übergeben hatte, ausgestattet

typischen Namen in die Sippe der Aribonen ein.[133] Aufgrund der Verwandtschaft mit dem Patriarchen Sigehard von Aquileia – der Patriarch war ein Enkel, Graf Chacil ein Urenkel von Adala, der Gattin des Pfalzgrafen Aribo I. – trat dieser Aribonensproß in enge Beziehungen zum Patriarchat, verlegte seine Wirksamkeit dorthin und konnte jenen reichen Besitz in Friaul erwerben, auf dem er das Kloster Moggio stiftete. Damit war er aber aus dem Blickfeld der deutschen Chronisten entschwunden, die über ihn mit keinem Wort berichten.

Der Versuch, ein Bild von der Stiftersippe des Klosters Seeon zu entwerfen, mußte zwangsläufig Stückwerk bleiben. Zu weit gespannt war die Macht, zu vielfältig die Aktivitäten der Aribonen, zu verzweigt aber auch diese Sippe, die auf dem Höhepunkt ihrer Bedeutung geistliche und weltliche Positionen in den verschiedensten Teilen des Reiches besetzte und mit den angesehensten Familien des Hochadels verschwägert war. So mag am Schluß dieser Betrachtung jene Bemerkung stehen, mit der bereits Ekkehard von Aura am Beginn des 12. Jahrhunderts seine Darstellung der letzten »pfalzgräflichen Aribonen« beschloß: *Noch eine Menge wäre zu berichten, wenn es das Vorhaben dieses Werkes nicht verbieten würde.*

1 Zum Epitaph des Pfalzgrafen Aribo vgl. zuletzt *Vincent Mayr*, Studien zur Sepulkralplastik in Rotmarmor im bayerisch-österreichischen Raum 1360–1460, Phil. Diss. (München 1970). Die traditionelle Zuschreibung an den Salzburger Steinmetz Hans Heider wird durch den Beitrag von *Volker Liedke* im vorliegenden Band unterstützt.

2 Necrologium Seonense, MGH Necrologia II, S. 217–235.

3 *Franz-Josef Schmale* und *Irene Schmale-Ott*, Frutolfs und Ekkehards Chroniken und die anonyme Kaiserchronik. Ausgewählte Quellen zur Geschichte des Mittelalters XV (Darmstadt 1972), Einleitung S. 19ff.

4 Ekkehard von Aura, Chronik zum Jahr 1102, ed. *Schmale* (wie Anm. 3), S. 182.

5 Ekkehard von Aura, Chronik zum Jahr 1104, ed. *Schmale* (wie Anm. 3), S. 186f.

6 *Michael Mitterauer*, Karolingische Markgrafen im Südosten. AÖG 123 (1963), S. 188ff.

7 *Eduard Richter*, Untersuchungen zur historischen Geographie des ehemaligen Hochstiftes Salzburg, in: MIÖG Erg. Bd. 1 (1885), S. 590ff.; *Josef Egger*, Das Aribonenhaus, in: AÖG 83 (1897), S. 385–525; *Heinrich von Witte-Hagenau*, Genealogische Studien zur Reichsgeschichte unter den salischen Kaisern, in: MIÖG Erg. Bd. 5 (1903), S. 309–475; *Hans Pirchegger*, Luitpoldinger und Aribonen in Kärnten und in der Kärntner Mark. Beiträge zur mittelalterlichen Geschichte Innerösterreichs II, in: ZHVSt 26 (1931 = Festschrift Luschin), S. 36–48; *Ernst Klebel*, Die großen Geschlechter um den Chiemsee, in: Heimatbuch des Landkreises Traunstein Bd. 1 (München 1960), S. 71–78; *Franz Tyroller*, Genealogie des altbayerischen Adels im Hochmittelalter, in: Genealogische Tafeln zur mitteleuropäischen Geschichte, hg. von *Wilhelm Wegener* (Göttingen 1969), S. 53ff., Tafel 1 (die Aribonen).

8 Der vorliegende Beitrag stützt sich auf meine unveröffentlichte Staatsprüfungsarbeit am Institut für Österreichische Geschichtsforschung: *Heinz Dopsch*, Die Aribonen (masch., Wien 1968). Die umfangreichen Quellennachweise, die hier aus Platzgründen nicht vollständig wiedergegeben werden können, sind dort einzusehen.

9 *Wilhelm Störmer*, Adelige Namengebung in Familie, Sippe und Herrschaft, in: *Derselbe*, Früher Adel. Monographien zur Geschichte des Mittelalters 6/I (Stuttgart 1973), S. 29–69.

10 *Karl Schmid*, Über die Struktur des Adels im früheren Mittelalter, in: Jahrbuch für fränkische Landesforschung 19 (1959), S. 1–24; *Gerd Tellenbach*, Zur Erforschung des mittelalterlichen Adels vom 9. bis 12. Jahrhundert, in: XIIe Congrès International des Sciences historiques, Rapport I (Wien 1965), S. 318–337.

11 *Karl Schmid*, Zur Problematik von Familie, Sippe und Geschlecht, Haus und Dynastie beim mittelalterlichen Adel, in: Zeitschrift für Geschichte des Oberrheins 105

(1957), S. 1–62; *Derselbe*, Neue Quellen zum Verständnis des Adels im 10. Jahrhundert, ebenda 108 (1960), S. 185–232.

12 Traditionen des Stiftes Ranshofen Nr. 32, Urkundenbuch des Landes ob der Enns Bd. I (Wien 1852), S. 215 Nr. 32 (zu ca. 1070).

13 *Gerhard Streich*, Burg und Kirche während des deutschen Mittelalters. Untersuchungen zur Sakraltopographie von Pfalzen, Burgen und Herrensitzen, 2 Bde. Vorträge und Forschungen, Sonderband 29/I und II (Sigmaringen 1984), bes. Bd. I, S. 327–361 und Bd. II, S. 461–513.

14 *Schmid*, Zur Problematik (wie Anm. 11).

15 *Gertrud Diepolder*, Die Herkunft der Aribonen, in: ZBLG 27 (1964), S. 82ff.

16 Die Traditionen des Hochstiftes Freising, ed. *Theodor Bitterauf*, Quellen und Erörterungen zur bayerischen Geschichte NF 4 (München 1905), S. 28f. Nr. 2.

17 Dazu ausführlich *Diepolder*, Herkunft (wie Anm. 15), S. 100ff.

18 Traditionen Freising (wie Anm. 16), S. 788f. Nr. 1045.

19 Traditionen Freising (wie Anm. 16), Bd. 5, S. 23ff. Nr. 1078, 1138, 1159.

20 *Diepolder*, Herkunft (wie Anm. 15), S. 100–105.

21 *Mitterauer*, Karolingische Markgrafen (wie Anm. 6), S. 188–203.

22 MGH DL IV 31; zu diesem Schenkungsgut vgl. *Herwig Ebner*, Die Besitzgeschichte des Nonnenstiftes Göß in der Steiermark vom Jahre 1020 bis 1460 mit besonderer Berücksichtigung des Klostergutes im Gerichtsbezirk Leoben. Phil. Diss. (masch., Graz 1949); *Karl Bracher*, Beiträge zur mittelalterlichen Geschichte des Stiftes Göß. ZHVSt Sonderband I (Graz 1954), S. 1–42.

23 *Mitterauer*, Karolingische Markgrafen (wie Anm. 6), S. 50–61 und S. 200ff. Zur Person des Mainzer Otachar vgl. *Erich Zöllner*, Zur Bedeutung der älteren Otakare für Salzburg, St. Pölten und Wien, in: Neues Jahrbuch Adler, III. Folge Bd. 1 (1945/46), S. 7–32; *Derselbe*, Genealogische Beobachtungen zu den Anfängen von Tegernsee, St. Pölten und Benediktbeuern, in: Jahrbuch f. Landeskunde von Niederösterreich NF 38 (1968/70), S. 185–195; *Michael Gockel*, Karolingische Königshöfe am Mittelrhein. Veröffentl. des Max-Planck-Instituts für Geschichte 31 (1970), S. 247ff.; *Wilhelm Störmer*, Früher Adel (wie Anm. 9), S. 122ff. und S. 223ff.; *Heinz Dopsch*, Die steirischen Otakare. Beiträge zu ihrer Herkunft und ihren dynastischen Verbindungen, in: Das Werden der Steiermark, hg. v. *Gerhard Pferschy* (Graz 1980), S. 79ff.

24 MGH DL IV 67 = SUB II, S. 75f. Nr. 41; Vgl. dazu *Mitterauer*, Karolingische Markgrafen (wie Anm. 6), S. 194ff.

25 Vgl. Anm. 5.

26 *Mitterauer*, Karolingische Markgrafen (wie Anm. 6), S. 188–191; *Tyroller*, Genealogie (wie Anm. 7), S. 53f. Nr. 1 und Tafel 1.

27 MGH Capitularia II, S. 250ff. Vgl. dazu *Michael Mitterauer*, Wirtschaft und Verfassung in der Zollordnung von Raffelstetten, in: Mitteilungen des Oberösterreichischen Landesarchivs 8 (1964), S. 344–373.

28 *Mitterauer*, Karolingische Markgrafen (wie Anm. 6), S. 190ff. und Stammtafel S. 202.

29 MGH DL IV 31; zum Schenkungsgut vgl. Anm. 22.

30 Zur Person des Erzbischofs Odalbert und dessen genealogischen Beziehungen vgl. *Heinz Dopsch*, Der bayerische Adel und die Besetzung des Erzbistums Salzburg im 10. und 11. Jahrhundert, in: MGSL 110/111 (1970/71), S. 128ff. (mit Stammtafel); *Derselbe*, Die Zeit der Karolinger und Ottonen, in: Geschichte Salzburgs – Stadt und Land, Bd. I/1, hg. v. *Heinz Dopsch* (Salzburg 1981), S. 201–204.

31 Dieser Erbgang wird vor allem dadurch gesichert, daß sich unter den in der Abtei Göß überlieferten Urkunden auch ein Diplom Ottos I. aus dem Jahre 942 befindet, in dem der König dem Grafen Cadelahc einen Unfreien namens Reginbert überläßt (MGH DO I 49). Diese Urkunde, die sich eindeutig auf den Grafen Chadalhoch, den Vater des Pfalzgrafen Aribo I. bezieht, kann nur im Erbweg an die Stifterfamilie gekommen sein, da sie zum Kloster Göß in keiner Beziehung steht.

32 SUB I, S. 63–165 (Codex Odalberti).

33 Necrologium Seonense zum 4. April und zum 3. Oktober, MGH Necrologia II, S. 222 und S. 231.

34 SUB I, S. 180f. Nr. 15. Zur Begüterung des Klosters Seeon in Tirol, die aus dem Besitz des Pfalzgrafen Aribo stammte, vgl. *Hans Bachmann*, Studien zu den in der Notitia Arnonis genannten Kirchen Tirols, in: MIÖG 81 (1973), S. 30–84 und 82 (1974), S. 241–303.

35 MGH DO II 203.

36 Hartwigs Name findet sich im sogenannten Ottonianum, jenem Diplom, das Otto I. am 13. Februar 962 für Papst Johannes XII. ausstellte, unter den Zeugen (MGH DO I 235).

37 *Heinz Dopsch*, Gewaltbote und Pfalzgrafen in Kärnten, in: Carinthia I 165 (1975), S. 125–151.

38 *Dopsch*, Gewaltbote (wie Anm. 37), S. 128ff.; *Derselbe*, Aribonen (wie Anm. 8), S. 37–55.

39 Zu Ozi vgl. *Dopsch*, Otakare (wie Anm. 23), S. 94ff.

40 Vgl. Anm. 34.

41 SUB I, S. 83 Nr. 17. Aufgrund der Bezeichnung von Hartwig als *proximus* wurde Hartwig häufig als Bruder des Erzbischofs Odalbert angesehen, auch *Willibald Hauthaler*, der Herausgeber des Salzburger Urkundenbuchs, bezeichnet Hartwig im Kopfregest als Blutsverwandten. Demgegenüber ist aber zu beachten, daß im Text der Traditionsnotiz Hartwig als *fidelis proximus* erscheint, was so viel wie »nächster Getreuer« oder »engster Vertrauter« heißt. Eine Blutsverwandtschaft ist aus diesem Wortlaut nicht abzuleiten. Für eine weitere Traditionsnotiz (S. 144f. Nr. 83) in der Hartwig ebenfalls als *proximus* und Vogt von Erzbischof Odalbert bezeichnet wird, diente die bereits erörterte Traditionsnotiz Nr. 17 als Vorbild. Besitzgeschichtliche Untersuchungen, die hier nicht im einzelnen ausgeführt werden können, zeigen Hartwig in enger Verbindung zu den Luitpoldingern und legen den Schluß nahe, daß er der Bruder der edlen Frau Rihni und damit ein Schwager des Erzbischofs Odalbert gewesen ist. Vgl. dazu *Dopsch*, Aribonen (wie Anm. 8), S. 64ff. Engelbert ist als Sohn des Hartwig zweimal bezeugt: SUB I, S. 122 Nr. 60, S. 136 Nr. 75.

42 Die hier vorgeschlagene Filiation ist urkundlich nur teilweise belegt: Wichburg, die Stifterin von St. Georgen am Längsee, ist eindeutig als Schwester des Erzbischofs Hartwig von Salzburg bezeugt. Die Vererbung der Namen Hartwig und Wichburg unter allen Abkömmlingen der beiden Töchter von Pfalzgraf Hartwig I., Adala und Wichburg, aber auch genaue besitzgeschichtliche Untersuchungen, die in Kärnten, in der Steiermark und in Niederösterreich Besitzungen der Aribonen, der Sighardinger und der Stifterfamilie von St. Georgen am Längsee in dichter Gemengelage zeigen, weil sie aus ursprünglich einheitlichen, vom Pfalzgrafen Hartwig I. ererbten Besitzkomplexen hervorgegangen sind, dürfen als wesentliche Indizien für die hier vorgeschlagene Abstammung gelten. Vgl. dazu ausführlich *Dopsch*, Aribonen (wie Anm. 8), S. 24–55. Bezüglich des Erzbischofs Hartwig von Salzburg sei noch darauf hingewiesen, daß er im Totenbuch von Seeon zum 5. Dezember durch einen Eintrag in Versalien mit besonders ausgeschmückten Buchstaben deutlich hervorgehoben ist und auch seiner Schwester, der Gräfin Wichburg, als Mutter eines weiteren Hartwig zum 17. März besonders gedacht wird (MGH Necrologia II, S. 222 und S. 234); vgl. dazu Anm. 83.

43 Als Sohn des Pfalzgrafen ist Hartwig im Totenbuch von Seeon zum 24. Dezember eingetragen: MGH Necrologia II, S. 235. Zur Person des Pfalzgrafen Hartwig II. vgl. den Bericht bei Ekkehard von Aura (wie Anm. 5) und *Tyroller*, Genealogie (wie Anm. 7), S. 58 Nr. 17.

44 Vgl. Anm. 5.

45 *Tyroller*, Genealogie (wie Anm. 7), S. 53ff., Stammtafel 1 (die Aribonen) bemerkt zwar richtig »das gesamte bisherige Schrifttum krankt vor allem daran, daß die Aribonen mit den Sighardingern in einen Topf geworfen werden und zwar aufgrund einer Stelle bei Ekkehard... Diese Stelle ist sowohl in der einen wie in der anderen Fassung ein Irrtum«. Die von *Tyroller* vorgeschlagene Lösung, daß Hildburg, eine Tochter des Grafen Aribo, den Grafen Sigehard V. geheiratet habe, ist nicht nur unbewiesen, sondern vermag auch nicht zu erklären, warum mit Bischof Hartwig von Brixen (1023–1039) bereits ein Sighardinger den Namen Hartwig führte, obwohl er nicht von Graf Sighard V., dem angeblichen Gatten von Aribos Tochter Hildburg, abstammte. Die richtige Lösung hat sich *Tyroller* dadurch selbst verbaut, daß er den Tod des Pfalzgrafen Aribo I., der zur Gründung von Göß noch seine Zustimmung geben konnte, obwohl er bereits vom Schlag getroffen war, erst nach 1020, dem Jahr der Privilegierung von Göß, angesetzt hat.

46 *Tyroller*, Genealogie (wie Anm. 7), S. 89ff., mit Tafel 5/1 und 2 (die Sieghardinger).

47 *Tyroller*, Genealogie (wie Anm. 7), S. 93 Nr. 18 und Stammtafel 5/1.

48 SUB I, S. 274 Nr. 43. Der Herausgeber verweist in der Vorbemerkung ausdrücklich darauf, daß die Lebenszeit des Grafen Engelbert bis gegen 1025 ausgedehnt werden kann.

49 Necrologium Seonense zum 7. September, MGH Necrologia II, S. 230.

50 *Tyroller*, Genealogie (wie Anm. 7), S. 91 Nr. 11 und Stammtafel 5/1.

51 *Dopsch*, Aribonen (wie Anm. 8), S. 37–55.

52 *Mitterauer*, Markgrafen (wie Anm. 6), S. 186ff.

53 *Dopsch*, Der bayerische Adel (wie Anm. 30), S. 128–132.

54 Zu dieser Entwicklung vgl. *Dopsch*, Karolinger und Ottonen (wie Anm. 30), S. 199ff.; *Kurt Reindel*, Herzog Arnulf und das Regnum Bavariae. Wege der Forschung I (Darmstadt 1956), S. 264ff.; *Derselbe*, Bayern unter den Luitpoldingern, in: Handbuch der Bayerischen Geschichte Bd. I, hg. v. *Max Spindler* (München ^{2}1981), S. 286.

55 MGH DO III 319.

56 Ein genaues Datum, an dem Pfalzgraf Aribo I. seinem Schwiegervater Hartwig I. als Pfalzgraf folgte, ist nicht

überliefert. Hartwig I. ist bis gegen Ende des Jahres 980 nachzuweisen (MGH DO II 216). Er starb an einem 16. Juni der folgenden Jahre (MGH Necrologia II, S. 214 u. IV, S. 420, jeweils zum 16. 6.). Aribo I. begegnet meist nur als Graf und wird auch von Kaiser Otto III. anläßlich der Privilegierung des Klosters Seeon 999 nur als Graf bezeichnet. Im Totenbuch von Seeon zum 13. Februar (MGH Necrologia II, S. 220) und in den Necrologien von Tegernsee und Weihenstephan, jeweils zum 14. Februar (MGH Necrologia III, S. 140, S. 305) wird Aribo jedoch ausdrücklich als Pfalzgraf (*palatinus comes*) bezeichnet.

57 Othlo von St. Emmeram, Vita s. Wolfkangi episcopi, c. 39, MGH SS 4, S. 541.

58 *Louis Duchesne*, Fastes Episcopaux de l'ancienne Gaule, Bd. 3 (1915), S. 191f.; *M. Zender*, Räume und Schichten mittelalterlicher Heiligenverehrung und ihre Bedeutung für die Volkskunde. Die Heiligen des mittleren Maaßlandes und der Rheinlande in Kultgeschichte und Kultverbreitung (1959), S. 27–60 (mit Karte).

59 MGH DO II 292 = MC III, S. 65f. Nr. 156; vgl. dazu *August von Jaksch*, Die Gründung des Benediktinerklosters St. Lambrecht in der Steiermark, in: ZHVSt 9 (1911), S. 89ff.; *Heinz Dopsch*, Die Anfänge der Kärntner Klöster. Gründungsversuche und erste Klostergründungen vom 8. bis 11. Jahrhundert, in: Symposion zur Geschichte von Millstatt und Kärnten 19.–20. Juni 1992, hg. von *Franz Nikolasch* (Millstatt 1993), S. 2–30, bes. S. 25ff.

60 *Jaksch* , St. Lambrecht (wie Anm. 59), S. 90ff.; *Helmut J. Mezler-Andelberg*, Zur älteren Geschichte von St. Lambrecht, in: Carinthia I 151 (1961), S. 534–571; *Karl Engelhardt-Klaar*, Die Herrschaft der Eppensteiner in Kärnten. Archiv für vaterländische Geschichte und Topographie 61 (Klagenfurt 1966), S. 104ff. und S. 118–135; *Heinz Dopsch*, Herzog Heinrich »von Eppenstein« und die Dotierung von St. Lambrecht, in: Blätter für Heimatkunde 46/4 (Graz 1972), S. 122–131.

61 Traditionen Freising (wie Anm. 16), Nr. 218 und Nr. 370: Der clericus Arbeo ist der Bruder jener Erchana, die 805 die Lambertkirche in Dachau beschenkte. Vgl. dazu *Diepolder*, Herkunft (wie Anm. 15), S. 105f.

62 MGH DO III 319.

63 MGH DO III 318.

64 Germania Pontificia I, S. 73f. Nr. 1 = MB II, S. 123f. Nr. 1.

65 SUB I, S. 105ff. Nr. 44 a.

66 SUB I, S. 107f. Nr. 44 b.

67 *Wilhelm Erben*, Untersuchungen zum Codex traditionum Odalberti, in: MGSL 29 (1889), S. 454ff.; *Ludmil Hauptmann*, Hema i Svetopuk (Hemma und Zwentibold), in: Rad Jugoslavenske akademije 255 (Zagreb 1936), S. 221–246; *Dopsch*, Aribonen (wie Anm. 8), S. 56–64; *Derselbe*, Bayerischer Adel (wie Anm. 30), S. 128ff.

68 Vgl. dazu allgemein *Streich*, Burg und Kirche (wie Anm. 13).

69 Vgl. Anm. 57.

70 Während *Kassius Hallinger*, Gorze-Kluny. Studien zu den monastischen Lebensformen und Gegensätzen im Hochmittelalter, 2 Bde. (Rom 1950/51), das Bild von einer umfassenden lothringischen Klosterreform mit dem Zentrum Gorze entworfen hat, die an Bedeutung durchaus mit Cluny zu vergleichen sei, hat vor allem *Erich Wisplinghoff*, Die lothringische Klosterreform in der Erzdiözese Trier (Trier 1964) und *Derselbe*, Untersuchungen zur frühen Geschichte der Abtei St. Maximin bei Trier von den Anfängen bis etwa 1150 (Mainz 1970), nachgewiesen, daß St. Maximin in Trier nicht von Gorze aus sondern zumindest gleichzeitig mit diesem Kloster und unabhängig davon reformiert wurde. Vgl. auch *Joachim Wollasch*, Mönchtum des Mittelalters zwischen Kirche und Welt. Münstersche Mittelalter-Schriften 7 (Münster 1973), S. 158ff.

71 *Ernst Tomek*, Studien zur Reform der deutschen Klöster im 11. Jahrhundert, I. Die Frühreform (Wien 1910), S. 96ff.; *Hallinger*, Gorze-Kluny (wie Anm. 70), S. 133ff. und S. 618ff.; *Josef Klose*, St. Wolfgang als Mönch und die Einführung der Gorzer Reform in Bayern, in: Beiträge zur Geschichte des Bistums Regensburg 6 (1972), S. 61–88; *Eckhard Freise*, St. Emmeram zu Regensburg, in: Ratisbona sacra. Das Bistum Regensburg im Mittelalter (München-Zürich 1989), S. 182ff.

72 *Heinz Dopsch*, Klöster und Stifte, in: Geschichte Salzburgs (wie Anm. 30), I/2, S. 1010f.; *Friedrich Karl Hermann*, 987. Trennung der Abtei vom Bistum, in: Festschrift St. Peter zu Salzburg 582–1982. Studien und Mitteilungen OSB 93 (1982), S. 26–55.

73 *Hallinger*, Gorze-Kluny (wie Anm. 70), S. 417ff.; *Friedrich Prinz*, Klöster und Stifte, in: Handbuch der Bayerischen Geschichte, hg. v. *Max Spindler*, Bd. I (München ²1981), S. 472f.; *Dopsch*, Klöster und Stifte (wie Anm. 72), S. 1031ff.

74 Vgl. Anm. 64.

75 Necrologium Seonense zum 14. Februar, MGH Necrologia II, S. 220.

76 Necrologium Seonense zum 7. September, MGH Necrologia II, S. 230.

77 Necrologium Seonense zum 4. April und zum 3. Oktober, MGH Necrologia II, S. 222 u. 231.

78 Necrologium Seonense zum 24. Dezember, MGH Necrologia II, S. 235.

79 Necrologium Seonense zum 11. September, MGH Necrologia II, S. 230.

80 Necrologium Seonense zum 6. April, MGH Necrologia II, S. 223.

81 Necrologium Seonense zum 18. März, MGH Necrologia II, S. 222.

82 Necrologium Seonense zum 5. und 12. August, zum 28. September und zum 5. Dezember, MGH Necrologia II, S. 228, 229, 231, 234.

83 Necrologium Seonense zum 17. März und zum 5. Dezember, MGH Necrologia II, S. 222 und S. 234. Der Eintrag *UVICPURCH com(itiss)a hic iacet mater Ha(rtwici)* kann sich nicht auf Gräfin Wichburg, die Gattin des Pfalzgrafen Hartwig I. und Mutter des Erzbischofs Hartwig von Salzburg beziehen, da diese am 16. 12. im Totenbuch des Salzburger Domkapitels als *Wicpurc mater Hartwici archiepiscopi* eingetragen ist (MGH Necrologia II, S. 193), sehr wohl aber auf Wichburg, die Schwester des Erzbischofs Hartwig, zu deren vier Söhnen auch ein Geistlicher namens Hartwig zählte, der vielleicht Mönch in Seeon wurde.

84 MB II, S. 160 (letzter Eintrag im Juni) und S. 162; Necrologium Seonense zum 30. Juni, MGH Necrologia II, S. 227. Vgl. dazu *Tyroller*, Genealogie (wie Anm. 7), S. 149f. Nr. 9, S. 153f. Nr. 30 und Stammtafel 10, S. 158/59. Danach wurde Graf Friedrich II. von Andechs, der am 24. Jänner starb, in St. Blasien beigesetzt, während Graf Berthold IV. von Andechs als Mönch nicht in Seeon sondern in das von ihm gestiftete Kloster Dießen eintrat und dort beigesetzt wurde.

85 Necrologium Seonense zum 28. Mai, MGH Necrologia II, S. 225; Vgl. *Tyroller*, Genealogie (wie Anm. 7), S. 153 Nr. 26.

86 Necrologium Seonense zum 13. April, MGH Necrologia II, S. 223; Vgl. dazu *Tyroller*, Genealogie (wie Anm. 7), S. 265ff. Nr. 5 und S. 278/79 Stammtafel 20.

87 Necrologium Seonense zum 17. April, MGH Necrologia II, S. 223; Vgl. auch den Zusatz zum Totenbuch mit der Eintragung der Wohltäter, MB II, S. 162f. Nach dem Wortlaut des Totenbuchs ist allerdings nur für Graf Bernhard die Beisetzung in Seeon sicher bezeugt. Vgl. dazu und zur Einziehung der Vogtei durch den Salzburger Erzbischof *Heinz Dopsch*, Die Grafen von Lebenau, in: Das Salzfaß NF 4/2 (1970), S. 33–59; SUB III, S. 375f. Nr. 839.

88 Hartwig II. ist ab 1025 mehrfach als Pfalzgraf bezeugt: MGH DH II, S. 649ff. Nr. 2; SUB I, S. 213 Nr. 3; *Tyroller*, Genealogie (wie Anm. 7), S. 58 Nr. 17.

89 Vgl. Anm. 5.

90 Zu Erzbischof Aribo von Mainz vgl. *Tyroller*, Genealogie (wie Anm. 7), S. 59 Nr. 21; Neue deutsche Biographie Bd. 1, S. 351; *Josef Fleckenstein*, Die Hofkapelle der deutschen Könige Bd. 2, Schriften der MGH 16/2 (Stuttgart 1966), S. 161ff., S. 169ff., S. 223ff.; *Norbert Bischoff*, Über die Chronologie der Kaiserin Gisela und die Verweigerung ihrer Krönung durch Aribo von Mainz, in: MIÖG 58 (1950), S. 285–309; *Franz Petri und Georg Droege* (Hg.), Rheinische Geschichte, Bd. 1/3, Hohes Mittelalter (Düsseldorf 1983), S. 38ff.

91 Vgl. Anm. 22.

92 MGH DH II 428; Vgl. dazu *Heinrich Appelt*, Das Diplom Kaiser Heinrichs II. für Göß vom 1. Mai 1020 (Graz 1953).

93 *Dopsch*, Klöster und Stifte (wie Anm. 72), S. 1013f. mit Anm. 237; *Karl Bracher*, Beiträge (wie Anm. 22), S. 44–83; *Derselbe*, Stift Göß, Geschichte und Kunst. Archivalische Beiträge, ZHVSt, Sonderband 12 (1966), S. 9ff. Während *Bracher* die Abtei Göß in der Frühzeit für ein Kanonissenstift hält, trifft die von *Heinrich Appelt*, in: Stift Göß, Geschichte und Kunst (Wien/Linz/München 1961), S. 37f., gebrauchte Bezeichnung »adeliges Damenstift« auf den Charakter der Abtei sicher besser zu.

94 MGH DH II 428; *Tyroller*, Genealogie (wie Anm. 7), S. 59 Nr. 24; *Bracher*, Stift Göß (wie Anm. 93); *Otto Perst*, Gandersheim und Göß, in: Braunschweigisches Jahrbuch 39 (1958), S. 45–54.

95 *Heinrich Appelt*, Diplom (wie Anm. 92), S. 16ff., nimmt an, daß die Edlen von Traisen und Feistritz die Vogtei nur als Afterlehen vom steirischen Landesfürsten innehatten. Dagegen habe ich einen Erbgang von den Aribonen an die Edlen von Traisen und Feistritz nachzuweisen versucht: *Heinz Dopsch*, Landherrn, Herrenbesitz und Herrenstand in der Steiermark. Phil. Diss. (masch. Wien 1968), S. 177–182.

96 *Tyroller*, Genealogie (wie Anm. 7), S. 57ff. Nr. 13 und Nr. 20; *Dopsch*, Aribonen (wie Anm. 8), S. 111ff.

97 *Tyroller*, Genealogie (wie Anm. 7), S. 60f. Nr. 27 und Nr. 28; zu Erzbischof Pilgrim vgl. Allgemeine deutsche Biographie Bd. 26, S. 129–131; *Friedrich Wilhelm Oediger*, Geschichte der Erzbischöfe von Köln, hg. von *E. Hegel*, Bd. I: Das Bistum Köln von den Anfängen bis zum Ende des 12. Jahrhunderts (Köln 1972); *Egon Boshof*, Köln, Mainz, Trier – Die Auseinandersetzung um die Spitzen-

stellung im deutschen Episkopat in ottonisch-salischer Zeit, in: Jahrbuch des Kölner Geschichtsvereins 49 (1978); *Petri/Droege*, Rheinische Geschichte (wie Anm. 90), S. 40f., S. 79.

98 MGH DH III 79; vgl. dazu *Tyroller*, Genealogie (wie Anm. 7), S. 59f. Nr. 25; *Dopsch*, Aribonen (wie Anm. 8), S. 86ff.

99 MGH DH III 332, 333, 335, 336; Vgl. dazu *Witte-Hagenau*, Genealogische Studien (wie Anm. 7), S. 343ff.; *Tyroller*, Genealogie (wie Anm. 7), S. 60 Nr. 26; *Dopsch*, Aribonen (wie Anm. 8), S. 103ff.

100 *Tyroller*, Genealogie (wie Anm. 7), S. 130ff. Nr. 12 und Stammtafel 8.

101 *Dopsch*, Aribonen (wie Anm. 8), S. 103ff.

102 Annales Altahenses maiores zum Jahr 1060, MGH SS 20, S. 810; Vgl. dazu *Gerold Meyer von Knonau*, Jahrbücher des Deutschen Reiches unter Heinrich IV. und Heinrich V., Bd. I (Berlin 1890, Neudruck 1964), S. 195ff.

103 Vgl. Anm. 5.

104 Die Heirat Botos mit der Herzoginwitwe Judith von Schweinfurt bezeugt Abt Arnold von Berge und Nienburg, der sogenannte »Annalista Saxo«, zum Jahr 1036, MGH SS 6, S. 679; zur Problematik des Annalista Saxo vgl. *Franz Josef Schmale*, Deutschlands Geschichtsquellen im Mittelalter Bd. I (Darmstadt 1976), S. 14–18; zu Botos Heirat vgl. *Tyroller*, Genealogie (wie Anm. 7), S. 60 Nr. 26; zur Nennung Botos als Graf von Botenstein vgl. Anm. 12.

105 Lampert von Hersfeld, Annalen zum Jahr 1075, bearb. von *Wolf Dietrich Fritz*, Ausgewählte Quellen zur Geschichte des Mittelalters XIII (Berlin o. J.), S. 310f.; vgl. dazu *Meyer von Knonau*, Jahrbücher (wie Anm. 102), Bd. II (Berlin 1894, Neudruck 1964), S. 525.

106 MGH DH IV 268.

107 MC III, S. 456 Nr. 216; Necrologium von Millstatt zum 1. März, MGH Necrologia II, S. 457.

108 Die Vermutung von *Witte-Hagenau*, Genealogische Studien (wie Anm. 7), S. 351 Anm. 1, stützt sich auf den Bericht des sogenannten Annalista Saxo zum Jahre 1091, MGH SS 6, S. 727, und das seltene Auftreten des Namens Boto.

109 Die Rolle Botos bei der Klostergründung geht vor allem aus dem gefälschten Diplom Kaiser Heinrichs IV., MGH DH IV 440, hervor. Vgl. dazu *Witte-Hagenau*, Genealogische Studien (wie Anm. 7), S. 342 Anm. 2; *Hermann Wiesflecker*, Die Regesten der Grafen von Görz und Tirol Bd. I (Wien 1949), S. 43f. Nr. 100. Zur Beisetzung im Kloster Theres vgl. den Bericht des *Ekkehard von Aura* (wie Anm. 5).

110 Das berichtet der sogen. Annalista Saxo zum Jahr 1036, MGH SS 6, S. 679; vgl. dazu *Tyroller*, Genealogie (wie Anm. 7), S. 60 Nr. 26.

111 *Dopsch*, Aribonen (wie Anm. 8), S. 105ff.; *Walter Strauss*, Über die Anfänge Pottensteins, in: Unsere Heimat 39 (1968), S. 5ff.; *Ernst Klebel*, Altenburg und Hainburg, in: MIÖG 47 (1935), S. 62ff.

112 *August Ernst*, Die Grafen Poth bis Konrad I., in: Burgenländische Forschungen, Sonderband I, Festschrift Josef Karl Homma (Eisenstadt 1951), S. 4–20.

113 SUB II, S. 166 Nr. 99 = MC Erg. Heft S. 3 Nr. 3039; vgl. dazu *Erika Weinzierl-Fischer*, Geschichte des Benediktinerklosters Millstatt in Kärnten. Archiv für vaterländische Geschichte und Topographie 33 (Klagenfurt 1951).

114 Daß der Domitian-Legende ein wahrer Kern zugrunde liegt, hat gegen *Robert Eisler*, Die Legende vom hl. Karantanenherzog Domitianus, in: MIÖG 28 (1907), S. 52–116, zuletzt *Franz Nikolasch*, Domitian von Millstatt – Eine Erfindung des 12. Jahrhunderts? in: Carinthia I 180 (1990), S. 235–253, deutlich gemacht.

115 Der Anteil von Luitgard, der Gattin Aribos, wird bereits beim Eintausch der Zehentrechte (wie Anm. 113) hervorgehoben. Die genaue Analyse der Besitzungen ergibt, daß Luitgard, die Gattin Aribos, offenbar dem Geschlecht der Sighardinger entstammte und unter anderem reichen Besitz im Görtschitztal um Eberstein zur Ausstattung des Klosters beitrug.

116 Vor 1100 übergab die Gräfin Luitgard durch die Hand ihres Sohnes Hartwig Besitz an die Freisinger Kirche: Traditionen Freising (wie Anm. 16), Bd. 5, S. 490 Nr. 1671. Auch in der Domitian-Legende (bei *Eisler*, wie Anm. 114) wird von einem Grafen Hartwig als Verwandtem oder Neffen des Klosterstifters Aribo berichtet, der widerrechtlich im leeren Grab des seligen Domitian beigesetzt wurde. Vgl. dazu *Nikolasch*, Domitian (wie Anm. 114), S. 248f.

117 MC III, S. 229f. Nr. 570.

118 Zur Identifizierung Engelberts und seiner Position als Pfalzgraf von Bayern vgl. *Heinz Dopsch*, Gewaltbote (wie Anm. 37), S. 143ff.; die umfangreiche ältere Literatur zu den Grafen von Görz ist bei *Weinzierl-Fischer*, Millstatt (wie Anm. 113), S. 26–32, angeführt; vgl. auch *Dopsch*, Aribonen (wie Anm. 8), S. 92–102.

119 Vgl. Anm. 4.

120 Necrologium Seonense zum 18. März, MGH Necrologia

II, S. 222; vgl. *Tyroller*, Genealogie (wie Anm. 7), S. 59f., Nr. 25. Die dort vorgenommene Gleichsetzung des ehemaligen Pfalzgrafen Aribo II. mit dem Stifter des Klosters Weißenohe in Oberfranken trifft jedoch nicht zu. Zur Stiftung von Weißenohe siehe *Dopsch*, Aribonen (wie Anm. 8), S. 116ff., wo der Klosterstifter, Graf Aribo, den Grafen von Wels und Lambach zugewiesen wird.

121 MGH DH III 246.

122 *Friedrich Wilhelm Oediger*, Die Regesten der Erzbischöfe von Köln (Köln 1954ff.), Nr. 761, Nr. 765; vgl. *Witte-Hagenau*, Genealogische Studien (wie Anm. 7), S. 421ff., bes. S. 423 Anm. 2.

123 SUB I, S. 245, Anhang.

124 *Max Fastlinger*, Das Mirakelbuch von Pürten, in: Deutingers Beiträge zur Topographie und Statistik des Erzbistums München und Freising, NF 8 (1903), S. 2ff.

125 *Tyroller*, Genealogie (wie Anm. 7), S. 60f. Nr. 27; *Witte-Hagenau*, Genealogische Studien (wie Anm. 7), S. 422ff.

126 SUB I, S. 773ff. Nr. 1 A und B; vgl. dazu und zur Stiftung von Michaelbeuern durch den Pfalzgrafen Hartwig I. *Heinz Dopsch*, Im Namen des Erzengels Michael. Aus der Geschichte der Abtei Michaelbeuern von den Anfängen bis zur Grundentlastung (1848), in: Festschrift Benediktinerabtei Michaelbeuern (Michaelbeuern 1985), S. 26–38.

127 *Reinhard Härtel*, Die älteren Urkunden des Klosters Moggio (bis 1250). Publikationen des Historischen Instituts beim Österreichischen Kulturinstitut in Rom II/6, Vorarbeiten zu einem Urkundenbuch des Patriarchats Aquileia, Bd. 1 (Wien 1985), S. 25ff. und S. 51ff. (Ausstattungsgüter).

128 *Härtel*, Urkunden (wie Anm. 127), S. 71f. Weihenotizen 1–4.

129 *Härtel*, Urkunden (wie Anm. 127), S. 35–46 und S. 78ff. U 2; MC III, S. 215f. Nr. 535.

130 *Witte-Hagenau*, Genealogische Studien (wie Anm. 7), S. 427 mit Anm. 3; berichtigt durch *Härtel*, Urkunden (wie Anm. 127), S. 47–52 und S. 77f. U 1.

131 *Joseph von Zahn*, Friaulische Studien, in: AÖG 57 (1878), S. 315ff.

132 MC III, S. 215ff. Nr. 535. Nach dem freilich sehr späten Zeugnis des Eberndorfer Necrologiums (vor 1480) starb Graf Chazil am 16. Mai und war mit einer Kunigunde vermählt. Vgl. *Beda Schroll*, Necrologium des ehemaligen Augustiner Chorherrenstiftes St. Maria in Juna oder Eberndorf in Kärnten, in: AÖG 68 (1886), S. 231 zum 16. Mai, mit Anm. 181; Zur Geschichte von Eberndorf vgl. zuletzt *Monika Siedler*, Eberndorf einst und heute (Klagenfurt 1992).

133 Vgl. dazu *Dopsch*, Aribonen (wie Anm. 8), S. 113ff.

Abkürzungen

AÖG	Archiv für Österreichische Geschichte (Wien 1865ff.)
MGH	Monumenta Germaniae Historica (Berlin und München 1821ff.) DD Diplomata SS Scriptores rerum Germanicarum
MC I–IV	Monumenta historica ducatus Carinthiae. Geschichtliche Denkmäler des Herzogtums Kärnten, Bd. I–IV, hg. von August von Jaksch (Klagenfurt 1896–1915)
MGSL	Mitteilungen der Gesellschaft für Salzburger Landeskunde (Salzburg 1861ff.)
MIÖG	Mitteilungen des Instituts für Österreichische Geschichtsforschung (Wien 1880ff.)
SUB I–III	Salzburger Urkundenbuch, bearbeitet von Willibald Hauthaler und Franz Martin (Salzburg 1910ff.)
ZBLG	Zeitschrift für bayerische Landesgeschichte (München 1928ff.)
ZHVSt	Zeitschrift des Historischen Vereins für Steiermark (Graz 1903ff.)

Das Benediktiner-Kloster in Seeon – ein historischer Abriß

Eva-Maria Zehetmair

Das Benediktinerkloster in Seeon, das uns in den Quellen als Seeun, Sewa (bei den Seen) oder St. Lambert begegnet, wurde gegen Ende des 10. Jahrhunderts gegründet. Es gehört damit zu den ersten Fundationen einer »zweiten Welle« von Klostergründungen, die nach dem Sieg über die Ungarn (955 auf dem Lechfeld) einsetzte, getragen von einem wiedererstarkten bayerischen Stammesadel und geprägt von einem benediktinischen Mönchtum, dessen cluniazensische Reformideen auch in den bayerischen Raum eindringen konnten.

Lange Zeit hatte die Forschung angenommen, daß die erste Erwähnung des Ortes Seeon in der sogenannten »Rhini-Urkunde«, einer vielzitierten Tauschurkunde des Codex Odalberti aus dem Jahr 924, zu finden wäre. In der Einleitung zu seiner Edition der Urkunde im Salzburger Urkundenbuch[1] hatte W. Hauthaler die »ecclesia in loco sewa« eindeutig als den Ort Seeon identifiziert, wofür der »edlen Frau Rhini« und ihren nächsten Blutsverwandten die Zelle Gars mit einer Reihe von Kirchen vom Erzbischof von Salzburg zugestanden wurde. Die jüngere Forschung[2] macht aber plausibel, daß hier der Ort Soyen bei Gars gemeint sein mußte. Damit fehlt uns aber bis zum Ende des 10. Jahrhunderts jeder urkundliche Beleg für Seeon.

Im Jahr 994 schließlich gründete Aribo, ein Vertreter des nach ihm benannten Geschlechts der Aribonen, auf Familienbesitz »olim burgili vocato« Seeon als Hauskloster und Familiengrablege und übergab es den Benediktinern. Da uns eine Gründungsurkunde des Klosters nicht erhalten ist, kann das Jahr der Fundation nicht mit letzter Sicherheit angenommen werden. Die Überlieferung des 17. Jahrhunderts, namentlich des Abtes Honorat Kolb mit seiner Chronik[3] und die Tatsache, daß der erste Abt Adalbert dem Kloster sieben Jahre lang vorgestanden hatte, bevor er im Jahr 1001 starb, ließen das Jahr 994 als Gründungsjahr des Klosters in Seeon jedoch allgemein Anerkennung finden.

Eine Legende, die bis in das 17. Jahrhundert zurückreicht, erzählt, daß das Kloster zuerst in dem Uferort Waltenberg erbaut werden sollte, doch hätten Engel nachts das Bauholz auf die Insel getragen, an die Stelle, wo schließlich das Kloster erbaut wurde. Diese »cella« wurde dem heiligen Lambert, Bischof von Maastricht und Märtyrer, geweiht; das Patrozinium wurde im Seeoner Nekrolog zum 17. September eingetragen.

Die ersten Mönche, unter ihnen auch der erste Abt des Klosters, Adalbert, kamen aus dem Benediktinerkloster St. Emmeram in Regensburg. Lange Zeit war man aber im Kloster anscheinend davon ausgegangen, daß der erste Abt aus dem Kloster Weltenburg geholt worden war; auch Honorat Kolb schreibt in seiner Chronik über Adalbert: »... vocatur ex monasterio Weltenburg«.[4] Der Eintrag im Emmeramer Martyrologium zum 17. März (»de nostra con-

gregatione«[5]) weist jedoch eindeutig nach Regensburg.
Zwei Urkunden aus dem Jahre 999 – die beiden ältesten schriftlichen Zeugnisse für eine Klostergründung in Seeon –, das Privileg Papst Silvesters II. und das sogenannte »Immunitätsdiplom« Ottos III., bestimmen die rechtlichen Grundlagen für das Kloster.
Die Urkunde des Kaisers, die ursprünglich vom Notar Her. C. verfaßt worden ist, liegt nur noch in Abschriften aus dem 12. und 13. Jahrhundert vor. Auch in der Briefsammlung des Froumund von Tegernsee,[6] entstanden zu Beginn des 11. Jahrhunderts, findet sich noch ein Zeugnis dieser Urkunde.
Nach der »Narratio« nimmt Otto III. das Kloster in seinen kaiserlichen Schutz und reiht es in den Kreis der »abbatiae liberales«, der Reichsklöster, ein. Die Befreiung von fremder Abhängigkeit wird im allgemeinen Immunitätssatz zwar nicht explizit ausgesprochen, durch die Aufnahme in den Schutz des Kaisers aber beinhaltet. Auch der Erzbischof von Salzburg, zu dessen Sprengel das Kloster in Seeon gehörte, verlor seinen direkten Zugriff. Die Immunität im Falle Seeons hatte damit den Charakter einer ausschließlich gegen staatliche Beamte gerichteten Institution eingebüßt. Nach der Bestätigung der Besitzungen werden schließlich die besonderen Rechte des Klosters genannt.
Neben der freien Abtwahl »secundum regulae decretum beati Benedicti«[7] wird der Kongregation auch das Privileg eingeräumt, den Vogt, den Vertreter des Klosters in Rechtssachen, mit Zustimmung des Abtes selbst einzusetzen. Aribo, der Gründer, sollte als erster Vogt dieses Amt auf Lebenszeit innehaben.
Auf Intervention des Kaisers stellte auch Papst Silvester II. ein Privileg[8] aus, das dem Kloster ebenfalls das Recht der freien Vogt- und Abtwahl garantierte. In einem Privileg von Papst Innozenz II. aus dem Jahr 1139 finden wir diese Rechte erneut bekräftigt. Der Abt solle einstimmig oder durch absolute Majorität des Konvents gewählt werden – oft geschah dies noch »praesente cadavere« am Todestag selbst, um sich vor jeglicher Beeinflussung von außen oder einer Stimmungsmache innerhalb der Klostermauern zu schützen.
Wenn nun das Kloster in Seeon in der Urkunde von 999 neben einer Oration bei der täglichen Messe für den Papst und die Verstorbenen auch zu einer jährlichen Zinsleistung von zwölf Denaren auf zwölf Jahre verpflichtet wurde, so war dies keineswegs die Gegenleistung für die Tradition an den päpstlichen Stuhl. Der Zins ist hier nur Ausdruck für die Gewährung des Schutzes. Der Schutz selbst aber war vermittelt durch das König- bzw. Kaisertum; sobald die politischen Verhältnisse sich änderten, verlor er daher seine praktische Bedeutung.
Mit diesen beiden Urkunden war dem Kloster Seeon eine Rechtsgrundlage geschaffen worden, die auch für andere Klöster als durchaus erstrebenswert erschien, wie dies z. B. die Fälschungen von Otloh für St. Emmeram beweisen.[9]
Jenes Kloster hatte, möglicherweise auch veranlaßt durch die freundschaftlichen Beziehungen des Gründers Aribo zu Bischof Wolfgang, nicht nur den ersten Abt des neugegründeten Konvents in Seeon geschickt, sondern auch noch weitere Mönche, die für einen raschen Aufbau des Klosters sorgen sollten. Dies geschah offenbar auch mit Erfolg, denn schon im Jahr 1021 wurde seine Formung an das Kloster Weihenstephan weitergegeben, das im gleichen Jahr als Eigenkloster des Bischofs von Freising gegründet worden war. Schon bald zog sich der Seeoner Abt Gerhard, der das Kloster in Weihenstephan eingerichtet hatte, wieder nach Seeon zurück und übertrug die Leitung des Konvents in Weihenstephan seinem Schüler Arnold.

Obwohl die Urkunden die Gründung eines Frauenkonvents unerwähnt lassen, gibt es doch einige Hinweise auf das Bestehen eines Frauenklosters, das auf der kleineren der beiden Inseln im Seeoner See lag, die heute mit dem Festland gänzlich verbunden sind. Neben der Überlieferung des Abtes Honorat Kolb, er habe beim Umgraben des Gartens im Frühjahr 1637 in der Nähe des Friedhofs der Walburgiskirche weibliche Gebeine entdeckt,[10] geben die nekrologischen Quellen des Klosters eindeutige Hinweise auf die Existenz eines Frauenkonvents, der der hl. Notburga geweiht war. J. Bühler[11] zählt im Nekrolog nicht weniger als 120 Nonnen, 20 Konversen und 5 Inklusen, die allerdings nicht alle zum Seeoner Konvent gehörten. So ist z. B. Kunigunde »abatissa« im Nekrolog des Nonnenklosters in Göß nachgewiesen. Einzelne Bezeichnungen für die Nonnen, wie »decana« und »magistra« lassen aber einen hohen Entwicklungsstand des Frauenkonvents erkennen. Wahrscheinlich ist das Kloster für die Frauen bald nach dem Männerkloster ins Leben gerufen worden, denn die Eintragungen in das Totenbuch sind etwa um die Mitte des 12. Jahrhunderts entstanden. Nach dieser Zeit findet man im Nekrolog immer seltener Namen von »frommen Frauen«, so daß sich das Frauenkloster schließlich langsam aufgelöst haben wird. Um die Mitte des 14. Jahrhunderts finden wir in einer Seelgerätstiftung im Zusammenhang mit St. Walburga ein »Hospitalium«[12] erwähnt, über das uns jedoch keine weiteren Zeugnisse vorliegen.

Bis zum Beginn des 12. Jahrhunderts blieb das Kloster in Seeon in enger Nekrologverbindung zum Regensburger Kreis um das Kloster St. Emmeram. Nach Abt Rudolf, der aus Niederalteich gekommen war, brachen jedoch laut K. Hallinger diese Verbindungen ab. Die Tatsache, daß P. Lindner ab diesem Zeitpunkt nur Hirsauer Bezeugungen verzeichnet, ist »ein sicheres Kennzeichen für innere Veränderungen, die sonst nicht faßbar sind«.[13]

Erzbischof Konrad von Salzburg hatte im Jahre 1115 den früheren Freisinger Domkanoniker Wolfhold aus dem hirsauisch reformierten Kloster St. Georgen im Schwarzwald zum Abt des 1074 geweihten Klosters Admont in der Steiermark bestimmt. Unter der Leitung Wolfholds und seines Nachfolgers Gottfried von Admont erwirbt sich dieses Benediktinerkloster den Ruf, die Regeln des heiligen Benedikt musterhaft zu erfüllen. Während ihrer Amtszeit gelangt Admont zu einer kulturellen Blüte und wird zu einem Reformzentrum des süddeutsch-österreichischen Raumes, wie eine Vielzahl von Abtpostulationen aus dem Kloster beweist.

Neben Attel, das noch 1137 der Admonter Reform unterstellt wurde, Millstatt und Melk gehörte mit größter Wahrscheinlichkeit auch das Kloster St. Lambert in Seeon zu den von Admont erfaßten Benediktinerabteien. Ein Mandat des Papstes Hadrian IV. an die Mönche des Klosters in Seeon, das P. Johanek[14] in der Stiftsbibliothek Klosterneuburg im Vorsatzblatt des Codex 943 zusammen mit drei weiteren Urkunden, die Angelegenheiten der Augustinerchorherren behandeln, gefunden hat, zeigt, daß die »Admuntine religio« keineswegs widerstandslos Eingang in die Gewohnheiten der Seeoner Mönche finden konnte, ganz im Gegenteil. Abt H., er ist wohl identisch mit Abt Haimo, hat an der Kurie in Rom Klage geführt, daß sich einige Mönche der »correctio regule monastice« nicht fügen wollten. Diese hatten ihrerseits auch an den Papst appelliert, um gleichsam von höchster Instanz die Billigung ihrer Vergehen zu erreichen. Papst Hadrian entschied jedoch zugunsten ihres Abtes. Er befahl ihnen, sich seinen Anordnungen zu unterwerfen, verbot ihnen, sich nochmals an den Apostolischen Stuhl zu wenden, und rechtfertigte im vorhinein alle Entscheidungen des Abtes im Sinne der Regel.[15] Dem knappen Wortlaut des Textes ist zwar nicht zu entnehmen, welche Rolle die »religio Admuntine« in diesen Auseinandersetzungen gespielt hat. Einen entscheidenden Hinweis auf diese Frage gibt jedoch eine Bemerkung des Mönches Irimbert, des Bruders des Abtes Gottfried von Admont. Bei der Abfassung seiner »Expositio libros regum« schrieb er nieder, er hole nun nach, was er an wissenschaftlicher Arbeit versäumt habe, »cum in Sewensi inutiliter consisterem«.[16] Irimbert von Admont hatte offensichtlich während seiner Amtszeit in Seeon versucht, Admonter Reformgedanken auch im Kloster Seeon wirksam werden zu lassen; ein Versuch, der angesichts seiner Äußerungen wohl zum Scheitern verurteilt war.

Zugegeben, mit Irimbert war nach dem Salzburger Provinzialkonzil des Jahres 1146, das den Beschluß gefaßt hatte, die Ordensreform auch in den königlichen Abteien durchzuführen, möglicherweise ein besonders vehementer Vertreter der Admonter Reformgedanken nach Seeon gekommen. Aber die Vorgänge dieser Zeit machen nicht nur deutlich, daß es um die Jahrhundertmitte noch keineswegs zu einem Aus- oder Angleich zwischen den alten benediktinischen Richtungen gekommen war. Vielmehr muß auch die in der Forschung vor allem von K. Hallinger und H. Jakobs vertretene Meinung, das Kloster Seeon sei bereits kurz nach 1115 im Sinne der Admonter Regel reformiert worden, in Frage gestellt werden.

Die Tatsache, daß im Verbrüderungsbuch von Cluny aus dem Jahr 1140, in der die Reihe der deutschen Klöster von Hirsau eröffnet wird, Seeon als erstes Benediktinerkloster der Salzburger Kirchenprovinz[17] aufgeführt wird, steht keineswegs im Widerspruch zu obengenannten Ausführungen, denn Hirsauer Einfluß begegnet uns nicht nur in der Art des Klosterbaus, im Institut des Laienbruders (in Seeon wurden die »conversi« den »fratres extranei« gegenübergestellt), sondern auch in der Mönchskleidung. Die Seeoner Mönche, so Doll,[18] trugen das von den Gegnern so sehr getadelte Doppelgewand der Hirsauer, den Floccus, ein Obergewand mit Kapuze und weiten Ärmeln (wenigstens bei feierlichen Anlässen), und als Untergewand die Kukulle, das Skapulier der alten Mönche, ein etwas kürzeres Gewandstück. Zu Beginn des 11. Jahrhunderts hatte die Seeoner Malschule den Mönch, der Kaiser Heinrich II. den Evangelienkommentar aushändigte, noch in tiefschwarzer enganliegender Talarkukulle dargestellt.[19]

Ausdruck enger Beziehungen zu anderen Klöstern waren die Gebetsverbrüderungen, die sogenannten Fraternitäten. Zeugnis dieser Verbindungen geben nicht nur die Nekrologeinträge verstorbener Äbte aus anderen Klöstern, sondern auch eine ganze Reihe überlieferter Urkunden. Allein bis zum Ende des 15. Jahrhunderts zählen wir an die 40 Gebetsverbrüderungen (bis zur Aufhebung des Klosters stieg die Zahl auf knapp 100), die keineswegs nur auf die Klöster des Benediktinerordens beschränkt blieben. Neben dem Versprechen, alle Messen, Gebete, nächtliche Feiern, Fastenzeit und Almosen, wie sie die verbrüderten Klöster abhalten, auch selbst zu feiern, wollte man im Leben wie im Tod zusammenstehen. So sollte denn beim Tod eines Konventualen auch in den verbrüderten Klöstern die Nachtwache gehalten, eine Seelenmesse gelesen und die übrigen Zeremonien, wie sie im Todesfall üblich waren, gehalten werden. Mit Adalbert und seinen Mönchen aus dem Kloster in Regensburg kamen aber nicht nur die Ideen der neuen monastischen Lebensweise der Reform um das Kloster Cluny in den Südosten Bayerns, vielmehr befanden sich unter ihnen ausgezeichnete Schreibkünstler, Maler und Goldschmiede, die eine ganze Reihe bedeutender Handschriften im Kloster anfertigten.

Bereits im jüngeren Totenbuch von Salzburg, das etwa um das Jahr 1004 angelegt worden ist, finden sich unter der Liste »Nomina fratrum de Monasterio Sewensi«[20] die Namen der Mönche, die zu Beginn

21
Sog. Fragment eines Seeoner Nekrologs, datiert 1636. Erstes Blatt mit Wappen des Klosters Seeon und seines Abtes Honorat Kolb (1634–res. 1652) München, Bayer. National-museum Bibl. 3686

22
Sog. Fragment eines Seeoner Nekrologs von 1636: Klosterstifter Aribo I. aus dem Haus der Aribonen und seine Frau Adula. München, Bayer. National- museum Bibl. 3686

23
Sog. Fragment eines Seeoner Nekrologs, datiert 1636. Hl. Bischof Lambertus von Maastricht, Kirchenpatron von Seeon, und St. Benedikt, Ordensgründer. – München, Bayerisches Nationalmuseum Bibl. 3686

24
Sog. Fragment eines Seeoner Nekrologs, datiert 1636. »Congregatio Seeonensis«. Die Mönche beim Rosenkranzgebet mit ihrem Patron St. Lambert
München, Bayer. Nationalmuseum
Bibl. 3686

25
Seeoner Nekrolog (?) aus der Zeit des Abtes Columban I. Freitlsperger (1653–1665). Titelblatt. München, Bayer. Nationalmuseum, Bibl. 3688 (Titelblatt)

26
Seeoner Nekrolog (?)
aus der Zeit des Abtes
Columban I. Freitlsperger
(1653–1665).
Stifterpaar Aribo I. und Adula
mit dem Kirchenmodell.
München, Bayer. Nationalmuseum,
Bibl. 3688

27
Seeoner Nekrolog (?)
aus der Zeit des Abtes
Columban I. Freitlsperger
(1653–1665).
Klosterpatron St. Lambert
und Ordensgründer St. Benedikt.
München, Bayer. Nationalmuseum,
Bibl 3688

28
Seeoner Nekrolog (?) aus der Zeit des Abtes Columban I. Freitlsperger (1653–1665). Klosterpatron St. Lambert von Maastricht und die »congregatio Seeonensis«. München, Bayer. Nationalmuseum, Bibl. 3688

des Jahrtausends die Seeoner Schreib- und Malschule begründeten.
Dort wird Eberhardus »dia(conus) m(onachus) scriba«, der mit goldenen Buchstaben eingetragen ist, als Meister der Farbe und Goldminiatur bezeichnet. Vielleicht war er der erste Leiter des Skriptoriums, aber auf jeden Fall ein bedeutender Kalligraph. Kaiser Heinrich II. bestellte in Seeon eine ganze Reihe von Handschriften für das von ihm gegründete Bistum Bamberg, wie Gude Suckale-Redlefsen in ihrem Beitrag zu diesem Buch zeigt.
Die »cella St. Lamberti« der Gründungszeit mag wohl kaum mehr als eine bescheidene Unterkunft für die Mönche mit einer Kirche gewesen sein. Erst gegen Ende des 11. Jahrhunderts wurde mit dem Bau eines Klosters begonnen. Bis zum 12. Jahrhundert entstand eine flachgedeckte dreischiffige Basilika ohne Querhaus. Die Anlage folgt dem herkömmlichen Typ der Hirsauer Bauschule mit Vorhalle und Turmbau im Westen, bestehend aus Wehr- und Kirchturm mit achteckigem Grundriß, dann Langhaus und Ostchor ohne Krypta.[21] An der Südseite des Kirchenbaus wurde der Kreuzgang errichtet, um den sich die Räume gruppierten: die Sakristei, der Kapitelsaal als Sitzungsraum der Klostergemeinschaft, das Refektorium, d. h. der Speisesaal, über diesem lag das Dormitorium, es folgte das Calefactorium, die gemeinsame Schreib- und Studierstube der Mönche; geschlossen wurde das Geviert durch das sogenannte Parlatorium. Um 1200 wurde die Kirche in Seeon geweiht.
Ein Kruzifix, das sich heute in der Pfarrkirche von Forstenried befindet, wurde von Abt Alban um 1170 im Kloster Seeon geschnitzt und gibt noch heute Zeugnis von dem Kunstschaffen im mittelalterlichen Seeon. Eine Reihe von Ablaßbriefen zeugt von reger Bautätigkeit, die in den letzten Jahrzehnten des 11. Jahrhunderts erneut einsetzt. Auf päpstlichen Erlaß war die Pfarrei in Obing, die erstmals 1180 im »Codex Falkensteinensis«[22] erwähnt wird, dem neu eingerichteten Archidiakonat Baumburg[23] eingegliedert worden. Nur kurze Zeit später, im Jahr 1202, bestätigte Erzbischof Eberhard von Salzburg dem Kloster in Seeon die Pfarrei von Obing.[24] Dem Wortlaut der Urkunde ist zu entnehmen, daß bereits dessen Vorgänger im Amt die Kirche in Obing mit allem, was dazugehört, dem Kloster St. Lambert in Seeon übertragen hat. Dies war mit größter Wahrscheinlichkeit 1195 auf der Synode in Laufen geschehen,[25] wo sich auch Abt Alban von Seeon aufgehalten hatte. Ein schriftliches Zeugnis darüber liegt uns leider nicht mehr vor.
Am 29. September des Jahres 1226 wurde in Würzburg diese Inkorporation der Kirche in Obing und der Kapelle in Ischl auch vom Legaten des Apostolischen Stuhles, dem Bischof von Ferrara, bestätigt.[26]
Eberhard II. regelte schließlich im Jahr 1240 mit einem Erlaß auch die Seelsorge in der Kapelle in Ischl, die in der Bestätigungsurkunde von 1202 noch nicht erwähnt worden war. Diese Aufgabe sollte ein Konventual aus dem Kloster übernehmen, der aufgrund der räumlichen Nähe jeden Tag zu Mahl und Schlaf in das Kloster zurückkehren sollte.[27]
Als im Jahr 1268 die Pfarrstelle in Obing vakant war, wurden dem Kloster in Seeon die vom Erzbischof von Salzburg verliehenen Patronatsrechte auf Bitten des Konvents auch von höchster kirchlicher Instanz, durch Papst Clemens IV., bestätigt. Im Jahr 1388 wurden diese Rechte mit demselben Wortlaut erneut bekräftigt. Nach dem Tod von Friedrich Pretschlaipfer entbrannte aber ein jahrelanger Streit um die Pfarrstelle in Obing. Im Jahr 1460 bestätigte schließlich Erzbischof Sigismund von Salzburg dem Kloster sämtliche Rechte auf die Pfarrei und verpflichtete die Kirche zu einer Zahlung von 12 Denaren, die jährlich am Fest des hl. Rupert geleistet werden soll.

Als 1481 Bernhard von Salzburg in einem Erlaß dem Kloster nicht nur die Erlaubnis zu Tauf- und Meßfeiern in der Kirche St. Walburgis erteilte und damit die ehemalige Nonnenkirche zur Pfarrkirche erhob, sondern auch dessen Patronatsrechte an der »Parrochia« in Obing bestätigte, ermahnte er die diensthabenden Mönche zu einem Leben nach den Regeln des hl. Benedikt, die offensichtlich bei der Betreuung der Pfarrei allzu leicht in Vergessenheit geraten konnten.[28]

Abt Erhard Manseer erließ während seiner Amtszeit in Seeon (1480–1489) eine Verordnung, die die Einnahmen des Pfarrvikars von Obing und dessen Hilfspriesters regelte. Dieses Dokument, das bei A. Kis[29] in Übersetzung vorliegt, gibt nicht nur einen detaillierten Bericht über die Einkünfte der Kirche zu Obing, sondern nennt auch die Filialen der Kirchen: Neben Ischl (bis 1452) gehörten auch die Kirchen zu Pittenhart, Niederseeon und Eschenau sowie die Filialen von Diepoldsberg und Albertaich zu Obing; 1482 kam schließlich auch die Kirche in Lauterbach hinzu.

Kaiser Otto III. hatte den Pfalzgrafen Aribo auf Lebenszeit zum Vogt, dem Vertreter des Klosters in Rechtssachen, bestimmt. Sein Nachfolger sollte von den Mönchen selbst eingesetzt werden, doch darüber liegen uns keine Quellenbelege vor. Es ist aber anzunehmen, daß nach dessen Tod die Vogtei in den Händen der Aribonenfamilie blieb. Im 12. Jahrhundert treten dann Vögte aus verschiedenen Familien auf: Chuono von Meglingen, Pfalzgraf Otto von Wittelsbach, Markgraf Bertold von Vohburg – wohl eher ad-hoc bestellte Interventionen, denn eine Demonstration des freien Wahlrechts. Im Jahr 1229, nach dem Tod des letzten Lebenauers Bernhard – mit Otto von Lebenau hatten sie 1180 die Vogtei übernommen – zog der Erzbischof von Salzburg auf Drängen des Domkapitels die Vogtei über Seeon ein.[30] Gleichzeitig versprach Eberhard für sich und seine Nachfolger im Amt, die Vogtei nicht mehr zu verleihen. Aber wahrscheinlich war es noch Eberhard selbst, der den Grafen Konrad von Wasserburg mit der Vogtei belehnte. Im Jahre 1247, kurz vor seiner Flucht vor dem Herzog Ludwig, verpfändete Konrad um 50 Pfund Salzburger Münze dem Erzbischof von Salzburg alle Lehen, die er und seine Vorfahren vom Bistum erhalten hatten, darunter die Vogtei des Klosters Seeon.

Am 19. November 1247 wählen Abt und Konvent des Klosters Seeon Herzog Ludwig und dessen Nachfolger zu ihrem Vogt. In der Urkunde heißt es zwar »... ut abbas eiusdem ecclesie de consensu et voluntate fratrum ibidem deo servientium liberam habeant elegendi ... communi consensu elegimus in nostrum et nostre ecclesie advocatum ...«.[31]

Angesichts der Belagerung von Hartmannsberg erscheint die Wahl jedoch eher als eine erzwungene, denn als eine freie Entscheidung; allerdings kann aus den Worten »de fortitudine brachui sui et clementia plurimum confidentes« auch gefolgert werden, daß das Kloster der herzoglichen Vogtei wegen eines erhöhten Schutzes durchaus positiv gegenüberstand.

Erst im Vertrag von Eharting aus dem Jahre 1254[32] wurden die Herzöge Ludwig und Heinrich mit der Vogtei formell belehnt. Nachdem zu Beginn des 14. Jahrhunderts das Vogtrecht auf ein Steuerrecht gesunken war, erließ Ludwig der Bayer am 19. Dezember des Jahres 1322[33] ein Privileg, das nicht nur der bayerischen Geistlichkeit ihre Freiheiten bestätigte, sondern auch diesen Mißstand beseitigte: »... es soll auch kain Vogt von in, noch von khainen iren Gütern, Widen, Hofsteten oder was sie anders habend, es sein dan das alte Vogtrecht, und sol über das weder mit Steur noch mit khain anderen Dienst mehr an sie vordern, noch von in nemen«.

Am 27. Dezember 1342[34] setzte der Kaiser anstelle der Erbvogtei wieder die freie Vogtwahl; inwieweit

in der Folgezeit dieses freie Wahlrecht von Abt und Konvent in Seeon auch ausgeübt werden konnte, entzieht sich unserer Kenntnis.
»Die mittelalterliche Immunität«, so L. Holzfurtner, »gebar in allen Teilen des Reiches grundherrliche Gerichtsbarkeiten, und wo die Grundherrschaft einen geschlossenen Bezirk umfaßte, entstand eben ein Gerichtsbezirk in der Hand eben dieses Grundherrn«,[35] – eine Entwicklung, die auch für das Kloster in Seeon beobachtet werden kann.
Im sogenannten »Hofmarksprivileg« des Jahres 1330,[36] das für 18 Klöster des oberen Vitztums ausgestellt wurde, erteilte Kaiser Ludwig der Bayer als Ausgleich für die Schäden, die die Klöster in Kriegszeiten erfahren mußten, nicht nur eine Steuerbefreiung und einen Suspens von Wagenfahrten, sondern auch das Recht der niederen Gerichtsbarkeit. Die Klöster sollten selbst Gericht abhalten über alles, es sei »Eigen«, »Lehen« oder »Geld«; ausgenommen blieben nur die sogenannten drei Fälle, die mit dem Tode zu bestrafen sind, nämlich Totschlag, Diebstahl und Notzucht. Für das Kloster in Seeon bedeutete dieser Erlaß im Grunde genommen jedoch nur eine Bestätigung einer bereits bestehenden Rechtslage. Denn schon im Jahre 1300[37] hatte das Kloster von Herzog Rudolf ein Privileg erhalten, das dem Abt die niedere Gerichtsbarkeit ohne »swer flözzend Wunden«, also die Rechtsprechung über leichte Körperverletzung, Eigen und Lehen, bestätigte, »als ers mit rechter Gwer, als vorgeschrieben stat hergebracht hat«. Wenngleich unbekannt ist, zu welchem Zeitpunkt das Kloster diese Rechte bereits erworben hatte, deutet diese Formulierung darauf hin, daß diese »Gerechtsame« sich schon früher aus der Immunität entwickelt haben. Diese Rechte werden aber nur innerhalb des Höhenberges bestätigt; das heißt also in einem relativ beschränkten Ausschnitt der gesamten Grundherrschaft des Klosters. Im Jahr 1341[38] verlieh Kaiser Ludwig dem Kloster das Privileg, daß auf dessen Gütern kein Erbrecht gegeben werden sollte; dies bestätigen 40 Jahre später auch dic Herzöge und Brüder Stephan, Friedrich und Johann und gestatten nun dem Abt und Konvent die Grundherrlichkeit.[39]
Auf Bitten des Abtes Simon begnadigte der Herzog schließlich im Jahr 1403[40] angesichts der treuen Dienste das Kloster damit, daß es von der festgesetzten Landessteuer an das Landgericht und die Herrschaft Kling nicht mehr als acht Pfund Münchner Pfennige für sich und die Hofmark zu den Seen zahlen sollte, welche dann der Abt auf die Leute der Hofmark umlegen kann.
Nur zwei Jahre später weitete Herzog Stephan[41] die Gerichtsbarkeit von Abt und Konvent des Klosters in der Hofmark auch auf die fließenden Wunden, »die sein klain oder grozz« aus, nachdem man die Unzulänglichkeiten bei den Pflegern, Richtern und Amtsleuten im Umgang mit den kleinen fließenden Wunden erkannt hatte. Abt und Konvent des Klosters wurden aber dazu verpflichtet, jährlich am Vorabend des Pfingstfestes eine Vigil und am Freitag danach eine gesungene Seelenmesse zum Gedächtnis für die Vorfahren und Nachkommen des Herzogs zu feiern.
Im Jahre 1413[42] bestätigt schließlich auch Herzog Heinrich in vollem Umfang diese Rechte des Klosterbezirkes in Seeon, der mit den umliegenden Ortschaften eine geschlossene Hofmark bildete, und deren Grenzen im Saalbuch von 1460 beschrieben sind.
Dieses Saalbuch, ein Pergamentcodex mit 289 Blättern, in Leder gebunden und mit Metall beschlagen, stammt aus dem Jahr 1460 bzw. 1483 und gibt einen umfassenden Überblick über die Einkünfte des Klosters in Seeon während des 15. Jahrhunderts. Zu den ersten schriftlichen Zeugnissen über die Grundherrschaft des Klosters in dieser Zeit gehören außerdem ein Urbar mit 54 Blättern in Schmalfolie – wahr-

scheinlich eine Abschrift eines älteren Urbars – sowie das »Transsumptum des uralt tyrolischen Urbary«.

Da die Gründungsurkunde des Klosters, die möglicherweise genauere Hinweise auf die Gründungsausstattung geben könnte, ebensowenig vorliegt, wie ein Traditionsbuch, ist die Forschung darauf angewiesen, die ersten Besitzungen des Klosters im Familienbesitz der Aribonen zu suchen; und hier verweisen die Quellen in das Inntal. Graf Chadalhoh, der Vater Aribos, tauschte bereits im Jahr 926 mit dem Erzbischof Odalbert eine Hube mit Land und Wiesen zu Bichlwang und erhält dafür den Ort Freddinghoua.[43] Die Formulierung »houbam I de territorio et de pratis ad Pirchinauuanch« läßt darauf schließen, daß Graf Chadalhoh noch mehr Besitz in Bichlwang hatte. Eine Vollhube zu Bichlwang war schließlich 976,[44] neben einer Vollhube in Reith bei Brixlegg und zwei Mühlen in Brixlegg, Gegenstand des Tausches zwischen Pfalzgraf Aribo und dem Erzbischof von Salzburg. Es liegt nun die Vermutung nahe, daß der Pfalzgraf das Kloster in Seeon bei dessen Gründung mit Besitzungen im Inntal reich dotiert hat, eine Vermutung, die H. Bachmann[45] im Rahmen seiner Erforschung der »Notitia Arnonis« bestätigen konnte. Bereits im Jahre 1275 mußte für die ausgedehnten Besitzungen des Klosters eine Propstei bestanden haben, denn eine Urkunde vom 15. Juli nennt einen »Rudolfus officialis in Wildschonaw«.[46] Doll nimmt an, daß dieses »Kelleramt« um 1150 unter Abt Albert, der die Güter »Sepach, nunc forte Scheffach, Alpach und Rudemarstein« erwarb, errichtet worden ist.[47] Es ist aber eher wahrscheinlich, daß diese Propstei bereits bestanden hat, da andernfalls Abt Honorat Kolb, der Abt Albert einen »bonus oeconomicus« nennt, von diesem Ereignis, das für das Kloster in Seeon von größerer Bedeutung gewesen wäre als die Erwerbung weniger Güter im Alpachtal, Notiz genommen hätte.

Die große räumliche Distanz zwischen dem Kloster als Grundherrn und den tirolischen Gütern brachte aber auch einige Schwierigkeiten mit sich. Im Jahre 1267[48] wurde sogar der Päpstliche Stuhl in Rom um Hilfe gebeten. Papst Clemens IV. beauftragte in Anbetracht des Unrechts, das dem Kloster offensichtlich durch Obulus von Innsbruck, Hagen und Rüdiger von Matrei und Albero von Bozen geschehen war, den Dekan von Mattsee, diesem, wenn nötig auch mit kirchlichen Zensuren, abzuhelfen.[49]

Zweifellos stellten die tirolischen Güter eine reiche Einnahmequelle für das Kloster in Seeon dar. Neben dem Geldzins für Mai- und Herbststeuer wurden als Vogteiabgabe an die Grundherrschaft auch Naturalien, wie Getreide, Hühner und Fleisch geleistet.[50] In festgesetzter Ordnung hatten die Grundholden außerdem für die Mahlzeiten und die Nachtherbergen des Kämmerers und seines Gefolges zu sorgen, der 4–5 Tage in ihrem Gebiet verweilte.[51] Die Aufzeichnungen des 15. Jahrhunderts im bereits genannten Urbar sowie dem Saalbuch ermöglichen eine detaillierte Bestimmung des grundherrlichen Besitzes des Klosters Seeon auf bayerischem Territorium, der sich schwerpunktmäßig im Raum zwischen Inn und Salzach, vor allem in den Landgerichten Kling, Rosenheim, Trostberg und Traunstein sowie dem Salzburgischen Pfleggericht Tittmoning erstreckte, jedoch darüber hinaus auch zahlreichen Streubesitz jenseits des Inn und an der Rott aufweist. Zur Organisation dieser ausgedehnten Grundherrschaft wurden z. T. sogenannte »officia« eingerichtet, die meist in sich sehr geschlossen waren, andere »institutiones« dienten jedoch dazu, einzelne, verstreute Hofstellen zusammenzufassen.

Neben der »Kirchensteuer« in Form von großem oder kleinem Zehnt, der nicht nur von den Pfarreien Obing und Ischl sowie Lauterbach eingezogen wurde, sondern auch von Steinkirchen, Törwang und Heltenstein, mußten die Grundholden z.T. hohe Natural- und Zinsabgaben an das Kloster entrichten. In relativ begrenztem Umfange hatten nur die Güter der näheren Umgebung, vor allem der Hofmark, Fron- und Scharwerksdienste zu leisten. Ausführlich berichtet darüber Klaus Wollenberg in diesem Buch.

Abgesehen von den Aufzeichnungen der grundherrlichen Abgaben liegen uns nur wenige Hinweise vor, die Rückschlüsse auf die Eigenwirtschaft des Klosters zulassen. Der Name der Ortschaft Weinberg weist aber noch heute darauf hin, daß der Konvent in unmittelbarer Nähe am Nordufer des Klostersees einen Weinberg für den Meßwein bestellt hat. Eine »cometissa Hiltipurch«,[52] die wohl mit der gleichnamigen Tochter des Gründers identisch ist, überließ dem Kloster einen Weinberg im Tal, das jedoch nicht näher bezeichnet ist. Das Seeoner Nekrolog verzeichnet zum 19. August die Schenkungen von Weinbergen durch einen Ortolf,[53] und zum 24. März heißt es: »Chunradus I. dictus Vindlaer de Brisleg dedit vineam in Canpyl que dicitur Gloegler«.[54]

Neben dem Jagdrecht in 12 Gehölzen[55] im Waldgebiet des Höhenberges, die z.T. in der Hofmark selbst lagen, z.T. aber auch in den Landgerichten Kling und Trostberg sowie der Hofmark Halfing, besaß das Kloster auch die Fischereirechte,[56] die zu dieser Zeit aber offensichtlich nicht besonders einträglich waren, wenn man an die Fastendispense denkt, die auch deshalb erteilt wurden, weil Mangel an Fischen bestand.

Bereits am 30. März 1257[57] gewährte Herzog Ludwig Zollfreiheit in Rattenberg für Wein und andere Lebensmittel, wofür Abt Adalbert dem Herzog gegenüber auf seine Rechte in Kufstein und innerhalb des dortigen Burgfriedens verzichtete. Zeugnis enger wirtschaftlicher Beziehungen zum Tiroler Gebiet ist auch ein Liefervertrag vom 12. Juli 1275[58] zwischen dem Propst und dem Grafen von Matrei über die Lieferung von 12 Fässern Öl aus einem Gut bei Bozen. Im Jahre 1274[59] gewährte Herzog Heinrich dem Kloster auch Zollfreiheit für alles, was man an Wein, Getreide und Kleidungsstoffen aus Österreich auf dem Wasserweg bringen wird, und wies seine Zöllner zu Burghausen und Schärding an, Boten und Fährleute des Klosters Seeon frei passieren zu lassen. Mit dieser Erlaubnis ergänzte er die Zollfreiheit, die das Kloster in Truchtlaching bereits genoß. Als Ersatz für die dem Kloster zugefügten Schäden hatte Pfalzgraf Rapoto bereits im Jahr 1246[60] für die Einfuhr von Wein und Salz und anderen Agrarprodukten Zollfreiheit für beide Flußarme der Alz gewährt.

1290 dehnte Herzog Otto[61] die von seinem Vorgänger gewährte Zollfreiheit auch auf Trostberg und Baumburg aus. Auf Drängen des Abtes Dietrich gewährte im Jahre 1312[62] auch Bischof Bernhard von Passau Zollfreiheit für die Einfuhren in Passau und Obernberg, und zwar für 12 Karren Wein, 6 Scheffel Getreide und Tuch für die Mönchskleidung. Dieses Privileg wurde 1397[63] von Bischof Georg und schließlich im Jahre 1429 auch von Bischof Leonhard von Passau erneuert. Herzog Albrecht von Österreich erteilte im Jahr 1340 schließlich die Zollfreiheit für 10 Fuder Wein, die auf der Donau von dem Seeoner Hof in Ländersdorf in das Kloster gebracht wurden.[64] Herzog Stephan von Bayern befreite am 15. Juli 1392[65] das Kloster vom Umgeld, einer Art Verbrauchssteuer für den Wein, den das Kloster aus seinem Keller vertreibt und ausschenkt.

Gegen Ende des 14. Jahrhunderts hielt auch in Seeon die Gotik ihren Einzug. Abt Simon Farcher beauftragte den Meister Hans Heider aus Salzburg mit dem Bau eines Stiftergrabes für den Pfalzgrafen Aribo. Die Deckplatte der Tumba ist noch heute in der Barbarakapelle, links in der Vorhalle des Gotteshauses in Seeon, zu finden; Volker Liedke behandelt sie in einem eigenen Beitrag dieses Buches. 1392 wurde die Marienkapelle als Grablege des Adelsgeschlechts der Laiminger von Tegernbach, der wohl größten Wohltäter des Klosters in dieser Zeit, errichtet. Papst Johannes erteilte schließlich im Jahr 1412 dem Kloster in Seeon für diese Kapelle einen Ablaß.[66] Kunegunde von Schönstett, die Witwe des 1406 verstorbenen Erasmus von Laimingen, hatte bereits 1411 einen Jahrtag und ein »ewiges Licht« für die Marienkapelle gestiftet.[67] Ihre Söhne Seitz, Wilhelm und Erasmus haben, so Honorat Kolb, nach dem Tod ihres Bruders Christoph (1422) nicht nur einen Jahrtag gestiftet, sondern von der Erbschaft 15 Silbermark für ein Bildnis des Johannes des Täufers und eine Monstranz dem Kloster geschenkt. Bischof Leonhard von Passau, ein Mitglied der Familie, hatte das Gold zu deren Verzierung gegeben.[68]

Auf Bitte von Simon erteilte Papst Johannes XIII. dem Abt auch die Erlaubnis, neben dem Pastoralstab, der bei Meßfeiern und sonstigen Amtshandlungen Gebrauch fand, auch Mitra, Ring und andere Pontifikalinsignien zu tragen. Außerdem erhielt der Abt in Seeon auch das Recht der »solemnen Benediktion«, der feierlichen Segnung des Volkes nach der Messe, Vesper oder Matutin, sofern nicht ein Bischof oder ein päpstlicher Legat anwesend waren.[69] Sein Nachfolger im Amt, Abt Erhard Farcher, beauftragte Konrad Pürkel aus Burghausen, Kirche und Kloster im neuen Stil seiner Zeit umzubauen. Der Baumeister hielt zwar im wesentlichen an der romanischen Bausubstanz fest; die Flachdecke wurde aber durch ein gotisches Netzgewölbe ersetzt, die romanischen Kapitelle wurden einfach ummauert. Eine dem »Meister von Seeon« aus der Werkstatt des Hans Leinberger zugeschriebene spätgotische Muttergottes wird im Bayerischen Nationalmuseum verwahrt.

Am 26. Juli 1433 weihte schließlich Bischof Leonhard von Passau mit Erlaubnis des zuständigen Salzburger Erzbischofs Kirche, Hochaltar und Chor neu ein.

Nach dem Konstanzer Konzil (1414–1418) war 1449 nach achtjähriger Beratung auch das Baseler Konzil ohne größeren Erfolg für die Reform von Kirche und Kloster zu Ende gegangen. In der zweiten Jahrhunderthälfte sollten jedoch von Rom neue Impulse ausgehen. Erste Erfolge zeigten sich bereits im Jahr 1449, das von Papst Nikolaus als Jubeljahr ausgerufen worden war. Angesichts des ungeheuren Zustroms nach Rom beschloß Nikolaus V., das Heilige Jahr zu verlängern und durch Gesandte der Christenheit den Jubelerlaß zu verkünden. Als Legat für Deutschland wurde im September 1450 der Kardinalpriester von S. Pietro in Vinculi und neuernannte Bischof von Brixen, Nikolaus von Cues, bestimmt; er war nicht nur mit der Verkündigung des Jubeljahres betraut, sondern auch mit der Reform von Kirche und Orden beauftragt worden. Zu diesem Zwecke erließ der Kardinal im Rahmen der Salzburger Provinzialsynode zu Beginn des Jahres 1451[70] nicht nur einen vollkommenen Ablaß, sondern auch ein Dekret an die Geistlichkeit. In einem zusätzlichen Erlaß wurden im besonderen die Ordensleute zu einem Leben nach den Grundsätzen der mönchischen Regeln ermahnt. Diese Verordnung des päpstlichen Legaten wurde bereits am 15. Februar durch den Erzbischof von Salzburg dem Kloster in Seeon weitergeleitet. Kurze Zeit später wurden die Äbte Martin vom Schottenkloster in Wien, Laurentius von Mariazell und der Prior Stephan von Melk, der nach seiner Wahl zum Abt durch Johann Schlitpacher abgelöst wurde, zu Visitatoren der Benediktinerklöster des Erzbistums Salzburg und dessen Suffraganbistümern bestimmt. Schon die Auswahl der Visitatoren macht deutlich, daß an die Reformbestrebungen des Klosters Melk, das die strengen Hausregeln des italienischen Klosters Subiaco aufgenommen hatte, angeknüpft werden

sollte, um auf dieser Basis eine Einheitlichkeit der Lebensgewohnheiten in den einzelnen Ordenshäusern herzustellen.
In einer Handschrift der Stiftsbibliothek Melk ist ein Bericht über 52 nicht benannte Klöster, die nur über die verzeichneten Äbtenamen zu identifizieren sind, überliefert, als dessen Verfasser der Visitator Johann Schlitpacher gilt. In diesem Schlußbericht über die Visitation kommt Schlitpacher für das Kloster in Seeon zu folgendem Ergebnis: »... invenimus ipsum monasterium in spiritualibus a rigore observante regularis defecisse, in temporalibus vero quo ad edificia et monasterii officinis et aliunde in bono statu fuisse«.[71]
Auch der Schottenabt Martin, der zu einem ähnlichen Gesamturteil gelangt war, beklagt die Vergehen der Mönche in Fasten- und Abstinenzvorschriften, zeigt sich jedoch angetan von der herrlichen Bauweise des Klosters in Seeon.
Der Bericht Schlitpachers über die Visitation der Benediktinerabtei Seeon vom 3. Mai 1452, der handschriftlich überliefert ist, vermittelt neben Details über die Situation des Klosters Seeon auch eine Reihe von »verbadoctrine instructiones« und »ordinationes« aus einem umfangreichen Katalog zur Wiederbelebung des klösterlichen Lebens.[72]
Am 9. Dezember 1452 beantwortete Nikolaus V.[73] eine Anfrage der Mönche auf Erlaß des Fastengebotes unter Berücksichtigung der Tatsache, daß angesichts der Kälte nördlich der Alpen die völlige Abstinenz dem physischen Wohlbefinden der Mönche unzuträglich sei, mit einem Dispens vom Fastengebot für die Mönche in Seeon. Trotz aller Rückschläge setzte das Erzstift die Anstrengungen um die »Reformation« der Klöster im süddeutschen Raum weiter fort. So schickte Erzbischof Bernhard von Salzburg im Jahre 1470 Rupert von St. Peter in Salzburg und Benedikt von Mondsee nach Seeon, um das Kloster abermals zu visitieren. Sie verlangen zur Hebung der Klosterdisziplin die Berufung zweier Mönche aus einem reformierten Kloster; einer sollte das Priorat übernehmen, der andere für die Disziplin der Mönche im Kloster sorgen.[74] »Diese Maßregel allein«, so Doll, »beleuchtet zur Genüge den Übereifer der Reformatoren, die auch in den übrigen Fragen des klösterlichen Lebens ihre Forderungen zu hoch spannten«.[75]
Offensichtlich wurde noch im selben Jahr der bisherige Prior Simon von einem Fremden, namens Thomas, abgelöst. Zu Beginn des Jahres 1480 erteilte der Landesherr, Herzog Georg, den Bischöfen von Freising und Passau den Befehl zur Visitation und Reformation des Klosters in Seeon, die sie zusammen mit Äbten aus dem Bistum Freising durchführen sollten. Dem Schreiben des Bischofs von Freising vom 6. Januar ist zu entnehmen, daß diese Visitation des Klosters für den »Pfinztag nach Antoni« festgesetzt wurde;[76] über die Ergebnisse dieser Legation liegen jedoch keine weiteren Aufzeichnungen vor.
Insgesamt, so scheint es, wollte diesen Reformversuchen in der zweiten Hälfte des 15. Jahrhunderts ein entscheidender Durchbruch nicht gelingen. Der Verfall des klösterlichen Lebens schien auch in Seeon unaufhaltsam und fand in der Absetzung des Abtes Hieronymus, der das Kloster noch zusätzlich durch Mißwirtschaft geschädigt hatte, einen ersten sichtbaren Niederschlag. Einen Tiefpunkt erreichte das Kloster in Seeon unter Abt Wolfgang Finauer, der die Klosterämter durch Laien verwalten ließ. Nach einer Untersuchung, die Herzog Albrecht V. beantragt hatte, wurde Finauer 1575 abgesetzt und in das Kloster Tegernsee geschickt.
Mit dem Prälaten Martin Kötterlein, der aus Tegernsee berufen wurde, sollte ein neuer Geist in Seeon einziehen. Er brachte nicht nur die zerrütteten wirtschaftlichen Verhältnisse wieder in Ordnung, sondern konnte mit Novizen wieder einen Konvent aufbauen, der nach der Zeit seines Vorgängers nur noch

aus einem Priester, dem Pfarrer von Seeon, zwei Subdiakonen und zwei weiteren Mönchen bestanden hatte. Nicht gerade zu Unrecht, so Doll,[77] haben die zeitgenössischen Geschichtsschreiber Kötterlein den zweiten Stifter von Seeon genannt. Ihm war es nach dem fürchterlichen Brand vom 18. April des Jahres 1561, bei dem das Kloster bis auf die Mauern der Kirche und des Schlafhauses niederbrannte, sehr rasch gelungen, das Kloster wiederaufzubauen. Wertvolle Schätze der Klosterbibliothek gingen allerdings für alle Zeiten verloren. Einer Aufforderung des Herzogs im Jahre 1579, auch sein Mutterkloster Tegernsee zu reformieren, wollte Martin allerdings nicht nachkommen.[78] 1576 ließ er in der Kirche schließlich auch einen neuen Hochaltar aufstellen.

Sein Nachfolger im Amt, Abt Sigmund Dullinger, begann schließlich mit der Ausmalung der Kirche im Renaissancestil. Er sorgte sich nicht nur um die Klosterschule, die seit 1488 in der Hofmark Seeon bestand, und um die wissenschaftliche Ausbildung seiner Mönche, sondern bat den Apostolischen Stuhl auch um die Erlaubnis, ketzerische Bücher lesen zu dürfen. Er war es auch, der in den Jahren 1618, 1624 und 1635 drei Alpen auf der Höhe des nordöstlichen Vorberges des Hochfelln erwarb.[79] Zur Betreuung der Almwirtschaft kam ein Pater aus Seeon auf den Berg, ein zweiter Konventual kümmerte sich um die umliegenden Höfe und Bauern, die aus Angst vor den Schweden hierher geflüchtet waren. Im Jahr 1626 wurde dort eine Kapelle errichtet, die am 3. Oktober 1627[80] von Fürstbischof von Lichtenstein-Castelkorn als »Maria Hilf« eingeweiht wurde. Schon bald errang das aufgestellte Marienbild, eine Kopie des Muttergottesbildes der Kirche Sta. Maria Maggiore in Rom, große Verehrung und legte so den Grundstein für eine heute noch anhaltende Wallfahrt. Zwei Seitenaltäre wurden zu Ehren der hl. Anna und der Pestpatrone St. Sebastian und Rochus in den Nebenapsiden aufgestellt.

Dullingers Nachfolger, Abt Honorat Kolb,[81] jener bedeutende Abt in der Geschichte des Klosters in Seeon, ließ am 16. April 1642 den Grundstein zum Neubau des Schiffes und des Turmes von Maria Eck legen. Seit dem Jahr 1651 wird dort an Sonn- und Feiertagen das Rosenkranzgebet verrichtet und an jedem 1. Monatssamstag und an den großen Marienfesten im Sommer eine Prozession abgehalten. Im September des Jahres 1623 war Johannes Kolb mit dem Novizenhabit bekleidet worden; vom Abt erhielt er den Namen Honoratus. Ende des Jahres 1634 übernahm er die Leitung des Konvents in Seeon. Trotz der schweren Kriegsjahre und der hohen Kontributionszahlungen an die Reichsgewalt gelang es Honorat, mit seiner musterhaften Führung der Wirtschaftsbücher die Finanzen des Klosters zu ordnen.

Kunst und Wissenschaften erlebten während seiner Amtszeit einen bedeutenden Aufschwung. Er selbst verfaßte eine zweibändige Chronik des Klosters, der wir neben Abschriften von Urkunden eine Reihe von Einzelheiten über die Geschichte Seeons verdanken. Er gilt als einer der Begründer der 1641 ins Leben gerufenen Salzburger Benediktiner-Kongregation, die um das rechte klösterliche Leben bemüht war. 1651 kam es schließlich auch zur Einführung der Erzbruderschaft vom Ewigen Rosenkranz, die am 4. August des Jahres 1659 offiziell bestätigt wurde. Seine Sorge galt aber vor allem dem geistlichen Nachwuchs, der zum Studium nach Salzburg geschickt wurde. In der Klosterschule wurden in seiner Amtszeit 55 Schüler unterrichtet. Der Prior des Klosters, Pater Johannes Werlin, der in den Jahren 1640–52 die Seelsorge versah, sammelte alte Musikhandschriften, komponierte selbst Lieder und legte als Musikmeister des Klosters den Grundstock für die spätere Pflege der Musik in Seeon.

Die letzten Jahre des Dreißigjährigen Krieges erschütterten auch das Leben im Kloster Seeon: Die Kontributionszahlungen häuften sich, die Pest wütete auch in der Gegend um den Seeoner See, Flüchtlinge drängten in das Kloster und im Jahr 1648 mußten sogar die Mönche vor den Schweden fliehen.
Klagen der eigenen Konventualen, Vorwürfe wegen der Vernachlässigung der Pflichten als Abt zwangen Honorat Kolb schließlich im Mai des Jahres 1653, sein Resignationsgesuch einzureichen. Seine letzten Lebensjahre verbrachte er im Superiorat Maria Eck. Trotz der finanziell angespannten Lage des Klosters hatte der Abt aber mit dem Umbau der Klosteranlage begonnen. Die beiden folgenden Äbte Kolumban Freitelsberger und Roman Müller vollendeten das Werk. Im Jahre 1662 konnten das Schloß und die Hofmark Obing erworben werden. Zu Beginn des 18. Jahrhunderts war das Kloster trotz dieser Ausgaben wieder schuldenfrei. Dem Abt Rufin Mayr gelang es 1731 das Schloß Forchtenegg mit der Hofmark Halfing zu erwerben, das Franz Amand von Fossa der Rosenkranzbruderschaft geschenkt hatte. Er ließ auch eine neue Orgel in der Klosterkirche aufstellen. Der junge Mozart und Michael Haydn weilten deshalb gerne in Seeon, komponierten und musizierten. Auch die Wissenschaft und Literatur erlebten im 18. Jahrhundert im Kloster Seeon eine Blüte, wie die entsprechenden Beiträge in diesem Buch zeigen. Bernhard Ruedorffer widmete sich seinen »Disputationes philosophicae«. Fruktuosus Scheidsach wurde durch sein »Connubium Rationis et Fidei« bekannt als Vertreter der frühen Aufklärung. Wolfgang Dullinger machte sich als Historiker einen Namen, als er in vier Bänden die Traditionen des Klosters Rott herausgab. Wolfgang Schaumberger schrieb mit seinem »Syntagma de viris illustribus« ein Werk über berühmte Mitglieder des Benediktinerordens. Benno Feichtmayr verfaßte mit seiner »Introductio ad Annales Seon« eine Geschichte des Klosters in Seeon. Aber nicht nur in kultureller Hinsicht konnte das Kloster in dieser Zeit glänzen.
Aus dem Bericht einer bischöflichen Kommission aus Salzburg, die anläßlich der Wahl des Abtes Lambert Neusser im Jahr 1793 das Kloster visitierte, geht hervor, daß die Ordensregeln vom Seeoner Konvent gewissenhaft eingehalten wurden.[82]
Nachdem im Jahre 1802 die Säkularisation der bayerischen Klöster beschlossen worden war, war auch der Untergang des Klosters in Seeon unaufhaltsam. Als die Inventarisierungskommission unter der Leitung des Oberschreibers und provisorischen Landgerichtsverwesers Sebastian von Höß aus Trostberg das Klostervermögen aufnahm, zeigte das Kloster einen günstigen Vermögensstand.[83] Nicht zuletzt aufgrund seiner ausgedehnten Grundherrschaft und der guten Wirtschaftsführung stand das Kloster in Seeon an der vierten Stelle unter allen bayerischen Abteien. Alle Rechtsgeschäfte in der klösterlichen Wirtschaft unterlagen von nun an der Zustimmung eines Klosterrichters, der dem Kurfürsten verpflichtet war. Damit war das Kloster bereits unter staatliche Aufsicht gestellt. Am 23. März des Jahres 1803[84] wurde schließlich durch Michael Gallinger, den kurfürstlichen Rat und Landeskommissär, die Aufhebung des Klosters in Seeon verkündet.
Die Güter wurden nach und nach versteigert, die Klostergebäude an den Münchener Xaver Distler verkauft. Das Klostergut Obing blieb zunächst vom Verkauf ausgenommen, sollte es doch nach der Aufhebung des Landgerichtes Kling Sitz eines neuen Landgerichtes werden. Der einstige Seeoner Klosterbesitz zu Maria Eck wurde erst im Jahr 1806 verkauft, die Kirche geschlossen. 1812 wurde auch die Kirche unter der Bedingung des Abbruchs versteigert. Nicht nur der Einspruch der Kgl. Salinenforstinspektion zu Reichenhall, der Kirchturm von Maria Eck sei ein trigonometrischer Punkt der Landes- und

Steuervermessung,[85] sondern auch die Einsicht bei höchster Stelle, daß die Kirche zu den schönst gelegenen des Landes zählt, die selbst die Heiden zur Zierde der Gegend hätten stehen lassen, konnte das Schicksal von der Kirche abwenden. Besonders einschneidend war die Aufhebung des Klosters natürlich für die Klosterbediensteten, die Untertanen, die Schar- und Tagwerker und vor allem für die Mitglieder des Konvents selbst. Sie erhielten zwar eine geringe Pension, suchten sich aber neue Aufgaben als Seelsorger, Lehrer oder in anderen Berufen. Lambert, der letzte Seeoner Abt, verbrachte seinen Lebensabend in Traunstein, wo er schließlich im Jahr 1817 starb.

Trotz seiner idyllischen, insulären Lage war das Kloster in Seeon mehr als acht Jahrhunderte hindurch ein bedeutender Faktor in der Klosterlandschaft des südostbayerischen Raumes gewesen; wenn es sich auch nicht mit den großen Zentren des benediktinischen Mönchtums messen konnte, so war es doch geprägt von blühender Wissenschaft, Kunst und Bildung.

1 W. Hauthaler, F. Martin, Salzburger Urkundenbuch (= SUB), Bd. I, Salzburg 1910, Nr. 44a, S. 105.
2 Vgl. vor allem Heinz Dopsch, Die Aribonen, Wien 1968, S. 60 und seinen Beitrag in diesem Buch.
3 Honorati Kolb abbatis Chronicon monasterii Seon, ord. S.B., Bayerische Staatsbibliothek München, clm 1458/59, fol. 3.
4 H. Kolb, fol. 3;
Vgl. dazu auch: B. Paringer, Das alte Weltenburger Martyrologium und seine Miniaturen, in: StMBO 52, 1934, S. 160f. Er weist darauf hin, daß seine Tätigkeit noch vor der Gründung Seeons anzusetzen ist, doch fehlen hierfür die Beweise. Zwischen den Jahren 990–994 wurde er jedoch zusammen mit den Brüdern Abrich und Heidanrich zu einem Rechtsgeschäft nach St. Peter in Regensburg abgeordnet. (Vgl. J. Widemann, Die Traditionen des Hochstifts Regensburg und des Klosters St. Emmeram, in: QE, NF 8, München 1943, Nr. 251, S. 210.)
5 MGH Necr. III (St. Emmeram), S. 309.
6 J. Mabillon, Vetera Analecta, sive collectio veterum aliquot operum et opusculorum omnis generis carminum, epistolarum, diplomatum, epitaphiorum et.c. Paris 1723, (Nachdruck 1967), 4, S. 433; (»De conditu monasterii Seuvensis in Bojoaria, euisque Abbatis electione«).
7 MGH Dipl. Ottos II./III., Nr. 318, S. 745.
8 »Igitur ex hac re gloriosissimi imperatoris augusti Ottonis tertii piis interventionibus ...« (H. Zimmermann, Papsturkunden, Nr. 369, S. 716).
9 Vgl. Albert Brackmann, Die Kurie und die Salzburger Kirchenprovinz, Studien und Vorarbeiten zur Germania Pontifica, Berlin 1912, S. 8.
10 H. Kolb, fol. 19f.
11 J. Bühler, Forschungen über die Benediktinerdoppelklöster im heutigen Bayern, in: Zs. f. bayer. Kg. 5, 1930, S. 31.
12 Vgl. H. Kolb, fol. 92.
13 Vgl. Kassius Hallinger, Gorze-Kluny. Studien zu den monastischen Lebensformen und Gegensätzen im Hochmittelalter (Studia Anselmiana), Rom 1950/51, S. 143f. sowie Pirmin Lindner, Monasticon metropolis Salisburgensis antiquae, Salzburg, Bregenz 1908–1913, S. 78f.
14 Vgl. Peter Johanek, Ein Mandat Papst Hadrians IV. für die Mönche von Seeon und die Ordensreform in der Kirchenprovinz Salzburg, in StMBO 83, 1972, S. 162–175.
15 Vgl. ebda. S. 175.
16 Johann W. Braun, Irimbert von Admont, in: FMASt 7 (Jb. des Instituts für Frühmittelalterforschung der Universität Münster), Berlin, New York 1973, Anhang 2, S. 318.
17 MGH Necr. II, S. 52.
18 Johann Doll, Seeon, ein bayerisches Inselkloster, München 1912, S. 18.
19 Vgl. K. Hallinger, S. 692f.
20 MGH Necr. II, S. 54.
21 Helmut Scholz, Das Kloster Seeon, Baugeschichtliche Untersuchungen mit Rekonstruktionsversuchen (Diss.), München 1971, S. 34.
22 QE NF, 29, Nr. 161, S. 140f.
23 Vgl. Wigulaeus Hundt, Bairisches Stammenbuch, Bd. II, Ingolstadt 1586, S. 85.
24 Vgl. SUB III, Nr. 552, S. 25f.
25 Vgl. Carl Siegert, Seeon in Oberbayern, einst Schloß, dann Kloster, nun Curort, München 1856, S. 92; H. Kolb, f. 31.
26 Vgl. BHStA, KU Seeon, Nr. 6a (Orig.?) »Ea propter tuis initiis postulationibus grato concurrentes assensu Privilegia Ecclesie sunt concessa, per venerabilem Patrem Salzburgensem Archiepiscopum super Parrochia Obing et capella Ischl, sicut iuste et provide sunt concessa auctoritate qua fungimur confirmamus«.
27 SUB III, Nr. 976, S. 526.
28 BHStA, KU Seeon, 9. 5. 1481 = Nr.; auch sein Nachfolger im Amt, Friedrich, bekräftigte im Jahre 1493 die Inkorporation der Pfarrei von Obing (BHStA, KU Seeon, 26. 4. 1493 = Nr.).
29 Alois Kis, Die Pfarrci Obing, in OA 40, 1881, S. 106ff.
30 SUB III, Nr. 838, S. 274.
31 Urkundenbuch zur Geschichte des Hauses Wittelsbach, hrsg. von F. M. Wittmann, (QE AF 5) München 1857, Nr. 40, S. 98.
32 »... Ludevicum et Heinricum ... contulimus foedali advocatiam monasterii in Sewen aliaque foeda ...« /QE AF 5, Nr. 54, S. 128.
33 Monumenta Seonensis, in: Monumenta Boica (= MB II) Nr. 22, S. 144.
34 MB II, Nr. 18, S. 142.
35 Ludwig Holzfurtner, Die Grenzen der oberbayerischen Klosterhofmarken, in: ZBLG 50, 1987, S. 412.
36 Vgl. Edition in: A. Weissthanner, Die Urkunden und Urbare des Klosters Schäftlarn, München 1957 (QE NF 10/2), Nr. 115, S. 125/6 23./24. April 1330.
37 MB II, Nr. 16, S. 139.
38 MB II, Nr. 18, S. 142.
39 MB II, Nr. 23, S. 147.
40 BHStA, KU Seeon, 14. 11. 1403 = Nr.
41 BHStA, KU Seeon, 4. 6. 1405 = Nr.
42 BHStA, KU Seeon, 26. 8. 1413 = Nr.

43 SUB I, Nr. 19 (Codex Odalberti), S. 84.
44 SUB I, Nr. 15 (Codex Fridarici) S. 180.
45 Hans Bachmann, Studien zur Entstehung der in der Notitia Arnonis genannten Kirchen Tirols, in: MIÖG 81, 1973, S. 241–303, und MIÖG 82, 1974, S. 30–82.
46 BHStA, KU Seeon, Nr. 15.
47 Vgl. H. Doll, S. 59.
48 Vgl. MB II, Nr. 11, S. 137, (ungenaue Edition);
Die Angabe »pontificatus nostri anno tertio« hat offensichtlich zu einer Fehldatierung der Urkunde geführt. – Beginn der Amtszeit von Papst Clemens IV. war aber der 5. Februar 1265, so daß 1267 richtig ist.
49 Vgl. ebda.
50 Vgl. BHStA, KL Seeon, Nr. 13, Transsumptum des uralt tyrolischen Urbars.
51 Vgl. BHStA, KL Seeon, Nr. 18, fol. 16–19: »Nota hye sind vermerckt dy chammerrecht des wirdigen gotzhaws zu Sewenn, al dy von alter herchomen sind in dem gepirg und bestätt«.
52 MGH Necr. II, S. 228 zum 31. Juli.
53 MGH Necr. II, S. 228.
54 MGH Necr. II, S. 222.
55 BHStA, GL Kling, Nr. 8 a (Saalbuch von Obing, o.S.).
56 Vgl. ebda.
57 BHStA, Urkunden Kurbayern, Nr. 14586.
58 BHStA, KU Seeon, Nr. 15.
59 Vgl. MB II, Nr. 12, S. 138.
60 MB II, Nr. 9, S. 135.
61 MB II, Nr. 16, S. 139.
62 MB II, Nr. 17, S. 139.
63 MB II, Nr. 25, S. 148.
64 MB II, Nr. 20, S. 143.
65 MB II, Nr. 24, S. 148.
66 MB II, Nr. 27, S. 152/53.
67 Vgl. H. Kolb, fol. 350.
68 Vgl. ebda, fol. 351.
69 MB II, Nr. 17, S. 152.
70 Vgl. Ignaz Zibermayer, Die Legation des Kardinals Nikolaus Cusanus und die Ordensreform in der Kirchenprovinz Salzburg, Münster 1914, S. 2.
71 Vgl. Ignaz Zibermayer, Johann Schlitpachers Aufzeichnungen als Visitator der Benediktinerklöster in der Salzburger Kirchenprovinz, in: MIÖG 30, 1909, S. 258–279.
72 BHStA, KU Seeon, 3. 5. 1452 = Nr. (Abschrift in Eva-Maria Zehetmair, geb. Koch, Die Geschichte des Benediktiner-Klosters Seeon im Mittelalter, ungedr. Magister-Arbeit, München 1988, Anlage 10).
73 BHStA, KU Seeon, 9. 12. 1452 = Nr.
74 Vgl. BHStA, KU Seeon, 1470 = Nr.
75 Vgl. J. Doll, S. 20.
76 BHStA, KL Seeon, Nr. 69.
77 J. Doll, S. 22.
78 Vgl. ebda.
79 Vgl. Hugo Schnell, Maria Eck, München [10]1991, S. 2.
80 Vgl. ebda.
81 Eine gleichermaßen umfassende wie kritische Würdigung des Lebens und Wirkens von Abt Honorat Kolb gelang Veneranda Wiest: Honorat Kolb (1603–1670), StMBO, Erg. Heft 13, München 1937.
82 Vgl. Rudolf Haderstorfer, Die Säkularisation der oberbayerischen Klöster Baumburg und Seeon, Stuttgart 1967, S. 92.
83 Vgl. ebda. S. 91.
84 Vgl. ebda. S. 105.
85 Vgl. ebda. S. 154.

Äbteliste

Von der Gründung bis zum Ausgang des Mittelalters
Zusammengestellt von Eva-Maria Zehetmair

Äbte	Beginn der Regierung Daten aus der Amtszeit	Ende der Regierung Todestag
Adalbert	994, reg. 7 Jahre[1]	17. 3. (n. 1001)[2] Necr. II, Seeon, S. 221 Necr. III, St. Emmeram, S. 309 Necr. III, Tegernsee, S. 142 Necr. III, Weihenstephan, S. 207 Merseburger Totenbuch, S. 231[3] angeblich 99 Jahre alt geworden
(Sibotho I.)[4] (Chadalhoch)[5]		
Gerhard	beurkundet im Jahre 1004[6] wurde Abt des neugegründeten Klosters Weihenstephan 1019 oder 1020[8]	21. 5. n. 1021[7] Necr. II, Seeon, S. 225
Gunther[9]		
Gaminold	urk. 14. 2. 1026[10], als ›provisor‹ bezeichnet	17. 4. n. 1028[11]
Hartnidus		19. 1.[12] Necr. II, Seeon, S. 218
Engilbert		1. 11.[13] Necr. II, Seeon, S. 233
Gerold[14]		17. 4. Necr. II, Seeon, S. 223
Eberhard		31. 12.[15] Necr. II, Seeon, S. 235

Äbte	Beginn der Regierung Daten aus der Amtszeit	Ende der Regierung Todestag
Rudolf	Profeß von Niederalteich	20. 7. 1102[16] Necr. II, Seeon, S. 228
(Gerard)[17]		
Gunther	erw. ca. 1102[18] urk. 11. 4. 1139	18. 5. Necr. II, Seeon, S. 235
Albert[19]		15. 7. Necr. II, Seeon, S. 228
Wernhard	urk. 10. 1. 1140[20]	14. 12. Necr. II, Seeon, S. 234
(Wolfker)	urk. 23. 5. 1144[21]	
Irimbert	urk. 3. 7. 1147[22] urk. 4. 7. 1147[23]	14. 2. Necr. II, Seeon, S. 220
Haimo	urk. 1159[24] urk. 17. 1. 1161[25]	
Sibot(h)o	urk. 30. 1. 1174–1175[26] urk. 23. 4. 1174 als ›provisor‹ bezeichnet[27] urk. 2. 2. 1180[28]	13. 12. Necr. II, Seeon, S. 235
Alban	urk. 15. 11. 1195[29] urk. November 1195[30] Teilnahme an der Synode in Laufen[31]	13. 6. Necr. II, Seeon, S. 226
Hartmann	urk. 17. 12. 1205[32]	
Heinrich	urk. 24. 9. 1216[33]	
Ulrich I Bartenhauser Juli 1248 Abt in Tegernsee	gew. ca. 1228[34] 26. 4. 1229 ›magister‹[35] urk. 18. 11. 1238[36] urk. 1. 12. 1247[38] regiert 20 Jahre	transf. 1248 13. 6. 1261/63[37] Necr. II, Seeon, S. 226[39]

Äbte	Beginn der Regierung Daten aus der Amtszeit	Ende der Regierung Todestag
Albert[40]	urk. 30. 3. 1257 urk. 14. 1. 1266[41] urk. 12. 6. 1267–27. 4. 1270[42]	
Dietrich	urk. 15. 3. 1275[43]	6. 10. im Alter von 81 Jahren Necr. II, Seeon, S. 231
Heinrich[44]	urk. 31. 3. 1289[45] urk. 9. 10. 1290[47]	14. 3. 1303[46] Necr. II, Seeon, S. 221
Petrus	gew. 1303 reg. 8 Jahre[49] urk. 11. 5. 1309[50]	21. 6. 1311[48]
Dietrich II	erw. 1311 reg. 7 Jahre[51] urk. 2. 7. 1312[52] 1316	angebl. 1318
Heinrich III.	erw. 1319 reg. 30 Jahre[53]	16. 3. 1348 Necr. II, Seeon, S. 221 Hund und Stengelius 13. 3.; Kolb 19. 3.[54]
Rupert	erw. 1348[55] urk. Nov. 1351	25. 7. Necr. II, Seeon, S. 228
Konrad Schalkner		2. 4. 1374[56] Necr. II, Seeon, S. 222
Petrus Kienberger	urk. 10. 2. 1376[57]	1. 8. Necr. II, Seeon, S. 228 Necr. II, Baumburg, S. 248, 29. 8.
Friedrich		5. 8. 1384[58] Necr. II, Seeon, S. 228

Äbte	Beginn der Regierung Daten aus der Amtszeit	Ende der Regierung Todestag
Simon Farcher	erw. 1384/85 reg. 36 o. 37 Jahre urk. 28. 10. 1386[60] urk. 23. 2. 1388[61] urk. 24. 2. 1391[62] urk. 17. 10. 1398[63]	20. 1. 1411[59] Necr. II, Seeon, S. 218
Erhard Farcher[64]	urk. 28. 10. 1414 21. 1. 1416 6. 11. 1425 3. 8. 1428 6. 8. 1429 22. 10. 1430[66] amtiert 27 Jahre	2. 11. 1438[65] Necr. II, Seeon, S. 233
Wilhelm Höpfi[67]	urk. 5. 3. 1439[68] reg. ca. 4 Jahre[70]	2. 4. 1442[69] Necr. II, Seeon, S. 222
Johann Heimpel[71]	ber. 1442 urk. 12. 9. 1461 23. 7. 1470 19. 2. 1474[72]	14. 4. 1476 Necr. II, Seeon, S. 223
Balthasar	urk. 15. 7. 1477[73] regiert 4 Jahre[75]	26. 8. 1480[74] Nekrologeintrag
Erhard II Manseer de Salinär	urk. 30. 3. 1481[76] 22. 1. 1482[77] 16. 1. 1486[78]	resign. 5. 11. 1489 4. 4. 1495 Necr. II, Seeon, S. 222
Balthasar	gew. 1490[79]	4. 7. 1492[80] Necr. II, Seeon, S. 227
Franziskus[81]	urk.10. 6. 1493[82]	6. 1. 1521 Nekrologeintrag

1 H. Kolb, (clm 1458) f.3.

2 Im Jahre 1001 hat sich Adalbert noch am Leichenbegängnis Ramwolds in Regensburg beteiligt, vgl. dazu F. Janner, Die Geschichte der Bischöfe in Regensburg, Bd. 1, Regensburg 1883, S. 437; vgl. auch Kolb (clm 1458), f.4.

3 Das Merseburger Totenbuch, hrsg. von E. Dümmler, in: Neue Mitteilungen des thüringisch-sächsischen Vereins, Halle, 11, 1867, S. 231.

4 Sibotho ist wahrscheinlich identisch mit dem Abt Siboto aus dem 12. Jh.

5 Chadalhoch ist möglicherweise identisch mit dem Mitglied der Stifterfamilie gleichen Namens, vgl. auch Argumentation von J. Doll, S. 1, Anm. 3; dagegen stehen jedoch die Nekrologeinträge zum 22. Dez.: Seeon (MGH Necr. II) S. 235; St. Emmeram (MGH Necr. III) S. 333; Weihenstephan (MGH Necr. III) S. 218; C. Stengelius, Seeon ... f.32, H. Kolb (clm 1458) f.12.

6 Vgl. Jüngeres Verbrüderungsbuch von Salzburg, Necr. II, S. 52, col 24, unter ›Nomina fratrum de Monasterio Sewensi‹.

7 Vgl. S. v. Riezler, Geschichte Bayerns, Stuttgart 1927, (Neudr. Aalen 1964), Bd. 1, S. 434.

8 Gunther, Gaminold und Gerold sind zum 17. April eingetragen, vgl. MGH Necr. II (Seeon), S. 223.

9 Vgl. zur Gründung des Klosters in Weihenstephan: Die Traditionen des Klosters Weihenstephan, bearb. v. Bodo Uhl, (QE NF. Bd. 27), München 1972, S. 99f.

10 Vgl. LThK Bd. 4, S. 419.

11 Als Gaminolfus in: MGH Dipl. Konrads II. Nr. 49.

12 Todesdatum mit 19. Jan. auch bei H. Kolb (clm 1458) f.4; C. Stengel f.33; J. Doll hat 18. Jan.

13 Ebenso C. Stengelius f.33, H. Kolb (clm 1458) f.14: »anno incognito moritur primo die Novembris«.

14 Vgl. Anm. 8.

15 C. Stengel, f.33; H. Kolb (clm 1458), f.14.

16 C. Stengel, f.33.

17 W. Hund, C. Gewold, Metropolis Salisburgensis Bd. III, München, S. 340 und MB II, S. 120 lassen auf Rudolf Abt Gerard folgen, Nekrolog von Seeon hat jedoch nur einen Abt Gerhard verzeichnet, vgl. jedoch auch MGH Necr. II, S. 595, H. Kolb (clm 1458) f.14: »moritur 20 Junii (anno incognito«); C. Stengel f.34, nennt nach Rudolfus einen Gerardus »obiit, 12 cal. Junii« (wahrscheinlich identisch mit obengenanntem Gerard).

18 C. Stengel, f.34.

19 C. Stengel, f.34 ordnet Albert zwischen Haymo und Udalricus.

20 SUB, II, Nr. 199, S. 292; vgl. Hinweise auf die Nekrologeinträge bei P. Lindner, S. 78 A.3.

21 SUB, II, Nr. 226, S. 328.

22 SUB, II, Nr. 252, S. 364.

23 SUB, II, Nr. 253, S. 365, »Irimberto abbate Sewensis«.

24 SUB, II, Nr. 341, S. 477 (Reichenhall).

25 SUB, II, Nr. 310b, S. 435 (Mühldorf) »abbas de Sewen«.

26 SUB, II, Nr. 404, S. 556 (1169) vgl. J. Doll S. 3: P. Lindner, S. 78.

27 Vgl. Urkunde BHStA KU St. Zeno Nr. 14.

28 SUB II, Nr. 424a, S. 585.

29 SUB II, Nr. 497, S. 674.

30 SUB II, Nr. 458, S. 676.

31 Vgl. W. Hund, C. Gewold, S. 349 (Teilnahme Albans an der Synode in Laufen).

32 SUB III, Nr. 586, S. 66 »dominus Hartmannus de Sewen abbas«.

33 SUB III, Nr. 694, S. 207.

34 Vgl. H. Kolb (clm 1458) f.33; C. Stengel f.35.

35 SUB III, Nr. 839, S. 376.

36 SUB III, Nr. 938, S. 491.

37 H. Doll S. 2, vgl. dazu H. Kolb (clm 1458) f.33, er nimmt den Todestag mit 13. Juni 1263 an, P. Lindner hat den 27. Juli 1261 als dessen Todesdatum.

38 Vgl. J. Doll, S. 2 (Urkundennachweis konnte nicht erbracht werden).

39 Vgl. Nekrologeinträge bei P. Lindner S. 78f.

40 Fehlt in Äbteliste von P. Lindner, auch bei C. Stengel und H. Kolb.
Vgl. jedoch Urkunde vom 30. März 1257 (Albertus abbas).

41 Vgl. Stiftsurkunde des Stiftes Gars Nr. 30; Die Traditionen des Stiftes Gars, bearb. v. H. Hofmann, (QE NF. Bd. 31).

42 BHStA, KU Frauenchiemsee, Nr. 16.

43 BHStA, KU Seeon, Nr. 15: »Dietricus abbas eligitur a. D. 1248, moritur a. D. 1281« (vgl. auch Grabstein im Kreuzgang des Klosters).

44 »... optimus defensor et auctor bonorum Monasterii quemadmodum privilegia, diplomata et litterae Testimoniales Summorum Pontificorum indicant« (H. Kolb (clm 1458) f.52).

45 Vgl. Die Dotationen des Domkapitels von Salzburg, von Hofmann, Handschriften des Domkapitels in: OA 15, 1835, S. 223.

46 H. Kolb (clm 1458) f.52.

47 Die Urkunden des Klosters Raitenhaslach, hrsg. v. E. Krausen, (QE NF. 17/1, Nr. 359, S. 438).

48 H. Kolb (clm 1458) f.64.
49 H. Kolb (clm 1458) f.68.
50 BHStA, KU Seeon, Nr. 30.
51 H. Kolb (clm 1458) f.71.
52 MB II, Nr. 17, S. 141.
53 H. Kolb (clm 1458) f.73; C. Stengel, f.36.
54 H. Kolb (clm 1458) f.73.
55 Vgl. H. Kolb (clm 1458) f.84, C. Stengel f.36.
56 C. Stengel, f.37, H. Kolb (clm 1458) f.96.
57 BHStA, KU Seeon Nr. 49.
58 Jahresangabe nur bei J. Doll, S. 3.
59 H. Kolb (clm 1458) f.102; auch C. Stengel, f.37; W. Hund, C. Gewold haben 1412 (S. 152); so auch die Grabplatte im Kloster, vgl. dazu den Beitrag von U. Liedke in diesem Buch.
60 BHStA, KU Seeon, Nr. 54.
61 BHStA, KU Seeon, Nr. 56.
62 BHStA, KU Seeon, Nr. 58.
63 BHStA, KU Seeon, Nr. 63/64.
64 BHStA, KU Seeon, 11. 5. 1412 = Nr.
65 H. Kolb (clm 1458) f.140; C. Stengel, S. 38.
66 Vgl. entsprechende Urkunden BHStA (Datum = Nr.).
67 Vgl. Grabstein im Kreuzgang des Klosters.
68 BHStA, KU Seeon, = Nr.
69 Vgl. C. Stengel, f.38, P. Lindner, f.79.
70 Vgl. C. Stengel, f.38.
71 BHStA, KU Seeon, 5. 3. 1439 = Nr.
72 BHStA, KU Seeon = Nrn.
73 MB. II, Nr. 31, S. 141.
74 C. Stengel, f.38.
75 C. Stengel, f.38; H. Kolb (clm 1458) f.561; vgl. jedoch Fraternitätsurkunde mit Niederalteich (28. 10. 1480 = Nr. BHStA, KU Seeon).
76 Vgl. BHStA, KU Seeon, = Nr.
77 Vgl. BHStA, KU Seeon, = Nr.
78 Vgl. BHStA, KU Seeon, = Nr.
79 C. Stengel, f.38.
80 Ebda; vgl. auch H. Kolb (clm 1458) f.596.
81 C. Stengel, f.38, H. Kolb (clm 1458) f.599.
82 Vgl. BHStA, KU Seeon.

Die Seeoner Äbte vom 16. Jahrhundert bis zur Säkularisation des Klosters 1803

Hans Roth

Bis ins frühe 16. Jahrhundert sind nur wenige Daten und unzureichende Nachrichten über die einzelnen Äbte-Persönlichkeiten überliefert; für die Frühzeit müssen sogar Lücken in der Äbtereihe[1] angenommen werden. Unsere Kenntnis fußt auf den Nekrologien[2] und dem Urkundenbestand,[3] der aber nur bruchstückhaft und partiell Einblick in das Wirken der Äbte gewährt. Erst im ausgehenden Spätmittelalter fließen die schriftlichen Quellen reicher, die Überlieferungen werden ausführlicher, und die noch erhaltenen Grabdenkmäler erweisen sich als eindrucksvolle Zeugnisse klösterlicher Repräsentation und des aufkommenden Selbstbewußtseins der Äbte. Zusammenfassende Darstellungen der Klostergeschichte mit biographischen Nachrichten über einzelne Äbte bieten Karl Stengel,[4] Honorat Kolb,[5] Benno Feichtmayr,[6] K. Siegert[7] und J. Doll.[8]
Seeon fügt sich nicht in die Reihe der großen Abteien und Prälaturen ein, die im altbayerischen, im schwäbischen und fränkischen Raum ab dem frühen 17. Jahrhundert zum bestimmenden Element einer »Klosterlandschaft« wurden, ein reiches kulturelles Wirken entfalteten und zu geistig-religiösen Zentren aufstiegen. Dazu fehlten in Seeon die Möglichkeiten. Die räumlich begrenzte Insellage ließ weder große Baumaßnahmen zu, noch verfügte das Kloster über ausreichende finanzielle Mittel für eine bedeutende Kunstpflege. Der Klosterbesitz war verstreut, reichte von den niederösterreichischen Weinbergen bis ins Tirolische und in die Mühldorfer Gegend. Das Kloster, das auch mehrere Pfarreien und mit Maria Eck eine regional bedeutsame Wallfahrt betreute, zeigte sich genügsam hinsichtlich repräsentativen Ansprüchen. Eher war es das zeitweise rege geistige Leben, das – gerade durch die Nähe der Metropole Salzburg – der Abtei zu einem weiterreichenden Ansehen verhalf. Die Konventualen kamen meist aus dem bürgerlichen Stand: Söhne von Handwerkern und Gewerbetreibenden, vom niederen Beamtenstand, vor allem viele aus dem bäuerlichen Bereich suchten und fanden im Kloster die Erfüllung eines religiösen Lebensziels, geistige Betätigung und einen gesellschaftlich-sozialen Aufstieg, der bis hin zur äbtlichen Würde reichen konnte.[9]
Die folgende Würdigung der Äbte muß sich weitgehend auf den knappen Lebenslauf beschränken, zumal deren Wirken im Zusammenhang mit der baulichen, künstlerischen, kulturellen und wirtschaftlichen Entwicklung des Klosters in eigenen Beiträgen dieses Buches behandelt wird.

Hieronymus (1521–1529)

Der schon im ausgehenden 15. Jahrhundert eingetretene Verfall der klösterlichen Ordnung und der wirtschaftliche Niedergang setzt sich unter seiner äbtlichen Regierung fort, die nur acht Jahre währte und wahrscheinlich durch Absetzung endete. Ein Inventar von 1525 nennt 10 Kelche für 11 Priester, 2 Infeln (eine gute und eine schlechte), einen silbernen Abtstab (der aber zum Teil zerbrochen ist), eine Monstranz für Fronleichnam, ein kleines silbernes »Monstranzl«, mit dem man den Segen gibt, sowie ein »prust häfftl (Pektorale) sambt ainer vergoldten kettn, so ain prellatt hie nach gewonheit und altem herkommen« trägt.[10] Weiter wird erwähnt, daß das Kloster über gar wenig »trinkgeschirr« verfüge. Die Herkunft des Abtes ist nicht bekannt. Gestorben am 24. August 1529.

Georg von Neuhauser (1529–1533)

Erwählt 1529. Gestorben am 7. Oktober 1533. Sein Grabdenkmal aus Rotmarmor befindet sich heute in der Barbarakapelle. Über der Inschrift im Renaissancerahmen der Verstorbene in ganzer Figur mit Infel, Pastorale, in der Rechten das aufgeschlagene Missale, zu Füßen ein Hund.

Martin I. (wohl 1533–1549)

Sowohl unter seinem Vorgänger als auch während seiner Regierung verschlechterten sich die inneren und äußeren Verhältnisse des Klosters, so daß von einem »gefüerten ergerlichen lebens« berichtet wird; in geistlichen und weltlichen Angelegenheiten sei »übel regiert und zum verderblichsten gehaust« worden. Um 1545/46 wurde deshalb ein eigener Richter namens Thomas Pleagel bestellt, der aber die Administration des Klosters mehr schlecht als recht wahrnahm und deshalb nach Abt Martins Tod – wegen der hohen Kosten – wieder seines Amtes enthoben wurde. Am 15. Juli 1549 stirbt Abt Martin. Sein Rotmarmor-Grabdenkmal befindet sich heute in der Barbarakapelle. Inschrift oben in lateinischen Versen, unten in einfachem Renaissancerahmen das Wappen.

Heinrich IV. Hunger (1549–1569)

Nach dem Tod des Abtes Martin bemühten sich sowohl Herzog Ernst von Bayern als Administrator des Erzstifts Salzburg als auch Herzog Wilhelm IV. um einen geeigneten Nachfolger.[11] Die Wahl fällt auf den Konventualen P. Heinrich, seit ca. 1528 im Kloster, der als einziger den Anforderungen entspricht. Mitte September dürfte er die Leitung des Klosters übernommen haben. Unter seiner Regierung zählt der Konvent zeitweise nur sieben Mitglieder. Durch die Fahrlässigkeit zweier Knechte zerstörte am 18. April 1561 ein verheerender Brand die Klostergebäude. Obwohl die Visitation 1558 keinen ärgerlichen Lebenswandel feststellt, wird der sittliche Verfall deutlich durch einen Aktenvorgang der Jahre 1576/1584, wonach Abt Heinrich seinen natürlichen Sohn Simon mit einem Legat von 200 fl bedachte (es handelt sich um den Sohn der »Viechdirn« vom Meierhof), dessen Auszahlung jedoch von seinem Nachfolger verweigert wurde, was dann zu einem umfangreichen Schriftwechsel führte. Es heißt in diesem Zusammenhang, daß Abt Heinrich »alt und kindisch« geworden sei und deshalb resignieren mußte.[12] Gestorben ist er am 7. Juli 1569.

Wolfgang Finauer (1569–1575)

Geboren in Finsing und 1558 Provisor der dem Kloster inkorporierten Pfarrei Hart, erweist sich Abt Finauer (alias Merxseisen) als einer der »unwürdigsten Vorsteher des Klosters«,[13] der sich als Geizhals und Bedrücker der »armen Leute« auszeichnete und der Unzucht ergeben war.[14] Sparsam für die Klostergemeinschaft, lieferte er an die Landschaftskasse 10000 fl und verlieh an die umliegenden Klöster hohe Summen. Selbst wenig gebildet, duldete er, wie die Visitation von 1575 berichtet, keinen »gelernten Schulmeister«, ist auch gegen die Errichtung einer

»Poetenschule« und verwendet die wenigen Klosterschüler hauptsächlich für Jagd- und Botengänge. Die Stelle eines Priors, wie es die Ordensregel verlangt, war nicht besetzt. Bis auf zwei Professen und zwei Subdiakone war das Kloster verweltlicht und die Verwaltung in Laienhände geraten. Der Seeoner Klosterrichter, Vetter des Abtes, beantragte schließlich bei Herzog Albrecht V. eine Untersuchung der Mißstände, die 1575 zur Absetzung des Abtes führten. Zu den Beanstandungen zählten Unfleiß in der Verrichtung der Gottesdienste, keine Achtung auf den Chorgesang, viele gestiftete Jahrtage wurden nicht mehr gefeiert, an Paramenten mangelte es; mißbilligt wurde auch sein Umgang mit schlechten Leuten und »leichtferttigen Weibspildern«, mit denen er zechte und die im Kloster aus- und eingingen, ebenso wurde dem Konvent Speise, Trank und Kleidung vorenthalten. Schon bei der Visitation 1570 scheint es in dieser Hinsicht bereits zu Beschwerden gekommen zu sein, die dann zur Ausweisung etlicher Personen aus der Klosterhofmark geführt haben. Der zur Resignation gezwungene Abt konnte aus verständlichen Gründen nicht mehr in Seeon verbleiben und mußte deshalb seinen Aufenthalt im Kloster Tegernsee nehmen, wohin sein Nachfolger jährlich 200 fl für dessen Lebensunterhalt zu entrichten hatte.[15] Gestorben ist er dort am 17. April 1581.

Martin II. Kötterlein (1576–1590)

Nicht aus einer Wahl durch den Konvent ging der neue Abt hervor, sondern der bisherige Kellermeister des Klosters Tegernsee wurde von Erzbischof Johann Jakob von Kuen-Belasy im Einvernehmen mit Herzog Albrecht V. zum Nachfolger bestimmt, der sich dann als »zweiter Stifter von Seeon« erweisen sollte. Aus Nürnberg gebürtig,[16] legte Kötterlein am 22. Juli 1564 in Tegernsee seine Profeß ab, war auch schriftstellerisch tätig,[17] zeichnete sich aber vor allem durch sein wirtschaftliches Geschick aus, wofür sein letztes Tegernseer Klosteramt spricht und das wohl den Ausschlag für seine Berufung nach Seeon gegeben haben dürfte. Am 25. Februar 1576 zum Abt postuliert, erfolgte am 31. März seine Benediktion im Salzburger Dom.

Tatkräftig widmete sich der neue Abt sowohl der Verbesserung der wirtschaftlichen Verhältnisse, der Instandsetzung der Klosterbauten und der Innenausstattung der Stiftskirche als auch dem geistigen Leben der Klostergemeinschaft, die er in wenigen Jahren zahlenmäßig vergrößern konnte. Vor allem galt es, die Beschlüsse des Konzils von Trient umzusetzen, die auch eine verbesserte theologische Ausbildung der Ordensangehörigen forderten. So gründete Abt Martin in Seeon 1580 ein eigenes Seminar, um zu einem besseren Ordensnachwuchs zu gelangen.[18] Er schickt bereits Novizen zum Studium an die Hohe Schule nach Ingolstadt: 1584 finden sich dort Andreas Lochner und Georg Luckermayr, 1586 Paul Manazeder (sein Nachfolger) und Lambrecht Pometsberger, 1587 Michael Klamser, 1590 Christoph Schmidtmayr.[19] Schon am 16. Mai 1579 forderte ihn der Salzburger Erzbischof auf, die Abtei Michaelbeuern zu reformieren; im gleichen Jahr finden wir ihn als ersten Seeoner Abt, der dem bayerischen Landschaftsausschuß in München als Vertreter des Prälatenstandes angehört. 1586 nimmt er teil an der Wahl und Konsekration des Erzbischofs Michael von Kuenburg, 1587 an der des Wolf Dietrich von Raitenau, was für sein Ansehen innerhalb der kirchlichen Hierarchie des Erzbistums spricht. Abt Martin II. stirbt am 28. Februar 1590. An ihn erinnert noch ein Rotmarmorgrabstein in der Barbarakapelle, der den Abt in ganzer Figur zeigt.

Paul Manazeder (1590–1602)

Aus Oberseeon gebürtig, besuchte er ab 1586 die

Hohe Schule in Ingolstadt, schließt dort als »Baccalaureus der freien Künste« ab und wird im Alter »bei 30 Jahr« am 28. März 1590 zum Abt gewählt. Zur Wahl reiste er eigens aus Ingolstadt an. Zu dieser Zeit setzt sich der Konvent zusammen aus zwölf Priestern, zwei Diakonen, einem Subdiakon und einem Novizen; Prior ist Benedikt Piscator (Fischer), der spätere Abt, Subprior Georgius Sator und Senior Sebastian Prändl. Seine Weihe erfolgt am 7. April durch den Chiemseebischof Sebastian Cattaneo in Salzburg. Das Wirken des Abtes zeichnet sich durch Baumaßnahmen, vor allem aber durch die Förderung eines wissenschaftlich gebildeten Klosternachwuchses aus; 1594 findet sich der Seeoner Franz Cancer an der Ingolstädter Universität. Die Visitation des Jahres 1600 bestätigt ein wohlgeordnetes klösterliches Leben. Abt Paul wird als »hochgelehrt« und als »Muster eines Prälaten« gepriesen. Er stirbt am 16. Oktober 1602. Sein Grabstein befindet sich in der Barbarakapelle und zeigt den Verstorbenen in ganzer Figur.

Benedikt I. Fischer (1602–1609)

Geboren in der Seeoner Filiale Pavolding (Taufname Georg), wirkte er bereits unter seinen beiden Vorgängern als Prior, wird am 24. November 1602 zum Abt gewählt und nach dem 11. Januar 1603 in Salzburg benediziert. Er ließ sich besonders die Ökonomie des Klosters angelegen sein und führte bauliche Maßnahmen durch. Daran erinnern noch Wappensteine, so ein Relief mit der Kreuzigung Christi am Pfarrgarten von St. Walburg in Seeon sowie im Kreuzgangflügel, an einer Martersäule an der Südseite des Sees (1606), dann noch in Pavolding, seinem Heimatort. Auch er gehörte als Vertreter des Prälatenstandes dem Landstand an. Wegen »seiner Gottseligkeit und Gelehrsamkeit allenthalben angenehm« gerühmt. Sein Grabdenkmal befindet sich in der Barbarakapelle; es zeigt den Verstorbenen in ganzer Figur, in den oberen Ecken zwei Engelsköpfe, unten sein und des Stifts Wappen.

Sigmund Dullinger (1609–1634)

Mit ihm beginnt die Reihe der Seeoner Äbte, über deren Herkunft, Leben und Wirken die archivalischen Quellen reichlicher fließen. Sigmund Dullinger, geboren um 1576 (Taufname Simon), entstammte einer Tuchscherer-Familie der Stadt Laufen an der Salzach, die seit 1512 dort nachweisbar ist.[20] Der Vater Christoph starb 1588 und hinterließ neben der Witwe Sabine die noch nicht volljährigen Kinder Wolfgang, Simon und Maria, für die angesehene Laufener Bürger die Vormundschaft übernahmen.[21] Wolfgang trat in den Dienst der Herren von Freyberg, ist 1598 Oberschreiber zu Hohenaschau und mit den Baumaßnahmen in Schloß Wildenwart befaßt. Um 1597 heiratet er die Witwe Margaretha Schwartzenpeck, die bereits zweimal verheiratet war, und wird dadurch »Gastgeb« (Oberwirt) und Handelsmann zu Prien. Die Ehefrau stirbt am 1. Januar 1614, Wolfgang folgt ihr am 10. Juni des gleichen Jahres in die Ewigkeit nach. Beider Grabstein ist noch in der Vorhalle der Allerseelenkapelle in Prien erhalten. Zum Universalerben ihres Besitzes setzten sie den Bruder, den Seeoner Abt, ein, der ihnen dafür 1618 einen feierlichen Jahrtag errichtete.[22]

Vielleicht war es der in Hohenaschau in Diensten stehende Wolfgang, der dem jüngeren Bruder zum Besuch der vierklassigen Seeoner Klosterschule verholfen hat, die dann am 22. Dezember 1595 zum Eintritt in den Orden führte. Am 14. Oktober 1598 läßt sich der Novize Sigmund Dullinger in die Matrikel der Universität Ingolstadt eintragen.[23] Beim Ableben von Abt Benedikt ist er bereits Prior und nimmt zusammen mit Subprior Michael Klamser die Administration des Klosters wahr. Aus der Wahl am 24. Juni 1609 geht Dullinger als neuer Abt hervor.

Ein gelehrter Abt, wie sich noch zeigen wird, ein Bauherr, der für die künstlerische Ausstattung der Stiftskirche im Stil des Frühbarock Sorge trägt, ein weitsichtiger Ökonom, aber auch ein Vertreter seiner Zeit, der – jedenfalls in den Anfangsjahren – mehr auf die äußere Repräsentanz bedacht als um die innere Führung der Klostergemeinschaft bemüht war. Mit der Klosterzucht stand es nicht zum besten. Bei der Visitation des Jahres 1615 werden schwere Anschuldigungen hinsichtlich seines wenig erbaulichen, ja unsittlichen Lebenswandels erhoben; nach einer Untersuchung wird die junge Meierin durch den Pflegsverwalter von Kling aus dem Gericht verwiesen. Auch sein Prior gibt ein schlechtes Beispiel ab, so daß es heißt: »wie der übrig tail deß Convents beschaffen, ist leicht zuerathen, was wollen die Jungen anderst lehrnen, weder was die Alten treiben...«

Schon 1612 wird er von Herzog Maximilian ermahnt, mehr Religiosen zum Studium nach Ingolstadt zu schicken, da nur einer dort studiere.[24] Solche Aufforderungen wiederholen sich bis 1619 mehrmals.

Bei der Visitation 1628 heißt es, daß der Abt nur zwei- bis dreimal jährlich an der nächtlichen Metten teilnehme, auch daß er das vorgeschriebene monatliche Kapitel nur einmal im Jahr halte. Die Visitatoren mußten ihn deshalb ermahnen, sich wenigstens alle Sonn- und Feiertage am Chor zu beteiligen, die zahlreichen Einladungen und Tänze sowie die allzu großen Vertraulichkeiten mit leichtfertigen Personen einzuschränken, keine Taufpatenstellen mehr zu übernehmen und für die bessere Ausbildung der jungen Kleriker und die würdige Feier der Gottesdienste Sorge zu tragen. Das abschließende Urteil: Man trage in Seeon nicht zu hart an der klösterlichen Zucht!

Was das Studium der jungen Kleriker betrifft, so finden sich an der Universität Ingolstadt 1616 Christoph Ramsauer, wie sein Abt aus Laufen gebürtig und seit 1612 im Kloster, sowie 1620 Roman Molitor (Müller), der einer von Dullingers Nachfolgern werden sollte. Freilich, Ingolstadt wird abgelöst durch das 1619 gegründete Salzburger Gymnasium und die 1622 eröffnete Universität, an der künftig die Seeoner Religiosen studierten. Abt Dullinger gehörte zu jenen, die sich am 8. Oktober 1618 beim Äbtetag zu St. Ulrich in Augsburg mit einem »Conföderations-Instrument« verpflichteten, für die künftige Benediktiner-Universität geeignete Professoren zu stellen.[25] Von 1626 bis 1629 bekleidet er dann das höchste Amt der Universität, das eines Präses, und ist anschließend bis zu seinem Tod Assistens. Es liegt nahe und ist auch in mehreren Fällen belegt, daß er seinen Ordensnachwuchs nach Salzburg zur Ausbildung schickte, auch wenn Seeoner Novizen erst ab 1643 namentlich in der Matrikel aufscheinen.[26]

Daß in den gebildeten neuen Abt große Hoffnungen gesetzt wurden, beweist Ägidius Albertinus (1560–1620), der den im Wahljahr Dullingers 1609 erschienenen vierten Band seines »Teutschen Lusthauses« dem neuen Seeoner Abt widmet als »einen Patronum und Schutzherrn, als ein Zierdt deß Praelaten Standts ... der mit allen qualiteten, so an einem Praelaten erfordert werden ... versehen und geziert ist...«.[27] Und in der Tat erweist sich Dullinger als ein Mann von umfassender Bildung. In einer 1616 in Ingolstadt erschienenen 127seitigen Schrift »Trithemius sui ipsius vindex sive Steganographiae ... Ioannis Trithemii ... apologetica defensio...« verteidigt er seinen berühmten Ordensgenossen zu dessen hundertsten Todestag (13. Dezember 1516) gegen den Vorwurf der Magie, den man ihm wegen seiner Geheimschrift (»Steganographia«) gemacht hatte.[28] Weitere Traktate folgen, so »Epitomen de vera Dei Ecclesia« (Ingolstadt 1618), dann solche, die handschriftlich oder nur titelmäßig überliefert sind:

»Speck auf der Fall, das ist List und Betrug der neuentstandenen Bruderschaft oder Fraternität deren vom Rosenkreuz«,[29] Traktat wider die Rosenkreuzer, Zweiter Traktat wider ebendieselbe, Dritter Traktat wider ebendieselbe unter dem Titel »Nos poma natamus«, dann »Tractatus, cui Titulus: Triumphus Rodostauroticus«, »Tractatus de Monocerote«, »Astrologia sacra«, »Exercitia sacra et meditationes«.[30] Schließlich verfaßte er (oder war wesentlich daran beteiligt) eine Chronik seines Klosters, »Descriptio monasterii Seonensis«, die P. Karl Stengel (Carolus Stengelius) nach der im Kloster vorhandenen Originalhandschrift 1620 zu Augsburg in Druck herausgegeben hat.[31] Zu Lebzeiten schon wegen seiner Klugheit und »Wohlredenheit« hoch geschätzt, wirkt dieses Urteil 1795 noch nach, wenn A. M. Kobolt schreibt: Er »erwarb sich sowohl durch seinen klugen und scharfsinnigen Verstand als (auch durch) gründliche und weitläuftigere Gelehrsamkeit großen Ruhm. Er hatte die ihm angetragene Stelle eines Vorstehers der kaiserlichen Bibliothek in Wien ausgeschlagen...«.[32] Daß er auch innerhalb der kirchlichen Hierarchie hohe Wertschätzung fand, zeigt sich, daß er sowohl an der Wahl und Konsekration von Albert IV. Graf von Törring zu Stein und Pertenstein zum Bischof von Regensburg (1613) als auch des Salzburger Erzbischofs Paris Graf Lodron beteiligt war.[33]

Abt Dullingers Regierungszeit zeichnete sich nicht nur durch einen geistig-religiösen Prozeß des Wandels im Sinne der Konzilsbeschlüsse von Trient und die Konsolidierung des Ordens durch die Errichtung der süddeutschen Benediktinerkongregation[34] aus, sondern ist geprägt von den sozialen und politischen Verhältnissen am Vorabend des Dreißigjährigen Krieges, dessen Auswirkungen in der Folge das Seeoner Kloster schwer belasteten.

Im Jahr des Kriegsbeginns erwirbt Abt Dullinger mit den finanziellen Mitteln aus dem Erbe seines Bruders von Margaretha Schützingerin, Ehefrau des Traunsteiner Handelsmanns Josef Zunhammer, die »Alpen Eggkh« im Pfleggericht Marquartstein, um für die Viehbestände der Meierei Sommerweiden zu erhalten, aber auch um den Konventualen eine Erholung zu bieten. Zu »Eggkh« wird neben dem Wohngebäude ein Oratorium errichtet, das am 3. Oktober 1627 durch den Chiemseebischof Johann Christoph Fürst Liechtenstein die kirchliche Weihe erhält. Das Maria-Hilf-Bild des Altares findet zunehmende Verehrung: 1632 wird das erste Mirakel überliefert, das schließlich die später so bedeutende Wallfahrt nach Maria Eck einleitete. 1633 kommt es zur Errichtung einer eigenen Eremitage, um die Betreuung der Kirche und Wallfahrer zu gewährleisten. Ab 1630 ist P. Gregorius Mezberger Superior zu Maria Eck, und das 44 Jahre hindurch. Schon 1624 errichtet Abt Dullinger zu Seeon die Rosenkranz-Bruderschaft,[35] die ganz im Sinne der Gegenreformation den Zusammenschluß der Gläubigen fördern und zu einem vertieften Frömmigkeitsverhalten führen sollte; der Abt selbst war bereits am 15. Juni 1614 der Bruderschaft der heiligen Mutter Maria zu Mülln/Salzburg beigetreten.

Im Verlauf des Dreißigjährigen Krieges werden vom Landesherrn hohe finanzielle Anforderungen an das wirtschaftlich erstarkte Kloster gestellt; Seeon steht mit seiner jährlichen Prälatensteuer von 1100 fl an erster Stelle innerhalb des Rentamts Burghausen, gefolgt vom Augustiner-Chorherrnstift Reichersberg und der Zisterzienserabtei Raitenhaslach. 1626 leistet das Kloster zusätzliche 4000 fl, 1631 und 1632 je 1000 fl. 1632 ist man sogar genötigt, »Silbergeschmeide« an die Münchner Münze zu geben, um mit dem daraus erlösten Geld (erzielt wurden 1007 fl) die Landesverteidigung zu unterstützen. Vorher wurde noch ein Verzeichnis darüber erstellt; es handelte sich um vergoldete Becher und andere Geräte, die zum Teil Wappen aufwiesen, so von den Laimin-

30

31

33

34

29 Abt Adalbert ca. 994–1001
30 Abt Chadalhoch, 11. Jahrhundert

31 Abt Gunther, nach 1028
32 Abt Gaminold, nach 1028

33 Abt Hartnidus, 11. Jahrhundert
34 Abt Engilbert, 11. Jahrhundert

35

36

37

38

39

40

35 *Abt Gerold, 11. Jahrhundert*
36 *Abt Eberhard, Ende 11. Jahrhundert*
37 *Abt Rudolf, bis 1102*
38 *Abt Gunther II., um 1102–1139*
39 *Abt Gerhard, angeblich um 1004–1021*
40 *Abt Haimo, ca. 1159–1161*

42

43

45

46

41 *Abt Sibot(h)o um 1174–1180*
42 *Abt Peter I., 1303–1311*

43 *Abt Dietrich II., 1311–um 1318*
44 *Abt Rupert, 1348–um 1351*

45 *Abt Heinrich III., 1319–1348*
46 *Abt Konrad Schalkner, gest. 1374*

47

48

49

50

51

52

47 *Abt Petrus II. Kienberger, um 1376–1378*
48 *Abt Friedrich, gest. 1384*
49 *Abt Simon Farcher, 1384–1411*
50 *Abt Erhard I. Farcher, 1414–1438*
51 *Abt Wilhelm Höpfi, um 1439–1442*
52 *Abt Johann Heimpel (Heupl), 1442–1476*

54

55

57

58

53 *Abt Balthasar I., 1477–1480*

54 *Abt Erhard II. Manseer de Salinär, 1481–1489*

55 *Abt Balthasar II., 1490–1492*

56 *Abt Franz Widder, 1493–1521*

57 *Abt Hieronymus, 1521–1529*

58 *Abt Georg von Neunhauser, 1529–1533*

59 *Fr. Bernhard Rueland von Traunpyhel, Professe von Seeon, † 1593*

60 *Fr. Rogatus Seidler, Novize in Seeon, † 1635*

62

63

65

66

61 *Abt Heinrich IV. Hunger, 1549–1569*
62 *Abt Wolfgang Finauer, 1569–1575*
63 *Abt Martin II. Kötterl(e)in, 1576–1590*
64 *Abt Paul Manazeder, 1590–1602*
65 *Abt Benedikt I. Fischer, 1602–1609*
66 *Abt Sigmund Dullinger, 1609–1634*

67

68

69

67 *Abt Columban I. Freitlsperger, 1663–1665*
68 *Abt Roman Miller, 1665–1671*
69 *Abt Columban II. Freitlsperger, 1701–1727*

gern, Pienzenauern, Closen und Griesstetter, von Propst Wolfgang und Abt Martin. Die herannahende Kriegsgefahr veranlaßte den Abt im gleichen Jahr, den Kirchenschatz nach Salzburg in die Abtei St. Peter zu verbringen; auch hierüber hat sich ein Verzeichnis erhalten, das einen Einblick in den Bestand an kirchlichen und profanen Gegenständen aus Edelmetall gibt. Weiteren Forderungen aus München begegnete Abt Dullinger mit bitteren Klagen über den Mangel an Hausrat, über vorhandene Bauschäden, über Ausstände, die in den schlechten Zeiten nicht einzubringen seien. Zudem herrschten in jenen Jahren immer wieder Epidemien, die auch vor den Toren des Klosters nicht haltmachten.

Als Mitglied des Landschaftsausschusses und als Leiter einer kurfürstlichen Kommission oft unterwegs, suchte der von Gicht geplagte Abt im Sommer 1634 im Superiorat zu Maria Eck Linderung. Wohl vergebens, denn Ende September bringt ihn sein Prior Honorat Kolb nach Salzburg in das Hospiz der Witwe Reitterin und läßt dazu noch aus München den Arzt Dr. Hirschauer kommen. Der sterbende Abt wird in das Kloster St. Peter verbracht und beendet dort am 18. Oktober das zeitliche Leben im Alter von 58 Jahren. Am 23. Oktober kehrt der tote Abt in sein Kloster zurück und wird vor dem Hochaltar bestattet.[36]

Sein Nachfolger, Abt Honorat, läßt ihm durch den Salzburger Bildhauer Hans Pernegger d. J. ein Grabdenkmal errichten (250 fl), das wohl zunächst im Altarraum der Kirche Aufstellung fand, dann (vor 1761) an die Westwand des Kapitelsaales gelangte und schließlich, bei der Renovierung in den Jahren 1907/11, wieder in die Stiftskirche verbracht wurde, nun verwendet als rechter Seitenaltar. Im profilierten Rahmen aus rotem Marmor eine Solnhofer Platte mit dem Hochrelief der überlebensgroßen stehenden Figur des Abtes, in der Linken ein Buch, in der Rechten das Pedum (Abtstab). Wohl darf hier die Porträtähnlichkeit des Verstorbenen angenommen werden: eine hagere, asketische Gestalt, ohne schmückendes Beiwerk, die nun den heiligen Benedikt als Altarpatron darstellt.

Honorat Kolb (1634–1653, gest. 1670)

Beim Tod des Abtes Sigmund weist der Konvent 17 Patres, einen Frater und einen Laienbruder auf, Prior ist P. Honorat, Subprior P. Valentinianus Vischer; in der Klosterschule werden 44 Schüler gezählt. Das weltliche Personal übersteigt die Zahl der Konventualen bei weitem; dazu gehören neben dem Hofrichter und Hofschreiber der Apotheker, der Organist, dann die Handwerker wie Bäcker, Müller, Metzger, Schneider usw. sowie die in der Ökonomie tätigen Knechte und Mägde. Den Forderungen in Höhe von fast 18600 fl stehen Schulden von rund 14100 fl gegenüber, an Bargeld sind 522 fl vorhanden; man könnte hier von geordneten Verhältnissen sprechen, wenn die Forderungen einzubringen gewesen wären.

Über Abt Honorat, den zweiten der drei bedeutenden Seeoner Prälaten der Neuzeit, liegt eine ausführliche Monographie von M. Veneranda Wiest[37] vor, die dessen Leben und Wirken umfassend würdigt. Geboren in München am 16. Januar 1603 (Taufname Johannes) als Sohn eines Tagwerkers, besuchte Kolb das Jesuitengymnasium, das er 1623 abschließt.[38] Er kommt am 9. August des gleichen Jahres nach Seeon, wo er am 3. September das Noviziat beginnt. Der Profeß am 22. Oktober 1624 folgen zunächst die Studien im Kloster. Am 26. Oktober 1625 beginnt er sein Studium an der Universität Ingolstadt,[39] das er 1627 mit Auszeichnung als erster unter 37 Prüflingen abschließt, dann aber zur Erlangung akademischer Grade fortsetzt. In Ingolstadt wird er am 23. September 1628 vom Eichstätter Bischof zum Diakon und zu Weihnachten zum Priester geweiht.

Seine Primiz feierte er dort am 27. Februar 1629. Das Studium endete 1631 mit einer Thesenverteidigung (De Gratia), die sein Abt Sigmund drucken läßt und die dem Kurfürsten Maximilian I. gewidmet ist, der sich dafür wohlwollend bedankt.[40] P. Honorat kehrt heim nach Seeon und wird sogleich Subprior. Ende Oktober beruft man ihn zum ordentlichen Professor für Philosophie an die Universität Salzburg, aber bereits ab 21. Oktober 1633 ist er wieder in Seeon, übernimmt am Neujahrstag 1634 die Würde und Bürde eines Priors und steht damit dem alternden und kränklichen Abt Sigmund zur Seite.

Nach dessen Ableben geht er bei der Wahl am 13. Dezember 1634 mit großer Stimmenmehrheit als neuer Abt hervor. Die Wahlkosten belaufen sich auf rund 1500 fl, was den Kurfürsten zu einer Rüge hinsichtlich dieser hohen Ausgaben in den »schweren Zeitläuften« veranlaßt. Die Konfirmation erfolgt am 13. Januar 1635 durch den Chiemseebischof Johann Christoph Fürst Liechtenstein im Salzburger Chiemseehof, der auch die Benediktion am Tag darauf in der Stiftskirche St. Peter vornimmt.

Die äbtliche Regierung tritt Honorat Kolb in einer schweren Zeit an. Pest, Hunger und Dürre herrschen in den Jahren 1634/35, das Klosterland hat unter Einquartierungen und hohen Kontributionsleistungen zu leiden. Zum Prior wird Valentinianus Vischer, zum Subprior Johannes Werlin bestellt; der Cellerar Franziskus Oelperle verwaltet bereits seit 1612 dieses Amt. Abt Honorat läßt sich die Ordnung der wirtschaftlichen Verhältnisse angelegen sein, erweist sich als vortrefflicher Ökonom, legt neue Stiftbücher an, betreibt den Ausbau der Kapelle Maria Eck und damit auch die Förderung der dortigen Wallfahrt. 1637, am 24. Oktober, wird er zum Präses der die Universität unterstützenden Äbtekonföderation gewählt. Ihm obliegt damit die oberste Verwaltung, dann die Visitation der Hochschule und ihres Lehrkörpers, ebenso die Berufung von Professoren. Zu dieser Aufgabe gesellt sich noch im gleichen Jahr die Funktion als Mitglied des bayerischen Landschaftsausschusses, 1645 wird er zum Kommissär über Vorrat und Aufschlag ernannt als einer der 16 Finanzmänner des Kurfürstentums, die für die Bevorratung des Landes zuständig sind. Innerhalb des Ordens wird er mit schwierigen Visitationsaufgaben betraut, so etwa 1647 mit der Neuordnung der heruntergekommenen Abtei Niederaltaich.

Aber auch um das geistig-geistliche Leben seines Klosters ist er bemüht, schickt junge Kleriker an die Universität, erwirbt große Buchbestände, so daß die Bibliothek im Jahre 1648 an die 6000 Bände umfaßt. Wohl schon durch seinen Vorgänger veranlaßt, widmet er sich der Geschichte seines Klosters, ordnet das Archiv, trägt alle vorhandenen Urkunden zusammen und verfaßt mit einer für die Zeit überraschenden Sorgfalt eine zweibändige Geschichte seines Klosters: »Honorati Kolb Abbatis Chronicon Monasterii Seon«, Manuskript 1644.[41]

Im Anschluß an die Visitation des Jahres 1644 schreibt Abt-Präses Albertus von St. Peter an Honorat Kolb, daß er auf seiner ganzen Visitationsreise nirgends so geordnete wirtschaftliche Verhältnisse und eine so gute Zucht gefunden habe wie in Seeon. Aber schon wenige Jahre darauf ist ein Verfall des klösterlichen Lebens spürbar. Der Abt entfremdet sich immer mehr seinem Konvent, gibt sich selbstherrlich, ist auf Repräsentation und Luxus bedacht: ein in landesherrlichen Diensten weltmännisch gewordener Barockprälat. Aufgrund der ständigen Klagen und der hohen Schulden von mehr als 41 000 fl kommt es 1651/52 zu drei Visitationen, die schließlich im Mai 1653 zu seiner keineswegs freiwilligen Resignation führen. Er zieht sich zurück nach Maria Eck, widmet sich eifrig der Seelsorge, betreut die ihrem Höhepunkt zustrebende Wallfahrt, beschäftigt sich forschend und schreibend und steht dem Kloster Frauenchiemsee als geschätzter

außerordentlicher Beichtvater zur Verfügung. Auch hier erweist er sich als echter Barockmensch, der nach einem geschäftigen Leben die Einsamkeit sucht und schätzt, der ehemals Stolze, der sich nun selbstlos ein- und unterordnet, sich in bescheidener Frömmigkeit ergeht.
Nach 17jährigem Wirken in Maria Eck erliegt er am 13. Mai 1670 einem Schlaganfall und wird seinem Wunsch entsprechend vor dem Hochaltar des Marienheiligtums beigesetzt. In der Klosterkirche erinnert noch ein reichgestaltetes Grabdenkmal an ihn, das er sich bereits 1637, am Höhepunkt seines Wirkens, von den Wasserburger Bildhauern Martin und Michael Zürn schaffen ließ.[42]

Columban I. Freitlsperger (1653–1665)

Geboren am 12. März 1617 (Taufname Gregor) in Altötting als Sohn des Michael und der Regina Freitlsperger, einer Bauernfamilie. Er besuchte zunächst die Schule der Jesuiten in Burghausen, begann am 4. Mai 1636 sein Noviziat in Seeon, legte am 31. Mai 1637 seine Profeß ab und widmete sich dem Hausstudium (Minores ordines), dem dann das Studium der Logik an der Salzburger Universität folgte, das er 1639 mit einer Thesenverteidigung zunächst abschloß; am 7. Januar 1641 begann er das Philosophiestudium. Die Weihe zum Subdiakon erfolgte schon vorher, am 22. Dezember 1640 in Salzburg, die zum Diakon am 23. Februar 1641. Am 16. Mai des gleichen Jahres wird er zum Priester geweiht. Der Licentiat beider Rechte steigt am 28. Januar 1648 zum Prior auf und hatte sicher kein leichtes Wirken neben dem selbstbewußten Abt Honorat, nach dessen Resignation er am 21. Juli 1653 zum Nachfolger gewählt wurde. Die Konfirmation und die Benediktion durch den Chiemseebischof Franz I. Vigil Graf von Spaur und Valör erfolgte in Salzburg am 16. und 17. August, die Kosten von 1142 fl erforderten.
Es galt vor allem, den inneren Frieden des Klosters wiederherzustellen, die hohe Schuldenlast abzutragen und die wirtschaftlichen Verhältnisse zu verbessern. 1662 erwirbt er Schloß und Hofmark Obing – eine der Seeoner Pfarreien, wo er vor seiner äbtlichen Würde als Vikar wirkte. Gleichfalls führt er eine Reihe notwendiger Baumaßnahmen durch, wird 1661 zum Visitator der Salzburger Benediktinerkongregation bestellt und assistiert 1664 bei der Konfirmation des Bischofs von Olmütz, Karl Graf von Liechtenstein-Kastelkorn. Während seiner Regierungszeit studieren sechs Seeoner in Salzburg. Dort wirken zu dieser Zeit die Konventualen P. Bernhard Ruedorfer,[43] der spätere Prior, dann P. Otto Guzinger,[44] Professor für Ethik bis 1664, und der gelehrte P. Desiderius Schapperger,[45] zunächst Professor für Philosophie in Ettal, ab 1656 in Salzburg, der 1659 seinen philosophischen Katheder mit dem theologischen tauschte und ein reiches schriftstellerisches Wirken entfaltete. Und schließlich beherrschte das Salzburger Universitätsleben P. Roman Müller,[46] der Columbans Nachfolger werden sollte.
Abt Columban stirbt nach schwerer Krankheit im Alter von 49 Jahren und im 28. Ordensjahr am 16. August 1665 und wird am 20. August rechts vor dem Altar des hl. Lambert begraben. Die Würdigung in der Totenrotel vergleicht Columban mit »Columbus von Hispania, der eine Neue und bessere Welt als diese ist, gefunden hat«. Zu seinen Verdiensten werden gezählt die Errichtung eines neuen schönen Schlafhauses für die Konventualen und der Bau eines Gasthauses in Maria Eck für die Wallfahrer.

Roman Müller (1665–1671)

Mit diesem Abt weist Seeon den dritten der gelehrten Barockprälaten auf, die dem Kloster Ansehen und Ruhm einbrachten. Geboren 1600 im schwäbischen Ehingen an der Donau, im Bistum Konstanz, als Sohn von »geringen« Eltern (Vater Georg, Mutter Anna), erhielt er seine erste Ausbildung in Freiburg im Breisgau, legte am 31. Mai 1618 seine Profeß in Seeon ab, nahm 1620 seine Studien in Ingolstadt auf und wird von seinem Abt Sigismund 1622 zur weiteren Ausbildung an das Collegium Germanicum nach Rom geschickt (der einzige Seeoner, der dort studierte), wo er sich den Doktorgrad erwirbt.[47] 1623 wird er zum Subdiakon, 1626 zum Priester geweiht. Ab 1626 ist er bereits Theologieprofessor in Salzburg, steigt 1638 zum Prokanzler auf und beherrscht von 1638 bis 1652 als Rector Magnificus das Salzburger Universitätsgeschehen. Ab 1. November 1653 wieder Prokanzler und dazu Regens, wirkt er von 1654 bis 1655 als Dekan der theologischen Fakultät und nimmt ab 1655 den Lehrstuhl für Schriftstudium und Exegese wahr, und dies bis zu seiner Erwählung zum Abt seines Heimatklosters am 19. Oktober 1665. Schon am 10. Oktober empfahl Erzbischof Guidobald Graf von Thun dem Prior P. Simpert Grindl die Wahl des »genugsam bekannten P. Roman« zum Abt. Der bayerischen Delegation zur Überwachung der Wahl gehörten an Johann Keller, Dechant zu Unserer Lieben Frau in München, und Hofkammerrat Johann Paul Langenmantl von Westheim. Salzburg war vertreten durch Abt Michael Trometer von Michaelbeuern und Konsistorialrat Johann Wilhelm Turner. Die Wahlleitung oblag dem Baumburger Propst Patritius Mändl und dem Abt von St. Peter in Salzburg, Amand Pachler. Konfirmation und Benediktion erfolgten am 10. und 11. November in Salzburg.

Der Konvent umfaßte bei seiner Wahl 38 Patres und Fratres sowie ebensoviele weltliche Angestellte. Prior wird Adalbert Gruber, Subprior Marianus Perger, die ihm beide in der äbtlichen Würde nachfolgen sollten. Der hochgeschätzte Wissenschaftler und Schriftsteller mit dem Beinamen »Seneca« wirkte umsichtig als Landstand, als Visitator von Pfarreien und Klöstern und assistierte bei der Wahl des Erzbischofs Max Gandolph Graf von Kuenburg. In den wenigen Jahren seiner Regierung schickt er allein fünf Religiosen an die Salzburger Universität.[48] Ein Verwandter des damaligen P. Roman, Lambert Müller (ebenfalls aus Ehingen und mit dem Taufnamen Johann Ulrich), wird am 1. November 1640 Novize, scheidet aber am 15. Juni 1641 wieder aus dem Kloster aus.

Am 19. Juli 1671 stirbt Abt Roman nach 13tägiger schwer ausgestandener Krankheit und wird am 22. Juli vor dem Altar des heiligen Rogatus, eines Katakombenheiligen, den er aus Rom mitgebracht hatte, bestattet. Die Leichenpredigt hält P. Ruffinus, der Guardian des Wasserburger Kapuzinerklosters, und P. Otto Guzinger verfaßt die Totenrotel, mit der die Klöster und Prälaturen Österreichs, Bayerns und Schwabens über das Ableben des weithin bekannten Abtes unterrichtet wurden.

Adalbert II. Gruber (1671–1694)

Der bisherige Prior wird Nachfolger. Geboren am 20. Juni 1625 in Sterzing in der Diözese Brixen (Vater Bartholomäus, Mutter Ursula) absolvierte er in Salzburg die »Poesie«, beginnt sein Seeoner Noviziat am 1. November 1640 und legt am gleichen Tag des folgenden Jahres seine Profeß ab. Beim Hausstudium hatte er P. Otto Guzinger und P. Bernhard Ruedorfer als Professoren. Im Anschluß daran, ab 17. November 1646, folgt das Studium an der Salzburger Universität, wo er schließlich das Licentiat beider Rechte erwirbt. Dazwischen 1648 die Weihe zum Subdiakon und Diakon, dann die Priesterweihe am 13. Juli 1649 in Salzburg und die Primiz am 18. September in Seeon. Er unterrichtete zunächst in Seeon, wird 1666 Regens des Erzbischöflichen Seminars in

70
Abt Honorat Kolb (reg. 1634–1652, gest. 1670 in Maria Eck). Der Abt vor dem Gekreuzigten, im Hintergrund die Landschaft von Seeon mit Ansicht des Klosters im See und der Kapellen von Breuhausen und St. Walburgis. Aus dem schon 1636 in Auftrag gegebenen Grabmal, das mit den Hll. Lambert und Stephan zuletzt den nördlichen Hauptseitenaltar bildete (bis 1992). Martin und Michael Zürn, Wasserburg am Inn

MARIANUS ABBAS
IN SEON
OBYT
REG
VII
AN: CH: MDCCI

71 *Abt Marian Perger 1694–1701. Wappenstein (Rotmarmor) im Chor der Klosterkirche*
72 *Abt Columban II. Freitlsperger 1701–1727. Epitaph im Chor der Kirche beim Sakristeieingang*

73
Abt Lambert Neisser, erwählt 1793, † 1817, Seeons letzter Abt, war ein großer Musikfreund. Von seiner Hand sind mehrere Abschriften von Kirchenwerken W. A. Mozarts und Michael Haydns erhalten. Bildnis im Pfarrhof Seeon

Salzburg, dann Subprior und zuletzt Prior seines Klosters.
Bei seiner Wahl zum Abt am 1. September 1671 zählt der Konvent 23 Patres und vier Fratres. Die Wahlkosten belaufen sich auf 633 fl. Die Konfirmation erfolgt am 28. September durch Wolfgang Friedrich Baron Laimingen in Salzburg, der sich am Tag danach die Weihe durch den Chiemseebischof Johann IV. Franz Graf Preysing unter Assistenz der Äbte von St. Peter (Amand Pachler) und Michaelbeuern (Michael Trometer) anschließt. Auch hierfür fallen Kosten in Höhe von 598 fl an.
Unter Abt Adalbert entfaltet sich eine Blütezeit der klösterlichen Zucht, hatte er doch schon als Prior eine von ihm verfaßte Hausordnung (Communes et Regulares observationes) festgelegt. Auch er bekleidet wieder die Würde eines Visitators und wird zu den Konsekrationen der Bischöfe von Gurk, Passau und Seckau eingeladen. Am 19. August 1694 beendet er nach achttägiger Krankheit sein zeitliches Leben zwischen 1 und 2 Uhr morgens.

Marianus Perger (1694–1701)

Mit ihm erwirbt wieder ein gebürtiger Seeoner die äbtliche Würde. Geboren am 18. September 1640 als Sohn des Wolfgang Perger, der dem Beruf eines Baders und Chirurgen nachgeht, und der Mutter Margaretha, trat er 1659 in das Kloster ein, legte am 13. November 1660 die Profeß ab und studierte anschließend in Salzburg. 1664 feierte er in Seeon Primiz und beendete 1665 seine Studien in Salzburg. 1670 ist er Subprior und Novizenmeister, auch mehrere Jahre Beichtvater zu Frauenchiemsee und ab 1671 Prior. Bei der am 5. Oktober 1694 erfolgten Wahl erhält er 17 von 20 Stimmen. Dieser schließen sich Konfirmation und Benediktion am 27. und 28. Oktober durch den Chiemseebischof Sigmund I. Ignaz Freiherr von Wolkenstein in Salzburg an. Nur kurz ist sein Wirken. Kränklich geworden, reicht er am 14. Februar 1701 sowohl beim Erzbischof als auch beim Kurfürsten ein Resignationsgesuch ein. Noch vor Abschluß der Verhandlungen stirbt er am 27. April 1701 an den Folgen eines Schlaganfalles im Alter von 61 Jahren und wird vor dem Stephanus-Altar bestattet. Er hinterläßt eine Barschaft von 1003 fl, den Geldforderungen von fast 19000 fl stehen Schulden von 3234 fl gegenüber, so daß von gut geordneten finanziellen Verhältnissen gesprochen werden kann. Die Zahl der Religiosen beläuft sich einschließlich der Fratres auf 26.

Columban II. Freitlsperger (1701–1727)

Geboren am 11. Oktober 1651 (Taufname Michael) als Sohn der bäuerlichen Eltern Georg und Maria Freitlsperger, ist er der Neffe von Abt Columban I. (sein Vater war der Bruder des Abtes). Wohl dürfte er auf Vermittlung des Onkels in Seeon eingetreten sein, beginnt 1668 das Noviziat, legt am 3. November 1669 die Profeß ab und immatrikuliert sich am 30. Dezember 1671 an der Salzburger Universität. 1675 erhält er die Subdiakonats- und Diakonatsweihe, 1676 die Priesterweihe und schließt 1678 sein Studium ab, dem 1690 der Erwerb des Licentiats beider Rechte folgte. Noch im gleichen Jahr wird er zum Prior bestellt und ist außerordentlicher Beichtvater zu Frauenchiemsee.
Als Prior des Klosters wird er am 6. Juni 1701 zum Abt gewählt; die Weihe erfolgt am 3. Juli in der Kapelle des heiligen Rupertus in den Domoratorien durch den Chiemseebischof Sigmund II. Carl Graf Castel-Barco. Auch er ist als Abt bemüht, die Wirtschaftskraft des Klosters zu verbessern und führt viele Baumaßnahmen durch. Allein 15 Religiosen studieren während seines äbtlichen Wirkens an der Universität Salzburg. P. Fructuosus Scheidsach[49] ist dort von 1714–1716 Professor für Philosophie und

bis 1720 für Ethik und Geschichte. Als Klosterhistoriker ist P. Wolfgang Schaumberger (gest. 1721) tätig und hat in seinem »Syntagma de viris illustribus O. S. B.« der Nachwelt ein wertvolles Quellenwerk überliefert. Unter Columban II. ist Edmund Grabmann (er nennt sich auch de Grammont, aus Mainburg gebürtig) viele Jahre Prior, der auch ein Diarium von 1701 bis 1712 führte; dessen Bruder Amandus ist Vikar in Obing.
Über das Seeoner Kloster hinaus wirkte Columban II. als Assistens der Universität Salzburg und als Visitator aller Nonnenklöster der Erzdiözese. Am 28. Januar 1727 stirbt Abt Columban II. zwischen 10 und 11 Uhr nach einem langwierigen Steinleiden im Alter von 76 Jahren. Die Gedenkplatte an ihn befindet sich im rechten Seitenschiff der Klosterkirche. Die Inventur nach seinem Ableben stellt Außenstände in Höhe von fast 21 000 fl fest (meist Anlagen bei der Landschaft), und Schulden, die sich auf 11 521 fl belaufen. An Barschaft sind 3829 fl vorhanden. 17 Patres und 4 Fratres gehören zu dieser Zeit dem Konvent an; Prior ist P. Romanus Zellermayr.

Rufinus Mayr (1727–1753)

Geboren am 18. Oktober 1694 in Burghausen, erhält er die Taufnamen Franziscus Joseph Ignatius. Der Vater Johann Adam Mayr ist dort seit 1687 Regimentsadvokat und Bannrichter (Mutter Sabina). Am 28. Oktober 1713 legte er in Seeon seine Profeß ab, beginnt dann sein Theologiestudium in Salzburg und feiert am 27. Dezember 1717 seine Primiz. Ab 1721 ist er Kaplan im Benediktinerinnenkloster Frauenwörth und wird – ohne bisher entscheidende Klosterämter eingenommen zu haben – am 2. April 1727 einstimmig zum neuen Abt gewählt.
Die Benediktion nimmt am 27. April Fürsterzbischof Franz Anton Graf Harrach in eigener Person vor, was als eine besondere Auszeichnung zu werten ist. Bescheiden in seiner persönlichen Lebensart, trägt Rufinus Mayr zum Glanz des Klosters bei, indem er sich um einen qualifizierten Ordensnachwuchs bemüht, für dessen umfassende Ausbildung Sorge trägt und die Wissenschaft fördert. Zu den gelehrten Professen des Klosters zählen Roman Pinzger (gest. 1755), Benedikt Reicherseder (der nachmalige Abt), Honorat Metzger (gest. 1764), Edmund Luz (gest. 1768), Carolus Sölch (gest. 1776), Marian Wimmer und Rufinus Widl. Von Abt Rufinus erschien die »Lobrede beim I. Saeculum U. H. im Elend bei Attl« in München im Druck (28 S.).
Es fehlte ihm nicht an Beredsamkeit und persönlicher Wirkungskraft. So wurde er hochfürstlicher Rat in Salzburg, Assistent des Präses der Universität und Präses des hochfürstlichen Lyzeums in Freising. Die Jahrbücher des Klosters preisen die damalige Gelehrsamkeit des Hauses: »Ja, der Ruhm unseres Klosters wurde wegen der blühenden Wissenschaften unter Ruffino also ausgebreitet, daß auch von entlegenen Orten und unterschiedlichen Klöstern von uns Professors begehrt und abgeschickt worden«.[50] Am 8. Juli 1753 stirbt der Abt nach »etlich Wochen ausgestandener Unpäßlichkeit« und nachdem er »zur frühen Morgenzeit noch die hl. Messe verrichtet und selbst zu sich genommenen hl. Viatico« am Schlagfluß im Alter von 59 Jahren. Bestattet wurde er am 11. Juli. Der »Siebte« wurde am 18. Juli mit einem Requiem des Baumburger Propstes Joachim begangen, der »Dreißigste« am 6. August.

Benedikt II. Reicherseder (1753–1760)

Am 25. März 1716 in Landshut geboren, legte er am 15. August 1734 in Seeon seine Profeß ab. Nach Studium in Salzburg und Priesterweihe wirkte er als Novizenmeister, dann als Professor für Philosophie und Theologie sowie in Salzburg als Professor der Rhetorik. Dabei zeichnete er sich durch eine »treffliche Deklamationsgabe« aus. Am 12. September 1753 zum Abt erwählt, wurde er am 29. und 30. Dezember durch Fürsterzbischof Sigismund Graf Schrattenbach konfirmiert und benediziert. Seine Rückkehr am 3. Januar 1754 wurde festlich begangen, worüber noch eine ausführliche Beschreibung der »Solemnitäten und Ceremonien« berichtet. 22 Patres und drei Fratres gehören dem Konvent an, der älteste zählt 61 (Gregor Haindl), der jüngste 25 Jahre (Michael Guggenberger). Prior ist P. Rupertus Wenniger. Abt Benedikt wird Präses der Universität, Visitator der Benediktinerkongregation und vertritt den Prälatenstand bei der kurfürstlichen Regierung.

Von seinem schriftstellerischen Wirken haben sich noch vier Manuskripte aus den Jahren 1736 bis 1751 erhalten. 1759 gehören dem Konvent 25 Patres, vier Fratres und ein Bruder an. Nur sieben Jahre waren seinem äbtlichen Wirken, das nicht nur wissenschaftlich (so läßt er 1755 durch den Prior P. Benno Feichtmayr ein Repertorium des Seeoner Archivs anlegen), sondern auch sozial ausgerichtet war, vergönnt. Am 10. April 1760 erliegt er nach siebentägiger Krankheit dem »Lunglbrand« im 44. Lebensjahr. P. Carolus Sölch hält ihm am 8. Mai zum »Dreißigsten« die Leichenpredigt, die dann bei J. J. Mayr in Salzburg in Druck erschienen ist: »Der bey Gott und den Menschen Beliebte Abbt Oder Des Hochwürdig, Hoch-Edelgebornen und Gnädigen Herrn, Herrn Benedicti, Des Löblichen Stift und Klosters zu Seeon Würdigsten Herrn Abbten, Hochfürstlich Salzburgischen Raths...«.
Darin werden die Verdienste des Verstorbenen ausführlich gewürdigt, es wird seine Frömmigkeit und Gottesfurcht gerühmt und sein Sterben geschildert, das am 5. April seinen Anfang nahm. Seine Mutter Regina, Witwe des »Bayerisch Obrist Lieutnants« Johann Baptist Garzia de Leon, starb am gleichen Tag zu Neuötting; beide wurden am 13. April in Seeon bestattet.

Augustin Sedlmayr (1760–1793)

Geboren am 28. August 1712 (Taufname Joseph Augustin) in Kelheim als Sohn des herrschaftlichen Gegenschreibers Joseph Christoph Sedlmayr und der Anna Christina, legt er am 28. Oktober 1730 seine Profeß in Seeon ab und erhält seine theologische Ausbildung im Kloster Prüfening bei Regensburg. Am 18. September 1734 wird er zum Subdiakon geweiht, seine Primiz feiert er am 7. Oktober 1736. Zwölf Jahre hindurch ist er Seelsorger zu Frauenchiemsee, ab 1754 Superior in Maria Eck, wo er sich als guter Ökonom ausweist.
Am 17. Juni 1760 wird er von den 27 wahlberechtigten Patres mit großer Mehrheit zum neuen Abt gewählt. Er findet eine Barschaft von 1060 fl vor; den Forderungen von rund 43000 fl stehen Schulden von 41150 fl gegenüber. Die Konfirmation und Benediktion erfolgt am 12. und 13. Juli im Schloß Mirabell in Salzburg durch Fürsterzbischof Sigismund Graf Schrattenbach. Die Kosten belaufen sich hierfür auf 1900 fl.
Er wird geschildert als »ein besonders liebreicher Abt, der als sparsamer Haushälter des Klosters Wohlstand sehr emporbrachte«. Die Gastfreundschaft des Klosters findet in einem Reisebericht aus dem Jahre 1779 eine treffliche Schilderung.[51] Am 16. Oktober 1793 bittet er Kurfürst Karl Theodor um die Erlaubnis zur Resignation, nachdem er 82 Jahre zähle und 33 Jahre dem Kloster vorstehe. Aus dem Tagebuch von Abt Dominikus Hagenauer von Salzburg wissen wir, daß er bereits erblindet war.[52] Die Resignation erfolgte im Dezember 1793. Im Jahr darauf, am 6. Dezember 1794 stirbt er.

Lambert Neisser (1793–1803, gestorben 1817)

Es entbehrt nicht einer gewissen Tragik oder Vorsehung, daß der letzte Abt den Namen des dem heiligen Lambert geweihten Benediktinerklosters trug. Geboren in Salzburg am 6. Oktober 1748 (Taufname Matthias), legte er am 28. Oktober 1770 die Profeß ab und empfing am 13. April 1773 die Priesterweihe. Für eine kurze Zeit Professor in Salzburg (1776), wirkte er ab 1777 als Beichtvater in Frauenchiemsee.

Am 3. Dezember 1793 im 4. Wahlgang (12 von 23 Stimmen) zum Abt gewählt, wurde er am 4. Januar konfirmiert, am 6. Januar 1794 von Fürsterzbischof Hieronymus Graf Colloredo benediziert. Nach der Wahl zählt der Konvent 20 Patres und zwei Fratres. Prior ist P. Rogat Raith, Ökonom Gregorius Kerschbaumer und Bibliothekar Anselm Zaininger. Das Durchschnittsalter des Konvents errechnet sich auf 45 Jahre; mit 70 Lebensjahren ist Placidus Reichthalhammer der Senior.[53]

Die schwierigen Zeiten, die sich abzeichneten, und die dann eingetretenen kriegerischen Ereignisse waren wenig geeignet, um noch größere Baumaßnahmen durchzuführen, hinzu kamen drückende Schuldenlasten durch eine sich ständig erhöhende Besteuerung. Dazu noch eine starke Reglementierung durch die kurfürstliche Regierung, wie sich z. B. bei der Visitation des Klosters Frauenchiemsee, die Abt Lambert 1801 durchführt, zeigte.[54] Bei der Säkularisation des Klosters am 1. April 1803 zählte der Konvent immerhin 24 Konventualen, darunter ein Novize und zwei Laienbrüder, an der Spitze der 54jährige Abt und der 41jährige Prior Maurus Sellmayr; elf der Patres zählten weniger als 40 Jahre.

Die Auflösung des Klosters darzustellen und dem Schicksal der Ordensangehörigen nachzugehen, kann in diesem Rahmen nicht erfolgen.[55] Abt Lambert lebte, mit einer Jahrespension von 1400 fl ausgestattet, ab Oktober 1803 in Traunstein, dann 1811 als Kommorant in St. Georgen und später wiederum in Traunstein, wo er am 15. März 1817 sein Leben beschloß und im Friedhof vor dem Stadttor begraben wurde. Eine Gedenktafel an den Arkaden des inzwischen aufgelassenen Friedhofs erinnert noch an ihn.

1 Pirmin Lindner, Monasticon Metropolis Salzburgensis antiquae, Kempten 1907, 76–80. Vgl. dazu die Zusammenstellung von Eva-Maria Zehetmair in diesem Buch.
2 J. A. Mayer, Bayerische Klosternekrologien des 17. Jahrhunderts. I. Diessen, II. Seeon, in: Monatsschrift des Historischen Vereins von Oberbayern 2 (1893), 79–80, 90–93; Marinus Maier, Ergänzungen zu den Totenbüchern von Niederalteich und Seeon, in: StMBO 76 (1965), 40–64; E.-M. Zehetmair in diesem Buch.
3 BHStA, KU Seeon (von 999–1799).
4 Carolus Stengelius, Seeon Inferioris Monasterium, Augsburg 1620 (künftig zit. Stengel).
5 Honorat Kolb, Chronicon Monasterii Seon, 2 Bde., Hs. 1644 (mit Nachträgen), clm 1458, 1459 (künftig zit. Kolb).
6 Benno Feichtmayr, Introductio ad Annales Seon, Hs. 1761 (PfA Seeon).
7 Karl Siegert, Seon in Oberbayern, einst Schloß, dann Kloster, nun Curort, München 1856 (künftig zit. Siegert).
8 Joh. Doll, Seeon, ein bayerisches Inselkloster, München 1912.
9 Untersuchungen hierzu: Edgar Krausen, Die Herkunft der bayerischen Prälaten des 17. und 18. Jahrhunderts, in: ZBLG 27 (1964), 259–285; Derselbe, Beiträge zur sozialen Schichtung der altbayerischen Prälatenklöster des 17. und 18. Jahrhunderts, in: ZBLG 30 (1967), 355–374; Derselbe, Die soziale Struktur der altbayerischen Benediktinerinnenkonvente im 17. und 18. Jahrhundert, in: StMBO 76 (1965/66), 135–157.
10 BHStA, KL Seeon 72.
11 Ebenda, Schreiben von Administrator Ernst an seinen Bruder Herzog Wilhelm vom 8. September 1549.
12 Ebenda. Hierzu auch Reiner Braun, Die bayerischen Teile des Erzbistums Salzburg und des Bistums Chiemsee in der Visitation des Jahres 1558 (Studien zur Theologie und Geschichte, 6), St. Ottilien 1991, S. 248–251.
13 Michael Hartig, Die oberbayerischen Stifte, Bd. 1, München 1935, 32.
14 Nach Siegert (Anm. 7) 94 von Finsingen (vielleicht Finsing im Lkr. Erding).
15 Doll (Anm. 8) 13, 21, 27, 40.
16 Pirmin Lindner, Familia S. Quirini in Tegernsee, 2. Teil, in: OA 50 (1898), 9.
17 Von ihm »Carmina sapphica de P. Joanne Keckio, Theologo«, in dessen Werk »Sacrorum sermonum sylvula«, Tegernsee 1574.
18 BHStA, KL Seeon 72 1/2; Hans Buckler, Das Reichskloster(!) Seeon, in: Heimatbuch des Landkreises Traunstein, Bd. 1, Tl. 2/3, Traunstein o. J., 194.
19 Die Matrikel der Ludwig-Maximilians-Universität Ingolstadt-Landshut-München, hrsg. von G. Freiherr von Pölnitz, Bd. 1, München 1937, Sp. 1137, 1167, 1187, 1231.
20 Stiftsarchiv Laufen, U 392.
21 Stadtarchiv Laufen, Protokoll vom 27. August 1588.
22 Kolb (Anm. 5), Bd. 1, 795 ff. Peter von Bomhard und Adolf Sandberger, Das Häuserbuch, in: Prien am Chiemsee. Ein Heimatbuch, Prien 1958, 177.
23 Matrikel (Anm. 19), Sp. 1383.
24 Kolb (Anm. 5), Bd. 1, 788; BHStA, KL Seeon 674/10, 676/13.
25 Magnus Sattler, Collectaneen-Blätter zur Geschichte der ehemaligen Benedictiner-Universität Salzburg, Kempten 1890, 19.
26 Die Matrikel der Universität Salzburg 1639–1810, hrsg. von V. Redlich, Salzburg 1933, XV; Sabine Falk, Studentisches Leben an der Benediktineruniversität Salzburg, in: Salzburg Archiv 12, Salzburg 1991, 194.
27 Ägidius Albertinus (1560–1620) war herzoglicher Hofbibliothekar, dann Hofratssekretär und Geheimer Sekretär; sein schriftstellerisches Werk umfaßt über fünfzig Titel.
28 Anton Dürrwächter, Adam Tanner und die Steganographie des Trithemius, in: Festgabe für Hermann Grauert, Freiburg 1910, 354–376.
29 Cgm 1332 (1618), 152 S.
30 A. M. Kobolts Baierisches Gelehrten-Lexikon, Landshut 1795, 164 f.
31 Stengel (Anm. 4).
32 Kobolt (Anm. 30), 164.
33 Reinhard Rudolf Heinisch, Paris Graf Lodron, Wien 1991, 38.
34 BHStA, KU Tegernsee 2543 (24. Juli 1627).
35 Alois Mitterwieser, Die Stift Seeoner-Rosenkranzbruderschaft im 17. Jahrhundert, in: StMBO 41 (1922), 106–115.
36 ADB, Bd. 5, 458 (Georg Westermayer).
37 M. Veneranda Wiest OSB, Honorat Kolb, Abt von Seeon 1603–1670, in: StMBO 13. Ergänzungsheft, München 1937.
38 Die Matrikel der Oberklassen des Wilhelmsgymnasiums München, bearbeitet von M. Leitschuh, Bd. 1, München 1970, 40.
39 Matrikel (Anm. 19), Bd. 2, Sp. 480.
40 BHStA, KL Seeon 83.
41 Vgl. Anm. 5.

42 Dazu ausführlich im Beitrag von Walter Brugger in diesem Buch.

43 Sattler (Anm. 25), 176.

44 Eduard Beutner, Literatur und Theater vom 16. bis 18. Jahrhundert, in: H. Dopsch und H. Spatzenegger, Geschichte Salzburgs, Bd. II/3, Salzburg 1991, 1720 und dazu Hans Pörnbacher in diesem Buch.

45 Sattler (Anm. 25), 202.

46 Sattler (Anm. 25), 67 (Dritter Rector Magnificus der Universität).

47 Andreas Steinhuber, Geschichte des Collegium Germanicum Hungaricum in Rom, Bd. 2, Freiburg 1895, 393; Max Fürst, Biographisches Lexikon für das Gebiet zwischen Inn und Salzach, München 1901, 198f.

48 BHStA, KL Seeon 676/13. Für die Ermittlung der an der Universität Salzburg studierenden Seeoner Religiosen habe ich dem Leiter des Universitätsarchivs, Herrn Mag. Dr. Richard Apfelauer, zu danken.

49 Ludwig Hammermayer, Die Aufklärung in Salzburg (ca. 1715–1803), in: H. Dopsch und H. Spatzenegger, Geschichte Salzburgs, Bd. II/1, Salzburg 1988, 379.

50 Siegert (Anm. 7), 102f. Zum literarischen Leben während des 18. Jahrhunderts vgl. August Lindner, Die Schriftsteller und die um Wissenschaft und Kunst verdienten Mitglieder des Benediktinerordens, Bd. 2, Regensburg 1880, 1–4, 279 und dazu Hans Pörnbacher in diesem Buch.

51 Altmann Keller, Ein Besuch in süddeutschen Abteien im Jahr 1779, in: StMBO 81 (1970).

52 BHStA, KL Seeon 674/10; 687/40. Die Erblindung erwähnt der Salzburger Abt Dominikus Hagenauer in seinem Tagebuch (St. Peter HsA 75); freundlicher Hinweis von Dr. Robert Münster, München.

53 BHStA, KL Seeon 674/10.

54 A. M. Scheglmann, Geschichte der Säkularisation in Bayern, Bd. 3, Regensburg 1906, 772.

55 BHStA, KL Seeon 672/8; vgl. auch Rudolf Haderstorfer, Die Säkularisation der oberbayerischen Klöster Baumburg und Seeon (Forschungen zur Sozial- und Wirtschaftsgeschichte, 9), Stuttgart 1967, 156–168.

Aspekte der Wirtschafts- und Sozialgeschichte des Klosters Seeon

Klaus Wollenberg

Obwohl der Vater des abendländischen Mönchtums, der hl. Benedikt von Nursia, geb. um 480, gest. frühestens 547, dem Klosterleben des Westens eine feste Norm und Form gab, enthält seine Regel jedoch nur wenige Vorschriften, wie und in welcher Weise die Wirtschaft einer nach dieser Vorgabe lebenden Mönchsgemeinschaft zu organisieren ist. Gleichwohl beschäftigten sich verschiedene Kapitel des Werkes mit Aspekten der wirtschaftlichen Seite benediktinischen Klosterlebens.

Spiritualität und wirtschaftliches Handeln gehören untrennbar zu einem Benediktinerkloster. Aber Wirtschaftlichkeit, zumindest gilt dieses für die Frühzeit und die Mehrzahl der Mönchsgemeinschaften, war nicht Selbstzweck, sondern diente der Aufrechterhaltung des monastischen Lebens. Wirtschaftlichkeit muß nach der Benediktinerregel im wesentlichen auf den zentralen Begriff der *Arbeit* zurückgeführt werden. Im 48. Kapitel heißt es dazu u.a.: »Müßigkeit ist ein Feind der Seele. Deshalb müssen sich die Brüder zu bestimmten Zeiten der Handarbeit und zu bestimmten Zeiten wiederum der Lesung göttlicher Dinge widmen.«[1]

Das tägliche Leben der benediktinischen Klosterfamilie bestand aus dem Gebet (Opus Dei), der Arbeit (labor manuum) und der geistlichen Lesung (lectio divina). Die *Arbeit* diente nicht nur dem Eigentumserwerb, sondern wurde in erster Linie religiös gewertet. Arbeit war ursprünglich und vorwiegend Handarbeit. Erst als sich in den Mönchsfamilien das Priestertum (im Gegensatz zu den Laienmönchen der Anfangszeit) mehr und mehr durchsetzte, wurde die Handarbeit durch geistige Arbeit ersetzt. Den in den Klöstern aufgenommenen Konversen (Laienbrüdern) übertrugen die Priestermönche die harten körperlichen Arbeiten. Die von ihnen selbst verrichtete monastische Arbeit hingegen wurde in den Erziehungsbereich (Schulen), die Wissenschaften (Bibliotheken, Skriptorien usw.) und in die seelsorgliche Betreuung der klösterlichen Umgebung eingebracht. Die körperliche Arbeit war kein Wert an sich, sondern ein Mittel der Askese, »um der Klostergemeinschaft und dem einzelnen Mönch zu einem ausgeglichenen Geisteszustand und zu jenem inneren Frieden zu verhelfen, der die Seele für die Gottesliebe (caritas Dei) und Gotteserkenntnis freimacht«.[2] Durch Benedikt von Nursia allerdings hat die Arbeit ihr Odium als Tätigkeit der gesellschaftlichen Unterschichten verloren und wurde erstmals als Mittel geistlicher Bildung betrachtet. Damit wurde die Arbeit aus der negativen Sphäre der reinen Mühsal herausgehoben und in positive Zusammenhänge eingeordnet.[3]

Das Ergebnis ihrer Arbeit, etwa in Form von persönlichem Eigentum, war den Bendiktinermönchen ganz und gar untersagt. Kapitel 33 der Ordensregel besagt nämlich, daß »dieses Übel mit der Wurzel aus dem Kloster ausgerottet werden muß... Die Mönche

sollten vielmehr alles Notwendige vom Abt des Klosters erwarten. Es ist keineswegs gestattet, etwas zu eigen zu haben, was der Abt nicht gegeben oder wozu er nicht die Erlaubnis gegeben hat«.[4]
Das, was die Menschen im Kloster erarbeiten, »sei allen gemeinsam, wie es geschrieben steht« – gehört also der Klosterfamilie und dem Kloster als ganzem, nicht dem Abt, dem Mönch oder dem Konversen als einzelnem.
Die geistige oder handwerkliche Arbeit verrichtenden Benediktinermönche und Konversen durften vom Abt das erwarten, was ihren wirklichen Bedürfnissen entsprach (Kap. 33 und 34): »Wer weniger braucht, der danke Gott und werde nicht unwillig; wer aber mehr nötig hat, der verdemütige sich wegen seiner Schwäche und überhebe sich nicht ob der liebevollen Sorge für ihn. So bleiben alle Glieder im Frieden. Vor allem darf nicht das Übel des Murrens aus irgendeinem Grunde durch irgendein Wort oder Zeichen sich kundtun.«[5]
Im 31. Kapitel widmet sich der hl. Benedikt ausschließlich dem Wirtschaftsverwalter des Klosters, dem Cellerar, und den Eigenschaften, die diesen auszeichnen sollen: Weise, reif an Charakter, nüchtern, demütig, mäßig im Essen, nicht hochmütig, nicht ungestüm, nicht verletzend, nicht geizig, nicht verschwenderisch und nicht saumselig soll er sein. Er soll Gott fürchten und für die ganze Klostergemeinde wie ein Vater sein. Nichts tue er ohne Auftrag des Abtes; den Kranken, Kindern, Gästen und Armen nehme er sich mit besonderer Sorge an; alle Geräte und Güter des Klosters betrachte er wie heilige Altargefäße. Ohne Hochfahrenheit und Zögern gewähre er den Brüdern, was für die Nahrung festgesetzt ist, damit sie nicht zum Murren verführt werden.
Faßt man die wirtschaftlichen Vorschriften Benedikts zusammen, so läßt sich festhalten, daß die geforderte Arbeitsleistung mit vorgegebenem, an den Notwendigkeiten der mittelalterlichen Agrarwirtschaft orientiertem Tagesablauf und dem Wechsel von Arbeit, geistiger Tätigkeit und Ruhepausen, bei eingeschränktem privatem Konsum und verbotenem Privateigentum, das wirtschaftliche Überleben der Kommunität sichern sollte. Tatsächlich wurden die Klöster durch diese Art des Wirtschaftens im Laufe der Zeit aber zu »Produktionskommunen höchster Effizienz«,[6] zu Überschußerzeugern und mächtigen Wirtschaftseinheiten.
Den Einfluß des Arbeitsbegriffes der Benediktiner und deren Wirtschaftsverfassung auf spätere Entwicklungen von Arbeitsethos, Wirtschaftsgesinnung und wirtschaftlich-gesellschaftlichen Ordnungsstrukturen bis in die heutige Zeit hinein, lassen drei moderne Zitate erkennen: Der Soziologe Max Weber formulierte in seinen Untersuchungen zur Entstehung der kapitalistischen Gesinnung, daß der mittelalterliche Mönch der erste in jener Epoche rational lebende Mensch war, der methodisch und mit rationalen Mitteln sein Ziel anstrebte, das Jenseits.[7] Und die in Eigenwirtschaft bebauten Klostergüter zählten nach Weber zu den ersten rationalen Betrieben der Menschheitsgeschichte.[8] Der Schriftsteller Carl Amery stellte fest, daß es »ohne die Mönche keine Stechuhren gäbe«.[9] Und der französisch-amerikanische Mittelalter- und Sozialgeschichtshistoriker Jean Gimpel verglich gar den Orden und die Wirtschaftsleistungen der Reformbenediktiner, der Zisterzienser, mit dem Erfinder der Fließbandproduktion, dem amerikanischen Industriepionier Henry Ford.[10]
Das von Pfalzgraf Aribo I., der vom Chiemsee bis an den Inn bei Kufstein, ferner in der Steiermark um Leoben und in Kärnten bei St. Veit an der Glan reich begütert war, 994 zu Ehren des hl. Lambert gestiftete Kloster Seeon wurde mit Benediktinermönchen aus dem Reformkloster St. Emmeram in Regensburg besetzt.[11] Dieses zwischen 652 und 715 entstandene

Donaustadtkloster wurde unter seinem aus Trier stammenden Abt Ramwold (975–1000) und dem Regensburger Bischof Wolfgang (972–994), der das Kloster vom Domstift trennte und ihm eine eigene wirtschaftliche Grundlage sowie einen eigenverantwortlichen Abt zuwies, im 10. Jh. zum Zentrum einer bayerischen monastischen Reformbewegung, die ihren Ursprung in Lothringen hatte. Abt Ramwold war in seiner Mutterabtei St. Maximin in Trier, das 934 durch Herzog Giselbert von Lothringen im Sinne der Gorzer Reform, einer klösterlichen, von asketischem Ernst bestimmten Erneuerungsbewegung, die im unweit Metz gelegenen Benediktinerkloster St. Gorgonius/Gorze ihr geistiges Zentrum besaß, mit den Renovationsbestrebungen zusammengekommen. Während die zur gleichen Zeit vom burgundischen Cluny ausgehenden Reformbemühungen, denen sich rund 1500 Abteien anschlossen, in besonderer Weise nach Frankreich ausstrahlten, zielte die lothringische Klostererneuerung, mit Gorze als einem Zentrum, hauptsächlich ins deutsche Reich und erfaßte rund 170 Klöster.[12] Um das Jahr 1115 kam Seeon über das steiermärkische Kloster Admont mit der Reformbewegung von Hirsau (im nördlichen Schwarzwald gelegen) in Berührung, welche die Gorzer Reform abgelöst hatte. Die von der 1065 wiederbelebten Abtei Hirsau sowie dem Bodenseekloster Reichenau ausgehende Erneuerung, der sich mehr als 350 Mönchsgemeinschaften anschlossen, wandte sich unter dem Hirsauer Abt Wilhelm (1069–1091) den prinzipiellen Reformideen Papst Gregors VII. zu und übernahm für den monastischen Alltag die *Consuetudines* von Cluny. Insbesondere richtete sich die gregorianische Reform gegen Priesterehe, Simonie, Laieninvestitur und Königstheokratie. In einem 1140 angelegten Verbrüderungsbuch der Clunyazenser Reformklöster erscheint Hirsau als erstes der deutschen Benediktinerklöster und Seeon als die erste Benediktinerabtei der Salzburger Kirchenprovinz.[13] Die Verbundenheit mit Cluny und Hirsau drückt sich nicht zuletzt in der baulichen Anlage und dem Klostergrundriß Seeons aus.[14] Die Hirsauer Reform führte in den von ihr berührten Mönchsgemeinschaften zur Anlegung von Nekrologien, d. h. von Totenbüchern, in die die Todestage von Mitgliedern oder Wohltätern der Klöster eingetragen wurden, um deren Gedächtnis jährlich begehen zu können (Gebetsverbrüderung). Einen besonderen Stellenwert hatte in Hirsau unter Abt Wilhelm das Institut der Laienbrüder erlangt, wofür sich dort verschiedene Bezeichnungen finden (conversi, exteriores etc.).[15] Im Seeon der Frühzeit werden in den Urkunden deutlich die *fratres conversi* von den *fratres extranei* getrennt aufgeführt. Doll vermutete, daß letztere Personengruppe möglicherweise im von Seeon betriebenen Armen- und Krankenhaus bei St. Walburg eingesetzt war.[16] Auch das Ordensgewand übernahmen die Seeoner Mönche aus Hirsau und trugen den *floccus* und als Untergewand die *Kukulle*.[17]

Die einzelnen Klöster behielten durch die Reform von *spiritualia* und *temporalia* ihre Selbständigkeit. Das Reformziel, durch gleiche Ordenskleidung, Gebetsgemeinschaften, einheitliche Regelauslegung und Gebräuche die Abteien zu verbinden und den Ordensgeist zu vereinheitlichen, gelang mit Abstrichen nur innerhalb der einzelnen Renovationsbewegungen, nicht aber übergreifend. Auch weiterhin zeichnete sich das Verhältnis der Benediktinerklöster untereinander durch Autonomie der einzelnen Klosterfamilie im Gegensatz zu einem zentralistisch geführten und strukturierten Orden aus. Aus wirtschaftlicher Sicht stellte auch künftig jede Benediktinergemeinschaft für sich eine unabhängige Einzelwirtschaft dar. Die im Rahmen dieser Eigenwirtschaft, insbesondere von den in der Gemeinschaft lebenden und mit Zustimmung des Abtes ihre Tätigkeit ausübenden Handwerkern

(Kap. 57 der Ordensregel) produzierten Überschüsse, sollen »redlich verkauft werden«, wobei »hinsichtlich der Preise sich nicht das Übel der Habsucht einschleichen darf. Man verkaufe vielmehr stets etwas billiger als Weltleute, auf daß in allem Gott verherrlicht werde«.[18]
Im Inneren ist die benediktinische Klosterfamilie durch die Autorität des Abtes gekennzeichnet (Kap. 2), die ihre Grenze nur in seiner Verantwortung gegenüber Gott findet. Als Klostervorsteher ist er Vater der Mönche, die untereinander als seine Söhne Brüder und damit gleichgestellt sind. Sie schenken dem Abt Gehorsam und erhalten von diesem väterliche Führung. Die Rangordnung innerhalb der Mönchsschar bestimmt sich nach dem Eintritt ins Kloster.
Kennzeichnend für die mittelalterlichen Benediktiner und gleichzeitig Anlaß für die teilweise polemische Ordenskritik,[18] etwa durch den Zisterzienser Bernhard von Clairvaux, waren deren Subsistenzsicherung durch Rentenwirtschaft und Grundherrschaft. Damit dehnte sich die klösterliche Paternität auch über die Mauern der Abtei auf die abhängigen Bauernfamilien (Hintersassen) aus. Die Verwurzelung mit der Scholle galt gleichermaßen für den durch das Gelübde (*professio*) an das einzelne Kloster gebundenen Mönch (*stabilitas loci*) wie für den Bauern und dessen Familie, dem der klösterliche Grundherr zur Bewirtschaftung gegen regelmäßige Abgabenzahlungen eine Bauernstelle auf Lebenszeit oder auf Widerruf übertrug. Die benediktinische Grundherrschaft entwickelte sich parallel zu der weltlichen Herrschaft der Landes- und Territorialherren und wirkte damit staaten- und territorienbildend.
Die Gründung Seeons fällt in die Jahrzehnte der Erneuerung des wirtschaftlichen und geistigen Lebens in Bayern nach den Zerstörungen und dem Sieg über die Ungarn auf dem Lechfeld (955). Auf vielen Gebieten suchte man dort anzuknüpfen, wo vor dem karolingischen Zusammenbruch aufgehört worden war, und die eigene lokale Vergangenheit wurde der Ausgangspunkt für die neue Entwicklung.[19]
Von Papst Silvester II., der dem Kloster Schutz und freie Abtwahl zusicherte, und Kaiser Otto III. wurde Seeon im Jahre 999 durch Privilegien bestätigt. In einem zusätzlichen Privileg des Jahres 1139 bestimmte Papst Innozenz II., daß der Seeoner Abt einstimmig oder durch absolute Mehrheit gewählt werden sollte. Seit 1521 nahmen bayerisch-landesherrliche Kommissäre an den Abtwahlen teil, wobei diese dabei nach einem vorgegebenen Schema Aufzeichnungen über den klösterlichen Personal- und Vermögensstand, die Klosterrechnungen etc. erstellten. Durch Kaiser Otto III. erhielt die neue Ordensniederlassung Immunität und stieg damit zum Reichskloster auf. Diese Reichsunmittelbarkeit verlor das Inselkloster 1201, als es von Salzburg als bischöfliches Eigenkloster vereinnahmt wurde.[20] Die Vogtei, d.h. die Vertretung des Klosters in Rechtssachen, wechselte bei Seeon häufig, lag zunächst bei den Aribonen, dann bei den Lebenauern, anschließend bei den Grafen von Wasserburg, ehe diese im Jahre 1247 von den Wittelsbachern abgelöst wurden.[21] Unter Abt Gerhard wurde von Seeon aus im Jahre 1021 das Kloster Weihenstephan bei Freising gegründet.
Zum Stiftungsgut Seeons gehörten verschiedene Ländereien um den See und seine Tiroler Besitzungen.[22] Als älteste Hofmark des Klosters gilt Seeon (Niederseeon). Im Jahre 1662 konnte das Kloster Schloß und Hofmark Obing erwerben, und im Jahre 1731 fiel ihm unter Abt Rufin Mayr durch Schenkung Schloß Forchtenegg mit der Hofmark Halfing zu.[23] Bei Maria Eck auf dem Hochfelln erwarb Seeon im Dreißigjährigen Krieg Wald- und Weidegründe, die in Eigenregie bewirtschaftet wurden. Weingüter unterhielt Seeon in Tirol und Niederösterreich. Im

Rahmen der klösterlichen Eigenwirtschaft betrieben die Mönche den dem Kloster auf dem Festland gegenüberliegenden Meierhof sowie die Gutswirtschaften in Obing und Forchtenegg. Die Brauerei, eine Mühle, der Ziegelstadel, eine Gärtnerei und Bäckerei sowie die Apotheke komplettierten die eigenbewirtschafteten Klosterbetriebe.

Zeit seines Bestehens war Seeon ein mittelgroßes Kloster, was u.a. durch die Konventgröße und die Zahl der abgabepflichtigen Höfe zum Ausdruck kommt. Kurz nach der Gründung betrug die Zahl der Mönche 17 (im Jahr 1004).[24] Diese Konventgröße scheint über längere Zeit etwa gleich geblieben zu sein,[25] im Jahre 1452 zählte das Kloster 15, 1481 sogar 23 Konventualen. Erst im krisengeschüttelten 16. Jahrhundert sank die Konventgröße zunächst auf 14 (1514), dann sogar bis auf 5 (1575) herab, stieg jedoch zum Jahrhundertende wieder auf 14 an. Zwischen 1600 und 1803 schwankte die Konventgröße zwischen 20 und 31 Mönchen.[26] Die Zahl der von Seeon abhängigen Grundholden betrug nach der Aufbauphase bis zur Säkularisation im Jahre 1803 rund 1000 abgabepflichtige Familien. Das wirtschaftliche Einzugs- und Besitzgebiet spannte sich zwischen den Alpen und der Donau, der Salzach und dem Inn. Besitzschwerpunkte lagen im Chiemgau und in Tirol.

Die Verwaltung des Klosterbesitzes lag in Seeon in den Händen eines Kastners und des Kuchelmeisters; beide Ämter waren zur Säkularisationszeit in einer Person vereint.[27] Der gesamte Grundbesitz wurde nicht zentral von Seeon aus verwaltet, sondern war in einzelne Propsteien als Verwaltungsgebiete aufgeteilt. Die Bildung der vier Seeoner Propsteien erfolgte in Anlehnung an die hochmittelalterlichen Grafschaften, die eine gewisse Kontinuität in den spätmittelalterlichen Landgerichten fanden.[28] Politische Grenzen spielten bei der Bildung der klösterlichen Verwaltungsbezirke ebenso keine Rolle wie die späteren Landgerichtsgebiete. Vielmehr waren hochmittelalterliche Herrschaftsstrukturen und landschaftliche Gesichtspunkte, die Art der bäuerlichen Abgaben bzw. die geographische Lage der Bauernstellen bei der Organisationsgliederung entscheidend. Hierin läßt sich ein über Jahrhunderte hinweg praktizierter konservativer Zug der Seeoner Wirtschaftsorganisation erkennen.

Zur Zeit der Klosterauflösung Seeons im Jahre 1803 sah dessen Besitzumfang folgendermaßen aus:[29]

Propstei Trostberg

In ihr waren die östlich Seeons gelegenen Besitzungen in den Gerichten Trostberg (mit 74 Seeoner Grunduntertanen, Stand im Jahre 1803), Traunstein (21) und dem Salzburgischen Gericht Tittmoning (19) zusammengefaßt. Der Geldertrag der Propstei belief sich auf jährlich insgesamt 179 fl 8 kr 1½ Pfg.

Propstei Mühldorf

Die nördlich und nordöstlich gelegenen Klostergüter wurden vom Klosterhaus in Mühldorf und dem dortigen Propsteiverwalter überwacht. Die zusammen 169 Propsteigüter lagen in den Gerichtsbezirken Mühldorf (63), Neumarkt (31), Erding (25), Eggenfelden (24), Kopfsburg (8), Haag (5), Dorfen (2), Neuötting (2), Biburg (1) und Kraiburg (1) sowie in den Hofmarken Hohenburgbach (3), Kalling, Fraunhofen, Schwindegg und Ristling (je 1). Unverständlicherweise hatten nur 19 der Grundholden (aus den Gerichten Neumarkt und Eggenfelden) ihre jährlichen Abgaben im Mühldorfer Klosterhaus abzuliefern – alle anderen mußten den beschwerlichen und zeitraubenden Weg nach Seeon einschlagen. Die ertragreichste Seeoner Propstei erbrachte an Bargeld jährlich (ohne den dem Mühldorfer Klosterpropst zustehenden Aufschlag) 876 fl 1 kr.

Propstei Kling

Diese Propstei faßte die westlich Seeons gelegenen Abgabepflichtigen aus dem Pfleggericht Kling und den Hofmarken Griesstätt, Obing und Halfing zusammen. Zu den 192 Grundholden gehörten u. a. auch die Allerseelenbruderschaft Obing und sechs Vogteiuntertanen. Der jährliche Bargeldertrag belief sich auf 295 fl 30 kr.

Propstei Sinning

Zentrum der Propstei war das Haus des Propstes in Sinning (bei Rohrdorf, südlich von Rosenheim gelegen). Von hier aus wurden die 124 zu diesem Verwaltungsbezirk gehörenden Anwesen im Gericht Rosenheim (114), im Gericht Kling (6), in der Herrschaft Hohenaschau (2) und je eines in den Gerichten Auerburg und Aibling verwaltet. Jährlich flossen von hier 200 fl 52 kr 2 Pfg an die Klosterkasse.

Grundherrschaften in Tirol und Niederösterreich

Das Kloster Seeon übte in Tirol über 279 Anwesen die Grundherrschaft aus. Der Tiroler Klosterbesitz geht auf Ausstattungsgut bei Klostergründung in der Aribonenzeit zurück. In der Wildschönau, dem größten der drei Tiroler Besitzkomplexe, umfaßte die Seeoner Grundherrschaft eine Fläche von 14 km (in nord-südlicher Richtung) und 8 km (in ostwestlicher Richtung), ohne allerdings eine Hofmark zu bilden, da lediglich die Urbargerichtsbarkeit und nicht die niedere Gerichtsbarkeit bei Seeon lag. Der klösterliche Propstei- (bzw. Urbars-)verwalter hatte seinen Sitz in der oberen Wildschönau. Das Radfeld und der Schwoich waren die anderen beiden Tiroler Klosterbesitzgebiete. 183 Seeoner Anwesen gehörten zum Gericht Rattenberg, 35 zum Gericht Wörgl und 61 zum Gericht Kufstein.
Alle drei Jahre visitierten der Seeoner Klostervorsteher oder der Prior das Tiroler Gebiet um Oberau (Schwoich) und Entfelden (Wildschönau), wo der wirtschaftliche Schwerpunkt der klösterlichen Grundherrschaft lag, und nahm hier die Abgaben entgegen. Im Urbar von 1650 notierte Abt Honorat Kolb, daß dem Kloster aus der Wildschönau jährlich umgerechnet 3218 Liter Wein, 2100 Dienst- und 300 Maikäse im Gesamtgewicht von 563 kg zukamen. In der zweiten Hälfte des 18. Jahrhunderts wurde der nach einem exakten Plan geregelte 8–9tägige Aufenthalt und die Verpflegung des Seeoner Abtes und seines Gefolges durch die Grundholden mit der Verpflichtung zur Zahlung eines »Mahlgeldes« neu geordnet. Haderstorfer stellte dazu fest, »daß die jährliche Visitationsreise nicht mehr auf die alte Art stattfand«.[30] Mit Beendigung des großflächigen Weinanbaus in Tirol wurden seit der Wende vom 17. zum 18. Jahrhundert sämtliche Weinlieferungen an das Kloster in Geldleistungen umgewandelt. In der Wildschönau besaß Seeon 16 Schwaighöfe mit durchschnittlich 10 Rindern, die je 300 Stück Dienst- und 50 Stück Maikäse als Käsedienst an das Kloster leisteten.
Die Weinberge in Niederösterreich lagen in Krems an der Donau, am Rande der Wachau. Der Besitzumfang machte insgesamt 15 Joch Weinberg und Öhrn,[31] 36¾ Joch Äcker und 4 Joch Waldflächen aus. Der Seeoner Klosterhof in Landersdorf bei Krems wurde von einem Hofmeister geleitet, der den Wein mit Schiffen donau- und innaufwärts bis Obernberg oder auf der Salzach bis nach Tittmoning transportieren ließ, von wo Scharwerkspflichtige den Weitertransport bis nach Seeon übernahmen. Doll weist zusätzlich auf Seeoner Weinbergbesitz in Kampill bei Bozen (»Glögler«) hin.[32]
Für den zum Kloster transportierten Wein erhielt Seeon zahlreiche, immer wieder erneuerte Privilegien zur zollfreien Einfuhr, ebenso wie für Salz und Tuch (für die Mönchskleidung).

Hofmark Seeon[33]

In 25 Ortschaften gehörten 147 grunduntertane Güter zur größten Seeoner Hofmark gleichen Namens. Seit der Gründung war dieser Besitzkomplex beim Kloster. Da innerhalb der Hofmark keinerlei andere Gerichts- oder Grundherrenrechte bestanden, war sie geschlossen. Es gehörten hierzu in den Orten: Niederseeon (47 Abgabepflichtige), Waltenberg (2), Wattenham (9), Engering (3), Eglhart (4), Grünweg (1), Hausen (1), Landertsham (4), Neustadl (5), Vogelöd (1), Pavolding (7), Bauschberg (1), Bräuhausen (3), Roitham (21), Straß (10), Scheizenberg (1), Weinberg (10), Neubichl (3), Thalham (2), Ischl (2), Käs (1), Maisham (1), Esterpoint (1), Etz (1) und Eschenau (6). Dazu kamen noch sechs Vogteiuntertanen der Vogtei Ischl zu Ischl (5) und Leiten (1).

Hofmark Obing[34]

Von Adolph Weiler kaufte das Kloster 1662 zum günstigen Preis von 7000 fl diese nicht geschlossene Hofmark. Sie umfaßte ausschließlich den Ort Obing mit 37 Gerichtsuntertanen, von denen Seeon gleichzeitig 29 grundbar waren.

Hofmark Halfing[35]

Der dem Kloster inkorporierten Rosenkranzbruderschaft schenkte im Jahre 1731 Franz Amand Cajetan von Fossa die geschlossene Hofmark Halfing. Im Ort Halfing umfaßte die Niedergerichtsbarkeit alle 45 Anwesen, die Grundherrschaft hingegen nur 29 dieser Höfe.

Außerhalb der Hofmarksgrenzen gehörten noch 14 Lehen, 7 vogt- und 3 zehntuntertänige Höfe zu diesem Besitzkomplex.

Für die wirtschafts- und sozialgeschichtliche Beurteilung nicht unbedeutend ist der Hinweis auf den Kirchenbesitz Seeons. Neben der eigentlichen Klosterkirche gehörte die kleine Kirche St. Walburg, vermutlich die Kirche des ehemaligen Seeoner Frauenklosters auf einer Nebeninsel der Klosteranlage gelegen, und die Marienwallfahrtskirche in Bräuhausen zum Kloster. Die Pfarrkirchen in Niederseeon, Ischl, Obing (mit den Filialkirchen in Diepoldsberg und Albertaich), Eschenau sowie Pittenhart und Lauterbach waren dem Kloster inkorporiert.[36] Später, unter Abt Sigmund Dullinger (1609–1634), kam das Superiorat mit der Wallfahrtskirche Maria Eck hinzu. Bis in das Jahr 1229 betreuten die Seeoner die Seelsorge auf dem hl. Berg Andechs.[37]

Interessant für die sozialgeschichtliche Bewertung einer klösterlichen oder weltlichen Grundherrschaft ist die Frage der Besitzrechtsformen, d. h. der Leiheformen, die das Kloster bei der Vergabe von Bauernstellen einsetzte. Vielfach läßt sich der Versuch einzelner Klostergrundherrschaften erkennen, im Laufe der Zeit, aus Sicht der Grundholden, eine soziale Verschlechterung der Leiheformen zu realisieren,[38] hin zu Freistift oder Leibrecht, was u. a. mit der Aufbringung von Geldmitteln zur Finanzierung der grundherrlichen Neubauten in der Barockzeit in Zusammenhang gebracht werden muß.[39] Für Seeon lassen sich erst aus der Konskription des Jahres 1752 zuverlässige Angaben über seine Besitzrechte ermitteln. Zunächst gilt festzuhalten, daß Seeon bei der Gütervergabe an überkommenen Strukturen im Bereich seiner Wirtschaftsorganisation sehr lange festhielt. Das Kloster bewahrte über Jahrhunderte hinweg die älteren Ausleihformen, insbesondere das Neustift, sowie Freistift und Lehensgüter.[40] Bei den Hofvergaben von drei der Seeoner Propsteien für die inländischen (d. h. in kurfürstlichen Gerichten gelegenen) Güter war die Vergabe gegen »Neustift« auf

286 Höfen geregelt. Bei 103 Bauernstellen war die Ausleihe nach dem Leibrecht (Leibgeding) festgelegt. Unbedeutend hingegen war die Ausleihe als Lehen (19), Freistift (6) oder Erbrecht (1). Die Tiroler Besitzungen waren ursprünglich gegen Freistift, später gegen Erbleihe ausgeliehen. Sämtliche Besitzungen der geschlossenen Hofmark Seeon hatten auf ihren Gütern Leibrecht. Soweit vermerkt, waren auch die Güter der Hofmark Obing sowie die 29 grunduntertänlichen Anwesen in der Hofmark Halfing gegen Leibrecht vergeben. Daneben sind die Belege, insbesondere aus der Amtszeit des Seeoner Abtes Honorat Kolb (1634–1653), zahlreich, die den Schluß zulassen, daß »die Maßnahmen zur Hebung des Reichtums des Klosters [Seeon] und zu dessen prächtiger Ausstattung auf dem Rücken der Bauern realisiert worden«[41] sind. Gemeint sind damit die von Kurfürst Maximilian später gerügten Elektions- und Benediktionskosten Abt Honorats in Höhe von 1500 fl, obwohl nur 545 fl Bargeld in der Klosterkasse vorhanden waren. Die Untertanen hatten diese Kosten über eine Weihesteuer in Höhe der Pfenniggilt aufzubringen. Außerdem fallen in Abt Honorats Zeit die zahlreichen Neu- und Erweiterungsbauten des Klosters (Konventküche, Noviziat, Auditorium, Bibliothek, Krankenhaus mit Wannenbädern, Margaretenkapelle für die Kranken, Abteigebäude, Haupttor und Kanzlei, Saal, Abtswohnung, Klosterarchiv, Zimmerflucht für fürstliche Gäste und den örtlichen Adel, Konventtrakt, Refektorium, Neuausstattung von Klosterkirche, Abts- und Barbarakapelle, Erweiterung der Krypta, Grundstückserwerb und Bau der Wallfahrtskirche sowie des Wirtshauses in Maria Eck), weiterhin der Ankauf religiöser Kunstgegenstände und Reliquiare, Gemälde und Eichenmöbel sowie zahlreicher Gewürze, von türkischen Teppichen, kostbaren Decken und seidenen Vorhängen an den Betten – »Abt Honorat hat sich à la mode eingerichtet«.[42] Der persönlichen Prachtentfaltung des barocken Abtes Kolb standen der Verfall der Klosterdisziplin, Streitigkeiten innerhalb der Mönchsschar und zwischen Abt und Konvent, die zunehmende Verschuldung Seeons sowie zahlreiche Klagen, vier Prozesse und verschiedene Weigerungen klösterlicher Untertanen zur Ableistung auferlegter Pflichten (Scharwerksdienste) und Abgaben (Schmalzdienst, Freistiftgerechtigkeit, Todfallpferd) gegenüber. Honorat Kolb wird in der Literatur wiederholt als »bedeutendster Abt der Seeoner Klostergeschichte«[43] herausgestellt, der durch musterhafte Finanzführung das Kloster geordnet habe. Das sahen einige der Untertanen des Abtes anders, als sie ihm in einem Prozeß vor dem Pfleggericht Rosenheim 1654 »üble administration und verhalten« vorwarfen und sich weigerten, die durch seine ein Jahr zuvor erfolgte Resignation fällige Weihesteuer für die Begleichung der Elektionskosten für den Abtnachfolger Kolumban Freitlsberger in Höhe von 1142 fl aufzubringen.[44] Der Schuldenberg des Klosters wuchs vom Amtsantritt Kolbs im Jahre 1634 von 14000 fl auf 41000 fl im Jahre 1652. Offensichtlich hatte sich Abt Honorat Kolb durch seine vielfältigen Aktivitäten finanziell übernommen.

Faßt man die einzelnen Besitzrechte Seeons zusammen, so ergibt sich, daß das Leibrecht mit 308 Anwesen die bedeutendste Seeoner Leiheform war, dicht gefolgt vom Neustift mit 286 und dem Erbrecht mit 280 ausgegebenen Gütern. 209 Güter waren mit anderen Besitzrechten ausgeliehen oder ließen sich in der Leiheform nicht genau nachweisen.

Die von den 1083 Seeoner Grundholden (Stand im Jahre 1803) aufgebrachten jährlichen Geldabgaben an das Kloster betrugen zusammen 2833 fl., machten aber nur einen Teil der gesamten Abgabenverpflichtung aus. Diese Bargeldeinnahmen stammten aus der »Stift und Ehrung« (= jährliche Zahlung für die überlassene Bauernstelle), der Herrnsteuer auf die Tiroler Besitzungen (in jedem 3. Jahr), der Ablösung ehemaliger Scharwerksdienste in Geldleistungen, den Getreidedienstablösungen insbesondere in der Propstei Mühldorf nach dem Dreißigjährigen Krieg sowie dem mit Geld abgelösten Kucheldienst (Eier, Hühner, Gänse, Schafe, Fische etc.).

Fast ebenso bedeutsam wie die Geldzahlungen waren die jährlichen Naturalleistungen der Untertanen an die Klostergrundherrschaft Seeon. Die Leistungen sind bei den einzelnen Grundherrschaften landschaftsabhängig. Für die Seeoner Gebirgsbesitzungen ist die Milchviehwirtschaft mit der Käseproduktion auf den Schwaighöfen charakteristisch. Auch die Getreidestift richtete sich nach den landschaftlichen Gegebenheiten. Aus dem gebirgsnahen Bezirk Sinning erhielt Seeon nur eine geringe Haferstift. Hingegen erbrachten die Klosterbesitzungen in der Propstei Trostberg neben Hafer insbesondere Korn und Weizen. Die Propstei Kling erbrachte neben Korn auch Gerste. Die Getreidestift der Mühldorfer Propstei setzte sich insbesondere aus Weizen und Gerste zusammen, zeigt also deutlich das Vorhandensein besserer Böden für den Getreideanbau auf. Die abzuliefernden Kucheldienste (mit Ausnahme des aus Mühldorf und Sinning ins Kloster transportierten Schmalzes) stammten von dem Kloster nicht weit entfernten Abgabepflichtigen, d.h. insbesondere aus der Hofmark Seeon sowie den Propsteien Trostberg und Kling. In den erst später an das Kloster gefallenen Hofmarken Obing und Halfing war der Kucheldienst, obwohl die Gebiete nahe bei Seeon lagen, von Erwerbsbeginn an durch Geld abgelöst worden.

Die nachfolgende Übersicht zeigt die kurz vor der Säkularisation von den Seeoner Klosterbauern aufzubringenden jährlichen Naturalreichnisse an die Abtei:[45]

95½	Lämmer
127	Gänse
1108	Hühner
170	Hennen
11 844 Stück	Eier
2316 Pfund	Schmalz
732 Pfund	Käse
6	Weißfische
5 Pfund	Fische
16 Pfund	Haar (Werch)
1 Kasten	Schindeln
1/7 Metzen	Kastanien
1 Fuder	Holz
533 Scheffel 51⅓ Metzen	Korn
37 Scheffel 3 Metzen	Weizen
23 Scheffel 3½ Metzen	Gerste
685 Scheffel 1 Metzen	Hafer

Von diesen Naturalerträgnissen gab Seeon jährlich an den Vikar von Lauterbach – für die dortige Pfarrkirche hatte der Seeoner Abt das Präsentationsrecht inne[46] – 4 Gänse, 8 Hühner, 100 Eier, 1 Kasten Schindeln und 1 Fuder Holz ab. Der Pfarrvikar von Truchtlaching erhielt 2 Lämmer, 4 Gänse, 28 Hühner, 15 Hennen, 410 Eier und 8 Pfund Haar. Dem Urbarsverwalter in Stuhlfelden gaben die Mönche 32 »Gselln-Käsl«.

Ebenfalls nicht unbedeutend war die Zahl der in das Kloster Seeon zehntpflichtigen Anwesen. Im ältesten vorhandenen Zehntbuch aus dem Jahre 1672 sind immerhin 709 Zehntholde (ohne die noch nicht enthaltenen Hofmarken Obing und Halfing) aufgeführt. Im Rahmen der Säkularisation des Klosters listete der Lokalkommissär 666 Seeoner Zehntpflichtige auf. Der Große und Kleine Zehnt, der von bestimmten angebauten Feldfrüchten zu leisten war, richtete sich nach dem örtlichen Anbau. Der von 27 Anwesen der Propstei Mühldorf sowie 5 im Gericht Dorfen erhobene Blutzehnt (auf Vieh) erfaßte jede zehnte Gans und als feste Größe jährlich zwei Hühner und hundert Eier. Der in Pfaffing und Obing (Pfarrei) eingehende Zehnt wurde dem Obinger Pfarrvikar überlassen. Ebenso erhielt der Pfarrvikar in Lauterbach die Zehnterträge der Propstei Mühldorf. Dadurch wurde der umständliche Transport der Abgaben ins entfernte Kloster vermieden, denn im Gegensatz zu den grundherrlichen Abgaben, die stets Bringschulden der Bauern waren, stellen die zehntherrlichen Erträgnisse klösterliche Holschulden dar, wobei bei Seeon die Besonderheit auftrat, daß das Kloster den größten Teil seiner Untertanen verpflichtet hatte, ihren Zehnt selbst in die Abtei zu bringen. Das Kloster selbst war dem kurfürstlichen bayerischen Landesherren mit zwei Drittel Großem und Kleinem Zehnten für drei Anwesen in der Hofmark Obing zehntpflichtig und lieferte diese Abgabe in den Kasten nach Wasserburg ab. Die nachfolgende Auflistung zeigt die nach dem Zehntbuch sowie dem Zehntverzeichnis von 1803 pflichtigen Seeoner Zehntuntertanen auf:[47]

Zehntuntertanen in	1/1	2/3 Zehnt	1/3	1/6	Summe 1672	1803
Pfarrei Niederseeon	22	5	117	–	144	122
Kreuztracht Pittenhart	18	–	160	–	178	156
Pfarrei Obing	29	10	194	–	233	172
Pfaffinger Zehnt	6	–	–	–	6	5
Hofmark Obing	–	–	–	–	–	31
Hofmark Halfing	–	–	–	–	–	18
Samerberg	–	39	63	4	106	109
Ger. Erding/Dorfen	–	–	–	–	–	19
Propstei Mühldorf	22	4	10	–	36	33
Tirol	–	2	–	–	2	–
Gericht Mermosen	–	3	–	–	3	–
Gericht Wald	–	–	1	–	1	–
Gericht Haag	–	–	–	–	–	1
Summen	97	63	545	4	709	666

Der überwiegende Teil der von den grunduntertanen Bauern Seeons zu leistenden Abgabepflichten bestand in Bringschulden zum Kloster. Die vom Kloster weit entfernten Grundholden lieferten ihr Getreide im Mühldorfer Klosterhaus ab. Von dort transportierten mehr als einhundert verschiedene Grundholden aus den Gerichten Trostberg und Kling (meist je zwei zusammen) mit eigenen Fuhrwerken als Scharwerksverpflichtung das Getreide nach Seeon. Nach dem Dreißigjährigen Krieg veränderten sich die Scharwerkspflichten, denn das klösterliche Scharwerksverzeichnis führte nur noch zum Scharwerk verpflichtete Untertanen im Gericht Trostberg auf. Die Naturalleistungen (insbesondere der Käse) der Tiroler Klosterbesitzungen hatte der klösterliche Propstverwalter aus der Wildschönau auf eigene Kosten nach Seeon zu transportieren.

Der im Rahmen der Eigenwirtschaft betriebene Meierhof beim Kloster umfaßte um das Jahr 1800 77 3/8 Tagwerk Ackerflächen und 169 1/2 Tagwerk Wiesen.[48] Zur Bewirtschaftung des Hofes waren neben dem Klostermeier und dessen Frau sieben Knechte und vier Mägde eingesetzt. Der zum Schloß Obing gehörende eigenbewirtschaftete Klosterhof umfaßte 44 1/2 Tagwerk Äcker und 25 7/8 Tagwerk Wiesen. Das Gut wurde vom Verwalter (Gämer oder Baumeister genannt) und dessen Frau sowie zwei Knechten, einem Buben und einer Magd bewirtschaftet. Zum landwirtschaftlich genutzten Grundbesitz beim Schloß Forchtenegg gehörten 61 7/8 Tagwerk Ackergrund und 43 1/4 Tagwerk Wiesen. Ein Baumeister und dessen Frau, zwei Knechte, ein Stallbursche, drei Mägde sowie ein weiterer Knecht zu Erntezeiten bewirtschafteten dieses Seeoner Klostergut.

Der in der ersten Hälfte des 17. Jahrhunderts anwachsende Seeoner Konvent brachte mit sich, daß das Kloster unter Abt Sigmund Dullinger zur Dekkung des erhöhten Bedarfes an Milchprodukten in den Jahren 1613, 1624 und 1643 (unter Abt Kolb)

einige nebeneinander liegende Almen (Vordereck, Hintereck und Alpe Gschwendl) am Hochfelln erwarb sowie den Schmalzdienst 1622 für einige Untertanen einführte.[49] Zur dort errichteten Kapelle (1626 erbaut) bzw. Kirche (1635) entwickelte sich eine Wallfahrt Maria Eck, für die die Mönche ein Superiorat einrichteten. Die Gesamtfläche dieser Almen betrug im Jahre 1803 (Wiesen, Weid- und Ötzplätze sowie Wald) 306 Tagwerk und ernährte sieben Pferde und 46 Rinder. Jährlich konnten von hier rund sechs Zentner Butter ins Kloster geliefert werden.
Der Gesamtumfang der Seeoner Klosterwaldungen (15 verschiedene Forstflächen) am Vorabend der Säkularisation betrug 1393 Tagwerk,[50] was im altbayerischen Klostervergleich einem eher unterdurchschnittlichen Wert entsprach. Für die Bewirtschaftung der Waldflächen waren bis 1802 ein Konventuale, anschließend ein Förster und vier Hackelförster, denen das dürre und windfällige Holz und die Streu zustanden, verantwortlich. Die hohe und niedere Jagd im Halfinger Schloßholz hatte der Hofmarksherr von Hartmannsberg inne, ansonsten war in den Seeoner Klosterwäldern die Hochjagd kurfürstlich, und das kleine Waidwerk lag beim Kloster selbst.

Aufgrund der geographischen Besonderheit mit dem Vorhandensein zahlreicher Seeflächen in unmittelbarer Seeoner Klosternähe spielte die Fischerei in der klösterlichen Eigenwirtschaft eine bedeutendere Rolle. Seeon unterhielt insgesamt 24 verschiedene Fischwässer, bewirtschaftete aber nur die unmittelbar beim Kloster gelegenen Wasserflächen selbst, die restlichen waren gegen Leibrecht ausgeliehen. Die Fischwirtschaft war in sieben Reviere eingeteilt, wobei nur der Fischer des Obinger Sees (auch als Oberfischer des Klosters bezeichnet) eine feste Besoldung aus der Klosterkasse erhielt. Gefangen wurden Fischarten wie Schleien, Brachsen, Hechte, Waller und Karpfen u. a.
Die als Eigenbetrieb bewirtschaftete und im Kloster untergebrachte Klosterbrauerei braute im wesentlichen nur für den Haustrunk der Mönche und des Klosterpersonals. Aufgrund von Einsprüchen umliegender Wirte mußte Seeon sein öffentlich zugängliches Bierstüberl im Jahre 1641 auf Weisung Kurfürst Maximilians schließen, da »dort Kindstaufen und Feste veranstaltet würden, zu denen die Mönche Wein auftrugen, ›Man- und Weibspersohnen zusammensüzen und zechen‹; da eine solche Wirtschaft zu betreiben auch den umliegenden Tavernen die Nahrung schmälere, ordnete der Kurfürst die Schließung der Wirtschaft an«.[51] Seeoner Bier durfte nirgends verkauft werden, nicht einmal in der in klösterlicher Eigenwirtschaft betriebenen Gastwirtschaft zu Maria Eck. In Seeon braute man »ein Jahr in das andere bei 54 Suden Winter- und 36 Suden Sommerbier, sohin jährlich bei 90 Suden. Zu jeder Wintersud wurden 4 Scheffel Malz und 9 Pfund Hopfen, zu jeder Sommersud aber 4 Scheffel 2 Metzen Malz und bei 18 Pfund Hopfen gebraucht, und ist der Guß beim Winterbier mit 26 und beim Sommerbier mit 22 Eimern geführet worden«.[52] In Liter umgerechnet ergeben diese Mengen rund 848 hl beim Winterbier und 478 hl beim Sommerbier,[53] zusammen also 1326 Hektoliter. An Personal beschäftigte Seeon für seine Brauerei den Braumeister, einen Brauknecht, zwei Helfer, einen Tagwerker und einen Buben zum Biereinschöpfen. Der Winterbier- und Gärkeller der Brauerei befand sich 126 Schritte, die das Bier getragen werden mußte, von der Braustätte entfernt. Der Sommerkeller, der nur 650 Eimer aufnehmen konnte, lag ¼ Stunde entfernt jenseits des Sees, im sogenannten Weinberg, wohin das Sommerbier mit einem Pferdefuhrwerk transportiert werden mußte. Für den Rücktransport des Bieres hatte Seeon ein eigenes Schiff in Verwendung.

Die Seeoner Klostermühle, die vermutlich nur für den klösterlichen Eigenbedarf betrieben wurde, lag an dem als Fischwasser genutzten Achenbach und besaß vier Mahlgänge, die allerdings aufgrund Wassermangels und des geringen Gefälles nur selten genutzt werden konnten. Der Müller und ein Mühlhelfer leisteten gleichzeitig in der Mühle und beim Sägewerk Dienste.
Im klösterlichen Ziegelstadel bei Rabenden, der im wesentlichen für den Eigenbedarf betrieben wurde, brannte der Ziegelmeister jährlich viermal je 6–8000 Bauziegel, wofür er rund 10 Klafter Holz, die den Klosterwaldungen entnommen wurden, benötigte. Das Lehmmaterial der Ziegel stammte aus einem nahe gelegenen, vom Kloster zu Neustift an zwei Bauern ausgeliehenen Waldgrundstück. Die gebrannten Ziegel wurden durch Scharwerksfuhren ins Kloster transportiert. Der Ziegelmeister erhielt vom Kloster für jeden Brand sowie für jedes Klafter geschlagenes Holz eine Barentlohnung und wohnte in einem zu Neustift ausgeliehenen Klosterhaus.
Die Klosterapotheke war in einem Haus hinter der Kirche St. Walburg untergebracht und wurde von einem ausgebildeten Apotheker betreut. Da weitere Apotheken erst in Traunstein und Wasserburg zu finden waren, ist davon auszugehen, daß die Seeoner Klosterapotheke für die Bevölkerung der Umgebung eine wichtige Bedeutung besaß.[54] Die in Seeon nachweisbare Klostergärtnerei für den Eigenbedarf wurde von einem festangestellten Gärtner bewirtschaftet, der einen Teil des Gemüses selbst verkaufen durfte. Er besaß in Bräuhausen einen zu Leibrecht ausgeliehenen Hof.
Ein Teil des weltlichen Personals, ebenso wie scharwerks- oder giltabliefernde Bauern, erhielten im Kloster Brot als Naturalentlohnung oder als Reichnis, was den großen Brotverbrauch erklärt. In der Bäckerei wurden mindestens zwei Personen, ein Ober- und ein Unterpfister beschäftigt.
Der Klostermetzger schließlich hatte in Niederseeon einen Hof vom Kloster zu Leibrecht inne und besaß dort die Hofmarks-Metzgereigerechtigkeit. Er mußte für das Kloster das Schlachtvieh einkaufen, schlachten und das Fleisch portionieren.
Weitere, allerdings nur zeitweise nachweisbare Seeoner Klosterhandwerker waren Zimmerleute sowie Binder.

Zur Erledigung der zahlreichen mit der klösterlichen Eigenwirtschaft verbundenen Aufgaben griff Seeon in erster Linie auf festangestellte Klosterbedienstete zurück. Im Klosterbereich einschließlich des Meierhofes wurden 47 Personen beschäftigt (Stand im Jahre 1803). Auf den weiteren eigenbewirtschafteten Höfen, zur Verwaltung der Propsteien sowie in der zu betreuenden Schule fanden 37 Personen feste Anstellung. An der Spitze der weltlichen Beschäftigten, sowohl hinsichtlich der Einkommensituation wie auch seiner Rangstufe, stand ein juristisch ausgebildeter Klosterrichter, gefolgt vom Klosterschreiber, dem Apotheker und dem Braumeister. Schriftliche Arbeitsverträge schloß das Kloster nur mit den die Spitzenämter bekleidenden Personen. Die Besoldung bestand zum geringeren Teil aus einem Geldbetrag. Hinzu kamen erhebliche Naturalleistungen in Form von täglicher Kost, Getreide, Holz, Bier, Brot und Altersversorgung. Zusätzlich arbeiteten zur Zeit der Säkularisation für Seeon zwölf Tagwerker, die alle ein kleines Haus des Klosters zu Leibrecht übertragen bekommen hatten und nach der Klosteraufhebung für den Verlust ihres Arbeitsplatzes eine Entschädigung erhielten. Schließlich konnte Seeon, insbesondere zur Reinigung und Pflege von Bachläufen, zu Pflüge-, Heu- und Erntearbeiten, zum Getreide- und Weintransport sowie der Haltung von Jagdhunden auf zahlreiche Scharwerksleistende zurückgreifen, die im Regelfall bei Erledigung ihrer Aufgaben eine Naturalentschädigung erhielten.

Über Verkäufe von Überschußgetreide, Wein oder anderer landwirtschaftlicher Produkte Seeons liegen nur sporadische Angaben vor.[55] Tatsächlich aber, das beweisen die für die Grunderwerbungen, die zahlreichen Baumaßnahmen oder die klösterlichen Kreditgeschäfte ausgegebenen Geldmittel, verfügte das Kloster Seeon über eine erhebliche finanzielle Basis, die neben den grundherrlichen Einnahmen insbesondere aus seiner Handelstätigkeit stammen mußte. Im Jahre 1802 hatte das Kloster Kredite über insgesamt 53 630 fl ausgeliehen, wofür jährlich 1626 fl Zins eingingen, was einer durchschnittlichen Verzinsung von 2,9 % entspricht. Anderen Klöstern wurde im Rahmen dieser Geschäfte der günstige Zinssatz von 2 %, Privatleuten oder der Münchener Landschaft jedoch 4–5 % in Rechnung gestellt. Die in der zuvor genannten Forderungssumme nicht enthaltenen (unverzinsten) Außenstände von Grunduntertanen beliefen sich auf zusätzlich 7391 fl. Die Verbindlichkeiten (Schulden) Seeons betrugen zum gleichen Datum insgesamt 23 625 fl, von denen 8000 fl von Klöstern der Bettelorden und 4850 fl von Privaten, der Rest von anderen Institutionen stammte.[56] Nur für 13 811 fl hatte Seeon jährlichen Zins zu zahlen.

Die zeit seines Bestehens überdurchschnittlich gute Finanzsituation Seeons zeigt sich nicht zuletzt an der schnellen wirtschaftlichen Erholung nach Kriegszeiten. So betrugen etwa im Jahre 1600 die Klostereinkünfte rund 5000 fl, das Kloster selbst war schuldenfrei. Bereits 14 Jahre nach Beendigung des Dreißigjährigen Krieges im Jahre 1662 konnten die Mönche das Schloß Obing erwerben, im Jahre 1701 war Seeon bereits wieder schuldenfrei. Für die zehn Jahre zwischen 1748 und 1757 erzielte das Kloster eine jährliche Durchschnittseinnahme von 8204 fl bei 7059 fl durchschnittlichen Jahresausgaben, was einen Jahresüberschuß von 1145 fl ergab.[57] Für seine Größe besaß Seeon eine außergewöhnlich hohe Steuerkraft und nahm im bayerischen Vergleich aller Abteien hierbei den vierten Rang ein.[58] Die Dezimation betrug im Falle Seeons ebenso wie die Standsteuer 1100 fl. Daneben hatte das Inselkloster die Baupflicht für ein Joch der Kraiburger Innbrücke zu übernehmen.

1 Hans Urs von Balthasar, Die großen Ordensregeln, Lectio Spiritualis 12. Benedictus. Einsiedeln 1984, S. 235.
2 Werner Rösener, Spiritualität und Ökonomie im Spannungsfeld der zisterziensischen Lebensform. In: Citeaux, Commentarii Cistercienses XXXIV, fasc. 3–4. (1983), S. 255. Rösener diskutiert ausführlich den Arbeitsbegriff im benediktinischen Mönchtum und gibt ausführliche Literaturhinweise.
3 Ebenda S. 255.
4 von Balthasar, wie Anm. 1, S. 223f.
5 Ebenda S. 223f.
6 Hermann Joseph Roth, Zur Wirtschaftsgeschichte der Cistercienser. In: Ambrosius Schneider (Hrsg.), Die Cistercienser, Geschichte, Geist, Kunst. Köln 1986[3], S. 528.
7 Max Weber, Wirtschaftsgeschichte. München 1923, S. 336.
8 Max Weber, Wirtschaft und Gesellschaft. Tübingen 1972[5], S. 705.
9 Roth, wie Anm. 6, S. 528.
10 Klaus Wollenberg, Aspekte der Fürstenfelder Wirtschafts- und Sozialgeschichte. In: Ehrmann, Pfister, Wollenberg (Hrsg.), In Tal und Einsamkeit, Die Zisterzienser im alten Bayern, Band II: Aufsätze. Fürstenfeldbruck 1988, S. 297.
11 Da eine Gründungsurkunde oder Traditionsnotizen zum Gründungsdatum nicht vorliegen, gibt es hinsichtlich des Klostergründungsjahres in der Literatur unterschiedliche Meinungen, vgl. hierzu etwa Doll, S. 8, der von einer unsicheren Jahresangabe spricht. Jüngst datierte Helga Reindel-Schedl die Klostergründung exakt in das Jahr 994. Vgl. hierzu Helga Reindel-Schedl, Laufen an der Salzach. Die alt-salzburgischen Pfleggerichte Laufen, Staufeneck, Teissendorf, Tittmoning und Waging. HAB, Heft 55. München 1989, S. 196ff. Zur Geschichte der Aribonen vgl. Gertrud

Diepolder, Die Herkunft der Aribonen, ZBLG 27 (1963), S. 52ff sowie Tertulina Burkard, Landgericht Wasserburg und Kling. HAB, Heft 15. München 1965, S. 61, und Heinz Dopsch in diesem Buch.

12 Zur Reform von Cluny vgl. George Zarnecki, The Monastic Achievement, Library of medieval civilization. New York 1972, S. 38ff. Vgl. auch Josef Hemmerle, Benediktinerklöster in Bayern, hrsg. von der Academia Benedictina in Verbindung mit dem Abt-Herwegen-Institut, Teil II Bayern. Seeon. München 1970, S. 286–291. Daneben beschäftigte sich auch Walter Brugger mit den Trägern der Gorzer Reform in Bayern. Vgl. hierzu Walter Brugger, Seeon. Freilassing 1991, S. 4.

13 Doll 1912, S. 10, sowie Brugger 1991, S. 8f.

14 Doll 1912, S. 10.

15 Ebenda S. 17f.

16 Ebenda S. 18.

17 Ebenda S. 18. Der *floccus* wurde von den Gegnern der Hirsauer Reform stark kritisiert. Er bestand aus einem Obergewand mit Kapuze und weiten Ärmeln. Die *Kukulle* war das Skapulier der alten Mönche, ein etwas kürzeres Gewandstück. Zu den Konstitutionen und dem Leben des Abtes Wilhelm von Hirsau vgl. Georg A. Narciß (Hrsg.), Der selige Wilhelm von Hirsau. In: Klosterleben im Mittelalter. Frankfurt/Main 1989, S. 158ff.

18 Georg A. Narciß (Hrsg.), Aus dem Zwiegespräch eines Kluniazensers mit einem Zisterzienser. In: Klosterleben im Mittelalter. Frankfurt/Main 1989, S. 250ff.

19 Florentine Mütherich, Die ottonische Zeit. Die Regensburger Buchmalerei des 10. und 11. Jahrhunderts. In: Regensburger Buchmalerei von frühkarolingischer Zeit bis zum Ausgang des Mittelalters. München 1987, S. 23. Vgl. zur Klostergründung Seeons außerdem Doll, 1912, S. 6f, sowie Prinz und Dopsch in diesem Band.

20 Doll 1912, S. 26ff; weiterhin Hemmerle, wie Anm. 12, S. 286 sowie Reindel-Schedl. Wie Anm. 11, S. 196ff.

21 Gertrud Diepolder, Richard van Dülmen und Adolf Sandberger, Rosenheim, Die Landgerichte Rosenheim und Auerburg und die Herrschaften Hohenaschau und Wildenwart, HAB, Heft 38. München 1978, S. 18f. Danach war erster Vogt Seeons der Gründer selbst. Als Vögte genannt werden weiterhin Konrad von Mögling (um 1140/45), Pfalzgraf Otto von Wittelsbach (um 1157/70) und Markgraf Berchtold von Vohburg (1174), schließlich nach 1180 Otto von Lebenau, dessen Geschlecht als erstes wieder das Amt länger innehatte. Nach dem Aussterben der Lebenauer 1229 zog der Salzburger Bischof die Vogtei ein und belehnte damit den Grafen Konrad von Wasserburg. Sein Erbe trat 1247 schließlich, wie beim Kloster Rott, der Herzog Ludwig von Bayern an. Er ließ sich zum Erbvogt wählen.

22 Zur Frage der Besitzungen Seeons im Salzburger Gebiet vgl. Reindel-Schedl, wie Anm. 11, S. 190, 193 und 794. Die Autorin vermutet in den Orten Baumham und Münichham den ältesten Seeoner Besitz in diesem Gebiet. Nach Diepolder et al., wie Anm. 12, S. 19, vermitteln die ersten Seeoner Urkunden über den Gründungsbesitz kein genaues Bild. Auch fehlen die Traditionsbücher, während die Urbare erst im 15. Jh. einsetzen, so daß wir die Geschichte der frühen Besitzungen nicht rekonstruieren können. Dennoch dürfen wir annehmen, daß ein beträchtlicher Teil des späteren Seeoner Besitzes, vor allem im Süden der Landgerichte Rosenheim und Auerburg, aus dem Gründungsbesitz der Aribonen stammt. Zu den Urbaren vgl. BHStA KL Seeon Nr. 7, Urbarium des 15. Jahrhunderts und KL Seeon Nr. 12, Urbarium 1560 und 1577, das vermutlich aus der Zeit vor dem 15. Jahrhundert stammt.

23 Haderstorfer 1967, S. 4f.

24 Doll 1912, S. 11f.

25 Ebenda S. 12.

26 Haderstorfer 1967 S. 3.

27 Ebenda S. 10. Haderstorfer zitiert aus einer Quelle im BHStA KL Seeon 672/8.

28 Burkard, wie Anm. 11, S. 61.

29 Die genannten Angaben wurden zusammengefaßt auf der Grundlage der Berechnung von Haderstorfer 1967, S. 28ff.

30 Ebenda S. 31. Zum Seeoner Besitz in der Wildschönau vgl. Hanns Bachmann. Wildschönau. Beiträge zur Siedlungs- und Wirtschaftsgeschichte. In: Veröffentlichungen des Museum Ferdinandeum in Innsbruck, Heft 18. Innsbruck 1939, S. 44–130. Die Angaben zu den Erträgen des Jahres 1650 sind auf S. 110 zu finden.

31 Öhrn ist ein öder, derzeit nicht bebauter Weinberg.

32 Doll 1912, S. 62 sowie Brugger 1991, S. 48. Zu Streitigkeiten bei den als Scharwerk zu leistenden Weinfuhren siehe bei Hartmut Zückert, Die sozialen Grundlagen der Barockkultur in Süddeutschland. Quellen und Forschungen zur Agrargeschichte, hrsg. von G. Franz und P. Blickle, Band 33. Stuttgart-New York 1988, S. 180ff.

33 In seiner Hofmark standen dem Hofmarksherrn alle Straf- und Zivilgerichtsbarkeitsrechte außer der Todesstrafe zu. »Der Hofmarksherr übte die Polizeigewalt aus, sammelte für den Landesherrn die Steuern und musterte für ihn die

wehrfähige Mannschaft ...« aus: Karl Bosl, Die historische Staatlichkeit der bayerischen Lande. In: ZBLG 25 (1965); außerdem vgl. Burkard, wie Anm. 11, S. 291f.

34 Burkard, wie Anm. 11, S. 298f.

35 Ebenda S. 297f.

36 Doll 1912, S. 33–39 sowie Brugger 1991, S. 40.

37 Hemmerle, wie Anm. 12, S. 287.

38 Wollenberg, wie Anm. 10, S. 132f.

39 Vgl. zur Frage der Finanzierung der barocken Bauten: Matthäus Pest, Die Finanzierung des süddeutschen Kirchen- und Klosterbaues in der Barockzeit. Bauwirtschaftliche und finanzielle Probleme des kirchlichen Barocks im deutschen Süden von ca. 1650 bis ca. 1780. München 1937 sowie Zückert, wie Anm. 32.

40 Burkard, wie Anm. 11, S. 200. Unter »Freistift« ist die ständige Kündbarkeit zu verstehen, d.h. der Freistifter mußte sich sein Gut in der Regel alle drei Jahre bestätigen lassen, wofür er eine Anlait (Anfallgeld), ein Einstandsgeld, zu Beginn der Nutzung zahlen mußte, wodurch dem Besitzer sein Gut gesichert war. Die meisten Freistiftsverträge wurden im 15. Jahrhundert (zwischen 1460 und 1560) ausgegeben. Beim »Leibgeding« mußte in der Regel der Inhaber eines Hofes eine feste Abgabe für die Vergabe zahlen. Der Hof war zwar nicht vererbbar, verblieb aber auf Lebenszeit in der Hand des Bewirtschafters. Beim »Erbrecht« war das unter diesem Recht stehende Gut vererbbar. Bei den »Lehengüter« unterschied sich das günstigere Beutellehen vom Zinslehen dadurch, daß es von regelmäßigen Abgaben an den Landesherren frei war. Die Lehensträger waren erbberechtigt, mußten sich aber ihr Gut bei Tod oder Wechsel des Lehensherrn neu verleihen lassen. Unter »Neustift« ist die Neuverleihung aller Hofstellen beim Abtwechsel zu verstehen. Vgl. hierzu auch Richard van Dülmen, Traunstein, HAB, Heft 26. München 1970, S. 85.

41 Zückert, wie Anm. 32, S. 172.

42 Ebenda S. 172.

43 Hemmerle, wie Anm. 12, S. 287.

44 Zückert, wie Anm. 32, S. 184f.

45 Die Zahlen sind entnommen bei Haderstorfer 1967, S. 33. Zückert (wie Anm. 32, S. 172f.) greift in seiner Darstellung bei der Ermittlung der Abgabemengen und Abgabepflichtigen zurück auf Veneranda Wiest, Honorat Kolb. Abt von Seeon 1603–1670. In: StMBO Erg.h. 13, München 1937, S. 27 und 30f. Die Zahlenangaben bei Haderstorfer und Wiest differieren nicht unwesentlich.

46 Helmuth Stahleder, Mühldorf am Inn, Die Landgerichte Neumarkt, Kraiburg und Mörmoosen und die Stadt Mühldorf, HAB, Heft 36. München 1976, S. 138.

47 Die Zahlen sind entnommen bei Haderstorfer 1967, S. 38.

48 Ebenda S. 43.

49 Doll 1912, S. 62. Zückert, wie Anm. 32, S. 172f. Vgl. auch Hermann Hörger, Die oberbayerischen Benediktinerabteien in der Herrschaftswelt, Gesellschaft und geistig-religiösen Bewegung des 17. Jahrhunderts. Ottobeuren 1971, S. 133. Die Neuerung der Schmalzdienste wurde eingeführt, indem bei einem Besitzwechsel die neuen Stiftbriefe durch die entsprechende Eintragung geändert wurden. Dieser Schmalzdienst und die Änderungen der Stiftbriefe führten zu langjährigen Streitigkeiten und zum Prozeß, was immerhin so bedeutsam war, daß Michael Wening, Historico-Topographica Descriptio, 2. Teil. München 1721, S. 9 dieses Problem erwähnt.

50 Hans Tremel, Die säkularisierten Klosterwaldungen in Altbayern. Phil. Diss., Dießen vor München 1924, S. 4f. sowie Anton Schneider, Der Gewinn des bayerischen Staates von den säkularisierten landständischen Klöstern in Altbayern, phil. Diss., München 1970, S. 169.

51 Zückert, wie Anm. 32, zitiert aus BHStA KL Seeon 2, fol. 65.

52 Haderstorfer 1967 zitiert StAM KL 676/14 und 673/9 Nr. 52.

53 Ein bayerischer Eimer umfaßte zwischen 56 und 60,4 Liter, vgl. Klaus Wollenberg, Die Entwicklung der Eigenwirtschaft des Zisterzienserklosters Fürstenfeld zwischen 1263 und 1632, Europäische Hochschulschriften, Reihe III, Band 210, Frankfurt/Main-New York 1984, S. XIII sowie Haderstorfer 1967, S. 57.

54 Haderstorfer 1967, S. 60.

55 Vgl. etwa Doll 1912, S. 64. So verkaufte Seeon im Jahre 1663 44 Eimer Wein, den Eimer zu 12 fl 45 Kreuzer an das Kloster Frauenchiemsee.

56 Haderstorfer 1967, S. 83f.

57 BHStA KL Seeon 685/31.

58 Haderstorfer 1967, S. 91.

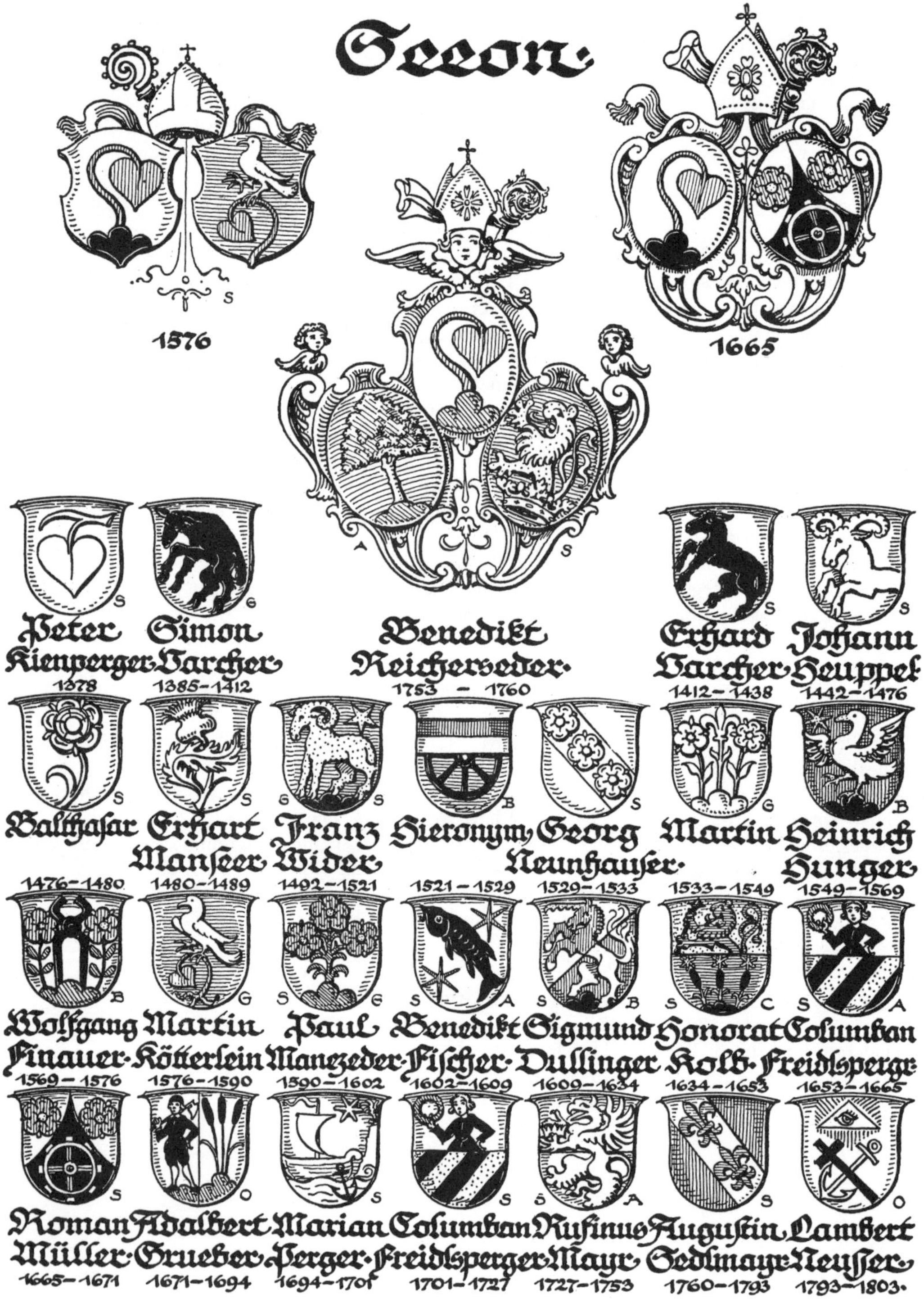

Wappen des Benediktinerklosters Seeon (Konvent und Äbte), nach Eduard Zimmermann, Bayerische Klosterheraldik, München 1930

»Vier Steine sind dort gefunden und nach Seeon ins Kloster überführt worden...« (Aventin)

Denkmalpflege im Kloster Seeon zu Beginn des 17. Jahrhunderts

Ferdinand Steffan

Angesehene Gelehrte hat der kleine Konvent von Kloster Seeon, der nur zwischen 17 und 31 Mönche umfaßte, erst spät hervorgebracht und als Gäste wohl nur selten in seinen Mauern beherbergt. Die Leistung der Seeoner Schreibschule gehört in die erste Blütezeit nach der Gründung, und wäre nicht das Musikgenie Mozart auf seinen Reisen mehrfach in Seeon eingekehrt und hätte freundschaftlichen Kontakt zu Abt und zu Pater Johann Baptist von Haasy (1746–1821) gepflegt, würde wohl die musikgeschichtliche Bedeutung Seeons nur der anderer Klöster im Chiemgau gleichkommen. Eigenständiges künstlerisches Schaffen ist auch mit Plastiken der Spätgotik in Verbindung zu bringen. Erst der Beginn des 17. Jahrhunderts bringt mit Abt Sigismund Dullinger[1] eine Persönlichkeit in die Klosterleitung, die sich nicht nur durch Bauten und Kunstwerke ein Denkmal setzte, sondern auch durch eifrige Pflege und Erforschung der Klostergeschichte hervortat. Vorausgegangen war ein verheerender Brand im Jahre 1561, der nicht nur das Kloster in Asche legte, sondern auch den größten Teil des Archivs verschlang. Abt Sigismund und sein Nachfolger Abt Honorat haben in einer Zeit, in der in anderen Klöstern bei den Barockisierungsmaßnahmen wertvollster Bestand an alten Grabdenkmälern vernichtet wurde, die steinernen Urkunden der Klostergeschichte nicht nur vor weiterer Zerstörung durch Abtreten gerettet, indem sie die schönsten von ihnen entlang der Wände aufstellen ließen, sondern sie auch in ihren Klosterchroniken ediert und mit exakten Beschreibungen und Zeichnungen versehen.

In der von Abt Sigismund Dullinger veranlaßten und von Pater Franz Carl Stengel[2] im Jahr 1620 in Augsburg herausgegebenen Chronik »Seon inferioris Bavariae Monasterium, aeri incisum una cum Fundatione, Privilegijs, Antiquitatum Monumentis et alijs. Accessit ad calcem Series et Vita Abbatum Seonensium, a varijs Monasterij Fratribus varijs Epigrammatis adornata« findet sich neben der Beschreibung der Grabdenkmäler früherer Äbte auch eine Abhandlung über vier im Kloster befindliche römische Inschriftsteine, über deren Texte und Deutung mehrere gelehrte Streitgespräche stattgefunden haben, wie der Chronist berichtet: »Visuntur porro in hoc Monasterio antiquissima Vetustatis monumenta, super quorum lectionem Sigismundus Abbas Seonensis & clarissimus Dominus Ioannes Georgius Hervvart ab Hohenburg, Ordinum Bavaricorum Cancellarius, *nonnullam, ut fieri solent, eam tamen familiarem controversiam habent.*«[3]

Es kann hier nicht Aufgabe sein, den zahlreichen Theorien über die Herkunft der Seeoner Römersteine seit ihrer Erstedition durch Aventin eine weitere Variante hinzuzufügen, vielmehr soll die gelehrte Disputation als solche im Mittelpunkt stehen und ein Licht auf das außerordentliche philologische Bemühen um diese Inschriften werfen. Nur soviel sei angemerkt: Das Kloster Seeon steht mit fünf[4] römischen Inschriften an der Spitze aller Klöster zwischen Inn und Salzach und sicher auch des gesamten oberbayerischen Raumes. Lediglich die Benediktinerinnen-Abtei Frauenwörth kann mit drei Inschriften und einem spätrömischen Sarkophag hier annähernd mithalten.[5] Immerhin mag diese Zahl verdeutlichen, daß das Kloster Seeon einen leichteren Zugriff auf derartige Denkmäler besaß und in seinem Einzugsbereich wohl eine größere römische Siedlung mit einem entsprechenden Friedhof lag. Wann und unter welchen Umständen die Grab- und Weihesteine zur Sekundärverwendung auf die Inseln kamen, hat sich nie ermitteln lassen. Das Gelehrtengespräch betrifft allerdings nur vier Inschriften, die fünfte, leider arg verstümmelte Grabplatte scheint erst im Jahre 1808 anläßlich der Klosterauflösung durch den Aufhebungskommissär Kloeckl von Rosenheim entdeckt worden zu sein, so daß sie in der Chronik fehlt.

Der Klosterchronist Stengel läßt uns im unklaren darüber, wann die Gespräche zwischen dem Abt und dem bayerischen Staatskanzler Johann Georg Herwart von Hohenburg stattgefunden haben. Allerdings grenzen die Amtszeit des Abtes, der am 28. Juli 1609 zum 47. Abt des Klosters geweiht worden war, und das Erscheinen der Klosterchronik im Jahre 1620 den Zeitraum wenigstens auf das zweite Jahrzehnt des 17. Jahrhunderts ein. Es scheint sich um mehrere Diskurse in freundschaftlicher Atmosphäre gehandelt zu haben (»*nonnullam*, ut fieri solent, eam *tamen familiarem controversiam*...«), wie sie damals wohl im Kloster üblich waren. Leider hat der Chronist nicht die Gespräche selbst protokolliert, sondern nur die unterschiedlichen Lesungen und ihre Interpretationen zu den einzelnen Römersteinen wiedergegeben. Man darf voraussetzen, daß Herwart alleine oder in Begleitung seines geistlichen Gastgebers und Gesprächspartners die Steine an ihren Verwahrorten selbst in Augenschein genommen hat. Beim Bedaius-Weihestein[6] beginnt die Darstellung des Disputs mit der Textwiedergabe nach der Lesart des Abtes (»Hanc Inscriptionem Dominus Abbas ita legit...«), an der Herwart nichts auszusetzen hat. Erst bei der Berechnung des Stiftungsjahres gibt es Meinungsverschiedenheiten: Während der Hochwürdigste Herr Abt das Jahr 220 n. Chr. für das Jahr der Errichtung hält und hierin Aventin folgt, legt Herwart dar, daß es sich um das Jahr 219 handeln müsse – worin er schließlich nach der allgemein gültigen Chronologie recht hat. Danach versucht man, den Namen Bedaius, heute gemeinhin als Lokalgott des Chiemsees/Chiemgaus gedeutet, damals jedoch nur als Ortsname verstanden, zu klären. Grundlage bildet wiederum Aventin, den beide Gesprächspartner gut kennen und wohl gedruckt vor sich liegen haben, demgegenüber Herwart jedoch neue Akzente setzt. Er versucht Bedaius und Bedaium (heute Seebruck am Chiemsee, etwa 6–7 km südlich des Klosters gelegen) mit Seeon gleichzusetzen, zwar nicht mit sicheren Beweisen belegt, aber doch auf gewichtige Argumente gestützt, unter anderem auf die Tabula Peutingeriana und deren Entfernungsangaben (»... Herwart Bedaium putat esse Seon, non quidem argumentis certis, sed tamen coniecturis non adeo levibus adductus, inter quas praecipua est Tabula Peuttingeriana, quae Bedaium, habita ratione distantiae locorum, apertissime in eo loco collocat, ut situm est Monasterium Seon«). Gewagten philologischen Argumenten, wie einer Ableitung des Namens Bedaium von »BETHIAO«, einem angeblichen Heiligtum des »IAO«, oder dem griechischen Wort »bedaion«, aus dem durch Übertragung ins Deutsche oder auch Lautverschiebung SEON wurde (–was heute abzulehnen ist–), will der kritische Chronist Stengel jedoch nicht folgen, da sie zu weit hergeholt scheinen (»... quia nimis longe petitae videntur...«) und Bemerkungen zu derartigen Worten gewöhnlich selten oder zumindest nicht immer beachtet werden (»... et in eiusdem vocabulis notiones ipsae raro, aut saltem non semper observari solent ac possunt, hic omittuntur«).

Nach dieser knappen Rekonstruktion des Gesprächsverlaufs zum ersten der Römersteine ist es angebracht, den gelehrten Gesprächspartner des Abtes genauer vorzustellen, der es wagt, der unangefochtenen Autorität eines Johannes Aventin zu widersprechen, und den Pater Carl Stengel mit den Prädikaten »doctissimus & antiquitatis studiosissimus Dominus« charakterisiert. »Der bayerische Staatskanzler Herwart von Hohenburg als Freund und Beförderer der exakten Wissenschaften«, wie ihn ein Aufsatz von S. Günther 1889 würdigt,[7] ist einer jener Universalgelehrten an der Wende vom 16. zum 17. Jahrhundert, der politische Betätigung und wissenschaftliche Forschung harmonisch miteinander zu verbinden versteht. Am 11. Februar 1553 zu Augsburg als Sohn des alteingesessenen Patriziers Johann Paul Herwart und dessen Gattin Magdalena Welser aus dem bekannten Augsburger Geschlecht geboren, besuchte Johann Georg von 1574 bis 1577 die Landesuniversität Ingolstadt, wirkte dann von 1577 bis 1585 am kaiserlichen Kammergericht in Speyer, übernahm 1585 die Pflege von Schwaben (heute Markt Schwaben östlich von München) und wurde noch im gleichen Jahr »Kanzler der bayerischen Landschaft« und Berater Herzog Wilhelms V. und später Kurfürst Maximilians I. Bis zu seinem Tod am 15. Januar 1622 übte er das Amt eines Geheimen Rates aus. Neben dieser politischen Karriere ist besonders sein wissenschaftliches Wirken und Bemühen hervorzuheben, bei dem er sich mit ägyptischer Religionsgeschichte, Mythologie, der Entzifferung der Hieroglyphen, Astronomie und dem Beginn der christlichen Zeitrechnung ebenso beschäftigte wie mit »Arithmetischen Tafeln«, die das Rechnen erleichtern sollten, und einer Aufzählung aller größeren Orte des damaligen Herzogtums Bayern mit ihren Besonderheiten, »Stett in Bayrn«. Besondere Beachtung verdient sein Briefwechsel mit Johannes Kepler[8] und anderen literarischen und naturwissenschaftlichen Größen seiner Zeit wie Tycho de Brahe, Josef Scaliger, Marcus Christoph Welser, Jakob Gretser, David Hoeschl, Johannes Meursius (de Meurs), Jakob Pontanus, Johann Praetorius und vielen anderen.[9]

Bei diesem Interesse für Zeitrechnung und Altertumskunde wird seine Auseinandersetzung mit den römischen Inschriften von Seeon verständlich, doch bleibt die Frage, wie es zur Beziehung zwischen dem Abt und dem Gelehrten kam. Mag sein, daß Herwart im Jahre 1611 bei einer diplomatischen Mission zur Beilegung von Streitigkeiten im Salzhandel zwischen Hallein und dem Erzstift Salzburg in Seeon Station machte, wie es die damaligen Reiserouten nahelegen. Es könnte auch sein, daß er im Chiemgau oder im Salzburgischen Linderung seiner Leiden suchte und hier vorbeikam, denn die Chroniken jener Zeit berichten, daß der bayerische Kanzler von rheumatischen Schmerzen dermaßen gequält sei, daß er weder Hand noch Fuß rühren könne, nur die Beweglichkeit seiner Zunge uneingeschränkt sei.[10] Vielleicht führten ihn aber auch einfach die Studien für seine »Stett in Bayrn« nach Seeon, wo ihm der Abt bereitwilligst die Denkmäler und Besonderheiten seines Klosters zeigte. Eine letzte Hypothese, aufgrund fehlerhafter Schreibung des Namens bisher nicht in Betracht gezogen, sei noch kurz dargelegt: In zweiter Ehe heiratete Johann Georg Herwart von Hohenburg 1604 Sophia Altershamer aus Wasserburg, einer alten Patrizierfamilie entstammend.[11] Nicht nur seine Pflege in Schwaben, die er sich 1594 auf 20 Jahre und nach seinem Tod eventuell auch noch für seine Kinder hatte verschreiben lassen, sondern auch der Herkunftsort seiner zweiten Gattin schaffen einen räumlichen Bezug zu Seeon, während seine sonstigen Besitzungen am Starnberger See und im Isartal liegen: Hohenburg bei Lenggries, der Stammsitz des Geschlechts, Planegg, Berg, Aufkirchen, Possenhofen, Poschetsried, Allmannshausen u.a. Eine Quittung von 1613 im Stadtarchiv Wasserburg gibt Auskunft über die Einlösung eines Schuldscheines der Stadt Wasserburg in Höhe von 2000 fl, den Thomas Altershamer seiner Tochter Sophia vererbt hatte. Die Rückforderung durch Johann Georg Herwart erfolgte anläßlich der Hochzeit von Hans Georg Herwart d.J., des ältesten Sohnes unseres Gelehrten, der sich mit Johanna Altershamer ebenfalls eine Gattin aus der Wasserburger Patrizierfamilie geholt hatte.[12] Das Fragment eines Rotmarmor-Grabsteines in der Pfarrkirche St. Jakob zu Wasserburg mit der unvollständigen Inschrift »... fürstlichen Rath, Pfleger zu Schwaben auch gemainer lobl. landtschafft Cantzlern sel: hingelassener Wittiben. Gestorben ...« läßt sich nicht mit Sicherheit Sophia oder Johanna Herwart zuweisen, da beider Ehemänner sowohl Pfleger des Gerichts Schwaben als auch »Landschafts-Kanzler« waren.[13] Noch Jahrzehnte später gibt es Belege für Beziehungen der Herwarts nach Wasserburg: Unter dem Altarblatt in der Barbara-Kapelle von St. Jakob befand sich eine Stifterinschrift aus Initialen samt dem Herwart-Wappen, wonach Johann Joseph Herwart von Hohenburg, Possenhofen und Planegg, kurfürstlicher Pfleger zu Wasserburg, 1666 den Altar/das Altarblatt gestiftet habe.[14] Ein Johann Jakob Herwart war schließlich von 1656 bis 1678 Stadtpfarrer in Wasserburg.[15]

Kehren wir nach diesem Exkurs in die Genealogie eines der Gesprächspartner zurück in die Räumlichkeiten des Klosters Seeon, wo sich Abt Dullinger und der Geheime Rat Herwart Gedanken machen über die lateinischen Texte aus der Römerzeit. Immer wieder einmal weichen ihre Lesweisen voneinander ab (»... ubi Aventinus et Abbas Seonensis legunt ... separat Dominus Hervvart literas et legit...«), einmal stimmt der Abt den Vorgaben Aventins zu, dann wieder der Herr Kanzler (»... ast Dominus Hervvart cum Aventino asserit...« »... Caeterum Dominus Hervvart & Abb. Seonensis hic iterum dissentiunt...«). Manchmal stimmen beide Aventin zu, wenn die Buchstaben auf den Steinen klar und deutlich lesbar sind (»... verum quia literae in lapide omnino clarae et distinctae apparent, merito Aventini opinio probatur«) und der Chronist Stengel schließt die Ausführungen mit dem Hinweis, daß derjenige nahe an der Wahrheit sei, der dieser Ansicht folge (»... Sane non adeo a veritate deflexerit, qui sic senserit«). Ihre Meinungen belegen die Disputanten durch Hinweise auf grammatikalische Besonderheiten, geläufige Abkürzungen in der antiken Literatur, aber auch Verweise auf andere Römersteine fehlen nicht, z.B. auf einen Stein mit dem Namen Restitutus aus Haslbach bei Ranshofen/Braunau« (»Est vero monumentum hoc, quo de loquitur Aventinus, huic nostro ferme simile, et reperitur ad S. Valentini in Haslbach prope urbem Brundunum, quod hic apponere libet«).

Wenn auch manche Übersetzung und Lokalisierung bei diesen Gesprächen durch ihre Genauigkeit besticht, haben sich doch auch Fehlinterpretationen eingeschlichen, die lange nachgewirkt haben. Bei der Erörterung des Grabsteines für Gnaeus Trebonius Firmus und Valeria Iantumara, den ihr Sohn Caius Trebonius Faustus als Bürgermeister und Bürgermeister-Stellvertreter der Stadt Aguntum auch für sich und seine Gattin Trebonia Exorata hatte errichten lassen,[16] lehnen sie die Gleichsetzung Aventins von Aguntum mit der römischen Ruinenstadt wenige Kilometer östlich von Lienz ab und gehen eigene Wege, wobei sie zunächst Linz a.d. Donau mit Lienz in Osttirol verwechseln (»Errat Aventinus, dum ... dicit Aguntum sive Agontum fuisse

Civitatem Imperialem perantiquam in regno Norico, quibus tamen in partibus sita sit, non certo se nosse. Secundum Antoninum fuit urbs ista in finibus Comitatus Tyrolensis et Goriciensis, non procul, inquit Aventinus, a Lintz, Zeblach et Brauneck. Verum quam longe hic errat Aventinus, patet consideranti distantiam inter dictos Comitatus et Civitatem Linzium«). Herwart versucht seinerseits eine Gleichsetzung von Acuontium mit Haag i. Obb., wo Herzog Albert eine umfangreiche Burganlage besitze (»Clarissimus Dominus Hervvart quondam putabat, Acuontium esse oppidum Haag, ubi serenissimus Dux Albertus amplissimam arcem habet«). Da der Herr Abt jedoch statt des G oder C bei Aguntum ein Q liest, kommt es zur folgenschweren Lesart »Aquontiam/Aquontium« und Eindeutschung mit »Aquiburgium/Aquaeburgium« = Wasserburg. Zwar lehnt Herwart den Hinweis auf die räumliche Nähe Wasserburgs zum Kloster ab, doch glaubt er in der Tabula Peutingeriana dadurch einen Beweis gefunden zu haben, daß dort, wo Wasserburg liegt, der Name PONS OENI eingetragen sei, was gleichsam Aquae pons, auf deutsch Wasser*brugg* heiße, aus dem später ähnlich wie bei Aquontium-Aguntum durch Änderung der Schreibweise Wasserburg geworden sei. So kommt durch die philologische Spitzfindigkeit oder den Irrtum zweier barocker Gelehrter Wasserburg zu einem Römerstein, den es nie besessen hat. Und noch im Inschriftenwerk »Inscriptiones Baivariae Romanae« von 1915 wird der Trebonius-Grabstein unter der Ortsangabe »Wasserburg« geführt.

Zwar konnten die beiden Gelehrten am Beginn des 17. Jahrhunderts noch nicht alle Fragen bezüglich der Seeoner Römersteine im Sinne einer modernen Epigraphik und Archäologie befriedigend klären, aber sie haben bereits wichtige Hinweise, z. B. zu den Mutmaßungen über deren Herkunft, gegeben, die leider unbeachtet geblieben sind. Nach Aventin, der die vier Steine als erster ediert hat, seien sie »... von einem Burckstal / nicht weit von Saltzburg / dem Kloster zugehoerig / herab gefuehrt ... worden / mit sampt andern Steinen / so noch in diesem Kloster vorhanden seyn«. Demgegenüber betont der Hochwürdigste Herr Abt, daß er (man) nicht wisse, wer der Urheber dieser höchst unpräzisen Herkunftsangabe sei (»Quis vero Author istius opinionis extiterit ... Dominus Abbas se prorsus ignorare ait«). Es lohnt, sich noch ein wenig bei dieser Herkunftsfrage aufzuhalten, über die später mehrere gelehrte, doch stets unbefriedigende Abhandlungen verfaßt worden sind.[17] In der lateinischen Ausgabe seiner »Annales Boiorum« kommt Aventin auf pag. 118[18] auf Salzburg zu sprechen: »Iuvavia nunc Salisburgium est ... Iuvavus flumen praeterfluit, Saltzam nominamus. Monumenta subscribo« (Iuvavum heißt nun Salzburg ... der Fluß Iuvavus fließt daran vorbei, wir nennen ihn Salzach. Die Denkmäler füge ich unten an). Anschließend zählt er eine Reihe von Inschriften auf, die beim Kloster Lambach an der Enns beginnen und sich ohne klare Absätze von pag. 118 bis pag. 120 oben erstrecken. Hier beschreibt er das Aguntum des Seeoner Trebonius-Grabsteines und springt innerhalb des Abschnittes auf Iuvavum/Salzburg zurück: »Aguntum, sive Agontum ... Ibi Gariovalda dux Boiorum cum Venedis & Sclavis pugnavit: *vestigia extare circa Iuvavim aiunt*: ego nec adfirmo, nec refello. *Quatuor quidem illic reperti sunt lapides*, ad Seumque Monasterium translati. Inscriptiones hic libuit notare« (Man sagt, es gebe um Salzburg herum ›römische‹ Überreste; ich kann es weder bestätigen, noch widerlegen. Jedenfalls sind hier vier Steine gefunden und nach Seeon ins Kloster überführt worden). Nach der Textwiedergabe der vier Seeoner Inschriften, die er klar durch Abschnitte und Ziffern trennt, folgen wieder geographische Angaben, wobei er nun von den Karawanken an den Chiemsee springt (»Iuxta radices Carvancae montis, ad Chiminum lacum Noricorum maximum, Teurnia & Berunum, sive quod idem esse quidam opinantur, Virunum, quondam celebres urbes fuere« – Am Fuß der Karawanken am Chiemsee, dem größten See der Noriker, liegen Teurnia ... und Virunum, einst blühende Städte) und die norischen Städte Teurnia (heute St. Peter im Holz bei Spittal/Drau) und Virunum (östlich von Klagenfurt) mit Prien und Bernau im Chiemgau gleichsetzt. Aus diesen wenigen Zeilen wird bereits klar, daß auf derartigen geographischen Angaben und Vorstellungen nicht aufgebaut werden kann. Dies wird vollends deutlich, wenn man der lateinischen Edition die deutsche Ausgabe Aventins gegenüberstellt. Im Abschnitt »Die alten Reichstaett am In im Land Noricorum«[19] (pag. 159) erwähnt er als erstes das Kloster »Ranßhofen bey Braunaw«, wo sich noch zwei Römersteine befänden, zum einen der Weihestein des Restitutus an Victoria Augusta und zum anderen der Weihestein an Bedaius und die Alaunen, den er in seiner lateinischen Ausgabe jedoch an vierter Stelle der Seeoner Denkmäler zitiert hatte. Nach der Übersetzung und Interpretation der Bedaius-Inschrift fährt er fort: »... ist gen Seum in das Kloster gefuehrt worden / wie ich oben angezeigt hab«. Allerdings konnte trotz gewissenhafter Suche keine Stelle eruiert werden, auf die sich der letzte Querverweis beziehen ließe. Auf pag. 160a folgt schließlich »Aguntum eine alte Reichstatt in dem Koenigreich Norico ... so wars auff der Grentz der Graffschafft Tyrol uñ Goertz gelegen / etwan umb Lintz / Teblach und Brauneck / jren Nam find ich in einem Stein / so jetzt zu Seom im Kloster ist / und von einem Burckstal / nicht weit von Saltzburg / dem Kloster zugehoerig / herab gefuehrt ist worden...« Welche neuen Erkenntnisse den Vater der bayerischen Geschichtsschreibung zwischen der lateinischen Erstausgabe und der deutschen Übersetzung seines Werks zu der Umstellung der Inschriften hinsichtlich ihrer Fundorte und sekundären Verwahrorte veranlaßten, bleibt uns heute ebenso rätselhaft, wie es schon für Abt Dullinger und Johann Georg Herwart dubios war. Die Aventinsche Gleichsetzung der Ortsangabe Aguntum, wo der Stifter des Grabsteines Duumvir (Bürgermeister) und rechtsprechender Präfekt (Richter) war, mit dem ursprünglichen Fundort und die Lokalisierung Aguntums an der Grenze der Grafschaften von Tirol und Görz haben den Abt bereits zu der Feststellung veranlaßt, daß das Kloster zwar tirolische Güter besitze, diese aber (zu) weit von Salzburg entfernt wären, als daß sie als Fundorte nach Aventins Vorstellungen in Betracht kämen (»Etsi vero Monasterium in Alpibus Tyrolensibus bona habeat, longe tamen a civitate Salisburgensi distant...«). Leider führt der Herr Abt als alternativen Ausweg für die Herkunft des Bedaius-Altares nun Tittmoning an, was die Qualität der übrigen Erörterung etwas beeinträchtigt.

Ganz neue Wege im Gegensatz zu Aventin wagte man halt doch noch nicht zu gehen, und so sollte noch viel Gelehrtenstreit um Aventins »Burckstal / nicht weit von Saltzburg / dem Kloster zugehoerig« entbrennen, den man vielerorts gefunden zu haben glaubte. Verwendet man jedoch »Burckstal« nicht im Sinne eines mittelalterlichen Burgstalles, sondern in der Bedeutung, die er bei Aventin an anderen Stellen hat, so etwa bei der Beschreibung von Eining (pag. 153b), so wird die Bezeichnung für Kastell/Lager offenkundig: »Von Artzberg ein meyl bey Enning gegen Nenham und Irnsting uber / seyn zwey alte Burckstall an der Donaw gegen einander uber / allda auch noch teglich Roemische muentz un anderß gefunden wirt«. Als römisches Kastell kommt in unserem Bereich zunächst primär Seebruck/Bedaium in Frage. Und übergeht man Aventins haarsträubende Identifikationen bayerischer Orte mit römischen Namen der Tabula Peutingeriana oder des Itinerars des Kaisers Antoninus, so liest sich seine restliche Bemerkung nach dem dritten Römerstein von Seeon ganz aktuell: »Umb den Kimsee seynd gelegen ... noch Bernaw und Brien ... allda werden noch gesehen etliche kunstreiche Estrich / wercklich gemacht / von kleinen gewuerffelten allerley Farben / Marmelsteinen / und darunder gewelbe / wirdt auch allda Gelt und ander solchs ding und Haußrath gefunden«, wie es die Fundinventare des Landesamtes für Denkmalpflege nicht nur für Bernau, Prien und Seebruck, sondern auch für den Raum Seeon selbst hinreichend belegen.[20]

Es sollte noch lange dauern, ehe das Bedaium der Tabula Peutingeriana mit Seebruck identifiziert und Bedaius mit einem Lokalgott gleichgesetzt werden konnte – verzeihen wir daher dem gelehrten Zirkel in Seeon zu Beginn des Barocks die Ungenauigkeiten und freuen wir uns vielmehr über das Bemühen des kunstsinnigen und historisch interessierten Abtes, den stummen Geschichtszeugnissen, an verschiedenen Stellen seiner Klostergebäude vermauert,[21] Bedeutung und Aussagekraft zu verleihen. Es wirkt nach den Aussagen Friedrich Vollmers, der zu Beginn unseres Jahrhunderts das Standardwerk über römische Inschriften in Bayern geschaffen hat, »wie ein ganz vereinzelter Lichtblick, wenn wir lesen, wie zu Beginn des 17. Jahrhunderts eines schönen Tages die Gelehrten des Klosters beisammensitzen und sich bemühen, die dort erhaltenen Steine wirklich zu interpretieren«,[22] in einer Zeit, in der man andernorts die Bedeutung dieser Quellen noch nicht erkannt hatte, sondern die römischen Spolien wie schon zu Aventins Zeiten weiterhin als willkommenes Baumaterial verwendete.

1 Zur Persönlichkeit und Leistung des Abtes Sigismund Dullinger siehe den Beitrag von Hans Roth in diesem Buch.
2 Pater Franz Carl Stengel (Augsburg, 1581–1663) war Benediktiner in St. Ulrich zu Augsburg, später Professor für Casuistik und ab 1613 Subprior des Klosters. Ab 1629 war er für die Zeitdauer des kaiserlichen Restitutionsediktes (bis 1648) Abt des württembergischen Klosters Anhausen an der Brenz und hat ein umfangreiches Schrifttum hinterlassen (nach ADB Bd. 36, S. 49).
3 Die Wiedergabe der lat. Texte erfolgt nach der Originalschreibweise, der leichteren Lesbarkeit wegen wird jedoch u durch v ersetzt.
4 Es handelt sich um die Inschriften Nr. 26–30 der Inscriptiones Baivariae Romanae (S. 9–11) von Fr. Vollmer, wo der gültige Text wiedergegeben ist. Zur deutschen Übersetzung und Interpretation vgl. A. Obermayr, Römersteine zwischen Inn und Salzach, Freilassing 1974, S. 101ff., 120ff., 124f. Die fünfte Inschrift behandelt auch Obermayr nicht. Zur älteren Literatur vgl. J. v. Hefner, Die römischen Denkmäler Oberbayerns und des k. Antiquariums, OA 6, München 1845, Nr. 35–39, Abb. Taf. II Nr. 24, 30, 32, 34, 40.
5 Die Klöster Rott, Höglwörth und Baumburg haben je eine römische Inschrift, Attel zwei und Frauenchiemsee drei römische Grab- oder Weihesteine aufzuweisen (nach Obermayr).
6 Inschrift Nr. 26 nach Vollmer, vgl. Obermayr S. 101ff.
7 S. Günther, Der bayerische Staatskanzler Herwart von Hohenburg als Freund und Beförderer der exacten Wissenschaften, Jahrb. f. Münchner Geschichte, 3. Jhg., München 1889, 183–219; vgl. auch ADB Bd. 13, 169ff und NDB B. 8, 722. Ferner: K. von Leoprechting, Zur Geschichtskunde der Hörwarthe von Hohenburg, OA Bd. 14, München 1853/54, 197ff. sowie G. Ferchl, Bayerische Behörden und Beamte, OA Bd. 53, München 1911/12, T. 2, 966f.
8 Ediert von C. Anschütz, Ungedruckte wissenschaftliche Correspondenz zwischen Johann Kepler und Herwarth von Hohenburg, Sitzungsberichte der kgl. Böhm. Gesellschaft der Wissenschaften, 1886.
9 Nach Günther, S. 185f.
10 Nach ADB, Bd. 13, 173 und Günther, S. 185.
11 Der Name wird bislang stets als »Sophia von Altersham« angegeben (NDB Bd. 8, 722, Leoprechting, Ferchl, K. Bosl, Bosls Bayerische Biographie, Regensburg 1983, 341), doch muß der Familienname richtigerweise Altershamer hei-

ßen, wie die Wasserburger Quellen zu dieser Familie belegen. Das Adelsprädikat erhalten sie erst 1654 als Herren von Finsing. Sophia Altershamer ist nach Leoprechting eine weitere Ehe mit einem Donnersperg eingegangen. Donnersperg war Nachfolger Herwarts in der Funktion als Obristkanzler der Landschaft, nachdem Kurfürst Maximilian dieses Amt in jüngere Hände gelegt hatte. Thomas Altershamer aus Wasserburg, der Vater von Sophia Altershamer, war mit einer Sybilla Donnersperg verheiratet, so daß sich auch hier wieder Bezüge der Herwarts über Amt und Verwandtschaft nach Wasserburg feststellen lassen.

12 Frdl. Mitteilung von Bürgermeister Dr. M. Geiger, Wasserburg.

13 J. N. J. Graf Zech von Lobming, Die Pfarrkirche S. Jacobi zu Wasserburg hat von bemerkenswürdigen Epitaphien und Monumenten folgende Stücke... Nr. 61, Bayerische Staatsbibliothek, cgm 7491/51–61; cgm 7492–40. Vgl. auch ADB, Bd. 13, 173.

14 Nach Lobming Nr. 65: I.I.H.v.H.P.v.P.C.F.P.W. – Bei Ferchl läßt sich jedoch kein Herwart als Pfleger von Wasserburg nachweisen.

15 Ferchl, S. 967; G. Skrabal, Geschichte der Stadtpfarrei St. Jakob zu Wasserburg am Inn, Wasserburg 1962, 46.

16 Inschrift Nr. 28 der Inscript. Baiv. Rom. – vgl. Obermayr S. 120ff.

17 M. A. Vogel, Die Heimath der Seeoner Römersteine, OA Bd. 15, München 1855, 222ff; J. v. Hefner, Über die Römersteine von Seeon, OA Bd. 7, München 1846, 295ff.

18 Verwendete Ausgabe von 1554, Stadtbibl. Wasserburg, Bav. 632.

19 Verwendete Ausgabe von 1566, Stadtbibl. Wasserburg, Bav. 631.

20 Freundliche Mitteilung des Kreisinventars Traunstein, Gemarkung Seeon, durch Dr. W. Irlinger, Bayer. Landesamt f. Denkmalpflege: U.a. römischer Münzfund von Seeon, verschollener Grabstein von Ischl, röm. Brandgräber von Roitham, röm. Pferdegeschirr von Ischl.

21 Nach Ph. Apians Topographie von 1563 (OA Bd. 39, München 1880, 280) befanden sich die römischen Inschriftsteine an der Walburgiskirche: »Templum extat ad pontem, per quem in monasterium transitus est. In pariete huius extant aliquot marmora cum Rom. inscriptionibus, in agro Seonensi inventa«. Diesen Text haben auch die Monumenta Boica, Bd. II, 1764, übernommen. Dem entsprechen auch die Angaben des Aufhebungskommissärs Kloeckl von Rosenheim, der 1808 Inschrift Nr. 26 »beim Stall zwischen der Thür rechts«, die Inschriften Nr. 27 und 30 »beim Stall zwischen der Thür links« entdeckte und die Inschrift Nr. 29 als mit den übrigen wiedergefunden (iterum reperta cum prioribus) bezeichnet. Nur Inschrift Nr. 28 sei in »porticu Seeonensi«, im Kreuzgang von Seeon, gewesen. Von hier aus kamen die fünf Römersteine im Jahre 1816 ins Kgl. Antiquarium nach München, später in das Bayer. National-museum, wo sie 1945 im Bombenhagel mit Ausnahme von Nr. 26 und 27 untergingen.

22 Zitiert nach Obermayr S. 101.

Übersicht über die römischen Inschriften aus dem Kloster Seeon

Abb./Lit.: Inscript.Baiv.Rom. 26
CIL III 5581
Hefner 36, Abb. 40
Mon.Boic. Mitte rechts
Obermayr 101 ff

H 110, B 41, St 31 cm
Kalkstein

1 BEDAIO AVGusto
2 ET ALOVNIS
3 SACRum
4 Caius CATIUS
5 SECVNDIA
6 NVS II VIR (= duumvir)
7 IMPeratore ANTONINo
8 II ET SACERDOTE COSulibus

1 *Dem erhabenen Bedaius*
2 *und den Alounen*
3 *geweiht!*
4 *Caius Catius*
5 *Secundia-*
6 *nus, Bürgermeister,*
7 *als Kaiser Antoninus*
8 *zum 2. Mal und Sacerdos Konsuln waren.*

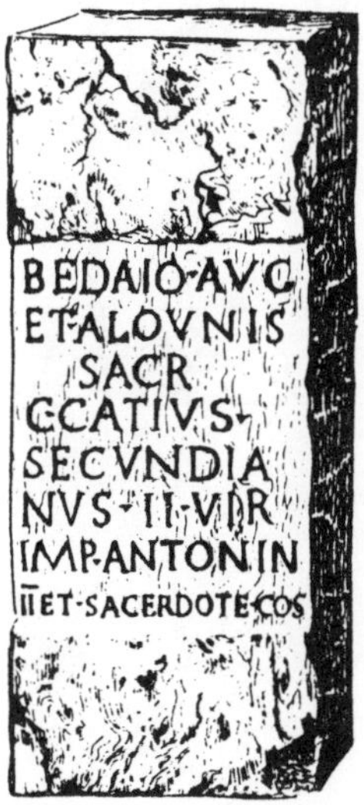

Abb./Lit.: Inscript.Baiv.Rom. 27
CIL III 5582
Hefner 35, Abb. 24
Mon.Boic. Mitte links
Obermayr 103 ff

H 107, B 32, St 29 cm
Kalkstein

1 Iovi Optimo Maximo Dis Deabus
2 Caius RESTITVTIVS
3 RESTITVTIANVS
4 GIEGEI IVLIA
5 HONORATA
6 CONIVX EIVS
7 Votum Solverunt Laeti Libentes Merito

1 *Jupiter, dem mächtigsten und größten,*
(und allen)
Göttern und Göttinnen
2 *haben Caius Restitutius*
3 *Restitutianus*
4 *. . . Iulia*
5 *Honorata,*
6 *dessen Gattin,*
7 *ihr Gelübde gelöst, froh und freudig nach Gebühr.*

Abb./Lit.: Inscript.Baiv.Rom. 28
CIL III 5583
Hefner 38, Abb. 34
Mon.Boic. oben
Obermayr 120ff

H 61, B 110, St ? cm
Heller Marmor

1 CNaeo TREBONIO FIR
2 MO ET VALeriae IANTVMARAE
3 Caius TREBONIVS FAVSTVS II
4 VIRVM ET PRAEFectus Iure Dicundo CIVITATIS
5 AGVONTi PARENTIBus OPTIMis ET SIBI
6 ET TREBONIAE MAXIMI Filiae EXORATAE
7 CONIVGI FECit

1 *Für Cnaeus Trebonius Fir-*
2 *mus und Valeria Iantumara*
3 *hat Caius Trebonius Faustus, Bürger-*
4 *meister und Bürgermeisterstellvertreter der Stadt*
5 *Aguntum, (den Grabstein) seinen besten Eltern und für sich*
6 *und Trebonia Exorata, des Maximus Tochter,*
7 *seine Gattin, gesetzt.*

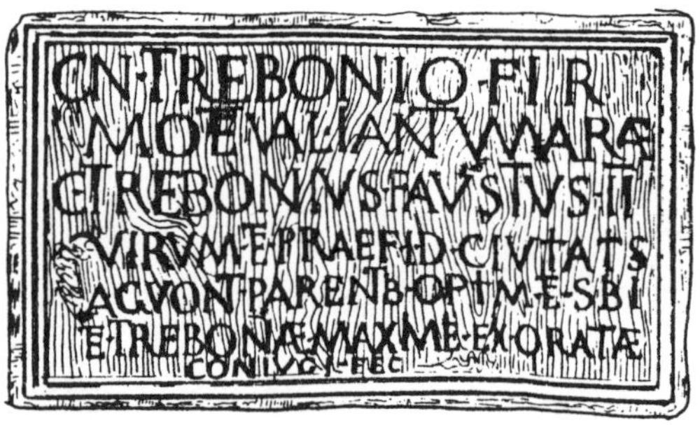

verloren

Abb./Lit.: Inscript.Baiv.Rom. 29
CIL III 5584
Hefner 37, Abb. 32
Mon.Boic. unten
Obermayr 124 f

H 45, B 64, St ? cm
Kalkstein

1 FVSCIA PRO
2 CVLI FILIA SE
3 CVNDA OBITa
4 ANNorum XXX Hic Sita Est
5 HEREDES PVDENTI MATRi
6 FECERVNT

1 *Fuscia Secunda, des Pro-*
2 *culus Tochter,*
3 *gestorben mit*
4 *30 Jahren, ist hier bestattet;*
5 *die Erben haben der sittenreinen Mutter*
6 *(das Grabmal) gesetzt.*

verloren

Abb./Lit.: Inscr.Baiv.Rom. 30
CIL III 5585
Hefner 39, Abb. 30

H 84, B 44, St 11 cm
Kalkstein

1 RIFus DAGOD
2 NADi d. ANnorum. XX
3 ILLVS · CON
4 TLI · Filius · ANnorum XC
5 hoc MoNumentum heredem non sequitur

Eine sinnvolle Übersetzung ist aufgrund des fragmentarischen Zustandes nicht möglich.

verloren

Die Buchmalerei in Seeon zur Zeit Kaiser Heinrichs II.

Gude Suckale-Redlefsen

Zeitsprünge in die Zukunft oder in die Vergangenheit sind ein beliebtes Thema in Abenteuerromanen und Filmen. Da es immer schwieriger wird, sich Zukunft vorzustellen, blendet man sich gern in die Vergangenheit ein und erlebt, z. B. mit Umberto Eco, das Leben in einem mittelalterlichen Kloster.[1] Auf zauberhafte Weise wird der Leser in eine fremde Welt von Religion, Büchern und Intrigen entführt und nach dem Finale mit der brennenden Bibliothek sich selbst überlassen.

Es wäre verlockend, für das Kloster Seeon ein ähnliches Schauspiel zu entwickeln. Doch die magische Zauberkugel oder rettende Zeitmaschine fehlt, die uns spielerisch Eingang in die Zeit um die Jahrtausendwende verschaffen würde. Die Kunstwissenschaft kann hingegen nur versuchen, in kriminalistischer Kleinarbeit die wenigen erhaltenen Kunstwerke und dazugehörende historische Quellen aufzuspüren und die spärlichen Reste wie in einem Puzzle wieder zu Umrissen eines Bildes zusammenzufügen. Da hochmittelalterliche Maler ihre Werke weder signierten noch datierten, mußten zunächst verborgene Hinweise innerhalb der Werke auf ihre Aussagekraft geprüft und stilkritisch Richtlinien für die Einordnung entwickelt werden. Wir werden den verschiedenen Entdeckungsphasen in einem kurzen Überblick folgen.

In Seeon selbst war zu Beginn des 19. Jahrhunderts nichts mehr aus der Gründungszeit des Klosters erhalten, was Aufschluß über die Tätigkeiten zur Zeit Kaiser Heinrichs II. hätte geben können. Unter den kümmerlichen Resten der alten Klosterbibliothek, die als Säkularisationsgut heute in der Bayerischen Staatsbibliothek in München aufbewahrt werden,[2] befanden sich keine ottonischen Handschriften. Das Seeoner Skriptorium dieser Zeit war bis zum Beginn des 20. Jahrhunderts vergessen.

Als am Ende des 19. und zu Beginn des 20. Jahrhunderts die ersten grundlegenden Arbeiten über ottonische Buchmalerei aus Salzburg, Regensburg, Köln oder der Reichenau entstanden, war von Seeon noch keine Rede. Erst der Philologe Hans Fischer führte das kleine Kloster am Chiemsee als Skriptorium des frühen 11. Jahrhunderts in die Diskussion ein. Doch seine Forschungen waren im Nachtragsband zum ersten wissenschaftlichen Katalog der Bamberger Bibliothek von Friedrich Leitschuh versteckt oder in Lokalzeitschriften publiziert, so daß seine Ergebnisse nur langsam bekannt wurden.[3]

Fünf unterschiedlich illuminierte Handschriften aus Seeon

Bevor ich das Für und Wider der Seeon-Problematik erörtere, möchte ich die Handschriften vorstellen, die den Ausgangspunkt für die Rekonstruktion der Malerschule bilden. Es sind vier, heute noch in der

Staatsbibliothek auf dem Bamberger Domberg aufbewahrte Codices, die Heinrich II. seiner Neugründung an der Regnitz stiftete. Da der letzte ottonische Herrscher entweder selbst dargestellt oder ausdrücklich genannt wird, läßt sich ihr Entstehungszeitraum zwischen 1007/1008 (Gründung des Bamberger Domes), 1012 (Bamberger Domweihe), 1014 (Kaiserkrönung) und 1024 (Tod Heinrichs II.) eingrenzen. Drei Handschriften waren als liturgische Bücher für den Dom, eine für das nahe beim Dom gelegene Kloster Michelsberg bestimmt.

Die Handschrift, die Heinrich II. dem Benediktinerkloster St. Michael schenkte (Msc. Lit. 143), enthält neben verschiedenen Ordensregeln und einem Martyrologium eine Sammlung unterschiedlicher Texte und Urkunden.[4] In die erste Lage, heute ein vollständiges Quaternio, wurde vermutlich nachträglich eine Doppelseite (fol. 4v, 5r) mit einem lateinischen Widmungsgedicht in 54 Hexametern eingebunden, das den Ausgangspunkt für die Seeon-Forschung bildete.[5] Der Autor der Verse ist Gerhard, der zweite Abt von Seeon (Regierungszeit 1004–1021), gepriesen werden Heinrich II. als kaiserlicher Stifter und seine Neugründung Bamberg, die Stadt der Bücher, »sepher cariath«, wie sie Gerhard nennt, als Zentrum der Künste, Literatur und Wissenschaft. Über Seeon selbst erfahren wir nur auf indirektem Wege, daß dort Aufträge Heinrichs II. ausgeführt wurden.

Die kostbare Ausgestaltung der Schrift macht deutlich, daß es sich nicht einfach um eine beliebige Urkunde, sondern um ein besonderes Dokument mit epitaphähnlichem Anspruch handelt. Die Verse sind diptychonähnlich auf zwei sich gegenüberstehenden Seiten angeordnet und typographisch aufeinander abgestimmt. Großzügige Verwendung teurer Materialien sollte die Bedeutung des Textes anzeigen. Jeweils die erste Zeile einer Seite, außerdem die Anfangsbuchstaben jeder einzelnen Zeile und die Namen von Stiftern und Patronen sind in Gold geschrieben. Die Rückseiten des feinen, weißen Pergamentes blieben leer und wurden erst später in Bamberg mit Urkundentexten gefüllt.

Um das Lobgedicht in die Handschrift mitaufzunehmen, wurde der Text des ersten Kapitels (fol. 3v) unterbrochen. Er ging wahrscheinlich zusammen mit dem folgenden Prologbeginn der Benediktsregel verloren. Man vermutet, daß auch eine Zierseite, die an dieser Stelle zu erwarten wäre, zu den Verlusten gehört.

Die Ausstattung der Bamberger Regelhandschrift beginnt mit einer größeren Rankeninitiale zum
einseitigen Prolog »Qui leni iugo Christi...« Die 74
Umrisse des Buchstabens (fol. 1r; Höhe: ca. 5 cm) werden von golden gefüllten, rot umrandeten Spaltleisten gebildet, die Unterlänge (Cauda) weit bis ins Textfeld ausgezogen. Das Buchstabeninnenfeld ist mit kreuzförmig einander zugeordneten, fleischigen Ranken vor grünen und türkisen Hintergrundsegmenten geschmückt. Die Ranken enden in orangeroten Dreipaßformen oder türkisen Blüten mit leichten Weißhöhungen an den Rändern, die sich durch die Spalte des Buchstabenkörpers winden. Schmale, genagelte Schmuckspangen begrenzen die Spaltöffnungen. Im hinteren Teil der Handschrift, zu Beginn der Regel des hl. Columban (fol. 63r), befindet sich eine weitere, kleinere Rankeninitiale dieses Typs.

Außerdem ist die Handschrift reich mit fast hundert kleineren Goldinitialen anderer Art geschmückt, von denen sich vereinzelt zwei oder drei auf einer
Seite befinden. Diese Zierbuchstaben bestehen aus 75
breitstämmigen, rotumrandeten Buchstabenkörpern, die in goldene, blaue und grüne Segmente gegliedert sind, in die Pfeilspitzblätter, Herzen oder ähnliche Formen eingezeichnet wurden.

Die Bamberger Benediktsregel muß in Seeon geschrieben und mit Buchschmuck ausgestattet worden sein, auch wenn das Lobgedicht Gerhards vielleicht nicht von Anfang an in den Zusammenhang gehörte. Denn der hl. Lambertus wird als Seeoner Lokalpatron im Martyrologium, das auf die Regel folgt, besonders hervorgehoben (fol. 110v).

Aus ähnlichen Gründen läßt sich eine zweite Bamberger Handschrift (Msc. Lit. 7) nach Seeon lokalisieren, die als Gebetbuch Kaiser Heinrichs II. gilt.[6] Diese volkstümliche Bezeichnung erweckt den Eindruck, als ob der Kaiser die Handschrift für die eigene Andacht, etwa wie ein Stundenbuch, benutzt hätte. Doch private Andachtsbücher sind den Bedürfnissen der ottonischen Zeit noch fremd. Vielmehr beweisen die über den Kirchengesängen schwungvoll eingezeichneten Neumen, die eine Frühform von Noten darstellen und als Zeichensystem nur für ausgebildete Sänger zu verstehen waren, daß dieses Buch als Cantatorium liturgischen Zwecken im Bamberger Dom diente.[7] Kaiser Heinrich war nicht Besitzer, sondern Stifter dieser Handschrift und ließ sie wie das Michelsberger Regelbuch in Seeon anfertigen. Diese Rückschlüsse ergeben sich aus speziellen Eintragungen. Denn die Laudes der Osterwoche sind Heinrich und Kunigunde dargebracht (fol. 76v, 77r), außerdem wurden Michael und Maria als Bamberger Patrone, sowie Lambertus für Seeon in die Litanei aufgenommen und besonders hervorgehoben.

Die schmalen Pergamentblätter dieser Handschrift wurden am oberen Rand in Anpassung an ein byzantinisches Elfenbeindiptychon, das den Einband bildet, rund beschnitten.[8] Abgesehen vom Deckel zeigen auch das feine, weiße Pergament und die großzügige Verteilung der sorgfältig ausgeführten Schrift mit goldenen oder goldgetupften, roten Majuskeln an den Gesangsanfängen, daß es sich um ein besonders kostbares Buch handelt. Der Buchschmuck besteht aus vier Rankeninitialen (fol. 2r, 7v, 39r, 73r; Höhe: 4–5,5 cm), die im Formengut dem ersten Initialtyp der Regelhandschrift entsprechen. Die Buchstabenkörper mit Schmuckspangen und Ranken sind rot konturiert und mit poliertem Gold gefüllt, das heute noch strahlend funkelt. Die Spaltleisten entwickeln sich zu Ranken oder einfachen, symmetrisch zueinander geordneten Flechtbandknoten (fol. 2r) vor rotem Grund.[9] Rankenteilungen
werden meist durch eine Folge von zwei bis drei 76
Häkchen eingeleitet.

Ein dritter Bamberger Kodex, in dem der hl. Lambertus als Seeoner Lokalpatron sowie die Dompatrone Maria, Petrus und Georg hervorgehoben sind (fol. 31r), ist das sog. Pontificale (bischöfliches Zeremonialbuch) Heinrichs II., (Msc. Lit. 53).[10] Abgesehen
von drei goldenen Rankeninitialen (fol. 3r, 18r, 29v) 77
mit türkisblauen und dunkelgrünen Hintergrundsegmenten im Seeoner Stil, ist diese Handschrift mit einer ganzseitigen Illustration auf einem vorgeheftetem Doppelblatt ausgestattet (fol. 2v).[11]

Wir sehen den bärtigen Herrscher vor einer dreibogi- 78
gen Arkade aufrecht stehend. Auf dem Haupt trägt er eine Bügelkrone mit Pendilien und in seiner linken Hand als Reichsapfel eine Kugel mit eingezeichnetem Kreuz. Die Haltung seiner rechten Hand läßt vermuten, daß sie ehemals ein Zepter hielt. Seine ausgebreiteten Arme werden von je einem Geistlichen gestützt, die durch das Pallium als Erzbischöfe bezeichnet sind. Unterschiede in der Hierarchie der Personen werden durch die Größe der Figuren ausgedrückt. Die Architektur ist durch den kreuzbekrönten Giebel über der mittleren Arkade als Kirche charakterisiert.

Die Farben der Miniatur sind durch zu häufige Ausstellung stark verblaßt; sie wirken dünn und lassen teilweise das Pergament durchscheinen. Die Arkadenbögen und das Untergewand Heinrichs sind hellblau, die untere Standfläche und der Streifen über den Arkadenbögen hellgrün mit Blattornamentmuster in etwas dunklerem Ton. Kleinere Architekturteile sind entweder hellgelb oder braun koloriert, ebenso wie die Untergewänder und die Kaseln der

Bischöfe. Falten und Architekturglieder bekommen durch Weißhöhungen plastische Werte. Die Zeichnung der Umrißlinien in schwarzer dünner Feder ist sicher und lebendig.

Die Szene veranschaulicht einen Akt des Krönungszeremoniells, in dem der neue Herrscher von den Bischöfen in die Kirche eingeführt wird. Der Kaiser ist namentlich nicht bezeichnet, auch direkte Hinweise auf den Stifter der Handschrift fehlen. Doch da große Teile des Textes vom sogenannten Seeoner Hauptschreiber stammen und die Initialen mit der Michelsberger Regelhandschrift eng verwandt sind, wird Heinrich II. dargestellt sein.

Die vierte Bamberger Handschrift (Msc. Bibl. 95)[12] mit einem Hinweis auf Seeon enthält ein Evangelistar (Auszüge aus den Evangelien in der Abfolge des liturgischen Kirchenjahres) mit einem Capitulare (Verzeichnis der Meßlesungen) zu Beginn, in dem der Name des hl. Lambertus in roter Tinte geschrieben ist. Als Einband wurde ein dunkelroter, byzantinischer Seidenstoff mit Vogelrautenmuster[13] über Pergamentseiten verwendet, die statt der üblichen Holzplatten einen weichen Deckel bilden.

Fast jede Seite dieser Handschrift ist mit kleineren
79 Goldinitialen geschmückt (Höhe ca. 3–4 cm), mehr als 150, die über den gesamten Codex verteilt sind. Über teilweise noch gut sichtbaren Vorzeichnungen wurden mit sicher geführter Feder die Umrisse der Buchstaben in goldener Tinte gezeichnet und mit fleischigen Ranken verziert, die in dreiteiligen Blättern oder herzförmigen Spitzen münden. Vereinzelt kommen Flechtband- und Tierkopfmotive hinzu (z.B. fol. 69v, 81v, 104r). Neben diesen Silhouetteninitialen ohne farbige Füllungen oder Hintergründe gibt es drei größere Zierbuchstaben in dem für Seeon charakteristischen Stil mit rot umrandeten, golden gefüllten Spaltleisten mit Ranken- oder Flechtbandschmuck vor farbigen Hintergrundsegmenten (fol. 11r, 29v, 73r).
Außerdem werden drei Lesungen zum Weihnachts-
fest und zum Ostersonntag mit ganzseitigen Ziersei- 80
ten eingeleitet (fol. 9r, 15r, 60r). Der erste Buchstabe des Evangeliums, monumental vergrößert, vergoldet, reich mit Rankenwerk und Flechtbandknoten vor dunkelfarbigen Segmenthintergründen verziert, wird zu einem magischen Zeichen, das geheimnisvoll vor einem teppichartigen Ornamentgrund aufleuchtet. Zusammen mit dem folgenden Text in goldenen Majuskeln bildet die Initiale den Inhalt der Darstellung. Das Wort ist zum Bild geworden und erhält infolgedessen einen breiten Ornamentrahmen.

Außer Ornamentschmuck enthält das Evangelistar sieben ganzseitige Miniaturen mit figürlichen Darstellungen (ca. 15,5 × 13 cm), von denen vier in einer Lage (Binio) vorangestellt sind. Auf das Capitulare am Anfang folgen die Bilder der Evangelisten Matthäus und Johannes, Markus und Lukas, jeweils auf einer Doppelseite paarweise einander zugeordnet
(fol. 5v–7r). Sie sitzen in kleinen Gehäusen zwi- 81–82
schen geschwungenen Vorhängen schreibend an Pulten. Die rahmende Säulenarchitektur wird von Ecktürmchen, geschwungenen Dreiecksgiebeln mit den geflügelten Evangelistensymbolen und je zwei großen Vögeln bekrönt.

Auf die vier Evangelisten folgt ein doppelseitiges 83–84
Dedikationsbild. Ohne hierarchische Abstufung in gleicher Größe stehen sich Herrscher und Gottesmutter in kostbar gerahmten Rundbogenarkaden gegenüber. Heinrich II. ist nicht mit blondem, sondern dunklem Bart dargestellt, trägt eine Bügelkrone mit Pendilien, ähnlich wie in Msc. Lit. 53, und reicht das edelsteingeschmückte Buch dar. In den Namensinschriften ist er als »Heinricus Rex Pius« und Maria als »Sancta Maria Theotocos« bezeichnet. Aus der fehlerhaften Schreibweise der griechischen Inschrift über Maria (die Verwendung von C und S ist nicht korrekt) ist zu schließen, daß ein Schreiber mit

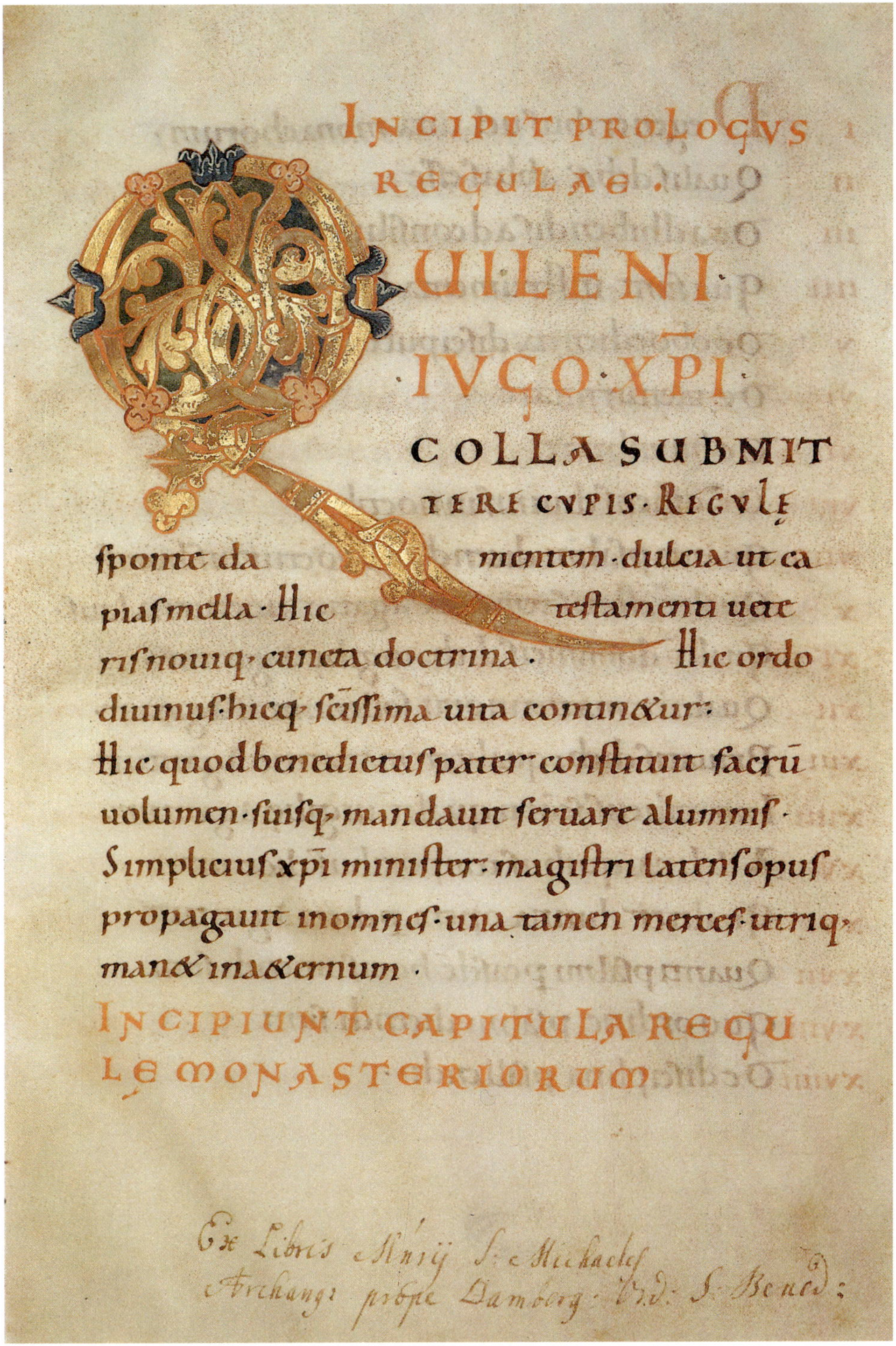

74
Initiale Q.
Bamberg, Staatsbibliothek,
Msc. Lit. 143, fol. 1r

75
Initiale K.
Bamberg, Staatsbibliothek,
Msc. Lit. 143, fol. 92r

76
Initiale A.
Bamberg, Staatsbibliothek,
Msc. Lit. 7, fol. 2r

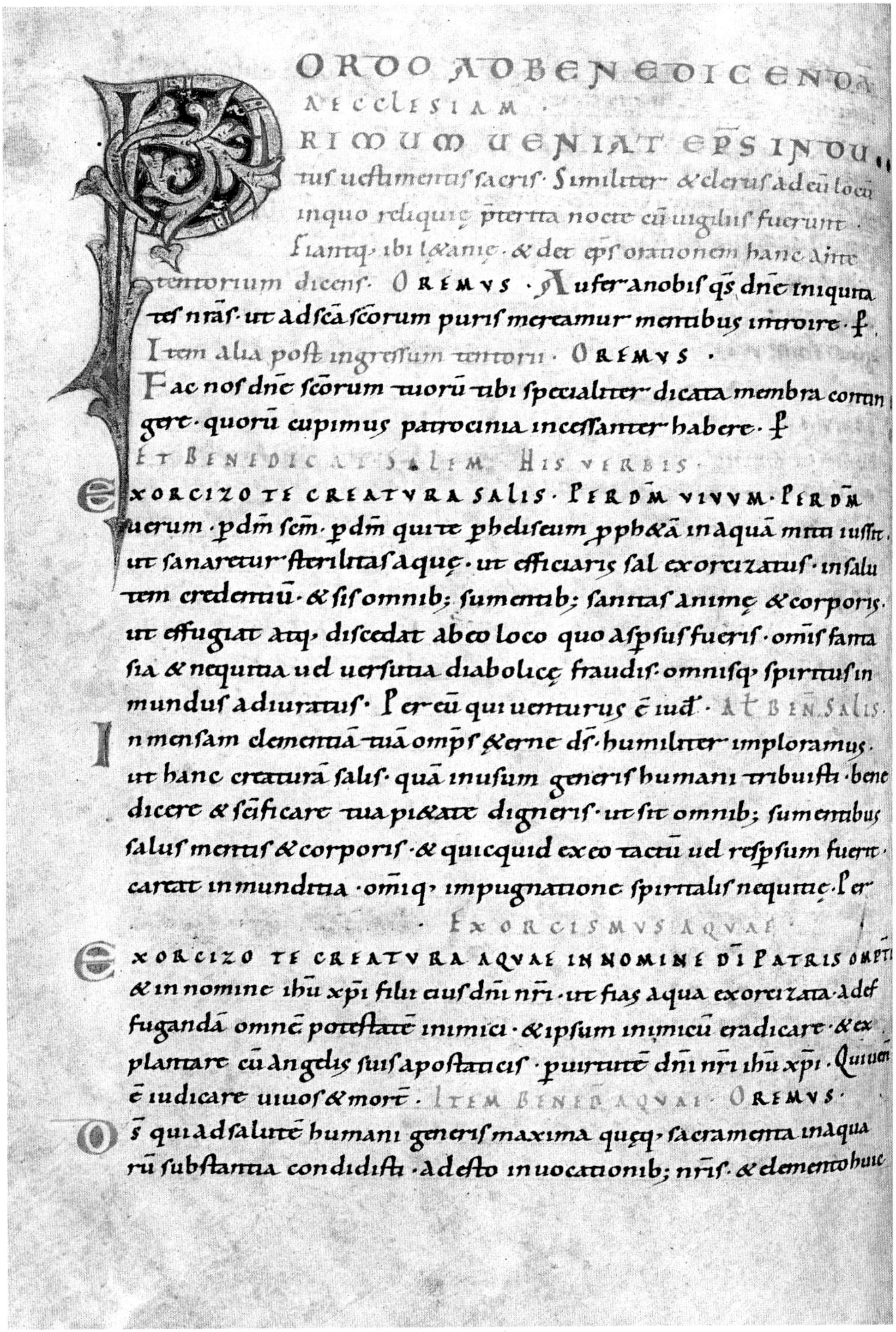

ORDO AD BENEDICENDAM AECCLESIAM.
PRIMUM UENIAT EPS INDUtus uestimentis sacris. Similiter & clerus ad eu locu inquo reliquię pterita nocte cu uigiliis fuerunt. stantq; ibi lętanię. & det eps orationem hanc ante tentorium dicens. OREMUS. Aufer a nobis qs dne iniquitates nras. ut ad sca scorum puris mereamur mentibus introire. P.
Item alia post ingressum tentorii. OREMUS.
Fac nos dne scorum tuoru tibi specialiter dicata membra contingere. quoru cupimus patrocinia incessanter habere. P.
ET BENEDICAT SALEM HIS VERBIS.
EXORCIZO TE CREATURA SALIS. PER DM VIVUM. PER DM uerum. pdm scm. pdm qui te pheliseum pphā in aquā mitti iussit. ut sanaretur sterilitas aquę. ut efficiaris sal exorcizatus. in salutem credentiu. & sis omnib; sumentib; sanitas animę & corporis. ut effugiat atq; discedat ab eo loco quo aspsus fueris. omis fantasia & nequitia uel uersutia diabolicę fraudis. omnisq; spiritus inmundus adiuratus. Per eu qui uenturus ē iud. ET BEN. SALIS.
In mensam clementiā tuā omps ęterne ds. humiliter imploramus. ut hanc creaturā salis. quā inusum generis humani tribuisti. benedicere & scificare tua pietate digneris. ut sit omnib; sumentibus salus mentis & corporis. & quicquid ex eo tactu uel respsum fuerit. careat inmunditia. omiq; impugnatione spiritalis nequitię. Per.
EXORCISMUS AQUAE.
EXORCIZO TE CREATURA AQUAE IN NOMINE DI PATRIS OMPTI & in nomine ihu xpi filii eius dni nri. ut fias aqua exorcizata ad effugandā omnē potestatē inimici. & ipsum inimicū eradicare & explantare cū angelis suis apostaticis. puirtute dni nri ihu xpi. Qui uenturus ē iudicare uiuos & mort. ITEM BENED AQUAE. OREMUS.
Ds qui ad salutē humani generis maxima queq; sacramenta in aquarū substantia condidisti. adesto inuocationib; nris. & elemento huic

77
Initiale P.
Bamberg, Staatsbibliothek, Msc. Lit. 53, fol. 29v

78
Heinrich II. zwischen Bischöfen.
Bamberg, Staatsbibliothek,
Msc. Lit. 53, fol. 2v

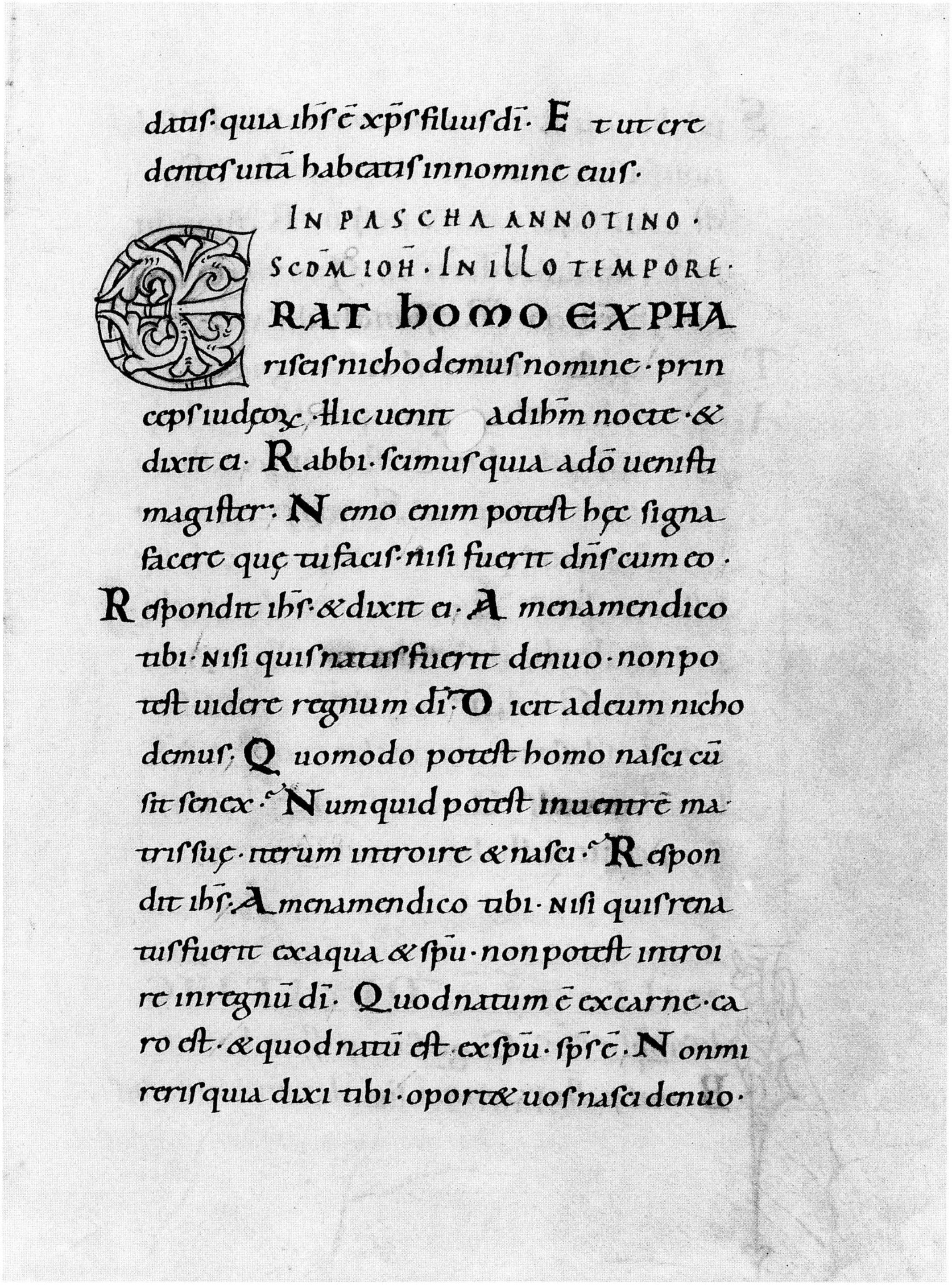
datis· quia ihs ē xps filius dī· Et ut cre
dentes uitā habeatis in nomine eius·
IN PASCHA ANNOTINO·
SCDM IOH· IN ILLO TEMPORE·
ERAT HOMO EX PHA
riseis nichodemus nomine· prin
ceps iudeorum· Hic uenit ad ihm nocte· &
dixit ei· Rabbi· scimus quia a dō uenisti
magister· Nemo enim potest hęc signa
facere quę tu facis· nisi fuerit dns cum eo·
Respondit ihs· & dixit ei· Amen amen dico
tibi· nisi quis natus fuerit denuo· non po
test uidere regnum dī· Dicit ad eum nicho
demus· Quomodo potest homo nasci cū
sit senex· Numquid potest in uentrē ma
tris suę· iterum introire & nasci· Respon
dit ihs· Amen amen dico tibi· nisi quis rena
tus fuerit ex aqua & spu· non potest introi
re in regnū dī· Quod natum ē ex carne· ca
ro est· & quod natū est ex spū· sps ē· Non mi
reris quia dixi tibi· oportet uos nasci denuo·

79
Initiale E.
Bamberg, Staatsbibliothek,
Msc. Bibl. 95, fol. 66r

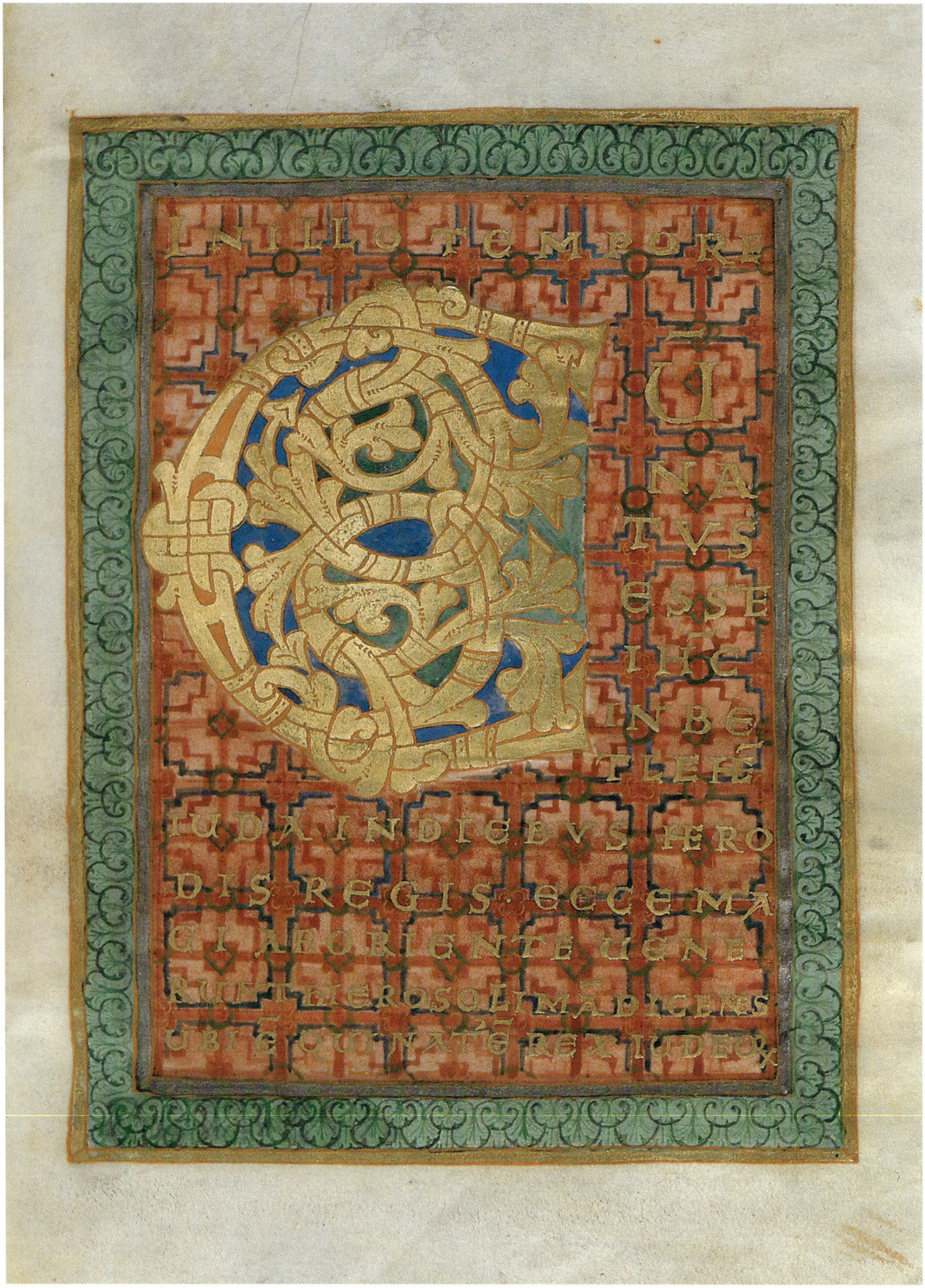

80
Zierseite mit Initiale C.
Bamberg, Staatsbibliothek,
Msc. Bibl. 95, fol. 15r

81–82
Die Evangelisten Marcus und Lucas.
Bamberg, Staatsbibliothek, Msc. Bibl. 95, fol. 6v und 7r

83–84
Heinrich II. und Maria.
Bamberg, Staatsbibliothek, Msc. Bibl. 95, fol. 7v und 8r

85
Josephs Traum.
Bamberg, Staatsbibliothek,
Msc. Bibl. 95, fol. 8v

86
Die Könige vor Herodes, und Anbetung des Kindes. Bamberg, Staatsbibliothek, Msc. Bibl. 95, fol. 14v

87
Kreuzigung Christi.
Bamberg, Staatsbibliothek,
Msc. Bibl. 95, fol. 53v

88
Frauen am Grabe.
Bamberg, Staatsbibliothek,
Msc. Bibl. 95, fol. 59v

89 *Initiale A. Kassel, Landes- und Murhardsche Bibliothek, 4° Ms. theol. 25, fol. 59v*

90
Äbtissin Uta von Niedermünster in Regensburg. Bamberg, Staatsbibliothek, Msc. Lit. 142, fol. 58v

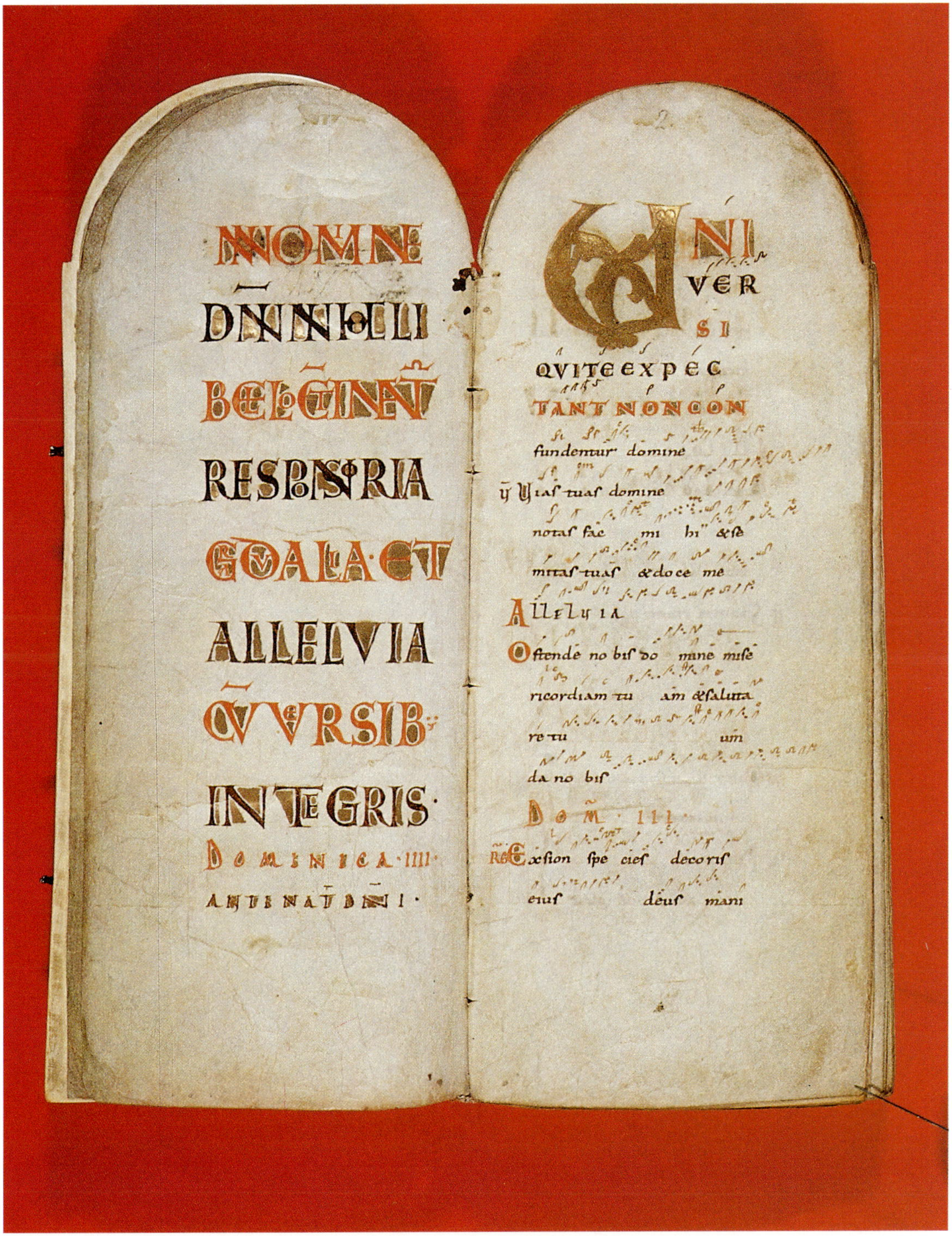

91
Initienseiten.
Bamberg, Staatsbibliothek,
Msc. Lit. 8, fol. 1v und 2r

92 Heinrich II. in der Initiale D.
Kassel, Landes- und Murhardsche Bibliothek,
4° Ms. theol. 15, fol. 134v

hohem Bildungsanspruch und unvollständigen Griechischkenntnissen am Werk war.

Nach den Evangelisten und den Dedikationsbildern
folgt vor der Weihnachtsvigil die Darstellung von
85 Josephs Traum (fol. 8v). Der Heilige liegt schlafend
auf einem Bett. Neben Schuhen und Wadenwicklern, die ordentlich auf einer Fußbank abgelegt sind, schläft am Boden ein Diener. Ein Engel erscheint über ihnen und verkündet die Aufforderung zur Flucht.

86 Vor dem Auszug der Lesungen zur Epiphanie erzählt eine ganzseitige Miniatur zwei Episoden der Weihnachtsgeschichte. In der oberen Zone sind die Hl. Drei Könige während ihrer Suche nach dem Heiland im Gespräch mit Herodes dargestellt, in der unteren bringen sie dem Kind ihre Geschenke dar.

Zwei Bilder illustrieren die Passion Christi. Die von
87 dreifach übereinandergestellten Säulen gerahmte
Kreuzigungsszene zeigt Christus noch lebend mit geöffneten Augen in dem Moment, als ihm die Lanze zwischen die Rippen ins Herz gestochen und der Essigschwamm dargereicht wird. Auf dem Balken über dem Kreuz ist in pseudo-griechischen Buchstaben »Iesus Nazarenus Rex Iudeorum« zu lesen. Zwei halbfigurige, trauernde Engel über dem Kreuz schauen auf den Erlöser herab.

88 Mit der Illustration der Frauen am Grabe zum Ostersonntag endet die Bilderfolge. Auf dem offenen Sargdeckel links im Bild sitzt ein Engel, der den beiden Frauen die Auferstehung verkündet, während auf dem Dach des Grabgebäudes die Wächter schlafen.

Nur für diese vier Bamberger Codices wird die Entstehung in Seeon aufgrund der besonderen Auszeichnung des hl. Lambert und stilistischen Erwägungen unbestritten angenommen. Wie schwierig und widerspruchsvoll die Zuweisung anderer Handschriften ist, wird der folgende Überblick über die Forschungslage zeigen.

Hans Fischer, der als erster die vier Heinrichs-Handschriften Seeon zuwies, nahm 1924 außerdem zwei sog. Gebetbücher der hl. Kunigunde für das Inselkloster in Anspruch, eines in Bamberg (Staatsbibliothek, Msc. Lit. 8)[14] und das andere in Kassel (Landesbibliothek, 4° Ms. theol. 15).[15] Das Für und Wider dieser Zuschreibungen soll am Schluß dieses Aufsatzes kurz skizziert werden.

1932 versuchte der Benediktiner Romuald Bauerreiss eine umfassende Rekonstruktion der Seeoner Malerschule mit einem Katalog von achtzehn Handschriften.[16] Er lokalisierte alle Bücher, die von Heinrich II. gestiftet wurden, nach Seeon, ohne weitere, liturgische oder stilistische Hinweise zu überprüfen. Da der Kaiser jedoch auch Werke in anderen Skriptorien in Auftrag gab, z.B. in Regensburg[17] oder Mainz,[18] erwiesen sich seine Neuzuschreibungen als unhaltbar. Doch seitdem galt Seeon als eine der kleineren ottonischen Malerschulen und wurde in verschiedenen Sammelwerken über die Kunst der Zeit als eigenständiges Skriptorium gewürdigt.[19]

1934 veröffentlichte Bernd Opfermann seinen Aufsatz über einen liturgischen Codex (4° Ms. theol. 25) aus Kloster Hersfeld in der Murhardschen Bibliothek
in Kassel.[20] Diese Handschrift konnte er aufgrund
eines hervorgehobenen Eintrags für den hl. Lambertus im Kalender (fol. 4r) überzeugend nach Seeon
lokalisieren und zwischen 999 und 1032 datieren.
Der Buchschmuck im hinteren Teil (ab fol. 54r) 89
besteht aus neunzehn Initialen mit golden gefüllten, rot umrandeten Ranken vereinzelt vor blaugrünem Grund, die dem Seeoner Formenrepertoire entsprechen.

Einen neuen Impuls erhielt die Seeon-Forschung 1986 durch Hartmut Hoffmann.[21] Nach detaillierten Schriftanalysen schlug er eine grundsätzliche Neuordnung der ottonischen Handschriften nach paläographischen Gesichtspunkten vor und schloß Seeon in diese Revision ein. Er stellte für das Kloster ein neues Werkverzeichnis mit sechzehn Nummern zusammen. Abgesehen von den vier besprochenen Bamberger Werken und der Kasseler Handschrift aus Hersfeld widersprach Hoffmann allen anderen Zuschreibungen. Er hingegen lokalisierte Handschriften nach Seeon, die bisher aufgrund kunsthistorischer Stilanalysen des Buchschmucks beispielsweise der Reichenauer oder der Salzburger Schule zugerechnet wurden, wie den sog. Hillinus-Codex (Köln, Dombibliothek, Cod. 12), das Nonnberger Evangeliar in München (Bayerische Staatsbibliothek, clm 15904) oder das Evangeliar aus St. Georg in Köln (Darmstadt, Landesmuseum, A. E. 681). Widersprüche zwischen Schreib- und Malstil in verschiedenen Handschriften führten Hoffmann dazu, die Existenz einer eigenständigen Seeoner Malerschule grundsätzlich in Frage zu stellen.

Ein hochberühmter Buchmaler in Seeon

Ist die Seeoner Malerschule ein Phantom der Kunstgeschichte? Müssen wir uns zum tausendjährigen Jubiläum des Klosters eingestehen, daß es unmöglich ist, den Zugang zur Vergangenheit zu finden, oder gibt es doch noch einen Weg, die widersprüchlichen Beobachtungen zusammenzufügen?
Um diese Frage beantworten zu können, muß eine für die Seeoner Buchmalerei wichtige Quelle eingehend untersucht werden, die in diesem Aufsatz bisher noch nicht berücksichtigt wurde. Im jüngeren Teil des Verbrüderungsbuches von St. Peter in Salzburg[22] sind auf Seite 35 in der ersten Spalte die sechzehn Mitglieder aufgezählt, aus denen der Seeoner Konvent um 1010 bestand. Auf den Namen des Abtes Gerhard folgt an vierter Stelle Ebarhardus mit den gekürzt geschriebenen Wörtern d (diaconus), m (monachus) und scr (scriptor). Diese Zeile ist als einzige in Gold geschrieben. Am unteren Rand derselben Seite sind außerdem nach einer radierten Stelle von ungefähr drei Buchstaben vier leoninische Hexameter eingetragen:

»... [Rasur] hic monachus meritis nec nomine dignus
Pingere quique auro potuit cunctoque colore
Pro quo funde preces quisquis hec sepe revolves
Dic sermoni brevi rex inclite sis pius illi.«

Gedenkverse wie diese sind im 11. Jahrhundert außerordentlich selten und bezeugen einen Maler, der zu seiner Zeit hochberühmt gewesen sein muß. Es wird hervorgehoben, daß er in Gold und vielen Farben zu malen verstand. Da die Verse den Namen des Malers leider nicht erwähnen, mit einer radierten Stelle beginnen und Verweiszeichen zur Konventsliste fehlen, ist nicht mit letzter Sicherheit auszumachen, auf welchen Seeoner Mönch sie sich beziehen. Doch bietet sich der Name Ebarhardus durch die Goldschrift und den Zusatz »scriptor« als einziger an.
Um seine Vorstellung von den Wandermalern in Seeon zu begründen, interpretierte Hoffmann diesen Eintrag folgendermaßen: Er fügte zu Beginn in die Rasur ein zweites »nec« als doppelte Verneinung ein, womit die Anfangsverse seiner Meinung nach besagen würden: »Dieser (Ebarhardus) ist weder aufgrund seiner Verdienste noch dem Namen nach ein würdiger Mensch gewesen«. Ebarhardus hätte »als Schreiber und Buchmaler dem Seeoner Konvent angehört, aber nicht gerade ein vorbildliches Mönchsleben geführt, vielleicht auch eine Zeitlang in der Welt gelebt.« Er könnte ein Laie gewesen sein, der sich mit Malen seinen Lebensunterhalt verdiente.[23]
Ohne derartige Ergänzung lautet die wörtliche Übersetzung der ersten Zeile des Eintrags: »... dieser Mönch ist durch seine Verdienste und nicht durch seinen Namen würdig.« Von einem unwürdigen

Lebenswandel ist keine Rede. Es wäre auch merkwürdig, daß ein derartig rühmendes Epitaphium mit einer so tadelnden Bemerkung eingeleitet würde. Die Annahme Hoffmanns, daß der einzig für Seeon nachweisbare Maler ein Laie gewesen sein könnte und sich nur kurzfristig im Skriptorium aufhielt, läßt sich durch die Einträge im Verbrüderungsbuch nicht beweisen.

Festzuhalten bleibt, daß das Lobgedicht einen Malermönch bezeugt, der im Kloster Seeon gearbeitet hat. Wahrscheinlich hieß er Ebarhardus und dürfte um 1010, als die Mönchsliste angefertigt wurde, zu den Älteren des Konvents gehört haben. Denn die Mitglieder der Gemeinschaft wurden in der Regel ihrem Alter entsprechend aufgezählt, und er steht an vierter Position. Das Lobgedicht am unteren Rand wurde offensichtlich noch vom Schreiber der Mönchsliste nachgetragen und setzt den Tod des Geehrten voraus.[24] Der Passus »nec nomine dignus« ließe sich vielleicht so interpretieren, daß Ebarhardus aus einem namhaften Hause stammte, daß ihm dies aber nicht zur Ehre gerechnet wurde, sondern einzig seine Verdienste als Maler. Die Herkunft aus einer bedeutenden Familie könnte auch ein Grund für die Hervorhebung durch goldene Schrift in der Konventsliste gewesen sein.

Suchen wir unter den für Seeon gesicherten Miniaturen nach erhaltenen Werken dieses Malers, so kommen eigentlich nur die altertümlichsten von ihnen im Bamberger Evangelistar (Msc. Bibl. 95) in Frage. Der Maler dieser Handschrift konnte nicht nur in Gold und allen Farben malen, sondern auch schreiben. Er war gebildet, auch wenn er das Griechische nur ungenügend verstand, wie die Inschriften vermuten lassen.

Seine Malerei ist sowohl älteren Regensburger Werken wie auch der sog. Reichenauer Ruodbrecht-Gruppe stilistisch verpflichtet. Zu ihr gehören u. a. der Egbert-Psalter (Cividale, Museo Archeologico, MS. CXXXVI) und das Perikopenbuch von Poussay (Paris, Bibliothèque Nationale, Ms. lat. 10514), die wohl zwischen 970–990 entstanden.[25] Charakteristische Stilmerkmale sind überdimensional vergrößerte Augen, Köpfe und Hände, fast kubisch gegliederte, durch breite schwarze Linien betonte Gesichtszüge und Falten, die in dunkel umrandeten V- oder Kreisformen gruppiert werden. Kräftige dekkende Farben werden bevorzugt.

Ähnliche Gestaltungsformen sind im Regelbuch aus 90
Niedermünster[26] zu beobachten, das vor 995 in St. Emmeram in Regensburg entstand und von Heinrich II. dem Kloster Michelsberg geschenkt wurde. Schachbrettartige Ornamenthintergründe, Rahmenleisten und Kostümdetails der Regensburger Handschrift kommen leicht variiert im Bamberger Evangelistar vor.[27] Das Seeoner Evangelistar weist außerdem ikonographische Parallelen zu einer anderen Regensburger Handschrift auf, dem Sakramentar Heinrichs II.,[28] das vor 1014 im Skriptorium von St. Emmeram entstand.

Betrachtet man nun noch einmal das zweite Seeoner Heinrichbild, werden Unterschiede zum Bamberger Evangelistar im Stil, der Maltechnik und der Farbzusammensetzung sichtbar. Die Figuren im Pontificale (Msc. Lit. 53) zeichnen sich durch überlange Beine mit vergleichsweise kleinen Köpfen aus und zeigen weich modellierte Gesichter und Gewänder. Die Farben sind hell und fast wässrig dünn, der Goldgrund schimmert matt goldbraun. Wie Hoffmann richtig feststellte, setzt diese Malerei die Kenntnis von Werken des sog. Meisters des Registrum Gregorii voraus.[29] Die feine Umriß- und Binnenzeichnung der Köpfe und die lebhafte Gestaltung von Haar und Bart hat das Bamberger Bild mit einer Zeichnung im sog. Berliner Froumunduscodex (Staatsbibliothek, lat. quart. 939, fol. 3v) gemeinsam,[30] der sich heute in Krakau befindet und der sog. bayerischen Klosterschule zugeschrieben wird. Ob stilistische Verwandtschaft des Heinrichsbildes aus dem Bamberger Pontificale zu späteren Werken des Süddeutschen Raumes auf gemeinsame Vorlagen zurückzuführen ist, wäre gesondert zu untersuchen. Gewisse Parallelen zeigt z.B. das Christusbild des Evangeliars aus Niederalteich (München, Bayerische Staatsbibliothek, clm 9476, fol. 8r), das um 1030–1040 ebenfalls in die »bayerische Malerschule« eingeordnet wird.[31] Auch in dem prachtvollen Evangelistar des Salzburger Doms (München, Bayerische Staatsbibliothek, clm 15713, fol. 3r, 24v),[32] das um die Mitte des 11. Jahrhunderts datiert wird, arbeitete ein Maler mit ähnlich ausdrucksvoll bewegtem Stil. Details wie pflanzenbewachsene Standflächen und architektonische Umrahmungen lassen sich ebenso wie die helle, kaum deckende Farbigkeit vergleichen.

Dagegen ist es aus stilistischen Gründen unmöglich, die Evangelistenbilder des Nonnberger Evangeliars (München, Bayerische Staatsbibliothek, clm 15904)[33] mit denen aus Seeon (Msc. Bibl. 95) zu verbinden. Obwohl die Schrift nach Hoffmann dem Seeoner Duktus im ersten Viertel des 11. Jahrhunderts entspricht, weichen die Ikonographie, die Figurenbildung und vor allen Dingen die Farbgebung grundsätzlich voneinander ab. Doch bleibt festzuhalten, daß die vier Evangelisten der Nonnberger Handschrift auf wesentlich gröbere, unrubrizierte Pergamentseiten gemalt sind, die sich in der Struktur von den Textseiten unterscheiden, den Lagen hinzugefügt sind und deshalb nicht aus demselben Skriptorium stammen müssen.

Weitere Forschungen notwendig

Die bisherigen Ausführungen haben gezeigt, daß Hoffmanns Beobachtungen über divergierende Stile in der figürlichen Malerei zutreffen. Dagegen zeigen das Formenrepertoire und die Maltechnik der Rankeninitialen ebenso wie die Schrift einen einheitlichen Duktus. Es ist zwar anzunehmen, daß einzelne Schreiber auch Zierbuchstaben gezeichnet haben, doch bisher nicht möglich, Schreiber und Initialmaler einander zuzuordnen. Ob Hoffmanns These von mindestens vier Hauptschreibern und Gehilfen zutrifft und ob die Abgrenzung zur Regensburger und Salzburger Schrift so eindeutig ist, daß sie als Grundlage für eine eindeutige Zuordnung angesehen werden kann, müssen Paläographen entscheiden. Da es jedoch um 1010 nur 16 Konventsmitglieder in Seeon gegeben hat, und in einem Kloster neben der Bücherherstellung noch viele andere Aufgaben erfüllt werden mußten, wäre es schon erstaunlich, wenn fast die Hälfte der Mönche im Skriptorium tätig war. Berücksichtigt man neben den fünf Seeoner Handschriften noch die anderen Zuschreibungen Hoffmanns, würde sich die Zahl der Schreiber und vor allen Dingen die der Maler mit jedem Codex weiter erhöhen.

Um diese Fragen entscheiden zu können, wären detaillierte Untersuchungen einzelner Handschriften notwendig, die besonders für den Salzburger Bereich noch fehlen. Wie kompliziert die Verflechtungen in Süddeutschland sind, mag ein kurzer Ausblick auf die beiden sogenannten Kunigundengebetbücher veranschaulichen, die seit den Arbeiten Fischers als Seeoner Werke galten.

Rein äußerlich gleicht das sogenannte Gebetbuch 91
der Kunigunde in Bamberg (Msc. Lit. 8)[34] dem oben besprochenen Cantatorium Kaiser Heinrichs (Msc. Lit. 7) bis ins einzelne. Dieser zum Verwechseln ähnliche erste Eindruck war auch der Grund für die volkstümliche Verbindung der beiden Handschriften mit dem Kaiserpaar. Das oben rundbogig zugeschnittene Format ist dasselbe, und der Elfenbeineinband stammt aus demselben byzantinischen Schatz.

Trotzdem wird diese Handschrift wohl kaum in Seeon entstanden sein, denn es fehlen die Einträge für den hl. Lambertus. Die Schrift ist nach Hoffmann charakteristisch für Regensburg. Die Neumen lassen auf unterschiedliche Vorlagen schließen. Der Buchschmuck des sogenannten Kunigundengebetbuches besteht neben einer Initienseite nur aus zwei Rankeninitialen. Obwohl die Ranken herz- und kleeblattförmige Endblätter haben, unterscheiden sich die Zierbuchstaben von den für Seeon bestimmten Werken durch die Proportionen und besonders durch die Maltechnik.

92 Das sogenannte Kasseler Gebetbuch der Kunigunde (4° Ms. theol. 15)[35] zeigt ebenfalls enge Bezüge zum letzten ottonischen Kaiserpaar. Es stammt aus dem Kloster Kaufungen, wo die Kaiserinwitwe Kunigunde bis zu ihrem Tode (1033) lebte. Aufgrund eines Eintrags auf der ersten Seite »per manum Marci capellani gloriosissimi Henrici imperatoris ... anno MXX«, der einen Vermerk auf dem verlorenen Deckblatt wiedergibt und wohl beim Neubinden zu Beginn des 16. Jahrhunderts aufgeschrieben wurde, ist die Handschrift 1020 datiert. Ihr Schreiber war Marcus, ein Hofkaplan, der der kaiserlichen Hofkapelle angehörte und Verwaltungs- und Kanzleiaufgaben erfüllte. Es ist nicht möglich, einen Schreiber Marcus in Seeon nachzuweisen. Auch in Regensburg, wo der Text nach Hoffmann geschrieben wurde, taucht der Name in Quellen nicht auf.[36] Der umfangreiche Buchschmuck besteht aus 189 rot gerandeten und golden gefüllten Zierbuchstaben. In der einzigen Figureninitiale (fol. 134v) ist Kaiser Heinrich II. betend vor der segnenden Hand Gottes dargestellt. Weder die zoomorphen Droleriemotive der Initialornamentik, noch die Neumen passen zum sogenannten Gebetbuch Kaiser Heinrichs aus Seeon. Daß Hinweise auf den hl. Lambertus fehlen, ist nicht mehr verwunderlich. Doch werde ich andernorts zeigen, daß auch diese Handschrift nicht für Kunigunde geschaffen wurde, sondern für den Bamberger Dom bestimmt war.

Enge Beziehungen zu Bamberg

Am Beispiel Seeons ist deutlich geworden, daß die Vorstellung von der mittelalterlichen Bücherproduktion in vielen spezialisierten Arbeitsgängen in einer »Klosterschule«, wie sie gerade in den letzten Jahren durch vielbesuchte Handschriftenausstellungen vermittelt wurde,[37] eher modellhaften Charakter hat und nur auf größere Zentren mit langer Tradition zutreffen kann. Daneben muß es noch andere Formen der Handschriftenproduktion gegeben haben.

Heinrich II., der ranghöchste Auftraggeber der damaligen Zeit, muß die Arbeiten für seine Stiftungen in vielfältiger Weise beeinflußt haben. Das Lobgedicht Gerhards legt nahe, daß die Textvorlagen aus dem Besitz des Kaisers stammten. Die unterschiedliche Qualität des Pergaments in den vier Seeoner Handschriften läßt vermuten, daß auch der Beschreibstoff nicht in Seeon hergestellt wurde, sondern als Schenkung ins Kloster kam. Auch die kostbaren Buchdekkel aus byzantinischen Elfenbeindiptychen und Seidenstoffen wird Heinrich II. gestiftet haben. Er ließ Mitglieder seiner Hofkapelle, wie den Kapellanus Marcus, Bücher schreiben und sorgte für eine angemessene Ausstattung durch Buchmaler. Es ist nicht auszuschließen, daß Miniaturen aus anderen Werkstätten in Handschriften eingebunden wurden, die in Seeon geschrieben und mit Initialen ausgestattet wurden, denn das Bild Heinrichs im Bamberger Pontificale (Msc. Lit. 53) ist auf einem Einzelblatt dem Text vorangestellt. Auch das Lobgedicht Gerhards wurde nachträglich in die Michelsberger Benediktsregel eingefügt.

Kaiser Heinrich benutzte, wie schon sein Vorgänger

Otto III., seine Stiftungen zur Selbstdarstellung. Das für die ottonische Buchmalerei gängige Ordnungsmodell der »Klosterschule« hat sich für die in Seeon entstandenen Handschriften als zu eng erwiesen. Eine Seeoner Malerschule im Sinne einer Werkstatt mit Lehrern und Schülern, die nach gemeinsamen Gestaltungsprinzipien gearbeitet haben, ist nicht rekonstruierbar. Durch das Salzburger Verbrüderungsbuch wissen wir, daß ein bedeutender Maler, der auch geschrieben hat, im Inselkloster tätig war. Doch wurde er anderswo ausgebildet, entweder in Regensburg oder in Salzburg. Seeon könnte ein Treffpunkt von Malern aus verschiedenen Regionen des Reiches gewesen sein, deren Können den speziellen Anforderungen des Auftraggebers angemessen erschien.

Bemerkenswert ist die enge Zusammenarbeit zwischen Seeon und Bamberg. Es kann deshalb nicht ausgeschlossen werden, daß Seeoner Manuskripte in Bamberg ergänzt und gebunden wurden. Die besonderen Beziehungen zwischen Bamberg und Seeon, vor allem die Bedeutung des hl. Lambertus zur Zeit Kaiser Heinrichs II. in Bamberg, müssen gesondert behandelt werden. In dieser Studie werden zwei liturgische Handschriften aus dem Bamberger Dom, die heute in Wien und in Trier aufbewahrt werden, eine Schlüsselrolle spielen.[38]

1 Umberto *Eco*, Il nome della rosa, Milano 1980.

2 Alfons Maria *Scheglmann*, Geschichte der Säkularisation im rechtsrheinischen Bayern, 3, 1, 1906, S. 767ff.; 3, 2, 1908, S. 472ff.; Joseph *Hemmerle*, Die Benediktinerklöster in Bayern, (Germania Benedictina, 2), Augsburg 1970; Elisabeth *Klemm*, Die romanischen Handschriften der Bayerischen Staatsbibliothek, Teil 1: Die Bistümer Regensburg, Passau und Salzburg, Wiesbaden 1980, S. 166.

3 Kat. Ba. Nachträge, S. 14ff.; Hans *Fischer*, Die kgl. Bibliothek in Bamberg und ihre Handschriften, in: Zentralblatt für Bibliothekswesen, 24, 1907, Heft 8/9, S. 1–32; *Fischer*.

4 Kat. Ba. I. S. 294ff.; Nachträge, S. 26; *Bauerreiss*, Kat. Nr. 1; Schramm Denkmale, S. 159, 336 Nr. 116; *Hoffmann*, S. 402, 202, 205, 407, 409, 410; Herrscherbild, S. 46; Kat. Ba. 1990, Nr. 32

5 MGH Poetae 5, S. 397, Nr. 40, S. 682.

6 Kat. Ba. I, S. 147ff; Kat. Ba. Nachträge, S. 56; *Fischer*; *Bauerreiss*, Kat. Nr. 4; *Hoffmann*, S. 281, 403, 404, 406; Kat. Ba. 1990, Nr. 33.

7 Musik in Geschichte und Gegenwart, 2, 1952, S. 760–762; Michel *Huglo*, Les livres de chant liturgique, Turnhout 1988.

8 Frauke *Steenbock*, Der kirchliche Prachteinband, Berlin 1965, Kat. Nr. 40; Kurt *Weitzmann*, Die byzantinischen Elfenbeine eines Bamberger Graduales und ihre ursprüngliche Verwendung, in: Studien zur Buchmalerei und Goldschmiedekunst des Mittelalters, Festschrift für Karl Hermann Usener, Marburg/Lahn 1967, S. 11–20; erneut abgedruckt in: Kurt *Weitzmann*, Byzantine book illumination and ivories, London 1980, VII, 11–20 und VIII, 3f., 7–9; Barbara *Schellewald*, Die Ordnung einer Bilderwelt. Bilder und Bildprogramme in Byzanz im 10. und 11. Jahrhundert, in: Kaiserin Theophanu, Ausstellung Köln 1991, 2, S. 41ff.

9 Nur bei der letzten und kleinsten Rankeninitiale (fol. 73r) fehlt der rote Hintergrund.

10 Kat. Ba. I, S. 196ff.; Kat. Ba. Nachträge, S. 20; Hans *Fischer*, Bildnisse Kaiser Heinrichs II., in: Heimatblätter des historischen Vereins Bamberg, 4, 1924, Festschrift zum 900. Todestag Kaiser Heinrichs des Zweiten, S. 50–56; *Bauerreiss*, Kat. Nr. 2; *Hoffmann*, S. 39, 403, 404, 406f., 415; Herrscherbild, Kat. Nr. 11; Kat. Ba. 1990, Nr. 30.

11 Größe der ungerahmten Miniatur: 19 × 16 cm.

12 Kat. Ba. I, S. 80f.; Kat. Ba. Nachträge, S. 14ff.; *Bauerreiss*, Kat. Nr. 3; Peter *Bloch*/Hermann *Schnitzler*, Die ottonische Kölner Malerschule, Band 2, Düsseldorf 1970, S. 133ff., 143.; *Hoffmann*, S. 39, 403, 406, 412, 415; Herrscherbild, Kat. Nr. 10; Kat. Ba. 1990, Nr. 31.

13 Leonie von *Wilckens*, Zur Verwendung von Seidengeweben des 10. bis 14. Jahrhunderts in Bucheinbänden, in: Zeitschrift für Kunstgeschichte, 56, 1990, S. 425–442.

14 Kat. Ba. I, 1, S. 149; *Fischer*; *Bauerreiss*, Kat. Nr. 5; *Hoffmann*, S. 281, 300; Kat. Ba. 1990, Nr. 34.

15 Kat. Ba. I, S. 149; *Fischer*; *Bauerreiss*, Kat. Nr. 14; Hartmut *Broszinski*, Kasseler Handschriftenschätze, Kassel 1985, S. 21–26; ders. Das sogenannte Gebetbuch der Kaiserin Kunigunde vom Jahre 1020, in: 975 Jahre Kaufungen 1011–1986. Beiträge zur Heimatkunde 1985, S. 41–52; *Hoffmann*, S. 13, 33, 39, 290, 382; Luitgard *Schader*, Die Handschrift Kassel theol. q. 15, Magisterarbeit Frankfurt/Main 1987, I, S. 55ff.

16 *Bauerreiss*.

17 München, Bayerische Staatsbibliothek, Cod. lat. 4456, oder Rom, Biblioteca Apostolica Vaticana, Cod. Ottob. lat. 74; Regensburger Buchmalerei, Kat. Nr. 17, 18.

18 Zwei Handschriften der Bamberger Staatsbibliothek, Msc. Bibl. 43 und 78, die vermutlich aus Mainz stammen; *Hoffmann*, S. 231, 232, 271 und 231, 253, 271.

19 Schramm Denkmale 1, S. 158ff.; Florentine *Mütherich*, Die Zeit der Ottonen und Salier, (Universum der Kunst, 20), München 1973, S. 160; Regensburger Buchmalerei, S. 25 ff.; *Mayr-Harting*, S. 99, 205, 207ff., 379, Kap. 1, Anm. 92; Ulrich *Kuder* stellte mir freundlicherweise Teile seiner unveröffentlichten Münchner Habilitationsschrift zur ottonischen Buchmalerei zur Verfügung.

20 Bernd *Opfermann*, Zur Seeoner Malschule des 11. Jahrhunderts (Kassel, Landesbibliothek 4° Ms. theol. 25), in: StMBO, 52, 1934, S. 172–178; *Hoffmann*, S. 181, 183, 185, 190, 193, 240, 403, 407, 409.

21 *Hoffmann*, bes. S. 402–416.

22 Karl *Forstner*, Das Verbrüderungsbuch von St. Peter in Salzburg, Vollständige Faksimile-Ausgabe im Originalformat der Handschrift A1 aus dem Archiv von St. Peter in Salzburg, (Codices selecti 51), Graz 1974, Taf. 35.

23 *Hoffmann*, S. 76.

24 Die Verse geben keinen Hinweis darauf, daß Ebarhardus noch lebte und für sich selbst diesen Hymnus schrieb, wie kürzlich H. Spilling angenommen hat; Herrad *Spilling*, Rezension zu *Hoffmann*, in: Kunstchronik, 41, 1988, S. 501.

25 Literaturübersicht zur sog. Ruodprechtgruppe, in: Peter *Bloch*, Reichenauer Evangelistar, Berlin Kupferstichkabinett, Cod. 78A2, Kommentarband Graz 1972, S. 48; zum Egbert-Psalter in Cividale außerdem: La miniatura in Friuli, (Hg.) Gian Carlo *Menis*/Giuseppe *Bergamini*, Udine 1972, S. 175–178, Kat. Nr. 2; *Mayr-Harting*, S. 260ff.

26 Bamberg, Staatsbibliothek, Msc. Lit. 142; Regensburger Buchmalerei, Kat. Nr. 14; Kat. Ba. 1990, Nr. 16; Vor dem Jahr 1000. Abendländische Buchkunst zur Zeit der Kaiserin Theophanu, Ausstellung Köln 1991, Kat. Nr. 13.

27 Mit einem über der Stirn muschelförmig gefalteten Schleier sind Maria im Bamberger Evangelistar und die Äbtissin Uta im Regelbuch bekleidet (fol. 58v). Das Bild des hl. Benedikt im Regelbuch (fol. 5v) hat einen ähnlichen Ornamenthintergrund wie die Initialzierseiten des Evangelistars.

28 München, Bayerische Staatsbibliothek, clm 4456; Regensburger Buchmalerei, Kat. Nr. 16. Auf dem Elfenbein des Deckels ist die Kreuzigung figurenreicher, aber in der zentralen Szene vergleichbar. Wie auf dem Deckel der Regensburger Handschrift folgt auf die Kreuzigung in der Bamberger Handschrift die Szene der Frauen am Grabe. Als ganzseitige Miniatur erscheint diese Darstellung innerhalb des Regensburger Sakramentars noch einmal in ähnlicher Form mit zwei Frauen wie im Seeoner Evangelistar.

29 Carl *Nordenfalk*, The chronology of the Registrum Master, in: Kunsthistorische Forschungen für Otto Pächt, München 1972, S. 62–76; ders., Archbishop Egbert's Registrum Gregorii, in: Studien zur mittelalterlichen Kunst, 800–1250, Festschrift für Florentine Mütherich, München 1985, S. 87–100; *Hoffmann*, bes. S. 11–13, 103–126, 466–470.

30 E.F. *Bange*, Eine bayerische Malerschule des XI. und XII. Jahrhunderts, München 1923, Taf. 1, Abb. 1 und 1a.

31 E.F. *Bange*, s.o., Taf. 20; Thesaurus Librorum. 425 Jahre Bayerische Staatsbibliothek. Ausstellung München 1983, Kat. Nr. 24.

32 Thesaurus Librorum. 425 Jahre Bayerische Staatsbibliothek. Ausstellung München 1983, Kat. Nr. 27.

33 *Hoffmann*, S. 411, 415.

34 siehe Anm. 14.

35 siehe Anm. 15.

36 *Hoffmann*, S. 291.

37 Ornamenta Ecclesiae. Kunst und Künstler der Romanik, Ausstellung Köln 1985; Vera *Trost*, Die Buchherstellung im Mittelalter, Bibliotheca Palatina, Ausstellung Heidelberg 1986, Begleitheft.

38 Trier, Domschatz, Cod. 151/62; Wien, Österreichische Nationalbibliothek, Cod. 1845; *Bauerreiss*, Kat. 6, 7; *Hoffmann*, S. 412ff.

Bauerreiss	Romuald *Bauerreiss*, Seeon in Oberbayern, eine bayerische Malschule des beginnenden XI. Jahrhunderts, in: StMBO, 1932, S. 529–555.
Fischer	Hans *Fischer*, Die sogenannten Gebetbücher Heinrichs und Kunigundas, in: Kaiser Heinrich der Heilige, Festschrift zur Neunhundertjahrfeier unseres hl. Bistumspatrons, Bamberg 1924, S. 7–12.
Herrscherbild	Horst *Fuhrmann*/Florentine *Mütherich*, Das Evangeliar Heinrichs des Löwen und das mittelalterliche Herrscherbild, Bayerische Staatsbibliothek, Ausstellungskataloge 35, München 1986.
Hoffmann	Hartmut *Hoffmann*, Buchkunst und Königtum im ottonischen und frühsalischen Reich, MGH Schriften 30, Stuttgart 1986.
Kat. Ba. I.	Friedrich *Leitschuh*/Hans *Fischer*, Katalog der Handschriften der Königlichen Bibliothek zu Bamberg, 1. Band, 1. Abteilung, Bamberg 1895–1906.
Kat. Ba. Nachträge	Hans *Fischer*, Katalog der Handschriften der Königlichen Bibliothek zu Bamberg, 1. Band, 3. Abteilung, Bamberg 1908.
Kat. Ba. 1990	Bernhard *Schemmel*, Staatsbibliothek Bamberg. Handschriften, Buchdruck um 1500 in Bamberg, E.T.A. Hoffmann, Ausstellungskatalog der Staatsbibliothek Bamberg 1990.
Mayr-Harting	Henry *Mayr-Harting*, Ottonische Buchmalerei. Liturgische Kunst im Reich der Kaiser, Bischöfe und Äbte, Stuttgart 1991.
Regensburger Buchmalerei	Regensburger Buchmalerei. Von frühkarolingischer Zeit bis zum Ausgang des Mittelalters, Ausstellung der Bayerischen Staatsbibliothek München und der Museen der Stadt Regensburg 1987, Bayerische Staatsbibliothek Ausstellungskataloge 39, München 1987.
Schramm Denkmale	Percy Ernst *Schramm*/Florentine *Mütherich*, Denkmale der deutschen Könige und Kaiser, München 1962.

Die mittelalterlichen Grabdenkmäler des Klosters Seeon

Volker Liedke

Das Chiemgaukloster »bei den Seen« geht auf eine Lambertus-»Zelle« zurück, die Pfalzgraf Aribo im Jahr 994 gründete und mit Benediktinermönchen aus der Abtei St. Emmeram in Regensburg besiedelte. Kaiser Otto III. und Papst Silvester II. bestätigten im Jahr 999 die Neugründung. Der erste Abt Adalbert förderte besonders die Buchmalerei. Ein Gedenkstein, der ihm in der ersten Hälfte des 15. Jahrhunderts gesetzt wurde, ist noch vorhanden. Die Vogtei über das Kloster Seeon ging von den Aribonen u. a. auf die Grafen von Lebenau und seit 1247 auf die bayerischen Herzöge über.[1]
Die mittelalterlichen Grabdenkmäler von Seeon befinden sich in zwei Bereichen der früheren Klosteranlage. Der kunstsinnige und historisch gebildete Abt Honorat Kolb[2] (1634–1653) ließ im Jahr 1646, also kurz vor Ende des Dreißigjährigen Kriegs, im Zuge der Barockisierung der Klosterkirche das künstlerisch und kulturgeschichtlich hochbedeutende Stiftergrabmal, das damals noch »in einem Winkel der Kirche gegen Westen« untergebracht war, in die Mitte des Gotteshauses zwischen dem Rosenkranzaltar und der Kanzel neu aufstellen. Zur selben Zeit erweitere Kolb auch die Barbarakapelle in der Vorhalle der Klosterkirche und gab den Auftrag zur Erbauung einer Gruft für die Conventualen. An den Wänden der Kapelle ließ er dabei zahlreiche Abtgrabsteine des 15. und 16. Jahrhunderts aufstellen, die er zuvor aus dem Pflaster hatte erheben lassen. Die Tumba des Stifters von Kloster Seeon kam dann 1818 rückwärts südlich vom Haupteingang der Kirche zur Aufstellung und schließlich 1855 in die Barbarakapelle, wo wir sie heute noch vorfinden.[3]

1. Die Stiftertumba für den Pfalzgrafen Aribo

Der bedeutende Abt Simon Farcher († 1412) ließ in den Jahren zwischen 1395 und 1400 für den Stifter des Klosters Seeon, den Pfalzgrafen Aribo, eine Tumba aus Rotmarmor[4] errichten.[5] Sie hat eine Länge von 220 cm, eine Breite von 112 cm und eine Höhe von 124 cm. Das Hochgrab erhebt sich auf einem hohen, profilierten Sockel, dessen beide Längsseiten durch je fünf und dessen Kopf- und Fußwand durch je zwei geschweifte Kielbogenarkaden geschmückt sind. Die Bogenfelder weisen meist schräggestellte Wappenschilde auf. Der Auftraggeber der Tumba, Abt Simon Farcher, hat sich an der heute nach Süden zugekehrten Längsseite des Stifterhochgrabs verewigen lassen. Das Relief zeigt den Abt in ganzer Figur mit vollem Ornat, Mitra, Pedum und Missale. Auf einem beigefügten gewellten Schriftband lesen wir:

Simo(n) abbas dictus varher
fundator hui(us) operis 1395

zu deutsch:

Abt Simon Farcher
Stifter dieses Werks 1395

Werfen wir zunächst einen Blick auf die weitausladende Deckplatte der Tumba. Pfalzgraf Aribo wird in reiner Frontalansicht dargestellt, als edler Ritter in voller Rüstung. Er ruht mit einem Mantel bekleidet im vertieften Innenfeld der Rotmarmorplatte, das mit einem sorgfältig drapierten laubwerkartigen Bahrtuch ausgelegt ist. Das Haupt des Pfalzgrafen liegt auf einem Totenkissen, ein weiteres Symbol dafür, daß hier nicht ein Lebender, sondern ein Toter dargestellt wird, wenngleich die aufgerissenen Augen dieser Betrachtungsweise eigentlich widersprechen. Dieser Widerspruch ist aber nicht nur eine Eigenart dieses Grabmals, sondern findet sich fast allgemein in der mittelalterlichen Sepulkralskulptur. Eine der wenigen Ausnahmen dazu sind die Werke jenes bedeutenden Bildhauers, der beispielsweise die Tumba für Herzog Albrecht II. in der Karmelitenkirche in Straubing, die frühere Tumba für Propst Jakobus Hinderkircher in der Klosterkirche von Gars (Lkr. Mühldorf a. Inn) oder etwa die Wandtumba in der Stiftskirche von Berchtesgaden schuf.[6]

Die Füße des Pfalzgrafen Aribo ruhen auf dem Rükken eines Löwen, der sich an das untere Ende des Innenfelds der Deckplatte schmiegt. Dieser ist ein Symbol für den Mut und die Tapferkeit des Verstorbenen im ritterlichen Turnier, aber auch im Feldzug gegen seine Widersacher. Auch die Lanze mit dem Banner, deren Schaft er in seiner Rechten hält, sowie das Schwert, dessen Griff er mit seiner Linken ergriffen hat, sind so zu bewerten. Der Pfalzgraf trägt auf seinem Haupt nicht einen Turnierhelm, wie man zunächst vielleicht erwarten würde, sondern eine Kopfbedeckung, wie sie damals nur Personen von hohem Stand zustand. Man vergleiche dazu beispielsweise den Grafen von Bogen, wie er auf der Deckplatte der Tumba des Stifters in der früheren Klosterkirche von Oberalteich (Lkr. Straubing-Bogen) wiedergegeben wird.[7]

Die Gesichtszüge des Pfalzgrafen Aribo sind natürlich nicht porträthaft zu bewerten, sie können es gar nicht sein, denn dieser war ja schon seit fast vierhundert Jahren tot. Sie entsprechen vielmehr dem Idealbild eines Pfalzgrafen nach dem künstlerischen Verständnis jenes Meisters, der die Tumba mit seinen Gesellen in jahrelanger Arbeit gemeißelt hat. Philipp Maria Halm beschreibt den Kopf des Pfalzgrafen Aribo mit folgenden treffenden Worten: »[Wir erkennen] einen mächtigen Kopf mit energisch geformter Nase, großem Bart und weit geöffneten Augen. Eine kühn geschwungene Hautfalte vereint an der Nasenwurzel die stark betonten Augenbogen zu einer ernsten, strengen Linie, die in der breiten Stirne noch zweimal nachzittert. Scharfe, charakteristische Züge lösen sich auch von den Augenwinkeln und Nasenflügeln los. Der strenge Ernst des würdevollen Antlitzes wird noch besonders durch die bis zur peinlich genauen Wiedergabe jedes einzelnen Haares durchgeführte Symmetrie des schön gewellten Bartes und unter der Mütze vorquellenden Locken gesteigert, und zu gleicher Wirkung auch die das Gesicht von den Schläfen bis zu den Bartenden begleitenden reinen Vertikalen. Man erkennt die Absicht des Meisters aus jeder einzelnen Linie. Nicht daß er es nicht anders hätte machen können, er wollte es so und nicht anders. Sein Streben, sein Stil ging auf Ruhe, Wucht und Würde. Den mächtigen Pfalzgrafen Aribo, nicht den frommen Stifter wollte der Bildhauer darstellen.«[8]

An die Schräge der Deckplatte der Tumba schmiegen sich sechs Prophetenfigürchen, von denen jene an den Ecken der Platte ihr Haupt auf ruhende Löwen legen und den Unterkörper auf Polster stützen; die an der Mitte der Längsseite lehnen ihren

Rücken dagegen an Adler mit weitgespreizten Flügeln. Jeder der Propheten hält ein Spruchband. Wir lesen (vom Betrachter aus) oben links:[9]

vive(n)t mortui tui d(omi)ne [Isaias 26,19]

(Deine Toten werden leben, o Herr)

des weiteren oben rechts:

b(ea)ti mortui q(ui) i(n) d(omi)no (moriuntur) [Apok. 14,13]

(Selig die Toten, die von nun an im Herrn sterben)

dann in der Mitte links:

ne tradas d(omi)ne bestijs (animas confitentes tibi) [Psalm 73,19]

(Gib den Raubtieren nicht die Seele Deiner Bekenner hin)

sowie in der Mitte rechts:

dies mei t(ra)nsieru(n)t cogitac(i)o(nes) (mea dissipatae sunt) [Job 17,11]

(Meine Tage sind vergangen, meine Pläne sind zerrissen)

ferner unten links:

om(n)is sp(irit)us laud(et) d(omi)n(um) [Psalm 150,6]

(Alles, was Odem hat, lobe den Herrn)

und schließlich noch unten rechts:

credo vide(re) bona domini [Psalm 26,13]

(Ich glaube, daß ich das Gute des Herrn sehen werde)

Die eingeklammerten Buchstaben und Worte geben die Auflösungen und entsprechenden Bibelstellen. Neben diesen Propheten ist noch paarweise zu beiden Seiten eingemeißelt »apoc«, »job« und »d d«. Es sollte sich hier offenbar um Hinweise auf die nebenstehenden Propheten und Bibelstellen handeln, doch entsprechen diese nicht der Richtigkeit.
Am Kopfende der Deckplatte der Stiftertumba ist außerdem noch ein Engel mit Pfauenfederflügeln zu erkennen, der die Wimpel des Banners in seinen Händen hält. Auf der Schräge der beiden Längsseiten ist noch eine Inschrift in gotischen Minuskeln eingemeißelt, sie lautet:

arybo comes palat(inus) fu(n)da(tor) hui(us) ecc(lesi)e
Symo(n) abb(as) actor hui(us) op(er)is a(nn)o d(omi)ni
m° cccc°

zu deutsch:

Pfalzgraf Aribo, der Gründer dieser Kirche
Abt Simon, der Initiator dieses Werkes, im Jahr des Herrn 1400

Demnach ist das Stifterhochgrab im Jahr 1395 in Auftrag und im Jahr 1400 vollendet und wohl auch aufgestellt worden. Es hat somit den Anschein, daß man aus Anlaß der 400-Jahr-Feier der Klostergründung den Entschluß faßte, dem edlen Stifter eine Tumba errichten zu lassen. Initiator dafür war ganz offensichtlich Abt Simon Farcher, der dem Kloster Seeon seit etwa 1384/85 vorstand.
Doch wenden wir uns noch einmal der Tumba zu. Die Wappen am Unterbau zu seiten des Abtes Simon Farcher beziehen sich einerseits auf das Kloster Seeon und das Turnieradelsgeschlecht der Layminger, die die besonderen Wohltäter des Inselklosters waren, sowie andererseits auf die Wappen der Grafen von Andechs, deren Familie die Gemahlin des Pfalzgrafen Aribo entstammte, und der Herzöge von Baiern, die seit der Mitte des 13. Jahrhunderts die Vogtei über das Kloster ausübten. An der hinteren Längswand erkennen wir fünf Wappenschilde, wovon das

eine das Wappen des Erzstifts Salzburg zeigt. Die anderen konnten bislang nicht gedeutet werden.[10]
Die Kopfwand der Tumba ist reicher behandelt. Hier sieht man das von zwei Engelhalbfiguren gehaltene pfälzische Wappen samt dem zugehörigen Helm mit dem Helmkleinod sowie an der Fußwand entsprechend das Wappen der Herzöge von Baiern.

Abt Honorat Kolb hatte die Barbarakapelle als Standort für die Grabdenkmäler seiner Vorgänger bestimmt. Ihm schwebte vielleicht die Idee von einem »Ahnensaal« vor. Zugleich spielte sicher auch der Wunsch eine Rolle, die Grabplatten, die damals noch größtenteils im Pflaster des Kirchenbodens und des Kreuzganges lagen, vor der Gefahr des Abtretens und damit der Vernichtung zu bewahren. In seinen handschriftlichen Aufzeichnungen schreibt er dazu: »Hoc prius stratum erat in terra ad ingressum Ecclesiae multum ab ingredientium pedibus attritum, ne itaque successu temporis huius laudabilissimi Abbatis memoria etiam marmorea deleretur, Abbas Honoratus anno Christi 1636, idem marmor levari fecit et iuxta tumuli Fundatoris in altum erigi.« Abt Honorat bezeichnet sich dabei selbst als »antiquitatis studiosum«. Er fährt dann in seinen Ausführungen fort, zählt jeden Grabstein auf und geht auch auf die Gesamtwirkung der Barbarakapelle ein: »Sic omnia marmorea Abbatum Epitaphia et sculptae sic memoriae in unum simul locum collata sunt, nam Abbatum Sigismundi & Honorati utpote recentia marmora in Altaria fuere erecta, illus quidam in S. Benedicti huius in S. Crucis altare. Illa priora decem marmora uno et simili colore albo, atque in fibriis auro ornata pulchre risuntur iam, ac si novus et recens labor esset.«
Vincent Mayr beschreibt und kommentiert die Maßnahmen, die damals Abt Honorat Kolb unternahm, mit folgenden Worten: »Der Einheit in der Farbigkeit entspricht auch die Anordnung der Grabsteine an der West- und Ostwand der Kapelle. An der West- und Ostwand verläuft je ein stark profiliertes Gesims, das etwas höher als die innere Unterkante der Fenster liegt. Die Gesimse stoßen stumpf an die Nordwand. Die Höhe der Gesimse ergibt sich aus den Maßen der Grabsteine. In der Nordostecke der Kapelle steht der Grabstein des Abtes Franz Widder († 1521). Die zwei Felder dieses Steines (oben eine Pietà-Darstellung, unten der kniende Abt) ergeben das größte Höhenmaß aller aufgestellten Steine. Der Stein steht unmittelbar auf dem Boden auf. An seiner Oberkante zieht sich das genannte Profil entlang. Alle übrigen Steine stoßen ebenfalls mit ihrer Oberkante an das Profil (als würden sie daranhängen). Ein unterschiedlich hoher Sockel gleicht die verschiedenen Grabsteinhöhen aus. Der Sockel und das Gesims waren rotmarmorfarben gefaßt. Zusammen mit den großformatigen Fußbodenplatten aus Rotmarmor ergibt den Gesamteindruck der Kapelle eine Rotfärbung. Das Gesims geht jeweils an den Südenden der Kapelle in ein Pilasterkapitell über, wobei dieses die Profilierung genau übernimmt.«[11]
Die Ordnung nach Form und Farbe war Abt Honorat Kolb ein wichtiges Anliegen, denn er meint: »Idem Abbas Honoratus Decem magna Marmora sive Epitaphia Abbatum Decem, pulchre ordine distribuit et in capellam noviter exstructam S. Barbarae ad duo hinc inde latera sive parietes posuit, atque albe depingi et auro ornari fecit anno 1646.«

Es erhebt sich natürlich die Frage, wer das prachtvolle Stifterhochgrab in Kloster Seeon gemeißelt haben könnte. Joachim Sighart schreibt dazu im Jahr 1862, daß die Tumba ein Bildhauer Hans Heider verfertigt habe, der dafür 110 Pfund Pfennig zu Lohn bekam.[12] Die archivalische Quelle, aus der er schöpfte, nennt Sighart leider nicht, auch entsprechende Nachforschungen im Staatsarchiv blieben

93 *Barbarakapelle. Stiftertumba, Kopfwand mit pfalzgräflichem Wappen*

94
Barbarakapelle. Stiftertumba und Abt-Grabsteine an der Westinnenwand

95
Barbarakapelle. Stiftertumba, Längswand mit Darstellung des Abtes Simon Farcher, des Auftraggebers des Hochgrabs

96
Barbarakapelle. Stiftertumba und Abt-Grabsteine an der Ostinnenwand

97
Barbarakapelle. Stiftertumba, Ausschnitt

98
Barbarakapelle. Stiftertumba für Pfalzgraf Aribo, ausgeführt zwischen 1395 und 1400. Deckplatte

99
Barbarakapelle. Stiftertumba. Abt Simon Farcher, Auftraggeber des Hochgrabes

100
Barbarakapelle.
Ehem. Wandtumbaplatte
für Abt Simon Farcher
(† 1412), Ausschnitt

101
Barbarakapelle. Stiftertumba,
Deckplatte, Ausschnitt

102 Barbarakapelle. Gedenkstein für Abt Adalbert († 1001)
103 Kreuzgang. Grabplatte eines Seeoner Abtes, wohl noch 13. Jahrhundert

104 Kreuzgang. Grabplatte für Abt Dietrich I. († nach 1283)
105 Kreuzgang. Grabplatte für Frater Conrad von Seebruck, letztes Viertel 13. Jahrhundert

106 *Barbarakapelle. Ehemalige Wandtumbaplatte für Abt Simon Farcher († 1412)*

107 *Kreuzgang. Grabplatte (eines Abtes?), wohl noch zweite Hälfte 14. Jahrhundert*
108 *Kreuzgang. Grabplatte für Abt Wilhelm Höpf († 1442)*
109 *Barbarakapelle. Platte der ehemaligen Wandtumba für Abt Erhard Farcher († 1438)*

110 *Barbarakapelle. Grabplatte für Abt Johann Heuppel († 1476)*

111 *Kreuzgang. Grabplatte für Frater Andreas († 1445), Prior des Klosters*
112 *Barbarakapelle. Epitaph für Abt Franz Widder († 1521)*
113 *Barbarakapelle. Epitaph für Abt Georg Neuhauser († 1533)*

114 Barbarakapelle. Epitaph für Abt Martin Kötterl († 1590)
115 Barbarakapelle. Epitaph für Abt Martin I. († 1549)
116 Klosterkirche (Chor), Gedenkstein für Abt Eberhard († 1004)

117 *Kreuzgang des Klosters, Ostflügel, mit Grabplatten und Epitaphien*

118
Barbarakapelle
Epitaph für Abt
Benedikt Fischer († 1609)

119
Barbarakapelle
Epitaph für Abt
Paul Manazeder
(† 1602)

120–121 *Kreuzgang. Wappengrabplatte für Erasmus von Layming († 1406) und seine Gemahlin Kunigunde von Schonstett und für Conrad Marwanger († 1380)*

122 *Kreuzgang. Deckplatte der früheren Tumba für Erasmus von Layming († 1406)*

123 Kreuzgang. Wappengrabplatte für Ritter Magens († Mitte 14. Jahrh., ausgeführt aber erst um 1397)
124 Kreuzgang. (Erneuerte) Wappengrabplatte für Ortlieb Rordorfer († 1336) und sein Geschlecht, ausgeführt um 1442
125 Kreuzgang. Wappengrabplatte für Hanns Kienberger († nach 1420)

126 Kreuzgang. Grabplatte für Hanns Wundrer († 1403), Weinschenk des Klosters, und seine Gemahlin Agnes
127 Kreuzgang. Grabplatte für Wilhelm Daxer († 1450)
128 Kreuzgang. Wappengrabplatte für Albrecht und Conrad von Truchtlaching († 1282), ausgeführt um 1480

129 *Kreuzgang. Ehem. Tumbadeckplatte des Turnieradelsgeschlechts der Layminger, ausgeführt 1475*

130
Kreuzgang
Wappengrabplatte für Niklas Schwarzwolf genannt Reinswedel († 1461), Klosterrichter zu Seeon

bislang erfolglos. Die Höhe der genannten Summe erscheint jedoch angemessen, so daß an einem Wahrheitsgehalt dieser Nachricht eigentlich nicht gezweifelt werden sollte. Vincent Mayr gibt dem Meister dagegen einfach den Notnamen »Aribomeister«,[13] ein Name, der sehr griffig klingt, doch sollte wohl, solange nicht eindeutig bewiesen ist, daß sich hier Sighart in der Meisterfrage irrte, der einmal zitierte Name Hans Heider weiter verwendet werden.

Nicht unwichtig ist daneben die Beantwortung der Frage nach dem Standort der Werkstatt des Meisters Hans Heider. Die kunstgeschichtliche Forschung dachte hierbei in erster Linie stets an Salzburg, doch wohl mehr gefühlsmäßig, denn eindeutige Beweise blieb man dafür schuldig. Vincent Mayr schreibt dazu 1972, daß »eine Lokalisierung der Werkstatt des Aribograbmalmeisters bis heute nicht möglich ist«.[14] Dieser Meinung kann und will sich der Verfasser dieses Beitrags nicht anschließen. Es sollte wenigstens unter Berücksichtigung der historischen Gegebenheiten der Versuch unternommen werden.

Eine größere Gruppe von stilistisch für den Meister verbürgten Arbeiten findet man in Haslach.[15] Der Ort ist heute nach Traunstein eingemeindet und war früher die Pfarrkirche der herzoglich bayerischen Stadt an der Traun. Die Grabplatten sind heute alle an der westlichen Friedhofsmauer aufgerichtet. Gemeint sind damit folgende Grabsteine:

1. Wappengrabplatte für Ägid Westerkircher (zu Erlstätt?)
(† 1368), und seine Gemahlin, ausgeführt aber wohl erst um 1385.

2. Wappengrabplatte für Georg Peck († nach 1386) und seine Gemahlin Lucia († 1386), ausgeführt wohl um 1387.

3. Wappengrabplatte für Ott Amranger († 1368) und seinen Bruder Reiker Amranger (Todesdatum nicht eingesetzt, urkundlich noch 1378 erwähnt), ausgeführt um 1388/90.

4. Wappengrabplatte für Alhard Kalsperger († 1390), ausgeführt wohl bald nach 1390.

5. Wappengrabplatte für Fida († 1397), Conrad des Zollners Hausfrau, und deren Sohn Johannes, Chorherr zu Herrenchiemsee.

6. Ehemalige Wandtumbaplatte (figürlich) für den Pfarrer und Dekan Conrad Lanzinger († 1404), ausgeführt noch zu dessen Lebzeiten, wohl um 1400.

7. Ehemalige Wandtumbaplatte mit Wappen für den herzoglichen Pfleger Thomas Trenbeck († 1419, Todesdatum[16] nicht eingesetzt) sowie dessen drei Gemahlinnen Margarete Tobelheimer von Haiming, Adelheid Gundrichinger und Barbara Stettner von Altenbeuern sowie deren Söhne im Turm-Untergeschoß der Haslacher Pfarrkirche, ausgeführt zwischen 1400 und 1410.

Diese Häufung ist natürlich auffallend und könnte an sich für die Stadt Traunstein als Sitz der Werkstatt Hans Heiders sprechen. Eine zweite Gruppe von Grabsteinen von der Hand bzw. aus der Werkstatt des Meisters findet sich andererseits in den Chiemgauklöstern, die damals noch zur Erzdiözese Salzburg gehörten. Hierbei handelt es sich um folgende Werke der Sepulkralskulptur:

8. Gemeinsame Grabplatte der Äbtissinnen Sophia von Truchtlaching († 1391) und Martha von Truchtlaching († 1400, Todesdatum nachgetragen) in der Klosterkirche zu Frauenchiemsee, ausgeführt wohl bald nach 1391.

9. Stiftertumba für den Pfalzgrafen Aribo in Kloster Seeon, ausgeführt zwischen 1395 und 1400.
10. Wappengrabplatte für Ritter Magens († Mitte 14. Jahrhundert), ausgeführt aber erst um 1397.
11. Ehemalige Wandtumbaplatte (figürlich) für den Archidiakon Johannes († 1414, Todesdatum nachgetragen) im Kreuzgang des früheren Augustinerchorherrenstifts Baumburg, ausgeführt zwischen 1400 und 1414.
12. Ehemalige Tumbadeckplatte für Erasmus von Layming († 1406) im Kreuzgang von Kloster Seeon, ausgeführt nach 1406.
13. Ehemalige Tumbadeckplatte (mit Wappen) für den salzburgischen Landeshauptmann Oswald von Törring († 1418, Todesdatum nachgetragen) und seine drei Gemahlinnen in der früheren Törringkapelle (jetzt Sakristei) des früheren Augustinerchorherrenstifts Baumburg, ausgeführt zwischen 1400 und 1418.
14. Ehemalige Wandtumbaplatte (figürlich) für Abt Simon Farcher († 1412, Todesdatum nachgetragen) in Kloster Seeon, ausgeführt wohl 1411/12.

Eine dritte Gruppe von Grabsteinen im Œuvre Hans Heiders findet sich dann im Inntal südlich von Rosenheim. Wir haben dabei an folgende Steine zu denken:

15. Ehemalige Wandtumbaplatte für (? Ludwig) Dürenpacher († 1388) an der Südaußenwand der kath. Pfarrkirche zu Kufstein (Tirol), um 1390.
16. Wappengrabplatte für den Adeligen Conrad Ebser († 1399, Todesdatum nachgetragen) an der Westaußenwand der Pfarrkirche zu Ebbs (Tirol), ausgeführt zwischen 1390 und 1399.
17. Wappengrabplatte für den Adeligen Ott Ebser († nach 1400) und seine Gemahlin Anna, des weiteren für Zacharias Ebser, den Sohn des Stephan Ebser, sowie letztlich noch für Ott Ebser d. J. († 1435, Todesdatum nachgetragen) an der Westaußenwand der Pfarrkirche zu Ebbs (Tirol), ausgeführt wohl zwischen 1400 und 1410.
18. Wappengrabplatte für Nikolaus Vegler († nach 1400, Todesdatum nicht nachgetragen) bei der Stadtpfarrkirche zu Hall i. Tirol.

Eine vierte Gruppe von Arbeiten Hans Heiders findet sich dann zunächst überraschenderweise in Südtirol im Raum von Brixen. Wir können dort aufgrund von stilistischen Merkmalen zuordnen:

19. Ehemalige Wandtumbaplatte (figürlich) für Bischof Friedrich von Erckingen († 1396) an der Westaußenwand des Doms zu Brixen, ausgeführt wohl bald nach 1396.
20. Wappengrabplatte für den Kanoniker Georg Fuchs († 1401) an der Südaußenwand des Doms zu Brixen, ausgeführt wohl bald nach 1401.
21. Ehemalige Wandtumbaplatte (figürlich) für den Kanoniker und Propst Heinrich Surauer († 1404) im Südflügel des Brixner Domkreuzganges.
22. Ehemalige Wandtumbaplatte für Oswald von Wolkenstein († 1408, Todesdatum nachgetragen) aus der Oswaldkapelle des Brixner Doms, jetzt im dortigen Domhof, ausgeführt zwischen 1400 und 1408.
23. Wappengrabplatte für Georg von Säben († 1421, Todesdatum nachgetragen) im Kreuzgang von Kloster Neustift bei Brixen, ausgeführt zwischen 1400 und 1410.
24. Ehemalige Wandtumbaplatte (figürlich) für Bischof Ulrich von Wien († 1417, Todesdatum

nachgetragen) an der Westaußenwand des Doms zu Brixen, ausgeführt zwischen 1400 und 1410.

Doch nun zu der wichtigen Frage, welche Arbeiten Hans Heiders haben sich eigentlich in Salzburg oder seiner nächsten Umgebung erhalten? Dies ist vor allem die mächtige Wandtumbaplatte für den hl. Vitalis – ausgeführt wohl um 1415 – in der Kirche der Erzabtei St. Peter[17] sowie die Wappengrabplatte für Friedrich Reinperger[18] († 1424, Todesdatum nachgetragen), seine Gemahlin Margarete und deren Tochter Agathe im dortigen Kreuzgang.

Von den drei Städten Salzburg, Traunstein und Wasserburg a. Inn, die eigentlich nur in die engere Wahl für den Standort der Werkstatt Hans Heiders in Betracht zu ziehen sind, kommt trotz alledem wohl nur Salzburg in Frage.

Mit Hilfe der Auswertung dieser langen Werkliste des Meisters der Seeoner Stiftertumba gewinnen wir ganz wichtige neue Erkenntnisse in bezug auf dessen Lebensweg und Schaffenszeit. Der Beginn seiner Tätigkeit ist in die Zeit um 1385 zu setzen. Die Mehrzahl seiner Arbeiten ist in die Zeit zwischen 1395 und 1405 zu datieren, nach 1410 werden es wieder weniger und nach 1416 ist bislang dann kein Werk mehr festzustellen. Dies entspricht also einer Schaffenszeit von etwa dreißig Jahren, was ganz normal für die damalige Zeit ist, als die Menschen nur selten ein Lebensalter von über 60 Jahren erreichten.

Hans Heider dürfte um 1360 geboren sein. Nach der Lehrzeit und der damals üblichen Wanderschaft als Geselle wird er sich im Alter von etwa 25 Jahren niedergelassen, geheiratet und einen eigenen Hausstand gegründet haben. Dem Brauch der Zeit gemäß hat er sicher eine bereits bestehende Werkstatt durch Einheirat oder durch Kauf der Gerechtsame erworben. Wichtig ist natürlich auch die Frage, war Hans Heider Steinmetz oder Bildschnitzer, d. h. Bildhauer? Vieles spricht eigentlich dafür, daß ersteres zutrifft. Die kraftvolle Meißelführung sowie die starkplastische Durchbildung aller seiner Figuren und Wappenschilde lassen diesen Schluß wohl zu. Die betonte Frontalität aller seiner auf den Grabsteinen dargestellten Personen ist nicht nur stilistische Eigenart, sondern wahrscheinlich eine gewisse Schwäche in der Darstellung von figürlichen Themen. Dieselbe Eigenart ist beispielsweise auch bei den von dem Landshuter Steinmetzen und Kirchenbaumeister Hanns Purghauser[19] oder dem Passauer Steinmetzen und Dombaumeister Hanns Krumenauer[20] gemeißelten Grabsteinen zu beobachten.

Noch ein Merkmal der »Steinmetzkunst« Hans Heiders sollte hier kurz Erwähnung finden, und zwar die auffallend vielen Wandtumbaplatten, die er gemeißelt hat. Sie waren vor ihm in unserem süddeutschen Raum unbekannt; ob es sie vor 1400 schon in Salzburg gegeben hat, entzieht sich unserer Kenntnis, da der Bestand an mittelalterlichen Grabdenkmälern im Dom zu Salzburg und dem dortigen Kreuzgang leider durch Brand[21] und menschlichen Unverstand vernichtet wurde.[22]

Über die künstlerische Herkunft Hans Heiders ist ebenfalls schon viel gerätselt worden. Theodor Müller meint dazu: »Der monumentale Stil des Hochgrabs des Pfalzgrafen Aribo von Seeon ist von der Hüttenplastik in der Art der Wenzels-Figur im Prager Veitsdom bzw. einer entsprechenden Parlerischen Grabplastik dort abzuleiten.«[23] Seiner Auffassung sind nach ihm auch Herbert Weiermann[24] und Vincent Mayr[25] gefolgt. Der Verfasser kann und möchte sich dieser Auffassung nur sehr bedingt anschließen. Auch Philipp Maria Halm hatte schon Schwierigkeiten, die Ableitung von Hans Heiders künstlerischem Stil zu erklären, wenn er meint: »Die Vermutung, daß Hans Heiders Ausdrucksweise zum Teil wenigstens von der Metalltechnik abhängig zu sein scheint, kann seine Stellung im Rahmen seines Zeitalters nicht genügend erklären. Die Keim- und Ausgangspunkte seiner Kunst innerhalb des Chiemgaus zu suchen, erledigt sich durch die unvermittelte Erscheinung ihrer Höhe und Reife von selbst. Weder die Stein- noch die Holzplastik bieten auch nur die dürftigsten Beziehungen. So wirft sich die Frage auf, ob wir es mit Import oder den Werken eines Wanderkünstlers zu tun haben.[26]

Nach dieser ersten Unsicherheit in der richtigen Bewertung der Kunst Hans Heiders kommt Philipp Maria Halm dann aber dennoch zu dem richtigen Schluß, wenn er meint: »Das Material des feinkristallinischen Untersberger Marmors verweist wohl auf die Diözesanhauptstadt und künstlerische Metropole Salzburg, der dortige Denkmälerbestand aus dem Ende des 14. Jahrhunderts verwehrt aber jede weitere Folgerung. So bleibt nur die Annahme eines zugewanderten Bildhauers übrig, für dessen Herkunft kaum ein anderer Ort als Brixen in Frage kommt, das gerade um die Wende des XIV. und XV. Jahrhunderts einen kaum anderwärts erreichten Höhepunkt sepulkraler Plastik repräsentiert. Die Vorhalle des dortigen Domes und der Kreuzgang bergen die unmittelbaren Vorläufer der Heiderschen Kunst.«[27]

Die weiteren Ausführungen Halms präzisieren noch genauer seine Beobachtungen in bezug auf die Ableitung von Hans Heiders künstlerischem Stil, sie dekken sich zugleich mit denen des Verfassers. Halm schreibt nämlich hierzu weiterhin: »Der Grabstein des Bischofs Friedrich Erkinger, gestorben 1396, lieh für die Auffassung der Gestalt Simon Farchers in Seeon, der des Bischofs Johann von Lenzburg, gestorben 1374, für die Architektur des gleichen Denkmals das Motiv. Beide Werke arbeiten, ganz ähnlich wie der Seeoner, mit starker Hochrelieferscheinung, die Heider freilich noch wesentlich steigert. Selbst in der Sprache der Einzelform, so in der Faltengebung, in der Haarbehandlung, in der Bildung des Pedums, des Sudariums, spricht sich der Schulzusammenhang unzweideutig aus.«[28] Halm fügt dann noch hinzu: »Der Grabstein des Bischofs Ulrich von Wien (gestorben 1417) in Brixen legt übrigens die Vermutung nahe, daß wir es hier vielleicht mit einem Spätwerk des Meisters zu tun haben[29] [. . .].« Es ist wirklich erstaunlich, wie klar schon damals Halm die richtige stilistische Ableitung des künstlerischen Stils von Hans Heider erkannt hat. Der Verfasser ist unabhängig von ihm genau zu demselben Ergebnis gelangt. Unverständlich ist mir, warum Halm in diesem Zusammenhang nicht auch den Wappengrabstein für den Kanoniker Georg Fuchs († 1401) an der Südaußenwand des Brixner Doms erwähnt, der in seiner architektonischen Umrahmung das unmittelbare Vorbild zu der Wandtumbaplatte für Abt Simon Farcher in Seeon bietet.

2. Die Grabsteine der Äbte

Abt Honorat Kolb ließ, wie bereits oben erwähnt, im Jahr 1646 einen Großteil der Grabplatten und Epitaphien der Äbte von Seeon in die Barbarakapelle transferieren und dort längs den Wänden aufstellen. So finden wir an der Westinnenwand (von links nach rechts):

Gedenkstein für Abt Adalbert († 1001)
ehem. Wandtumbaplatte für Abt Simon Farcher († 1412)
ehem. Wandtumbaplatte für Abt Erhard Farcher († 1438)
Grabplatte für Abt Johann Heuppel († 1476)
Grabstein für Abt Martin Kötterl († 1590)

und an der Ostinnenwand (von links nach rechts):

Epitaph für Abt Franz Widder († 1521)
Epitaph für Abt Martin I. († 1549)

Epitaph für Abt Paul Manazeder († 1602)
Epitaph für Abt Georg Neuhauser († 1533)
Epitaph für Abt Benedikt Fischer († 1609)

Die Aufstellung der Grabdenkmäler erfolgte dabei nicht in streng chronologischer Abfolge, sondern wohl mehr nach rein optischen Gesichtspunkten. Einige der Abtsteine, die Honorat Kolb offenbar für zu unansehnlich hielt, verbannte er einfach in den Kreuzgang, wo sie, historisch gesehen, natürlich überhaupt nicht hingehören. Gemeint sind damit folgende Grabplatten:

Kreuzgang Nordflügel:
Grabplatte für einen Abt, wohl 13. Jahrhundert
Grabplatte für Abt Dietrich I. († nach 1283)

Hier auch noch die Grabplatte für Frater Andreas, Prior des Klosters Seeon, der im Jahr 1445 gestorben ist.

Kreuzgang Südflügel:
Grabplatte für Abt Wilhelm Höpf († 1442)

Die Gedenkplatte für *Adalbert* († 1001), erster Abt von Seeon,[30] stammt natürlich nicht mehr aus dem 11. Jahrhundert, sondern wurde wohl unter Abt Wilhelm Höpf (1438–1442) gleich zu Anfang seiner Amtszeit in Auftrag gegeben und ausgeführt. Dafür sprechen jedenfalls stilistische Vergleiche, insbesondere bei der Inschrift, die mit denselben auffallenden Eigentümlichkeiten behaftet ist, wie die an der ehemaligen Wandtumbaplatte für Abt Erhard Farcher († 1438). Die archaisierende Darstellungsweise ist absichtlich gewählt. Sie soll für den Laien den Eindruck erwecken, daß dieser Gedenkstein noch aus der Frühzeit des Klosters Seeon stammen könnte.
Besondere Beachtung verdient natürlich dann die älteste Grabplatte für einen Abt von Seeon,[31] sie ist wohl ins 13. Jahrhundert zu datieren. Der Name des Abtes ist, da die Platte stark abgetreten ist, leider nicht mehr entzifferbar. Dem Typus der Zeit entsprechend ist die Grabplatte relativ schmal und zeigt einen Kreuzstab über einem symbolisch angedeuteten Grabhügel.
Die Grabplatte für *Abt Dietrich I.*, von 1275 bis 1284 urkundlich erwähnt, ist noch schlichter. Sie bringt nur eine zweizeilige Inschrift und darunter ein einfaches eingemeißeltes Kreuzzeichen.[32] Die Platte lag zu Abt Honorat Kolbs Zeit noch im Ostflügel des Kreuzgangs vor dem Eingang zum Kapitelsaal. Kurz zu erwähnen wäre in diesem Zusammenhang wohl auch die ganz ähnlich gestaltete Grabplatte für Frater Conrad von Seebruck.[33] Die Inschrift lautet: Chunradus frater hic de Sebruk iacet ater quem Christi mater salvificetque pater. Der Grabstein ist ebenfalls in das letzte Viertel des 13. Jahrhunderts zu datieren.
Es lag natürlich nahe, daß *Abt Simon Farcher* (1386–1412), der Auftraggeber der Seeoner Stiftertumba, auch seinen Grabstein,[34] den er schon zu Lebzeiten in Auftrag gab, bei Hans Heider bestellte. Es war sicher sein ausdrücklicher Wunsch, daß es sich dabei nicht um eine schlichte Grabplatte handeln sollte, die nur einstmals seine Grabstelle zu decken hatte, sondern eine Wandtumba in ganz ähnlicher Weise, wie sie sich beispielsweise noch bei der Wandtumba für Propst Petrus Pienzenauer († 1435) in der Stiftskirche zu Berchtesgaden[35] erhalten hat. Von der früheren Wandtumba für Abt Simon Farcher hat sich bedauerlicherweise nur mehr die ursprünglich schräg zur Wand aufgestellt gewesene Deckplatte erhalten. Sie ist heute aufrecht an der Westinnenwand der Barbarakapelle von Kloster Seeon angebracht.
Abt Simon Farcher steht dabei – obwohl er sinngemäß eigentlich liegend darzustellen gewesen wäre – unter einer überaus plastisch aus dem Stein gemeißelten Kielbogenarkade. Für die architektonische

Umrahmung stand dabei der zuvor schon von Hans Heider gemeißelte Wappengrabstein für den Kanoniker Georg Fuchs († 1401) am Brixner Dom in Südtirol Pate und für das figürliche Relief die dortige Wandtumbaplatte für Bischof Ulrich von Wien († 1417), ausgeführt aber schon vor 1410. Auch Abt Simon Farcher ließ sich in ganzer Figur auf seinem Grabstein wiedergeben. Voll Stolz trägt – und zeigt er – die ihm im Jahr 1412 vom Papst verliehenen Pontifikalien, d.h. das Recht, Mitra und Pedum zu tragen. Demnach kann die Wandtumbaplatte für Abt Simon Farcher erst in seinem Todesjahr 1412 fertiggestellt worden sein. Der genaue Todestag wurde jedoch auf der Platte erst später etwas ungelenk nachgetragen.

Die rege Bautätigkeit unter Simon Farcher setzte auch noch sein Nachfolger, der mit ihm wohl nah verwandte Erhard Farcher (1412–1438), fort. Zu seiner Amtszeit weihte am 26. Juli 1433 der Passauer Bischof Leonhard von Laiming mit entsprechender Sondererlaubnis des Erzbischofs von Salzburg den Hochaltar, den Chor und die ganze Klosterkirche in Seeon. In der Weiheurkunde heißt es so: »Monasterium Sewense opere sumptuoso de novo erectum.«[36] Abt Honorat Kolb vertritt die Auffassung, daß das angesehene Turnieradelsgeschlecht der Layminger, das sich offenbar zuvor schon an den Kosten für die Ausführung der Seeoner Stiftertumba beteiligt hatte, nun auch noch einen maßgeblichen Anteil an der Finanzierung der umfangreichen Baumaßnahmen des Klosters leistete. Zu Honorat Kolbs Zeit war dort noch allenthalben deren aufgemaltes Wappen am Bau zu sehen.

Der Grabstein für *Abt Erhard Farcher*[37] († 1438) verkörpert wiederum den Typus einer Wandtumbaplatte in salzburgischer Manier. Sie wurde erst nach seinem Tod fertiggestellt, wie das einheitlich gemeißelte Todesdatum ausweist.

Die Grabplatte für den nach kurzer Amtszeit wohl plötzlich verstorbenen *Abt Wilhelm Höpf*[38] (1438 bis 1442) hat allem Anschein nach Frater Andreas, Prior von Kloster Seeon, in Auftrag gegeben und ausführen lassen. In der kunstgeschichtlichen Literatur sucht man überall vergebens nach einer Würdigung dieser zwar schlichten, nichtsdestoweniger aber mit allergrößter Meisterschaft gemeißelten Grabplatte. Das Kreuz in Ritzzeichnung ist in seinen Proportionen unübertrefflich, die einzelnen Buchstaben der Inschrift von solch harmonischer Ausgewogenheit, daß nur ein ganz überragender Meister hier den Meißel selbst geführt haben kann. Auf der Suche nach seiner Identität haben wir in erster Linie an jenen Bildschnitzer zu denken, der gerade zu jener Zeit für das Kloster Seeon tätig war: Gemeint ist der bislang unbekannte Meister der sogenannten Seeoner Muttergottes. Diese Thronende Madonna – sie befindet sich heute im Bayerischen Nationalmuseum in München – bildete einstmals die Mittelfigur im Schrein des Hochaltars der Seeoner Klosterkirche. Eine der noch erhaltenen Seitenfiguren ist der hl. Erasmus in der Pfarrkirche von Pittenhart.[39] Es sei hier kurz angemerkt, daß die *Seeoner Muttergottes* in der Kunstgeschichte wahrscheinlich etwas zu früh datiert wird.[40] Die für das Jahr 1433 verbürgte Altarweihe besagt nämlich nicht, daß das Retabel auf ihm bereits zu diesem Zeitpunkt fertiggestellt gewesen sein muß. Es hat vielmehr den Anschein, daß die Schreinfiguren zum Hochaltar erst unter Abt Wilhelm Höpf zur Ausführung gelangten, d.h. um 1445. Stilistisch eng verwandt zu der Figur des hl. Erasmus ist andererseits das figürliche Relief des Salzburger Suffraganbischofs Lorenz Liechtenberger († 1446) zu St. Andrä im Lavanttal (Kärnten). Sein Grabstein ist ein Meisterwerk der Salzburger Sepulkralskulptur der Spätgotik. Zu jener Zeit lebte in Salzburg der Bildschnitzer Paul Freudenfuß, der dort am 3. Januar 1442 das Meisterrecht erlangte[41] und wohl schon Mitte des Jahres 1446 starb. Sein Werkstattnachfolger dürfte der aus Mühldorf am Inn stammende Bildschnitzer Hanns Paldauf gewesen sein, der am 31. Oktober 1446 seinen Eid als Salzburger Bürger schwor.[42]

Jener Meister (Paul Freudenfuß?), der die Grabplatte für den Abt Wilhelm Höpf um 1442/43 meißelte, führte gleichzeitig auch noch die Grabplatte für *Frater Andreas*,[43] Prior von Kloster Seeon, aus. Das Todesdatum ist nachgetragen, dieser starb 1445. Seine Grabplatte befindet sich im Nordflügel des Seeoner Kreuzganges.

Die Grabplatte für den *Abt Johann Heuppel*[44] (1442–1476) verrät stilistisch wiederum Salzburger Provenienz. Der Typus ist durch die Grabplatte für Abt Erhard Farcher vorgegeben. Anstelle der Kielbogenarkade finden wir nun aber einen dreiteiligen Kielbogenbaldachin mit unterlegtem Maßwerkfries. Zum Vergleich dazu sei hier die Tumbadeckplatte für den Salzburger Suffraganbischof Überacker[45] († 1477) in der Klosterkirche von Seckau (Steiermark) angeführt, die derselbe Meister etwa gleichzeitig meißelte.

Für die nach dem Tod von Abt Johann Heuppel im Jahr 1476 gewählten Seeoner *Äbte Balthasar I.* (1477–1480), *Erhard Mondseer* (1480–1489) und *Balthasar II.* (1490–1492), die alle nur mehr oder minder kurze Zeit im Amt waren, finden sich in Seeon keine Grabsteine, wahrscheinlich hat es sie auch nie gegeben. Erst für *Abt Franz Widder* (1492–1521), der fast dreißig Jahre lang dem Benediktinerkloster Seeon seine ganze Kraft widmete, hat sich wieder ein Grabstein oder besser gesagt ein Epitaph[46] erhalten. Die Platte zeigt das Relief eines Gnadenstuhls, vor dem der Abt kniet und betet.

Letztlich nicht unerwähnt darf natürlich der kleine Gedenkstein bleiben, der in die Nordinnenwand der Klosterkirche von Seeon eingelassen ist. Dieser zeigt einen Pilger mit dem Wanderstab in seiner Rechten und einem Rosenkranz in seiner Linken. Die Jakobsmuschel am Hut ist ausgebrochen und fehlt heute. Die Umschrift lautet:

Beatus Eberhardus hic sepultus

Demnach wurde die Platte zum Gedenken an *Abt Eberhard*[47] von Seeon gesetzt. Das jüngere Totenbuch von St. Peter in Salzburg nennt unter dem Jahr 1004 seinen Namen in goldenen Lettern.[48] Ein Distichon rühmt von ihm, daß er sowohl mit Gold als auch sonst mit allen Farben malen konnte.

3. Die Grabsteine der Adelsfamilien

Im Kreuzgang des Klosters Seeon suchten im Mittelalter viele Chiemgauer Adelsgeschlechter ihre Grablege. Die besonderen Wohltäter der klösterlichen Gemeinschaft waren vor allem die dem altbairischen Turnieradel zuzurechnenden Layminger,[49] die zu Amerang, Forchtenegg und Wasentegernbach umfangreichen Besitz und wehrhafte Burgen besaßen. Südlich des Chors der Seeoner Klosterkirche ließen sie auf ihre Kosten eine eigene Grabkapelle erbauen. Im Jahr 1411 stiftete Kunigunde, die Witwe des Erasmus von Layming, einen Jahrtag[50] und ein ewiges Licht in diese »Laymingerkapelle«. Hier befand sich auch bis zum Jahr 1638 die Tumba für *Erasmus von Layming*. Die Deckplatte[51] davon hat sich noch erhalten, wir lesen auf dem abgeschrägten Plattenrand:

Hye . leyt . her . erasem . von . layming . Qui . / . Obiit . i(n) . die . / . circumcisionis . d(omi)ni . anno . d(omi)ni . m^{o} . cccc^{o} . sex^{to} . / . Requesc(at) . i(n) . pa(ce) . ora(te)

Der großartige Wappengrabstein ist ein bedeutendes Werk des Meisters Hans Heider, der auch das Seeoner Stiftergrabmal ausführte. Auf der früheren Tumbadeckplatte erkennen wir das Vollwappen der Layminger samt Helm und Helmkleinod. Originell ist der Löwe, ein Sinnbild der Tapferkeit des Verstorbenen, der mit seinem Kopf in dem Topfhelm über dem Wappenschild steckt. Wiguleus Hund beschreibt das hohe Ansehen, das diese Adelsfamilie damals genoß, treffend mit folgenden Worten:

»Diß alt ehrlich Geschlecht der von Laiming / zů Ahaim vnd Tegernpach / haben ihr Gråbnuß vnd Stifft im Closter Sean [= Seeon] / daselb ein sondere schőne Capell / etliche Stein / Schildt vnd Fahnen / der eltist Stein ligt vor der Capell im Creutzgang.«[52]

Die hier erwähnte Grabplatte für Erasmus von Layming († 1390) ist heute im Nordflügel des Seeoner Kreuzgangs in die Südaußenwand der Klosterkirche eingemauert. Wir erkennen auf der ziemlich stark abgetretenen Platte noch eine zweizeilige Inschrift in gotischen Minuskeln sowie die Wappenschilde der Layming und der Schonstetter.
In der Laymingerkapelle von Kloster Seeon befand sich einstmals aber noch eine zweite *Tumba des Adelsgeschlechts der Layminger*.[53] Die davon noch erhaltene Deckplatte[54] mit dem Hochrelief eines Ritters in voller Rüstung ist jetzt gegenüber der Tumbadeckplatte für Erasmus von Layming († 1406) an der Ostinnenwand im Ostflügel des Seeoner Kreuzgangs eingemauert. Der Ritter trägt auf dem Haupt eine sogenannte Schaller, die am Nackenansatz des Helms mit vier Nieten verziert ist. Das Visier ist aufgeklappt und läßt darunter die energisch geschnittenen Gesichtszüge erkennen. Die Rüstung besteht aus einem Kettenhemd, einer Schiftbrust mit angesetzten Rüsthaken und einem Bauchreifen, der sich aus drei Folgen zusammensetzt. Die linke Achselhöhle wird dabei am Vorderflug durch eine große Schwebscheibe geschützt. Auch die Ellbogengelenke werden vor möglichen Verletzungen durch sogenannte Stechmäusel gesichert. Die spitz zulaufenden Schuhe entsprechen dabei ganz der damaligen Mode zu Ende des Spätmittelalters. Der Ritter ist mit einem Schwert gegürtet und hält mit seiner rechten gepanzerten Faust den Schaft einer Rennfahne umklammert. Als Symbol ritterlicher Tugenden, von Mut und von Tapferkeit, dient der hier dargestellte Löwe, der zu Füßen des Geharnischten auf einem Postament ruht. Hier ist auch die Jahreszahl »1475« eingemeißelt, die auf das Jahr der Fertigstellung dieses Werks Bezug nimmt. An der Plattenschräge ist außerdem noch eine allseits umlaufende Inschrift in überaus sorgfältig gemeißelten ausgegründeten gotischen Minuskeln zu erkennen. Sie lautet:

Hie · ligent · Hanns · / Jorg · vnd · Sigmundt · Layminger · von · Tegerbach · / prüeder · Ritter · her · / Erasem · Ir · en · Erasem · Ir · Vater · her · Seicz · sein · pruder

Aus der Inschrift geht hevor, daß die Tumba zum Gedächtnis an das angesehene Adelsgeschlecht der Layminger errichtet wurde. Es erhebt sich die Frage, wer von den drei Enkeln des Erasmus von Layming der eigentliche Stifter dieser Tumba war. Die Antwort ist einfach.
An das Postament, auf dem der Ritter steht, sind zwei Wappenschilde gelehnt. Es handelt sich dabei um das Allianzwappen von Layming : von Fraunberg. Demnach war das Hochgrab in erster Linie zum Gedächtnis an Hans von Layming bestimmt, der mit Anna von Fraunberg aus der Prunner-Linie dieses sehr angesehenen Geschlechts vermählt war. Hans von Layming war von 1463 bis 1471 herzoglicher Pfleger zu Kling (bei Schnaitsee) und starb im Jahr 1472. Sein Bruder Georg, der gleichfalls den Ritterschlag erhielt, ist mit Amalie, Tochter des Jörg Eschlpeck zu Adldorf, vermählt gewesen. Georg von Layming starb 1471. Schließlich wäre da noch der dritte dieser Brüder zu nennen. Von Sigmund von Layming wird andererseits überliefert, daß er an dem Turnier zu Stuttgart teilnahm und dort das ehren-

volle Amt eines Turniervogts innehatte. Er ist außerdem von 1472 bis 1500 als herzoglicher Pfleger zu Kling urkundlich erwähnt und starb erst im Jahr 1506. Nachdem aber auf der früheren Tumbadeckplatte das Allianzwappen von Layming : von Fraunberg an so bevorzugter Stelle wiedergegeben wird, ist wohl mit Recht anzunehmen, daß dieses adelige Paar die »Hauptauftraggeber« der Tumba waren, wobei sich an den Kosten offenbar auch die übrigen zwei Brüder Georg und Sigmund von Layming beteiligten. Auch die Frage, welcher Meister dieses ganz vorzügliche Werk der altbairischen Sepulkralskulptur der Spätgotik geschaffen haben könnte, läßt sich definitiv beantworten. Alles spricht dafür, daß es sich hierbei um ein Werk der Münchner Werkstatt der Gebrüder Hanns und Matthäus Haldner handelt.[55]

Im Kreuzgang des Klosters Seeon, und zwar an der Nordinnenwand des Nordflügels, findet sich noch eine weitere Arbeit der Haldner-Werkstatt. Es handelt sich dabei um die Grabplatte für *Albrecht und Conrad von Truchtlaching*.[56] Wiguleus Hund berichtet in seinem »Bayrisch Stammenbuch« des Adels dazu:[57]

»[Die Truchtlachinger] haben ihr Gråbnuß zů Truchtling in der Kirchen / etc. Deßgleichen auch zů Soyen [= Seeon] im Closter Schildt vnd Helm an der Wandt / vnnd ein Stain auff der Erd / mit der Vberschrifft : Hie ligen die Edlen vnd Gestrengen Ritter / Herr Albrecht vnnd Conradt von Truchtling / Beyd gestorben / etc. 1290.«

Dieser Grabstein des Chiemgauer Turnieradelsgeschlechts der Truchtlachinger, den Wiguleus Hund wohl selbst um das Jahr 1580 gesehen hat, wurde im Lauf der Jahrhunderte so stark abgetreten, daß seine Inschrift heute nur mehr stellenweise erkennbar ist. Noch etwas genauer als Wiguleus Hund gibt uns der kunstsinnige Abt Honorat Kolb von Seeon die Inschrift auf der Grabplatte wieder. Er schreibt darüber in seinen Aufzeichnungen: [Hie ligen die edlen Herrn vnd strenge ritter Albrecht vnd herr Conrad von Trucht]laching, die gestorben sind a° m cc lxxxii [Herr Albrecht in die circumcisionis domini. Herr Conrad an S. Georgii tag].«[58] Bei dieser Grabplatte der Truchtlachinger handelt es sich ganz offensichtlich um die Erneuerung einer älteren Platte des 13. Jahrhunderts in der Zeit um 1480.

Im Kreuzgang von Kloster Seeon finden sich darüber hinaus aber auch noch einige weitere Grabsteine für Chiemgauer Adelsgeschlechter und Richter des Klosters. Der älteste unter ihnen ist der für einen *Ritter Magens*,[59] der im Jahr 1349 ein Seelgerät in das Kloster Seeon stiftete.[60] Er war »der Herzöge von Bayern obrister Schreiber«. Die vierzeilige Inschrift auf seiner Grabplatte lautet:

Hie · leit · her · magns · ein ·
edler · ritter · ein · piderman ·
der · vnserm · gotzhaus ·
gutleichen · hat · getan

Darunter ist in einem Vierpaß das Vollwappen des Verstorbenen eingemeißelt. Eine ähnlich gestaltete Grabplatte kommt in der St. Michaelskapelle zu Haslach vor. Diese wurde für Fida († 1397), die Gemahlin des Zollners Conrad und Mutter des Johannes, Chorherrn zu Herrenchiemsee, gesetzt. Beide Wappengrabplatten stammen von Hans Heider bzw. aus der Werkstatt des Meisters.

Im Ostflügel des Seeoner Kreuzgangs befindet sich dagegen die große Rotmarmorgrabplatte mit Wappen für den Adeligen *Conrad Marwanger* († 1380).[61] Sie zeigt das Vollwappen des Verstorbenen, umgeben von sechs weiteren Ortsschilden. Bei der Ausführung dürfen wir wohl an einen Wasserburger Meister denken. Dieser hat beispielsweise auch, wie ein stilistischer Vergleich belegt, die Tumbadeckplatte für den Jägermeister Johannes Kummersbrukker († 1393) und seine Gemahlin Anna von Castelbark gemeißelt, die sich in der Servitenkirche zum hl. Augustin in Rattenberg (Tirol) befindet.

In der Nähe des Marwanger-Grabsteins findet sich auch die recht gut erhaltene Grabplatte für *Hanns Kienberger* († nach 1420)[62] mit dem Wappen des Verstorbenen. Das Todesdatum wurde auf der Platte später leider nicht mehr nachgetragen. Die Arbeit scheint Salzburger Provenienz zu sein. Für die Ausführung käme in erster Linie die dortige Dombauhütte in Frage.

Vom Meister der Seeoner Muttergottes stammt übrigens auch die schön gemeißelte Wappengrabplatte für den Ritter *Ortlieb Rordorfer* († 1336) und sein Geschlecht,[63] erneuert um 1442/43, die sich im Westflügel befindet, sowie die etwa gleichzeitige und ebenfalls erneuerte Grabplatte für *Hanns Wundrer*[64] († 1403), Weinschenk des Klosters, und seine Gemahlin Agnes im Ostflügel des Kreuzgangs von Seeon.

Im Jahr 1461 starb »Niclas Swarzbolf den man haist Reinschwedl«. Er war mit einer Margarete Stöckl vermählt. Seine Grabplatte ist im Nordflügel des Kreuzgangs[65] zu sehen. Das Geschlecht der *Reinswedel* wird erstmals mit einem Hanns Reinswedel, Stadtrichter zu Laufen,[66] faßbar, der dort von 1425 bis 1445 urkundlich vorkommt. Niklas Reinswedel war Klosterrichter zu Seeon[67] und zuvor schon von 1436 bis 1438 Richter zu Rosenheim.[68] Ein Erhard Reinswedel ist von 1484 bis 1490 als Klosterrichter zu Baumburg beurkundet und wird nachmals noch als Klosterrichter zu Seeon[69] erwähnt. Es bliebe schließlich noch ein Martin Reinswedel zu nennen, dessen Tätigkeit als Klosterrichter zu Seeon für das Jahr 1460 belegt ist.[70]

An den Schluß unserer Betrachtung der mittelalterlichen Grabdenkmäler von Kloster Seeon wäre dann noch der einfache Wappengrabstein für den im Jahr 1450 gestorbenen *Wilhelm Dachser*[71] zu setzen. Die Platte[72] befindet sich im Südflügel des Kreuzgangs.

Fassen wir zusammen: Das Kloster Seeon birgt in seinen Mauern zahlreiche mittelalterliche Grabdenkmäler vom späten 13. bis zum Anfang des 16. Jahrhunderts. Eine besondere Kostbarkeit und ein Werk von hohem künstlerischem Rang ist dabei vor allem die Stiftertumba für den Pfalzgrafen Aribo vom Ende des 14. Jahrhunderts. Es ist ein Hauptwerk der Sepulkralskulptur der Gotik im altbairischen Raum.

1 Vgl. *Kunstdenkmale*, S. 1830ff. – *Hartig*, S. 32ff. – *Bosl*, S. 693f.

2 Vgl. *Kolb*. – *Hartig*, S. 35f.

3 Vgl. *Kunstdenkmale*, S. 1830ff.

4 Das Material dürfte Adneter und nicht Untersberger Marmor sein, wie es vielfach in der Literatur heißt. Die Adneter Marmorbrüche liegen in der Nähe von Hallein bei Salzburg.

5 *Kunstdenkmale*, S. 1843f. – *Leonhardt*, S. 8, 131 – *Halm I*, S. 1ff. – *Weiermann*, S. 225ff. – *Mayr I*, S. 9ff. – *Bauch*, S. 273 mit Abb. 407. – *Mayr III*, S. 15ff. – *Katalog die Parler*, Bd. I, S. 400f.

6 Vgl. *Halm II*, S. 54ff.

7 Vgl. *Halm II*, S. 52, Abb. 48.

8 *Halm I*, S. 4f.

9 Vgl. *Halm I*, S. 2. – *Weiermann*, S. 226, Anm. 199.

10 Vgl. *Leonhardt*, S. 132: »Die rückwärtige Längsseite der Tumba zeigt neben dem des Salzburger Erzbistums Schilde, die, da sie bestimmten Geschlechtern nicht zugewiesen werden können, zunächst ganz unverständlich erscheinen, eine liegende Mondsichel, ein nackter Mann mit Schild und Rennfahne, zehn Sterne: die Schilde der Heiligen Drei Könige, zwei gegeneinander gekehrte Arme, die Schwert und Schlüssel halten, vielleicht auf Paulus und Petrus zu deuten.«

11 *Mayr V*, S. 45f.

12 *Sighart*, S. 498.
13 *Mayr III*, S. 15ff.
14 *Mayr I*, S. 15. – *Katalog Die Parler*, Bd. I, S. 400.
15 Vgl. *Kunstdenkmale*, S. 1781ff. – *Leonhardt*, S. 12, 134 mit Abb. 5. – *Rosenegger*, S. 197ff.
16 Die Familie der Trenbeck ist dem niederen bayerischen Landadel zuzurechnen (vgl. *Hund III*, S. 717ff.). Thomas Trenbeck war im Jahr 1400 Pfleger zu Trostberg, 1407 und 1408 Pfleger zu Raschenberg, 1403–1418 Pfleger und Landrichter zu Traunstein und schließlich noch 1419 Pfleger zu Kraiburg am Inn. Er wird in dieser Eigenschaft letztmals am 6. Februar 1419 bezeugt und scheint schon bald darauf gestorben zu sein, denn am 6. April 1419 war dann bereits sein Sohn Hanns Trenbeck Pfleger zu Traunstein (vgl. *Hund III*, S. 735. – *Geiss*, S. 76, 113, 136f., 139).
17 Vgl. *Leonhardt*, S. 15f. mit Abb. 7. – *Halm I*, S. 28ff. mit Abb. 26. – *Katalog St. Peter in Salzburg*, S. 242, Nr. 28 mit Abb. bei S. 76.
18 *Walz*, S. 69ff. mit Abb. – *Leonhardt*, S. 16.
19 Vgl. *Liedke IV*.
20 Vgl. *Liedke V*.
21 Der Salzburger Dom brannte am 11. Dezember 1598 nieder (vgl. *Katalog Wolf Dietrich von Raitenau*, S. 206).
22 Auch die damals noch nicht vom Brand beschädigten oder zerstörten Grabsteine sollen als Baumaterial verwendet oder zu Kalk gebrannt worden sein.
23 *Müller I*, S. 241.
24 *Weitermann*, S. 229.
25 *Mayr I*, S. 9ff.
26 *Halm I*, S. 16.
27 *Halm I*, S. 16.
28 *Halm I*, S. 16f.
29 *Halm I*, S. 17.
30 *Kunstdenkmale*, S. 1841.
31 *Kunstdenkmale*, S. 1845.
32 *Kunstdenkmale*, S. 1845.
33 *Kunstdenkmale*, S. 1845.
34 *Kunstdenkmale*, S. 1841. – *Leonhardt*, S. 14 mit Abb. 6. – *Halm I*, S. 10ff. – *Weiermann*, S. 234ff. mit Abb. 67. – *Mayr I*, S. 16ff. – *Mayr II*, S. 24ff.
35 Vgl. *Halm I*, S. 27 mit Abb. 23.
36 Vgl. *Kunstdenkmale*, S. 1831.
37 *Kunstdenkmale*, S. 1841.
38 *Kunstdenkmale*, S. 1847.
39 Vgl. *Ramisch*, S. 54f. mit Abb. 4. – *Weiermann*, S. 257 mit Abb. 86.
40 Vgl. *Großmann*, S. 87f.
41 *Liedke II*, S. 36, 50.
42 *Liedke II*, S. 36, 50.
43 *Kunstdenkmale*, S. 1846.
44 *Kunstdenkmale*, S. 1841.
45 Vgl. *Roth*, S. 162f. mit Abb. 132.
46 *Kunstdenkmale*, S. 1842. – *Weiermann*, S. 273ff.
47 *Kunstdenkmale*, S. 1841. – *Weiermann*, S. 274.
48 Vgl. *Hartig*, S. 33.
49 Vgl. *Hund II*, S. 140ff.
50 *Hund II*, S. 145.
51 *Kunstdenkmale*, S. 1846. – *Leonhardt*, S. 11, 134, mit Abb. 4. – *Halm I*, S. 12f. mit Abb. 13 – *Weiermann*, S. 229f. mit Abb. 62. – *Mayr I*, S. 21.
52 *Hund II*, S. 140.
53 Vgl. *Hund II*, S. 147.
54 *Kunstdenkmale*, S. 1846. – *Liedke I*, S. 46.
55 Vgl. *Liedke I*, S. 110ff., 171f.
56 *Kunstdenkmale*, S. 1845. – *Liedke I*, S. 114ff. mit Abb. 73, 174.
57 *Hund I*, S. 343.
58 *Kolb I*, S. 1141.
59 *Kunstdenkmale*, S. 1845f.
60 *Kolb I*, S. 89ff.
61 *Kunstdenkmale*, S. 1846. – *Leonhardt*, S. 18, 132.
62 *Kunstdenkmale*, S. 1846. – *Leonhardt*, S. 132.
63 *Kunstdenkmale*, S. 1847. – Im Kreuzgang der Erzabtei St. Peter in Salzburg befinden sich die schönen Wappengrabplatten für Leonhard Rordorfer († 1445), Richter zu St. Peter in Salzburg, sowie für Erasmus Rordorfer († 1446), Pfleger auf dem Innberg. Die beiden Grabplatten dürften ebenfalls von demselben Salzburger Bildschnitzer ausgeführt worden sein.
64 *Kunstdenkmale*, S. 1846.
65 *Kunstdenkmale*, S. 1846.
66 *Geiß*, S. 84.
67 *Geiß*, S. 127.
68 *Geiß*, S. 118.
69 *Geiß*, S. 36.
70 *Geiß*, S. 127.
71 *Geiß*, S. 127.
72 »Wilhalm und Gastl die Dåchser«, Gebrüder, werden am 3. Juni 1449 in einer Urkunde des Klosters Frauenchiemsee erwähnt (B.HStA, Abt. I Allgemeines Staatsarchiv: KU Frauenchiemsee Nr. 370).
73 *Kunstdenkmale*, S. 1847.

Abgekürzt zitierte Literatur

Die vorliegenden Ausführungen beruhen weitgehend auf Beobachtungen an den Grabsteinen vor Ort, wozu der Verfasser in den vergangenen dreißig Jahren zahllose Forschungsreisen unternahm. Ein umfangreiches Fotoarchiv mit mehr als zehntausend Aufnahmen von mittelalterlichen Grabsteinen in Altbaiern, Österreich und Südtirol bieten ihm darüber hinaus eine Fülle von Vergleichsmaterial. Daneben wurden selbstverständlich auch die einschlägigen archivalischen Quellen im Bayerischen Hauptstaatsarchiv München, die Urkunden und Literalien von Kloster Seeon sowie der umliegenden herzoglichen Gerichte und Klöster des Chiemgaus herangezogen. In der Bayerischen Staatsbibliothek München wurden die Bestände der Handschriftenabteilung zu Kloster Seeon eingesehen und ausgewertet.

Bauch
Kurt Bauch, Das mittelalterliche Grabbild, figürliche Grabmäler des 11. bis 15. Jahrhunderts in Europa, Berlin u. New York 1976

Bosl
Karl Bosl, Handbuch der historischen Stätten Deutschlands, Bd. 7, zweite, überarbeitete Auflage, Stuttgart 1974

Ferstl
Anton Ferstl und Klemens Stadler, Kirche und Kloster Seeon, 8. Auflage, München u. Zürich 1979 (= Schnell, Kunstführer Nr. 91 von 1935)

Fürst
Max Fürst, Hervorragende Grabstätten und Grabdenkmäler zwischen Inn und Salzach, in: Jahresbericht des Historischen Vereins für den Chiemgau 1898 und 1899

Geiß
Ernest Geiß, Die Reihenfolgen der Gerichts- und Verwaltungs-Beamten Altbayerns nach ihrem urkundlichen Vorkommen vom XIII. Jahrhundert bis zum Jahre 1803, Teil I Oberbayern, in: OA, Bd. 26, München 1881

Großmann
Dieter Großmann, Der Meister von Seeon, in: Marburger Jahrbuch für Kunstwissenschaft, Bd. 19, Marburg an der Lahn 1974, S. 85–138

Halm I
Philipp Maria Halm, Hans Heider und die Salzburger Marmorplastik in der ersten Hälfte des XV. Jahrhunderts, in: Studien zur süddeutschen Plastik, Bd. I, Augsburg 1926, S. 1–21

Halm II
Philipp Maria Halm, Die spätgotische Grabplastik Straubings und ihre Beziehungen zu Salzburg, in: Studien zur süddeutschen Plastik, Bd. I, Augsburg 1926, S. 46–101

Hartig
Michael Hartig, Die oberbayerischen Stifte, Bd. I, Die Benediktiner-, Cisterzienser- und Augustiner-Chorherrenstifte, München 1935, S. 32–37 (Kloster Seeon)

Hartig
Michael Hartig, Die Kunst der beiden Inselklöster Seeon und Frauenchiemsee, in: Oberbayerische Landeszeitung 1916

Hund I
Wiguleus Hund, Bayerisches Stammbuch, Teil I, Ingolstadt 1585

Hund II
Wiguleus Hund, Bayerisches Stammbuch, Teil II, Ingolstadt 1586

Hund III
Wiguleus Hund, Bayerisches Stammbuch, Teil III, in: Sammlung historischer Schriften und Urkunden, hrsg. v. M. Frhr. v. Freyberg, Stuttgart 1830, S. 159ff.

Katalog Schöne Madonnen
Katalog der Ausstellung Schöne Madonnen 1350–1450, veranstaltet vom Salzburger Domkapitel, Salzburg 17. 6.–15. 9. 1965, Salzburg 1965

Katalog Gotik in Österreich
Katalog der Ausstellung Gotik in Österreich, veranstaltet von der Stadt Krems an der Donau, 19. 5.–15. 10. 1967, Krems an der Donau 1967

Katalog Stabat Mater
Katalog Stabat Mater, Maria unter dem Kreuz in der Kunst um 1400, Ausstellung im Salzburger Dom 1. 6.–15. 9. 1970, Salzburg 1970

Katalog Spätgotik in Salzburg
Katalog der Ausstellung Spätgotik in Salzburg, Skulptur und Kunstgewerbe 1400–1530, Ausstellung im Salzburger Museum Carolino Augusteum 18. 6.–17. 10. 1976, Salzburg 1976

Katalog die Parler
Handbuch zur Ausstellung Die Parler und der schöne Stil 1350–1400, Europäische Kunst unter den Luxemburgern, hrsg. v. Anton Legner, Bd. 1–3, Köln 1978

Katalog St. Peter in Salzburg
Katalog der 3. Landesausstellung, Das älteste Kloster im deutschen Sprachraum, St. Peter in Salzburg, Schätze europäischer Kunst und Kultur, veranstaltet in St. Peter in Salzburg v. 15. 5.–26. 10. 1982, Salzburg 1982

Katalog Wolf Dietrich von Raitenau
Katalog der 4. Salzburger Landesausstellung, Fürsterzbischof Wolf Dietrich von Raitenau, Gründer des barocken Salzburg, 16. 5.–26. 10. 1987, Salzburg 1987

Kieslinger
Franz Kieslinger, Die mittelalterliche Plastik in Österreich, Wien u. Leipzig 1926

Kolb
Honoratus Kolb, Handschriftliche Chronik des Klosters Seeon, Bd. I und II. Bayerische Staatsbibliothek München, Handschriftenabteilung, clm 1458 und 1459

Kunstdenkmale
Die Kunstdenkmale des Regierungsbezirkes Oberbayern, bearbeitet von Gustav von Bezold, Berthold Riehl und Georg Hager, Teil VI, Stadt und Bezirksamt Traunstein sowie Stadt und Bezirksamt Wasserburg, Nachdruck der Ausgabe München 1902, München u. Wien 1982, S. 1830–1852 (Seeon)

Leonhardt
Karl Friedrich Leonhardt, Spätgotische Grabdenkmäler des Salzachgebietes, ein Beitrag zur Geschichte der Altbayerischen Plastik, Leipzig 1913

Liedke I
Volker Liedke, Die Haldner und das Kaisergrabmal in der Frauenkirche zu München, in: Ars Bavarica, Bd. 2, 1974

Liedke II
Volker Liedke, Salzburger Maler und Bildschnitzer sowie Bau- und Kunsthandwerker der Spätgotik und Renaissance, in: Ars Bavarica, Bd. 3, 1975, S. 33–56

Liedke III
Volker Liedke, Die Burghauser Sepulkralskulptur der Spätgotik, München 1982

Liedke IV
Volker Liedke, Hanns Purghauser, genannt Meister Hanns von Burghausen, sein Neffe Hanns Stethaimer und sein Sohn Stefan Purghauser, die drei Baumeister an St. Martin in Landshut, in: Ars Bavarica, Bd. 35/36

Liedke V
Volker Liedke, Hanns Krumenauer, Werkmeister zu St. Martin in Landshut und Dombaumeister zu Passau, in: Ars Bavarica, Bd. 39/40, S. 117–127

Liedke VI
Volker Liedke, Burghauser Steinmetzen und Maurer der Spätgotik, in: Ars Bavarica, Bd. 43/44, S. 99–130

Mayr I
Vincent Mayr, Studien zur Sepulkralplastik in Rotmarmor im bayerisch-österreichischen Raum 1360–1460, Diss. München 1970, Fotodruck Bamberg 1972

Mayr II
Vincent Mayr, Zur Darstellung des Narren auf Grabsteinen, in: Ars Bavarica, Bd. 3, 1975, S. 21–30

Mayr III
Vincent Mayr, Das Grabmal des Stifters von Kloster Seeon, in: alte und moderne Kunst, 22. Jg., 1977, Heft 152, S. 15–18

Mayr IV
Vincent Mayr, Zum Einflußbereich der spätgotischen Grabmalkunst Salzburgs, in: alte und moderne Kunst, 24. Jg., 1979, Heft 162, S. 10–15

Mayr V
Partielle polychrome Fassung von spätgotischen Rotmarmorgrabsteinen, in: Jahrbuch des Vereins für christliche Kunst, Bd. XV, 1985, S. 43–46

Müller I
Carl Theodor Müller, Zur monumentalen Salzburger Plastik des frühen fünfzehnten Jahrhunderts, in: Zeitschrift des deutschen Vereins für Kunstwissenschaft, Bd. VI, 1939

Müller II
Alte bairische Bildhauer, München 1950

Müller III
Theodor Müller, Gotische Skulpturen in Tirol, Bozen u. Wien 1976

Ramisch
Hans K. Ramisch, Zur Salzburger Holzplastik im zweiten Drittel des 15. Jahrhunderts, in: Mitteilungen der Gesellschaft für Salzburger Landeskunde, Bd. 104, 1964, S. 1–87

Rosenegger
Josef Rosenegger, Die Pfarrei Unserer Lieben Frau zu Haslach, Traunstein 1963

Sighart
Joachim Sighart, Geschichte der Bildenden Künste im Königreich Bayern, München 1862

Schefczik
Karl Schefczik, Hans Heider, Ein bedeutender Bildhauer des Chiemgaus, in: Chiemgaublätter 1965, Nr. 31, Unterhaltungsbeilage zum Traunsteiner Wochenblatt v. 7. 8. 1965

Stitzl
Josef Stitzl, Haslach und seine Grabdenkmäler, in: Chiemgaublätter 1954, Nr. 28 und 29, Unterhaltungsbeilage zum Traunsteiner Wochenblatt vom 10. 7. und 17. 7. 1954

Walz
Michael Walz und Karl von Frey, Die Grabdenkmäler von St. Peter und Nonnberg zu Salzburg, Teil I, Salzburg 1867

Weiermann
Herbert Weiermann, Heimatbuch des Landkreises Traunstein, Bd. II Kultur- und Kunstgeschichte, hrsg. v. Landkreis Traunstein, Trostberg 1970

131–138 Johann Faistenauer (aus Berchtesgaden): Acht von zehn Blättern mit Grund- und Aufrissen des Klosters Seeon im damaligen Zustand und der geplanten Neubauten unter Honorat Kolb. 1636. München, Bayerische Staatsbibliothek, clm. 1459 a

131 »Closster Seon im Grundt und Aufstellung abgerissen. 1636. Gegen Mitnacht.« (II.2.)
132 »Closster Seon im Grundt und Aufstellung abgerissen. 1636. Gegen Mittag.« (VI.3.)
133 »Closster Seon in der Perspective abgerissen. 1636.«
134 »Closster Seon und umbligendt Gezirck im Grundt gerissen 1636.« (VIII.5)
135 »Nr. 6 [?]. Closster Seon. Grundt Abriß. Der erste und parterre Boden. Ao. 1636.« (XI.6.)
136 »Nr. 2. Closster Seon. Neu Grundt Abriß. Der andere und Oberboden Ao. 1636.« (XIII.7)
137 »Nr. 3. Closster Seon. Neuer Grundt Abriß und Aufstellung der Gepey. Ao. 1636.« (XVII.9.)
138 »Nr. 3. Closster Seon. Grundtriß und Aufstellung. 1636.« (XIX.10)

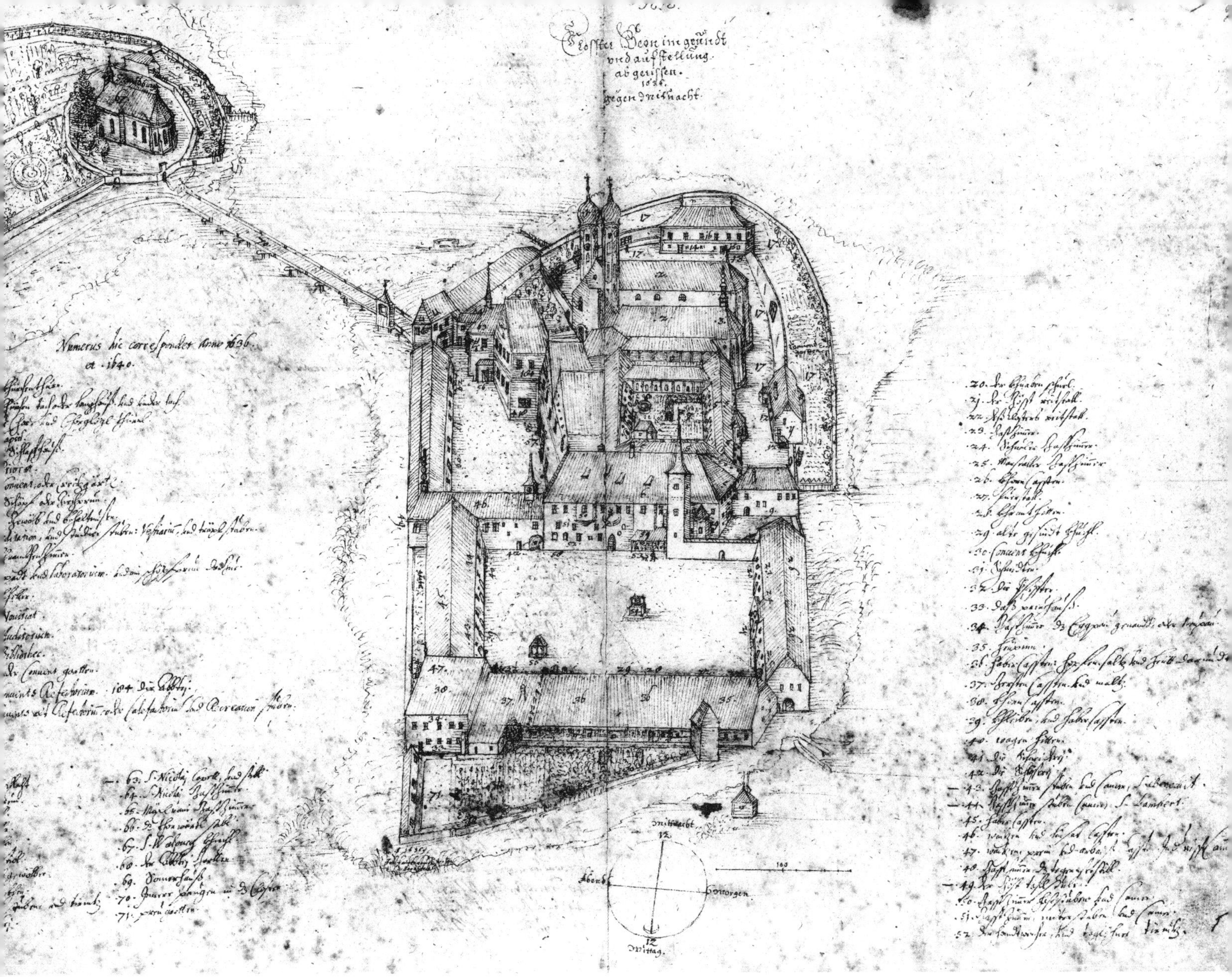
Closter Beron im gründt
vnd aufstellung
abgerissen.
gegen Mitnacht.
Numerus hic correspondet Anno 1636
et 1640.
Mitnacht
12
Abendt
Morgen
12
Mittag

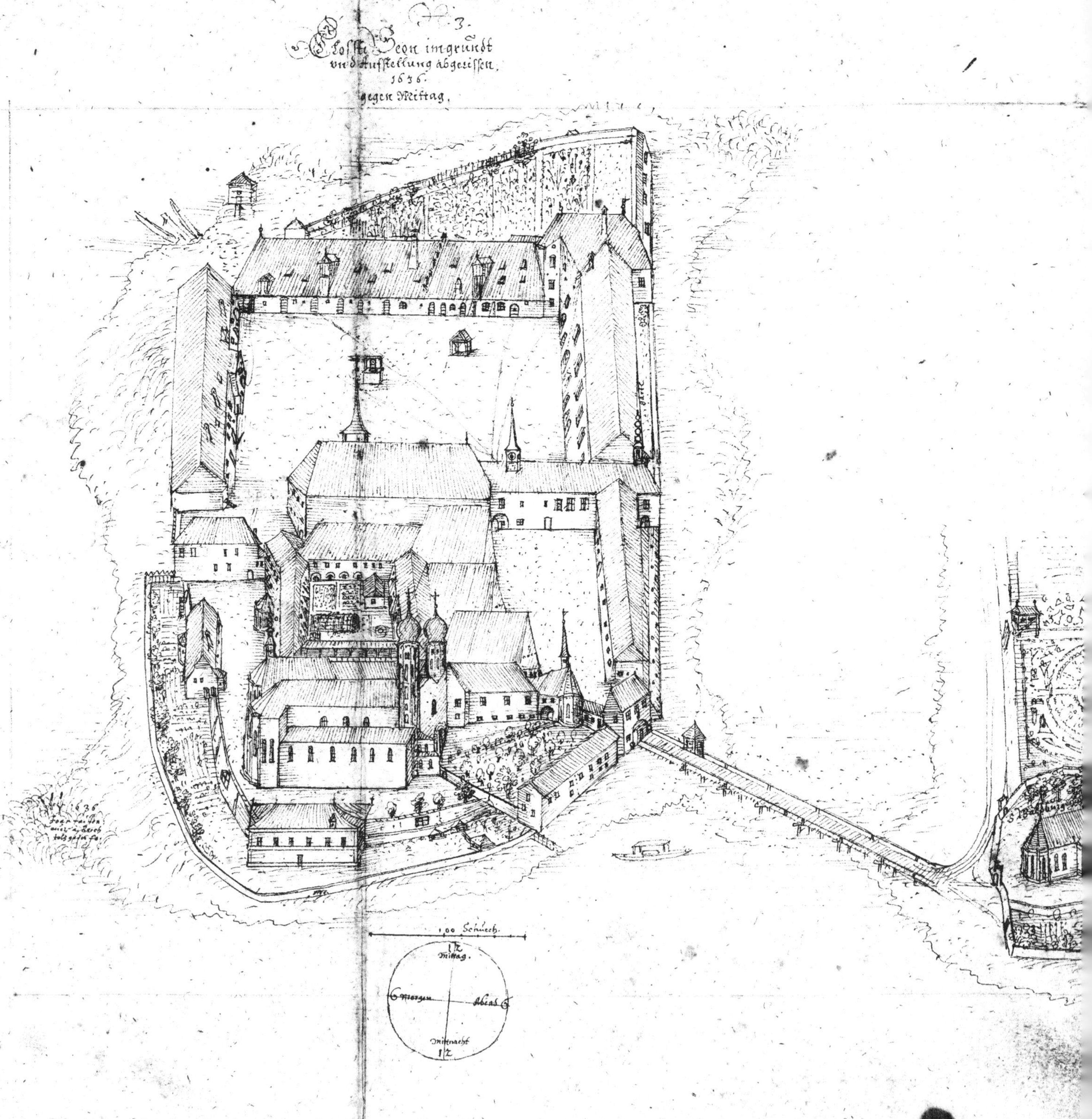
3.
Closter Seon im grundt vnd Auffstellung abgerissen. 1636.
gegen Mittag.
100 Schuech.
12 Mittag.
6 Morgen
Abend 6
Mittnacht 12

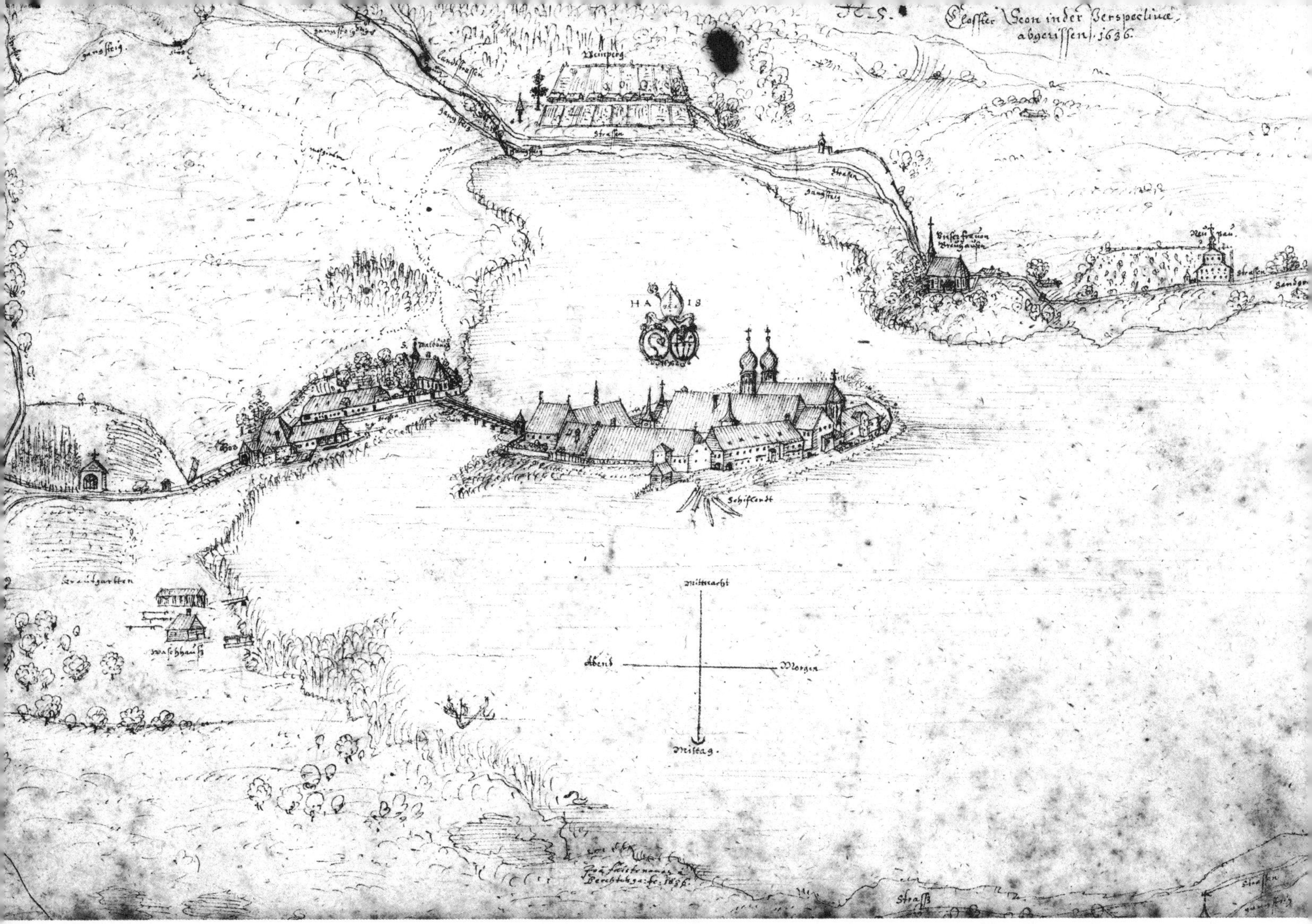
Closter Seon in der Perspectiua
abgerissen. 1636.
Weinperg
Strassen
HA IS
Schifflendt
Mitternacht
Abend
Morgen
Mittag
Krautgarten
Waschhauß
Straß

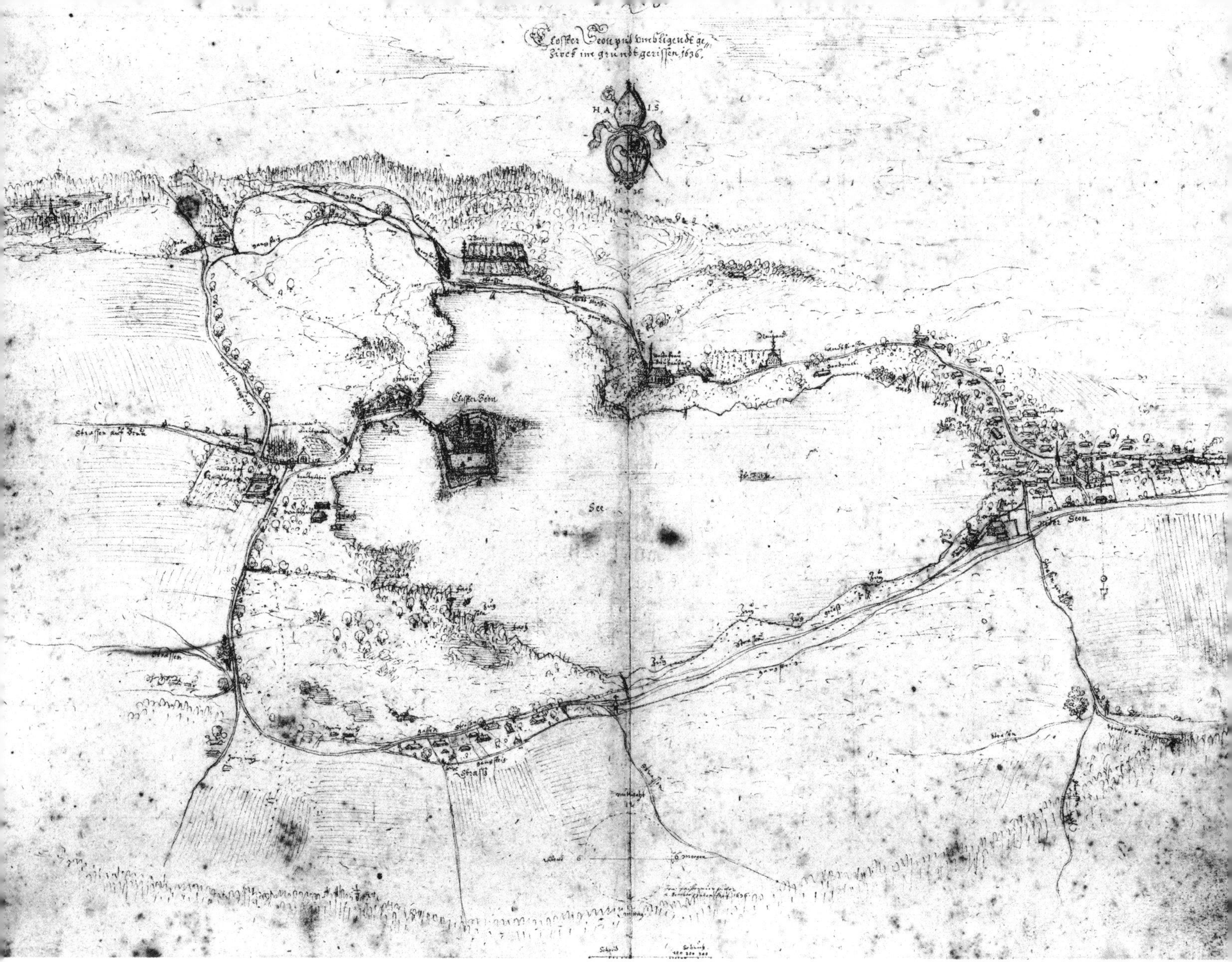
H.A
I.S
Closter Seon
See
Strass

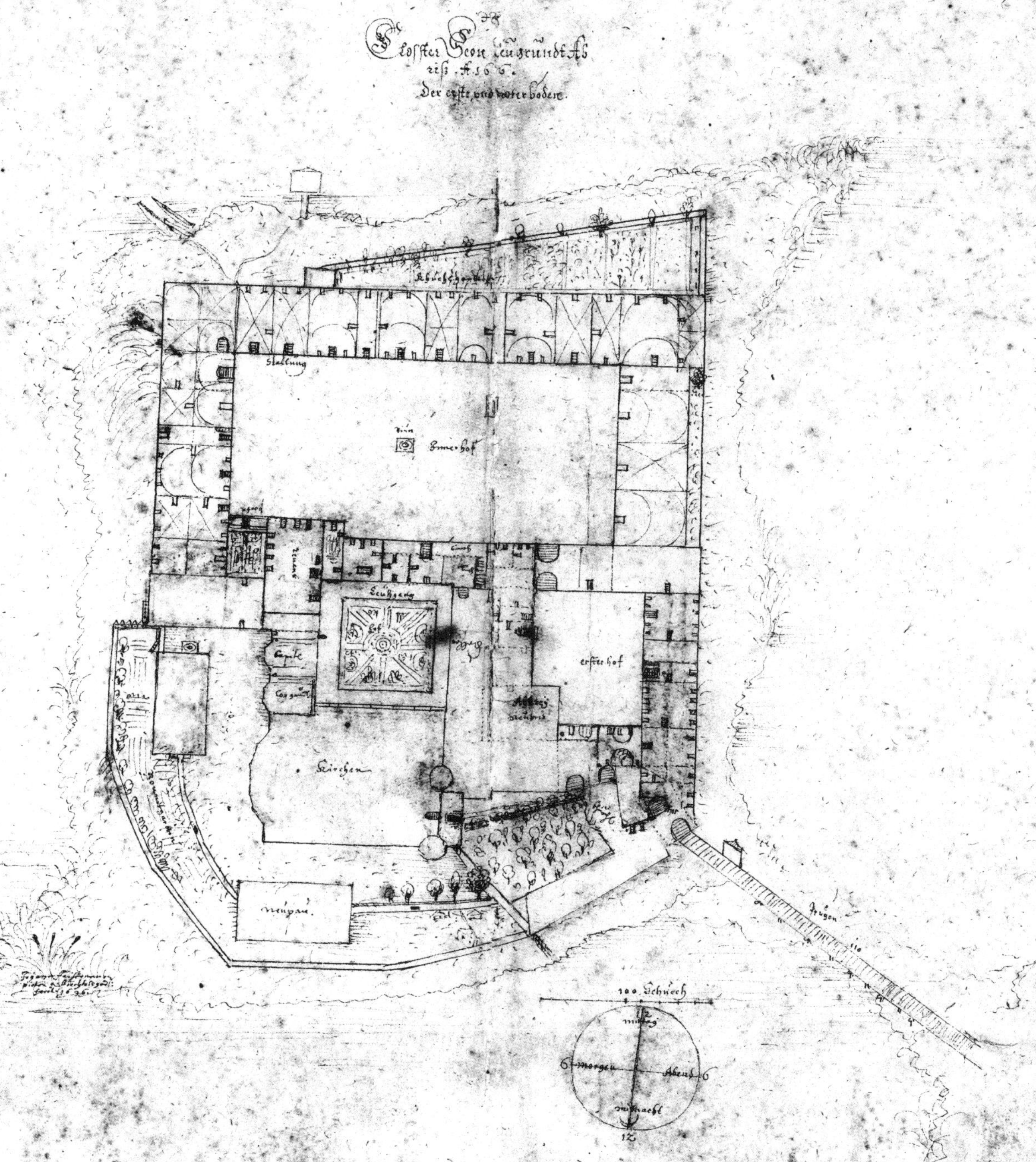
Closster Seon leugrundt Abriß A.1666.
Der erste und unter boden.
Stallung
Innerhof
erster hof
Kirchen
Neupau
100. Schuech
mittag
6 morgen
Abend 6
mitnacht
12

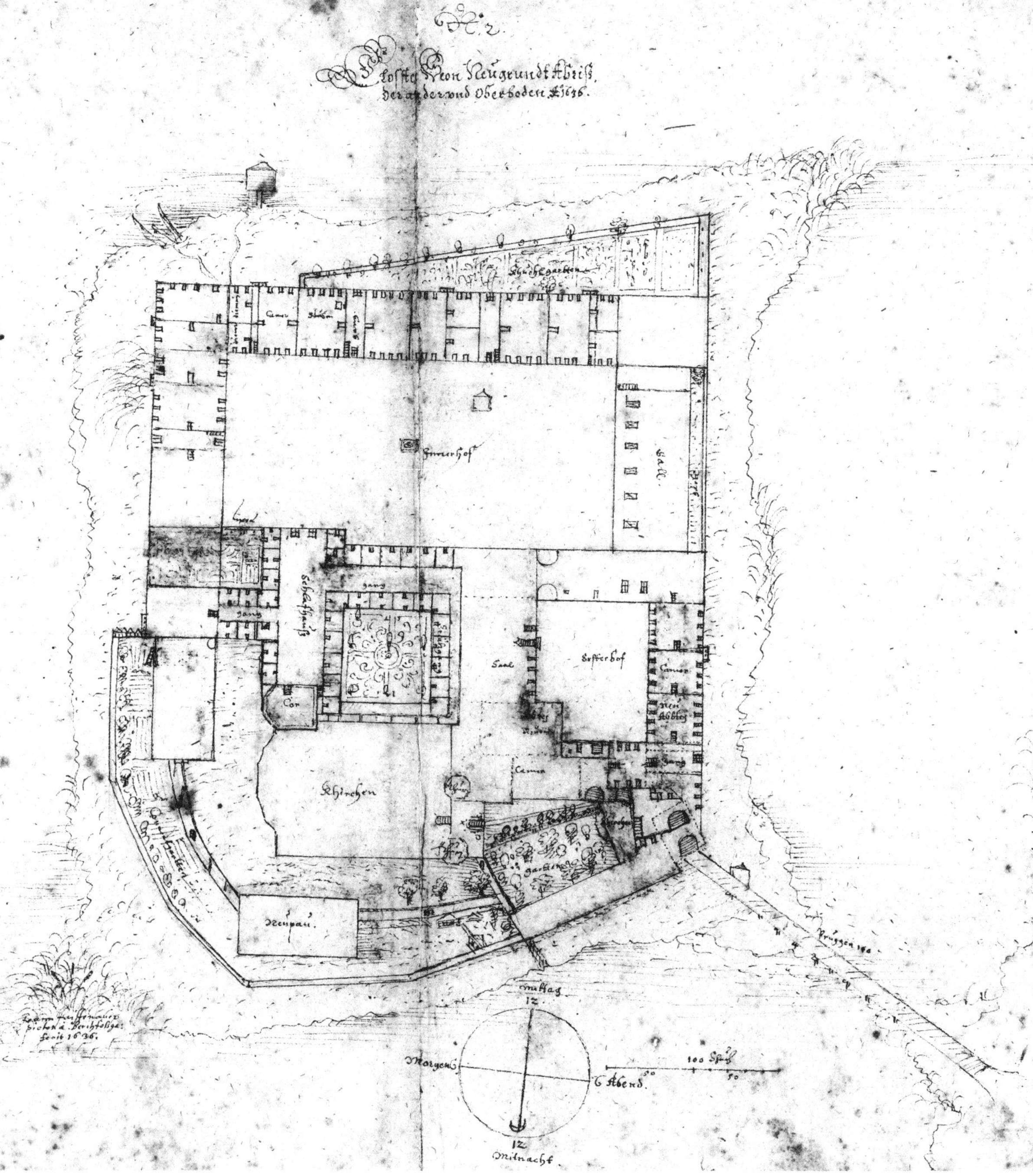
Closster Neugrundt Abriß.
Der ander und Oberboden A° 1636.
Innerhof
Kirchen
Saal
Neupau
Mittag
12
Morgen
Abend
12
Mitnacht
fecit 1636.

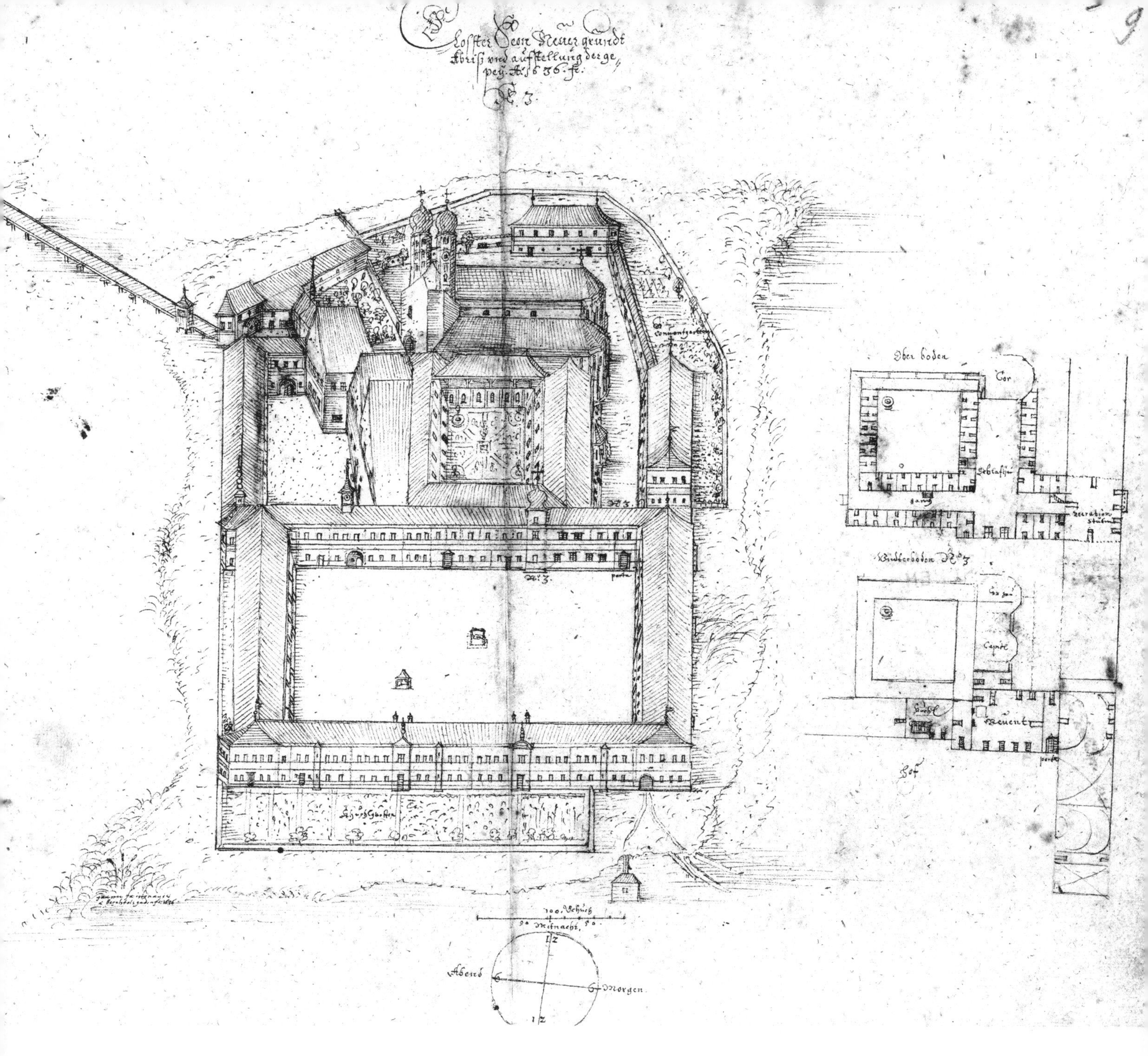
Closter Seon Neuer grundt
Abriss und auffstellung der ge
pey. Ao 1636. fc.
Ober boden
porta
Hof
100 Schuch
Mitnacht
Abend
Morgen

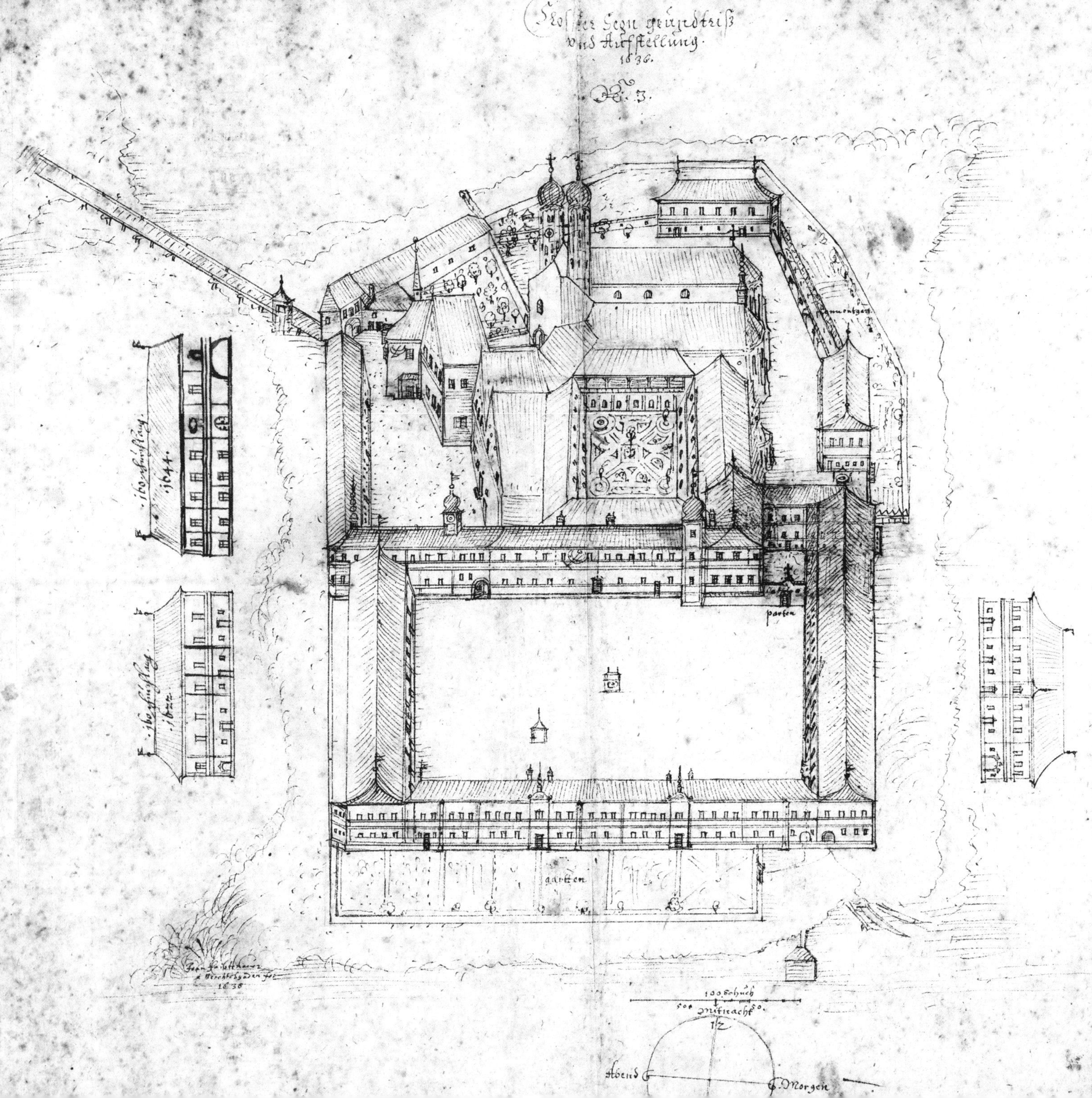
Closter Segn grundtriß
vnd Aufstellung.
1636.
1644
gartten
porten
100 Schuch
50
50.
Mitnacht
12
Abend
Morgen

Die Bau- und Kunstgeschichte des Klosters Seeon

Walter Brugger

Einführung

Die Bau- und Kunstgeschichte der oberbayerischen Klöster und Stifte ist unlösbar verbunden mit den Blüte- und Verfallszeiten der jeweiligen Kommunitäten, ebenso mit der wirtschaftlichen Situation, die ja weithin die Voraussetzung für Um- und Neubauten, für die Anschaffung von Kunst- und Kulturgut, bis hin zum kargen oder luxuriösen Leben der Prälaten und Konventsmitglieder darstellte, was freilich nicht ausschließt, daß man sich trotz mangelnder Geldquellen – besonders in der Barockzeit – doch in aufwendige Anschaffungen stürzte, auch wenn der schon vorhandene Schuldenberg wuchs und wuchs.

Eine weitere Komponente für besondere Hoch-Zeiten in unseren Klöstern und Stiften waren herausragende, unternehmungsstarke und risikofreudige Persönlichkeiten, die den jeweiligen Gemeinschaften vorstanden, jene »Sterne« unter den Prälaten, Äbten und Äbtissinnen, die durch ihre geistige und kulturelle Tätigkeit ihrer Zeit den Stempel aufprägten und sich so Ruhm erwarben. Dagegen gab es genug andere Vorsteher von Klöstern, die durch Mißwirtschaft, Disziplinlosigkeit und übermäßige Schuldenmacherei ihre Stifte bis an den Rand des Ruins führten und manchmal darüber hinaus.

So gesehen lassen sich in Seeon für die Bau- und Kunstgeschichte als Blütezeiten das 11. und 12. Jahrhundert, ebenso das 15., 17. und 18. Jahrhundert herausschälen, wobei sich teilweise auffallende Ähnlichkeiten mit zeitgleichen Vorgängen in den benachbarten Stiften Baumburg, Herren- und Frauenchiemsee abzeichnen, mit denen weithin freundschaftliche Beziehungen bestanden. Ausschlaggebend für die gesamte Bau- und Kunstgeschichte des Benediktinerklosters Seeon war die Kunstmetropole Salzburg, vorgegeben durch die kirchliche Zugehörigkeit zum Erzbistum gleichen Namens, und – abgeschwächt – Einflüsse aus Regensburg, München und Augsburg, bedingt durch die territoriale Einbindung des landständischen Klosters in das Herzogtum und spätere Kurfürstentum Bayern. Die Handwerker und Künstler kamen zumeist aus der näheren Umgebung, wie aus Obing und Altenmarkt, aber auch aus den Städten und Märkten Trostberg, Burghausen, Altötting, Mühldorf und Wasserburg. Freilich stellte auch das Kloster selbst Handwerker und Künstler, von der Schreibschule und Holzschnitzkunst der Anfänge bis zu den Komponisten und Literaten der Spätzeit vor dem gewaltsamen Ende in der Säkularisation.

I. Die Anfänge

Seeon wurde im Zug der lothringisch-gorzischen Reformbewegung des Benediktinerordens 994 von Pfalzgraf Aribo I. und seiner Gattin Adala als Haus-

und Begräbniskloster dieses Geschlechts gegründet und 999 durch Kaiser und Papst bestätigt und in Schutz genommen. Als Patron erhielt es den heiligen Märtyrer Lambert, Bischof von Maastricht, besiedelt wurde es von Mönchen aus St. Emmeram in Regensburg über freundschaftliche Beziehungen der Gründer zu Bischof Wolfgang und dem bedeutenden Reformabt Ramwold (974–1001). Der erste Abt von Seeon war Adalbert († 1002), sein Nachfolger Gerhard († um 1021).

Im Seeoner See lagen damals noch zwei Inseln. Auf der größeren stand eine kleine bescheidene Befestigungsanlage des Vaters von Pfalzgraf Aribo I., Chadalhoch, die man nun durch Zu- und Umbauten zum Kloster, der »Cella Lamberti«, umfunktionierte. Die Bauten einschließlich der ersten Kirche waren weithin aus Holz, wohl nur teilweise aus Stein errichtet. Die wirtschaftliche Erstausstattung geschah mit Gütern der Stifter aus der Umgebung des Sees, aber auch mit Besitz um Neubeuern/Samerberg und in der Wildschönau/Tirol. 1004 zählte der Konvent immerhin bereits 16 Mitglieder. Entweder von Anfang an oder spätestens im Lauf des 11. Jahrhunderts wurde auf der näher zum Festland gelegenen kleineren Insel ein Frauenkloster gegründet, das – von Nonnberg in Salzburg beeinflußt – St. Walburg hieß. So hatte auch der Seeoner See, wie der Chiemsee, eine Herren- und eine Fraueninsel aufzuweisen. Das Geschlecht der Aribonen gründete außer Seeon auch noch die Klöster Göß bei Leoben in der Steiermark und Millstatt in Kärnten.[1] Mangels gezielter Bodenuntersuchungen bzw. Grabungen auf beiden Inseln gibt es keinerlei Aufschlüsse über Größe und Beschaffenheit der »Urklöster« in Seeon, die sicher nicht aufwendig waren und nur geringe »Wohnkultur« ermöglichten, dies freilich auch ganz im Sinn der herrschenden Reformideen im 11. Jahrhundert aus Cluny und Gorze. Vögte des Klosters waren bis 1080 die Aribonen, von denen Aribo I. († 1000/1001), dessen Bruder Eberhard († nach 995), der Sohn Aribos I., Hartwig II. († 1027) und dessen Sohn Aribo II. († 1102) nach dem Nekrolog von Seeon in ihrem Hauskloster die letzte Ruhestätte fanden.

Kunstgeschichtlich sehr bedeutsam ist die rasch aufblühende »Schreibkunstschule« mit hervorragenden Werken der Buchmalerei im jungen Konvent, stark beeinflußt und gefördert vom Mutterkloster St. Emmeram sowie St. Peter in Salzburg. Der im Verbrüderungsbuch des letztgenannten Klosters 1004 eigens genannte und hervorgehobene Schreiber Eberhard muß dabei eine zentrale Rolle gespielt haben. Sogar Kaiser Heinrich II. bestellte für sein neu gegründetes Domstift Bamberg mehrere Werke in Seeon. Darüber handelt ein eigener Beitrag in diesem Buch.

Nach dem Stand der Forschung kann man für das Ende des 11. Jahrhunderts einen größeren Kirchenneubau annehmen, der sich mit Aribo II. in Verbindung bringen läßt. Zusammen mit seiner Gattin Luitgard hatte er 1070 das Kloster Millstatt gegründet und nannte sich seit 1076 Graf von Haigermoos im unteren Salzburggau. Nachdem sein Bruder Boto nur eine Tochter hatte und der einzige Sohn Aribos, Gerhard, früh verstarb, war abzusehen, daß die Aribonen im Mannesstamm erlöschen würden. Seeon war und blieb das Haus- und Begräbniskloster des Geschlechts, und auch Aribo II. wollte nach seinem Vater (Hartwig II.) und Großvater (Aribo I.) hier begraben werden. Auch bestanden im nahen Baumburg und in Frauenchiemsee bedeutende Kirchen einschließlich des bekannten Campanile auf Frauenwörth. So kam es zum Bau einer dreischiffigen Säulenbasilika mit ostapsidialen Abschlüssen und – im Westen – eines mehrfach gestuften einfachen Portals ohne Vorhalle in Verbindung mit einem nördlich gesetzten Wehr- und Kirchturm, der achteckig und innen rund nach dem bereits genannten Vorbild von Frauenchiemsee errichtet wurde. Die jetzige Vorhalle und der Südturm entstanden erst im letzten Drittel des 12. Jahrhunderts. Für den älteren, zunächst für knapp 100 Jahre allein stehenden Nordturm spricht die schwer zu erklärende Diagonalstellung der Türme zueinander, die unorganische Einbindung in den Gesamtgrundriß, der Mauerwerksvergleich, die verschiedene Gestaltung der Fenster und Blendarkaden sowie die Verwendung als Fluchtturm für das Kloster in »unruhigen Zeiten«. Nicht zuletzt sollte man auch an die Kostspieligkeit für Turmbauten denken, die oft genug, so z.B. auch am Dom zu Freising, einen zweiten Turm über längere Zeit verhinderte. Bemerkenswert ist der über Salzburg vermittelte oberitalienische Einfluß bei der Gestaltung der Türme in Bezug auf die gekuppelten Fenster und das Wachsen der Öffnungen nach oben (heute die meisten vermauert), was den Türmen Auflockerung und »Luftigkeit« schenkte.[2]

Heute besteht von diesem Bau vom Ende des 11. Jahrhunderts nur mehr das Portal (Verwitterungsspuren!) und der Nordturm. Außer Graf Aribo II. († 1102) und seiner Frau Luitgard könnte noch vielleicht der aus Niederalteich stammende Abt Rudolf († 1102) für den Bau verantwortlich gemacht werden. Mit Salzburg verband ihn der ebenfalls aus Niederalteich stammende Abt von St. Peter (seit 1077), Thiemo, der dort 1090 Erzbischof wurde. Ob mit der Kirche auch ein neues (Stein-)Kloster gebaut wurde, ist zwar naheliegend, mangels Grabungsergebnissen aber nicht beweisbar.

II. Die romanische Epoche

Warum der Kirchenbau des späten 11. Jahrhunderts kaum hundert Jahre überdauert hat, wissen wir nicht. Ein möglicher Brand, einsetzende Baufälligkeiten, zu kleine Ausmaße u.a. mögen die Gründe dafür gewesen sein. Geistesgeschichtlich war die neue Hirsauer Reformbewegung, die über Admont ab 1115 auch die salzburgischen und bayerischen Klöster erfaßte, eine der Voraussetzungen für Neubauten nach dem »Hirsauer Bauschema«. Stimulierend für einen Neubau wirkten ganz sicher auch die Klostergründungen und die damit verbundenen neuen Kirchen- und Konventsbauten; so die Augustiner-Chorherrenstifte Baumburg (Gründung 1109; Kirchweihe 1156) und Herrenchiemsee (Gründung um 1125; Weihe 1131 bzw. 1158) und das Benediktinerkloster Rott am Inn (Gründung um 1083; Kirchenbau zwischen 1158–84) sowie die rege Bautätigkeit auf Frauenchiemsee in der ersten Hälfte des 12. Jahrhunderts, mit der noch erhaltenen romanischen Ausmalung der Klosterkirche. Nicht zuletzt war es auch die große Bauwelle, die besonders Salzburg selbst und dessen unmittelbare Umgebung in dieser Zeit erfaßt hatte: Unter Erzbischof Konrad I. (1106–47) entstand das gewaltige Westwerk mit der Zweiturmanlage am alten Virgilsdom und – nach dem furchtbaren Stadtbrand von 1161 – der Neubau des größten romanischen Domes nördlich der Alpen unter Erzbischof Konrad III. ab 1181, während man im letzten Drittel des 12. Jahrhunderts auch die Stiftskirche in Berchtesgaden und die Stadtpfarrkirchen in Reichenhall und Laufen neu erbaute. Die Zweiturmanlage war nach dem großen Vorbild der Metropolitankirche in Salzburg auch in Herrenchiemsee, Baumburg und Rott »Mode« geworden, man konnte sich auch in Seeon nicht länger davor verschließen.

So entstand wohl im letzten Viertel des 12. Jahrhunderts, vielleicht besonders gefördert durch den kunstsinnigen Abt Alban, die noch im Kern vorhandene dreischiffige, flach gedeckte, romanische Säulenbasilika, ohne Querschiff, mit drei Ostapsiden, etwas kürzer als die heutige Chorlänge. Im Westen baute man vor das vorhandene Portal eine doppelge- 139
schossige dreischiffige Vorhalle und zum Nordturm

den längst fälligen Südturm unter Verwendung von Högler Sandstein. Im Obergeschoß der Vorhalle wurde die St. Michaelskapelle eingerichtet, ursprünglich mit drei Altären versehen und zeitweise als Abtkapelle genützt (Zugang vom Kloster über den Südturm).[3] Durch die Umbauten in der ersten Hälfte des 15. Jahrhunderts ist der Charakter
140 der romanischen Säulenbasilika nach dem Hirsauer Bauschema nurmehr in der Vorhalle erkennbar. Am dritten Pfeiler der Nordreihe (von Osten her) hat man im Rahmen der Bauuntersuchungen von 1899 ein Stück der späteren Ummantelungen freigelegt
148 und kann so einen Teil der alten Säule mit Kapitell aus dem 12. Jahrhundert sehen und damit die ganze Stützenreihe rekonstruieren, wobei lediglich die vierte Stütze (von Osten her) ein Pfeiler war, um die Grenze zwischen Mönchschor und Laienkirche zu markieren. Wie sich an den Malspuren der freigelegten Säule aufweisen läßt, war die romanische Basilika farblich gestaltet, höchstwahrscheinlich waren auch an den Hochwänden größere Fresken – ähnlich wie in Frauenchiemsee – angebracht.[4]

Mit größter Wahrscheinlichkeit wurde im Zusammenhang mit dem Neubau der Kirche auch das Kloster mit seinen wichtigsten Räumlichkeiten wie Kapitelsaal und Dormitorium (= Schlafhaus) im Osten, Refektorium (= Speisesaal) und Küche im Süden und Abtei (= Wohnung des Abtes) im Westen neu errichtet oder zumindest umgebaut. Dazu kam noch die zwischen dem südlichen Seitenschiff und dem Kapitelsaal schon von alters her eingefügte
147 Marienkapelle, die später zur Laiminger Grabkapelle umgebaut wurde und heute als Sakristei verwendet wird.[5] Das Aussehen von Kirche und Kloster in dieser Zeit hat Helmut Scholz in seiner gründlichen Dissertation in Grundriß und Schaubildern als Rekonstruktionsversuch vorbildlich dargestellt.[6] Finanziert wurden diese Baumaßnahmen durch die gestiegenen Einnahmen des Klosters, besonders

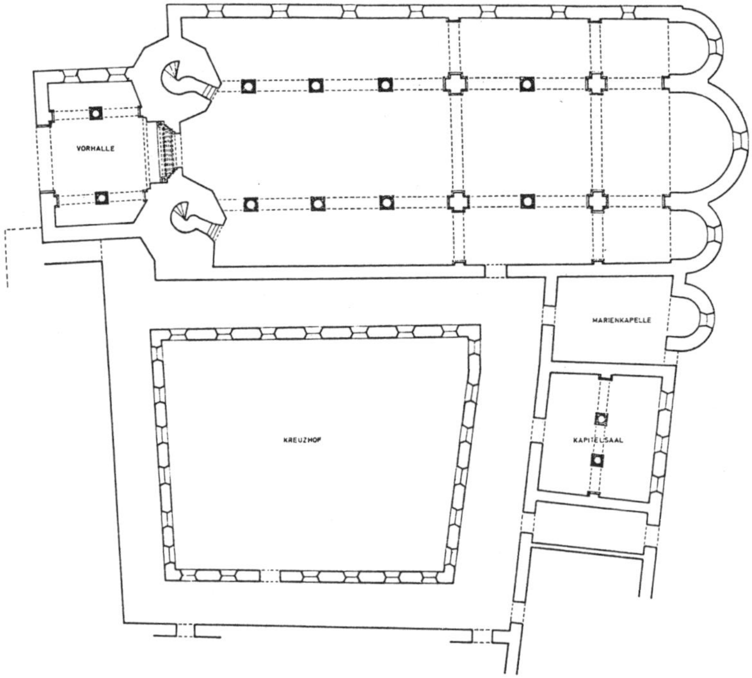

auch durch die Inkorporation der Pfarrei Obing mit ihren Filialen Pittenhart, Niederseeon und Ischl, vielleicht auch durch die Grafen von Lebenau, die damaligen Vögte der Abtei. Noch war Seeon Reichskloster. 1201 schenkte König Philipp zu Bamberg Frauenchiemsee und die Aribonenstiftung Seeon dem Erzbischof Eberhard II. von Salzburg als Dank für seine Treue. Die »salzburgische Zeit« begann und bald auch die bayerische, als nach dem Aussterben der Lebenauer (1229) der Salzburger Erzbischof die Vogtei an sich zog, sie aber im Erhartinger Vertrag von 1254 doch zusammen mit der Vogtei von

139 Kloster Seeon. Rekonstruierter Grundriß, Erdgeschoß, um 1300 (nach Helmut Scholz, 1971)

140 Klosterkirche Seeon. Rekonstruierter Innenraum der Säulenbasilika um 1300. Blick nach Osten (nach Helmut Scholz, 1971)

Frauenchiemsee endgültig an die Bayernherzöge abtreten mußte. Bayern und Salzburg waren von nun an die weltlichen und kirchlichen Herren des Klosters, Rivalitäten und Spannungen konnten nicht ausbleiben, Einflüsse für die Bau- und Kunstgeschichte kamen aus beiden Bereichen und befruchteten die weitere Entwicklung.[7]

Die Darstellung der Bau- und Kunstgeschichte Seeons im 12. Jahrhundert wäre unvollständig, würde man nicht noch kurz auf die Entwicklung einer Schnitzkunst im Kloster selbst zu sprechen kommen, die sich traditionsgemäß mit dem Mönch Alban, dem späteren Abt, verbindet und sich am stärksten im sogenannten Forstenrieder Kreuz manifestiert. Seit ein Sohn der Klostergründerin

Adala, Sighard, die Gräfin Philhild von Dießen/Andechs geheiratet hatte, war die Verbindung mit Seeon in *der* Weise hergestellt worden, daß Mönche aus der Aribonenstiftung auch die Seelsorge auf der Burg Andechs ausübten und das Kreuz, aus der Hand Albans – um 1170 entstanden –, dorthin brachten. Nach der Zerstörung der Burg Andechs brachten die beiden Seeoner Mönche Isaak und Bertold auf dem Heimweg in ihr Kloster das bereits als wundertätig hochverehrte Kruzifix nach Forstenried und ließen es durch göttliche Einwirkung in der dortigen Kapelle.[8] Michael Hartig nennt das Kreuz »eines der frühesten Werke der einheimischen Holzbildkunst« und Hartmut Beenken bezeichnet es als »die bedeutendste baierische Holzplastik des 12. Jahrhunderts«.[9] Nach der Buchmalerei im 11. Jahrhundert ein weiterer Beweis für das hohe Niveau der Kunstausübung durch Seeoner Mönche im hohen Mittelalter.

Der Vollständigkeit halber muß noch erwähnt werden, daß durch die Inkorporation der Pfarrei Obing, auf der Synode zu Laufen 1195 und durch Erzbischof Eberhard II. 1202 bestätigt, sich das Feld des Bauwesens sowie die künstlerische Ausgestaltung für die hinzugekommenen Kirchen beträchtlich erweiterte. So hören wir aus der Bestätigungsurkunde, daß bereits im 12. Jahrhundert folgende Kirchen bestanden und in Zukunft betreut werden mußten: Obing (St. Laurentius), Pfaffing (St. Achatius), Albertaich (St. Maria/St. Jakob d. J.), Diepoldsberg (St. Ägidius), Pittenhart (St. Nikolaus), Eschenau (St. Peter), Niederseeon (St. Ägidius) und die Kapelle Ischl (St. Martin). In einer Urkunde von 1297 wird auch noch die St. Nikolauskapelle beim Kloster selbst genannt, die offensichtlich immer mehr die Funktion der Abtkapelle übernahm und westlich von der Kirche stand, sowie die Katharinenkapelle »in abside monasterii«, die ich mit dem Kapitelsaal in Verbindung bringen möchte, bis dort ein Dreifaltigkeitsaltar erstellt und

in der Abteikirche ein Katharinenaltar errichtet wurde.[10] Auch findet sich in dieser Zeit der Nachweis der ältesten Grablege eines adeligen
128 Geschlechts aus der Umgebung, der Truchtlachinger, am Ende des 13. Jahrhunderts im Kloster Seeon.

Allgemeingeschichtlich ist festzuhalten, daß, neben dem wirtschaftlichen Vorteil der Ausbildung einer Hofmark um Niederseeon mit niederer Gerichtsbarkeit, ein ständig um sich greifender Verfall der Klosterdisziplin nicht mehr aufzuhalten war. In diesen
149 Sog gerät auch das Frauenkloster St. Walburg, das spätestens im 13. Jahrhundert zu bestehen aufhört. Von jetzt an gab es in Seeon nur mehr das Kloster auf der Herreninsel. Durch die Bildung der Archidiakonate im 12. und 13. Jahrhundert war Seeon mit seinen Pfarreien stärker auf Baumburg ausgerichtet, da der dortige Propst für dieses Gebiet der zuständige Archidiakon war und damit der unmittelbare kirchliche Vorgesetzte in Seelsorgs- und Rechtsfragen.

III. Die Blütezeit der späten Gotik

Zunächst muß festgehalten werden, daß sich die Gotik in Salzburg, seiner Umgebung und im Chiemgau nur sehr zögernd durchgesetzt hat. Dies lag zum Teil an den bereits vorhandenen romanischen Kirchenbauten, durch die zunächst kein weiterer Bedarf bestand, zum Teil aber auch an einer einsetzenden Lethargie in den stiftischen und klösterlichen Gemeinschaften bis zu ersten deutlichen Verfallserscheinungen. Sonderfälle wie der gewaltige Chorneubau um 1300 an der Augustinerchorherrenstiftskirche St. Peter in Berchtesgaden oder der Hallenbau der Stadtpfarrkirche in Laufen um 1330 und die völlig isoliert dastehende Turmerhöhung in Frauenchiemsee mit aufgesetztem Spitzhelm um 1300, sowie die kleineren, aber vom Stil her hochbedeutsamen Zusatzbauten der Pauluskapelle (Weihe 1304) und der Marienkapelle von 1319 in der Abtei St. Peter in Salzburg heben diese Grundsatzerkenntnis nicht auf. Erst um 1400 gelingt dann der Durchbruch, besonders durch den Chorneubau der Stadtpfarrkirche U. L. Frau in Salzburg (Franziskanerkirche). Er löst im Laufe des 15. Jahrhunderts im ganzen Land eine ungeheure Bauwelle mit Neu- und Umbauten aus, die auch – wie im Fall Seeon – die kleinsten Dorfkirchen erfaßt oder – wie in Baumburg – wenigstens eine neue spätgotische Einrichtung zur Folge hat. Schwerpunkte sind dabei vor allem der Neubau der Stiftskirche der Benediktinerinnen in Nonnberg (Salzburg) 1463–1499 und die fast parallel verlaufende gotische Umgestaltung der Stiftskirche auf Frauenwörth von 1468–1482 unter der bedeutenden Äbtissin Magdalena Auer zu Winkl, bis hin zum Festungsausbau in Salzburg am Ende des Jahrhunderts unter Erzbischof Leonhard von Keutschach.

Führend für diese Um- und Neubauten der Spätgotik

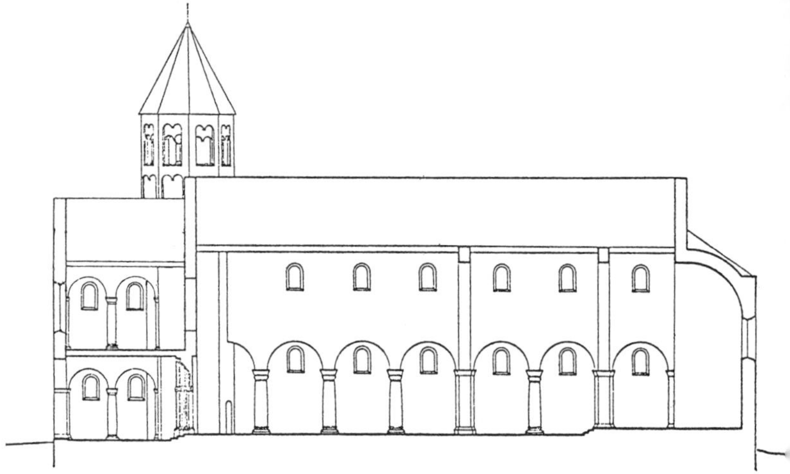

141 Klosterkirche Seeon. Rekonstruierter Längsschnitt. Blick nach Norden, um 1300 (nach Helmut Scholz, 1971)

in unserem Gebiet war die sogenannte Burghauser
Bauschule, an der Spitze Meister Hans, dessen Neffe
Hans Stethaimer und Stephan Krumenauer. In
ihrem Gefolge entstanden mehrere kleinere Bauhüt-
ten, wie die von Schnaitsee oder die spätere Burghau-
ser Hütte, die sich mit den Namen Konrad und
Oswald Pürkel sowie Hans Wechselberger und Hans
Perger verbinden ließen, um wenigstens die wichtig-
sten zu nennen. Besonders die beiden Pürkel spielen
für das Bauwesen in der ersten Hälfte des 15. Jahr-
hunderts in der Seeoner Gegend eine führende Rolle,
wobei neueste Forschungen[11] ergeben haben, daß
Konrad Pürkel bereits am 10. Juni 1426 starb und
dessen Vetter Oswald Pürkel wohl eine Reihe der
von Konrad geplanten oder schon begonnenen Kir-
chenbauten ausgeführt bzw. vollendet hat. Dies gilt
auch für Seeon selbst. Bisherige Zuschreibungen an
Konrad Pürkel müssen deshalb neu überprüft oder in
99 den meisten Fällen berichtigt werden.[12]
100 Entscheidend für den Einzug der Gotik im Kloster
106 Seeon und seinen Kirchen waren vor allem die bei-
den bedeutenden Äbte Simon Farcher (1384–1412)
109 und Erhard I. Farcher (1412–1438), beide mit einer
langen Regierungszeit, die es auch ermöglichte, grö-
ßere Baumaßnahmen einzuleiten und durchzufüh-
ren. Dazu kam noch der glückliche Umstand, daß
das Geschlecht der Laiminger zu Tegernbach (bei
Dorfen, Lkr. Erding) sich Seeon durch knapp hundert
Jahre zur Grablege wählte und damit wesentlich zur
Finanzierung der verschiedenen Um- und Neubau-
ten beitrug. Ermöglicht wurde dies zusätzlich durch
die Übernahme von Schloß und Hofmark Amerang
durch die Laiminger seit 1395, sowie die Wahl Leon-
hards v. Laiming zum Bischof von Passau (1423).

Nach dem Beispiel Oswalds von Törring, der 1383 in
Baumburg die Fronleichnamskapelle gestiftet und
sie für sein Geschlecht als Grablege bestimmt hatte,
ließ Erasmus II. v. Laiming nach dem Tode seines
Vaters Erasmus I. (1390) die romanische Marienka-
pelle zwischen Kirche und Kapitelsaal abbrechen; er
ließ sie gotisch neu aufbauen (1392) und bestimmte
sie als Grabkapelle für sein Geschlecht. Leider ist
dieser schmale hochgezogene Raum mit seiner reich
gestalteten Westempore durch den Einbau einer
Zwischendecke und der Anlage des Mönchschores
im Obergeschoß (1617) wesentlich verändert wor- 120
den und hat viel von seiner ehemaligen Eleganz ein- 122
gebüßt. Bis 1638 lagen hier die Grabsteine der Lai- 129
minger im Boden (vielleicht auch ein Hochgrab?), bis
sie unter Abt Honorat Kolb zunächst in die Wand
versetzt, dann – durch die Benützung des Raumes als
Sakristei – in den Kreuzgang transferiert wurden.
Der letzte Grabstein für Hansjörg und Sigmund
Laiminger datiert von 1475, nachher wurde die
Grablege dieses Geschlechts in die Pfarrkirche von
Amerang verlegt.[13] Über die Grabsteine und deren
Zuordnung an die einzelnen Steinmetze handelt
ein eigener Beitrag in diesem Buch.

Ob die aus Seeon stammende und heute im Bayeri-
schen Nationalmuseum aufbewahrte Pietà aus der 151
Zeit um 1390/1400[14] mit der ehemaligen Ausstat-
tung der Laiminger-Kapelle in Verbindung zu brin-
gen ist, muß offen bleiben. Jedenfalls gehört sie zu
jenen »ausgewanderten« kostbaren Kunstschätzen
des Klosters, die ob ihrer Qualität – das Vesperbild
stammt aus Prag – einen deutlichen Hinweis auf die
kulturelle Blüte dieser Zeit geben. Dazu gehört auch
die in der Sakristei aufgestellte Muttergottes mit
Kind um 1400, die Pfarrer Alois Rauscheder 1933 aus
der Pavoldinger Kapelle wieder in die Klosterkirche
zurückgeholt hat. Ob sie bei der Entfernung der goti-
schen Altäre in der Barockzeit nach Pavolding
gebracht oder vor den Lokalkommissären der Säku-
larisationszeit »sichergestellt« werden sollte, wis-
sen wir nicht. Sie stammt aus der Hand des Meisters
der Taxenberger Kreuzigungsgruppe (heute im Di-
özesanmuseum Freising), die ursprünglich in Seeon
in der flachgedeckten romanischen Klosterkirche im

Mittelschiff hoch über den Stufen des Presbyteriums
angebracht war und dadurch für den ganzen Raum
eine dominierende Wirkung hatte. Diese bedeu-
tende Anschaffung gehörte vielleicht schon zu
einem ersten Programm der Umgestaltung der
Inneneinrichtung im gotischen Stil, die noch unter
Abt Simon Farcher zu Beginn des 15. Jahrhunderts
durchgeführt wurde, ohne größere bauliche Verän-
derungen in Angriff zu nehmen. Immerhin hören wir
von einer Ablaßerteilung für die Achatiuskapelle
und Marienkapelle sowie der Weihe von vier Altären
(Kreuz-, Zwölf Apostel-, Johannes- und Katharinen-
altar) durch Bischof Engelmar vom Chiemsee am
6. April 1404.[15]

Abschließend für diese Zeit muß wenigstens noch –
obwohl dies eigens behandelt wird – auf die Errich-
tung des Stifterhochgrabes unter dem bereits oben
genannten Abt hingewiesen werden, das zwischen
1395 und 1400 von Hans Heider geschaffen wurde.
Abt Simon nennt sich selbst – in den Stein eingegra-
ben – Initiator und Stifter des Werkes. Nach mehrfa-
cher Aufstellung an verschiedenen Orten der Klo-
sterkirche, ursprünglich wohl sicher im Mittelgang
vor dem Mönchschor, kam es 1856 an seinen jetzi-
gen Platz in der Barbarakapelle. Die Tumba enthält
heute noch vier Totenschädel, die man nach dem
Nekrolog von Seeon dem Stifter (Aribo I.) und seinen
nächsten Verwandten zuordnet. Vom Meister des
100 Stiftergrabmales stammt auch der Grabstein für Abt
106 Simon Farcher selbst († 1412), auf dem der Verstor-
bene mit den eben verliehenen Pontifikalien, Stab
und Mitra, dargestellt ist (Barbarakapelle, West-
122 seite), sowie die Tumbadeckplatte für Erasmus Lai-
minger († 1406) im Kreuzgang (Ostflügel). Abt Far-
cher ließ auch eine kostbare, mit Perlen bestickte
Mitra anschaffen, die noch in späteren Inventaren
erwähnt wird.

In der gesamten bisherigen Literatur über Seeon wird
der gotische Umbau der Klosterkirche, näherhin die
Umwandlung der flach gedeckten romanischen Säu-
lenbasilika in eine gewölbte Pfeilerbasilika, in die
zwanziger Jahre des 15. Jahrhunderts, meist einge-
engt auf die Zeit von 1428–1433 angesetzt, wobei
man sich – wie fast immer – auf die Bauuntersu-
chungen und Festlegungen bei der Inventarisation
der Kunstdenkmäler Bayerns zu Beginn dieses Jahr-
hunderts stützt.[16] Als Eckdaten für diese Festlegung
nahm man eine Ablaßurkunde für die Barbaraka-
pelle von 1428 und die Weihe der Kirche am 26. Juli
1433 durch den Passauer Bischof Leonhard von Lai-
ming. Abgesehen davon, daß Ablaßbriefe und Wei-
hen öfter geraume Zeit nach Fertigstellung der
betreffenden Kapellen und Kirchen ausgestellt bzw.
vorgenommen werden, wissen wir – wie bereits
erwähnt –, daß der im Nekrolog des Klosters
genannte Baumeister Konrad Pürkel (»murator et
artifex huius monasterii dictus Würkel«) bereits am
10. Juni 1426 starb und höchstwahrscheinlich sein
Vetter Oswald Pürkel den fast schon vollendeten 150
Um- und Neubauten im ganzen Kloster fertiggestellt 154
hat. Außerdem hat wohl der mit seinem Vorgänger
eng verwandte Abt Erhard I. Farcher bei seinem
Regierungsantritt 1412 die von Abt Simon Farcher
eingeleiteten Maßnahmen mit tatkräftiger (finan-
zieller) Unterstützung der Laiminger sofort zielstre-
big aufgegriffen und weitergeführt. Zudem brauchte
man für diese Baumaßnahmen an Kirche und Kloster
weit mehr als nur fünf Jahre.

Die angeführten Maßnahmen betrafen den Umbau
der Michaelskapelle im Obergeschoß der Vorhalle,
den Neubau der Barbarakapelle, angefügt an das
nördliche Seitenschiff der Vorhalle und vielleicht
schon damals für das Begräbnis der Äbte vorgesehen,
dann die achteckige Ummantelung der Säulen als 148
Pfeilerstützen für die neu eingezogenen Gewölbe im
Mittel- und in den Seitenschiffen in der Form von
Netzgewölben, deren reiche Figuration besonders
über dem Mönchschor als Sterngewölbe höchste 150

145 Formen annahm. Die vielen kleinen runden Schlußsteine an den Rippenkreuzungen, an denen ursprünglich vielfach die Wappen der Laiminger angebracht waren, sind ein typisches Kennzeichen der Burghauser Bauschule. Das Presbyterium wurde erhöht, nach Osten erweitert und mit einem Dreiachteckschluß versehen, die Seitenschiffe gerade geschlossen. Veränderungen im 16. und 17. Jahrhundert (Erhöhung und Neueinwölbung der östlichen Joche der Seitenschiffe, weitere Veränderung der Pfeiler durch rechteckige Renaissancepilaster, Aus-
154 brechen des Mittelteiles der Netzfiguration über dem dritten und vierten Joch, dem ehemaligen Mönchschor, Neugestaltung der Fensteröffnungen sowie Einzug von Gesimsen und Einbau der Orgelempore) haben den Raum zwar umgestaltet, aber ihm den gotischen Gesamteindruck nicht genommen. Die beiden östlichen Joche des Mittelschiffs und fast die ganze nördliche Seitenschiffmauer wurden beim gotischen Umbau völlig erneuert. Als Baumaterial verwendete man Quader von Urgebirgsgestein, vielleicht beim Aushub für den Weinkeller und andere tiefer liegende Räume gefunden, sowie Tuff- und Backsteine. Nicht zu vergessen ist der Bau eines abschließenden Lettners, wohl zwischen den vierten Pfeilern von Osten her errichtet, mit einer Empore für die Schola. Vor ihm könnte das Stifterhochgrab gestanden sein. Außerdem wurden spätestens um diese Zeit nach dem Vorbild von St. Peter in Salzburg und Frauenchiemsee die romanischen
206 Pultdächer der Türme abgetragen und durch Spitzhelme ersetzt. Am 26. Juli 1433 weihte Bischof Leonhard von Passau die Kirche samt Hochaltar und Chor und erteilte einen Ablaß.

Mit der Kirche erneuerte man den Kreuzgang in gotischen Formen – die Kreuzrippengewölbe sind außer im Nordflügel noch alle erhalten, die Fenster im 17. Jahrhundert erneuert worden –, baute den Kapitelsaal neu und versah ihn mit einer Apsis für einen Altar. Kreuzgang und Kapitelsaal waren ja von jeher Begräbnisstätte der Äbte und Mönche und bevorzugter Laien, wie Angehörige von Stiftergeschlechtern u.a. In die Umbauten wurden auch das Refektorium (Südseite) und das Dormitorium (Ostseite) miteinbezogen. Die Abtei auf der Westseite scheint damals völlig neu gebaut worden zu sein, wie die gewaltige Kelleranlage unter ihr deutlich macht. Dieser Keller, zunächst als Wein-, später als Bierkeller genutzt, stellt eine zwei Joch tiefe und vier Joch breite spätgotische Halle dar, die freilich durch einen späteren Umbau an den nördlichen Jochen entscheidend verändert wurde. Die einzelnen Joche sind mit Kreuzrippengewölben versehen, die in der Mitte durch Nagelfluhsäulen und an den Wänden durch Konsolen getragen werden. Bei der Höhe von sechs Metern war wohl der Einbau eines hölzernen Zwischenbodens für die Lagerung der Wein- und Bierfässer nötig. Den Wein führte man aus der Wildschönau, aus Südtirol und aus der Wachau weithin auf dem Wasserweg (Inn und Salzach) nach Seeon, für das Bier sorgte die klostereigene Brauerei im Wirtschaftshof selbst.

Das Aussehen des Klosters nach den Um- und Neu-
bauten geben die Ansichten bei Apian (1554–1562) 206
und auch die bei Merian (1644) wieder, wobei der letztere, ohne das Kloster zu besuchen, sich an die (verschollenen) Ortsansichten Apians gehalten hat und so noch im 17. Jahrhundert die gotischen Spitzhelme wiedergibt, die bereits im 16. Jahrhundert längst den welschen Hauben weichen mußten. Auch vermitteln die Grund- und Aufrisse, sowie wertvolle Rekonstruktionsversuche des Inneren bei Scholz eine gute Vorstellung des Zustandes im 15. Jahrhundert (freilich ohne Lettner).

Die Klosterkirche erhielt nach dem Umbau auch eine neue Ausmalung, von der noch Reste in der Vorhalle (rechts vom Portal), an der Kirchennordwand (David, Ijob, Christophorus) und an der Südwand (hl.

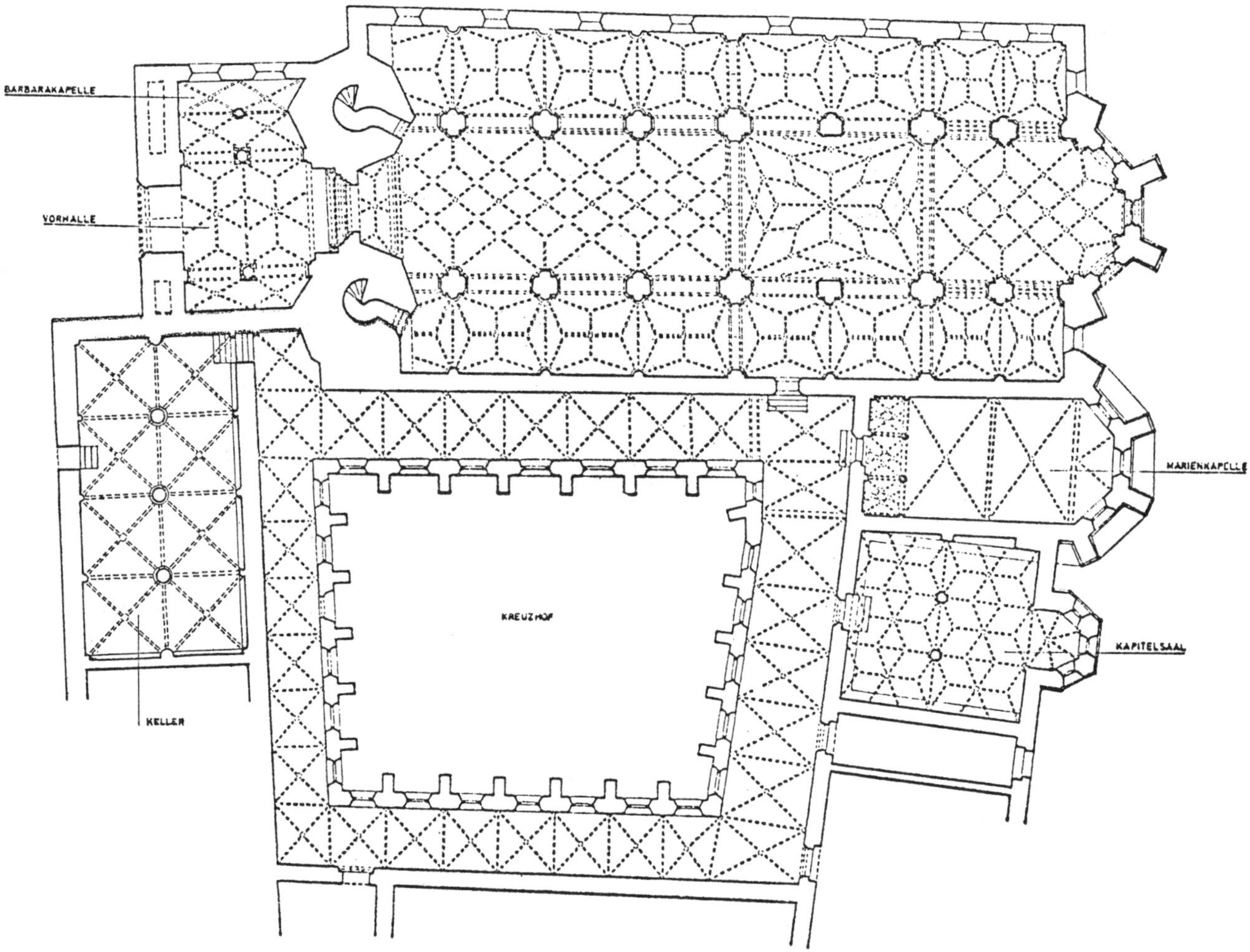

Lambert?) erhalten sind. Selbstverständlich mußte dem neuen Stil auch die Einrichtung angepaßt werden. Dazu verpflichtete man besonders einen Salzburger Meister aus Mühldorf, der später unter dem Anonym »Meister der Seeoner Muttergottes« in die Kunstgeschichte eingeführt wurde. Der Ablaßbrief des Bischofs Johann II. von Chiemsee vom 13. August 1433 zählt außer dem Hochaltar für die Kirche sieben Altäre auf.[17] Im Hochaltar thronte die bereits genannte Seeoner Muttergottes. Das berühmte Original steht seit 1855 im Nationalmuseum in München[18] und seit 1947 in einer Nachbildung im heutigen Hochaltar der ehemaligen Klosterkirche. Die thronende Muttergottes mit dem Apfel in der rechten und dem Christuskind in der linken

142 Kloster Seeon. Rekonstruierter Grundriß, Erdgeschoß, um 1500, nach den gotischen Einwölbungen (nach Helmut Scholz, 1971)

Hand, aus Lindenholz geschnitzt, zählt zu den bedeutendsten Werken des sogenannten »Weichen Stils« aus der Hand des »Seeoner Meisters«. Die Kostbarkeit der Figurengruppe und ihre strahlende Erscheinung werden durch den Originalzustand ihrer Fassung noch erhöht. Wahrscheinlich gehörte auch noch die Figur des hl. Erasmus von Pittenhart zum Schrein des Hochaltars, der um 1430 entstanden ist. Das Œuvre des um 1390 geborenen und in Salzburg ausgebildeten Meisters, der seine Werkstatt in der Salzburger Enklave Mühldorf hatte, läßt sich nach dem heutigen Forschungsstand wie folgt zusammenstellen: Christkind von Altenhohenau (Wirkungsstätte des Baumeisters Konrad Pürkel!), Madonna von Pürten, Maria von Weildorf und Wasserburg, Seeon, sowie die Gottesmutter von Inzersdorf (bei Schlierbach OÖ) und Ranoldsberg, dazu der Erasmus von Pittenhart. Die Tätigkeit dieses bedeutenden Meisters läßt sich ungefähr auf die Jahre 1420–1440 begrenzen, hatte aber darüber hinaus noch lange Auswirkungen auf Werkstattarbeiten und Nachfolgewerke vor allem im Salzburger Gebiet
152 z.B. in Hallein und Kitzbühel.[19] Neben der Taxenberger Kreuzigungsgruppe und der Muttergottes mit
147 Kind vom gleichen Meister bezeugt auch noch einmal der Auftrag an den »Meister von Seeon« für den
155 Hochaltar der Klosterkirche den hohen künstlerischen Anspruch, den das Inselkloster zu Beginn des 15. Jahrhunderts erhob und unter den beiden großen Äbten Sigmund und Erhard I. Farcher auch in die Wirklichkeit übersetzte.

Noch in die Regierungszeit von Abt Erhard I. († 1438) fallen die Neubauten der Kirchen Niederseeon und Ischl sowie der Filiale von Obing, Diepoldsberg. Alle genannten Gotteshäuser haben viele stilistische Gemeinsamkeiten und könnten auch deshalb – wie schon mehrfach vermutet – auf Oswald Pürkel als Baumeister hinweisen. Die ebenfalls zu Seeon gehörenden Kirchen Pittenhart und Albertaich lassen sich als spätgotische Bauten zeitlich schwer eingrenzen, scheinen aber doch mehr der zweiten Hälfte – statt der ersten – des 15. Jahrhunderts zuzugehören, wenn nicht schon dem Ende.

Einfacher stellt sich diese Frage beim Neubau der Pfarrkirchen von Obing und Lauterbach bei Mühldorf. 1480 war, nach dem Tode von Abt Balthasar, Erhard II. Manseer zum neuen Vorsteher des Klosters gewählt worden. Er stammte aus Hallein, war seit 1467 Pfarrvikar an der Stadtpfarrkirche U. L. Frau in Salzburg (Franziskanerkirche), trat 1475 in St. Peter in den Benediktinerorden ein und wurde in einer schwierigen Zeit zum Prior von Seeon gewählt. Unter diesem tatkräftigen Seelsorgerabt zeichnet sich noch einmal für längere Zeit eine letzte Blüte
des Klosters ab. 1481 wurde die bisherige Spitalkir- 146
che und frühere Benediktinerinnenklosterkirche St. 149
Walburg mit Pfarrechten ausgestattet (das romanische Langhaus wurde im 15. Jahrhundert gotisiert und mit einem neuen Chorbau nach Osten verlängert). 1482 gelingt es, die Pfarrei Lauterbach mit ihrer Kirche St. Stephan bei Mühldorf dem Kloster einzuverleiben und 1488 ist bereits eine deutsche Schule in der Hofmark Seeon nachweisbar. Ende 1489 resigniert Abt Erhard II., wohl mehr vor den inneren Schwierigkeiten als vor den äußeren, er wird Pfarrer zu Piber in der Steiermark und stirbt dort am 4. April 1495. Unter ihm beginnt der letzte größere Kirchenbau des Klosters überhaupt, nämlich der Neubau der Pfarrkirche St. Laurentius zu Obing, als stattlicher dreischiffiger Hallenbau mit Netzgewölbe auf Rundstützen ohne Kapitelle, im Chor auf Büstenkragsteinen und einem weithin beherrschenden Turm mit Spitzhelm. Das Mauerwerk besteht aus Findlingsgranitsteinen und Nagelfluhquadern. Die Weihe der Kirche erfolgte 1491, die spätere Ausstattung stammte von keinem geringeren als dem »Meister von Rabenden«. Einige Reste befinden sich noch heute in der Kirche. Auch für Niederseeon und

Ischl hat dieser letzte gotische Schnitzmeister, bzw. seine Werkstatt, mehrere Altäre geschaffen, von denen ebenfalls noch Einzelstücke in diesen Kirchen vorhanden sind. In diesem Zusammenhang muß
153 auch noch jene Muttergottes mit Kind Erwähnung finden, die in der Leinberger-Werkstatt zwischen 1525 und 1530 entstanden ist, 1933 aus der Feldkapelle bei Schachen in die Pfarrkirche übertragen wurde und zeitweise im Kapitelsaal aufgestellt war. Leider hat man im 19. Jahrhundert auch noch die Apsis dieses gotischen Raumes zerstört und nur notdürftig wieder ersetzt.

Sehr isoliert und stilistisch schwer einzureihen ist der späte Neubau der Kirche in Breuhausen »enthalb« des Sees und lange Zeit mit dem Kloster durch einen Steg verbunden. Wie archivalisch nachweisbar, wurde die Kirche unter Abt Georg Neunhauser (1529–1533) neu errichtet und am 24. April 1536 von Bischof Philipp von Lavant mit ihren drei Altären geweiht. Seit dem 15. Jahrhundert entwickelte sich hier eine kleine, aber nicht unbedeutende Marienwallfahrt, die vielleicht auch einen Teil der Mittel für den Neubau einbrachte. Breuhausen ist der letzte Bau im gotischen Stil im Bereich des Klosters Seeon und weit darüber hinaus. Die Zeit hatte sich »ausgeblutet«.

Damit schließt aber auch die gotische Epoche der Bau- und Kunstgeschichte Seeons, die in der Holzschnitzkunst und in der Grabmalplastik Werke von höchstem Rang hervorgebracht und in der Entfaltung des Bauwesens unter Konrad und Oswald Pürkel als Zeitgenossen des Hans von Burghausen, der Stethaimer und Krumenauer Hervorragendes geschaffen hat. Bedeutende Äbte und Mäzenaten aus dem Adel taten dazu das ihrige.

Geistesgeschichtlich war dieses Jahrhundert geprägt von den Reformansätzen des Konzils zu Konstanz (1414–1418) nach dem letzten großen abendländischen Schisma, aber auch vom Konziliarismus auf

der Kirchenversammlung in Basel (1431–1437). Für die Benediktiner brachte die »Melker Reform« viele neue Impulse und wehrte mit Macht den beginnenden Verfallserscheinungen. Das Kloster Tegernsee unter den Äbten Kaspar Ayndorffer (1426–1461) und Konrad Airinschmalz (1461–1492) wurde dabei zum Mittelpunkt für die Reformbewegung in Altbayern und wirkte damit auch sehr stark auf Seeon ein. Die drei Visitationen in den Jahren 1452, 1470 und 1480 legen dafür beredtes Zeugnis ab. Was half ein neues Kloster, wenn es nicht mit Geist und Leben erfüllt wurde?

Der Blütezeit folgte unweigerlich der Verfall, und dies nicht nur in Seeon. Der verheerende Landshuter Erbfolgekrieg (1503–1505), die Idee der Reformation zu Beginn des 16. Jahrhunderts und unfähige oder resignierende Äbte förderten diese Entwicklung. So mußte bereits Abt Hieronymus nach achtjähriger Regierung abgesetzt werden (1529), während man Abt Wolfgang Finauer, den Hartig den »unwürdig-

sten Mitraträger des Klosters nennt«,[20] im Jahre 1575 seiner Ämter enthob und ihn nach Tegernsee verbannte, wo er 1581 verstarb. Der Seeoner Konvent zählte unter Abt Heinrich IV. Hunger (1549–1569) nur mehr sieben Mitglieder und schrumpfte unter dessen Nachfolger Abt Wolfgang auf zwei Patres und zwei Subdiakone zusammen. Der Klosterbrand von 1561 schien wie ein Zeichen des Endes eines innerlich und äußerlich verbrannten Klosters. Den neuen Anfang setzte der »zweite
114 Gründer Seeons«, Abt Martin II. Kötterlein aus Tegernsee (1576–1590), der nicht nur in der Kunst, sondern auch im klösterlichen Leben die Renaissance, die Wiedergeburt, herbeiführte. Mit ihm beginnt ein neuer Abschnitt auch in der Bau- und Kunstgeschichte des Inselklosters.

143 Kloster Seeon. Kirche mit Marienkapelle und Kapitelsaal, um 1500 (nach Helmut Scholz, 1971)

144 Klosterkirche Seeon. Rekonstruierte Ansicht von Norden, um 1500 (nach Helmut Scholz, 1971)

IV. Aufbruch und Umbruch – die Zeit der Renaissance und des Barock

Offene Herdstellen in Küchen und Werkstätten, Beleuchtung durch Kerzen und Fackeln führten lange Zeit immer wieder zu Bränden, die vor allem durch Holzbauten große Nahrung fanden und sich rasch ausbreiteten. So gab es allein im 16. Jahrhundert Großbrände im Kloster Baumburg (1533, 1539), in Frauenchiemsee (1572) und in Herrenchiemsee (1583). Am 24. April 1561 berichtet Abt Heinrich IV. Hunger von einem Großbrand am vergangenen Freitag (18. 4.) im Kloster Seeon, dem bis auf die Kirche, die Abtkapelle St. Nikolaus, die »Siechstuben« (= Krankenbau), »etliche gewölb« und zwei kleine Gemächer alles zum Opfer fiel, da der Wind das Feuer gewaltig angefacht hatte. Zerstört wurden auch das Kirchendach, die Spitzhelme der beiden Türme, die zwei Holzbrücken, die das Kloster mit dem Festland verbanden, und die Kirche St. Walburg, von der wir dabei hören, daß sie hölzerne Flachdekken besaß. Die »Ornäte, Heiltumber und Altäre« im Kircheninneren blieben wie durch ein Wunder unversehrt.[21] Mit großer Tatkraft ging man an den Wiederaufbau. Noch im gleichen Jahre goß Sebastian Rosenkranz in München neue Glocken, die Türme wurden mit »welschen Hauben« eingedeckt, die Kirche mit einem neuen Dach versehen. Die Klostergebäude wurden im alten Stil notdürftig wieder hergerichtet, St. Walburg blieb brach liegen.

Nach der Absetzung des unwürdigen Abtes Wolfgang Finauer und seiner Verbannung nach Tegernsee
holte man von dort als Abt Martin II. Kötterlein 114
(1576–1590) nach Seeon, der sehr bald dem Kloster
zu neuer Blüte verhalf, die auch von seinen Nachfol-
gern, Paul Manazeder (1590–1602) und Benedikt I. 119
Fischer (1602–1609), beide aus der Umgebung des 118
Klosters stammend, zielstrebig weitergeführt
wurde. Hatten sich die Äbte Franz Widder († 1521), 112

113 Georg Neunhauser († 1533) und Martin I. († 1549)
115 zwar ihre Grabsteine setzen lassen, sonst nichts aber
zur Verschönerung ihrer Kirche getan, so erbaute
Abt Martin II. noch im Jahr seiner Wahl (1576) nach
Erhöhung des Presbyteriums einen neuen Hochal-
tar, zugleich aber wurde »der auf vier Säulen
ruhende« Kreuzaltar vor dem Lettner zum zweiten
Hochaltar umgebaut, damit das Volk die Elevation
der Hostie bei der Wandlung besser sehen könne.
Dies ist zugleich ein deutlicher Hinweis auf die
Beschlüsse und Wünsche des Konzils von Trient
(1545–1563), das die eucharistische Verehrung
gegen die Einflüsse der Reformation wieder beson-
ders heben wollte. Genannt werden auch noch die
Altäre zu Ehren der Gottesmutter Maria, des hl.
Andreas und der hl. Katharina, für die 1583 die Zele-
156 brationserlaubnis erteilt wurde. 1576 läßt der rüh-
rige Reformabt die ganze Kirchendecke mit Fresken
schmücken, deren Meister wir zwar bis heute nicht
kennen, die aber in sich ein klares ikonographisches
Progamm aufweisen: Im Langhaus das Christkind
als Erlöser, in den Zwickeln die 14 Nothelfer; über
dem ehemaligen Mönchschor, nach Ausbruch des
Mittelstücks des Sternnetzgewölbes, die Himmel-
fahrt Christi, umgeben von Engeln, Maria und den
zwölf Aposteln; im Presbyterium die Krönung
Mariens mit acht Propheten, vier Evangelisten und
den vier Kirchenvätern. Die Bemalung der Hoch-
schiffwände scheint erst zu einem späteren Zeit-
punkt, höchstwahrscheinlich unter Abt Sigismund
14 um 1625 ausgeführt worden zu sein, wie starke stili-
stische Unterschiede und fehlende ikonographische
Zusammenhänge deutlich machen. Die Fresken
wurden später mehrfach übertüncht und erst
1907–1911 wieder freigelegt.[22]

Noch zu Zeiten von Abt Martin II. wurde 1583 zwischen den bayerischen Herzögen Wilhelm V. und dessen Sohn Maximilian I. einerseits und dem Salzburger Erzbischof Johann Jakob von Kuen-Belasy andererseits ein Konkordat geschlossen, das dem Landesherrn wichtige Rechte bei der Visitation der Klöster und Stifte sowie für die Wahl eines neuen Vorstehers einräumte. So sehr diese Vereinbarung aus den damaligen Verfallserscheinungen herausgewachsen und aus der religiösen Einstellung der Wittelsbacher und deren Sorge um die Kirche verständlich ist, so war es doch auch ein Schritt auf das kommende Staatskirchentum zu, das zur Quelle für viele Reibereien wurde und die Handhabe für permanente Einmischung in innere und äußere Angelegenheiten der geistlichen Gemeinschaften bot. Jede größere Baumaßnahme und Anschaffung bedurfte neben der

145 Klosterkirche Seeon. Rekonstruierter Innenraum nach gotischem Umbau, Zustand um 1500. Blick nach Osten (nach Helmut Scholz, 1971)

147 *Muttergottes mit Kind, um 1400, in der ehemaligen Laymingerkapelle, jetzt Sakristei*
148 *Klosterkirche. Blick aus der nördlichen Chorabseite auf eine der ummantelten romanischen Säulen des Mittelschiffes (freigelegt 1899)*
Vorhergehende Seite
146 *Klosterkirche mit welschen Turmhauben nach 1561, im Hintergrund St. Walburg mit Klosterapotheke*

149
Kapelle St. Walburg (einst Seeoner Frauenkloster) mit ehemaliger Kloster-apotheke

150
Klosterkirche. Gewölbe über dem Altarraum mit Freskobemalung von 1576 (freigelegt 1907–1911 von Haggenmiller)

151
Seeoner Vesperbild-gruppe, um 1390/1400 entstanden, aus Prager Kunstkreis der Zeit Kaiser Karls IV., jetzt im Bayerischen Nationalmuseum München

152
»Taxenberger Kreuzigungsgruppe«, vom gleichnamigen Meister, um 1400 unter Abt Simon Farcher für den Chorbogen der Klosterkirche geschaffen. Diözesanmuseum Freising

153
Muttergottes aus dem gotischen Hochaltar des »Meisters von Seeon«, um 1430, jetzt im Bayerischen Nationalmuseum (im neugotischen derzeitigen Hochaltar Kopie um 1933, von Kaspar Ruppert, Hammelburg († 1948)

154
Kloster- und Pfarrkirche St. Lambert. Netzrippengewölbe und Sterngewölbe im Mittelschiff mit Fresken von 1576 und aus dem 17. Jahrhundert

155
Muttergottes mit Kind, wohl aus der Werkstatt des Hans Leinberger, Landshut. 1933 aus der Feldkapelle Schachen in die Pfarrkirche überfük

156
Aus den Renaissance-Fresken der Klosterkirche Das Jüngste Gericht zu Lande und auf See. Fresko unter der Orgelempore (um 1625)

TVNC DICET REX HIS QVI A DEXTRIS EIVS ERVNT: VENITE BENEDICTI PATRIS MEI POSSIDETE PARATVS
VOBIS REGNVM A CONSTITVTIONE MVNDI MATTHAEI XXV.
HIS QVI A SINISTRIS EIVS ERVNT: DISCEDITE A ME MALEDICTI IN IGNEM AETERNVM QVI PARATVS EST DIABOLO ET
ANGELIS EIVS. MATTHAEI XXV.
SEQVERE ME

157
Kreuz- und Stephansaltar (bis 1992 nördlicher Seitenaltar im Chor, jetzt in den Kapitelsaal transferiert: Grabmal für Abt Honorat Kolb (1634–1670, res. 1652) von Martin und Michael Zürn, Wasserburg 1636 in Untersberger Marmor geschaffen

158
Stecktafel für alle Dienste im Kloster, 1727 unter Abt Rufinus Mayr (1727–1753) entstanden

TABULA
PRO
Officijs RRRR
Conventualium
Seonensium.
Catalogus
Officialium.
R.D. PRIOR.
P. PLACIDVS.
P. LEOPOLDVS
F. THADDÆUS
P. ADALBERTVS
P. GREGORIUS
P. VEREMUND.
P. BONIFACIUS
P. COLUMBAN.
P. CAROLUS.
P. WOLFGANG.
P. UDALRICUS.
P. MAURUS.
F. AUGUSTIN

159
Ein aufwachsender Rosenstrauch trägt als Blüten die fünfzehn Geheimnisse des Rosenkranzes als Email-Medaillons. Monstranz für die Rosenkranzbruderschaft von Seeon, von Hans Wild, Goldschmied in Augsburg, unter Abt Adalbert Grueber 1686 in Auftrag gegeben

160
Muttergottes mit Kind über dem Portal der Klosterkirche, 1721 datiert und bezeichnet: C(olumban II. Freitlsperger) A(bt) I(n) S(eeon)

161 (folgende Seite)
Wappenkartusche mit dem Emblem des Seeoner Rokokoabtes Benedikt II. Reicherseder 1753–1760 in der Nikolauskapelle (Abtkapelle)

C A I S
1 7 2 1

Zustimmung der geistlichen Oberbehörde auch des Konsenses des Pfleggerichts als des Vertreters des Landesherrn oder später des Geistlichen Rates in München, der auch die Kommissare für die Inventarisation der Klostergüter und die Prüfung der Finanzen beim Tod eines Propstes oder Abtes oder einer Äbtissin bzw. Priorin, sowie für die Wahl eines neuen Oberhauptes abordnete. So wurden nun in Zukunft das Bauwesen und die Kunstentwicklung noch stärker als bisher kirchlich und staatlich »bevormundet«, mit all den Vor- und Nachteilen solcher Mitentscheidungen und Einmischungen.

Nach dem Tod Abt Martins II. (1590) setzten die Äbte Paul Manazeder (1590–1602) und Benedikt I. Fischer (1602–1609) die Arbeit in dessen Sinn fort. Abt Paul errichtete einen Altar zu U. L. Frau in der Sakristei, wohl identisch mit der bisherigen Laiminger-Kapelle und einen weiteren Altar im daneben liegenden Kapitelsaal zu Ehren der Allerheiligsten Dreifaltigkeit. Abt Benedikt I. richtete dagegen einen neuen Altar in der Michaelskapelle im Obergeschoß der Vorhalle auf, die von Süden, vom Kloster her, durch den Turm begehbar war. Zu größeren Maßnahmen reichten auch nicht die kurzen Regierungs-
118 zeiten der beiden Äbte, deren Grabsteine heute in
119 der Barbarakapelle (Ostwand) zu finden sind, wohin
sie Abt Honorat Kolb verbringen ließ. Ihre eigentliche Begräbnisstelle ist unbekannt.

Mit Abt Sigmund Dullinger (1609–1634), aus Laufen stammend, begann die eigentliche Hochblüte dieser Zeit, die sich in einem reichen Kunstschaffen und besonders auch im Bauwesen niederschlagen und sich bis in die Mitte des 18. Jahrhunderts erstrecken sollte. Zwar tat der Dreißigjährige Krieg das seinige, um auch in den Klöstern die Sitten und die Disziplin verfallen zu lassen, was sich für Seeon in den Akten der Visitationen von 1600, 1615, 1628 und 1651 deutlich genug niederschlug. Auch die laufenden Kontributionen, vermehrten Steuern und Lebensmittellieferungen – besonders in den Jahren 1632–1648 –, die der Staat einforderte, haben die Wirtschaftskraft äußerst strapaziert, aber Tüchtigkeit, Unternehmensgeist, gediegene Haushaltsführung, Risikobereitschaft und neue Lebensfreude ließen die »Barockprälaten« Seeons zu Neu- und Umbauten ihres Klosters ebenso Hand anlegen wie zur Ausstattung ihrer Kirchen mit teilweise verschwenderischer Pracht. Freilich waren die Seeoner Äbte dabei nicht allein, im Gegenteil. Seit 1588 wuchs der neue Residenzbau Wolf Dietrichs in Salzburg in die Höhe, und von 1612 bis 1628 baute man am neuen Dom. In der zweiten Hälfte des 17. Jahrhunderts und Anfang des 18. Jahrhunderts wuchs dann Kirche um Kirche in der Haupt- und Residenzstadt aus dem Boden: Maria Plain, die Erhardikirche im Nonntal, die Kajetaner-, Ursulinen- und Kollegienkirche, rechts der Salzach die Kapuziner-, Dreifaltigkeits- und Sebastianskirche, dazu die Barockisierung der Franziskanerkirche und – schon mitten im Rokoko – von St. Peter. Parallel dazu entstanden die großen Schloßbauten wie Mirabell, Hellbrunn, Kleßheim und Leopoldskron, sowie die Umgestaltung der Hauptresidenz, die Errichtung des Marstalls, der Pferdeschwemmen, der Brunnen. Das barocke Salzburg war geboren und wirkte weit ins Land hinein. In Herrenchiemsee hatte man 1645 angefangen, die Klostergebäude Trakt für Trakt neu zu errichten, dazu auch die Stiftskirche (1676 bis 1678), bis man endlich mit dem Prälatenstock 1730 das Bauen aufhören konnte. In Baumburg begann man ab 1688 ebenfalls mit neuen Klostergebäuden und krönte das Ganze mit der prachtvollen Kirche von Franz Alois Mayr (1755–1758). In Frauenchiemsee wurde die Vierflügelanlage der Konventbauten – angeregt von Herrenchiemsee – 1729/30 errichtet, während man auch da die Klosterkirche mit einer Barockeinrichtung (ab 1662) bereicherte. So gesehen steht in diesem Umfeld Seeon mit der barocken

Umgestaltung von Kirche und Kloster zeitlich deutlich an der Spitze, was nicht zuletzt der starken Verbindung der Äbte und des Konvents mit Salzburg zuzuschreiben ist.
Abt Sigmund Dullinger (1609–1634) erwarb bald nach seinem Regierungsantritt die Alm Vorderegg über Siegsdorf (1613), der dann später der Erwerb von Hinteregg (1624) folgen sollte. Im Jahre 1626/27 errichtete Sigmund für die dort tätigen Laienbrüder und die sich zur Erholung aufhaltenden Patres eine Kapelle, die den Namen »Maria Hilf« bekommen sollte und durch spektakuläre Wunderzeichen »über Nacht« zum Wallfahrtsort aufstieg, nicht immer zur Freude des Pfarrers von Vachendorf, in dessen Gebiet Maria Eck lag, und der umliegenden Seelsorgsstationen, die um »Abwerbung« ihrer Schäflein und um Schmälerung ihrer Einkünfte Sorge hatten. In Seeon selbst ging es Abt Dullinger weniger um die Klostergebäude sondern um die Um- und Neugestaltung der Kirche. Diese begann mit dem Neubau der Altäre zu Ehren des heiligen Johannes des Täufers und des Rogatus- oder Frühmeßaltars (1615), für den der nach Rom zum Studium geschickte P. Roman Müller, der spätere Abt, den Leib des Heiligen aus der Ewigen Stadt mitgebracht hatte. Ihnen folgten zwei Jahre später der Katharinen- und der Apostelaltar (1617). Diese Altäre standen an den Pfeilern, die sich dem damals noch intakten Mönchschor – einschließlich Lettner und dem davor stehenden Kreuzaltar – anschlossen. 1617 wurde ein baulicher Eingriff in der Marien- oder Laiminger-Kapelle – zwischen südlichem Seitenschiff und Kapitelsaal gelegen – vorgenommen. Man zog eine Zwischendecke in den hohen gotischen Raum ein, um im Obergeschoß den Mönchschor und – später – im Erdgeschoß eine Sakristei einrichten zu können. Dies wiederum hatte in den nächsten Jahren den Abbruch des Lettners samt Kreuzaltar und die Verlegung der Sängerempore nach Westen, einschließlich des Neubaus einer Orgel (1624), zur Folge. Auch wurden ab 1620 die vom Salzburger Konsistorium geforderten Beichtstühle und Chorkreuze in der Klosterkirche, aber auch in Niederseeon, Ischl, Bräuhausen und St. Walburg eingerichtet bzw. aufgehängt. Alles Maßnahmen, die den liturgischen Reformen seit Pius V. († 1572), besonders aber der Entwicklung der Kirchenmusik Rechnung trugen, beides Anliegen, die den Benediktinern zu allen Zeiten wichtig waren und denen in Seeon besondere Aufmerksamkeit geschenkt wurde. So war z. B. der bekannte Komponist und Sammler Johannes Werlin aus Landsberg 1609 als 19jähriger bereits in den Konvent eingetreten und nahm sich in besonderer Weise der Kirchenmusik an. Über das musikalische Leben informiert ein eigener Beitrag in diesem Buch. Konsequenterweise ging man nun – nach Abbruch des Lettners und dem dadurch freiwerdenden Blick in das Presbyterium – auch an die Neuschaffung des Hochaltares zu Ehren des Patrons des Klosters, des heiligen Märtyrerbischofs Lambertus. Unter Verwendung des bereits unter Abt Martin II. 1576 umgebauten oder neu geschaffenen Altares mußte ein Bildhauer von Ötting um 30 fl und ein Meister Hans von Altenmarkt als Faßmaler um 300 fl den neuen Hochaltar herstellen (1627), einschließlich eines Tabernakels. Es handelte sich dabei offensichtlich um einen der sogenannten Doppelaltäre, die damals weithin in Mode kamen. Für das Gnadenbild nach Maria Eck aus der gleichen Zeit wurden 20 fl bezahlt; es stammt vielleicht ebenfalls von Meister Hans.[23]
Zwischen 1625 und 1630 muß die Kirche in Weiterführung der Deckenbemalung unter Abt Martin II. eine weitere Freskierung an den Hochwänden und der Orgelempore erhalten haben, die sich nur teilweise an das ikonographische Programm der Decke anschloß und auch in den Szenen untereinander kaum Zusammenhänge herstellen läßt. So ist es z. B. äußerst unverständlich, daß die Szenen aus dem Leben Jesu nicht

durchlaufend sind, sondern auf jeder Seite durch die beiden Heiligen Benedikt und Lambert (rechts) bzw.
14 durch das Stifterehepaar Aribo I. und Adala (links) unterbrochen werden. Hier stehen weithin archivalische und stilistische Detailuntersuchungen aus, die dringend notwendig wären. 1624 gründete Abt Sig-
21–28 mund die Rosenkranzbruderschaft, für die Kunstgeschichte des Klosters durch viele Anschaffungen kein unwichtiger Vorgang. Bis 1686 zählte sie bereits über 5400 Mitglieder.[24] Der Vollständigkeit halber sollte nicht verschwiegen werden, daß Abt Sigmund in Niederseeon an Stelle einer älteren Taferne 1616 eine neue erbaute, mit vier Kuppeltürmen an den Ecken, im Obergeschoß ein Saal und ein Zimmer mit Holzflachdecken mit geschnitzten Renaissanceornamenten, die man zu Beginn dieses Jahrhunderts entfernte. Auch von den Türmen sind beim heutigen »Oberwirt« nur mehr zwei im Rumpf erhalten.[25]

Als der aus München stammende, erst 31jährige
70 Prior, P. Honoratus Kolb, am 13. Dezember 1634
157 zum neuen Abt von Seeon gewählt wurde, trat ein gebildeter, zielstrebiger, energischer und mit Tatkraft erfüllter Mann an die Spitze des Klosters Seeon, den Josef Hemmerle den »bedeutendsten Abt der Seeoner Klostergeschichte« nennt und dem die beste Kennerin dieser Persönlichkeit, Veneranda Wiest, »wohl die glänzendste Periode künstlerischen und wissenschaftlichen Lebens« im Zeichen des Barock zuordnet.[26] Die Kosten seiner Abtwahl betrugen stolze 1500 fl, die seines Vorgängers 557 fl und seines Nachfolgers 1142 fl, dafür forderte der Neugewählte auch gleich eine eigene Weihesteuer von seinen Untertanen ein. Mit einer Steuerveranlagung von 1100 fl lag der Seeoner Prälat an dritter Stelle unter allen bayerischen Benediktinerklöstern, und mit seinen 47 Angestellten – vom Klosterrichter über den Hofkoch bis zum Krautputzer und Sauknecht – lag das Kloster vor Tegernsee (41) und Rott (40), mit einer jährlichen Gesamtbesoldung von 371 fl 8 kr 2 sch(illing) sogar an der Spitze. Freilich, trotz gediegenster Wirtschaftsführung und zäher Eintreibung aller fälligen Abgaben sowie Ausschöpfung aller nur möglichen Geldquellen, sollten sich doch die knapp 20 Jahre der Regierung dieses hervorragenden Barockprälaten, der wie keiner vor ihm und keiner nach ihm gebaut, renoviert und angeschafft hat, gewaltig zu Buche schlagen: Die Schulden bei der Visitation 1652 beliefen sich auf 41285 fl, gegenüber beim Amtsantritt mit 14000 fl. Auch das selbstbewußte Auftreten in einer Streitsache über die Visitation von klostereigenen Kirchen und der Präsentation seiner Seelsorger gegenüber dem Propst und Archidiakon von Baumburg, Johann Baptist Zehentner, in den Jahren 1639–1641 machte ihn bei seinen kirchlichen Vorgesetzten nicht unbedingt beliebter. 1653 mußte Honorat Kolb durch ein Resignationsgesuch an den Erzbischof seiner drohenden Absetzung zuvorkommen. Ein tragisches Ende einer großen Persönlichkeit der Zeit. Abt Honorat zog sich nach Maria Eck zurück, starb dort 1670 und wurde in »seiner« Wallfahrtskirche auch begraben.

Sofort nach seiner Wahl beschreibt Abt Honorat in einem Bittbrief an Kurfürst Maximilian den Zustand seines Klosters und bittet um Ermäßigung der Steuerschulden in Höhe von 5270 fl.[27] Dann macht er sich an die Arbeit. Zunächst (1635) werden die Dächer ausgebessert und die Werkstätten in Stand gesetzt, dann reißt man die alte ›Conventkuchel‹ ab und baut eine neue, wobei Herd und Kamin verlegt werden, weil sie dem nahe gelegenen Weinkeller schadeten. Eine größere Baumaßnahme ist der Abbruch des baufälligen Badhauses auf der Nordseite der Insel und die Errichtung eines einstöckigen Gebäudes für das Noviziat, im Erdgeschoß mit einem Zimmer für Exerzitien und dem Auditorium für Vorlesungen, während im Obergeschoß die Bibliothek mit damals 4900 Bänden untergebracht wurde. Vorher war sie im Südtrakt auf der Westseite situiert. Zugleich richtete sich der geschichtskundige Abt, der selber eine große Chronik seines Klosters schreiben wird, im ›Secretarium‹ ein »Archivstübl« ein, um alle wertvollen Urkunden gut verwahren zu können. Auch wurde ein alter Schuppen abgerissen, um Platz für eine neue Kanzlei und Arbeitsräume für den Schuster und für den Schneider zu gewinnen.

1636 läßt Abt Honorat von dem Berchtesgadener
131 Maler Johann Faistenauer auf zehn Blättern in allen
bis Einzelheiten den gegenwärtigen Zustand des Klo-
138 sters (Bl. 1–5) und den geplanten Bau der nächsten
Jahre (Bl. 6–10) festhalten bzw. zeichnen. Auf Blatt 2 wurde auch die gegenwärtige Nutzung aller Räume genauestens beschrieben, was für die Baugeschichte nicht hoch genug einzuschätzen ist. Dazu kommen noch die Ansichten von Süden (Bl. 3), von der Vogelperspektive (Bl. 4) und die ganze Umgebung mit dem Mayrhof und dem Dorf Seeon mit der Kirche, der Taferne und einzelnen Häusern (Bl. 5). Beim geplanten Neubau (Bl. 6–10) fällt die Großzügigkeit der barocken Anlage samt den Gärten ins Auge (Osttrakt ca. 50 m, Südtrakt ca. 80 m lang), die von Abt Kolb zwar noch begonnen, aber von seinen Nachfolgern nur verkleinert und verändert ausgeführt werden konnte. Die Zeichnungen Faistenauers, die bisher in der Literatur viel zu wenig beachtet und nur teilweise veröffentlicht wurden, bedürfen einer eigenen Abhandlung und Aufarbeitung[28].

Im Jahre 1641 wurde der bisherige Weinkeller in einen Bierkeller umgewandelt und im Jahr darauf (1642) baute Abt Honorat ein neues Krankenhaus auf der Ostseite der Insel mit Wannenbädern im Erdgeschoß und einer eigenen Kapelle zu Ehren der hl. Margarethe für die Kranken. Ebenfalls 1642 wurde die alte Schreinerei abgebrochen und mit dem Bau einer neuen Abtei begonnen. Maurermeister Wolf König aus Traunstein, bereits 1635 in Maria Eck »erprobt«, der sich für Seeon verdient gemacht hatte, leitete ab 1643 den Neubau, der sich allein an Maurerkosten auf 535 fl belief und mit prächtigen Böden (Tischler Thomas Winkler, Straß), Decken (Tischler Hans Feigl, Salzburg) und Öfen (Faßmaler Fabian Wendlinger) eingerichtet wurde:[29] »Eine Fülle von Ölgemälden schmückt die Wände, religiöse Kunstgegenstände und Reliquiare gibt es in Menge; an Fenstern und Türen schwere Vorhänge, mächtige Eichenmöbel, rotlederne Sessel, Gewürzschränke mit einem großen Vorrat von Imber, Zimbet, Mußkat und Pfeffer, türkische Teppiche, kostbare Dekken auf den Tischen, Seidenvorhänge an den Betten – Abt Honorat hat sich à la mode eingerichtet.«[30]

Der neue Abteitrakt umfaßte das innere Tor mit dem Torwärterstübl, die Kanzlei und drei Gewölberäume für Vorräte im Erdgeschoß, im Obergeschoß die Abtwohnung, den großen Lambertisaal und die anschließende Tafelstube, darüber das Fürstenzimmer mit dem schönsten Ofen, im angrenzenden Trakt nach Süden weitere Gastzimmer (St. Scholastika, St. Benedikt, das Tegernseer Zimmer im Eckbau und das Zimmer zu U. L. Frau). An der Ecke neben dem früheren inneren Tor ist heute noch ein Stein eingelassen mit dem Wappen des Klosters und des Abtes Honorat sowie der Jahreszahl 1636 und den Initialen H.A.I.S.N.E.* [= Honorat, Abt in Seeon, hat diesen Bau neu errichtet]. Möglicherweise schuf diesen Stein Michael Zürn. Um auch den wachsenden Konvent zufriedenzustellen und keine Schwierigkeiten aufkommen zu lassen, wurde gleichzeitig (1643/44) ein neuer Konventtrakt im Osten mit zwölf größeren Zellen erbaut und die alte Abtei zu einem geräumigen schönen Refektorium umgewandelt. 1644 ließ der baufreudige Abt auch noch gepflegte Gärten rings um das Kloster anlegen, so den Konventgarten im Osten und Norden, der den Krankenbau und das Noviziat umschloß und die Ziergärten im Süden und Westen, die am besten in

Vorsatz der Topographie von Michael Wening (1721) zu sehen sind. In der Mitte des inneren Hofes hatte der Abt bereits 1636 einen neuen Brunnen zur Versorgung der Handwerkerbetriebe graben lassen. Ein weiterer Brunnen befand sich im Kreuzganghof und – neuerdings bei den Umbaumaßnahmen entdeckt –, eine Zisterne im großen Keller. Außer den Wohnräumen für den Abt, die Mönche und die Gäste, einschließlich des Priorats auf der Südseite des Kreuzganges mit einem (gotischen) Turm, in dem sich jüngst mehrere Fresken (17. Jahrhundert?) freilegen ließen, die Knabenschule mit Internat, Reit- und Fuhrställen, Korn-, Haber- und Gerstenkasten, die Pfisterei (= Bäckerei), das Bräuhaus, Remisen, Tischlerei, Schneiderei, Schlosserei, Metzgerei, Gesindeküche, bis zur Kraut- und Kothütte, befand sich alles auf der Hauptinsel selbst. Dazu kamen noch die zwei Stege mit dem inneren und äußeren Tor, St. Walburg mit dem Abteigarten und dem (späteren) Sommerhaus, drei Gebäude und auf dem Festland das Waschhaus und der Mayrhof mit dem Krautgarten. Alles in allem eben ein autonomer, in sich geschlossener Wirtschaftsbetrieb, wie ihn der hl. Benedikt schon im 6. Jahrhundert bei der Gründung des Ordens für alle Klöster vorgesehen hatte.

Parallel zu den Um- und Neubauten am Kloster ließ sich aber Abt Honorat auch die Ausstattung der Stiftskirche angelegen sein. Als erstes gab er für den hochverehrten Vorgänger Abt Sigmund Dullinger 1636 ein Grabdenkmal bei dem Salzburger Bildhauer Hans Pernegger d. J. in Auftrag (250 fl), ein Jahr darauf
157 ein solches für sich selbst bei den Gebrüdern Martin
70 und Michael Zürn aus Waldsee (Oberschwaben), die damals in Wasserburg arbeiteten (400 fl). Beide Grabdenkmäler ließ der Abt als Benedikt- und Kreuzaltar bzw. Stephanusaltar in der Kirche an den vorderen Pfeilern aufstellen. Ebenfalls bei den Brüdern Zürn wurden (1637) noch ein Rosenkranzaltar (120 fl) als Schnitzaltar (leider verschollen) und 15 Kreuze in Auftrag gegeben (1635).[31]

1638 wurde endgültig der untere Teil der Marienkapelle zur Sakristei adaptiert, die Grabsteine der Laiminger in den Kreuzgang transferiert, zwölf neue Schränke bestellt und mit 30 wertvollen neuen Meßgewändern in allen liturgischen Farben gefüllt, während für den oberen Teil der Kapelle, dem Mönchschor, der Tischler Thomas Hueber aus Traunstein das Chorgestühl fertigte. Für den persönlichen Gebrauch zu den besonderen liturgischen Funktionen als infulierter Abt kaufte Kolb 1643/44 eine neue Mitra (42 fl), ein Pectorale (= Brustkreuz) und einen kostbaren Abtstab vom Goldschmied Wilhelm Fesenmayer aus Augsburg (242 fl), wozu noch Gold und Silber dreingegeben werden mußten.[32] Im Jahre 1646 erweiterte und erhöhte Abt Honorat die Barbarakapelle nördlich der Vorhalle, setzte einen neuen Altar ein und legte darunter eine geräumige Konventgruft an. Um die Grabsteine der Äbte, die alle verstreut im Boden lagen, vor weiterer Zerstörung zu schützen, ließ der kunstsinnige und geschichtsinteressierte Abt dieselben heben und in
die Wände der Barbarakapelle einmauern, wo sie 93
sich heute noch befinden. Einem ähnlichen Anlie- 119
gen diente auch die Versetzung des herrlichen Stiftergrabmals aus einer Ecke der Kirche in den Mittelgang der Kirche zwischen Rosenkranz- und Katharinenaltar, bis es von dort bei der Säkularisation wieder entfernt und 1856 endgültig an seinem jetzigen Ort in der Barbarakapelle aufgestellt wurde. Für die Abtkapelle St. Nikolaus, nordwestlich vor der Klosterkirche gelegen und unbequem zu erreichen, wurde ebenfalls ein neuer Altar angeschafft.[33]

Um der aufblühenden Wallfahrt in der 1626 von Abt Sigmund neu erbauten Kapelle »Maria Hilf« bei den Almen Vorderegg und Hinteregg zu entsprechen, ließ nun dessen Nachfolger vom Maurermeister Wolf König aus Traunstein, der dort bereits 1630/31 den Zentralbau der Salinenkapelle im Auftrag von Kurfürst Maximilian erbaut hatte, 1635 Pläne für eine Erweiterung des Marienheiligtums anfertigen, die dann – freilich abgeändert – in zwei Bauphasen 1635/36 (östlicher Dreikonchenbau) und 1642/43 (westlicher Turmbau) ausgeführt wurden.[34] Entsprechend dem steigenden Pilgerstrom mußte neben der Kirche 1636 auch eine Gastwirtschaft (1638 vergrößert) und 1638 ein Mesnerhaus errichtet werden, außerdem 1649/50 ein Ökonomiegebäude. Zwischen die beiden Bauperioden von Maria Eck fiel der häßliche Streit mit dem Archidiakon von Baumburg über Rechte und Pflichten des Abtes bzw. des Seeoner Konventes in eben dieser Kirche »zum Nutz und Frommen der Gläubigen«.[35]

Kurz vor seiner Resignation stattete Abt Honorat Kolb noch die beiden Filialkirchen Diepoldsberg (1650) und Ischl (1651) mit einer neuen, »zeitgemäßen« Einrichtung aus. Weiteren Plänen machten der »Umtrieb« im Kloster und die damit verbundenen »Anzeigen« in Salzburg ein Ende. 1652 ordnete Erzbischof Paris Graf Lodron für Seeon eine Visitation an und ernannte den Propst vom Virgilsberg in Friesach, Balthasar Zauchenperger, und den Kanzler des Salzburger Konsistoriums, DDr. Christoph Khürcher, zu Visitatoren, die ihre Arbeit am 8. März aufnahmen. Unter anderem mußte der beschuldigte Abt seine gesamten Ein- und Ausgaben von 1635–1652 aufschlüsseln und vorlegen. Das Ende dieser Glanzperiode Seeons stand vor der Tür.

Abschließend kann man über Honorat Kolb nichts Besseres sagen, als in einer neueren Arbeit über die bayerischen Barockprälaten geschrieben wurde: »Mit der Wahl zum Prälaten ergab sich für die Ordensmänner die Pflicht, für die äußere Erscheinung der ihnen anvertrauten Klöster und Gotteshäuser Sorge zu tragen. Ein großer Bedarf oder äußere Umstände nötigten zu Bau oder Umgestaltung... Sie ließen es nicht dabei bewenden, Schäden geistlos auszubessern, Altes sklavisch nachzuahmen, Überkommenes ängstlich zu konservieren. Sie besaßen, von ihrer Zeit getragen, den Mut zum Ganzen, zum Großen und zum Neuen. Ihre Stellung, der Stil und die Umstände gaben ihnen ganz große Chancen. Daß sie diesem Aufruf folgten, darin liegt ihr Verdienst und ihre Leistung in der Geschichte.«[36]

Nach der erzwungenen Resignation von Abt Honorat Kolb wurde der damalige Vikar von Obing und frühere Prior, Columban I. Freidlsperger, am 21. Juli 1653 zum 45. Abt von Seeon gewählt. Er stammte aus einer bäuerlichen Familie in Altötting, hatte seine Studien in Burghausen, Seeon und Salzburg absolviert und sie mit dem Licentiat in beiden Rechten abgeschlossen. 1636 war er in Seeon eingetreten, wurde 1644 zum Priester geweiht und hatte 1644 von Salzburg die »Cura animarum« erteilt bekommen. Nach seiner Wahl wurde Abt Columban in Salzburg am 16./17. August 1653 konfirmiert und benediziert. Nach Abt Honorat war er mit 36 Jahren einer der jüngsten Äbte in der Reihe der Seeoner Prälaten. Die salzburgischen und bayerischen Wahlkommissare legten am Tag nach der Wahl (22. Juli 1653) die Inventare an und zählten in der Kirche acht Altäre, dazu noch je einen Altar in der Barbarakapelle, in der Nikolauskapelle, in der Sakristei (U. L. Frau), im Kapitelsaal (Heiligste Dreifaltigkeit), in der Krankenstube (St. Margareth) und den Michaelsaltar bei (hinter) der Orgel. In der Sakristei fanden sich 17 Kelche, 43 Meßgewänder, 14 Levitenröcke und 15 Pluviale. Volksliturgisch lassen die Eintragungen über 20 Kreuzträgerröcke, 18 »Gaißlröckh« und 24 »Gaißl« aufhorchen. Auch wird bereits eine »Heiligthumb Sacristey« erwähnt, die wohl mit der späteren Schatzkammer neben dem Mönchschor identisch sein dürfte. In Verbindung mit der Nikolaus-Abtkapelle, vor der Kirche gelegen, wurde ein Saal, eine Stube mit einem Hausaltar und ein »Pädl« aufgeführt mit einer kupfernen »Padtwannen«.

Im Fürstenzimmer hingen sieben Gemälde, darunter die kaiserlichen Majestäten, das Kurfürstenpaar und dessen Söhne Albert und Sigismund sowie die bayerischen großen Landtafeln. Die neue Abtei, ihre Zimmer und deren Einrichtung werfen ein bezeichnendes Licht auf die Repräsentanz und Wohnqualitäten eines bayerischen Barockprälaten im 17. Jahrhundert. Überall stehen geschnitzte Figuren, hängen Gemälde an den Wänden, darunter auch die Vier letzten Dinge des Menschen, sowie U. L. Frau zu Passau und »Maria Hilf« von Eck. In der Tafelstuben im Anschluß an die Abtei stehen ein großer runder Tisch und dazu 13 Stühle, außerdem hängen vier »von Wasserfarben gemalte Stuckh« an der Wand. In den Gewölben neben der Schreibstube stehen schon die beschlagenen Fensterstöcke »auf ein khonfftiges Gepey«, im Keller schätzt man 400 Eimer alten und neuen Wein. Im Fuhrstall stehen sieben Zugrösser, im Reitstall zwei Schimmel und ein braunes Reitpferd, auch finden sich drei Kutschen und drei Fuhrwägen, im Mayrhaus 13 Schweine und 40 Schafe. In der »Rüstkammer« stehen »26 Mußqueten«, eine kleine Kanone, alte Harnische und sechs Pechpfannen.

Fast wie eine Rechtfertigung für den resignierten Abt klingt es, wenn man im Blick auf die hohen Schulden (40000 fl) aufzählt, was unter der Regierung von Abt Honorat Kolb alles geleistet wurde: So erwarb man trotz der schweren Zeiten eine Alp um 3000 fl, das Gotteshaus »Maria Hilf« wurde neu gebaut, im Kloster das Noviziat, die Bibliothek, der Krankenstock und der große neue Konventgarten. Dazu kommt der neue Konventchor mit einem Positiv darin und die Sakristeikästen. Die ganze Kirche wurde renoviert, mit drei neuen Altären vermehrt, zwei ganze Ornate angeschafft, das »Zubehör« für alle Altäre neu gerichtet, ein Abtstab, eine Mitra, zwei Ringe »wie im Inventar zu sehen«. Ferner wurden die Barbarakapelle und die Konventgruft ganz neu gerichtet, die Nikolauskapelle »umgerichtet«, die Gastabtei und andere Zimmer neu eingerichtet wie auch die darüber liegenden Zimmer, ferner ein neues Archiv mit Kästen und Einrichtung. Alle Gastzimmer ausgestattet mit »schenen Pött und Leinwand«.[37] Damit ist auch ein wertvoller Überblick über die Bau- und Kunstgeschichte Seeons um die Mitte des 17. Jahrhunderts gegeben und läßt Schlüsse für die Vergangenheit und die Zukunft zu.

Abt Columban I. Freidlsperger trat nach der Resignation seines Vorgängers kein leichtes Amt an. Nach den Visitationen Anfang der 1650er Jahre, die beinahe zur Absetzung von Abt Honorat geführt hatten, mußte zunächst der innere Friede im Seeoner Konvent wieder hergestellt werden. Zum anderen ging es darum, den großen Schuldenberg abzutragen, der vor allem durch die Bautätigkeit und Baulust des Vorgängers entstanden war. Dies gelang überraschend schnell, konnte man doch bereits 1662 Schloß und Hofmark Obing um stolze 7000 fl erwerben. Am dringendsten erschien die Fortführung des begonnenen Neubaus der Klostertrakte im Osten und Süden, nachdem im Westen der neue Abteitrakt samt Gastzimmern bereits fertiggestellt war. 1651 hatte Abt Honorat bereits einen Teil des östlichen Klostertrakts abreißen lassen, »dieweilen das Einfallen dabei zu bewegen gewest«.

Zwei Jahre nach seiner Wahl (1655) berichtet Abt Columban an den Kurfürsten, »hab ich an heuer den Anfang gemacht und anheben zu pauen«.[38] In einem Brief an den Salzburger Erzbischof Guidobald vom 14. Februar 1656 schildert der Abt in bewegten Worten die mißliche Situation, »wie auch ein ganzter tract schon vor seiner Erwählung zum Abt niedergebrochen und andere große Baufälligkeiten vorhanden seien...«, und bittet zugleich, daß man von den vermögenden Filialkirchen der dem Kloster inkorporierten Pfarrei Obing, nämlich Albertaich und Diepoldsberg, 2000–3000 fl für die Jahre 1656–1658 zum Zweck der Finanzierung der anstehenden Klosterneubauten aufnehmen dürfe. Vorher war diese Bitte schon an den Kurfürsten in München gerichtet worden. Das Salzburger Konsistorium genehmigte die Bitte und entschied 1658, daß statt einer Rückzahlung 1500 heilige Messen in der Klosterkirche und 500 heilige Messen in den Filialkirchen für die Guttäter zu lesen seien.[39]

In verhältnismäßig kurzer Bauzeit, nämlich zwei Jahren, wurde der östliche Klostertrakt, als Dormitorium (= Schlafhaus) oder Zellentrakt genutzt, aufgebaut und 1657 bezogen. Dabei entstanden Wohn- und Schlafräume für die einzelnen Konventualen in der Größenordnung von 24 und 32 qm. Eine Inschrifttafel an der inneren Südostecke der beiden Trakte, die der Nachfolger Columbans, Abt Roman, setzen ließ, lautet: »Hoc latus extruxit Columbanus Abbas Antecessor Ao. D. MDCLVII« (Diesen Trakt hat der Vorgänger, Abt Columban, im Jahr des Herrn 1657 errichtet).

1663/64 mußte in Maria Eck eine neue, größere Gastwirtschaft gebaut werden, um den Wünschen der Wallfahrer entgegenzukommen. Sonstige bau- und kunstgeschichtliche Tätigkeiten sind uns aus der Regierungszeit dieses Abtes nicht überliefert. Die Klosterkirche hatte ihren Glanz schon durch die beiden Vorgänger erhalten, die Sakristeischränke waren gefüllt, die Abtei- und Gastzimmer vornehm eingerichtet, die Pfarr- und Filialkirchen in gutem Zustand. Freilich hört man auch schon in dieser Zeit von der Notwendigkeit des Neubaues des ruinösen Mayrhauses drüben auf dem Festland. Als Columban I. am 16. August 1665 mit 48 Jahren stirbt, stellt man ihm das Zeugnis eines guten Ökonomen aus. Begraben wurde er vor dem Hochaltar der Klosterkirche.

Nach dem frühen Tod von Abt Columban I. Freidlsperger wählte man am 19. Oktober 1665 den Schwaben (aus Ehingen gebürtig) und früheren Rektor der Universität Salzburg, Roman Müller (Miller) zum 46. Abt des Klosters Seeon. Zur Zeit seiner Wahl war Pater Roman Professor und Regens in Salzburg und stand im 66. Lebensjahr. Leider war ihm nur eine kurze Regierungszeit beschieden († 19. Juli 1671). Als der frühere Abt Honorat Kolb am 13. Mai 1670 mit 67 Jahren in Maria Eck starb, wo er seinen Lebensabend als rühriger Wallfahrtskurat und beliebter Beichtvater verbracht hatte, erfüllte Abt Romanus seinen Wunsch und ließ ihn vor dem Hochaltar der Marienkirche begraben, er selbst vollzog die Beisetzung. Dem Konvent gehörten damals 27 Patres an, von denen aber mehrere auswärts Seelsorgsposten inne hatten. Außerdem hatte das Kloster 32 Angestellte, darunter auch zwei sogenannte »Mitläuffer«, mit einer Gesamtbesoldung von 395 fl 19 Kreuzer 2 Schilling. Der neugewählte Abt von Seeon konnte geordnete Finanzen übernehmen. Die von Abt Honorat 1653 übernommenen Schulden waren bis auf 2500 fl abgezahlt worden und dies trotz des Neubaues des »Schlafhauses« und des Erwerbs der Hofmark Obing. Im Reitstall standen vier Reitpferde, dazu ein dreijähriger Rappe und vier zweijährige braune Fohlen, im Fuhrstall acht Zugpferde, um wenigstens einen Posten aus dem umfangreichen Inventar aufzuzählen, das salzburgische und bayerische Wahlkommissare wieder aufgestellt hatten. Im Bericht an den Kurfürsten Ferdinand Maria wurden die Einnahmen des Klosters Seeon auf 10000 bis 11000 fl angesetzt, auch werden Dachschäden festgestellt, die der neugewählte Prälat bald zu beheben versprach.

Wenige Monate nach seiner Wahl bemüht sich Abt Roman – wie schon sein Vorgänger – in Bittschreiben an den bayerischen Kurfürsten und das Salzburger Konsistorium um Geldmittel aus den Filialkirchen von Obing zur Finanzierung des Weiterbaues des Dormitoriums mit der Begründung, daß die besagten Filialen Albertaich, Diepoldsberg und Pfaffing ein Gesamtvermögen von 20000 fl hätten und eine Abgabe von 3000 fl an das Kloster für die Baumaßnahme wohl zu vertreten sei. Das von Abt Columban I. Freidlsperger gebaute Schlafhaus sei für den angewachsenen Konvent zu klein, und es müßten deshalb mehrere Patres auswärts untergebracht werden, was für das Leben der Gemeinschaft auf Dauer nicht zuträglich sei, auch hätte er bei Antritt seiner Regierung nur wenig (Bar-)Geld vorgefunden.[40] Die Aufnahme der Mittel wurde von den Behörden genehmigt, und so errichtete Abt Roman in der Zeit von 1665–1670 auch den Südtrakt, freilich unter Einbeziehung des schon bestehenden westlichen Teiles, in dem früher die Bibliothek und unter Abt Honorat im Untergeschoß 1643 ein eigenes Seminar mit Vorlesungen für die Novizen und Kleriker eingerichtet worden war. So läßt sich auch der »bauliche Bruch« zwischen Ost- und Westhälfte des Südflügels verstehen und erklären. Abt Honorat hatte 1636 freilich einen völligen Neubau des Südflügels geplant, auch in größeren Dimensionen. An der bereits erwähnten inneren Südostecke der beiden Flügel ist die Bauinschrift eingesetzt: »Hoc latus extruxit Romanus Abbas Successor AO. D. MDCLXX.« (Diesen Trakt hat Abt Roman, der Nachfolger [von Abt Columban], im Jahre des Herrn 1670 errichtet). Damit ist auch der Zeitpunkt der letzten großen Baumaßnahme auf dem Areal des Klosters selbst festgelegt bzw. ihr Abschluß dokumentiert.

Für den häufigen Aufenthalt der Äbte in Maria Eck sowie für die Gastpater und Gäste baute Abt Roman 1669/70 ein größeres »Sommerhaus« oberhalb der Kirche und der Wirtschaft. Baumeister dieses Gebäudes mit Saal, Stuben und Zimmer war der Trostberger Maurermeister Tobias Endorfer, der ausführende Meister Wolfgang Gottsmann. Die Klampfererarbeiten, auch zugleich für die Turmeindekkung, machte Jacob Weller aus Salzburg, die Tischlerarbeiten der schon seit Jahrzehnten für das Kloster tätige Thomas Huber aus Traunstein. In der Filialkirche Albertaich leitete der Prälat noch die Barockisierung der Inneneinrichtung ein, die sein Nachfolger dann abschloß. Im letzten Jahr seiner Regierung (1671) kaufte Abt Roman für die Klosterkirche zwei silberne Brustbilder und vier »Maybüsch« von einem Augsburger Goldschmid. Am 19. Juli 1671, »nach 13tägiger schwerer ausgestandener Krankheit zwischen 1 und 2 Uhr morgen«, verstarb Abt Roman Müller. Er wurde vor dem Altar des hl. Rogatus, »den er für den Leib des Heiligen errichtet und geschmückt hatte«, beigesetzt. Der Prior P. Adalbert Grueber und Subprior Marianus Perger berichteten den Tod des Abtes in gleichlautenden Schreiben dem Kurfürsten Ferdinand Maria in München und erbaten die Festsetzung der Neuwahl des nächsten Abtes von Seeon.

Am 1. September 1671 wählte der Seeoner Konvent seinen bisherigen Prior, Pater Adalbert Grueber, zum 47. Abt. Ende September wurde der Neugewählte in Salzburg bestätigt und vom Bischof von Chiemsee, Johann Franz Graf von Preysing, unter der Assistenz der Äbte von St. Peter und Michaelbeuern, benediziert. Abt Adalbert stammte aus Sterzing und war 46 Jahre alt.[41] Das im Zusammenhang mit der Wahl erstellte Inventar weist ein wirtschaftlich und finanziell sehr gesundes Kloster aus, außerdem scheint der verstorbene Abt Roman sich wieder in die frühere, sogenannte »alte Abtei« zurückgezogen zu haben, aus welchen Gründen immer.

In seiner über 20jährigen Regierung konnte Abt Adalbert eine Reihe bau- und kunstgeschichtlicher Akzente setzen. Zunächst ging es darum, die von seinem Vorgänger eingeleitete Barockisierung der Filialkirche Albertaich weiterzuführen und abzuschließen. So kamen 1672 die drei neuen Altäre in diese Kirche, zwei von ihnen erhielten für die Zele-

bration der heiligen Messe sogenannte Portatile, die Abt Edmund von St. Peter in Salzburg konsekriert hatte. 1675 erreichte man in Salzburg die Zelebrationserlaubnis »super portatile« in der Totenkapelle zu Pittenhart. 1677 gab der Seeoner Prälat die großen Rosenkranzbilder in Auftrag, von denen heute noch vier in der Sakristei der ehemaligen Klosterkirche hängen, zwei im Betchor und eines in der Ägidiuskirche in Dorfseeon. Leider konnte man bis heute nicht den Meister dieser qualitätsvollen Barockgemälde ausmachen. 1682 wurde die innere und äußere Barockisierung der Pfarrkirche in Lauterbach bei Mühldorf in Angriff genommen, während man sich für die Klosterkirche selbst zu einem neuen Hochaltar entschloß, nachdem der aus mehreren Teilen zusammengesetzte Altar aus der Zeit Abt Sigmund Dullingers nicht mehr entsprach. Auch die Barockeinrichtung der Kirche St. Ägidius in Niederseeon fällt in die 1680er Jahre, für 1686 ist eine Weihe für dieses Gotteshaus überliefert. Eine der
159 schönsten Monstranzen, geschaffen für die Prozessionen der Rosenkranzbruderschaft, gab Abt Adalbert II. Grueber 1686 beim »Jubilier« Hans Wild in Augsburg in Auftrag: Ein aufwachsender Rosenstrauch trägt als Blüten die 15 Geheimnisse in Email-Medaillons, bekrönt von den drei Marienfiguren, der freudenreichen, der schmerzhaften und der glorreichen. Vom Fuß bis zur Spitze aber schlingt sich als Schriftband das »Ave Maria«, wirklich ein Gebet aus Gold und Silber, mehr noch: formgewordene Frömmigkeit und Symbol für Glauben und Vertrauen an Christus und Maria«.[42]

1687 werden noch einmal für zwei Monstranzen und einen Kelch dem Goldschmid in Augsburg 346 fl und 6 Kreuzer bezahlt, dazu kamen noch 77 fl 47 Kreuzer »für erkauftes Silber und golts zu vergolden«.[43] 1689 wurde neben dem Betchor der Mönche auf der Ostseite im Obergeschoß, über dem Kapitelsaal, für alle Anschaffungen dieser Art seit Abt Dullingers Zeiten eine eigene »Schatzkammer« eingerichtet und mit dem Wappen des regierenden Abtes, Adalbert II., über dem Eingang versehen. Kein Abt vor ihm und keiner nach ihm hat sich so um die »Modernisierung« – sprich Barockisierung – der Seeoner Filialkirchen angenommen wie Abt Grueber. Um 1680 wurde in Maria Eck die sogenannte Wasserkapelle gebaut, eine Stiftung des mit dem Abt befreundeten Fürstbischofs von Chiemsee, Johann IV. Franz Graf von Preysing. In der Wallfahrtskirche selbst ließ Abt Adalbert 1691 den neuen schwarz-goldenen Hochaltar errichten, der heute noch in altem Glanz erstrahlt. Als Abt Adalbert am 19. August 1694 nach fast 23jähriger Regierung, »nach 8 Tage geduldig getragener schwerer Krankheit«, am frühen Morgen – wohlversehen mit den heiligen Sakramenten – stirbt, hat seit Abt Sigmund Dullinger und Honorat Kolb der dritte bedeutende Prälat Seeons in diesem Jahrhundert die irdische Pilgerschaft beendet. Auf seinen ausdrücklichen Wunsch hin wurde er vor dem Eingang zum Kapitelsaal im Kreuzgang begraben. Der Salzburger Erzbischof schlug dem bayerischen Kurfürsten Max Emanuel als Wahltag für den neuen Seeoner Prälaten den 5. Oktober 1694 vor.

Entweder schon unter Abt Columban I., höchstwahrscheinlich aber erst unter Abt Adalbert, wurden jene 47 Abtbilder in Auftrag gegeben, die früher in Stuckrahmen über den Türen der Zellen im Ost- und Südtrakt angebracht waren und die über den »Umweg« von Kloster Ettal dankenswerterweise in jüngster Zeit wieder nach Seeon zurückgekehrt sind. 29–69
Nur die letzten fünf sind wahrscheinlich echte Porträts, alle anderen Idealbilder, jedoch alle von der Hand eines unbekannten Malers gemalt. Diese »Ahnengalerie« schuf man sich zu jener Zeit in fast allen Stiften und Klöstern, wobei freilich nur mehr wenige lückenlos vorhanden sind und den Sturm der Säkularisation überdauert haben, so z. B. in Frauenchiemsee.

Bei der Abtwahl am 5. Oktober 1694 bekam der
54jährige bisherige Beichtvater von Frauenchiem-
71 see, P. Marianus Perger, von den 20 Votanten 17
Stimmen. Der gebürtige Seeoner wurde daraufhin
am 27. Oktober 1694 in Salzburg konfirmiert und am
nächsten Tag in St. Peter feierlich vom Bischof von
Chiemsee, Sigmund I. Ignatz Graf von Wolkenstein
und Trostburg, benediziert. Nach dem Bericht der
Wahlkommissare befand sich das Kloster nach
innen (Disziplin) und nach außen (wirtschaftlich-
finanziell) in gutem Zustand. Ein Jahr nach seiner
Wahl (1695) wendet sich Abt Marianus in einem
Schreiben an das Konsistorium in Salzburg, schildert
den ruinösen Zustand des Mayrhauses am westli-
chen Seeufer und bittet um Genehmigung des not-
wendigen Neubaues einschließlich der Aufnahme
von 2000 fl von den Filialkirchen der Pfarrei Obing –
wie gehabt – zur Finanzierung. Nach einem Gutach-
ten des dafür zuständigen und beauftragten Archi-
diakons und Propsts von Baumburg, Michael Doeg-
ger, können die besagten Filialkirchen »wegen man-
gelnder Barschaft« die Summe zur Zeit nicht auf-
bringen. Dafür sollen die Filialen von Peterskirchen,
Emertsham mit 1000, Tinning mit 600 und Tacher-
ting mit 400 fl zu diesem Zweck herangezogen wer-
den. Der Vorschlag wurde vom Konsistorium gutge-
heißen und genehmigt. So entstand ab 1697 der neue
Mayrhof und wurde unter dem Nachfolger von Abt
Marianus 1702 fertiggestellt. Eine lateinische Bauin-
schrift an der Ostseite des inzwischen zum Hotel-
gasthof umgewandelten Ökonomiegebäudes kündet
den Neubau und die Bauherren.[44] 1698 läßt Abt Per-
ger in Salzburg vom Meister Andrä Gartner noch
eine neue Glocke zu 350 Pfund um 210 fl gießen.

Nach nur sechseinhalbjähriger Regierung starb Abt
71 Marianus am 21. April 1701. Er wurde nach seinem
eigenen Wunsch in der Klosterkirche vor dem Ste-
phanusaltar begraben. Die benachrichtigten Behör-
den in Salzburg und München setzten daraufhin die
Wahl des neuen Abtes auf den 6. Juni fest. An diesem
Tag einigte sich der Konvent auf den bisherigen Prior
P. Columban Freidlsperger als neuen Prälaten von
Seeon. Der ebenfalls wie sein Onkel, Columban I.,
aus Altötting stammende, knapp 50jährige erwählte
Abt nannte sich Columban II. Am 3. Juli 1701 erhielt
er in der Kapelle des hl. Rupert in den Domoratorien
zu Salzburg aus der Hand des Bischofs von Chiem-
see, Sigmund II. Carl Graf von Castelbarco, die
Weihe. Der bauliche Zustand des Klosters und der
damalige Konvent mit seinem Abt ist in einer Rest-
handschrift eines Kongregationsbuches vom Anfang
des 18. Jahrhunderts auf kolorierten Blättern wieder-
gegeben.[45]

Nach Vollendung des Neubaues des Mayrhauses auf
dem Festland ließ Abt Columban II. die Filial- und
Wallfahrtskirche Breuhausen 1706 mit neuen
(barocken) Altären ausstatten. Während der Hochal-
tar das Gnadenbild des 17. Jahrhunderts im Schrein
birgt, ist der linke Altar dem Pestpatron Sebastian,
der rechte dem hl. Antonius geweiht. Die Altarbilder
dieser Altäre sind jeweils von hervorragenden,
bewegten Standfiguren flankiert (Auszugsbilder aus
dem 19. Jahrhundert). 1723 ließ der Seeoner Prälat
zwei neue große Glocken für die Klosterkirche von
Johann Mathias Langenegger aus München gießen
(1064 Pfund und 592 Pfund; 1074 fl). Im gleichen Jahr
wurde die große Treppe in Maria Eck mit 96 Mar-
morstaffeln vom Salzburger Steinmetz Georg
Schörghofer verlegt (104 fl). In die Regierungszeit
Abt Columbans II. fiel der Spanische Erbfolgekrieg,
dessen kriegerische Auseinandersetzungen und Fol-
gen auch Seeon nicht verschonten. Nicht zuletzt
durch die Schmälerung der Einkünfte auf Grund der
Verheerung einiger Hofmarken durch kaiserliche
Truppen konnten größere Bauvorhaben nicht ausge-
führt werden, außer dem neuen »Herrenhaus« zu
Maria Eck (1713) für den Aufenthalt des Prälaten und
seiner Gäste. Am 28. Januar 1727 starb Columban II. 72

Freidlsperger mit 76 Jahren; er wurde in der Klosterkirche beigesetzt. Eine Gedenkplatte im rechten Seitenschiff erinnert an seine Begräbnisstätte.
Aus der Wahl am 2. April 1727 ging der aus Burghausen stammende P. Rufinus Mayr als 50. Abt von Seeon hervor. Der erst 32jährige Prälat errichtete bereits im ersten Regierungsjahr einen Sommerbierkeller am Weinberg auf der Nordseite des Sees.[46] Für die Klosterkirche schaffte er (1727) eine neue Orgel an und ließ im Mönchschor eine Stecktafel für alle Dienste im Kloster und dessen Umgebung anbringen, die noch heute vorhanden ist und zu den Raritäten des Klosterbereichs zählt, die alle Stürme überstanden hat. 1731 gelang dem Kloster durch Kauf der Hofmark Halfing und durch die Schenkung von Schloß und Hofmark Forchteneck von Franz Amand Cajetan de Fossa an die Rosenkranzbruderschaft eine bedeutende Steigerung seiner Wirtschaftskraft und damit auch die Voraussetzung für neue Initiativen auf dem Bau- und Kunstsektor.[47] Das beim Tod des Abtes Rufinus (1753) angelegte Inventar spricht dafür eine deutliche Sprache, so werden darin u.a. 12 Infuln (Mitren) und 13 Kelche angeführt. 1732 wurde für das Mayrhaus auf der westlichen Anhöhe ein neuer großer Getreidekasten gebaut, der im wesentlichen noch heute erhalten ist, aber längst einer anderen Nutzung zugeführt wurde.[48] Im Zug der Erneuerung der Wirtschaftsgebäude ließ Abt Rufinus auch in Maria Eck zwischen 1730 und 1735 eine neue Ökonomie errichten, deren Gewölbe im Erdgeschoß für Stallzwecke ihresgleichen suchen und noch weithin erhalten sind. Um 1745 erhielt die Wallfahrtskirche dortselbst eine neue Kanzel, die ebenfalls noch vorhanden ist. Offensichtlich waren damit doch die finanziellen Möglichkeiten Seeons für längere Zeit erschöpft. In den Ausgaben der folgenden Jahre finden sich lediglich Posten für die Unterhaltung der Schlösser Obing, Forchteneck und Halfing sowie für ein Brückenjoch an der Innbrücke zu Kraiburg, für das das Kloster Seeon aufzukommen hatte. Als Abt Rufinus Mayr am 8. Juli 1753 mit über 58 Jahren seine irdische Pilgerschaft beendete, konnte er seinem Nachfolger ein geordnetes »Hauswesen« hinterlassen, ein nach innen und außen weithin gesundes Kloster. Eine Gedenktafel im rechten Seitenschiff der Klosterkirche erinnert an die Begräbnisstätte dieses Prälaten.

V. Letztes Aufleuchten – Rokoko in Seeon

Aus der Hauschronik von St. Peter erfahren wir, daß im Jahre 1753 drei Prälaten aus der Salzburger Benediktiner-Kongregation verstorben sind, nämlich die Äbte von Ossiach, St. Peter (Salzburg) und Seeon. Ferner berichtet die gleiche Quelle, daß alle drei neugewählten Vorsteher dieser Klöster vorher Professoren an der philosophischen Fakultät der Universität Salzburg waren, und auch der am 12. September 1753 im zweiten Wahlgang zum Abt von Seeon erhobene P. Benedikt Reicherseder, Professor der Rhetorik in Salzburg und Präfekt im dortigen Konvikt.[49] Abt Benedikt II. stammte aus Landshut, war 37 Jahre alt, hatte 1734 seine Profeß abgelegt und 1739 Primiz gefeiert. Mit diesem Prälaten zog nun auch das Rokoko voll in Seeon ein. Beeinflußt wurde er dazu durch die große Bau- und Renovierungswelle seiner Zeit, besonders der Großbauten der Benediktinerklöster Ottobeuren und Benediktbeuern, aber auch des völligen Neubaues der Augustinerchorherrenkirche im nahen Baumburg (1755–1758), sowie der 1754 einsetzenden Umgestaltung von St. Peter in Salzburg. Mit dessen Abt Beda Seeauer verband den Seeoner Abt mehr als nur eine professorale Bekanntschaft aus der Salzburger Zeit. Vielleicht waren auch noch bestimmende Einflüsse aus der Heimatstadt Landshut maßgebend, wo man in der Jugendzeit Abt Benedikts 1732–1734 die Zisterzienserinnenkirche

162
Nikolauskapelle (Abtkapelle) von 1757/1758: Altar mit St. Nikolaus (Altarbild) und Figuren von Johann Michael Feichtmayr: Büßerheilige Petrus und Maria Magdalena

163
Apotheose des Hl. Benedikt. Fresko in der Nikolauskapel von Joseph Hartmann von 1757

164
Nikolauskapelle mit Stuckaltar von Johann Michael Feichtmayr, Augsburg, mit Immaculata (oben) und Büßerheiligen St. Petrus und Maria Magdalena, 1757/175

165
Nikolauskapelle: Tod des hl. Joseph. Fresko von Joseph Hartmann

166
Nikolauskapelle: Vision des hl. Franz von Assisi. Fresko von Joseph Hartmann

DEUS ET
MEUS OMNIA

167
Nikolauskapelle: Allegorie der Ecclesia und hl. Georg. Fresko von Joseph Hartmann

168
Nikolauskapelle: Hl. Anna unterweist die Muttergottes. Fresko von Joseph Hartmann

169
Nikolauskapelle:
Der Klosterstifter
Pfalzgraf Aribo I.,
Fresko von
Joseph Hartmann

Seligenthal im aufbrechenden Rokokostil neu gebaut und eingerichtet hatte und eben jetzt von 1747 bis 1752 die Dominikanerkirche von Johann Baptist Zimmermann mit prächtigen Fresken und Altären schmücken ließ.
Warum sich Abt Benedikt Reicherseder mit der gut 100 Jahre zuvor von Abt Honorat Kolb neu errichteten Abtei im Westtrakt des Klosters nicht mehr befreunden konnte, wissen wir im einzelnen nicht. Tatsache ist, daß der neue Abt bald nach seiner Wahl sich in der alten Abtei neue Wohn- und Gastzimmer sowie einige Repräsentationsräume bauen und einrichten wollte. Ein Hauptanliegen war ihm auch, die abseits vor der Klosterkirche gelegene Abtkapelle St. Nikolaus in die Abtei zu integrieren, damit man auf kurzem Weg und unbehelligt von Schnee und Regen in die Hauskapelle gelangen konnte. 1755/56 müssen die dazu notwendigen Bauarbeiten begonnen haben, die Ausgestaltung der Räume vollzog sich dann in den folgenden Jahren. Für die neue St. Nikolaus-Abtkapelle zog Abt Reicherseder drei bedeutende Künstler an Land: Als Baumeister wurde der Trostberger »Maurermaister« Franz Alois Mayr verpflichtet. Der aus Tegernsee stammende Mayr lernte ab 1740 bei dem damaligen kurfürstlichen Unter- und späteren Oberhofbaumeister Johann Baptist Gunetzrhainer und kam auch noch mit dessen Schwager Johann Michael Fischer in Berührung. Seit 1751 zählte Franz Alois Mayr zu den bedeutendsten Barockbaumeistern des Gebietes. Seine Hauptwerke sind die Kirchen von Baumburg (1755–1758), Marienberg bei Burghausen (1760–1764) und Oberndorf bei Laufen (1769–1771), sowie die Klostertrakte von Raitenhaslach (1762f.) und Michaelbeuern (1766ff.). Die Fresken (Decke: Apotheose des hl. Benedikt; Wände: Tod des hl. Josef, Vision des hl. Franziskus, hl. Georg und die Kirche, Stifter Pfalzgraf Aribo und hl. Anna; 1757 signiert und datiert) und das Altarblatt (hl. Nikolaus, 1758) malte der Augsburger Joseph Hartmann, der in dieser Zeit auch für Baumburg (Hochaltarbild) und Mögling bei Trostberg und später noch für Rott am Inn mehrere Altarblätter lieferte (1761/63). Die Stuckierung der Kapelle, den Stuckmarmoraltar und die Figuren (Unbefleckte Empfängnis, hl. Petrus und hl. Magdalena) schuf der bedeutendste Stukkateur und Altarbauer des süddeutschen Rokoko, Johann Michael Feichtmayr aus Augsburg, 1757. Er gehört zu jener Gruppe Wessobrunner Meister, die in Verbindung mit den großen Baumeistern der Zeit – wie Balthasar Neumann und besonders Johann Michael Fischer – auftraten und so bedeutende Kirchen wie Diessen am Ammersee, Zwiefalten, Käppele (Würzburg), Benediktbeuern (Anastasiakapelle) und Ottobeuren mit ihren Werken ausschmückten. Eine Zusammenarbeit mit Hartmann ist für Johann Michael Feichtmayr nicht nachweisbar, obwohl beide in Augsburg seßhaft waren. Daß Feichtmayr nach Seeon kam, scheint auf verwandtschaftliche Bindungen zurückzuführen zu sein. Der damalige Prior hieß Benno Feichtmayr, war aus Schwaben gebürtig (12. Januar 1724), und hatte 1743 die Profeß abgelegt. Wenn er nicht ein Bruder von Johann Michael war, so doch ein engster Verwandter, der wohl die Brücke zwischen Abt Benedikt und dem Stukkateur hergestellt hatte. Ob Feichtmayr auch die angrenzenden Abteiräume stuckierte, bedürfte noch eingehender Forschungen und Stilvergleiche. Bei der Qualität dieser Arbeiten, besonders im Speisesaal, liegt die Zuschreibung für den Augsburger Meister jedenfalls nahe. Durch die Rückverlegung der Abteiräume in die »Alte Abtei« mußte das von Abt Honorat dort eingerichtete große Refektorium für den Konvent verlegt werden. Abt Benedikt errichtete darum neben dem Kapitelsaal an der Ostseite des Klosters einen neuen großen Speisesaal, ganz im Stil der Zeit. An der Westwand ist das Klosterwappen und das Wappen des Erbauers angebracht. Laut erhaltener

Urkunde weihte der Salzburger Fürsterzbischof, Siegmund Christoph Graf Schrattenbach, am 18. Oktober 1757 die Abtkapelle zu Ehren des hl. Nikolaus und erteilte zugleich einen Ablaß.[50] Zwei Tage vorher hatte der Erzbischof die neu gebaute Klosterkirche in Baumburg feierlich konsekriert. Die Bußheiligen Petrus und Magdalena sowie das Fresko vom Tod des hl. Josef weisen darauf hin, daß die Kapelle auch zur Aufbahrung der verstorbenen Prälaten bestimmt war. Im Zusammenhang mit der Erbauung und Ausgestaltung der Abtkapelle St. Nikolaus schuf man für die Klosterkirche 1755–1757 auch die seitlichen Oratorien im Westen.

Aus den Rechnungsbelegen vom Jahr 1756 hören wir, daß von der Hofstuck- und Glockengießerei Erth in München eine alte Glocke mit 344 Pfund auf 350 Pfund umgegossen wurde, ferner daß Caspar Schlerz Noten abschreibt für eine ›Synfonie‹, einen Applaus, für »Grab-Music« und »zur Comedie«.[51] Das musikalische Zeitalter ist in Seeon angebrochen und erlebte mit Michael Haydn und den Mozarts, Vater und Sohn, seine Glanzzeiten. Darüber berichtet ein eigener Abschnitt in diesem Buch. Bei der Visitation von 1759 zählte der Konvent 25 Patres, vier Fratres und einen Bruder. Als Abt Benedikt II. Reicherseder mit 44 Jahren am 11. April 1760 völlig überraschend stirbt, wurde er als erster Prälat von Seeon in »seiner« Nikolauskapelle aufgebahrt, bevor man ihn in der Klosterkirche beisetzte. Eine Gedenkplatte im linken Seitenschiff kündet von seinem Hinscheiden. Die Wahlkommissare stellen in ihrem Inventar fest, daß »die neu erpaute Abtei noch nicht eingerichtet und bewohnt sei«.

Aus der Wahl am 17. Juni 1760 ging der bisherige Superior von Maria Eck, P. Augustin Sedlmayr, als neuer Abt für Seeon hervor. Der neu gewählte Prälat stammte aus Kelheim, hatte 1731 seine Profeß abgelegt und war 47 Jahre alt, der Konvent zählte im Wahljahr 27 Patres. Die Hauptlast, die es zu übernehmen galt, waren Schulden in Höhe von 40000 fl, die der Umbau der Abtei verursacht hatte. Die Wahlkommissare bescheinigen aber in ihrem Bericht dem neu gewählten Abt gute Eigenschaften, besonders daß er ein ausgezeichneter Ökonom sei.[52]

Zunächst mußte die Abtei eingerichtet und bezogen werden. 1763 ließ Abt Augustin für die Pfarrkirche in Obing von Franz Jakob Daller in München eine neue Glocke gießen (14 Ztr.; 334 fl). Ein Jahr darauf (1764) erbaute man in der Filialkirche Ischl eine Empore für Orgel und Uhrkasten, an der Brüstung finden sich Stuckverzierungen und das Wappen des regierenden Abtes. Eine Schenkung von 200 fl durch den Altmesner von Maria Eck, Anton Lienzinger d. Ä., ermöglichte in den Jahren 1767/68 die Errichtung neuer Seitenaltäre in der Wallfahrtskirche.[53] Die Altarbilder der Kreuzigung und der hl. Anna stifteten Franz Seraph (v.) Kohlbrenner und dessen Geschwister, die Schreinerarbeiten und die Fassung der Figuren besorgte Anton Lienzinger d. J. aus Eisenärzt. Die Künstler der Bilder sind wohl die auch für Seeon in dieser Zeit tätigen Malerbrüder und Verwandten des Stifters, Johann und Franz Rogatus Kohlbrenner aus Traunstein. 1771 wurde vom Schreiner Lienzinger auch noch ein neues Gestühl für Maria Eck im Auftrag von Abt Augustin hergestellt. Gleichfalls als Abgesang bemühte sich der gleiche Abt in den 1780er Jahren um die Erneuerung der Inneneinrichtung der zwischen den beiden Toren liegenden Kirche St. Walburg. Der Choraltar von 1788 steht schon im Zeichen des Umbruchs zwischen Spätbarock und Klassizismus, aber auch im Zeichen der aufsteigenden Wolken und des Sturms, der schon bald über die altbayerischen Klöster hereinbrechen sollte. Im Spätherbst 1793 (Oktober) resignierte Abt Augustin Sedlmayr hauptsächlich aus Altersgründen (81 Jahre!) die Abtei Seeon; er starb am 6. Dezember 1794. Eine Gedenkplatte im rechten Seitenschiff – der Sakristei zu – erinnert an den Abt, unter dem besonders Wissenschaft und Musik in Seeon höchste und letzte Triumphe feierten. In der letzten Abtwahl des damals bald 800jährigen Klosters einigte man sich auf den 45jährigen, aus Salzburg stammenden Pater Lambert Neusser (auch Neisser). Sein Wappen ist symbolträchtig für seine Zeit und für die Zukunft: Das Kreuz über dem Anker der Hoffnung und beides unter dem Auge Gottes, der Vorsehung, des Ewigen.

VI. Ende und neue Anfänge Die Bau- und Kunstgeschichte des 19. und 20. Jahrhunderts

Abt Lambert wurde am 3. Dezember 1793 gewählt und am 6. Januar 1794 in Salzburg von Erzbischof Hieronymus Graf Colloredo benediziert. Siegert nennt ihn einen »sanftmüthigen, freundlichen Herren, der mit Schmerz die Aufhebung seines Klosters und deren Folgen erlebte«. In seiner kurzen Regierungszeit konnte der neue Prälat nur mühsam das Übernommene bewahren und bis zum bitteren Ende schützen. Immer stärkere Einmischung des Staates in kirchliche Vorgänge wie Abtwahl und Kandidatenaufnahme, erste Klosteraufhebungen noch unter Kurfürst Carl Theodor und die politische Entwicklung in Kurbayern und Salzburg, ausgelöst durch die napoleonischen Kriege, Siege und Friedensschlüsse mit den Bestimmungen über Entschädigung der Staaten für die linksrheinischen Verluste durch Säkularisierung der Klöster und Stifte und Mediatisierung der geistlichen Fürstentümer gingen Hand in Hand. Durch den Regierungsantritt von Kurfürst Max IV. Joseph und den wachsenden Einfluß seines leitenden Ministers, Max Joseph v. Montgelas, seit 1799, wurden die Klosteraufhebungspläne immer konkreter.

Anfang 1802 wurde eine »Spezialkommission in Klostersachen« eingesetzt, und am 4. November des gleichen Jahres kam der Landgerichtsverweser von Trostberg, Sebastian Höß, als Lokalkommissar nach Seeon, um die Inventarisierung des gesamten Klostervermögens vorzunehmen. Die freie Wirtschaftstätigkeit der Abteien und Stifte war zu Ende und damit auch jede Bau- und Kunsttätigkeit. Zwei Jahre zuvor (1800) hatte Abt Lambert die Klosterwirtschaft in Maria Eck um 2000 fl an den damaligen Pächter verkauft. Der Reichsdeputationshauptschluß vom 3. Februar 1803 gab allen bereits erfolgten und allen weiteren Maßnahmen die rechtliche Grundlage. Das Sterben der Klöster und Stifte war eingeleitet.

Am 19. März 1803 traf der 70jährige Lokalkommissar Michael Gallinger in Seeon ein und verkündete am 22. März die Aufhebung des Klosters. Später wurde Gallinger wegen Unfähigkeit abgelöst und durch Joseph von Gröller ersetzt, der auch die wichtigsten Versteigerungen leitete. Als Administrator fungierte der bisherige Klosterrichter Xaver Steyrer, später der Klosterschreiber Ludwig Gall. Christoph Freiherr von Aretin kam, um aus der Klosterbibliothek die schönsten und wertvollsten Stücke für die Staatsbibliothek sicherzustellen, ebenso machte es der Generaldirektor Mannlich mit den vorhandenen Gemälden für die staatlichen Sammlungen. Die zurückgelassenen Bücher und Gemälde wurden von einer verwitweten Tändlerin aus Traunstein geschätzt und »an den Mann gebracht«. Die Pretiosen, vor allem aus der Prälatur und der Sakristei, wurden in zwei Verschläge verpackt und nach München gesandt. Am 16. Mai 1803 versteigerte man erstmals die Klostergüter, dann noch einmal am 6. Dezember 1803, und erzielte damit einen Gesamtpreis von 9443 fl, was einen deutlichen Schluß auf den Wert dieses Versteigerungsgutes zuläßt.[54] Der Versuch der Versteigerung der Klostergüter (Kloster-

und Wirtschaftsgebäude, Äcker, Wiesen, Wald, Gut Forchteneck, Schloß Obing jeweils mit Gründen, Maria Eck u. a.) schlug in der geplanten Form mehrfach fehl, lediglich die Klostermühle an der Achen
146 (Juni 1803; 500 fl) und das Apothekerhaus neben der
149 Kirche St. Walburg (September 1803; 300 fl) konnten verkauft, der Ziegelstadel des Klosters in Rabenden verpachtet werden. Auch das Gut Forchteneck fand Ende 1803 einen Käufer (9500 fl), ebenso wurde das Schloß Obing mit »allem Zubehör« an mehrere Interessenten vergeben (2304 fl). Das Schloß Forchteneck wurde 1817 abgebrochen, das Schloß Obing durch die neuen Besitzer mehrfach verändert.

Die Versteigerung der Haupt-Seeoner-Klosterrealitäten zog sich bis August 1804 hin. Nachdem der Wirt von Niederseeon, Joseph Steffl, und der Tafernwirt von Kling, Andrä Schlutt, mit ihren Angeboten nicht durchgedrungen waren, erwarb am 7. August 1804 der Münchener Bäckermeister Franz Xaver Distler um 25 500 fl alle noch vorhandenen Kloster- und Wirtschaftsgebäude – ausgenommen die Stiftskirche, den »Schatzkammerstock« mit Sakristei und Kapitelsaal, den Bierkeller und den »Kapuzinerstock« sowie das Amtsschreiberhaus –, samt Braukonzession, Hofbaugrund und Wald (74 Tagwerk). Der Konvent wurde aufgelöst, ein Teil der 21 Benediktiner ging in den Ruhestand, der andere suchte in
73 der Seelsorge unterzukommen. Abt Lambert Neusser war eine Zeitlang Kommorant in St. Georgen, später in Traunstein und starb dort am 18. März 1817. Sein Abtstab wanderte in die Salinenkapelle, sein Grab in den Arkaden des alten Friedhofs bei St. Georg ist verschollen. Das weltliche Personal wurde entweder entlassen oder mit Geld bzw. Pensionen abgefunden, wobei es viele soziale Härten gab, besonders für die älteren männlichen und weiblichen Bediensteten, die oft jahrzehntelang gut unter dem Krummstab lebten. Mit dem Erwerb Seeons durch Franz Xaver Distler muß die Bau- und Kunstgeschichte des 19. und 20. Jahrhunderts getrennt behandelt werden, nämlich 1. für das ehemalige Kloster, 2. für die Klosterkirche mit ihren Nebenräumen, 3. für Pfarrhof und Schule und das weitere Schicksal von Maria Eck. Die zur neugebildeten Pfarrei Seeon geschlagenen Neben- und Filialkirchen müssen dagegen für diesen Zeitraum aus Platzgründen unberücksichtigt bleiben.

1. Die weiteren Schicksale der ehemaligen Klostergebäude

Nach der endgültigen Übergabe aller Klostergebäude an Franz Xaver Distler im Oktober 1807 ließ der neue Besitzer bald darauf – nicht zuletzt wegen der schadhaften Scharschindeldächer – das leer stehende Noviziatsgebäude einschließlich der »entleerten« Bibliothek auf der Nordseite der Kirche und den Krankenstock mit der Hauskapelle St. Margareth und den Bädern für die Mönche auf der Ostseite zusammen mit der Konventgartenmauer abbrechen. Später entfernte man wegen Hindernisgründen das äußere Tor sowie die innere Toranlage mit einem Teil der Prälatur aus der Zeit von Honorat Kolb. Anfang des Jahres 1815 übergab Distler das gesamte Objekt an seine Tochter Rosina, die mit Georg Reichenwallner verheiratet war. Dieser baute nun die Gebäude auf der Insel weiter zielstrebig zu einem schon unter Distler begonnenen »Kurmittelhaus« mit Badebetrieb aus, vor allem für Pensionsgäste aus München und Umgebung. Für die Anreise der Pensionsgäste wurde 1816 die ohnehin schon sehr schadhafte Brückenanlage zwischen St. Walburg und der Insel mit 37,50 m Länge abgebrochen und ein Damm aufgeschüttet, im Gegenzug errichtete man einen Verbindungssteg auf der Ostseite nach Bräuhausen, der seit Jahrhunderten nicht mehr bestanden hatte. 1835 wurde Seeon in einer Reisebeschreibung als Badeort hoch gepriesen.[55] Die Nutzung für diese Zwecke sah im Ostflügel zwei Badelokale (eines davon im ehemaligen Refektorium) und Zimmer für die Badegäste im Erd- und Obergeschoß des früheren Konvent- und Zellentraktes vor. Im Südflügel waren im östlichen Teil Gastzimmer, im westlichen Teil die Bäckerei, die Binderei, Holzlege und einige Nebenräume, im Obergeschoß der sogenannte Museumssaal (später »Rittersaal«, vormals die Klosterbibliothek) eingerichtet. Im Westtrakt befand sich nach wie vor die Brauerei und Branntweinbrennerei im südlichen Teil des Erdgeschoßes, ferner eine Stallung, eine Remise und eine Bierschenke, im Obergeschoß Gastzimmer, der Speisesaal und anschließend der Billardsaal (ehem. Lambertisaal unter Abt Honorat) mit Verbindung zum östlich anstoßenden ehemaligen Prioratsstock mit der St. Benediktkapelle und der Winterprälatur (aus der Zeit von Abt Benedikt II.), die ebenfalls für die Pensionsgäste samt Nebenzimmer und Salon genutzt wurden. Georg Reichenwallner veräußerte in seiner Zeit auch das ehemalige Amtsschreiberhaus (gegenüber dem Hofrichterhaus) an private Interessenten, das spätere Mesner- bzw. Krämerhaus. Auch erreichte der gleiche Besitzer Seeons, daß Schule und Pfarrhof nicht – wie vorgesehen – auf der Insel im sogenannten Kapuzinerstock, sondern im ehemaligen Hofrichterhaus eingerichtet wurden.

1852 verkaufte die Erbengemeinschaft, die aus beiden Ehen Reichenwallners stammenden neun Kinder, ihren Besitz an die Kaiserwitwe Dona Amalia, Tochter Eugene Beauharnais', des Stiefsohnes Napoleons. Seit 1845 war Dona Amalia auch schon im Besitz von Schloß und Brauerei Stein an der Traun bei Baumburg. Siegert nennt »Ihre Majestät Retterin und neue Gründerin Seeons und seiner Heilanstalt«.[56] Durch bedeutende Investitionen wurden in den Jahren 1853/54 notwendige Reparaturen an den Mauern und Dächern vorgenommen, neue Fußböden gelegt und Öfen gesetzt, die auf 32 vermehrten Gastzimmer tapeziert und elegant möbliert, die Badekabinette modernst eingerichtet und die vorhandene Mineralquelle besser gefaßt und in Kalt- und Warmwasserbehälter aufgeteilt. Auch wurden sämtliche Räume restauriert, besonders auch die großen Säle, der Innenhof mit Rasen belegt und die Gärten zum See hin im englischen Stil angelegt, mit Sommerhäuschen und Ruhebänken. Auch gab es eine Kegelbahn und geeignete Stallungen für Gäste, die zu Pferd oder mit Kutschen ankamen. 1853 hatte die Kaiserwitwe Amalia von Brasilien, Herzogin von Braganza, auch den See und den Getreidekasten – der bis 1848 als rentamtlicher Speicher benützt worden war – durch Kauf zurückerworben. Bis 1892 blieb dieser Besitz jeweils in einer Hand vereinigt. Die Schmiede auf der Walburginsel (Nähe Krämerhaus) hatte man 1855 abbrechen lassen.

Nach dem Tode von Dona Amalia (1872) erlangte auf dem Erbweg ihre Schwester, die Königinmutter Josephine von Schweden, die Seeoner Güter, während Herzog Nikolaus, aus der russisch-orthodoxen Linie der Leuchtenberg, Schloß und Brauerei auferbte. Ein Jahr später (1873) kaufte der Herzog von Josephine den Seeoner Besitz und führte auch noch das Badewesen weiter, ohne es auszubauen. In die Jahre 1878/79 fallen Auseinandersetzungen zwischen der Herzoglich Leuchtenbergischen Gutsverwaltung einerseits und dem Staatsärar – vertreten durch das königliche Rentamt Trostberg – andererseits über die genauen Eigentumsverhältnisse der kirchlich genutzten Räume und Gebäude und der herzoglichen Besitzungen, von denen im einzelnen aufgeführt werden der Ostflügel mit »Badelocalitäten«, der Südflügel mit Wohnungen, der Bäckerei und »Bräulocal«, der Westflügel mit Wohnungen, »Brau- und Schenklocal« sowie der Hauptstock, bestehend aus Wohnungen mit Kapelle, dann Pferdestallungen, außerdem noch das Waschhaus mit Hofraum und die Gottesackerkirche St. Walburg mit Friedhof.[57]

Auch ging es um die Mitbenützung des Brunnens im Kreuzhof »wegen seinem bekannt guten Wasser«.
1892 verkauften die Söhne Herzog Nikolaus', Nikolaus und Georg, den größten Teil der ehemaligen Klostergründe sowie einige Gebäude, außerdem die auf dem Kloster liegende Brauerei-, Bäckerei- und Branntweingerechtigkeit an Joseph Graf von Arco-Zinneberg, stellten bald darauf den Badebetrieb ein und benützten das Kloster als Sommerresidenz und zu Repräsentationszwecken. Wahrscheinlich wurde für diese Nutzung die Decke im großen Speisesaal in der Mitte des Westflügels herausgerissen und eine Galerie eingebaut, um für Konzerte oder Theateraufführungen einen entsprechenden Saal zu gewinnen. Statt von »Bad Seeon« sprach man jetzt nur mehr vom »Schloß Seeon«.
1934 wurde der Restbesitz der leuchtenbergischen Herzöge, nicht zuletzt auf Grund der politischen Entwicklung in Bayern und in Deutschland, öffentlich versteigert. Auf diesem Weg gelangte er in den Besitz der Schloßbrauerei Stein AG, wodurch die alte Besitzverbindung aus der Zeit der kaiserlichen Witwe Dona Amalia – freilich erheblich verringert – wiederhergestellt war. Die Klostergebäude wurden in der Folgezeit bis 1945 als SA-Schule, Arbeitsdienstlager und zuletzt als Lazarett genutzt mit bereits entsprechenden Um- und Einbauten. Nach dem Krieg wurde das Kloster Seeon als Lager für Heimatvertriebene (»Sudetenheimstätte«) und als Arbeitsbeschaffungsmaßnahme eine Zeitlang für eine Polstermöbelfabrik genutzt, die ca. 100 Personen beschäftigte.
1953 kaufte die Familie Hirschfeld aus Heidelberg das ehemalige Kloster samt See, richtete darin ein Hotel mit Gastwirtschaft ein, verpachtete 1958 einen Teil der Gebäude an den Bundesgrenzschutz für Schulungszwecke, die später als Standort für eine Hundertschaft der bayerischen Bereitschaftspolizei übernommen wurden. So konnte nicht ausbleiben, daß der häufige Besitzerwechsel und die für die Nutzung der letztgenannten Pächter notwendigen Ein- und Umbauten dem Kloster im Laufe dieser Jahrzehnte weit mehr geschadet als genützt haben, auch wenn dabei durch Instandsetzung und Erhaltung der Gebäude und Dachungen größere Schäden vermieden werden konnten. 1979 erwarb die Erzdiözese München und Freising auf dem Kaufweg den gesamten Komplex, ausgenommen die nach wie vor im Staatsbesitz befindliche ehemalige Klosterkirche mit Kreuzgang und Nebenräumen. 1986 ging Kloster Seeon endgültig in den Besitz des Bezirks Oberbayern über, der nun mit großem Kostenaufwand und unter der Aufsicht des Landesamts für Denkmalpflege die Gebäude für ein modernes und leistungsfähiges Bildungszentrum um- und ausbaute.

2. *Die ehemalige Klosterkirche und ihre Nebenräume*

Nach der Aufhebung des Klosters 1803 wurde die bisherige Klosterkirche zur Pfarrkirche erklärt und ihr als Nebenräume die Sakristei mit dem darüberliegenden ehemaligen Mönchschor, der Kapitelsaal mit der darüberliegenden Schatzkammer, der Kreuzgang sowie die mit der Vorhalle verbundene Kapelle St. Barbara an der Nordseite und die ehemalige St.-Michaels-Kapelle, über der Vorhalle bzw. hinter der Orgelempore nach Westen gelegen, zugeordnet. Bis zur Mitte des 19. Jahrhunderts blieb die Inneneinrichtung der ehemaligen Kloster- und nunmehrigen Pfarrkirche unangetastet, lediglich das seit Abt Honorat im Mittelgang der Kirche stehende Stifterhochgrab wurde 1818 in die südwestliche Ecke der Kirche, rechts vom Haupteingang, versetzt. Erst unter Pfarrer Johann Georg Kayser erfolgten die ersten massiven Eingriffe. Dem Zug der Zeit und dem vorgegebenen Raum entsprechend strebte er eine Regotisierung der Kirche an. In den Jahren 1852/

53 wurden sämtliche Altäre aus dem 17. und 18. Jahrhundert sowie die Kanzel und das Kirchengestühl entfernt und durch eine neugotische Einrichtung ersetzt. Die Entwürfe dafür lieferte die königliche Bauinspektion in Bad Reichenhall. Die drei neuen Altäre fertigte zum Preis von 1950 fl (einschließlich Verpackung und Transport) Bildhauer Johann Petz, München.[58] Vor der Aufstellung der Altäre wurde die Kirche durch Maurermeister Benno Reiner aus Trostberg (1853/54) verputzt und geweißt. Ganz im Geiste dieser neugotischen Umgestaltung wurde in der Osterwoche 1856 das Stiftergrabmal von der Kirche in die Barbarakapelle versetzt. Bei der Öffnung fanden sich in ihm noch vier Schädel.[59] 1861 mußte die Scharschindeldeckung der Kirche ausgebessert werden, ebenso auf der Kirche in Breuhausen.

Unter Pfarrer Johann Baptist Fischer wurde 1873 die noch vorhandene Klostermauer auf der Nordseite der Kirche aus Back- und Bruchsteinen abgebrochen und durch einen Zaun ersetzt, ebenso entfernte man das Holztürmchen über dem ehemaligen Betchor der Mönche südöstlich der Kirche. Im gleichen Jahr mußte auch die Scharschindeldeckung der Turmkuppeln und des Kirchendaches ausgebessert werden; außerdem wurde der Kreuzganghof, der mit Gras und Strauchwerk überwuchert war, planiert und mit Rieseln bedeckt. Die größte Sorge bereitete das nördliche Oratorium neben der Orgelempore, das sich gesenkt hatte und für weitere Benutzung gesperrt worden war. 1877 reichte Johann Träxl, Maurermeister aus Altenmarkt, einen Kostenvoranschlag über das Verputzen der Türme mit Zementmörtel und das Streichen mit Steinfarbenton ein (Kosten 615 Mark). In den Jahren 1878/79 gab es – wie bereits erwähnt – mehrere Auseinandersetzungen bzw. Klärungen der Eigentumsverhältnisse zwischen dem herzoglichen Haus Leuchtenberg und dem Staat. Ferner ersuchte die Herzogliche Verwaltung, »daß der Brunnen im Kreuzhof wegen seinem bekannt guten Wasser auch ferner von der Gutsverwaltung evtl. Badewirthschaft wie bisher benutzt werden darf, wogegen dieselbe gern die nötigen Reperaturen an diesem Brunnen übernimmt«.[60] 1881 bestanden ernsthafte Pläne, die wertvollen Grabsteine aus Seeon in das Nationalmuseum nach München bringen zu lassen. Im gleichen Jahr wurde der Kreuzhof tiefer und trocken gelegt. Bei der Neupflasterung des Kreuzganges mit Zementsteinen an Stelle des bisherigen Ziegelpflasters, wurden die im Boden liegenden zwölf Grabsteine gehoben und in die Wand eingemauert. Die beiden Laiminger-Grabsteine waren schon unter Abt Honorat Kolb (1634–1652) aus der Marienkapelle in den Ostflügel des Kreuzganges transferiert und in die Ost- bzw. Westwand eingesetzt worden. 1884 ließ Pfarrer Simon Seybold den Barockaltar aus der Barbarakapelle entfernen und richtete dafür an dieser Stelle eine Lourdeskapelle ein, einschließlich einer zu diesem Zweck notwendigen »plätschernden Quelle«.

Im Rahmen der Inventarisierung der Kunstdenkmäler Bayerns wurde 1899 die ehemalige Klosterkirche in Seeon baugeschichtlich durch Konservator Georg Hager untersucht und dabei durch Freilegung einiger Pfeiler die Entdeckung einer romanischen Säulenbasilika gemacht.[61]

Im Zuge der unter Pfarrer Jakob Resch eingesetzten Renovierung in den Jahren 1907–1911 stieß man unter der dicken Kalktünche auf die alte Ausmalung des 16. bzw. 17. Jahrhunderts, die sodann von dem Münchner Restaurator Karl Throll unter Oberleitung des Bayerischen Generalkonservatoriums (Prof. Haggenmiller) freigelegt, ausgebessert und restauriert wurde. »Das durch die Neugotisierung zuvor leer und nüchtern wirkende Kircheninnere bietet nun im Gewand der Spätrenaissance ein interessantes Farbenspiel von feiner Gesamtstimmung«.[62] 1917 wurden die Türme in gelblichem

Ockerton getüncht (Maler Schausbreitner, Eggstätt). Zur 500-Jahr-Feier der Kirchweihe (1433/1933) ließ Pfarrer Alois Rauscheder Hochaltar und Kanzel erneuern und übernahm die Muttergottes mit Kind
147 aus der Pavoldinger Kapelle (um 1400) und die sogenannte Leinberger-Madonna (um 1525) aus der Feld-
155 kapelle bei Schachen in die Pfarrkirche. Nach dem Krieg ließ der gleiche Pfarrer den jetzigen Kastenhochaltar anfertigen und setzte darin eine Kopie der
153 Seeoner Muttergottes im Nationalmuseum München ein, seitlich die barocken Figuren der Hl. Benedikt und Scholastika. Die Bekrönung mit dem hl. Lampert und der seligen Irmengard schuf der Bildhauer Kaspar Ruppert aus Hammelburg († 1948). Außerdem wurde eine neue Steinkanzel gebaut und aus den beiden Grabdenkmälern für die Äbte Honorat Kolb (links) und Sigismund Dullinger (rechts), seit dem 18. Jahrhundert im Kapitelsaal aufgestellt, zwei neue Seitenaltäre geschaffen. 1960 und besonders von 1966–1969 fanden umfangreiche Renovierungsmaßnahmen an Kirche und Kreuzganganlage statt, durchgeführt vom Landbauamt Traunstein in Zusammenarbeit mit dem Bayerischen Landesamt für Denkmalpflege, und neuerdings (1990ff.) Verfestigung und Restaurierung aller Deckenfresken durch das Baureferat der Erzdiözese München und Freising zusammen mit dem Pfarramt Seeon. Mögliche und notwendige Veränderungen der Inneneinrichtung stehen noch aus (Stand vom Sommer 1992).

3. Der Pfarrhof und die Schule

Im Zusammenhang mit der Säkularisation wurde das Salzburger Archidiakonat Baumburg aufgelöst und die Pfarrei Seeon dem neugebildeten Dekanat Höslwang zugeordnet. Nach wie vor war aber das Salzburger Konsistorium für alle personellen und kirchenrechtlichen Fragen zuständig. Erst 1808 mußten das Bistum Chiemsee und die Gebiete der salzburgischen Archidiakonate Baumburg, Chiemsee und Gars der Jurisdiktion des Freisinger Bistums unterstellt werden. Von da an war das Freisinger Generalvikariat für die Pfarrei Seeon zuständig, auch in Bau- und Kunstfragen. Durch das Konkordat von 1817 vorbereitet, wurde 1818 und endgültig 1821 das Jurisdiktionsgebiet des neugegründeten Erzbistums München und Freising festgelegt. Der erste Erzbischof hieß Lothar Anselm Freiherr von Gebsattel (1821–1846). Bis zum Jahre 1821 hatte der Regensburger Weihbischof Dr. Johann Nepomuk von Wolf alle Konsekrationen, Weihen und Firmungen im Bistum Freising durchgeführt.

In Seeon versorgte der ehemalige Pfarrvikar, P. Bonifatius Riedhammer, ab 1803 – zusammen mit vier älteren Mitbrüdern als Kommoranten – die Pfarrei provisorisch als Pfarrvikar weiter, bis sie ihm 1807 definitiv übertragen wurde. Der Plan, den Pfarrhof und die Schule im sogenannten Kapuzinerstock und damit im Bereich des ehemaligen Klosters auf der Insel einzurichten, zerschlug sich aus mehreren Gründen. So wurde das ehemalige Hofrichterhaus, westlich von St. Walburg, für diese Zwecke bestimmt und dafür eingerichtet. Dieses Gebäude bestand aus der Wohnung und den Amtsräumen für den Hofrichter im Erd- und Obergeschoß, zwei gewölbten Pferdestallungen und dem darüberliegenden Getreidekasten. Nördlich und nordwestlich lag der in der Barockzeit angelegte Abtgarten mit dem Sommerhaus. 1835 wurden bereits Umbauten vorgenommen; das Lehrerzimmer und die Schulstube waren im Erdgeschoß neben dem Stall eingerichtet, der Pfarrer wohnte zusammen mit dem »Koperator« und der Köchin im Erd- und Obergeschoß auf der Ostseite des Gebäudes. Der Stall mußte bleiben, da die Seelsorge auch Pferde benötigte.

1841 ließ die »königliche Bauinspection« Reichenhall (Baron von Waldenfels) durch den Landgerichtsmaurermeister Benno Reiner von Trostberg den Getreidekasten im Obergeschoß für die Schule und die Wohnung des Lehrers ausbauen, die frei gewordenen Räume im Erdgeschoß wurden für Pfarrzwecke freigegeben. Stall und Heulage im Westen blieben bestehen. Ähnliche Um- und Ausbauten einschließlich eines Waschhauses im Garten geschahen noch einmal im Jahre 1876.[63] Mit dem Auszug der Schule wurde der Weg frei für die gesamte Erneuerung des Gebäudes als Pfarrhof (1896), einschließlich der Verwaltungsräume und Zimmer für Kooperatoren und Haushälterin. Zugleich wurde der westliche Teil abgebrochen und lediglich der ebenerdige Stall zur Holzlege umfunktioniert. Die ursprüngliche Länge des Gebäudes mit 47 m schmolz nun auf 27,30 m zusammen (Anbau Holzlege 7 m). Das neue Gebäude wurde nun auch statt mit Scharschindeln mit Faltziegeln eingedeckt. Weitere Veränderungen jeweils durch Modernisierungen und Ausbau des Wohnkomforts meist im Zusammenhang mit dem Pfründewechsel (1950 Pfarrer Rauscheder/Pfarrer Ferstl; 1976 Pfarrer Ferstl/Pfarrer Glasl). Auch heute noch läßt sich im verkleinerten Gebäude das Repräsentative des ehemaligen Hofrichterhauses unschwer ablesen, einschließlich der umliegenden Gärten für den Abt von Seeon.

4. *Maria Eck, Kloster und Kirche*

Mit der Aufhebung des Klosters Seeon durch die Säkularisation (1803) wurden auch die Wallfahrtskirche Maria Eck – nicht zuletzt auch im Zielfeld der Aufklärung der Zeit – sofort geschlossen und sämtliche Güter zur Versteigerung ausgeschrieben. Nach vielen vergeblichen Versuchen über Jahre hinweg steigerte Felix Obermaier, Brauer in Traunstein, 1810 um 6000 fl sämtliche Realitäten des ehemaligen Klosters in Maria Eck, ausgenommen die Kirche. Dazu zählten das Wirtshaus, das Mesnerhaus, der Wallfahrtsstadel, das Mittereckerhaus, das Herrenhaus in Vordereck, die Ökonomiegebäude und die »Hinterecker Gäm«.

Um die Kirche wurde hart gerungen, so 1804 und 1806; einmal wurde sie auch der Traunsteiner Saline zum Abbruch und Verwendung des Steinmaterials überlassen. Dies lehnte die dortige Verwaltung aber ab. 1811 wurde die Versteigerung angeordnet, 1812 zum zweiten Mal und am 25. Mai dieses Jahres die Kirche um 151 fl, die große Kapelle um 11 fl, die kleinere um 30 Kreuzer losgeschlagen. Unmittelbar darauf, am 29. Mai 1812, mußte durch eine ministerielle Entschließung die Versteigerung zurückgenommen werden. 1813 erreichten die sogenannten Garantiegemeinden (Siegsdorf, Bergen, Vachendorf, Ruhpolding und Inzell), daß die Kirche wieder geöffnet wurde, nachdem sie sich verpflichtet hatten, in Zukunft für die Kirche und die Wallfahrt nach Maria Eck zu sorgen. Geistliche aus dem Diözesanklerus betreuten dann die Wallfahrt als Kuraten in der Zeit von 1841–1891, in welchem Jahr die Minoriten, durch das unvergessene Bemühen und den großen persönlichen Einsatz von Benefiziat Lorenz Totnan Seehuber von Marwang, Kloster und Kirche übernahmen. 1890 hatte Seehuber den durch Zu- und Abgänge stark veränderten und auf 246 Tagwerk reduzierten Besitz samt den wichtigsten Gebäuden um 85000 Mark erworben. Die Gelder stammten aus dem Verkauf des gesamten Klosterbesitzes der Minoriten in Linz am Rhein (Diözese Trier), dessen Konvent P. Totnan Seehuber bis 1874 angehörte. Seit 1891 wirken nun die Minoriten segensreich in Maria Eck und führen so die alte Seeoner Klostertradition weiter, in Kirche und Wirtshaus, zum Heil für Leib und Seele.[64]

Zusammenfassung

Die Bau- und Kunstgeschichte Seeons hat – wie die Geschichte des Klosters und seines Konventes selbst – ihre Blütezeiten und ihre Tiefen. Ist das 11. Jahrhundert gekennzeichnet durch die großartige Schreibschule, die später offenbar kurzfristig durch eine hohe Holzschnitzkunst abgelöst und weitergeführt wurde, so ragt vor allem das 12. und 15. Jahrhundert durch eine große Bautätigkeit in Kirche und Kloster heraus, Hand in Hand gehend mit der Ausdehnung der Seelsorge in die Umgebung des Klosters einschließlich der Übernahme der Pfarrei Obing mit ihren Filialen und (später) der Pfarrei Lauterbach bei Mühldorf. Besitz in Tirol und Weingüter in der Wachau stärkten zugleich die Wirtschaftskraft der Benediktiner auf der Insel. Der große Brand im 16. Jahrhundert und der geistige Aufbruch der »Gegenreformation« seit dem frühen 17. Jahrhundert führten unter den bedeutenden Äbten Dullinger und Kolb zu den größten Ausstattungs- und Baumaßnahmen in der Geschichte des Klosters, nicht nur auf der Insel, sondern auch in vielen Filialkirchen. Zielstrebig setzten die Äbte des 18. Jahrhunderts diese Entwicklung fort, besonders in der Mitte dieses Jahrhunderts zog das Rokoko in Kirche und Kloster ein, von der Musik Michael Haydns und der Mozarts begleitet und weitergeführt. Der radikale Bruch der Säkularisation zerstreute besonders das bewegliche Kunst- und Kulturgut in alle Winde und veränderte das Kloster selbst durch verschiedene Nutzungen der häufig wechselnden Besitzer bis in unsere Tage. Gebe Gott, daß diese Odyssee mit der kommenden Nutzung ein Ende findet und Tradition Vorrang hat.

1 Über das Geschlecht der Aribonen siehe den Beitrag von Heinz Dopsch in diesem Band und seine grundlegende Arbeit: Die Aribonen. Ein führendes Adelsgeschlecht in Bayern und Kärnten während des Hochmittelalters, 1968 (ebenfalls mit ausführlichen Stammtafeln).

2 Auch Georg Hager hat bei seiner Untersuchung der Bausubstanz der Türme im Zusammenhang mit der Inventarisierung der Kunstdenkmäler Bayerns 1899 bereits die Möglichkeit der Erbauung in der frühromanischen Periode des 11. Jahrhunderts angedeutet, wenn er auch noch ohne die Erkenntnisse aus der letzten gründlichen Restaurierung von 1966–1969 die beiden Türme in die gleiche Bauperiode einreiht. Vgl. Kunstdenkmale VI. Teil, 1902, S. 1835ff.

3 Erste urkundliche Erwähnung der Michaelskapelle 1297.

4 Kunstdenkmale, S. 1838ff.

5 Erste urkundliche Erwähnung der Marienkapelle 1359.

6 Helmut Scholz, Das Kloster Seeon, Baugeschichtliche Untersuchung mit Rekonstruktionsversuchen Bd. I Text, Bd. II Abbildungen, 1971. – Abb. Nr. 24–30, 45.

7 Heinz Dopsch, Geschichte Salzburgs Bd. I, I. Teil 1981, S. 309, 327f.

8 Kirchenführer Hl. Kreuz/Forstenried, Schnell & Steiner Nr. 542, ^{2}1970, S. 2f. Gegen diese traditionelle Zuweisung des Forstenrieder Kreuzes nach Seeon macht allerdings jetzt das Haus der Bayerischen Geschichte Bedenken geltend.

9 Ebda. S. 10 und Michael Hartig, Die obb. Stifte Bd. I, 1935, S. 34.

10 Am 13. November 1288 erteilen Erzbischof Rudolf von Salzburg und die Bischöfe von Regensburg, Freising, Chiemsee und Lavant einen Ablaß für den Katharinenaltar in Seeon. – Engelbert Wallner, Das Bistum Chiemsee im Mittelalter, 1967, S. 157, Nr. 77.

11 Hans Puchta, Zur Stellung des Hans von Burghausen in der Entwicklung der spätgotischen Gewölbe Süddeutschlands, in: Ars Bavarica Bd. 35/36, 1984, S. 77f. und Volker Liedke, Burghauser Steinmetzen und Maurer der Spätgotik, I. Die Baumeisterfamilie Pürkl, in: Ars Bavarica Bd. 43/44, 1986, S. 99f.

12 So in: Kunstdenkmale, S. 1704ff. besonders die Zuschreibungen von Schnaitsee (S. 1826f.) und Diepoldsberg (S. 1744) und in: Dehio, Bayern IV. München und Obb., 1990, die Zuschreibungen von Burghausen, St. Jakob (S. 154), von Diepoldsberg (S. 185) und von Ischl (S. 503).

13 1411 stiftet Kunigunde v. Schönstett, die Witwe des Erasmus II. v. Laimingen († 1406), einen Jahrtag und ein ewiges Licht in die Kapelle. – 1412 erteilt Papst Johannes XXIII. einen Ablaßbrief, in dem es heißt: »... capella in honorem et sub vocabulo beatae Mariae virginis in ambitu monasterii in Sewn ... de novo erecta et constructa«.

14 Bayer. Nationalmuseum München, Führer durch die Schausammlung, [41]1983, S. 24 m. Abb.

15 Hartig s. Anm. 9, S. 34 – Wallner, s. Anm. 10, S. 186ff., Nr. 161–164.

16 Kunstdenkmale, S. 1831; davon abhängig Kirchenführer Schnell & Steiner Nr. 91, [9]1980 S. 3 oder auch Dehio, Bayern IV. 1990, S. 551 u. a. m.

17 Wallner, Bistum Chiemsee, S. 210, Nr. 205; genannt werden die Altäre des hl. Petrus, Stephanus, Benedictus, Johannes d. T. und Apostel, Gregor und des hl. Kreuzes sowie des heiligen Michael und der heiligen Magdalena je in einer eigenen Kapelle.

18 Wie Anmerkung 14, S. 23.

19 Dieter Großmann, Der Meister von Seeon, in: Marburger Jahrbuch Die Kunstwissenschaft, Bd. 19, 1974.

20 Hartig, s. Anm. 9, S. 35.

21 AEM, Deutingeriana 314.

22 Die Literatur über dieses Thema ist uneinheitlich und widersprüchlich, zum Teil – wie sehr oft im Fall Seeon – voneinander abhängig. Die Kunstdenkmäler v. Obb. (1902) kennen das Problem nicht, da die Malereien um diese Zeit noch nicht freigelegt waren. Doll, Zeitgenosse der Entdeckung der Fresken, läßt sie nur unter Abt Sigismund entstehen (S. 51f.), der Kirchenführer von Ferstl/Stadler legt die Ausmalung in das 16. Jahrhundert (S. 3 und 7f.) und – weil davon abhängig – Dehio, Obb. (S. 551f.) ebenso. Das Handbuch der Historischen Stätten VII., Bayern, schreibt nur von der Freskierung der Kirchendecke (S. 694). Vielleicht gibt die jüngste Renovierung hier noch mehr Aufschluß. Möglicherweise sind es sogar drei Malschichten, da die Ikonographie der Hochschiffwände in keiner Weise einem einheitlichen Programm zuzuordnen ist, besonders durch die Einfügung der Ortsheiligen Lambert und Benedikt und des Stifterehepaares mitten im Leben Jesu.

23 Hermann Hörger, Die obb. Benediktinerabteien in der Herrschaftswelt, Gesellschaft und geistig-religiösen Bewegung des 17. Jahrhunderts, 1971, S. 222.

24 Alois Mitterwieser, Die Stift Seeoner Rosenkranzbruderschaft im 17. Jahrhundert, in: StMBO Bd. 41.

25 Kunstdenkmale. S. 1806f. mit Grundrissen und Zitat der Bauinschrift von Abt Dullinger! Außenansicht bei Johann Faistenauer, Closster Seeon 1636, Bayer. Staatsbibliothek, clm 1459a, Blatt 5.

26 Josef Hemmerle, S. 287; Veneranda Wiest, S. 1.

27 BHStA KL Seeon Fasc. 2. – Hartmut Zückert, Die sozialen Grundlagen der Barockkultur in Süddeutschland, 1988, S. 168ff.

28 Johann Faistenauer, Zeichnungen beigefügt der Klosterchronik von Honorat Kolb von 1644, II. Teil. Bayer. Staatsbibliothek clm 1459a. In diesem Zusammenhang muß auch noch auf die Abb. bei Carl Stengel, Monasteriologia, 1619, und Carl Stengel, Seeon, 1620, hingewiesen werden, die eine gute Ansicht des Klosters zur Zeit des Abtes Sigmund Dullinger vermitteln.

29 Gabriele Dischinger, Zeichnungen zu kirchlichen Bauten bis 1803 im Bayerischen Hauptstaatsarchiv Bd. I S. 228ff. Bd. II S. 146ff.

30 Wiest, S. 35f. – BHStA KL Seeon Nr. 2 Inventar 1653; Bayer. Staatsbibliothek, clm 1459, 461.

31 Claus Zoege v. Manteuffel, Die Bildhauerfamilie Zürn 1606–1666. Bd. 2, Weißenhorn (Anton H. Konrad Verlag), 1969, S. 337–40, 397, 419, 484.

32 Abb. b. Dischinger, Tafelband S. 147 Nr. 561.

33 Mehrere Entwürfe für diese Altäre bei Dischinger, Textband S. 235 Nr. 577–80, Tafelband S. 151, wobei die zeitliche Einordnung in die 2. Hälfte des 17. Jahrhunderts bzw. das letzte Viertel nicht dem archivalischen Befund entspricht, nach dem Abt Honorat eindeutig den Nikolaus- und Barbaraaltar (s. die Toteninsignien auf diesem Entwurf!) um 1646 errichten ließ.

34 Dischinger, Textband S. 125f. Nr. 298f. Tafelband S. 79.

35 AEM, Deutingeriana Seeon A 313 mit umfänglichem Material, auch Abschriften von Urkunden, für die Jahre 1639–41.

36 Gerda Maier-Kren, Die bayerischen Barockprälaten und ihre Kirchen, in: Beiträge zur Geschichte des Bistums Regensburg Bd. 3, 1969, S. 244.

37 BHStA München, Seeon KL Fasc. 676/16.

38 AEM, Deutingeriana 314/2 Seeon.

39 Ebenda.

40 Ebenda 314/6; BHStA KL Seeon Fasc. 676.

41 Bayer. Staatsbibliothek, clm 1459, S. 9v.

42 Walter Brugger, Seeon, 1991, S. 32.
43 Archiv des Herzoglichen Georgianums München, Seeon, Rechnung 1687, S. 49v.
44 Wegen der Originalität sei die Inschrift (in Übersetzung) wiedergegeben: »Der Meierhof bin ich, und wenn du den Aufwand betrachtest, kein billiger. Erbaut wurde ich von den hochwürdigsten, wohlverdienten Äbten Marian im Jahre 1697 und Columban im Jahre 1702. – Jedem von beiden weiß ich mich zur Hälfte, Gott aber weiß ich mich ganz verpflichtet dafür, daß ich auf neuem Baugrund festgefügt dastehe zum Nutzen und zur Freude für dich, seiest du Hausangehöriger oder Gast. Denn alles, was in mir ist, lebt und stirbt für dich. – Wohlan, der Knecht ruft dich, damit du nicht angesichts der Meierei die Mahlzeit versäumst. Denn mein Anblick macht nur dann Freude, wenn es erlaubt ist, auch Gebrauch von mir zu machen.« Den lateinischen Originaltext s. bei H. Wittmann in diesem Band.
45 Bayer. Nationalmuseum, Bibl. 3688, Bl. 4 u. 5.
46 Die originelle Bauinschrift lautet (in Übersetzung): »Für das Wohl und die Verschönerung dieses Klosters Seeon vorausschauend sorgend, hat diesen Bierkeller von Grund auf erbaut und sich damit ein Denkmal gesetzt der denkwürdige Abt Rufinus in Seeon im ersten Jahr seiner Regierung, aber auf die Regierung Christi bezogen im Jahr 1727.« Den lateinischen Originaltext s. bei H. Wittmann in diesem Band.
47 Peter v. Bomhard, Die Kunstdenkmäler der Stadt und des Landkreises Rosenheim III. Teil S. 258 u. 281.
48 Die (übersetzte) Bauinschrift lautet: »Um die Gegenwart väterlich besorgt, für die Zukunft aufmerksam vorsorgend, hat diesen Getreidekasten errichtet und von Grund auf erbaut im sechsten Jahr seiner eigenen Regierung, auf die Regierung Christi bezogen im Jahr 1732, Rufinus, Abt in Seeon.« Den lateinischen Originaltext s. bei H. Wittmann in diesem Band.
49 Stiftsarchiv St. Peter Hs. A 65 S. 9ff.
50 Original an der Nordwand der Kapelle.
51 BHStA KL Fasc. 687 C.
52 BHStA KL Lit 2.
53 Edmund Wessing, Der Wallfahrtsort Maria Eck, 1975, S. 19 m. Anm. 25.
54 Haderstorfer 1967, S. 113ff. Haderstorfer bietet in seiner Arbeit die gediegenste Untersuchung über alle Vorgänge in den beiden Stiften in der Zeit der Säkularisation und darüber hinaus, hauptsächlich in sozialer und wirtschaftlicher Hinsicht.
55 Drouin 1835, passim, u. H.-J. Schubert in diesem Band.
56 Siegert 1856, S. 192.
57 Landbauamt Traunstein, Akten, Pfarrkirche Seeon betreffend.
58 Georg Brenninger, Der Historismus in Kirchenbau und Kirchenausstattung Niederbayerns, 1990, Bd. I S. 145. – Johann Petz (1818–86) arbeitete von 1855–66 besonders für die Stadtpfarrkirche, die Spital- und Maria-Hilf-Kirche in Vilsbiburg.
59 Siegert 1856, S. 161.
60 Landbauamt Traunstein, Akten, Pfarrkirche Seeon betreffend.
61 Kunstdenkmale, S. 1838ff. – Heute ist noch im dritten Pfeiler der Nordreihe – von Osten her gezählt – die ummauerte Säule nach der Freilegung von 1899 zu sehen, samt Kapitell.
62 Alte Ausmalung der Kirche in Seeon, in »Die christliche Kunst« Bd. 11, 1914/15, S. 182–84.
63 Pläne von 1841 und 1876 im Landbauamt Traunstein, Akten Seeon.
64 Kloster Maria Eck, 100 Jahre Franziskaner-Minoriten (1891–1991), 1991.

170 Dem Kloster einst inkorporiert: Albertaich St. Jacobus minor, Filiale von Obing. Ausstattung: Altäre von 1672

Helm

171/172 Breuhausen Wallfahrtskirche
Neubau unter Abt Georg Neunhauser, 1536 geweiht. Altarausstattung von 1706

173/174 Ischl Kapelle St. Martin
Unter Abt Erhard II. Farcher wohl von Oswald Pürkel um 1435 erbaut. Ausstattung von 1651

175/176
Diepoldsberg St. Ägidius
Filiale von Obing.
Unter Erhard II. Farcher
um 1430 erbaut.
Ausstattung von 1650

177 Pittenhart Pfarrkirche St. Nikolaus
178 Niederseeon (Seeon-Dorf) St. Ägidius. Um 1430/40 wohl von Oswald Pürkel, 1686 neu geweiht

*179–182
(nebenstehend und
vorhergehende Seiten):
Obing Pfarrkirche
St. Laurentius, geweiht
1491, ausgestattet vom
»Meister von Rabenden«,
im 19. Jahrhundert
regotisiert. Im Hochaltar:
Muttergottes,
St. Laurentius,
St. Jacobus maior*

Hans Pörnbacher

Die schönste Kunst im Schreiben

Literaten und Literaturpflege in Seeon von 1600 bis 1800

I
Literatur im Kloster der Barockzeit

Klöster als Literaturorte sind im alten Bayern, das heißt im Bayern bis zum Ende des Alten Reiches oder bis zur Säkularisation, nicht ungewöhnlich, aber auch nicht selbstverständlich.[1] Unangefochten war eher die Wissenschaftspflege, vor allem die der Theologie, und später dann über den Schulbetrieb hinaus die Naturwissenschaften. Wie sehr die Wissenschaft in der Barockzeit zum klösterlichen Alltag gehörte, drückt der geistreiche Barockprediger Abraham a Sancta Clara auf ebenso originelle wie plastische Weise aus, wenn er sagt: »... vermög Göttlicher Schrifft haben die Archen des Herrn zweye Kühe gezogen. Ein Archen Gottes ist ein jede H. Religion [Orden]; die zway Kühe, so dieselbe fortbringen seynd Frombkeit und Wissenschaft.«[2] Frömmigkeit und Wissenschaft, diese beiden Motoren klösterlichen Lebens werden, ähnlich wie das Kunstschaffen oder die Musikpflege, von der heutigen Geschichtsschreibung auch bereitwillig zur Kenntnis genommen, während die Literatur im engeren Sinne des Wortes noch oft übersehen wird.[3]

Hier sollen Beispiele aus dem literarischen Leben Seeons im 17. und 18. Jahrhundert vorgestellt werden. In dieser Abtei gedeiht, wie in vielen anderen Prälatenklöstern des deutschen Südens, die verschiedenartigste Literatur, von der Chronistik bis zur Lieddichtung, vom Erbauungsbuch und der Predigt bis zum Drama, und wenn auch weltliche Erzählung, wie der Roman, und weltliche Lyrik fast ganz fehlen, so bleibt doch eine Vielfalt, die Respekt, ja Bewunderung verdient. Seeon gehört nicht zu den größeren Abteien des Landes wie Benediktbeuern und Tegernsee; mit fünfzehn bis zu dreißig Mönchen im 17. Jahrhundert ist seine Belegschaft eher bescheiden zu nennen, erreicht allerdings mit etwa dreißig Mönchen die »Durchschnittsbelegung« altbayerischer Prälatenklöster.

Die Predigt als literarische Gattung bedarf noch einer erklärenden Bemerkung, denn sie ist in der Barockzeit ein rhetorisches Meisterwerk unter Zuhilfenahme vieler literarischer Gattungen und Zitate, so von Schriftwort und »Predigtmärlein« in Form von Legende und Sage, Geschichtserzählung und Anekdote, von Merkversen und Gedichteinlagen, Epigrammen und Wortspielen, gelehrten Zitaten aus den Schriften der antiken Philosophen oder den Büchern der christlichen Väter.[4]

Wir haben keine genaue Vorstellung von dieser literarischen Welt der Barockzeit in Bayern. Vieles ist verloren, das Ganze noch wenig erforscht. In diesem Beitrag über Seeon sollen drei Beispiele aus dem 17. und ein kurzer Ausblick auf das 18. Jahrhundert genügen: Honorat Kolb, Abt des Klosters von 1634 bis 1653, als Vertreter der Prosa, Pater Johannes Werlin, im Zusammenhang dieses Themas als Anwalt des Liedes und als Lyriker, und schließlich Pater Oddo Guzinger, der erste von den acht Dramatikern Seeons in Salzburg.

II
Abt Honorat Kolb, seine Schriften und seine Verdienste um Literatur und Bildung in Seeon

Abt Honorat (* 16. Januar 1603 in München, † 13. Mai 1670 in Maria Eck)[5] braucht hier nicht ausführlich vorgestellt zu werden, er gehört zu den wichtigsten Gestalten in Seeons Geschichte. Diese faszinierende Persönlichkeit ist typisch für das geistliche Bayern im 17. Jahrhundert: Johannes (so sein Taufnahme) Kolbs Vater war ein einfacher Taglöhner – *tag Wercher* –, aber das begabte Kind fand in Rudolf di Lasso, Sohn des berühmten Musikers Orlando, einen Gönner, so daß er das Münchner Jesuitengymnasium unter dem tüchtigen Rektor P. Jakob Keller[6] – der nicht weniger angesehene Rader[7] hatte sich eben verabschiedet – besuchen konnte, eine große Chance für den begabten Buben. Im Herbst 1623 tritt Johannes Kolb in Seeon ein und begegnet schon im Noviziat dem feinsinnigen und zuverlässigen Pater Johannes Werlin, der ihm während seiner ganzen Klosterzeit ein treuer Begleiter und Beistand sein wird. Der junge Kleriker studiert in Ingolstadt, wo er sich auszeichnet und deshalb von seinem Abt besonders gefördert wird. Gymnasium bei den Jesuiten in München, Studium bei den Jesuiten in Ingolstadt – das ist damals keine Seltenheit und macht deutlich, wie nachhaltig jesuitischer Einfluß auf die Prälatenklöster war, durchaus zum Vorteil der Klöster, ja des kirchlichen Lebens überhaupt.[8] Nach Studium und Priesterweihe ernennt ihn der Abt bereits 1631 zum Subprior, drei Jahre später, am 1. Januar 1634, zum Prior, und am 13. Dezember des gleichen Jahres wählt die Kommunität den kaum Zweiunddreißigjährigen zum Abt. Ein rascher Aufstieg, der für die geistigen und geistlichen Qualitäten des Gewählten spricht. Seine Regierungszeit mitten im Dreißigjährigen Krieg war schwer genug, und zum Kampf gegen Hunger und Pest kam die Aufbauarbeit im Kloster, die Pflege der Wallfahrt von Maria Eck, kamen politische Aufgaben in der »Bayerischen Landschaft«, viel Mühe auch im Zusammenhang mit der Gründung der Kongregation der Benediktinerklöster in Bayern; Anstrengungen waren notwendig für die eigene Klosterschule und für die Universität des Ordens in Salzburg, und nicht zuletzt drückte die Sorge um das innere Leben im Kloster, um das »geistliche Gebäu«. Diese wenn auch noch so summarische Aufzählung vermag eine gewisse Vorstellung von der arbeitsmäßigen Belastung des Abtes zu geben. Wie konnte hier noch Zeit bleiben für literarische Arbeiten, Zeit zum Schreiben? Und doch hat sie Abt Honorat gefunden. Zunächst verbesserte er die Voraussetzungen für geistige Beschäftigung im Kloster. Erst 1561 war die Bibliothek in Seeon ein Opfer des Feuers geworden; bei seiner Resignation (am 30. Mai 1653) konnte der Abt immerhin wieder einen Bestand von ca. 6000 Büchern dem Kloster hinterlassen, darunter eine beachtliche Sammlung zeitgenössischer geistlicher Dichtung aus Bayern, eine Tatsache, die für unser Thema Beachtung verdient.[9] Abt Honorat war kein Poet, aber doch ein Mann der Feder. Er hat Diarien angelegt, eine Art Tagebücher, wie sie damals vielfach von den Klosteroberen geschrieben wurden,[10] ein Calendarium (1639) mit Aussprüchen aus der Regel des hl. Benedikt und mit Zitaten hl. Benediktiner; er hat viele Totenroteln[11] mit großer Sorgfalt verfaßt und nicht zuletzt ein

183 Gnadenbild der Muttergottes von Maria-Eck mit der Wallfahrtskapelle von 1626 und Wallfahrern aus allen Ständen, unter ihnen Abt Honorat Kolb. Stich von Johann Christoph Smischek (1635) (BHStA München, KL 681/24 1/2)

Mirakelbuch für die Seeoner Wallfahrt Maria Eck.[12] Wie sehr Abt Honorat historisch interessiert war, zeigen Inschriftensammlungen, die er anlegte, oder Aufzeichnungen alter Bräuche und alter Worte, aus denen er Schlüsse zog für die Geschichte seines Klosters, die er schließlich in einer umfangreichen Chronik unter Berücksichtigung originaler Urkunden aufgezeichnet hat.[13] Für das von ihm so sehr geliebte und aufmerksam gehegte Maria Eck, wo er nach der erzwungenen Resignation auf die Abtei seine Zeit als Wallfahrtspriester verbrachte, schrieb er in den Jahren 1638 bis 1640 eine Wallfahrtsgeschichte in lateinischer Sprache und 1660 eine kleine deutsche Abhandlung zum gleichen Thema. So war durch Abt Honorat in Seeon der Boden bereitet für die aufblühende Literatur des geistlichen Barock im deutschen Süden. Pater Johannes Werlin und Pater Oddo Guzinger sind die besten Beispiele dafür.

III
Pater Johannes Werlin und seine Liedersammlung

Pater Johannes Werlin[14] wurde am 24. Dezember 1588 in Landsberg geboren und fand, wie so manch anderer Lechrainer, damals den Weg in ein Kloster des Chiemgaus, man denke nur an die gleichzeitig im benachbarten Frauenwörth regierende Äbtissin Maria Magdalena Haidenbucherin aus Kaufering bei Landsberg.[15] Werlin ist älter als Abt Honorat; er war dem jungen Mönch ein fürsorglicher Freund, dem späteren Abt ein loyaler Mitstreiter. Umgekehrt hat Abt Honorat die Qualitäten von Pater Johannes anerkannt und geschätzt. Seine Schulzeit verbrachte der Landsberger Schneider-Sohn vor allem in Dießen und in Andechs, das Studium als Mönch von Seeon (seit 1610) absolvierte er in Salzburg. Der charakterlich ausgeglichene, ganz dem Dienst im Kloster hingegebene Mönch genoß Ansehen in seiner Gemeinschaft und wurde mit vielen Ämtern betraut und auch belastet: von 1619 bis 1624 war er Verwalter der Vorräte (granarius); von 1625 bis 1630 Prior; von 1635 bis 1638 Subprior; dann Verwalter in Attl, Beichtvater in Maria Eck, dazwischen Novizenmeister und Bibliothekar, Organist und Chorleiter. 1660 traf den Zweiundsiebzigjährigen ein Schlag und fesselte ihn, halbseitig gelähmt und im Sprechen stark behindert, ans Bett, bis ihn sechs Jahre später der Tod von seinen Leiden erlöste. Sein Interesse galt dem Lied als metrischem Gebilde und als musikalische Form. In der wenigen freien Zeit, die ihm verblieb, legte er eine umfangreiche Sammlung[16] von Liedmustern an mit dem Titel:

Rhitmo-|rum va-|rietas.
Typi, exempla, & modulati-|ones rhythmorum
Opera et studio
P. Joannis Werlini Ord. S. Benedicti
prof. in Seon.
1646.

Pater Johannes Werlin war, wie gesagt, immer bereit, im Kloster ein Amt zu übernehmen und gewissenhaft auszufüllen. Aber seine Liedersammlung, wenn dieses Werk hier verkürzt und nicht ganz angemessen so genannt werden darf, hat er über viele Jahre, ja vermutlich Jahrzehnte nicht aus den Augen verloren und erst spät in seinem Leben abschließen können. Es handelt sich immerhin um fast 3000 Liedmelodien (2946 sind es genau) aus gedruckten und handschriftlichen Quellen des 16. und 17. Jahrhunderts, die Werlin zu einer praktischen Poetik verarbeitet, zugleich um eine Melodiebildungslehre, die zu dieser Zeit ihresgleichen sucht, reich an phantasievollen Kompositionen, so daß diese Sammlung – abgesehen von ihrer musikalischen Bedeutung – einmal eine Art Poetik des bayerischen Literaturbarock darstellt, zum zweiten aber eine einzigartige Fundgrube von Liedtexten ist, die entweder nur hier überliefert sind, oder sonst aufschlußreiche Einsichten in die Texte und ihre Geschichte erlauben. Werlins Ordnungsprinzip ist die Verszahl und das rhythmische Schema der Texte. Bezeichnend aber für das Seeon unter Abt Honorat und zur Zeit von Pater Johannes ist die Tatsache, daß dieser bei seinem Projekt auf einen beachtlichen Reichtum von lyrischen Werken in der eigenen Klosterbibliothek zurückgreifen konnte, die er selbst in einem zu seinem Werk gehörenden Verzeichnis am Anfang des Registerbandes zusammengestellt hat.[17] Zu diesem Schatz gehörten auch Liedersammlungen von P. Johannes selbst, die jedoch verloren sind. Einige der genannten Titel bekannter Autoren seien hier angeführt: Johann Degens »Catholisches Gesangbuch« (Bamberg 1628); Gregor Corners »Groß Catholisches Gesangbuech« (Nürnberg 1631); mehrere Werke von Johannes Kuen, dem wichtigsten bayerischen Liederdichter des 17. Jahrhunderts in der Volkssprache,[18] so das »Vexillum patientiae oder Creutzfahnen« (München 1635), das »Epitalamium Marianum« (München 1638), die »Geistliche Turteltaub« (München 1639), die »Engelfreud« (1640), das »Mausoleum Salomonis« (1641), das »Convivium Marianum« (1644), ferner »Florilegium-Lustgarten«, »Rosetum-Blumenfeld«, »Diadema-Ehrenkron«, »Kleinodschrein«, »Todtentanz« und sein bekanntestes Werk »Tabernacula Pastorum« (München 1650); ferner gehören in diese Liste Procop von Templins »Mariae Hülff EhrenKräntzlein« (Passau 1642)[19]; Jacob Bidermanns »Himmelglögglein« [sic] (Neuburg 1625)[20] sowie Werke von Rader, Balde und Friedrich Spee

184 Maria Eck, Wallfahrtskirche auf dem Hochfelln bei Siegsdorf. Dreikonchenanlage, von Wolf König 1635/36 erbaut

185
Maria Eck, Wallfahrtskirche.
Gnadenbild auf dem
Hochaltar, wohl 1627,
mit Bildnis des Seeoner
Abtes Honorat Kolb
als Votant vor dem
Gnadenbild von Maria Eck

(»Trutz Nachtigall«). Unter Nr. 18 der Aufzählung führt P. Johannes ein Buch auf, das zur Übertragung der Reliquien des hl. Rogatus nach Seeon am 11. Oktober 1626 entstanden ist: »Christliches Lobgesang von dem H. Martyrer Rogato«. Dieses Lied hat Werlin vermutlich selbst verfaßt. So dürfen wir in ihm auch eine Art Hausdichter sehen, wie ihn jedes Kloster damals hatte,[21] und zugleich ein frühes Beispiel der Festliteratur für jene »Gay-Solemnitäten« (Anselm Manhart), die einen besonderen Reiz klösterlicher Literatur Bayerns im 17. und 18. Jahrhundert ausmachen,[22] Bayerns und natürlich auch Seeons speziell. Diese Buchtitel zeigen nicht zuletzt, wie gut Pater Johannes unterrichtet war. Auch das ist eine Beobachtung, die man bei Betrachtung dieser Literatur immer wieder machen wird: ihre Autoren sind nicht amateurhafte Dilettanten, sondern ganz bewußte Literaten; man kennt einander, lernt voneinander, zitiert einander und bemüht sich um den angemessenen Stil, die gepflegte Sprache, in diesem Fall das Schriftbayerisch, wie es im ganzen katholischen Oberdeutschland damals gepflegt wurde.[23]
Nichts vermag den Reiz von Pater Werlins Sammlung besser zu illustrieren, als Texte, die er höchstwahrscheinlich selber gedichtet hat. Einige seien hier zitiert. Dabei sind diese Beispiele, soweit sie überhaupt persönlich klingen, nicht streng autobiographisch oder gar als Bekenntnisse zu nehmen. Dennoch sagen sie viel über Werlin, sei es als Sammler, sei es als Autor, aus.

Ich bin ein armer Sünder/
  Vnd wird ye lenger und ye mehr nur blinder/
  Wan man zur Tugend laufft/ bin ich der hinder.

Wan ich vil Mucken hab/
Leg ich sie mir bald ab:
  Mit einem Glaß vol gueten Wein
  Treib ich die Mucken auß und ein.

Recht frölich sein in Ehren
  Bey gutem külen Wein/
Diß soll mir Niemand wehren/
  Dieweil man sagt in Gmein:
Das gueter Mueth sey halber Leib
Darumm ich trawren von mir treib:
  Der edle Wein ist guet
  Erfrischet mir das Bluet/
Erquickt mich auch im Hertzen
Das ich kan frölich schertzen
  Auß frischem freyem Mueth.

O Herre Gott
In meiner Noth
  Rueff ich zu dir/
  Du hilffest mir:
Mein Leib und Seel
Ich dir befehl
  In deine Hend/
  Den Engel send
Der mich bewahr
Wan ich hinfahr
  Von diser Welt/
  Herr wanns dir gfellt.

So ich gedenck der lesten Zeit
Wie weit
  All Künst verlassen sein so gar/
Ist Niemand der sie achten thuet:
Mit Mueth
  Strebt man darwieder offenbar.
Der ligt im greit/ der füllt und praßt/
Der Gärten/ Häuser zu ihm fasst/
  Darbey veracht ein ander Mann/
  Den armen/ der nit schmeichlen kan/
Vnd von Natur legt all sein Gunst
Auff dMusica die edle Kunst.

CVIII.

Nit weit von mir da wohnt ein Mann,
2. Der alte Beltze machen kan
3. Bald wider new und schön:
4. Mein Weib ich führet bald dahin,
5. Und sprach: Hör Maister meinen Sinn,
6. Ich möchte geren sehn
7. Das auch diss alte Rumpelscheit
8. Wie eure Beltze seÿ bereit:
9. Sÿ wusst ich doch durch einerley
10. Ihr altes Fehl zu machen new.

CIX.

Edel komt von eÿtel her,
2. Nit von Adel her: und Adel
3. Heisst sovil, als ohne Tadel.
4. Das ist Edel selten mehr:
5. Edelleut und Edelfrawen
6. Thun maist nach der Eÿtelkeit:
7. Nach des Fleisches Üppikeit,
8. Nit nach Ehr und Tugend schawen.
9. Wenig seind da ohne Thadel,
10. Drum seind wenig recht vom Adel.

Der Riepel ist ein fauler Knecht
2. Er arbeit selten recht:
3. Darzue ist er gar offt bezecht,
4. Ist nit das ein Rueprecht.

CXLVI.

All Menschen herkommen auss Erden
2. Staub Erden sie widerum werden:
3. Ach Eytelkeit alles zumal
4. O Schwacheit, betrüebender Fall.

CXLVII.

Raffet auch der Tod die greisen Haare,
2. Hilfft nicht alte Weisheit viler Jahre?
3. Was kan dan stehen?
4. Oder seiner grossen Macht entgehen?

CXLVIII.

Du vormals grüner Stok, wie stehstu yetzt so wüste?
Gedachtestu denn nicht, dz ich auch dorren müste?
3. Wo ist der schöne Pracht der Rosen hingekomen?
4. Ein frecher Rauber hat mir die schon abgenomen.

CXLIX.

Auch die Strophe über Balde, den größten Dichter im Bayern der Barockzeit, dürfte von Werlin selbst stammen. Es lautet:

Der P. Jacob Balde ist
Ein Fendrich der Poeten
Sein Fenlein schwinget er mit List [Kunst]
Geziert mit gulden Ketten:
Ist über alle
In disem Falle
Wie schön Christalle
Ein gueter Harpffenist
Nach allen Qualiteten.

Ein anderes Verslein handelt ganz allgemein von der Hochschätzung der Dichter:

Den Poeten bin ich besonders Hertzlich hold,
Liebe sie für [mehr als] Edelgestein und Gold,
Seind auch würdig das ich ihnen gebe reichen Sold.

Und ums Dichten, jedensfalls ums Schreiben, geht es auch in den folgenden Versen:

Es ist genueg
Das du ohn Fueg
Mein Dintenkrueg
Zerbrochen hast/
Darob ich vast [sehr]
Erzürnet bin: Wiewol darinn
Sovil nit war/
Doch muest ihn mir bezahlen bar. –

Auch über den geistlichen Beruf gibt es Verse in Werlins Sammlung, etwa die Strophe: »Ich will forthin fein Geistlich sein| Was Weltlich ist verachten/ ...«

186 Textproben aus der Handschrift von P. Johannes Werlins Sammlung »Rhitmorum varietas« von 1646. Bayerische Staatsbibliothek München Cgm 3636

Es wäre wichtig und reizvoll, aufzuzeigen, wie viel altes Liedgut, uns heutigen wieder zum Teil bekannt durch Sammlungen wie jene vom Kiem Pauli, in Werlins Sammlung zu entdecken ist. Dabei handelt es sich nicht nur um geistliche Lieder, die uns wieder vertraut sind (»Der guldin Rosenkranz«, »Spiegel der Dreifaltigkeit«, »Mein Hirt ist Gott der Herr«, vor allem viele feine Weihnachtslieder), sondern auch um Zeitlieder und alle Arten weltlicher Verse. Zu entdecken gibt es jedenfalls, abgesehen von einer reichen Fülle von Liedern, eine gewinnende und tüchtige Persönlichkeit, einen Mann der Musen und zugleich einen vorbildlichen, pflichtbewußten Mönch. In einem Bericht (der Totenrotel) über Pater Johannes Werlin heißt es, er sei »Ingenium facundum, faecundum, iucundum – ein beredter, fruchtbarer und angenehmer Geist«,[24] und die Rotel rühmt als »Gipfel seiner Schriftstellerei« und als Werk seines Fleißes die »metrischen Bücher«.

IV
Pater Oddo (Odo, Otto?) Guzinger, Seeons erster Dramendichter

Pater Oddo Guzinger stammt aus Kärnten, wo er ca. 1617 geboren wurde. 1631 ist er in Seeon eingetreten und am 12. Oktober 1679 in Salzburg gestorben.[25] 1643 begann Pater Oddo für den eigenen Nachwuchs im Kloster Rhetorikvorlesungen zu geben, die er ab 1645 an der Universität Salzburg, wo er schon von 1639 bis 1642 Poesie doziert hatte, fortsetzte. Pater Oddo hatte sich vermutlich schon in Seeon als Poet betätigt, denn es ist in dieser Zeit von Fastnachtsspielen im Kloster die Rede, an denen sich Abt und Konvent erfreuten.[26] Viele Jahre ist er dann in Salz-

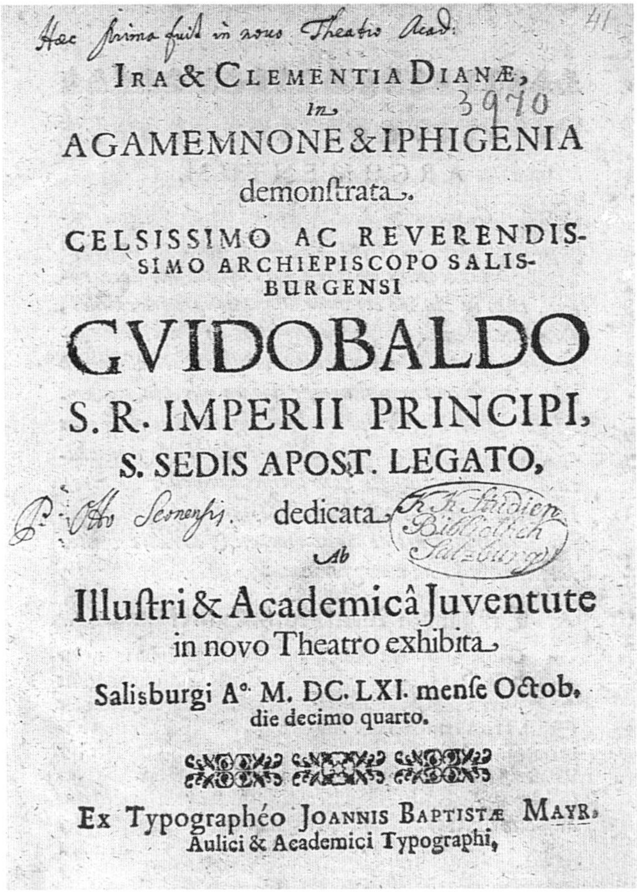

IRA & CLEMENTIA DIANÆ,
in
AGAMEMNONE & IPHIGENIA
demonſtrata.
CELSISSIMO AC REVERENDISSIMO ARCHIEPISCOPO SALISBURGENSI
GVIDOBALDO
S. R. IMPERII PRINCIPI,
S. SEDIS APOST. LEGATO,
dedicata
Ab
Illuſtri & Academicâ Juventute
in novo Theatro exhibita.
Salisburgi A°. M. DC. LXI. menſe Octob.
die decimo quarto.
Ex Typographéo JOANNIS BAPTISTÆ MAYR,
Aulici & Academici Typographi,

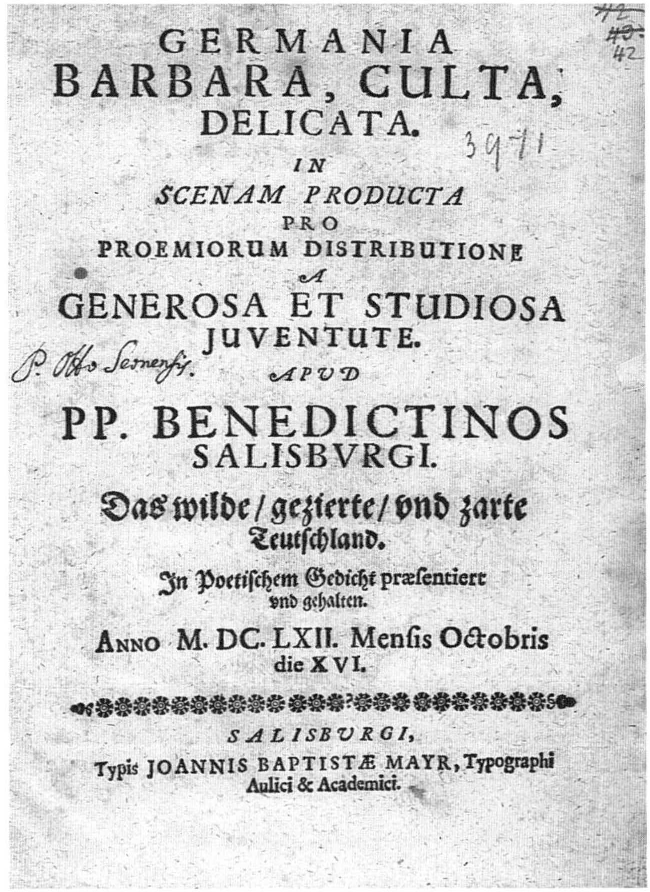

GERMANIA
BARBARA, CULTA,
DELICATA.
IN
SCENAM PRODUCTA
PRO
PROEMIORUM DISTRIBUTIONE
A
GENEROSA ET STUDIOSA
JUVENTUTE.
APUD
PP. BENEDICTINOS
SALISBVRGI.
Das wilde / gezierte / vnd zarte
Teutſchland.
In Poetiſchem Gedicht præſentiert
vnd gehalten.
ANNO M. DC. LXII. Menſis Octobris
die XVI.
SALISBVRGI,
Typis JOANNIS BAPTISTÆ MAYR, Typographi
Aulici & Academici.

187 Titelblatt der Perioche zu P. Oddo Guzingers Drama »Ira et Clementiae Dianae« vom 14. Oktober 1661, gespielt aus Anlaß der Eröffnung des großen Theaters in Salzburg

188 Titelblatt der Perioche zu P. Oddo Guzingers Drama »Germania barbara, culta, delicata«, gespielt aus Anlaß der Prämienverteilung am 16. Oktober 1662

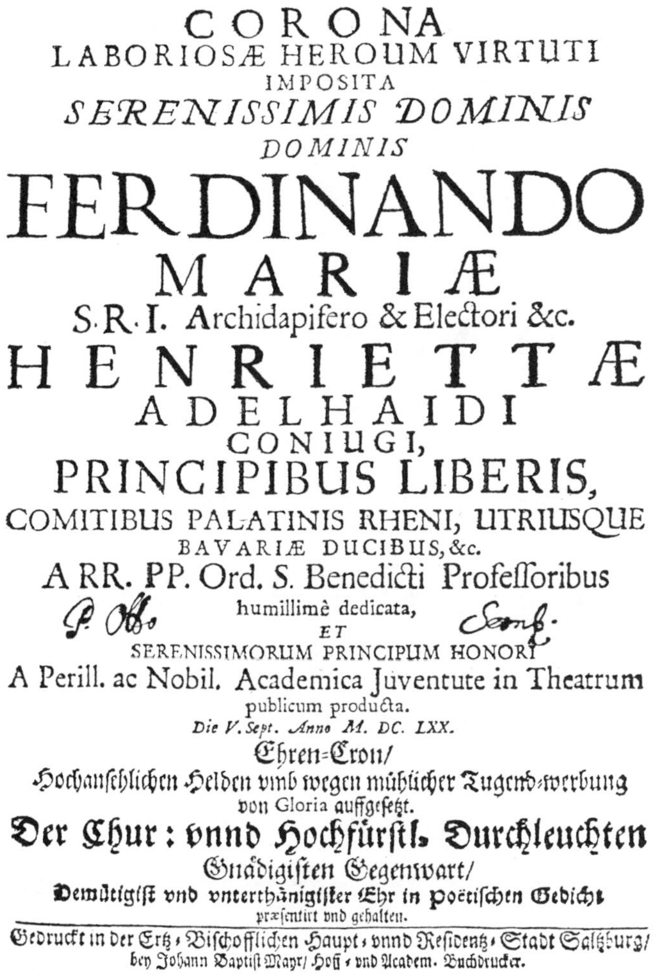
CORONA
LABORIOSÆ HEROUM VIRTUTI
IMPOSITA
SERENISSIMIS DOMINIS
DOMINIS
FERDINANDO
MARIÆ
S.R.I. Archidapifero & Electori &c.
HENRIETTÆ
ADELHAIDI
CONIUGI,
PRINCIPIBUS LIBERIS,
COMITIBUS PALATINIS RHENI, UTRIUSQUE
BAVARIÆ DUCIBUS, &c.
A RR. PP. Ord. S. Benedicti Professoribus
humillimè dedicata,
ET
SERENISSIMORUM PRINCIPUM HONORI
A Perill. ac Nobil. Academica Juventute in Theatrum
publicum producta.
Die V. Sept. Anno M. DC. LXX.
Ehren=Cron/
Hochanselichen Helden vmb wegen mühlicher Tugend=werbung
von Gloria auffgesetzt.
Der Chur: vnnd Hochfürstl. Durchleuchten
Gnädigisten Gegenwart/
Demütigist vnd vnterthänigister Ehr in Poëtischen Gedicht
præsentirt vnd gehalten.

Gedruckt in der Ertz-Bischofflichen Haupt- vnnd Residentz-Stadt Saltzburg/
bey Johann Baptist Mayr/ Hoff- vnd Academ. Buchdrucker.

189 Perioche zu einem Drama P. Oddo Guzingers, aufgeführt beim Besuch von Kurfürst Ferdinand Maria von Bayern und seiner Gemahlin am 5. September 1670

burg tätig, gehört zu den tüchtigsten Dramendichtern des 17. Jahrhunderts an dieser Benediktineruniversität und zu den fruchtbarsten, sind doch von ihm nicht weniger als 28 Dramen, die er für Salzburg geschrieben hat, bekannt; erhalten geblieben sind allerdings nur wenige. Pater Oddo geht als Dramatiker seinen eigenen Weg, gilt als Hauptvertreter des allegorischen Spiels, behandelt aber auch historische Stoffe mit großem szenischem Geschick, mit dichterischer Phantasie und mit Humor.[27] Boberski stellt als die Hauptanliegen von Pater Oddos Dramen das Lob des Friedens und der Eintracht, der Tugend und der göttlichen Liebe heraus. Von zwei Dramen Oddo Guzingers sind auch die Komponisten bekannt: Die Musik zu »Tellus suo Erinophilo reconciliata« (1648) schrieb der Tiroler Alphons Stadelmayr, der spätere Abt seines Klosters Weingarten, und zum Iphigenie-Drama, das Pater Oddo zur Eröffnung des neuen großen Theaters (1661) verfaßte, der Lambacher Organist Benjamin Ramhaufski.[28]

Artur Kutscher, der die erste neuere Untersuchung zum Salzburger Benediktinertheater geschrieben hat,[29] damals eine Entdeckung, rühmt Pater Oddos Drama »Montani iter poeticum« von 1664 als Beispiel einer Handlung »mit einer geschlossenen Idee«.[30] Hier der Inhalt nach Kutscher unter Verwendung der Perioche: »... ein alter Bergknappe möchte Menschenart und die Verwendung des Goldes kennenlernen. Merkur unternimmt mit ihm eine Weltfahrt. In einem Tempel verwirren ihn die vielen Glaubensarten, die doch alle abweichen vom wahren Gottesdienst. In den elyseischen Feldern begehrt er seine beiden früheren Frauen zu sehen, ›der Alte aber hette von so ungestalter Antiquitet bald sein Content‹ und kehrte deswegen die Augen auf des Feldes blühende Schönheit. Am Hof erkennt er die Unwahrheit des Lebens, im Walde die Blindheit und Narrheit der Verliebten, in der Hölle gesteht Mohamet, ›daß die europäische Uneinigkeit seinen Muselmannen allzeit eine Bestätigung ihres Glücks gewesen‹. Am Meer sieht er schaudernd die Menschen um Gold ihr Leben wagen, im Weinkeller die Gefahr der Krankheit und des Todes, im Himmel endlich, wie die Erde voll Torheit, Sorge und Betrug ist. Merkur entfernt sich, der Himmel verschwindet, Montanus schläft ein und erwacht am alten Ort. Traurig will er sich wieder zu Weib und Kind begeben, da meldet ihm der Götterbote, daß, während er im Himmel gewesen, sein Weib sich mit einem anderen verheiratet und sein Gut verteilt habe. Merkur tröstet ihn.« Solche Inhaltsangaben vermögen zwar nichts über die Kunst der Darstellung zu sagen, aber sie geben eine gewisse Vorstellung von der Bedeutung, ja vom Zauber dieser literarischen Bemühungen im Kloster, der den Alltag verändert, der eine Stimmung der Festlichkeit aufkommen läßt und dem Schönen, dem Glanz der Kunst Einlaß gewährt in eine Welt, die angefüllt war mit Kümmernissen und Sorgen.

V
Ausblick in das 18. Jahrhundert und Schluß

Pater Oddo Guzinger war, wie gesagt, nicht der einzige Salzburger Dramendichter aus dem Chiemgaukloster. Im 17. Jahrhundert stellte Seeon für die Ordensuniversität noch die Patres Anselm Stör (1643f) und Edmund Grabmann (1683–1686), im 18. Jahrhundert Pater Placidus Ruedorffer (1710 bis 1713), Pater Benedikt Reicherseder (1742–1753), Pater Honorat Mezger (1736–1738), Pater Rufin Widl (1765–1767) und schließlich Pater Marian Wimmer (1743–1763). Der aus Landshut stammende Benedikt Reicherseder (1716–1760) wurde 1753 zum Abt seines Klosters gewählt.[31] Sein eigentlicher Schüler im Schreiben von Dramen war der angesehene Pater Marian Wimmer aus Mühldorf (1725–1793),[32] der schon als Student Stücke ver-

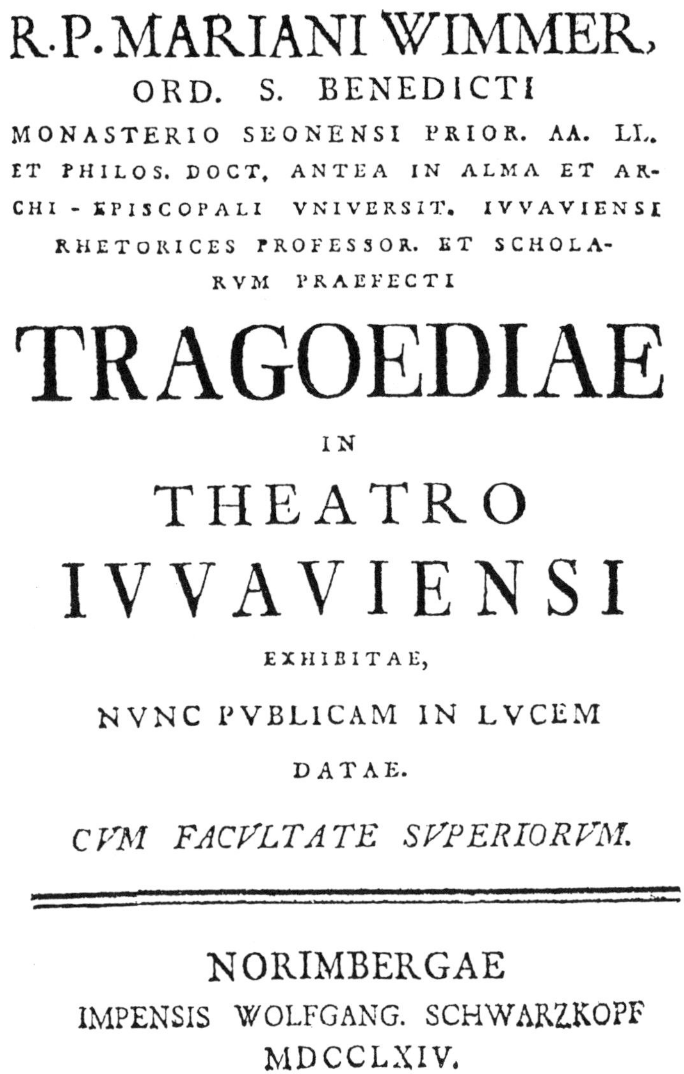
R. P. MARIANI WIMMER,
ORD. S. BENEDICTI
MONASTERIO SEONENSI PRIOR. AA. LL. ET PHILOS. DOCT. ANTEA IN ALMA ET ARCHI-EPISCOPALI VNIVERSIT. IVVAVIENSI RHETORICES PROFESSOR. ET SCHOLARVM PRAEFECTI
TRAGOEDIAE
IN
THEATRO
IVVAVIENSI
EXHIBITAE,
NVNC PVBLICAM IN LVCEM
DATAE.
CVM FACVLTATE SVPERIORVM.
NORIMBERGAE
IMPENSIS WOLFGANG. SCHWARZKOPF
MDCCLXIV.

190 Titelblatt der Dramensammlung von P. Marian Wimmer, Nürnberg 1764 (vergl. Seite 340f.)

faßte und 1764 in Nürnberg neun von ihnen im Druck veröffentlichen konnte. In seinem Drama »Sigismundus Hungariae rex« von 1761 spielte sogar der kleine Wolfgang Amadeus Mozart mit, wohl wegen der engen Verbindungen der Familie Mozart zum Kloster Seeon.[33] Marian Wimmer war ein tüchtiger Lehrer und ein fortschrittlicher Dramatiker, weniger – so Boberski (S. 172) – ein gewandter Dichter. Aber wir wissen noch viel zu wenig von diesen Texten, die übrigens auch bei Wimmer noch alle lateinisch sind.[34] Daß Mozart sich von Pater Marians Drama »Idomeneus Cretensium rex« von 1761 zu seiner Oper »Idomeneo« (München 1780) hätte anregen lassen, wie in der Literatur zu lesen ist, dürfte kaum der Fall gewesen sein. Vorbild für den Librettisten Giambattista Varesco (1735–1805) aus Trient war vielmehr die viel ältere Tragédie lyrique »Idoménée« des Franzosen Antoine Danchets (1671–1740). Dafür hat Mozart die Musik zum Intermezzo für das Drama »Clementia Croesi« von Pater Rufin Widl (* 1731 auf Frauenchiemsee; † 1798)[35] komponiert. Pater Rufin Widl hat sich, ähnlich wie Pater Carl Soelch (1710–1776)[36] und wie Abt Rufin von Mayr (1694–1753) auch als Prediger einen Namen gemacht. Abt Rufin wird für die Jubiläumsfeierlichkeiten der Wallfahrt des Klosters Attl »Unser Herr im Elend« im Jahre 1729 eingeladen, die »Vierte Predig« zu halten, die im Festband »Annus Saecularis | Exulanti Domino | Oder | Acht-tägiges | Jubel- und Danck-Fest« 1729 in München erschien. Die Gedächtnispredigt auf die 1763 verstorbene Äbtissin von Frauenwörth, Luitgard von Giensheim von P. Rufin Widl, sowie seine Leichenpredigt auf Abt Benedikt Reicherseder von Seeon zum sog. Dreyssigsten am 8. Mai 1760 wurden in Salzburg gedruckt.[37]

Neben Geschichtswerken, Roteln, Liedern, Dramen und Predigten ist noch eine literarische Gattung zu erwähnen, die gerade für Seeon reich vertreten, über-

Vierte Predig/
Sittliche
Lob- und Ehren-Predig/
Bey Hundert-jähriger
Fest-Begängnus
Des Wunderthätigen
Heil. Creutz
In dem Elend
Nebst dem Hoch-Löblichen Closter
Attl
abgelegt.
Von dem Hochwürdig- und Hoch-Edlen Herrn/
Herrn Ruffino des Hoch-Löbl. Closter zu Seon
würdigisten Abbten ꝛc. in Festo S. Michaëlis Archangeli
des Closters Attl Schutz-Patron.

München/
Gedruckt/ bey Maria Magdalena Riedlin/ Wittib. 1729.

191 Titelblatt der Festpredigt von Abt Rufinus von Seeon in der zum Benediktinerkloster Attel am Inn gehörigen Wallfahrt zum Heiligen Kreuz im Elend, 1729

aus aufschlußreich und, weil sehr persönlich, besonders reizvoll ist, nämlich der *Brief*.
Sr. Veneranda Wiest bringt in ihrer vorbildlichen Arbeit über Abt Honorat wiederholt Proben, die gefallen und neugierig machen. Sie zitiert aus den menschlich anrührenden Briefen des zur Resignation gezwungenen Abtes (z.B. Brief vom 26. Januar 1654, S. 12) an seinen Nachfolger im Amte, aus den von echter Dankbarkeit zeugenden Briefen der fürsorglichen Äbtissin von Hohenwarth (4. 9. 1653), oder aus den Briefen der Äbtissinnen von Kloster Holzen, Maria Aurelia von Leublfing (26. 3. 1640; Wiest S. 60), und Frauenchiemsee, Maria Magdalena Haidenbucherin (23. 10. 1646; Wiest S. 65), die beide Geistliches zum Inhalt haben. Da ist schließlich der Briefwechsel zwischen Pater Roman Müller von Seeon, Rektor der Universität Salzburg, mit seinem Abt Honorat.[38]
Aus dem frühen 18. Jahrhundert (aus den Jahren 1729 bis 1742) sind 180 Briefe erhalten, die zwischen Pater Columban Parucker von Seeon, seinen Vorgesetzten und Verwandten gewechselt wurden.[39] Sie geben einen überraschend persönlichen Einblick in die Kulturgeschichte der engeren Umgebung Seeons, Aufschlüsse über den Alltag, über den Gebrauch der eigenen und fremder Sprachen, über das Verhältnis von Familienmitgliedern untereinander, ja selbst über die religiöse Haltung von Briefschreibern und Adressaten oder ihre (positive und ernste) Einstellung zum Ordensstand.

Die Literatur im Kloster Seeon während der Barockzeit ist mit diesen Ausführungen längst nicht erschöpfend dargestellt. Es soll andererseits auch nicht der Eindruck erweckt werden, als wäre diese Literatur eine Glanz- und Hochleistung.
Literarisches Arbeiten ist nicht die erste Aufgabe des Mönchs. Hohe dichterische Begabung ist zudem selten. Was gezeigt werden sollte, ist der Eifer, der

Der Drey-
Einige Baum
Zu Ehren
Des Drey-Einigen GOttes
vorgestellet
An der zweymahl dreyhundert-jährigen
Gedächtnuß der ersten Einweyhung
Des
Ersten GOtts-Hauß zu Baumburg
Den 28. August-Monat
Als an dem hohen Fest des Heiligen
Ertz-Vaters
AUGUTINI
Anno 1758.
Von Adm. Rev. Rel. ac Exim. D.P. CAROLO SOELCH
Professo Seonensi Ord. S. P. Bened. p. t. Granario.
2.

192 Titel der Festpredigt des Seeoner P. Carl Soelch am Augustinusfest 1758 im Chorherrenstift Baumburg

193 Dreißigstpredigt von P. Carl Soelch auf den 1760 verstorbenen Abt Benedikt Reicherseder von Seeon (vergl. Seite 341)

Der bey GOtt und den Menschen
Beliebte Abbt:
Oder
Des Hochwürdig, Hoch-Edelgebornen und Gnädigen
HERRN HERRN
BENEDICTI
Des
Löblichen Stift und Klosters zu Seon
Ord. S. BENEDICTI
Würdigsten Herrn Abbten:
Hochfürstl. Salzburgischen Raths,
Der
Hochlöbl. Salzburgischen Benedictiner-Congregation
sub titulo Venerabilis Sacramenti
VISITATORIS GENERALIS:
Des Königlichen Stift, und Kloster Frauen-Chiemsee
VISITATORIS ORDINARII,
Und einer Löbl. Landschaft in Bayern
Landsteurern/ Rentamts Burghausen
Leich- Lob- und Ehren-Predig
An dem Dreyssigsten den 8. May 1760.
Vorgetragen
Von P. CAROLO SÖLCH, Ord. S. Benedicti
gemeldten Klosters Seon Professo.
CUM PERMISSU SUPERIORUM.

SALZBURG,
Gedruckt bey Johann Joseph Mayrs, Hof- und Academischen Buchdruckers
sel. Erbin.

Fleiß, der Ernst, mit der man sich auch dieser Seite geistig-geistlicher Beschäftigung im Kloster hingegeben hat. Man staunt über das Niveau, über die geistige Welt in vielen dieser Prälatenklöster, gerade auch im Seeon des 17. und 18. Jahrhunderts. Wohl konnte diese Welt nie unangefochten bestehen, bedurfte sie der steten Erneuerung und Besinnung, mußte sie kämpfen gegen Bequemlichkeit und Resignation. Aber diese Anstrengung ist über Generationen hin gelungen, im 18. Jahrhundert wohl gerade wegen der Anfeindungen von außen. Dazu kommt noch, daß diese Welt in gewisser Weise verklärt und herausgehoben war aus den Niederungen der Alltäglichkeit durch die fromme Hingabe an das Heilige und durch den selbstlosen Dienst an den Menschen.

Auf einen Tatbestand ist noch hinzuweisen: Es handelt sich fast ausschließlich, sieht man von den Briefen und von einem Teil der Chroniken einmal ab, um geistliche Literatur. Der Eindruck könnte entstehen, als ob dann doch das eigentlich Amüsante, ja das Beste und Reizvollste an der Literatur fehle. Sicher, geistliche Literatur kann nicht alles sein, nicht alles bieten, sie kann nicht alle menschlichen Bereiche abdecken. Aber sie bedeutet viel und sie kommt dem Wesentlichen näher als manch andere literarische Unterhaltung. Vom »geistigen Wohlsein« war eingangs (s. Anm. 1) die Rede. Gerade dazu kann und will diese Literatur als »gläubige Literatur«[40] beitragen. Denn für sie gilt in erster Linie das Wort der zur Generation von Abt Honorat Kolb, Pater Johannes Werlin und Oddo Guzinger gehörenden protestantischen Dichterin aus Österreich, der großen Catharina Regina von Greiffenberg (im Widmungsgedicht für Herzog Anton Ulrichs Roman »Aramena«):

Die schönste Kunst im Schreiben
ist unvermerkt der Erd den Himmel einverleiben.

1 Die Frage der Kunst- und Literaturpflege war immer Gegenstand der innerklösterlichen Diskussion. Als Teil des Gottesdienstes, als Möglichkeit der Gotteserfahrung durch das Schöne, als Werkzeug der Seelsorge und der Verkündigung hat die schöne Literatur durch die Mönche jedoch uneingeschränkte Anerkennung gefunden. Bei der Literaturpflege im Kloster geht es jedoch auch, ja ganz wesentlich, um Bildung und Unterhaltung, das heißt um eine Atmosphäre geistlichen Wohlseins, die gerade für eine solche Gemeinschaft von großer Wichtigkeit ist. Dafür sorgten nicht zuletzt die sog. Hausdichter, von denen noch die Rede sein wird (vgl. S. 335 mit Anm. 21). Zur Bedeutung des Schönen für das Kloster vgl. Abt. Suger von St. Denis; zur Bedeutung des Schönen für die religiöse Erfahrung vgl. Albrecht von Scharpfenbergs Beschreibung des Graltempels im »Jüngeren Titurel«, vor allem die Strophen 329–439. – Ein eindrucksvolles und zugleich eingängiges Beispiel der seelsorglichen Funktion von klösterlicher Dichtung ist das »Wessobrunner Gebet«. Vgl. H. P., Gedanken zum ›Wessobrunner Gebet‹ in: Uf der mâze pfat. FS für Werner Hoffmann zum 60. Geburtstag. Hg. v. W. Fritsch-Rößler. Göppingen 1991, S. 19–29.

2 Trauerrede auf Abt Anselm von Klein Maria-Zell (gest. am 15. Dez. 1679), in : Reimb Dich Oder Ich Liß Dich ... Salzburg 1684, S. 4f.

3 Bezeichnend für die Situation ist die Tatsache, daß in der Ausstellung »Glanz und Ende der alten Klöster«, Benediktbeuern 1991 und im begleitenden Katalogband, München 1991, die schöne Literatur völlig ausgeklammert war. Die Behandlung der Literatur in Klostermonographien ist noch immer die Ausnahme. Ein Musterbeispiel für die Erforschung der Literaturpflege in einem Prälatenkloster sind die Arbeiten von Pater Dr. Stephan Schaller für Ettal (Placidus Seiz, Karl Bader, Ferdinand Rosner etc.). – Allgemein zu dieser Frage H. P., Barockliteratur in den Prälatenklöstern Altbayerns. In: ZBLG 47 (1984), S. 181–194. Viele Textbeispiele und auch biographische Angaben finden sich in den einschlägigen Bänden der Sammlung »Bayerische Bibliothek. Texte aus zwölf Jahrhunderten« (=BB). München 1978–1990. Angaben zu klösterlicher Literatur finden sich auch in den Heimatbüchern Ostallgäu (Marktoberdorf 1984) und Unterallgäu (Mindelheim 1987) sowie in den Klostermonographien von Rottenbuch (Weißenhorn [2]1980), Irsee (Weißenhorn 1981) und Rott am Inn (Weißenhorn 1983) sowie im Katalog »Literatur aus Bayerisch Schwaben« (Weißenhorn 1979).

4 Hier seien nur zwei grundlegende Werke zur barocken Predigt genannt: Elfriede Moser-Rath, Predigtmärlein der Barockzeit. Exempel, Sage, Schwank und Fabel in geistlichen Quellen des oberdeutschen Raumes. Berlin 1964; Urs Herzog, Geistliche Wohlredenheit. Die katholische Barockpredigt. München 1991. – Zur bibliographischen Erfassung und Erschließung der Barockpredigt vgl. die von Werner Welzig herausgegebenen Kataloge, Wien 1984, 1987 und 1989.

5 M. Veneranda Wiest, Honorat Kolb, Abt von Seeon 1603–1670. München 1937 (StMBO, 13. Ergänzungsheft); vgl. Hans Roth, S. 137f. und Abb. 70, 157, 185.

6 Hier möge der Hinweis genügen auf BB II, S. 330–334; 1264.

7 Ebenda S. 39–51; 1284.

8 Für Schwaben zeigt dies Peter Rummel in der Gestalt von Pater Julius Priscianensis S. J., Augsburg 1968 (Studien zur Geschichte des Bayerischen Schwabens 13). – Nicht umsonst trug dieser italienische Jesuit den Ehrentitel »Pater monachorum Sueviae«.

9 Wiest (s. Anm. 5), S. 17. – Vgl. unten S. 332f. mit Anm. 17.

10 Ein bekanntes Beispiel sind die Tagbücher der Äbtissin M. Magdalena Haidenbucherin von Frauenchiemsee, die jetzt in einer zuverlässigen Edition vorliegen: Geschicht Buech de Anno 1609 biß 1650. Das Tagebuch der Äbtissin von Frauenwörth, nach dem Autograph hg. von Gerhard Stalla. Amsterdam 1988 (GLB II); eine Reihe von Beispielen in BB II; vgl. auch H. P., Biographisches und Autobiographisches, Ansätze zur Beschreibung einer Gattung im Bayern der Barockzeit. In: Land und Reich. Stamm und Nation. Probleme u. Perspektiven bayer. Geschichte. Festgabe für Max Spindler zum 90. Geburtstag. Hg. von A. Kraus. München 1984, Bd. II, S. 157–180.

11 Man könnte diese Roteln Kurzbiographien verstorbener Mönche nennen, die man verbrüderten Klöstern schickte. Vgl. H. P. wie Anm. 10, S. 172f.

12 Davon handelt in Kürze Leo Kolmer, Das Mirakelbuch der Seeoner Propstei Maria Eck. In: StMBO 32 (1911), S. 702f.; Rudolf Kriß, Volkskundliches aus den Mirakelbüchern von Maria Eck ... in: Oberdeutsche Zeitschrift für Volkskunde 5 (1991) S. 134ff. – Zu Maria Eck als Priorat von Seeon s. Hugo Schnell, Kleiner Kirchenführer Nr. 69, München [8]1984: Schrifttum S. 14f. – Zum Stichwort *Mirakelbuch* vgl. Georg Schreiber, Deutsche Mirakelbücher, zur Quellenkunde und Sinngebung. Düsseldorf 1938; Hermann Bach, Mirakelbücher bayerischer Wallfahrtsorte. Untersuchung ihrer literarischen Form und ihrer Stellung

innerhalb der Literatur der Zeit. Phil. Diss. München 1963 (berücksichtigt werden vor allem deutschsprachige, gedruckte Mirakelbücher).

13 Wiest (s. Anm. 5), S. 131f.; die Handschriften befinden sich noch in der Bayerischen Staatsbibliothek München unter der Signatur clm 1458 und 1459. Für die Chronik hat Johann Faistenauer 1636 zehn Federzeichnungen hergestellt. S. Abb. 131–138 und P. Johann Werlins Vers: »Herr Johannes Faistenawer/ War vor Zeiten ein Weinbeschawer: Derowegen meidt ers Bier, Vnd trinckt gueten Wein darfür.«

14 Otto Ursprung, Des Johannes Werlin aus Seeon großes Liederwerk (1646/47) als praktisch durchgeführte Poetik. In: Zs f. Musikwiss. 16 (1934), S. 321–343; 423–426; Max Böhm, J. W., der Seeoner. Auszug aus einer biographischen Skizze. In: Bayer. Jb für Volkskunde 1952, S. 107–114; Walter Salmen, Das altdeutsche Lied in Johann Werlins Sammlung von 1646. In: Bayer. Jb für Volkskunde 1953, S. 133–135; ders., J. W. in: Die Musik in Geschichte und Gegenwart 14, 1968, S. 481f.; Volksmusik in Bayern. Ausgewählte Quellen und Dokumente aus sechs Jahrhunderten. Katalog (Bayer. Staatsbibliothek München) München 1985; Dorothea Hofmann, P. Johannes Werlin aus Seon – Satztechnische Untersuchungen an vierzeiligen Liedern. In: Musik in bayerischen Klöstern I. Beiträge zur Musikpflege der Benediktiner und Franziskaner. Regensburg 1986, S. 9–60; BB II, 487–493; 1121; 1302.

15 Vgl. Anm. 10.

16 Die Sammlung besteht aus sieben, schön gebundenen Bänden und liegt in der Bayerischen Staatsbibliothek München unter der Signatur cgm 3636–3642.

17 Beschreibung| Der Gesängbücher| Vnd Anzal aller deren darinnen| begriffenen Gesängen und| Lieder nach dem Abc.| So| In des Closters Seon| Bibliothec gehörig:| An yezo zusamen colligirt| Und numerirt| Durch| P. Johan Werlin, Profeß| allda.| 1647 (= Bayerische Staatsbibliothek München cgm 3642, Band VII der Sammlung).

18 Zu Johann Kuen vgl. HbG II, S. 990 (mit der wichtigsten Sekundärliteratur) und BB II, S. 204–222; 1267.

19 Zu Procop vgl. HbG II, S. 990; BB II, S. 463–481; 868ff.; 1283f.; Dieter Bitterli (Hg.), Procop v. Templin, Encaeniale. 2 Bde. Amsterdam 1990 (Geistliche Literatur der Barockzeit 13.14).

20 Zu Jacob Bidermann, der vor allem als Dramatiker berühmt geblieben ist, vgl. HbG II, S. 986f. (mit der wichtigsten Sekundärliteratur).

21 Beispiele dafür sind Roman Krinner in Tegernsee (vgl. R. K., Autobiographie, hg. von Mechthild Pörnbacher. Amsterdam 1984. GLB 9), Anselm Manhardt in Rottenbuch (vgl. H. P., Parnassus Rottenbuchensis. In: Rottenbuch. Weißenhorn [2]1980, S. 122ff.) oder Placidus Taller in Rott (vgl. Rott am Inn, hg. v. Willi Birkmaier, Weißenhorn 1983, S. 156ff.) – Allg. zum Phänomen des klösterlichen Hausdichters bei H. P., Barockliteratur in den Prälatenklöstern Altbayerns. In: ZBLG 47 (1984), S. 190ff. – Das bekannteste Beispiel eines Vertreters dieser Art Hausdichter ist der schwäbische Prämonstratenser Sebastian Sailer, der Verfasser der »Schwäbischen Schöpfung«.

22 Vgl. H. P., Barockliteratur in den Prälatenklöstern Altbayerns (wie Anm. 21), S. 191f.

23 Vgl. die Angaben im HbG II, S. 984 u. bes. Anm. 25.

24 Böhm (s. Anm. 14) S. 113.

25 R. Sedelmayr, Historia almae et archiepisc. Univ. Salisburgensis sub cura P. P. Benedictinorum. Bondorf 1728, p. 401 u. 440; Kobolt-Gandershofer, Baierisches Gelehrtenlexikon, Bd. II, Landshut 1824; Wiest, Kolb (s. Anm. 5), S. 99ff.; DLL VI, Sp. 1087f. (mit Bibliographie); Sibylle Dahms, Das Musiktheater des Salzburger Hochbarocks. Teil 1: Das Benediktinerdrama. Salzburg Phil. Diss. 1974; Heiner Boberski, Das Theater der Benediktiner an der Alten Universität Salzburg. Wien 1978 (Register). – Der Vorname muß wohl Oddo lauten, auch wenn in der Literatur meist Otto steht.

26 Wiest (s. Anm. 5), S. 102 u. Anm. 54.

27 Boberski (s. Anm. 25), S. 161.

28 Boberski (s. Anm. 25) S. 176, sowie Nr. [87] u. [145]; der Titel lautet: Ira et clementia Dianae. In Agamemnone et Iphigenia demonstrata.

29 Arthur Kutscher, Das Salzburger Barocktheater. Wien 1924; ders., Vom Salzburger Barocktheater zu den Salzburger Festspielen. Düsseldorf 1939.

30 Artur Kutscher, Das Salzburger Barocktheater. Wien 1924, S. 64f.

31 Lindner II, S. 3; Boberski (s. Anm. 25) und S. 146.

32 Lindner II, S. 3f; Boberski (s. Anm. 25) 172f. und Register; A. J. Hammerle, Neue Beiträge für Salzburg. Geschichte, Literatur u. Musik. Salzburg 1877, S. 13–23.

33 Vgl. dazu Robert Münster, Mozart und Seeon. In: Schönere Heimat 80 (1991) S. 159–164 und in diesem Band.

34 Zu diesem Phänomen wäre viel zu sagen, was den Rahmen dieses Beitrags jedoch sprengen würde. Es genügt ein Hinweis auf Untersuchungen zur Bedeutung des Latein als Literatursprache im Bayern der Barockzeit, deren wichtigste genannt sind in HbG II, S. 989, bes. Anm. 41.

Dreyfache Größe
Weyland der
Hochwürdigen in GOtt, Hoch- und Wohlgebohrnen Gnädigen
FRAUEN, FRAUEN
Maria Lutgardis
Freyin von Ginsheim,
Des
Hochadelich- und königlichen Stifts
Frauen Chiemsee/
Ord. S. Bened. preißwürdigster Abbtißin,
Gezeiget
In einer allerschuldigsten
Lob- und Trauerrede
Den 4. May 1763.
Von
P. RUFINO WIDL,
Ord. S. P. Benedicti, Professo Seonensi.
Mit Erlaubniß der Obern.

Salzburg, gedruckt bey Johann Joseph Mayrs, Hof- und Akademischen Buchdruckers und Buchhändlers, sel. Erbin.

194 Trauerrede von P. Rufinus Widl auf Maria Luitgard von Ginsheim, Äbtissin von Frauenwörth, 1763

35 Lindner II, S. 4; Boberski (s. Anm. 25) S. 332 u. Register.

36 Lindner II, S. 3.

37 Die inhaltlich und rhetorisch nicht sehr überzeugende Tassilopredigt zum Gedenktag 1751 kann schon aus zeitlichen, aber auch aus sprachlichen Gründen nicht von Abt Honorat Kolb sein (s. Geschichte der Abtei Frauenwörth. St. Ottilien 1982, S. 15ff.), sie stammt vielmehr von Pater Honorat Schmidt aus Seeon. Vgl. Wiest (s. Anm. 5) S. 68.

38 Wiest (s. Anm. 5) S. 101 u. Anm. 51.

39 Edgar Krausen, Briefe in das Kloster Seeon. In: Schönere Heimat 46 (1957), S. 370–373. – Es handelt sich immerhin um ein Konvolut von 180 Briefen.

40 Joseph Freiherr von Eichendorff, Die geistliche Poesie in Deutschland.

Die Musik im Kloster Seeon

Robert Münster

Wie kaum ein anderes Kloster in Bayern lebt das alte, idyllisch gelegene Benediktinerkloster Seeon auch als Stätte einer einst lebendigen Musikpflege im Bewußtsein der Kunstfreunde. Seeon verdankt dies der Überlieferung, daß der junge Wolfgang Amadeus Mozart hier gerne geweilt und selbst für das Kloster komponiert hat.
Aus den frühen Jahrhunderten der Klostergeschichte fließen die Quellen über die Musikübung leider recht spärlich. Vieles ging im Lauf der Zeit verloren, sei es durch den Wandel in der liturgischen Praxis oder im Stilempfinden, sei es durch die Unachtsamkeit der Nachgeborenen. Musikaufzeichnungen waren immer Gebrauchsgut. Was seine Funktion verloren hatte und nicht mehr in der Praxis Verwendung fand, wurde in der Regel ausgeschieden und nicht etwa weiter in der Klosterbibliothek verwahrt. Ausnahmen bildeten lediglich über einen längeren Zeitraum gebrauchte oder kostbar ausgestattete Choralhandschriften. Im Falle Seeon kann der weitgehende Verlust des vor der Klosteraufhebung noch vorhandenen Musikarchivs mit Kompositionen seit etwa 1750 den Säkularisatoren nicht angelastet werden. Nach Einsendung des am 1. Dezember 1803 erstellten Musikinventars erging am 13. dieses Monats eine Anweisung der kurfürstlichen Landesregierung an die zuständige Lokalkommission: »I. N. wird der chfl. LocalCommission zu Seeon ... bedeutet, die in dem eingesandten Verzeichnis enthaltenen Kirchenmusikalien der Klosterpfarrkirche zu überlassen.«[1]
Zu den wenigen erhaltenen Choralhandschriften aus der Frühzeit zählt ein möglicherweise in Seeon entstandenes Cantatorium mit Meßgesängen aus der Zeit um 1020 mit diastematischen Neumen, die noch nicht die genaue Tonhöhe, sondern lediglich das Steigen und Fallen der melodischen Linie anzeigen.[2] Seeon übernahm seine Version dieser frühen Art der Neumenschrift von der Schreibschule des Mutterklosters St. Emmeram zu Regensburg, die wiederum in der Tradition des Reichenauer Scriptoriums stand. Aus Traditionalismus hielt man im Kloster an dieser Notationsform noch bis ins 14. Jahrhundert fest.[3] Die Praxis des liturgischen Gesangs in späterer Zeit belegt die Pergamenthandschrift eines Antiphonariums aus dem frühen 15. Jahrhundert mit gotischer Hufnagelnotation.[4] Es befand sich in der vom Kloster betreuten Kirche zu Niederseeon. Nach der gänzlichen Zerrüttung des Klosterlebens unter dem 1575 abgesetzten Abt Wolfgang Finauer sorgte Abt Martin II. Kötterlin im Zuge der Wiederherstellung der Ordnung auch für die Reorganisation des Choralgesangs.
Wann die Klosterkirche erstmals eine Orgel erhalten hat, ist nicht bekannt. Im Jahr 1603 ist hier jedenfalls der Organist und Camerarius Melchior Bernhamer nachzuweisen.[5] Bis ins 17. Jahrhundert hinein spielten Instrumente in der klösterlichen Kirchenmusik

keine wesentliche, jedenfalls keine selbständige Rolle. Erst mit der Entstehung einer eigenständigen Instrumentalmusik in Italien um 1600 fanden mehr und mehr auch obligate Instrumente in der Musica sacra Verwendung. In Seeon hat nach dem Zeugnis des Abtes Honorat Kolb der aus Salzburg stammende P. Otto Guzzinger im Jahr 1643 Instrumente in die Kirchenmusik eingeführt.[6] Genannt werden Violen, Flöten, Zink, Fagott, Posaune, Laute und Harfe.

Um diese Zeit wirkte in Seeon der aus Landsberg am Lech stammende P. Johannes Werlin als Musiker und Musikgelehrter.[7] Er hatte die Schule in den Klöstern Dießen und Andechs besucht und war 1609 als Novize eingetreten. Nach Absolvierung seiner Studien in Salzburg wurde er 1615 zum Priester geweiht. Im Zuge des üblichen Wechsels der Klosterämter war er 1634 auch als Regens Chori tätig. Neben drei in den dreißiger Jahren entstandenen, heute verschollenen eigenen Liederwerken ist seine Hauptleistung die sechsbändige Sammlung *Rhythmorum varietas* aus den Jahren 1645 und 1646. In ihr sind insgesamt 2946 Melodien aus Handschriften und gedruckten Sammlungen mit Generalbaßbegleitung zusammengetragen. Auch eigene Texte und Melodien sind darunter. Die beiden ersten Bände enthalten Liedtexte nach Zeilenzahl und Versschema geordnet, die nächsten drei Bände geben die Melodien wieder. Band sechs beinhaltet den Versuch einer systematischen Ordnung der Lieder. Ein separater Band verzeichnet die Titel der damals in Seeon vorhandenen insgesamt 59 großen und kleinen handschriftlichen und gedruckten Gesangbücher von 1573 bis 1650. Von den letzteren sind heute mehrere nirgends mehr nachzuweisen.

Der Wert von Werlins Sammlung liegt vor allem darin, daß sie Liedgut überliefert, zu welchem heute großenteils andere Quellen fehlen. Enthalten sind katholische und calvinistische Lieder, aber auch Lieder auf weltliche Texte. Das Kompendium ist eine aufschlußreiche Melodiebildungs- und Deklamationslehre, die einen Querschnitt durch das verklingende Liederbe der Zeit bietet.[8]

Gleichzeitig mit Werlin lebte in Seeon der in Sigmaringen geborene P. Rufinus Sigl (Sigelius). Er ist einer der ersten bayerischen Benediktinerkomponisten, von welchen Werke im Druck erschienen sind. Sigl war zunächst Laienbruder im Kloster, trat dann 1627 sein Noviziat an und wurde nach Ablegung seiner Studien 1630 zum Priester geweiht. Die Totenrotel nennt ihn einen »wohlerfahrenen Organisten und Komponisten«.[9] Im Jahr seiner Priesterweihe veröffentlichte Sigl bei dem Ingolstädter Notendrucker Gregor Haenlin eine Sammlung von 21 lateinischen Gesängen für eine bis vier Singstimmen und Generalbaß. Ihr Titel lautet *Alveus Sacer* (Geistlicher Bienenstock). Sigl zählt damit zu den frühen Vertretern des Geistlichen Konzerts im süddeutschen Raum. Der Fugger-Organist Gregor Aichinger hatte diese erstmals von Ludovico Viadana in Anwendung gebrachte neue Stilrichtung in Italien kennengelernt und seinen 1607 bei Haenlins Vorgänger Adam Meltzer gedruckten *Cantiones ecclesiasticae* zugrunde gelegt. Aichinger, von dem drei Druckwerke auch bei Haenlin erschienen sind, dürfte vorbildhaft auf Sigl gewirkt haben. Dessen *Alveus sacer*, nur mehr in einem Exemplar in der Bischöflichen Bibliothek Regensburg erhalten, war seinerzeit beliebt und befand sich einst auch unter den Musikalien des Kollegiatstifts Tittmoning.[10] P. Rufinus wurde 1634 Vikar in Seeon und 1635 Granarius des Klosters. 1648 entfloh er nach Schwaben. 1655 erlaubten ihm Abt und Convent von Seeon den Aufenthalt in der Fürstabtei Kempten. 1674, ein Jahr vor seinem Tod, kehrte er in sein Heimatkloster zurück.

In dem schon genannten, 1631 ins Kloster eingetretenen P. Otto Guzzinger begegnen wir dem ersten namhaften Dramendichter unter den Seeoner Konventualen, die für das Salzburger Universitätstheater tätig waren. Zwischen 1641 und 1672 lieferte er Texte zu mindestens 28 Spielen meist allegorischen oder historischen Inhalts, die in der Regel am Ende des Studienjahres zur Preisverteilung, aber auch zu anderen festlichen Gelegenheiten aufgeführt wurden.[11] Solche Anlässe waren etwa die Kaiserkrönung Leopolds I. 1658 oder die Durchreise dieses Kaisers im Oktober 1665, die Einkleidung des Erzbischofs Max Gandolph 1668 oder ein Besuch des bayerischen Kurfürsten Ferdinand Maria im September 1672. Daß P. Guzzinger vor allen anderen neben ihm tätigen Bühnendichtern hier als Verfasser in Erscheinung treten konnte, zeugt von seinem besonderen Ansehen. Leider ist zu keinem seiner Spiele die Musik erhalten. Komponisten waren u. a. P. Alfons Stadlmayr aus Weingarten, ein Sohn des berühmten Innsbrucker Hofkapellmeisters Johann Stadlmayr, der Lambacher Organist Benjamin Ludwig Ramhaufsky oder – bei den beiden zuletzt genannten Stücken – der aus Reichenhall stammende Salzburger Vizekapellmeister Andreas Hofer.[12] Guzzinger, seit 1640 Professor in Salzburg, schrieb 1644 auch eine Posse für das Steintheater zu Hellbrunn. Sonst aber zieht sich nach den Schrecken des Dreißigjährigen Krieges »wie ein roter Faden ... die Lobpreisung des Friedens, der Eintracht, der Tugend und der göttlichen Liebe durch sein Werk.«[13] Während ihrer Professorentätigkeit in Salzburg verfaßten in der Folge im 18. Jahrhundert auch die Professoren Benedikt Reicherseder, Marian Wimmer und Rufinus Widl aus Seeon Texte für das Akademietheater.[14]

Aus dem 17. und 18. Jahrhundert kennen wir eine Reihe von Namen tüchtiger Chorregenten und Musiker im Seeoner Konvent,[15] doch erst wieder von dem aus Mattighofen stammenden P. Romanus Pinzger ist noch Musik erhalten.[16] Es sind zwei bei Rieger in Augsburg gedruckte Messensammlungen: Sechs Missae solennes mit dem Titel *Sacrificium laudes in voce* für vier Singstimmen und Orgel mit zwei Violinen, Violoncello, Orgel und zwei Trompeten (Clarini) ad libitum, erschienen 1747 und sechs Missae breves *Laus jucunda et sonora ... opus II* mit zwei Stella coeli für vier Singstimmen, zwei Violinen, Violoncello, Orgel, zwei Trompeten oder Hörner und Pauken, die 1750 veröffentlicht wurden.

Pinzger war einer der Klosterkomponisten, die Musik für die Münchner Fastenmeditationen geliefert haben. Die Größere Lateinische Kongregation veranstaltete jeweils in der Fastenzeit eine Folge von Aufführungen betrachtender Schauspiele, in welche kantatenartige musikalische Intermedien meist allegorischen Inhalts eingeschoben waren.[17] Die Aufführungen hatten großen Zulauf und fanden in Verbindung mit den Jesuiten im Kongregationssaal des Münchner Jesuitenkollegs statt. Von P. Romanus wurden die Intermedien zu zwei Fastenmeditationen des Jesuiten Franz Neumayr in Musik gesetzt: zu je einer in den beiden Jahren 1749 und 1750. Die Aufführungen standen 1748 bis 1750 thematisch unter dem Übertitel *Mundus in maligno* (Die Welt im Argen). 1749 und 1750 wurden jeweils vier Meditationen an vier aufeinanderfolgenden Sonntagen aufgeführt, von welchen Pinzger jeweils die zweite vertont hat: 1749 *Aetas juvenilis in maligno* und 1750 *Joas propter conversationem cum malis malus et miser*. Die erstgenannte enthielt insgesamt sieben Arien, ein Duett und ein Terzett, die zweite sieben Arien und ein Terzett, jeweils mit verbindenden Rezitativen. Formal bestand jede Meditation aus einem szenisch dargestellten musikalischen Prolog, dem der erste Teil eines gesprochenen Schauspiels folgte. Daran schloß sich ein zweiter Musikteil, der Chorus, in ähnlicher Form wie der Prologus. Abschließend folgte der zweite Teil des Schauspiels. Inhaltlich wurden die inneren und äußeren Hemmnisse einer wahren Belehrung dargestellt. Diese Spiele waren szenisch gestaltete Fastenpredigten. Ihre Texte wurden gedruckt und sind erhalten. Die

Musik aber, nur einmal aufgeführt, ging verloren. Zu den übrigen Meditationen der Jahre 1749 und 1750 schrieben der Freisinger Hofkapellmeister Placidus von Camerloher und der Münchner Hoforganist Ferdinand Michl die Musik. P. Romanus dürfte beide in München persönlich kennengelernt haben.

Aus den späteren Jahren ist nur noch der Seeoner P. Aegidius Strasser (1730–1788) mit einer erhalten gebliebenen Missa brevis A-Dur für vier Singstimmen, zwei Violinen, Baß und Orgel als Komponist belegt. Eigentlich ist es eine Missa brevissima: durch Textverschränkungen, d.h. durch das gleichzeitige Singen aufeinanderfolgender Teile des Meßtextes in verschiedenen Stimmen, sind die Sätze sehr verkürzt.[18] P. Aegidius stammte aus Bräuhausen bei Seeon und hatte in Salzburg studiert. Der Fürsterzbischof hätte ihn wegen seines außerordentlichen musikalischen Talents gerne als Hofmusiker aufgenommen.[19]

Als bedeutendster Komponist in Seeon im Ausgang des 18. Jahrhunderts darf ein Laienmusiker gelten: der 1770 in Trostberg geborene Max Keller. 1780 oder kurz zuvor hatte er als Singknabe Aufnahme gefunden. Im Jahr 1788 wurde er auf Empfehlung des Abts Schüler des Salzburger Konzertmeisters und Domorganisten Michael Haydn. In der Regel ist er fast allwöchentlich in der besseren Jahreszeit zum Unterricht bei Haydn den weiten, etwa 50 Kilometer langen Weg nach Salzburg zu Fuß gegangen. Seit seinem 18. Lebensjahr war Keller als Nachfolger seines Bruders Joseph Klosterorganist und Gastdiener in Seeon. Hier war er allgemein geschätzt und beliebt. Als er ausschied, um das Amt eines Organisten in Burghausen zu übernehmen, bestätigte ihm Abt Lambert Neisser am 28. Mai 1799, daß er »durch seine sich mit unermüdetem Fleiß und Eifer eigen gemachten Music-Kenntnisse die vortrefflichsten Dienste geleistet, besonders aber durch viele verfaßt sehr schätzbare Music Compositionen unvergeßlich gemacht« habe.[20] Max Keller hat mehrere eigenhändige Verzeichnisse seiner Kompositionen hinterlassen, die interessante Einblicke in das klösterliche Musikleben während der Jahre von 1792 bis 1799 ermöglichen.[21] In dieser Zeit schrieb Keller Musik aller Art für den täglichen Gebrauch in der Abtei. Zahlenmäßig an erster Stelle standen verständlicherweise Werke für die Kirche, viele davon für ganz bestimmte Anlässe. So entstand 1795 ein Libera c-Moll auf den Tod des Abtes Augustin Sedlmayr. Zum Namenstag des Nachfolgers, Abt Lambert Neisser, waren 1796 und 1798 neue Messen zu komponieren. Außerdem schrieb Keller Litaneien, Offertorien, Gradualien, marianische Antiphonen, Hymnen, Tantum ergo und auch deutsche Kirchenmusik. Leicht aufführbare deutsche Messen wurden vor allem in den Klosterpfarreien gebraucht, darunter 1795 eine in Es-Dur für zwei Singstimmen und Orgel »für Herrn Kürchbichler in Obing«. Manche damals geknüpften Kontakte blieben bis ins 19. Jahrhundert lebendig. Für den befreundeten Vikar Michael Mandl (1767–1846) in Tacherting schrieb Keller auch noch nach seinem Weggang aus Seeon mehrere deutsche Kirchenwerke, darunter eine 1817 gedruckte Messe sowie Trompetenaufzüge.

Auch alte Bekannte in Tittmoning und Laufen wurden von ihm später noch mit Kirchen- und Gelegenheitskompositionen bedacht. Der Tradition, daß die Benediktinerinnenabtei Frauenchiemsee von Seeoner Patres seelsorgerisch betreut wurde, trug Keller in seinem Schaffen Rechnung. Für die Frauenchiemseer Chorfrau Sebastiana Oswald, eine ausgezeichnete Sopranistin, schrieb er 1795 eine Litanei und in den Jahren 1797 und 1798 drei gesangstechnisch höchst anspruchsvolle geistliche Arien.[22] Michael Haydn, der die begabte Chorfrau sehr schätzte, hatte zur Profeß der einundzwanzigjährigen Fischermeisterstochter aus Feldwies mit Taufnamen Ursula seine »Missa in honorem Sanctae Ursulae« komponiert. Sie war zum erstenmal am 19. August 1793 auf Frauenchiemsee erklungen und erhielt bald darauf den Beinamen »Chiemsee-Messe«.[23] Für die Klosterfrauen auf Frauenwörth hat Max Keller auch nicht weniger als 294 kleine Orgelstücke »im galanteren Style« für den praktischen Gebrauch im Gottesdienst geschrieben, speziell für die beiden Chorfrauen Josepha zu Münster und Augustina Bonin, die den Orgeldienst versahen.

Mit Michael Haydn und dem Salzburger Hoforganisten Anton Kajetan Adlgasser bestanden nachweislich enge Beziehungen, beide haben das Kloster mehrmals besucht.[24] Von Michael Haydn befanden sich im Seeoner Musikbestand mehrere Messen, ein Te Deum, Offertorien und zahlreiche Gradualien, von Adlgasser waren u. a. vier Messen, neun Offertorien und sieben Sinfonien vorhanden.[25] Direkte Kontakte bestanden sicherlich zu anderen am fürstbischöflichen Hof tätigen Musikern und Komponisten, die ebenfalls mit Werken vertreten waren, nämlich zum Hofkapellmeister Johann Ernst Eberlin, zu den Hoforganisten Franz Ignaz Lipp (Haydns Schwiegervater), Johann Michael Kracher und Anton Paris, zu dem Bassisten Joseph Nikolaus Meißner oder zu dem Geiger Joseph Hafeneder.

Für Michael Haydn hatte der enge Kontakt mit dem Kloster und seinem Schüler Max Keller einen angenehmen Begleiteffekt: er bezog über Keller das gute, von den Seeonern gebraute Unterzeugbier. Je umfangreicher die Sendung war, desto besser. Wie geschickt Haydn hier vorging, zeigt sein Brief an Keller vom 23. September 1796:[26]

»Werthester Herr Keller!
Ihr Schreiben vom 1: December konnt ich nicht leicht früher beantworten, weil ich erst gestern den hier beygeschlossenen Umgeldschein erhalten habe. Erschrecken sie nicht, wenn er auf einen ganzen Eimer lautet. Sie können deßwegen doch weniger schicken: ein Anderes wäre, wenn der Schein weniger angäbe, und Sie wollten mehr schicken als erlaubt ist: dann entstünden bey dem Thor Bedenklich- oder wohl gar Verdrüßlichkeiten. Indessen seyen Sie versichert, daß ich bey jedem Trunk mich sowohl Ihrer als aller übrigen Bewohner des Stiftes, auch außerhalb der Brücke, mit Vergnügen erinnern werde...
Leben Sie recht wohl.
Ich verharre wie jederzeit Dero aufrichtiger Freund und Diener
Johann Michael Haydn«

Ein Eimer war in Bayern das Maß für 64,142 Liter, in Österreich für 42,5 Liter Bier. Auch Vater Leopold Mozart hat 1784 bei einem Besuch in der Seeoner Klosterpfarrei Obing nicht versäumt, zwei große Sauerbrunnflaschen kostbares Seeoner Bier »hipsch sicher ins Heu ins Sitz-Trüchel« der Kutsche verstaut, mit nach Salzburg zu nehmen.[27]

In den Mußestunden und zu bestimmten Gelegenheiten kam in Seeon auch das weltliche Singen und Musizieren zu seinem Recht. Nach dem Vorbild Michael Haydns schrieb Keller mehrere Lieder für zwei Tenöre und zwei Bässe, die im geselligen Kreis der Patres gesungen wurden. Eines der Quartette lautet »Wie herrlich leuchtet mir die Natur«; ein anderes, »Allgeliebtes Nasenfutter«, ist ein Lob des Schnupftabaks. Das neue Jahr wurde mit einem vierstimmigen Kanon begrüßt. Ein umfangreicheres Werk war das von Keller im Oktober 1795 komponierte »Singspiel mit vollständiger Musik«, genannt *Die Schadenfreude*, für einen unbekannten Anlaß. Nichts Näheres wissen wir über das gegen Ende Juli in Seeon mit Musik begangene Hausnudelfest. »Hausnudel, o köstliches Leben«, so beginnt ein 1796 von Keller dazu komponiertes Lied mit Chor und Instrumenten. Eine »Ode auf Pimperls Grab« für Abt Lambert vom August 1795 war wohl ein klei-

ner Trauergesang auf den Tod des Prälaten-Hundes.
Die Fastnacht wurde im Kloster nicht übergangen. Ob die insgesamt 72 im Kloster entstandenen Deutschen Tänze und Ländlertänze Kellers für Klavier damit zusammenhängen, bleibt offen. Ein Teil dieser Tänze wurde 1803 vom Münchner Musikverleger Makarius Falter gedruckt.
Einzelne seiner Seeoner Kompositionen hat Keller in seine späteren Druckwerke übernommen, so eine lateinische lauretanische Litanei vom Juni 1795 als Nr. 3 seiner 1805 bei Lotter in Augsburg als op. 1 gedruckten sieben Litaneien. Ein kleiner Teil der hier entstandenen Werke blieb an anderen Orten erhalten, die meisten aber sind verloren.
An besonderen Festtagen, am Tag des hl. Benedikt, am Namenstag des Abtes, bei Jubelfesten, beim Besuch hoher Gäste oder zur Klosterfastnacht wurde Tafelmusik gemacht.[28] Hier hat sich die Seeoner Klostermusik bei einem Besuch des Kurfürsten Max III. Joseph besonders ausgezeichnet. Im Oktober 1777, wenige Monate vor seinem Tod, kam der Landesherr auf einer herbstlichen Jagdreise mit größerem Gefolge ins Kloster. Leopold Mozart berichtete darüber seiner Tochter: »Der Kurfürst war am Sonntag den 12. zu mittage in Seeon, hat ihnen aber keine unkösten gemacht sondern alles mitgebracht, weil er weis daß sie nicht reich sind.«[29] Zu Beginn der Tafel, die von der Hofkuchl bereitet und von den Hoflakaien bedient wurde, bliesen die aus Rosenheim gerufenen Türmer einen Tusch und mehrere Aufzüge für Trompeten und Pauken, doch – wie der Chronist P. Rufinus Widl im Klosterdiarium berichtet:[30] »nicht lange, denn Seine Durchlaucht schaffte diese unangenehme Musike ab. Sogleich wurden von unseren Herren zwo Simphonien aufgeführt, und nach diesen zwey quadri, über welches die Höchsten Herrschaften ein solches Wohlgefallen bezeiget haben, daß nicht nur Seine Durchlaucht der Churfürst einigemal ihnen ein gnädiges Bravo zugerufen, sondern auch denselben nach geendigter Tafel 6 Maß Burgunder Wein anbefolchen haben. Bei der Tafel war alles im höchsten Vergnügen...«
Die Seeoner Patres hatten mit ihrer Tafelmusik die Situation gerettet. Im wesentlichen haben sie die Musik in Kloster und Kirche selbst bestritten, die meisten von ihnen spielten mindestens ein Instrument. So beherrschte P. Virgilius Kiermayer, ein Schüler des berühmten Münchner Hofmusikers und Fagottvirtuosen Felix Reiner, dazu die Violine und die Querflöte. Auch P. Bonifatius Fuchs spielte mehrere Musikinstrumente. Er war zuvor Hofmusiker des Freisinger Fürstbischofs gewesen. Wie üblich beteiligten sich an den Aufführungen auch geeignete weltliche Dienstkräfte. Der um 1790 als Kammerdiener des Abtes eingestellte Ignaz Holzner hat beispielsweise »nebenbey sich als gelernter Thurner (Türmer) Gesell bey der Musik gebrauchen lassen.«[31]
In der zweiten Hälfte des 18. Jahrhunderts besaß das Kloster keine größere Schule, sondern lediglich ein Institut für zehn bis zwölf ärmere Studenten, die im Gottesdienst mithelfen mußten. Vier davon, die sogenannten »Musikantenbuben«, waren in Speise und Trank bevorzugt. Sie hatten die Sopran- und Altpartien in den Kirchenwerken zu singen.[32] Schulkomödien kamen im Kloster nicht zur Darstellung. Gelegentlich führten die Konventualen aber nach der Tafel eine kleine Kantate auf. So erklang in den fünfziger Jahren zum Namenstag des Abtes Benedikt Reicherseder eine kleine, nicht genau datierbare Kantate mit vier Arien, einem abschließenden Quartett und verbindenden Rezitativen.[33] Die Abgesandten aus den Hofmarken Halfing, Obing und Seeon und der Seeoner Konvent treten darin als singende Personen auf und überbringen dem Abt ihre Glückwünsche. Schon am 3. Januar 1754, dem Tag der Rückkehr von seiner Benediktion in Salzburg, war

für Abt Benedikt »abends in Musaeo eine operetta gehalten« worden. Es war wohl eine Kantate in ähnlicher Gestalt.[33a] P. Rufinus Widl erwähnt im Klosterdiarium, daß zum Anniversarium des Klostergründers am 14. Februar 1777 eine »bona opera« gegeben wurde. [34] Leider sind solche Gelegenheitswerke in der Regel nicht aufbewahrt worden. Erhaltene Beispiele, etwa aus der Benediktinerabtei Weltenburg oder aus Ottobeuren, zählen zu den großen Seltenheiten.

Das Kloster Seeon, nicht Mitglied der Bayerischen, sondern der Salzburger Benediktinerkongregation, gehörte zum Erzbistum Salzburg. Nicht nur deshalb und seiner Beziehungen zur Benediktiner-Universität wegen stand es in engem Kontakt mit der Stadt an der Salzach. Mehrere Konventualen stammten von dort, hatten in Salzburg studiert und empfingen des öfteren Besuche ihrer Verwandten.[35] Von diesen zählten der Salzburger Leinwandhändler Felix Gyri, Stiefvater von P. Benedikt Zaininger, sowie die Kaufleute Matthias Ranftl, Vater von P. Benedikt Ranftl, und Johann Franz Kerschbaumer, der Vater des P. Gregor Kerschbaumer, zum Bekanntenkreis der Familie Mozart. Ranftl war mit Leopold Mozarts Hausherrn Johann Lorenz Hagenauer verschwägert.

Wie Max Keller überliefert, nahmen diese Männer den kleinen Wolfgang Amadé Mozart des öfteren mit nach Seeon. Wolfgang lernte aber auch schon früh in Salzburg einzelne der Seeoner Patres näher kennen. Bereits als Fünfjähriger wirkte er als Tänzer in der Comoedia *Sigismundus Hungariae Rex* mit, die am 1. und 3. September 1761 von Schülern des akademischen Gymnasiums aufgeführt wurde. Textdichter war P. Marian Wimmer aus Seeon, damals Präfekt des Gymnasiums. Unter den Tänzern war auch der dreizehnjährige Matthias Neisser, der Seeons letzter Abt werden sollte. Es ist ein besonderer Glücksfall, daß die Musik des Hofkapellmeisters Johann Ernst Eberlin zu diesem Schuldrama im Autograph erhalten blieb.[36] Sie enthält den Gesangstext in deutscher Sprache.

1767 komponierte der elfjährige Mozart dann als erstes seiner Bühnenwerke das dreiteilige Intermedium *Apollo und Hyazinth* zur Schulkomödie *Clementia Croesi* des Seeoner P. Rufinus Widl. Es wurde am 13. Mai auf der Bühne neben der Aula academica aufgeführt. P. Rufinus war damals Professor der Syntaxklasse. Einer der Schauspieler war der schon genannte Matthias Ranftl, dessen Sohn später in das Kloster Seeon eintrat.

Nach so frühen Kontakten mit Seeoner Konventualen sind die von Keller bezeugten mehrmaligen Besuche des Knaben im Inselkloster nicht verwunderlich. Auch mit dem Vater dürfte der junge Mozart dort mehrmals geweilt haben. Als es darum ging, daß der Sohn nach seiner erfolglosen Westreise 1778 wieder in Salzburger Dienste zurückkehren mußte, schilderte ihm der Vater im Brief vom 23. November den Vorteil, daß er von Salzburg aus in 18 Stunden in München sei, »wohin wir, so gut als auf Seeon, eine spazierreise machen können«.[37]

Eine Zeitangabe ist nur für den letzten Besuch Mozarts in Seeon bekannt. Im Jahr 1851 erinnerte sich Keller in einem Brief an den Münchner Musikgelehrten und Professor für Geognosie und Hüttenkunde, Karl Emil von Schafhäutl: »Mozart sah ich 1780 in Kloster Seeon zum ersten und auch zum letzten Male, weil er in diesem Jahre noch nach Wien abgereiset ist. Er sah damals, so wie ich mich noch erinnern kann, etwas blaß und aufgedunsten aus. Von seinem schönen wundervollen Orgelspiele verstand ich damals nichts, war ja erst zehn Jahre alt.«[38] Mozart hat sich stets bei Besuchen in Klöstern zur Freude und Bewunderung seiner Zuhörer auf der Orgel hören lassen.

Keller befand sich seit kurzem als Singknabe im Kloster. Seinem Bericht verdanken wir auch die Kenntnis der Entstehungsgeschichte der beiden für Seeon geschriebenen Mozart-Offertorien. Das erste von beiden, *Scande coeli limina* KV 34 auf das Fest des hl. Benedikt, hat Mozart laut Kellers Bericht dort komponiert. Bei Tisch hatte Abt Augustin Sedlmayr darüber geklagt, daß die Abtei Mangel an Offertorien für das Benedictus-Fest habe. Keller zufolge soll sich Mozart im ersten freien Augenblick aus dem Speisesaal entfernt und auf einer Fensterbrüstung rechts gegenüber der Tür mit Bleistift das *Scande coeli limina* niedergeschrieben haben. Möglicherweise hat er es hier zunächst skizziert und dann später im Kloster ausgearbeitet. Neun oder zehn Jahre alt soll er damals gewesen sein. Da die Familie erst am 29. November 1766 von ihrer dreijährigen Reise nach Frankreich und England zurückgekehrt war, kommt frühestens der Zeitraum von Dezember 1766 bis September 1767 für den Besuch in Betracht. In dieser Zeit befanden sich die Mozarts in Salzburg. Am 11. September 1767 reiste die Familie nach Wien ab und kehrte erst wieder am 5. Januar 1769 zurück. Die Frage ist, ob Mozart nicht erst dann sein erstes Seeoner Offertorium komponiert hat. Am 13. Dezember 1769 trat Vater Mozart mit dem Sohn die erste Italienreise an. Auffallend ist, daß das Offertorium in dem von Leopold Mozart 1768 in Wien verfaßten »Verzeichniß alles desjenigen was dieser 12jährige Knab seit seinem 7ten Jahre componirt, und in originali kann aufgezeiget werden«[39] nicht genannt ist. Daß Vater Leopold davon nicht wußte, ist auszuschließen. So gewinnt die Entstehung 1769 an Wahrscheinlichkeit.

Das Offertorium war wahrscheinlich für das Hauptfest des hl. Benedikt am 21. März bestimmt, das in Seeon stets feierlich begangen wurde. Weitere Gedenktage für den Heiligen waren der 11. Juli (translatio) und der 4. Dezember (illatio). Die Komposition besteht aus einer Sopranarie und einem Chor. Stilistisch schließt sie an Michael Haydn an.

Ein Autograph ist nie bekannt geworden. Die wohl aus dem Besitz Max Kellers stammende älteste Abschrift konnte der Verfasser im Archiv der Hl. Kapelle Altötting auffinden. Sie liegt auf Papier aus der Raitenhaslacher Klosterpapiermühle vor, das zwischen 1767 und 1772 hergestellt wurde. Die frühe Entstehungszeit wird damit bestätigt.

Das zweite Seeoner Offertorium *Inter natos mulierum* KV 72/74f hat Karl Emil von Schafhäutl 1851 erstmals mit dem lateinischen Originaltext veröffentlicht.[40] Im Vorwort erzählt er unter Berufung auf Keller die Entstehung: Zu den besonderen Lieblingen des kleinen Mozarts im Seeoner Konvent zählte der um etwa zehn Jahre ältere P. Johannes von Haasy. Mit der Familie Mozart war er wohl über deren Hausherrn Leopold Hagenauer bekannt geworden. Dessen Sohn Cajetan, der spätere P. Dominikus in St. Peter, und der junge Franz Xaver von Haasy waren in Salzburg zusammen auf der Schulbank gesessen.[41]

Als der kleine Wolfgang einmal ins Kloster kam und seinen Freund P. Johannes sah, sprang er auf ihn zu, kletterte an ihm empor, streichelte seine Wangen und sang dazu:

Diese Szene erregte viel Heiterkeit. Der Kleine vergaß sie nicht: zu seinem (nächsten ?) Namenstag erreichte P. Johannes zu seiner Überraschung ein Päckchen aus Salzburg. Darin fand er die Noten zu einem Offertorium auf das Fest seines Namenspatrons, des hl. Johannes des Täufers, in welchem die zitierte Melodie nicht weniger als zehnmal wiederkehrt.

Das Johannesfest wird am 24. Juni begangen. Nicht lange zuvor mag die Sendung angekommen sein, pflegte Mozart doch seine Kompositionen in der Regel erst im letzten Moment niederzuschreiben. Es wird angenommen, daß das Offertorium im Jahr 1771 entstanden ist. Es wäre demnach ein Werk des fünfzehnjährigen Mozart. Vom 28. März bis zum 13. August 1771 befanden sich Vater und Sohn Mozart zwischen zwei Italienaufenthalten in Salzburg. Für die Komposition des *Inter natos mulierum* könnte aber auch der Zeitraum zwischen dem 15. Dezember 1771 und dem 24. Oktober 1772 vor der dritten Italienreise in Betracht kommen.

Auch von diesem Seeoner Offertorium ist das Autograph verschollen. Mozart dürfte an P. Johannes nur eine Stimmenabschrift gesandt haben. Eine Partitur war für die Aufführung nicht erforderlich. Zudem sah Vater Mozart darauf, daß Mozart seine Partituren nicht aus der Hand gab, auch um nichtautorisiertes Abschreiben zu verhindern.

Im Gegensatz zum Offertorium KV 34 ist von KV 72/74f auch eine Salzburger Quelle erhalten. Sie befindet sich im Dommusikarchiv Salzburg (A 1113). Es ist eine Stimmenkopie, hergestellt von den beiden Kopisten Maximilian Raab und Joseph Richard Estlinger, die beide für Vater und Sohn Mozart gearbeitet haben. Angefertigt wurde sie wahrscheinlich in der zweiten Hälfte der siebziger Jahre, weshalb die Vermutung geäußert wurde, das zweite Offertorium für Seeon sei erst um diese Zeit entstanden.[42] Der überlieferten Entstehungsgeschichte zufolge ist dies aber wenig wahrscheinlich. Sonstige Anhaltspunkte für die Datierung fehlen bis heute. Eine Abschrift von KV 72/74f gelangte nach 1800 nach Leipzig zum Musikverlag Breitkopf & Härtel. Dort erschien 1812 als Teil 3 einer Kantate »Herr, Herr vor deinem Throne« die Erstausgabe des Werkes, allerdings nicht mit dem Originaltext, sondern mit deutscher Textunterlegung »Ausgegangen von Ewigkeit«. Im Gegensatz zur Ausgabe von Schafhäutl (1851) fehlt hier das instrumentale Vorspiel nicht.

Wie schon erwähnt wurde, sind im Seeoner Musik-Inventar von 1803 lange nicht alle im Kloster vorhandenen Mozartwerke verzeichnet worden. Es enthält rund 500 Kompositionen von über 100 Autoren, darunter 245 Messen, mehr als 100 Offertorien, 50 Magnificats und 20 Sinfonien. Von Mozart sind vier Offertorien, zwei Motetten und eine Litanei genannt. In Verfolgung des weiteren Lebensweges des jüngsten Seeoner Konventualen P. Nonnosus Reinhard (1779–1857) nach der Klosteraufhebung fanden Msgr. Alois Kirchberger und der Verfasser im Musikalienbestand des Kollegiatstiftes St. Martin zu Landshut sechs Mozart-Messen in frühen Salzburger Abschriften, die aus der Abtei Seeon stammen. Die Manuskripte besitzen hohen Quellenwert. Zwei davon schrieb der schon genannte Salzburger Kopist und Hofmusiker Estlinger, ein Faktotum der Mozarts. Er hatte die Familie bereits 1762 nach Wien begleitet. Von Estlingers Hand stammen die Abschriften der 1769 für St. Peter in Salzburg bestimmten Dominikus-Messe KV 66 und des dazugehörigen Offertoriums *Benedictus sit Dominus* KV 66a. Die anderen Messen sind: Die Missa brevis KV 140 (1773?), die Missa brevis KV 194/186h (1774), die sogenannte »Spatzenmesse« KV 220/196b (1775/76) und die sogenannte »Orgelsolo-Messe« KV 259 (ebenfalls 1775/76). Von der Hand des letzten Abtes Lambert Neisser, den Wolfgang schon als Knabe kennengelernt hatte und zu dem auch 1776 Kontakte bestanden, als er Professor am akademischen Gymnasium zu Salzburg war, konnte der Verfasser noch zwei weitere Kopien von Mozart-Messen auffinden. Eine, die Missa brevis KV 258 (1776) befindet sich im Musikbestand der Benediktinerinnenabtei Frauenchiemsee.[43] Dort war P. Lambert von 1777 bis zu seiner Abtwahl 1793 Beichtvater. Die andere Abschrift P. Lamberts betrifft die auch in Landshut erhaltene Missa brevis KV 140. Sie befindet sich heute im Heimatmuseum Tittmoning.[44]

All diese Abschriften müssen auf enge Kontakte des Klosters Seeon mit der Familie Mozart zurückgehen. Abgesehen von den drei vor KV 66 komponierten kleinen Messen und der mit vier Trompeten besetzten Trinitatis-Messe KV 167 (1773) besaß das Kloster Seeon alle Mozartmessen bis 1775/76, nicht mehr jedoch die 1776/77 entstandene Messe KV 257 und die wahrscheinlich im April 1776 vollendete Missa longa KV 246a/262. Aus der Zeit nach 1775/76 sind also keine Mozartwerke mehr im Seeoner Bestand nachzuweisen, was die erhaltenen Quellen betrifft. Mit der Abreise Mozarts im März 1781 endeten dessen persönliche Beziehungen zur Abtei ganz.

Zwei Erinnerungsstücke belegen in Seeon die historische Verbindung zu Wolfgang Amadeus Mozart. Bei der Entfernung der alten Orgel im Jahr 1890 hat ein Reichenhaller Lehrer die Klaviatur erworben, auf welcher Mozart zuletzt im Jahr 1780 gespielt hatte, und sie dann dem Heimatmuseum Bad Reichenhall geschenkt. Im Jahr 1988 erwarb sie der Bezirk Oberbayern auf Vorschlag des Verfassers und ließ sie fachgerecht restaurieren. Von den Belägen der weißen und schwarzen Tasten waren die meisten nicht mehr vorhanden und mußten neu angefertigt werden. Als Schauobjekt hat die Klaviatur im Bildungszentrum Seeon des Bezirks Oberbayern ihren endgültigen Platz gefunden.

Im Jahr 1981 erhielt die Gemeinde Seeon als Geschenk von einer Urgroßnichte des P. Johannes von Haasy ein Kinderbildnis, das der Überlieferung zufolge den Knaben Mozart zeigt. Auffallend ist, daß das dargestellte Kind Mädchenkleidung trägt. Dies spricht nicht grundsätzlich gegen ein Knabenbildnis, doch eine zweifelsfreie Identifizierung steht noch aus. Es wäre möglich, daß hier Nannerl Mozart dargestellt ist. P. Johannes von Haasy, dem Mozart das Offertorium *Inter natos mulierum* gewidmet hat, starb 1821 in Seeon. An ihn erinnert ein 1956 neu gestalteter Grabstein an der Friedhofsmauer der ehemaligen Klosterpfarrkirche St. Walburgis.

Konnte sich das kleine Kloster Seeon nicht mit den mächtigen österreichischen Stiften vergleichen, so genoß es doch seiner gelehrten Konventualen und seiner Musikpflege wegen Ansehen. Mozart hat auf seinen Reisen viele Klöster besucht, darunter Lambach, Melk und Kremsmünster, doch nur St. Peter in Salzburg und Seeon können sich rühmen, Widmungsträger Mozartscher Kompositionen zu sein.

Anläßlich der Jahrtausendfeier des Klosters Seeon wurden mit dem Tölzer Knabenchor und dem Convivium Musicum München die beiden Seeoner Offertorien von Mozart die in der Abtei offenbar besonders beliebte Messe KV 140 neu aufgenommen. Die CD enthält an weiteren Kompositionen aus dem alten, zum Teil rekonstruierten Seeoner Musikarchiv: ein festliches Te Deum (1786) von Michael Haydn, eine deutsche Sopran-Arie von Anton Kajetan Adlgasser, sowie Werke der Seeoner Klosterkomponisten Rufinus Sigl (1630), Romanus Pinzger (1750) und Max Keller (1798). Der Musikfreund erhält hier einen repräsentativen Höreindruck von der Qualität der alten Seeoner Klostermusik. Die Interpretation durch den Tölzer Knabenchor gewährleistet erstmals ein authentisches Klangbild dieser einst in der Abtei der Benediktiner erklungenen Kompositionen.[45]

1 BHStA Abt. I, KL 685 Nr. 31.
2 Landesbibliothek Kassel, 4° Ms. theol. 15. – A. Stäblein, Cantatorium (Die Musik in Geschichte und Gegenwart II) 1952, 762 m. Abb. Hier wird Regensburg als Ort der Entstehung angenommen.
3 W. Lipphardt, Notation (Die Musik in Geschichte und Gegenwart IX) 1961, 1619.
4 Clm 17701.
5 Clm 1459, fol. 4. – Auf der Empore der Klosterkirche wurde erstmals 1627 eine Orgel aufgestellt (J. Doll 1912, 52).
6 Ebenda fol. 421.
7 D. Hofmann, Johannes Werlin aus Seeon (Musik aus bayerischen Klöstern I), 1986, 9ff. (mit weiteren Literaturangaben). Dies., Die *Rhythmorum Varietas* des Johannes Werlin aus Kloster Seeon. Phil. Diss. Augsburg 1992 (Druck in Vorbereitung).
8 W. Salmen, Werlin (Die Musik in Geschichte und Gegenwart XIV) 1968, 481f.
9 A. Scharnagl, Sigelius (Die Musik in Geschichte und Gegenwart XII) 1965, 686. – Weitere biographische Angaben clm 1459, fol. 7.
10 R. Münster, Das Musikrepertoire des Kollegiatstifts Tittmoning zur Zeit des Frühbarock (Das Salzfaß NF 24) 1990, 32ff.
11 H. Boberski, Das Theater der Benediktiner an der alten Universität Salzburg (1617–1778) (Theatergeschichte Österreichs 4,1) 1978, 161ff.
12 A. Kutscher, Vom Salzburger Barocktheater zu den Salzburger Festspielen, 1939, 150ff.; C. Schneider, Gesch. d. Musik in Salzburg, 1935, 77.
13 Boberski, Das Theater 159.
14 Vgl. Anm. 11 u. 12. – Zu den zwischen 1753 und 1763 aufgeführten Spielen von Marian Wimmer (Tragoediae in Theatro Juvavensi, Nürnberg 1764) schrieben die Salzburger Komponisten J. E. Eberlin und A. C. Adlgasser die Musik. Eberlin hatte schon Schulkomödien von Benedikt Reicherseder (u. a. 1742) vertont. Zu dem Spiel von Rufinus Widl 1765 schrieb der Hofsänger Joseph Meißner die Musik. Widls Spiel von 1767 wird weiter unten separat behandelt.
15 Ohne Anspruch auf Vollständigkeit seien genannt: Nicolaus Diwel (1750–1797), Columban Freydlsperger (ca. 1650–1727), Bonifatius Fuchs (1764–1790), Georg von Golling (1737–1787), Bernhard Gürtler (1741–1778), Michael Guggenberger (1718–1759), Justinus Härl (1725 bis 1793), Bernardus Horner (1662–1718), Virgilius Kiermayer (1759–1800), Romanus König (1750–1801), Honorat Mezger (1706–1764), Cölestin Möz (1653–1723), Amandus Niedermayr (1752–1801), Romanus Pinzger (1714–1755), Rupert Ranftl (1750–1785), Nonnosus Reinhard (1779–1857), Rogatus Rexroda (ca. 1675–1729), Bernhard Sellmair (1766–1825), Rufinus Sigl (1601 bis 1675), Aegidius Strasser (1730–1788), Johannes Werlin (1588–1666), Marian Wimmer (1725 bis 1793), Benedikt Zaininger (1745–1791) und Adalbert Zwerger (1715 bis 1751). Einige von ihnen waren sicherlich kompositorisch tätig, darunter neben P. Strasser auch P. Kiermayer und P. König. Von Kiermayer nennt das Seeoner Musikinventar eine Messe, von König sechs Messen und eine Litanei. Diese Werke sind verschollen.
16 Clm 1459, fol. 571.
17 R. Münster, Die Münchner Fastenmeditationen von 1724 bis 1774 (Quaestiones in Musica, Festschrift für Franz Krautwurst) 1989, 413ff.
18 Thematischer Katalog der Musikhss. der Benediktinerinnenabtei Frauenchiemsee und der Pfarrkirchen Indersdorf, Wasserburg am Inn und Bad Tölz (Kataloge Bayerischer Musiksammlungen 2) 1975, 21.
19 R. Münster, Kurfürst Max III. Joseph und die musizierenden Patres von Kloster Seeon (Mozart-Jahrbuch 1960/61) 1962, 201.
20 Cgm 6360.
21 Altötting, Archiv der Hl. Kapelle, ohne Signatur. – Den Seeon betreffenden Teil fand der Verfasser unter den Musikalien der Stiftskirche Altötting.
22 Schallplatten-Ersteinspielung der Aria »Gaudete in Domino« (12. 6. 1798): Musica Bavarica CD MB 75 104.
23 Schallplatten-Einspielung CD MB 75 104 (vgl. Anm. 22). Die erste Wiederaufführung der Messe fand am 30. Juni 1973 unter der Leitung von Msgr. Alois Kirchberger auf Frauenchiemsee statt.
24 BHStA Abt. I KL 75. – Adlgasser besuchte das Kloster u. a. vom 18.–21. 10. 1777. Zu Michael Haydn vgl. E. Hintermaier, P. Beda Hübner: Nachrichten über das Ableben Johann Michael Haydns (Das Benediktinerstift St. Peter in Salzburg zur Zeit Mozarts, 1991, 209): »... nichts war ihm lieber, als die Besuche geistlicher Orte, vorzüglich der Klöster, Dechantereyen und Pfarreien; theils in Salzburg, Michaelbayern, Högelwerth, in Bayern die Klöster Chiemsee, Baumburg, Seeon...«
25 Münster, Kurfürst Max III. Josef, 207f.
26 Altötting, Archiv der Hl. Kapelle, Korrespondenz Keller.
27 Mozart, Briefe und Aufzeichnungen III, 1963, 326.

28 BHStA Abt. I KL 75, Diarium des P. Rufinus Widl 1. 1. 1777–17. 3. 1794. Die Einträge lauten zumeist, etwa am 3. 5. 1777: »Sub mensa producta Musica«.
29 Mozart, Briefe und Aufzeichnungen II, 61.
30 Vgl. Anm. 28, Eintrag zum 12. 10. 1777.
31 BHStA Abt. I. KL 672/8.
32 R. Bauerreiß, Mozart und die Benediktiner (StMBO 57) 1939, 81.
33 Clm 17729 (3).
33a Freundliche Mitteilung von Herrn Hans Roth nach BHStA Abt. I KL Seeon 674/10.
34 Vgl. Anm. 28.
35 Zum folgenden vgl. R. Münster, Mozart und Seeon (Schönere Heimat 80) 1991, 159f. Hier sind die Beziehungen Mozarts zum Kloster ausführlich behandelt.
36 Bischöfliche Zentralbibliothek Regensburg, C 151 (Cod. 127 A).
37 Mozart, Briefe und Aufzeichnungen II, 512.
38 Bayerische Staatsbibliothek Handschriften-Abteilung, Schafhäutliana 1.1: Lattner. – Mozart reiste erst im März 1781 nach Wien.
39 Mozart, Briefe und Aufzeichnungen I, 287ff.
40 W. A. Mozart, Offertorium auf das Fest des hl. Johannes..., München: Aibl 1851.
41 Bauerreiß, Mozart 82.
42 C. Eisen, Mozart's Salzburg Copysts: Aspects of Attribution, Chronology, Text, Style and Performance Practice (Mozart-Studies), 1991, 281ff.
43 Vgl. Anm. 18. Manuskript FW 133.
44 R. Münster, Eine neue Mozart-Quelle (Acta Mozartiana 33) 1986, 19f.
45 Musica Bavarica CD MB 75 110, gefördert vom Bezirk Oberbayern.

195 Klaviatur der 1890 abgebrochenen alten Seeoner Klosterorgel, auf der W. A. Mozart gespielt hat. (Kultur- und Bildungszentrum des Bezirks Oberbayern)

Folgende Seite

196 Die Orgel in der Klosterkirche, 1727 unter Abt Rufinus Mayr erbaut, Orgelprospekt und Emporenbrüstung laut Wappen aus der Regierungszeit von Abt Benedikt Reicherseder 1753–1760

S·ZYRIACVS

Die Orgeln der Klosterkirche Seeon

Karl Maureen

Die sogenannte »Mozart«-Orgel in der ehemaligen Benediktinerabteikirche St. Lambert in Seeon wird sicher nicht die erste Orgel in diesem Gotteshaus gewesen sein. Über ihre Vorgängerin ist uns allerdings nichts bekannt. Die Orgel entstand (nach Walter Brugger, in diesem Band S. 296) im ersten Jahr des neu erwählten Abtes Rufinus Mayr, im Jahre 1727. Der Rokokoprospekt freilich, mit dem Dreischildwappen des Abtes Benedikt Reicherseder, und die Rocaillen an der Emporenbrüstung, weisen in die Jahre 1753–1760.

Durch die Anordnung mit den 11 größten Pfeifen in der Mitte und je 17 Pfeifen in den beiden Seitenfeldern konnten bei 45 Manualtasten alle Prinzipalpfeifen im Prospekt angeordnet werden. Gehäuse und Prospekt sind nach alter Tradition in saubberster handwerklicher Manier ausgeführt. Wie in damaliger Zeit üblich, wurde großer bildhauerischer Aufwand getrieben mit verschnörkelten Schleierbrettern, Wappen, Posaune blasenden, Mitra und Krummstab tragenden Putten. Unterhalb des Mittelfeldes blickt ein Engel mit äbtlicher Inful auf die Musizierenden.

Heute noch können wir die Spielanlage im Mittelfeld des Unterbaus erkennen mit den Spunden für die Registermanubrien samt deren Bezeichnungen. Demnach waren 12 Manualregister und 6 Pedalregister vorhanden. Auch Joseph Gabriel Rheinberger spricht in seinem Gutachten von 18 Registern und nennt ausdrücklich 6 gemischte Stimmen bzw. Farb- und Aliquotregister.

Folgende Disposition können wir als wahrscheinlich annehmen:

Manual	Princip	(8′)
	Biffaro	(8′) Schwebung ab c°
	Copel	(8′ oder 16′)
	Quintad	(8′)
	Gamba	(8′)
	Flautrov	(8′ oder 4′)
	Octav	(4′)
	Fletten	(4′)
	Quinta	(3′)
	Waldflet	(2′)
	Mixtur	(2′ 4fach)
	Cymbl	(1′ 3fach)
Pedal	Principal Bass	(16′)
	Octav Bass	(8′)
	Gamba Bass	(8′)
	Quint Bass	(6′)
	Mixtur Bass	(2⅔′ 5fach)

Ein weiteres Register im Pedal wird vermutet: entweder Superoctav Bass 4′ oder Subbaß 16′. Eine mit »Bass« bezeichnete zugespundete Führung könnte die Pedalkoppel gewesen sein, eine weitere ein Calcantenruf.

Interessant ist, daß die Disposition auch hier keine Zungenregister enthält, die weder in Süddeutschland noch in Italien als sonderlich notwendig erachtet worden waren. Eine ganz ähnliche Disposition führt Rudolf Quoika für die Seeoner Orgel in seinem Buch »Über die Orgeln in Altbayern«, Berlin 1968 S. 47, auf.

Diese relativ große Orgel war einmanualig. Die ursprüngliche Manualklaviatur, auf der Mozart mehrmals gespielt hat, ist uns glücklicherweise erhalten geblieben. Es ist eine einarmige Klaviatur mit kurzer unterer Oktave mit einem Umfang bis c^3. Optisch beginnt sie mit der Taste E, auf der aber C erklingt, auf Taste Fis klingt D, auf Taste Gis das E. So fehlen also die Töne Cis, Dis, Fis und Gis, die in der Orgelmusik dieser Zeit gerne ausgespart wurden.

Zudem sparte man Platz im Gehäuse und Material für die Pfeifen (nähere Beschreibung: Robert Münster, Katalog zur Ausstellung: Glanz und Ende der alten Klöster, Benediktbeuern/München 1991).

Das Pedal hatte den Umfang C, kurze Oktave bis a°, ein in Süddeutschland und Österreich regulärer Umfang. Ob bei diesen 18 Tasten nur 12 chromatische Töne geklungen haben, wie z. B. bei der hervorragend restaurierten Sieber-Orgel in St. Michael in Wien, kann bezweifelt werden. Bei dieser Anordnung klängen nämlich in der unteren Oktave die Töne der kurzen Oktave, in der zweiten Oktave erklängen nur dieselben Töne wieder, diesmal allerdings ergänzt durch die noch fehlenden chromatischen Töne.

Wer war der Erbauer dieser Orgel? Seeon gehörte zum Einflußbereich des Fürsterzbistums Salzburg. So ist es naheliegend, daß die Orgel dem Salzburger Orgelbauer Johann Christoph Egedacher (1664 bis 1746) aus der berühmten bayerisch-österreichischen Orgelbauer-Dynastie Egedacher zugeschrieben wird. Bestätigt wird diese Vermutung durch eine Reihe erhaltener Pfeifen, die von Hand mit »Egedach« signiert sind.

Wie hat diese Orgel geklungen? Natürlich können wir dies nur vermuten nach Abhören ähnlicher Instrumente aus der gleichen oder aus ähnlichen Werkstätten. Wir wären bestimmt begeistert. Für Rheinberger und seine Zeitgenossen allerdings war die Orgel unerträglich schreiend. Was würde Rheinberger empfunden haben, wenn er manche unserer modernen Orgeln hätte hören können. Wir empfinden den Klang der Orgeln aus der Jahrhundertwende eher als mulmig, dagegen die Instrumente aus der Mitte des 18. Jahrhunderts als mild glänzend im Plenum und charakteristisch in jeder Einzelstimme.

Immer wieder wurde versucht, Orgeln dem Geschmack der Zeit anzupassen. So wurde 1890 die Münchner Werkstätte »F. B. Maerz Orgelbauanstalt München«, wie es im Firmenschild am Spieltisch heißt, mit einem Orgelneubau beauftragt. Die Richtung war vorgegeben durch ein Gutachten von Joseph Gabriel Rheinberger, dem Münchner Orgelprofessor.

»Aus den Beilagen und Zuschriften erhellt ganz zweifellos die Nothwendigkeit einer eingreifenden Erneuerung dieser ehrwürdigen Kunstreliquie, die nachgewiesenermaßen schon im Jahre 1766 von dem damals zehnjährigen W. A. Mozart häufig gespielt wurde. Abgesehen von dem hohen Alter ist es auch die Disposition des Werkes, welche nicht mehr zeitgemäß genannt werden kann – war eben der Geschmack vor 125 und mehr Jahren doch ein ganz anderer als heutzutage. Man bedenke allein daß hier unter 18 Registern sich 6 gemischte Stimmen (Quintaton 8′, Quint 2⅔′, Mixtur 2′ vierfach, Cymbel 1′ dreifach, Qintbass 5⅓′ und Mixturbaß 2⅔′ fünffach) finden, ein Verhältniß, das dem modernen Ohre unerträglich schreiend erscheint. Absolut nothwendig ist der Umbau des Pedals, dem nach der naiven Ersparungsmanier jener Zeit die 4 tiefen Töne Cis, Dis, Fis und Gis fehlen, was man besser ›mangelhafte‹ statt ›kurze‹ Octave genannt hätte.

Dieselbe ›kurze‹ Octave befindet sich natürlich auch mit allen Consequenzen auf dem Manuale.
Die neuvorgeschlagene Disposition enthält 16 klingende Register, mit deren Auswahl man wohl einverstanden sein kann, obschon ich auf dem 2. Manuale nicht gerne eine 2füßige Waldflöte vermisse, die einerseits im Plenum die mangelnde Superoctav 2′ ersetzt und das 2. Manual (als kleines Ganzes für sich) besser vervollständigt hätte. Man könnte dann vielleicht Liebl. Gedeckt ersparen, da ohnedem genügend 8füßige Register vorhanden sind.« Nach diesen Kriterien hatte die alte Orgel keine Chance mehr. Beibehalten wurden das Gehäuse mit den Seitenwänden, der Prospekt mit seinen Prinzipalpfeifen und einige Innenpfeifen-Reihen, die aber alle überarbeitet wurden. Es wurde ein zweimanualiger Spieltisch mit Blickrichtung zum Altar gebaut, dessen Manualklaviaturen auf C chromatisch bis f^3 und dessen Pedalklaviatur auf C chromatisch bis d^1 erweitert wurden. Die Disposition lautete:

Hauptwerk	Bourdon	16′ab c°
	Principal	8′
	Tibia	8′
	Gamba	8′
	Gedackt	8′
	Oktave	4′
	Traversflöte	4′
	Mixtur	2⅔′ 4fach
Hinterwerk	Geigenprincipal	8′
	Dulzgedackt	8′
	Weidenpfeife	8′
	Fugara	4′
Pedal	Violon	16′ (C-H 5⅓′)
	Subbaß	16′
	Oktavbaß	8′
	Trompete	8′

Mechanische Kegelladen
Manualkoppel
Pedalkoppel I

Eine exzellente Arbeit ist die mechanische Spiel- und Registertraktur. Das ist noch echtes, denkmalwürdiges Handwerk. Allerdings ist auf einer solchen Spieltraktur, die pro Taste anstatt eines einzigen Ventils so viele Kegel-Ventile wie Register mechanisch bewegen muß, jede sensible Anschlagsart eine Illusion. Da war auch Maerz am Ende seiner Fähigkeiten angelangt. Die damals einsetzende Pneumatisierung und Elektrifizierung im Orgelbau war denn auch hoch willkommen.
Allein bei der Betrachtung der Disposition kann sich der Kenner ein genaues Bild machen vom Klang des Instrumentes und von den Möglichkeiten, auf ihm zu musizieren. Die Orgel ist außerordentlich grundtönig gehalten mit Einzelstimmen, die durchaus ihren Charme haben, die aber eher ein Crescendieren anzeigen aus dem breiten 8′-Bereich über die Auffüllung mit 4′-Stimmen zum vollen Werk mit der tiefen Mixtur. Das Hinterwerk ist nur als Begleit- und Echowerk gedacht. Während die »Mozart«-Orgel im kleinen Format weltoffen, farbig und glänzend disponiert war und auf ihr alle große Literatur der Zeit aus Süddeutschland und Italien gespielt werden konnte, ist die Maerz-Orgel eine typische Dorforgel der Zeit vor 1900, eingehend auf die damaligen liturgischen Erfordernisse, ausreichend für alle improvisatorischen Belange, aber ungeeignet zur gültigen Darstellung auch nur der mittleren Orgelliteratur der Romantik.
Die Farblosigkeit dieser Orgel hat die Organisten im Trend zu neobarocken Idealen so sehr gestört, daß die Orgelbaufirma Schuster in München im Jahr 1955 veranlaßt wurde, durch Abschneiden von Pfeifenreihen aus der Tibia 8′ ein Nachthorn 2′, aus dem Geigenprincipal 8′ einen Violprincipal 4′ und aus der Fugara 4′ ein Nasard 2⅔′ zu machen. Zur Aufhellung wurde die Mixtur von 2⅔′ auf 2′ umgestellt.
Die Anreicherung mit helleren Farben im Jahr 1955 war aus denkmalpflegerischer Sicht ein ganz erhebli-

cher Eingriff, der noch dazu klanglich wenig gebracht hat.
Inzwischen sind die Planungen für einen Orgelneubau abgeschlossen. Unter Verwendung der Egedacher-Disposition, verteilt auf zwei Manuale und Pedal, wird im alten Gehäuse eine Orgel stehen, die dem prächtigen Prospekt auch in ihrer spieltechnischen und klanglichen Qualität entsprechen wird.

Seeon als Kurort

Hans-Jürgen Schubert

Die Säkularisation von 1803 traf ein lebendiges und wirtschaftlich gesundes Kloster,[1] so daß uns seine Aufhebung heute nicht verständlich erscheint. Freilich dachten die damaligen Vertreter der staatlichen Autorität ganz anders. Ihre Haltung mag eine Bemerkung des kurpfalzbayerischen General-Landesdirektionsrates Joseph Hazzi charakterisieren: »Das Kloster Seon in einer wilden, von Wald und Sumpf eingeschloßnen Gegend, liegt in der Mitte eines Sees, worüber zwei hölzerne Brücken führen... Seit dem Jahr 994 scheint weder die Gegend, noch das Innere des Klosters an Reinlichkeit, Geschmack und Aufklärung einen Fortschritt gemacht zu haben.«[2] Ähnlich kritisch sieht der eifernde Aufklärer auch die benachbarten Chiemseeklöster, Baumburg und die Verhältnisse in den umliegenden Landgerichten.

Nachdem die 24 Konventualen und das 33 Personen umfassende Klosterpersonal notdürftig versorgt oder abgefunden und die beweglichen Güter eingezogen bzw. an Privatleute veräußert waren,[3] blieb die Frage nach der Nutzung der weitläufigen Gebäude und der zugehörigen Landwirtschaft in dem kleinen Dorf mit seinen fünf Häusern und 44 Einwohnern.[4] Da es an kapitalkräftigen Käufern mangelte, wurde 1804 offenbar für kurze Zeit erwogen, den vereinigten Sitz der Landgerichte Kling und Trostberg hierher zu verlegen, das Vorhaben ist nicht zuletzt auch wegen der schlechten Erreichbarkeit Seeons aber bald wieder aufgegeben worden.[5]

Nach mehreren vergeblichen Versuchen gelang es schließlich, den »bürgerlichen Bäck zu München«, Xaver Distler, als Käufer zu gewinnen, dem im Dezember 1804 die Klostergüter übergeben wurden. Ausgenommen waren dabei die Stiftskirche, der Salzkammerstock (mit Sakristei und Laimingerkapelle), das Apotheker- und das Amtsschreiberhaus sowie einige meist kleinere Grundstücke.[6] Distler wirtschaftete gut und konnte 1810 auch die Fischerei auf allen klösterlichen Seen ersteigern,[7] so daß er seiner Tochter Rosina und dem Schwiegersohn Georg Reichenwallner am 3. Januar 1815 einen gesunden Betrieb hinterlassen konnte.

Schon vorher war ein Ereignis eingetreten, das die Geschicke Seeons für mehr als achtzig Jahre maßgeblich beeinflussen sollte: Ein ehemaliger Klostertagelöhner erkrankte so schwer an Gicht, daß er sich der alten Heilquelle erinnerte, die nach der Säkularisation in Vergessenheit geraten und zugeschüttet worden war. Nachdem er die wiederentdeckte Quelle benutzt hatte, genas der Kranke nach kurzer Zeit. Distler eröffnete daraufhin ein Bad, das bald Gäste aus der Umgebung anlockte.

Sicher hatten schon die Mönche um die heilkräftige Wirkung des Wassers gewußt, seine Existenz aber geheimgehalten, um in ihrer Klausur nicht gestört zu werden.[8] Richtig in Schwung kam der Badebetrieb aber erst unter Georg Reichenwallner und seiner zweiten Gemahlin, die dafür eine Reihe von baulichen Veränderungen vornahmen und Seeon zum Kurort machten.

Im ersten Stock des Klostergebäudes wurden zunächst 18 Zimmer eingerichtet, »wovon diejenigen, welche die Aussicht auf den See haben, die angenehmsten sind«.[9] Das Refektorium wandelte man in den »Badsaal« um, der in kleine abgeschlossene Zellen abgeteilt 30 Badewannen enthielt. Im ehemaligen Festsaal speisten jetzt die Gäste, seine Tafel bot für etwa dreißig Personen Platz, die sich unter den »Porträts des Pfalzgrafen Aribo IV. nebst seiner Gemahlin Adelheid in Lebensgröße in altdeutscher Tracht« versammelten. Gärten zu beiden Seiten der stattlichen Gebäude lieferten Obst und Gemüse für den preiswerten Mittag- und Abendtisch. Außerdem ließ Reichenwallner 1816 anstelle der bisherigen Brücke aus Kostengründen einen Damm zum Festland anlegen, den man später zwar wieder beseitigen wollte, wozu es aber nicht mehr kam.[10]

Die Gäste stammten aus der näheren und ferneren Umgebung, aber auch aus München, von dem man mit dem Eilwagen etwa 8 Stunden bis Frabertsham und von da über Obing eine weitere Stunde mit dem Postfuhrwerk benötigte.

Nach dem Ableben von Reichenwallners zweiter Frau 1845 ließ der Besuch offenbar deutlich nach. Als der Besitzer starb, verkauften seine neun Kinder aus den beiden Ehen den Besitz am 28. Oktober 1852 an die Kaiserinwitwe von Brasilien, Dona Amalia, Herzogin von Braganza, geb. Prinzessin von Leuchtenberg (1812–1873). Ihr gehörte bereits seit 1845 die nahegelegene Hofmark Stein. Ein Jahr später (am 23. Mai 1853) erwarb sie auch noch den Seeoner See vom Staat hinzu.

Damit begann die Blütezeit des Bades unter dem herzoglich-leuchtenbergischen Administrationsrat Adolph Otto, der mit großer Tatkraft und »ansehnlichen Summen« an die Renovierung der in der letzten Zeit vernachlässigten Anlage ging. »Im ersten Jahre (1853) wurden sämtliche 15 Zimmer im oberen Stocke des östlichen Conventflügels ... und 6 Zimmer ... im Prälatenstock mit hübschen Tapeten, neuen Fußböden und Oefen versehen und elegant und bequem möbliert«.[11] Später erhöhte sich diese Zahl auf 25 und 1855 sogar auf 37. Außerdem dachte man an einen Ausbau des zweiten Stockwerks, doch dazu kam es anscheinend erst viel später, da 1888/89 von 60 eingerichteten Zimmern die Rede ist.[12] Auch die Ausstattung des »Badelokals« wurde erneuert. Die nunmehr 14 »Badekabinette« für Männer und 7 für Frauen erhielten »ganz neue hölzerne und kupferne Badwannen«.

Die Hauptverbesserung lag jedoch bei der Zuleitung der Quelle, die zwischen dem östlichen Flügel des Klosters und dem See etwa 32 m vom Ufer entfernt in einem brunnenartig ausgemauerten Schacht von 2,60 m Tiefe und etwa 1 m Breite gefaßt war, den man später auf 4,28 m Tiefe und 1,5 m Breite erweiterte.[13] Von dort wurde das Wasser ursprünglich in einen großen Kessel im Baderaum gepumpt, erwärmt und mit Eimern verteilt. Jetzt konnte jede einzelne Badewanne über ein Rohrsystem mit Kalt- und Warmwasser aus zwei dafür angelegten Reservoiren versorgt werden.

Das nach Schwefelwasserstoff riechende und nach Eisen schmeckende Mineralwasser wurde zwischen 1822 und 1882 viermal von Fachleuten untersucht, die sich durchaus positiv über seine Wirkung äußerten.[14]

Als Indikationen wurden hauptsächlich Gicht, Arthritis und Rheumatismus genannt. Aber auch bei Nervenleiden und Skrofulose sollte sich Besserung einstellen.[15] Zusätzlich verabreichte man Trinkkuren, auch mit anderen Mineralwassern. Außerdem konnte sich der Gast Kneipp'schen Anwendungen unterziehen, Bäder in Sole nehmen, die vom Hauptsalzamt in Traunstein bezogen wurde, oder täglich frische Ziegenmolke trinken. Für Seebäder dienten

»zwei freundliche, auf eichene Pfähle gebaute Badhäuschen, jedes mit zwei Abtheilungen«.[16] Nicht zuletzt trug die milde und reine Luft zur Gesundung bei, um die sich einmal wöchentlich der aus Stein a.d. Traun kommende Badearzt kümmerte.[17]

Nun erwartete der Kurgast damals wie heute nicht nur medizinische Anwendungen, gutes Essen und gepflegte Unterkunft – all dies wird bei Seeon wiederholt lobend hervorgehoben – sondern auch Unterhaltung.

Hier waren die Möglichkeiten anfänglich noch bescheiden: Spaziergänge und Wanderungen in die Umgebung, etwa zum Höhen- oder Waltenberg oder auch nur zu dem am nahen Weinberg gelegenen vielbesuchten Sommerkeller. Dieser war von Abt Rufinus Mayr (1727–1753) im ersten Jahr seiner Amtszeit angelegt, von Reichenwallner für den Gastbetrieb umgestaltet und später von der Leuchtenbergischen Verwaltung erweitert und durch die Anlage einer Pappelallee verschönert worden.[18] Viele Gäste taten sich zu »Tagesparthien« zusammen, um in »eleganten Ein- oder Zweispännern« den Chiemsee und seine Inseln, die Ratzingerhöhe bei Rimsting, Traunstein, Rosenheim oder Siegsdorf, Marquartstein und den Wendelstein zu besuchen. Abends waren Gesellschaftsspiele oder musikalische Unterhaltung geboten. Manchmal sorgte sogar ein Feuerwerk mit Seebeleuchtung für Abwechslung. Auch hier bemühte sich die neue Besitzerin um größere Vielfalt. Ein eigener Salon für Billard und andere Spiele, eine Bibliothek mit den neuesten Zeitungen und ein Flügel standen den Gästen jetzt zur Verfügung. Tagsüber luden die neugestalteten Obst- und Blumengärten zum Verweilen ein. »Sie gewähren mit ihren zierlichen, zum Theil im englischen Style neu angelegten Spaziergängen, Sommerhäuschen, Ruhehäuschen und Anpflanzungen mannigfacher Art einen sehr angenehmen Aufenthalt... Bei ungünstigem Wetter bieten die unvergleichlich großen, hellen und freundlichen Gänge der [Kloster]Gebäude Promenaden dar, wie man solche kaum an anderen Badeorten finden dürfte.«[19] Für Angler und Liebhaber von Wasserfahrten lagen an dem fischreichen See mit seinen Wallern, Hechten, Karpfen und Schleien, der 1854 um ca. 60 cm abgesenkt worden war, Boote bereit.

Auch die Kommunikationsverbindungen wurden verbessert. Das kgl. Oberpostamt München richtete während der Badesaison eine tägliche Briefpostverbindung durch Boten von Stein/Traun ein.[20] Für 1875 und die folgenden Jahre stand während des Sommers eine Telegraphenstation zur Verfügung, für die ein eigener »Adjunct« abgeordnet wurde, da sich der Postexpeditor durch die Badegäste so ausgelastet fühlte, daß er diesen Dienst nicht mitübernehmen konnte.

Mit alledem kam der kleine Kurort so recht zeitgenössischen romantischen Vorstellungen entgegen. Inmitten einer reizvollen Landschaft in ländlicher Abgeschiedenheit und Stille bot er einen Kontrast zum lärmenden Trubel der Stadt. Kirche und Klostergebäude erinnerten an die große Zeit des Mittelalters und an die Vergänglichkeit irdischer Macht und Herrlichkeit.

Diese Empfindungen schlugen sich nicht nur in zeitgenössischen Berichten nieder,[21] sondern boten auch Anlaß für eine belletristische Beschäftigung mit Seeon, wie im Werk der anglo-irischen Schriftstellerin Jemima Montgomery (1805–1893) aus dem Hause der Earls of Eglinton-Winton, die 1838 den Kämmerer und Ministerialrat Cajetan Joseph Friedrich von Tautphoeus (1805–1885), später Herr auf Marquartstein, geheiratet hatte.[22] Sie war die Verfasserin damals vielgelesener Romane, welche in meisterhaften Schilderungen die angelsächsische Welt mit Bayern vertraut machten und zahlreiche Besucher anlockten.[23]

Der dreiteilige Roman »The Initials« erlebte zwischen 1850 und 1863 sechs Auflagen und erschien auch als »Die Anfangsbuchstaben« 1854 in deutscher Übersetzung. Darin wird ein junger englischer Adeliger auf seiner Bildungsreise durch Deutschland aufgrund einer Verwechslung nach Seeon verschlagen und lernt dort seine zukünftige Frau aus einer Münchner Bürgerfamilie kennen. Das Kloster und der Badebetrieb sind offenkundig aus eigenem mehrmaligen Erleben recht detailliert geschildert.

Ein weiterer Verehrer Seeons war der Schriftsteller und Volkskundler Ludwig Steub (1812–1888), der ebenfalls von seinen wiederholten Aufenthalten sehr angetan war. »Eine wohlbemessene Vereinigung von trefflichem Bier, ausgezeichneten Wallern, guten Matratzen und historischen Erinnerungen ist es ja eben, was unserm Seon sein eigenthümliches Bouqet verleiht«, schwärmt er etwa bei seinem dritten Besuch 1861.[24]

Bei solchen administrativen und publizistischen Anstrengungen hätte es um die Attraktivität des Bades bestens bestellt sein müssen. In der Tat »war die Abtei zum Brechen voll«, notiert Steub für den August 1861, und das mag in diesen Jahren öfters so gewesen sein.

»Annoch liefern das gebildete München und die Landgerichtssitze der Nachbarschaft die meisten der Gäste.«[25] Doch selbst zur besten Zeit erreichte die Zahl der Heilung Suchenden nicht einmal 200 im Jahr, sie schwankte zwischen 86 (1858) und 183 (1868) und ließ Ende der achtziger Jahre deutlich nach, um nach einer Renovierung um 1888/89 noch einmal kurze Zeit anzusteigen. So verhielt es sich auch mit den abgegebenen Bädern.[26] Um 1900 scheint der Badebetrieb eingestellt worden zu sein.[27]

Die Ursachen für diesen Niedergang mögen zum einen in der Konkurrenz der anderen nahegelegenen Kurorte (Adelholzen, Empfing, Reichenhall, Traunstein) mit ihren wirksameren Quellen gelegen haben, die deshalb schon damals wesentlich stärker frequentiert waren. So meldete beispielsweise Adelholzen für das Jahr 1869 genau 600 Gäste.

Aber auch der Besitzerwechsel und damit verbundene Verpachtungen hatten wohl eine Rolle gespielt. Nach dem Tode Dona Amalias am 26. 1. 1873 fiel Seeon zunächst an ihre Schwester Josephine, Königin von Schweden (1807–1876), von der es noch im gleichen Jahre (1873) Amalias Neffe, Fürst Nikolaus Romanowskij, Vierter Herzog von Leuchtenberg (1843–1891), erwarb,[28] der von seiner Tante das nahegelegene Besitztum in Stein/Traun geerbt hatte, wo er sich auch die meiste Zeit aufhielt. Unter dem neuen Eigentümer entwickelten sich die Besucherzahlen eher rückläufig, doch versuchte man, dem mit einer Renovierung der Anlage 1888/89 zu begegnen. Das Hotel »vollständig neu restauriert, enthält 60 auf's Beste eingerichtete hohe luftige Zimmer mit vortrefflichen Betten, Konversations-, Restaurations-, Musik- und Spiel-Säle mit Billiards, sowie Lesezimmer und Bibliothek.«[29] Daraufhin stellten sich wieder vermehrt Gäste ein. Vielleicht hatte dabei auch der Hinweis für den »hochwürdigen Klerus« genutzt, »daß in Bad Seeon fast immerwährend katholische Geistliche zu treffen sind«. Das Ende zeichnete sich ab, als nach dem Tode des Fürsten die beiden Söhne Nikolaus, Herzog von Leuchtenberg (1868–1928), und sein Bruder Georg (1872–1929) nicht nur Stein/Traun, sondern auch den zu Seeon gehörigen Landbesitz 1892 an den damals noch minderjährigen Grafen Josef von Arco-Zinneberg (1881–1924) verkauften.[30] Sie selbst behielten noch die Klostergebäude, die in den folgenden Jahrzehnten einem wechselvollen Schicksal ausgesetzt waren. Im Jahr 1934 ersteigerte der aus Schlesien stammende Dr. Max Wiskott die Anlage, die zeitweise als SA-Schule, dann als Arbeitsdienstlager und während es Zweiten Weltkrieges als Lazarett diente. Ab 1945 wurde sie als Flüchtlingslager für fast 700 sudetendeutsche Heimatvertriebene verwendet. Die Familie W. Hirschfeld aus Heidelberg, die Seeon 1953 erwarb, richtete eine Polstermöbelfabrik in den ehemaligen Wirtschafts- und ein Hotel in den Wohngebäuden ein. Die Schule für den Bundesgrenzschutz und der Standort einer Hundertschaft der Bayerischen Bereitschaftspolizei waren ebenfalls nur kurzfristiges Gastspiel, bis die heruntergekommenen Gebäude 1987 in den Besitz des Bezirks Oberbayern übergingen, der hier ein Bildungszentrum einrichtete.[31] Der häufige Wechsel der Eigentümer und des Verwendungszwecks machen deutlich, daß es den Besitzern nicht gelang, das ehemalige Kloster wirklich mit Leben zu erfüllen. Auch die Nutzung als Heilbad blieb letztlich eine heute kaum erinnerte Episode, die keine Auswirkungen auf den Fremdenverkehr hatte, der Seeon erst nach dem Zweiten Weltkrieg aus seinem Dornröschenschlaf weckte.

1 R. Haderstorfer 1967, S. 90f.
2 J. Hazzi, Bd. 3 (1804), S. 607.
3 Vgl. R. Haderstorfer 1967, S. 158ff.; H. Scholz 1971, Bd. 1, S. 26 gibt demgegenüber 29 Konventualen, 2 Laienbrüder und 20 Angehörige des Klosterpersonals zum Zeitpunkt der Auflösung an.
4 So M. Deutinger für das Jahr 1817 (Tabellarische Beschreibung des Bisthums Freysing. München 1820). Auch späterhin veränderte sich die Einwohnerzahl von Klosterseeon nur unwesentlich. Sie lag für 1832 bei 50 (J. A. Eisenmann – C. F. Hohn, Topographisch-statistisches Lexicon..., Erlangen 1831–32. Bd. II, 658), 1834 bei 51 (J. v. Drouin 1835, S. 43) und 1987 bei 35 Bewohnern (Amtliches Ortsverzeichnis für Bayern. Stand 1987. München 1991, S. 150).
5 L. Sailer in: Heimatspiegel 3 (1931) Nr. 2; zunächst war eine Verlegung nach Obing verfügt worden (Churbairisches Regierungsblatt v. 17. 8. 1803). Da dort aber nicht die notwendigen Räumlichkeiten vorhanden waren, faßte man Seeon ins Auge, beließ den Sitz aber am 5. 10. 1804 endgültig in Trostberg; vgl. auch R. Haderstorfer 1967, S. 143f.
6 R. Haderstorfer 1967, S. 144; C. Siegert, S. 188f.
7 R. Haderstorfer 1967, S. 171f.
8 J. v. Drouin 1835, S. 29; C. Siegert 1856, S. 190f.; L. Steub 1864, Hochland, S. 306. Über Seeons Rolle als »Heilbad« sind wir durch eine Reihe zeitgenössischer Schilderungen recht gut informiert, vgl. Literaturverzeichnis.
9 J. v. Drouin 1835, S. 30; A. Vogel, S. 108; die Angabe Drouins »mehr als 70« ist wohl überhöht.
10 J. v. Drouin 1835, S. 33; H. Fehn, S. 64.
11 C. Siegert 1835, S. 192.
12 G. C. Wittstein, S. 5; C. Siegert 1835, S. 194; R. Haderstorfer, S. 172.
13 E. Egger, S. 21.
14 Prof. Dr. A. Vogel war 1822 vom kgl. bayer. Staatsministerium beauftragt worden; der bekannte Hygieniker Max Joseph Pettenkofer folgte 1853, wenig später dann G. C. Wittstein 1854 und schließlich Egger 1882. Zur Zusammensetzung vgl. A. Vogel, S. 109f.; C. Siegert 1835, S. 196ff.; G. C. Wittstein, S. 6ff. und E. Egger, S. 16.
15 J. v. Drouin 1835, S. 31; C. Siegert 1856, S. 198f.
16 C. Siegert 1856, S. 195.
17 C. Siegert 1856, S. 200.
18 J. v. Drouin 1835, S. 54; C. Siegert 1856, S. 178, 205.
19 C. Siegert 1856, S. 194f. und S. 191.
20 C. Siegert 1856, S. 200.
21 So etwa bei J. v. Drouin 1835, S. 39ff.
22 Genealog. Handbuch des in Bayern immatrikulierten Adels 1 (1950) 675.
23 Tautphoeus, Helmuth v. in: Der Zwiebelturm 5 (1950) 140.
24 L. Steub 1864, Wanderungen, S. 116; vgl. auch Hochland 1860, S. 307.
25 L. Steub 1864, Wanderungen, S. 117; ähnliches hatte A. Vogel (S. 109) schon für 1825 festgestellt. H. Fehn (S. 64) nennt für 1846 mehr als 200 Kurgäste und über 1000 Bäder.
26 Für die Zeit 1858 bis 1892 liegen statistische Angaben aus dem Generalbericht über die Sanitäts-Verwaltung im Königreich Bayern vor. Für 1892 heißt es: »Das Mineralbad war im Jahre 1892 stärker besucht als in letzten Jahren, doch wird die schwache Schwefelquelle im Allgemeinen weniger benutzt als die milden Seebäder«. Später wird

Seeon als Kurort nicht mehr erwähnt. Der Umfang der abgegebenen Mineralbäder variierte zwischen 210 (1881) und 902 (1868), der Solebäder zwischen 53 (1878) und 430 (1882), der verschriebenen Seebäder zwischen 120 (1861) und 1022 (1868).

27 Doll 1912 (S. 70) schreibt jedenfalls um 1910: »Eine Zeitlang war es [Seeon] ein viel besuchter Kurort. Heute hat es diesen Ruf völlig eingebüßt.«

28 Trostberger Wochenblatt v. 31. 1., 25. 4. und 30. 9. 1873.

29 Traun-Alz-Salzach-Bote v. 21. 5. 1889.

30 Trostberger Wochenblatt v. 2. 9. 1893. S. dazu auch den Beitrag »Das herzogliche Haus Leuchtenberg und Seeon« von Hans Hofer und Gerhart Nebinger in diesem Buch.

31 H. Fehn 1957, S. 65; R. Haderstorfer 1967, S. 172f.; W. Brugger, Seeon, 1991, S. 36.

Abgekürzt zitierte Literatur

Adalbert von Bayern: Die Herzen der Leuchtenberg. München 1963

Doll, Johann: Seeon, ein bayerisches Inselkloster. München 1912

Drouin, Josephine v.: Kurze Beschreibung des Bades Seeon's im königlich bayerischen Isarkreise... München 1835

Egger, E.: Analyse der Schwefelquelle zu Seeon in Oberbayern. München 1882

Fehn, Hans: Die Entwicklung der Seeoner Kulturlandschaft seit 1800. In: Die Landschaft von Seeon. Hrsg. v. Richard Finsterwalder und Hans Fehn. München 1957, S. 61–78

Führer durch Bad Seeon und Umgebung. Würzburg, Wien 1889

Haderstorfer, Rudolf: Die Säkularisation der oberbayrischen Klöster Baumburg und Seeon. Stuttgart 1967

Hazzi, Joseph v.: Statistische Aufschlüsse über das Herzogtum Baiern aus ächten Quellen geschöpft. 9 Bde. [Seeon in Bd. 3,2]. Nürnberg 1801–1808

Das Mineralbad in Seeon. In: Vaterländisches Magazin 4 (1840) S. 159–161

Das Mineral-, Soole-, See- und Schwefel-Bad Seeon am Seeoner See in nächster Nähe des Chiemsees. Amorbach 1886

Scholz, Helmut: Das Kloster Seeon. Baugeschichtliche Untersuchungen mit Rekonstruktionsversuchen. 2 Bde. München 1971

Siegert, Carl: Seeon in Oberbayern, einst Schloß, dann Kloster, nun Curort mit Mineral-, Soolen- und Seebädern... München 1856

Steub, Ludwig: Das bayrische Hochland. München 1860

Steub, Ludwig: Seon. In: Ludwig Steub, Wanderungen im bayerischen Gebirge. 2. Aufl. München 1864

Vogel, August: Die Mineralquellen des Königreiches Bayern. München 1829

Wittstein, G. C.: Chemische Untersuchung des Mineralwassers von Seeon in Oberbayern. München 1854

Das herzogliche Haus Leuchtenberg und Seeon

Hans Hofer und Gerhart Nebinger

Seeon und das herzogliche Haus Leuchtenberg

Infolge der Aufhebung des Benediktinerklosters Seeon in der Säkularisationszeit 1802/03 wurden die Klostergebäude mit dazugehörigem Grundbesitz von Xaver Distler, Bäckermeister in München, ersteigert. Auf dem Erbweg wurde dessen Schwiegersohn Georg Reichenwallner Eigentümer. Dessen Kinder verkauften 1852 den Seeoner Besitz an die Witwe des Kaisers Pedro I. von Brasilien, früheren Königs von Portugal, Donna Amalia Herzogin von Braganza. Diese war als Prinzessin Amélie, Tochter des damaligen Vizekönigs von Italien, Eugène de Beauharnais, Stiefsohns des Kaisers Napoleon I. und seiner Gattin Prinzessin Augusta Amalia von Bayern, letztere eine Tochter des Königs Max I. Joseph von Bayern, in Mailand am 31. 7. 1812 geboren worden. Schon 1850 hatte Donna Amalia Schloß Stein an der Traun (im nachmaligen Landkreis Traunstein) erworben. Es ist sehr schade, daß ihr erst seit kurzem im Bayer. Hauptstaatsarchiv München verwahrter schriftlicher Nachlaß für diese Arbeit nicht mehr herangezogen werden konnte. Nach ihrem Tode († Lissabon 26. 1. 1873) gingen ihre Besitzungen Stein an der Traun und Seeon auf dem Erbweg an ihre Schwester Josephine, Königin-Mutter von Schweden, über. Als diese 1876 gestorben war, erwarb ihr Neffe Herzog Nikolaus von Leuchtenberg, Fürst Romanowsky, beide Güter. Dieser hatte zwei im Ausland geborene Söhne: Nikolaus, * Genf 1868, der später Kaiserlich russischer Kapitän wurde, und Georg, * Rom 1872, später Kaiserlich russischer Oberst. Diese wurden infolge der 1879 morganatisch geschlossenen Ehe des Vaters mit der Mutter Nadeshda geb. Annenkow (aus russischem Adel) legitimiert und erhielten mit Kaiserlich russischem Ukas vom 11./23. 11. 1890 eine Adelslegitimation und Erhebung zu (russischen) Herzögen von Leuchtenberg, »mit dem Titel und Familiennamen, mit allen Rechten und Privilegien, welche legitimen Kindern zugeeignet sind, jedoch ohne das Recht auf das Majorat und die besonderen Rechte, die den Kindern der Großfürstin Maria aus der Ehe mit dem Herzog Maximilian verliehen wurden.« Die Familie lebte vorwiegend in Schloß Stein an der Traun. Der Vater starb als Kaiserlich russischer Generalleutnant à la suite in Paris am 6. 1. 1891, die Mutter in St. Petersburg am 25. 5./6. 6. 1891. Nach dem Tod der Eltern verkauften die Söhne den Besitz Stein an der Traun an die Vormünder der Kinder des verstorbenen Grafen Ludwig von Arco-Zinneberg zu Maxlrain und gingen zurück nach Rußland, um dort ihre militärische Ausbildung zu vollenden. Beide heirateten in dieser Zeit. Nach dem Abschluß ihrer aktiven Offizierslaufbahn kehrten sie mit ihren Familien im Jahre 1905 nach Bayern zurück. Während der ältere Bruder, Herzog Nikolaus, bald seinen Wohnsitz in

Südfrankreich nahm, blieb Herzog Georg mit seiner Familie in Seeon. Die Gebäude des ehemaligen Benediktinerklosters waren ihm von den Eltern vermacht worden.
In Schloß Seeon entwickelte sich ein herrschaftliches Leben, das sich auch auf die Bevölkerung des Orts und der Umgebung auswirkte. Eine Reihe von Seeoner Einwohnern, Männer und Frauen, wurde als Dienstpersonal im Schloß beschäftigt. Aufträge an Handwerker und Kaufleute kamen der Wirtschaftskraft Seeons zugute. Die Seeoner lebten mit den Leuchtenberg in bestem Einvernehmen. Die unterschiedliche Staats- und Religionszugehörigkeit, letztere russisch-orthodox bzw. römisch-katholisch, hatte keinen Einfluß auf das gute Zusammenleben. Einen besonderen Stellenwert bei den Leuchtenberg nahm, wie erwähnt, das gesellschaftliche Leben ein, in das neben der eigenen Verwandtschaft und dem benachbarten Adel auch Persönlichkeiten der heimischen Wirtschaft und aus der örtlichen Bevölkerung einbezogen wurden.
Die Gründung einer Schützengesellschaft mit dem Namen »Klosterschützen Seeon« am 29. Oktober 1910, für die sich Herzog Georg von Leuchtenberg als Mitglied und Protektor zur Verfügung stellte, trug zur Einbindung der Familie Leuchtenberg in die Bevölkerung von Seeon und des Chiemgaus bei. Zwei bedeutende Veranstaltungen sollen hier genannt sein. Einmal das alljährliche Silvesterfestschießen mit anschließender Familienfeier bei Musik und Tanz, was sich oft bis zum nächsten Morgen in die Länge zog. Dann noch der Seeoner Schützenball, der am 23. Februar 1911 erstmals in den Sälen des Schlosses stattfand und sich einer großen Beliebtheit bei weiten Kreisen der Bevölkerung im Chiemgau erfreute. Der Chronist vermeldete nach dem Fest, daß mehr als 100 tanzende Paare mit der Polonaise den Ball eröffneten. Dieser Schützenball wurde unter Beteiligung der herzoglichen Familie zu einer Dauereinrichtung bis zum Jahr 1927. Außer in Kriegszeiten fand er jedes Jahr am Unsinnigen Donnerstag statt. Dieses idyllische gesellschaftliche Leben in Seeon endete abrupt mit dem Ausbruch des Ersten Weltkriegs, wenn auch nur für einige Jahre. Die Mobilmachung im August 1914 veranlaßte die sofortige Rückkehr Herzog Georgs mit allen Familienangehörigen und den russischen Dienstpersonen nach Rußland.
Die bekannt liberale Einstellung der damaligen bayerischen Regierung und die verwandtschaftlichen Beziehungen zum bayerischen Königshaus machten eine ungehinderte Abreise möglich. Bis zum Beginn der russischen Revolution diente Herzog Georg im Stab des Zaren als Flügeladjutant und dann bis zum endgültigen Zusammenbruch in verschiedenen Verbänden der weißrussischen Armee. Auf der Flucht vor den Bolschewisten kehrten alle Familienangehörigen wieder nach Seeon zurück, allerdings mit Ausnahme des Sohnes Andreas. Dieser hatte als Offizier in der Armee Wrangell gedient und war 1919 in Narwa (Estland) an Typhus gestorben.
Die großen Besitzungen des Hauses Leuchtenberg in Rußland waren verloren. Das in Deutschland liegende Vermögen bestand aus Seeon und zwei Verlagen in Berlin. Die vor dem Krieg angelegten Sparguthaben und der Kunstbesitz des Hauses befanden sich in der Schweiz. Erstere wurden daher von der in Deutschland nach dem Ersten Weltkrieg einsetzenden Inflation nicht betroffen. Die herzogliche Familie hat sich in vieler Hinsicht mit der angestammten Bevölkerung des Chiemgaues erfolgreich solidarisiert. Herzog Georg erneuerte die guten Beziehungen aus der Zeit vor dem Krieg, welche einst schon sein Vater Herzog Nikolaus mit den Vereinen, der Geschäftswelt, und, man kann sagen, der ganzen Bevölkerung gepflegt hatte. Ein großer Freundeskreis bildete sich mit den Jagdberechtigten der

*197/198 Nikolai Herzog von Leuchtenberg (1841–1891) (IIIa) und seine Gemahlin, Nadine geb. Annenkow, Eltern von Herzog Nikolai * 1868 (IVa) und Herzog Georg * 1872 (IVb)*

199 *Georg Herzog von Leuchtenberg * 1872, als kaiserlich russischer Oberst (IVb)*
200 *Nikolaus Herzog von Leuchtenberg * 1868*

201 *Schützengesellschaft der Klosterschützen Seeon am 21. Juni 1913 mit Nikolaus und Georg, Herzoge von Leuchtenberg (Mitte)*
202 *Dimitri Herzog von Leuchtenberg * 1898 und seine Frau Katharina verw. Fürstin Tschawtschawadse. Foto von 1942*
203 *Elena Herzogin von Leuchtenberg, Tochter von Herzog Dimitri, Nonne in einem Kloster in Frankreich*
204 *Olga Herzogin von Leuchtenberg * 1872*

205 *Grabmal für Georg Herzog von Leuchtenberg (1872–1929) in Seeon, Friedhof bei St. Walburga*

umliegenden Gemeinden. In diesem Kreis war Herzog Georg ein gern gesehener und beliebter Gast als Jäger und Heger. Seine Hilfsbereitschaft für jedermann war eine seiner hervorstechendsten und lobenswertesten Eigenschaften. Dazu sei ein Vorgang, der seinen Charakter beschreiben läßt, erwähnt: Im Jahre 1923 wurde von der Gemeinde Seeon an der Errichtung eines Kriegerdenkmals und einer Kriegergedächtniskapelle gearbeitet, für deren Ausstattung eine Madonnenskulptur gewünscht war. Drei Herren des Denkmalausschusses, die Kenntnis von dem Besitz eines solchen Kunstwerks bei Herzog Georg hatten, besuchten ihn und baten um die Spende dieser Statue. Die Antwort war: »Meine Herren, Sie bitten mich um eine solche Spende, obwohl Sie ja wissen, daß Ihr Land gegen mein Vaterland Krieg geführt hat, aber Sie bekommen dieses Werk für Ihre Kriegergedächtniskapelle.« Und so steht diese Madonna heute noch, für jedermann sichtbar, in der Kriegergedächtniskapelle in Seeon mit einer kleinen Gedenktafel zur Erinnerung an den Stifter.

Eine nicht weniger wichtige Position nahm seine Gattin, Herzogin Olga, ein. Sie war die Frau, welche mit starker Hand das Zusammenleben in der Familie bestimmte und für Ordnung im Leben des Dienstpersonals sorgte. Daß dies auch gelegentlich zu unterschiedlichen Meinungsäußerungen führte, war nicht vermeidbar. Aber die von ihr als Schloßherrin unmißverständlich festgelegten Entscheidungen brachten immer wieder eine gute Lösung. Ihr ist es zu verdanken, daß ihre Söhne und Töchter nach der Flucht aus den Wirren der russischen Revolution wieder eine neue Heimat bekamen.

Das nach dem Krieg für einige Jahre weiter großzügig fortgeführte herrschaftliche Leben konnte nur dank solcher Vermögenswerte aufrechterhalten werden. Statt Pferdekutschen hatte man Kraftfahrzeuge angeschafft, je ein Auto für Herzog Georg und Herzogin Olga, wofür zwei Fahrer eingestellt wurden.

Daß unter den gegebenen Umständen eine gewisse Sparsamkeit notwendig wurde, ist verständlich. Die Versorgung der Familie und des Dienstpersonals mit den notwendigen Lebensmitteln konnte zum Teil durch Eigenerzeugung gelöst werden. Dazu wurden ein eigener Gartenbaubetrieb mit drei Beschäftigten und eine bescheidene Nutzviehhaltung auf dem bestehenden landwirtschaftlichen Grundbesitz eingerichtet.

Schloß Seeon war durch die in Osteuropa entstandene Fluchtbewegung vor dem Bolschewismus für viele Emigranten ein vorübergehendes Ziel, um in Freiheit wieder Fuß fassen zu können. Die Familie Leuchtenberg hat vielen heimatlosen Menschen in dieser schweren Zeit Hilfe gewährt und Hoffnung für die Zukunft gegeben.

Ein besonderes Ereignis war im Jahr 1927 das Auftauchen einer jungen Frau, die von sich behauptete, die Tochter Anastasia des Zaren Nikolaus II. zu sein, die angeblich bei der Ermordung der Zarenfamilie ihr Leben hatte retten können. Elf Monate blieb Schloß Seeon ihre Bleibe, aber ihre Identität als Zarentochter glaubhaft nachzuweisen, war ihr nicht möglich. Die Familie Leuchtenberg hat sie nie als Tochter des Zaren anerkannt, und alle noch lebenden Verwandten der Leuchtenberg lehnen bis heute eine Anerkennung ab. Ebenso hat kein Gericht ihre Identität als Zarentochter anerkannt. Jahrzehntelang wurde, oft in beschämender Weise, vor allem durch Presse und Film, diese Angelegenheit ausgenutzt, um für private Interessen Kapital daraus zu schlagen.

Sport war in Schloß Seeon die beliebteste Tätigkeit in der Freizeit, gleich ob im Sommer auf dem Tennisplatz oder im eigenen See, und zur Winterszeit mit Schlitten, Ski oder mit Schlittschuhen auf der Eisfläche des Klostersees. Hier bewiesen auch die Eltern der jungen Leuchtenberg ihre Freude am Sport. Herzogin Olga hatte eine besondere Liebe für schnelle Autos. Ihr Fahrer mußte in einer von ihr vorgegebenen Zeit bestimmte Entfernungen zurücklegen, was bei den damaligen Straßenverhältnissen nicht leicht war: so zum Beispiel die Strecke München–Seeon in einer Stunde oder die von Seeon zum Bahnhof Prien in 15 Minuten.

Die Söhne und Töchter gründeten im Laufe der Jahre eigene Familien und fanden mit ihren Partnern neue Wohnsitze. Der älteste Sohn Dimitri blieb bei den Eltern in Seeon, um mit ihnen gemeinsam den Erhalt des Besitzes zu sichern. Ein hartes Schicksal traf die ganze Familie durch eine schwere Krankheit des Vaters Herzog Georg im Jahre 1928. Trotz aufopfernder Pflege und des Einsatzes aller denkbaren ärztlichen Möglichkeiten konnte mit einer Heilung nicht mehr gerechnet werden. Am 9. August 1929 verstarb Herzog Georg in seiner liebgewordenen Heimat Seeon. Auf dem Friedhof bei der Walburgiskirche, die wie das ehemalige Kloster Familienbesitz war, fand er seine letzte Ruhestätte. Er hatte sich noch selbst den Platz ausgewählt. Die Begräbnisfeier gestaltete sich zu einem großen Ereignis, an dem eine unüberschaubare Menschenmenge aus dem ganzen Chiemgau teilnahm. Sein Testament, in dem er seine gesamte Familie fürsorglich einbezog, begann mit »Im Namen des Vaters und des Sohnes und des Heiligen Geistes« und endete mit »Amen«.

Mit dem Tod von Herzog Georg begannen für die Familienangehörigen neue Sorgen. Die im Jahr 1929 herrschende Weltwirtschaftskrise brachte auch für das Haus Leuchtenberg harte, finanziell kaum tragbare Belastungen. Herzogin Olga und ihre Söhne Dimitri und Constantin versuchten den Besitz Seeon zu erhalten, was aber trotz größter Einschränkungen nicht möglich war. Somit wurde schweren Herzens der Besitz Seeon aufgegeben und in den Jahren 1932/33 verkauft. Die Einrichtung wurde zum Teil versteigert. Die große Bibliothek, in der sehr wertvolle alte Werke standen, hat eine Schweizer Bank – sicher weit unter Wert – vereinnahmt. Erwähnenswert ist, daß am 3.–4. März 1970 im Erasmushaus, Haus der Bücher AG, in Basel, Bäumleingasse 18, Werke aus der Bibliothek Leuchtenberg auf einer Auktion angeboten und verkauft wurden.

Der Herzogin Olga blieb als eigener Besitz ein kleines Haus in der Nähe der Walburgiskirche und ein Wohnhaus am Weinberg. Sie lebte in ersterem in sehr bescheidenen Verhältnissen und konnte nur ihren Gemüsegarten für ihren eigenen Bedarf bewirtschaften. Obwohl sie krank war und gezeichnet von den schweren Schicksalsschlägen in ihrem Leben, gab sie nie auf, bewahrte ihre Haltung und war innerlich noch immer die Schloßherrin. Die beiden ihr noch verbliebenen Anwesen übereignete sie im Jahr 1949 ihren Enkelinnen Herzogin Xenia und Herzogin Olga, den Töchtern ihres jüngeren Sohnes Herzogs Constantin. Beide Enkeltöchter sind verheiratet und leben heute in den USA. Der Großmutter Herzogin Olga war das Wohnrecht auf Lebenszeit in ihrem alten Haus gesichert worden. Im Alter von 80 Jahren verstarb sie dort 1953. Auf dem Friedhof an der Walburgiskirche fand sie ihre letzte Ruhestätte. Mit ihrem Tod verloren Seeon und der Chiemgau eine der markantesten Persönlichkeiten der alten Generation.

Der älteste Sohn Herzog Dimitri fand nach dem Verkauf Seeons mit seiner Familie zunächst Unterkunft bei Freunden in Siegsdorf. Er entschloß sich 1933 nach der politischen Wende in Deutschland zur Auswanderung nach Kanada. Als Bürger des ehemaligen russischen Kaiserreichs nunmehr staatenlos geworden, fehlte ihm die Entwicklungsmöglichkeit, für die fünfköpfige Familie eine zufriedenstellende Zukunft aufzubauen. In Kanada beschäftigte er sich besonders auf dem Gebiete des Sports. Er förderte vor allem den modernen Skilauf und betreute ein Jugendsporthaus in Saint Sauveur des Monts in der Provinz Quebec. Eine besondere Aufgabe sah er in der Intensivierung des Fremdenverkehrs für amerikanische Bürger, die nach dem Krieg 1945 Europa kennenlernen oder wiedersehen wollten. Als Reiseführer betreute er in den Sommermonaten immer wieder kleinere Gruppen amerikanischer Bürger und zeigte ihnen die kulturellen Mittelpunkte des alten Europa, was für die Zeit nach dem mörderischen Krieg viel zur Völkerverständigung beitrug. Er und seine Gattin mußten es erleben, daß ihr Sohn Herzog Georgi, der einzige männliche Vertreter der jüngsten Generation der Seeoner Leuchtenberg, am 21. Januar 1963 an einer schweren Krankheit starb. Dessen Schwester, Elena, Herzog Dimitris und dessen Gattin Herzogin Katharinas einzige Tochter, wurde durch den Tod des Bruders so erschüttert, daß sie ihren bisherigen Beruf aufgab und ihr Leben einer Klostergemeinschaft widmete. Sie lebt heute in einem kleinen russischen Klosterkonvent in Frankreich. Der Vater, Herzog Dimitri, verunglückte in Saint Sauveur des Monts in Kanada und starb dort am 25. Dezember 1972. Die Mutter, Herzogin Katharina, lebte nach Aufgabe der Betreuung des Jugendsporthauses in Montreal in der Nähe ihrer Tochter aus erster Ehe, Irene Tschawtschawadse. Ihr war es vergönnt, trotz ihres hohen Alters dreimal nach Europa zu reisen, um ihre Tochter Elena im Kloster und auch ihre Bekannten im Chiemgau, besonders in Seeon, zu besuchen. Eine vierte Reise war für Herbst 1991 geplant. In einem langen Gespräch sagte sie mir (Hans Hofer): »Noch einmal möchte ich den schönen Chiemgau und mein geliebtes Seeon besuchen.« Jedoch es sollte nicht sein. Drei Wochen danach erkrankte sie schwer und verschied in ihrer Wohnung in Montreal in Anwesenheit ihrer Töchter Elena und Irene. Im Friedhof des Klosters zum hl. Seraphin in Spring Valley, New York, fand sie an der Seite ihres Gatten und ihres Sohnes, der Herzöge Dimitri und Georgi, auch ihre letzte Ruhestätte. Ihre Tochter Herzogin Elena ist nun, da ihre beiden verheirateten Cousinen die Namen ihrer Ehegatten tragen, die letzte Angehörige der Seeoner Linie, die noch den Namen Leuchtenberg führt.

Seeon kann dankbar auf die Zeit zurückblicken, in welcher die herzogliche Familie Leuchtenberg die Geschichte dieses Orts nicht nur mitgeprägt sondern auch kulturell und wirtschaftlich gefördert und bereichert hat. Die dem Herzogshaus gehörige Walburgiskirche mit Friedhof wurde im Jahre 1969 von den Leuchtenbergischen Erben durch einen Schenkungsvertrag der Gemeinde Seeon zu Eigentum übergeben.

Die Gäste, welche in Zukunft Seeon besuchen, können und werden nicht an den Zeugen dieser nun vergangenen Zeit achtlos vorübergehen, denn die Kreuze der russisch-orthodoxen Religion, welche die Gräber zieren, sind Hinweise auf einen für Seeons Geschichte bedeutenden Abschnitt und zugleich eine Mahnung für die Zukunft, daß ein friedliches Zusammenleben über Grenzen hinweg möglich sein wird, wenn in der Welt die Beachtung der Menschenrechte als oberstes Gebot überall anerkannt sein wird.

Kurze Übersicht über den Mannesstamm des Gesamthauses der Herzoge von Leuchtenberg

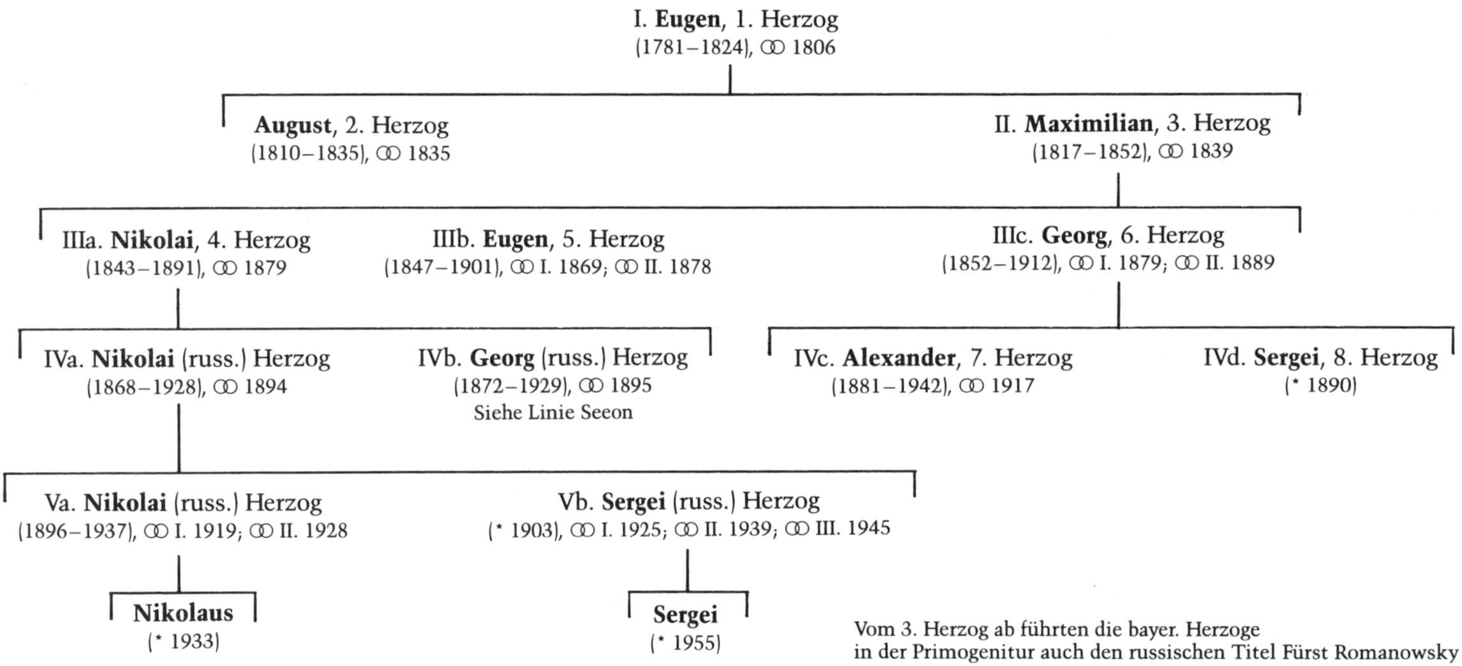

Genealogie des Herzoglichen Hauses Leuchtenberg

Mit Ausnahme der mit Seeon im Zusammenhang stehenden Personen werden die Angehörigen des Hauses Leuchtenberg hier verkürzt wiedergegeben. Ausführliche Angaben finden sich im Genealogischen Handbuch der Fürstlichen Häuser, Band IV (Glücksburg 1956). Eine Anfrage beim Deutschen Adelsarchiv in Marburg hat ergeben, daß dort keine Ergänzungen zu Bd. IV. vorliegen, für welche Auskunft wir Frau und Herrn v. Hueck verbindlichst danken. So sind ausschließlich durch Angaben von Hans Hofer einige Ergänzungen möglich geworden.

I. Eugène Vicomte de Beauharnais, 1. Herzog v. Leuchtenberg, Fürst v. Eichstätt (1781–1824); ⚭ 1806 Auguste Amalie Prinzessin v. Bayern (1788–1851).
Kinder:
1. Prinzessin Josephine (1807–1876); ⚭ 1823 Oscar I. König v. Schweden und Norwegen (a. d. H. Bernadotte) (1799–1859).
2. Prinzessin Eugenie (1808–1847).
3. August (1810–1835), 2. Herzog v. Leuchtenberg und Fürst v. Eichstätt, Prinz v. Portugal.
4. Prinzessin Amélie (1812–1873); als II. Gattin ⚭ 1829 Pedro I. Kaiser v. Brasilien, Herzog v. Braganza (1798–1834).
5. Prinzessin Theodolinde (1814–1857).

6. Prinzessin Caroline, * und † 1816.
7. Maximilian, 3. Herzog v. Leuchtenberg, Fürst v. Eichstätt, Fürst Romanowsky (1817–1852); ⚭ 1839 Maria Großfürstin v. Rußland (1819–1876).
Kinder (Leuchtenberg):
1. Fürstin Maria (1841–1914).
2. Nikolai, (1843–1891), 4. Herzog v. Leuchtenberg, Fürst v. Eichstätt (verkauft 1855), Fürst Romanowsky (1843–1891); ⚭ 1879 Nadeshda (seit 1867 geschiedene Akinfow), geb. Annenkow, seit 1879 Gräfin de Beauharnais (1839–1891). Söhne (seit 1890 russische Herzoge v. Leuchtenberg): 1. Herzog Nikolai, (1868–1928). 2. Herzog Georg, (1872 bis 1929), siehe Linie Seeon.
3. Fürstin Eugenie (1845–1925).
4. Eugen, (1847–1901), 5. Herzog v. Leuchtenberg, Fürst Romanowsky.
5. Fürst Sergei (1849–1877).
6. Georg, (1852–1912), 6. Herzog v. Leuchtenberg, Fürst Romanowsky.

Die Linie Seeon der Herzoge von Leuchtenberg

I. (= **IV b** der Gesamtgenealogie) Herzog *Georg* von Leuchtenberg, * Rom 10./22. 12. 1872, † Seeon 9. 8. 1929, Kais. russ. Oberst a.D.; ⚭ St. Petersburg 23. 4./5. 5. 1895 Olga Fürstin *Repnin*, * Jagotino (Gouv. Poltawa) 9./21. 8. 1872, † Seeon 27. 4. 1953 (T. v. Nikolai Fürst R.; ⚭ Sophia Fürstin Wolkonsky).

Kinder (* St. Petersburg):
1. Herzogin *Elena*, * 2./14. 6. 1896, † Asnières., Dep. Seine, 15. 4. 1977; ⚭ Agram (= Zagreb) 6. 6. 1920 Arkadi Konstantinowitsch *Ugritschist-Trebinsky* (aus russ. Adel), Komponist, * Inklejew (Gouv. Poltawa) 4. 5. 1897, † Asnières, Dep. Seine, 10. 3. 1982. Tochter: Nina *Ugritschist-Trebinsky*, * 1925; ⚭ 1950 Robert *Canuaday*, dieser † 4. 10. 1981.
2. Herzog *Dimitri*, * 18./30. 4. 1898 = **II a**
3. Herzogin *Natalie*, * 16./28. (? 29.) 5. 1900; ⚭ Seeon 15. 10. 1924 Wladimir Baron *Meller-Sakowelsky*, Kais. russ. Kapitänleutnant a.D., * Kolylschewka 13. 9. 1894, † Fontana (Calif., USA) 5. 6. 1962.
4. Herzogin *Tamara*, * 1./14. 12. 1901;
⚭ Toulon, Dep. Var, Frankreich, 15. 2. 1933 Constantin Georgiewitsch (? Grigorjewitsch) *Karanfilow*, * Sewastopol 24. 1. 1905, † Aubagne, Dep. Bouches-du-Rhone, Frankreich, 15. 4. 1978.
Kinder *Karanfilow*: 1) Tatiana, * 1934; ⚭ 1958 (4 Kinder) Serge *Wesovolotsky*, * 1936; 2) Marina, * 1937, † 1950; 3) Natalie, * 1942; ⚭ 1968 (3 Kinder) Roch *Brancato* in Troyes, Dep. Aube, Frankreich
5. Herzog *Andrej*, * 25. 6./8. 7. 1903, † (an Typhus) Narwa, Estland, 25. 2. 1919.
6. Herzog Constantin, * 6./19. 5. 1905 = **II b**

II a. (I.) Herzog *Dimitri* von Leuchtenberg, * St. Petersburg 18./30. 4. 1898, † 1972 Saint Sauveur des Montagnes (Prov. Quebec, Canada); ⚭ Rom 13. 5. 1921 Katharina verwitw. Fürstin *Tschawtschawadse*, geb. *Arapow*, * Saratow (nicht Simbirsk) 4./16. 1. 1900 (T. v. Alexander Arapow, ⚭ Anna Pantschulidsew, aus russ. Adel). (Sie ⚭ I.) 16. 2. 1919 Boris Alexandrowitsch Fst. Tsch., der † 19. 12. 1919. Eine Tochter dieser Ehe: Irene, * Jalta, Krim, 5. 4. [nicht 23. 4.] 1920).
Kinder (Leuchtenberg):
1. Herzogin *Elena*, * München 30. 5. 1922, im Krieg Leutnant der canadischen Armee, dann Nonne in Maison des Sœurs, Bussy-en-Othe Migennes, Dep. Yonne, Frankreich.
2. Herzog Georg, * München 11. 1. 1927, † Saint Sauveur des Montagnes 21. 1. 1963.

Übersicht über die Linie Seeon des Hauses der Herzoge von Leuchtenberg

I. (= IVb der Gesamtgenealogie) **Georg** Herzog von Leuchtenberg (1872–1929),
⚭ 1895 Olga Fürstin **Repnin** (1872–1953)

- Hzgin **Elena** (1896–1977) ⚭ 1920 (1 Kind) Arkadi **Ugritschist Trebinsky** (1897–1982)
- IIa. Hzg **Dimitri** (1898–1972) ⚭ 1921 Katharina **Arapow**, verwitw. Fürstin **Tschawtschawadse** (1900–1991)
  - Hzgin **Elena** (*1922)
  - Hzg **Georg** (1927–1963)
- Hzgin **Natalie** (* 1900) ⚭ 1924 Wladimir Baron **Meller-Sakomelsky** (1894–1962)
- Hzgin **Tamara** (*1901) ⚭ 1933 (3 Kinder) Constantin **Karanfilow** (1905–1978)
- Hzg **Andrej** (1903–1919)
- IIb. Hzg **Constantin** (1905–1983) ⚭ 1929 Daria Fürstin **Obolensky** (1903–1982)
  - Hzgin **Xenia** (* 1930) ⚭ 1950 (7 Kinder) Dimitri Graf **Grabbe** (* 1927)
  - Hzgin **Olga** (* 1932) ⚭ 1952 (2 Kinder) Oleg **Gaydeburow** (* 1922)

IIb. (I.) Herzog *Constantin* von Leuchtenberg, * St. Petersburg 6./19. 5. 1905, † Ottawa, Prov. Ontario, Canada, 16. 12. 1983; Dipl. Ing., Bergbauingenieur; ⚭ Seeon 20. 9. 1929 Daria Fürstin *Obolensky*, * Kaluga 12. 7. 1903, † Ottawa 7. 7. 1982 (T. v. Alexei Fürst Obolensky, ⚭ Elisabeth Fürstin Saltykow).

Töchter:

1. Herzogin *Xenia*, * Traunstein 20. 6. (?5.) 1930; ⚭ Montreal, Prov. Quebec, Canada 12. 7. 1950 (7 Kinder) Dimitri Jurjewitsch Graf *Grabbe*, * Karlovcic (Komitat Sirmien in Kroatien-Slavonien) 23. 7. 1927.

2. Herzogin *Olga*, * Seeon 24. 4. 1932; ⚭ Seacliff, N.Y., USA, 15. 6. 1952 (2 Kinder)
Oleg Jewgenjewitsch *Gaydeburow*, Professor der Mathematik, * Athen 2. 7. 1922.

Die Landgrafschaft Leuchtenberg

Der zweimal (1817 bayerisch, 1890 russisch) verliehene Titel Herzog v. Leuchtenberg geht auf die ehemalige Landgrafschaft Leuchtenberg zurück. Die heute noch als Ruine stattliche und sehenswerte Burg im Bereich der heutigen Marktgemeinde Leuchtenberg im oberpfälzischen Landkreis Neustadt an der Waldnaab wird erstmals 1118 als Lukenberge genannt.[1] Durch Erbschaft kam die Landgrafschaft Leuchtenberg 1646 an das Haus Wittelsbach. Sie wurde, bereits im Verfall begriffen, nach einem Brand 1842 endgültig Ruine.[2] Vom Jahre 1714 an war sie immer Eigentum des jeweils regierenden Kurfürsten von Bayern,[3] bzw. seit 1777 von Pfalzbayern und seit Ende 1805 des Königs von Bayern und machte alle Umorganisationen in dieser Umbruchzeit mit.

1 Wolf Armin Freiherr v. Reitzenstein, Lexikon bayerischer Ortsnamen. Herkunft und Bedeutung (München 1986), S. 224.

2 Ursula Pfistermeister, Burgen und Schlösser der Oberpfalz (Regensburg 1984), S. 133f., 143.

3 Im »Chur-Bayerischen Hof-Calender und Schematismus auf das Jahr 1756« ist die Beamtenschaft der Landgrafschaft Leuchtenberg genau aufgelistet.

Sonstige wichtige Literatur:
Illuminatus Wagner, Geschichte der Landgrafen v. Leuchtenberg, 6 Bände (1940–1956). – Wilhelm Störmer in: NDB (Neue Deutsche Biographie). – Europäische Stammtafeln, hrsg. von Frank Baron Freytag v. Loringhoven, Band 4 (Marburg 1957), Tafel 107. – Dieter Bernd, Historischer Atlas von Bayern, Teil Altbayern, Reihe I, Heft 39: Vohenstrauß (München 1977).

Das Kloster als Bildmotiv

Yvonne E. Schmidt

Im 19. Jahrhundert gründete sich in Prien eine Kolonie von Malern, die Motive des Chiemsees und seiner Inseln bevorzugten. Ihnen folgten bald weitere, und schließlich wurden die »Chiemseemaler« zu einem Begriff.[1] Die Frage lag nahe, ob die Chiemseemaler auch in Seeon tätig gewesen sind. Eingehende Nachforschungen ergaben jedoch bald, daß die Chiemseemaler sich auf ihre Umgebung beschränkten und nur wenige nach Seeon kamen, das damals noch sehr abgelegen war. Es ist schwer, diese Künstler aufzuspüren, und von einer eigenen Malerkolonie kann gar keine Rede sein.
Ein bedeutender Vertreter des deutschen Impressionismus, Wilhelm Trübner, hat eine ganze Serie von Gemälden in Seeon geschaffen, er ist aber der einzige Maler von Rang im 19. Jahrhundert, von dem Seeonansichten überliefert sind. Doch bieten auch die weniger bekannten oder gar unbekannten Künstler reizvolle Darstellungen des idyllischen Klostermotivs. Aus den früheren Jahrhunderten sind vor allem gezeichnete oder gestochene Ansichten bekannt; erst in unserem Jahrhundert, im Zuge der Mobilität und der Erschließung des Ortes, wurden Seeonansichten beliebter. Die Ursache dafür liegt sicher in der Abgeschiedenheit Seeons, in der ein Künstler noch heute die Ruhe findet, die am Chiemsee längst verloren gegangen ist.
Eben diese Gründe boten in den achtziger Jahren, als das Klostergebäude leer stand, eine willkommene Gelegenheit für mehrere Malersymposien. Dabei konnte jeder Künstler seiner individuellen Auffassung von der Wiedergabe des Klosters und seiner Landschaft freien Lauf lassen, auch in der Abstraktion des Gegenständlichen.
Nachdem also aus vier Jahrhunderten bildliche Zeugnisse dieser bedeutenden geistigen Stätte überliefert sind, stellt sich die Frage: Wie haben die Künstler im Laufe der Zeit ihre Auffassung von Natur und Landschaft wiedergegeben? Um eine Kontinuität zu wahren, begrenzt sich die Bildauswahl auf jene Ansichten, in denen das Kloster als zentrales Bildmotiv erscheint, obwohl es auch Darstellungen des Sees, der umliegenden Kapellen, aber auch Wiedergaben des Kircheninneren und des Klosterhofes gibt. Mit dieser Eingrenzung ist am ehesten die Entwicklung der Seeon-Vedute aufzuzeigen.[2] Zunächst sei anhand einiger Kupferstiche aus der Barockzeit der topographische Aspekt erläuert.

Historische Ansichten des 16.–18. Jahrhunderts

Kloster Seeon war im Zeitalter des Barock ein bedeutendes geistiges Zentrum gewesen. In den Topographien von Matthäus Merian (1644) und von Michael Wening (um 1701) hat Kloster Seeon deshalb einen selbstverständlichen Platz. In dieser frühen Zeit steht der topographische Aspekt im Vordergrund, die Landschaft ist nur schmückendes Beiwerk.

Die früheste Ansicht von Seeon ist ein Aquarell von *Philipp Apian* (Bayerische Staatsbibliothek München, cgm 5379 [3, III, 10]). Es gehört zu den Materialien
206 seiner Landtafel und Beschreibung Bayerns, für die er das Land im Auftrag von Herzog Albrecht 1554–1563 sorgfältig aufgenommen und vermessen hat. Das Ergebnis der meisterhaften Arbeit Philipp Apians war die große Bayernkarte von 1563 (Original Residenz München, 1782 zerstört), Titel: Ein Neue Beschreibung des Fürstenthumb Ober und Nider Bayrn...; sodann die Landtafeln (XXIIII Bairische Landtaflen), erschienen Ingolstadt 1568, und die eigentliche Textbeschreibung Bayerns: »Declaratio tabulae sive descriptionis Bavariae«, für die Apian viele Ortsansichten gezeichnet und großenteils bereits von *Jost Amman* in Nürnberg hat »in Holz schneiden« lassen. Diese Textausgabe ist zu Lebzeiten Apians nicht mehr im Druck erschienen; sie wurde erst dreihundert Jahre später im Jahre 1880 vom Historischen Verein für Oberbayern ediert, die Holzschnitte dazu erschienen erst im Jahre 1927 in Otto Hartigs Buch: »Das Alte Bayern«.

Zu den kostbaren Materialien Philipp Apians für seine Landesbeschreibung gehört die aquarellierte Federzeichnung des Inselklosters Seeon, die Apian offenbar im ersten Jahr seiner Vermessung 1554 bereits angefertigt hat. Weil ein Brand des Klosters im Jahre 1561 später Grund für Veränderungen im Erscheinungsbild war, mag der Künstler selbst später die Zeichnung mit »1554« sichtbar datiert haben.[3] Die Federzeichnung ist in blassen Farben zurückhaltend aquarelliert, die Landschaft ist lediglich angedeutet. Den Bildausschnitt hat Apian mit der Landzunge von Bräuhausen weit gewählt, die Wiedergabe der Architektur ist auf die tektonischen Strukturen reduziert, auf Details wurde verzichtet.

Der Holzschnitt Jost Ammans nach dem Aquarell von Apian diente höchstwahrscheinlich als Vorlage für den Kupferstich von *Matthäus Merian,*[4] der 1644 in der Bayerischen Topographie erschien. Die Vielzahl 208
der Darstellungen war nur dadurch zu bewältigen, daß auf Vorlagen bereits bestehender Ansichten oder auf die Arbeit von Gesellen zurückgegriffen werden konnte.

Daher erklärt es sich, daß auf diesem Blatt noch der gotische Zustand der Kirche wiedergegeben ist, zu einem Zeitpunkt, an dem schon längst die Zwiebeltürme errichtet waren. Auch hinsichtlich der Ansicht und des Bildausschnitts (links enger gewählt) orientiert sich das Blatt an der Ansicht von Apian/Amman. Der Stecher legte hierbei jedoch größeren Wert auf Details: Wolken werden angedeutet, Baumgruppen säumen die Hügel, zwei Ruderboote befinden sich auf dem See; auf die Binnenstrukturen der Architekturteile wurde größere Sorgfalt verwandt. Das Kloster rückt als zentrale Bildaussage in den Mittelpunkt, die Intention Merians war die exakte Wiedergabe der Baulichkeiten.[5]

Die Mitarbeiter Merians haben offenbar die früher entstandenen Kupferstiche von *Carl Stengel* nicht gekannt, auf denen die Zwiebeltürme bereits abgebildet waren: eine Ansicht erschien 1619 in Augsburg 209
in Carl Stengels Werk über die Benediktinerklöster: »Monasteriologica I«, in dem sich an eine halbseitige Illustration ein Text mit der Geschichte des
Klosters anschließt; die andere Ansicht, von 1620, 207
erschien ebenfalls in Augsburg, in der Geschichte von Seeon,[6] verfaßt vom gleichen Ordenshistoriographen Carl Stengel (Stengelin), Benediktiner von St. Ulrich und Afra zu Augsburg und in den Jahren 1629–1648 Abt des vorübergehend restituierten württembergischen Benediktinerklosters Anhausen an der Brenz (heute Landkreis Heidenheim).

Die Klostergebäude sind von einem erhöhten Standpunkt wiedergegeben, es treten pittoreske Elemente hinzu: beim Blatt von 1619 sind am Uferstreifen zwei knorrige Bäume in die Mitte gerückt, die Ruderer befinden sich im Vordergrund; erst in der Bildmitte erstreckt sich die Klostersilhouette. Das Festland links ist durch eine Holzbrücke verbunden; es beansprucht ebensoviel Raum wie die Insel. Sehr phantasievoll ist die Wiedergabe der Hügelketten und Baumgruppen mit den Zäunen, sie sind dilettantisch ins Bild gesetzt.

Das Blatt von 1620 bietet einen Blick vom Festland aus, wobei die Insellage offenbar wird. Hierbei rückt das Kloster bereits in den Hintergrund, der Stecher bezog die Umgebung mit ein. Die geographischen Proportionen sind verzerrt, die Landzunge und der Holzsteg sind übertrieben langgestreckt. Das pittoreske Element tritt wiederum zutage: zahlreiche Enten und Ruderer bevölkern den See, sogar einen Angler (rechts) finden wir. Die Landschaft ist auch hier noch stark schematisiert wiedergegeben.

1636 schuf *Johann Faistenauer* aus Berchtesgaden im Auftrag von Abt Honorat Kolb mehrere Zeichnungen zu Seeon. Bei zweien dieser Zeichnungen[7] ist das Kloster aus der Vogelperspektive in einer Ansicht von Süd und von Nord wiedergegeben. Hier kam es auf eine exakte Bestandsaufnahme der Baulichkeiten an. Im Bayerischen Nationalmuseum in München befinden sich Teile einer Nekrolog[8]-Handschrift aus Seeon mit Miniaturen, die eine Kopie nach Faistenauer darstellen, jedoch sehr reizvoll koloriert sind. Dabei tritt wiederum der malerische Aspekt zugunsten der topographischen Gegebenheiten zurück.

Das herausragende Werk des 18. Jahrhunderts ist *Michael Wening*s Bayrische Topographie, bei der
210 Seeon 1721 im 2. Band erschien.[9] Das extreme Querformat des Kupferstiches ermöglicht einen panoramaartigen Ausschnitt unter Einbeziehung der Ufer. Um die bauliche Anlage und die Geschlossenheit des Klosterkomplexes besser darstellen zu können, wählte Wening die Vogelperspektive. Diese Ansicht vermittelt den barocken Bauzustand. Der übersichtlichen Darstellung der Bauanlage fiel die geographisch exakte Wiedergabe zum Opfer: die Insel ist quadratisch schematisiert. Die geometrischen Gärten im französischen Stil entsprechen dem Zeitgeschmack, waren jedoch in dieser Anordnung wohl nicht vorhanden. Auch die baulichen Anlagen von Bräuhausen sind gewissenhaft wiedergegeben. Zum ersten Mal wurde auf die Spiegelung des Gebäudes im See große Sorgfalt verwendet, sogar die Fenster sind einzeln erkennbar.

Die Landschaft ist stark schematisiert, sie spielt eine untergeordnete Rolle und dient nur als schmückendes Beiwerk. In die Darstellung integriert wurde rechts die Angabe mit den Himmelsrichtungen, links das Wappen des Seeoner Abtes Marianus Perger; einen breiten Raum nimmt das Schriftband ein, dessen Enden sich mehrfach einrollen. Zum Kupferstich gehört eine Beschreibung mit historischen Daten. Das Weningsche Werk überliefert eine wichtige Dokumentation des damaligen Bauzustandes.[10]

Das 19. Jahrhundert

Im 19. Jahrhundert tritt ein entscheidender Wandel in der Auffassung der künstlerischen Wiedergabe des Klostermotives auf. Der Aspekt der topographischen Dokumentation tritt in den Hintergrund; Natur und Landschaft, Farbe und Licht, später auch die Wiedergabe atmosphärischer Stimmungen gewinnen die Oberhand.

Ein sehr qualitätvolles Blatt aus der ersten Jahrhun-
derthälfte stellt *Ludwig Deurer*s Aquarell dar. Deu- 211
rer (1806 Mannheim–1847 ebd.) war Landschaftsmaler. Er bildete sich in Nürnberg und München an der Akademie aus, mehrere Romreisen sind nach-

weisbar.[11] Auf einer Zeichnung vermerkte er: »Kloster Seeon zusammen mit Rottmann 1833«. Hierbei handelt es sich um *Leopold Rottmann* (1812–1881), von dem jedoch keine Seeonansicht auffindbar ist. Das hier abgebildete Aquarell (26,2 × 42,8 cm, derzeit Galerie J. P. Schneider jr. in Frankfurt) stammt aus dem Deurer-Nachlaß[12] und bietet einen panoramaartigen Ausschnitt, der den Klostersee umfaßt und rechts von der Walburgiskapelle bis links nach Bräuhausen reicht. Das Kloster bildet den Mittelpunkt des Bildes. Hinter dem See erstreckt sich die hügelige Acker- und Waldlandschaft, die in eine mächtige Gebirgskette übergeht. Interessant ist das bewußte Aussparen des Vordergrundes. Hier ist der Verlauf der Hügel nur mit Bleistiftschraffuren angedeutet. Dies bewirkt eine Konzentration auf die mittlere und hintere Bildebene, die in blassen Grau-, Braun- und Grüntönen aquarelliert ist. Die Farbpalette ist reduziert, die Bäume und Berge werden als kompakte Einheiten wiedergegeben. Der Künstler legte großen Wert auf die Wiedergabe architektonischer Details der Baulichkeiten, die Spiegelung im See ist nur umrißhaft angedeutet. Das Blatt hat den Charakter einer Studie, ist aber dennoch sehr aussagekräftig. Es bietet eine beschauliche Idylle des Ortes, Menschen und Tiere kommen darin nicht vor. Obwohl die Landschaft miteingebunden ist, bietet das Kloster, auch durch die Plazierung in der Bildmitte, die zentrale Bildaussage.

1835 war *Johann Baptist Dilger* am Chiemsee gewesen, biographisch nachweisbar ist er lediglich von 1830–40. Er war Lithograph und schuf mehrere Ortsansichten aus dem Chiemgau.[13] Bei seiner Seeonansicht handelt es sich um eine Lithographie, die signiert (links unten), aber nicht datiert ist (13,5
212 zu 17,5 cm, Privatbesitz). Sie dürfte zeitlich in die dreißiger Jahre einzuordnen sein. Die auffallenden Ähnlichkeiten in der Komposition weisen auf ein früher entstandenes Blatt als Vorbild hin. Es handelt sich dabei um eine Lithographie um 1810 (Privatbesitz), die *Max Joseph Wagenbauer* zugeschrieben wird.[14] Wagenbauer war ab 1811 auch im Chiemgau unterwegs,[15] damit könnte ein Seeon-Aufenthalt verbunden gewesen sein.

Dilger wählte einen engeren Bildausschnitt und damit verbunden eine ausgeprägtere Nahsicht. Er verzichtete auf die Tierherden, als Person erscheint nur eine schreitende Bäuerin rechts auf dem Weg. Die Strichführung ist insgesamt gröber.

Die Lithographie wurde 1796 erfunden und fand rasche Verbreitung, da sie sich zur Vervielfältigung gut eignete und der Künstler direkt auf der Steinplatte zeichnen konnte. Die Lithographie Dilgers hat beschaulichen Charakter und bietet eine idyllische Ansicht der Klosterinsel. Im Vordergrund wurde das hügelige Festland miteinbezogen, rechts erscheint ein langgestrecktes Wirtschaftsgebäude, dessen Dach nach alpenländischer Art mit Steinen beschwert ist. Links neben dem Zaun reicht ein Laubbaum bis an die obere Bildgrenze. Er dient der Steigerung der räumlichen Bildtiefe. Dieses Motiv des »Repoussoirs« wurde bereits in früheren Jahrhunderten bei Landschaftsbildern angewendet. Zusammenfassend läßt sich sagen, daß das Kloster zwar noch die wesentliche Bildaussage beinhaltet, jedoch wurde auf die Gestaltung des Vordergrundes ebenso großer Wert gelegt.

Ebenfalls in die Zeit des Biedermeier bzw. der Romantik ist ein Ölgemälde einzuordnen, welches sich in Privatbesitz befindet (30,5 × 37,7 cm ohne
Rand; Öl auf Leinwand). Es bietet einen wesentlich 213
größeren Bildausschnitt. Die Klosteranlage tritt vollkommen in den Hintergrund, sie ist in die Landschaft eingebettet, die die zentrale Bildaussage beinhaltet. Der Künstler dieses Gemäldes ist unbekannt, es handelt sich auch sicher nicht um einen Berufsmaler, denn in der malerischen Wiedergabe sind Schwächen vorhanden. Dennoch bietet es eine reali-

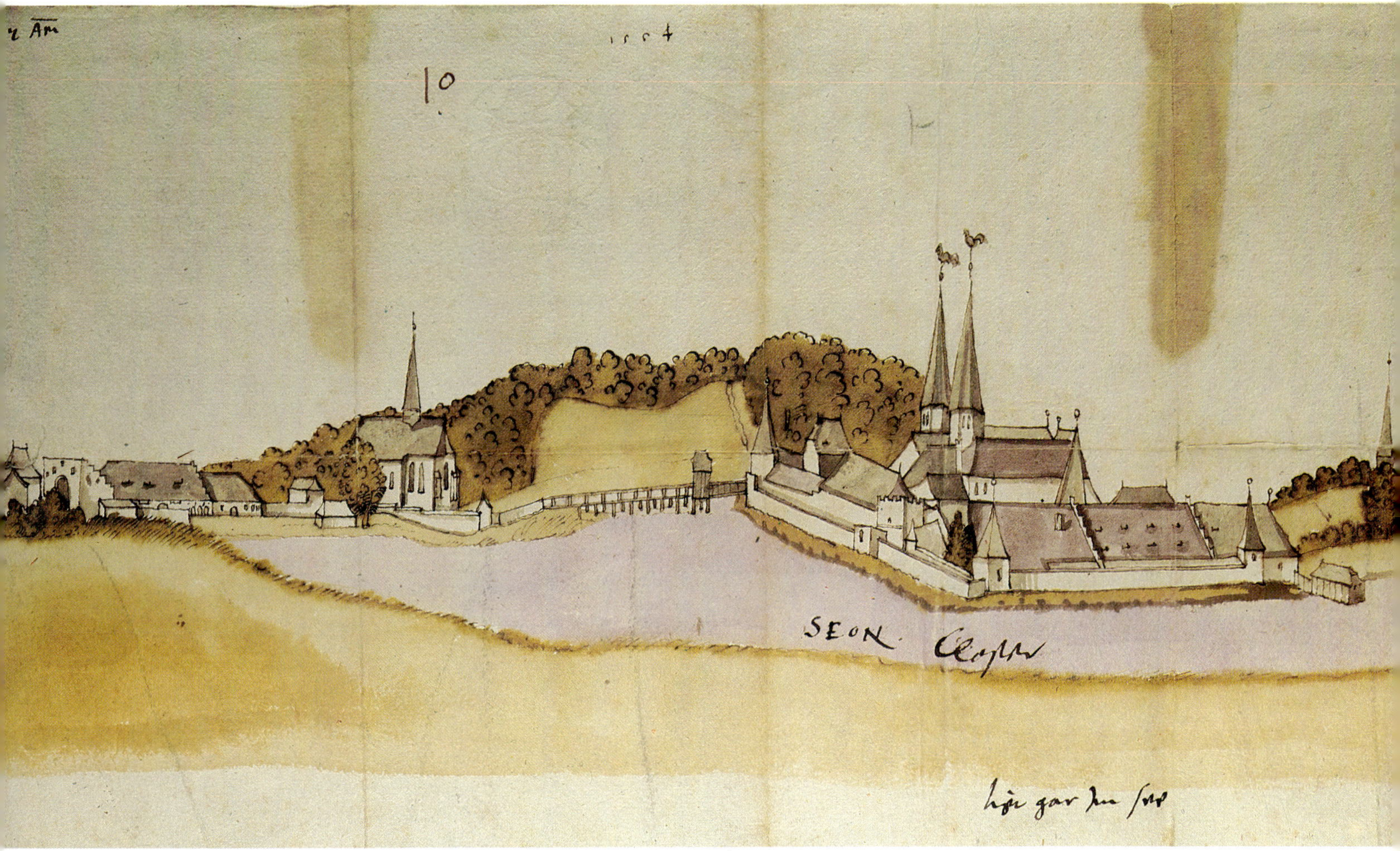

206 *Kloster Seeon im Jahre 1554 mit Toranlage beim Mayrhof, St. Walburgis, Steg zum Kloster, Klosteranlage und Breuhausen, Wallfahrtskirche. Ansicht von Süden. Philipp Apian, Aquarellstudie für seine bayerische Landesbeschreibung. 36 × 19 cm. München, Bayerische Staatsbibliothek, Cgm 5379 (3, III, 10) (vergl. Wolff, Philipp Apian, Abb. 120)*

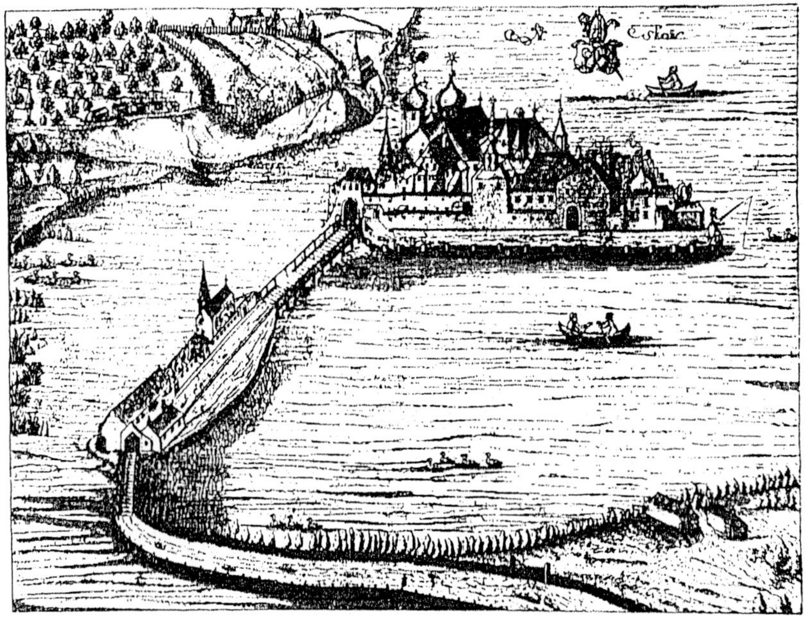

Seonn.

207 Kloster Seeon im Jahre 1620. Kupferstich, in: Carl Stengel, Geschichte von Seeon, Augsburg 1620
208 Matthäus Merian, »Seonn«. Kupferstich, in: Topographia Bavariae. Frankfurt 1644
209 Kloster Seeon. Kupferstich, in: Carl Stengel, Monasteriologia, Augsburg 1619

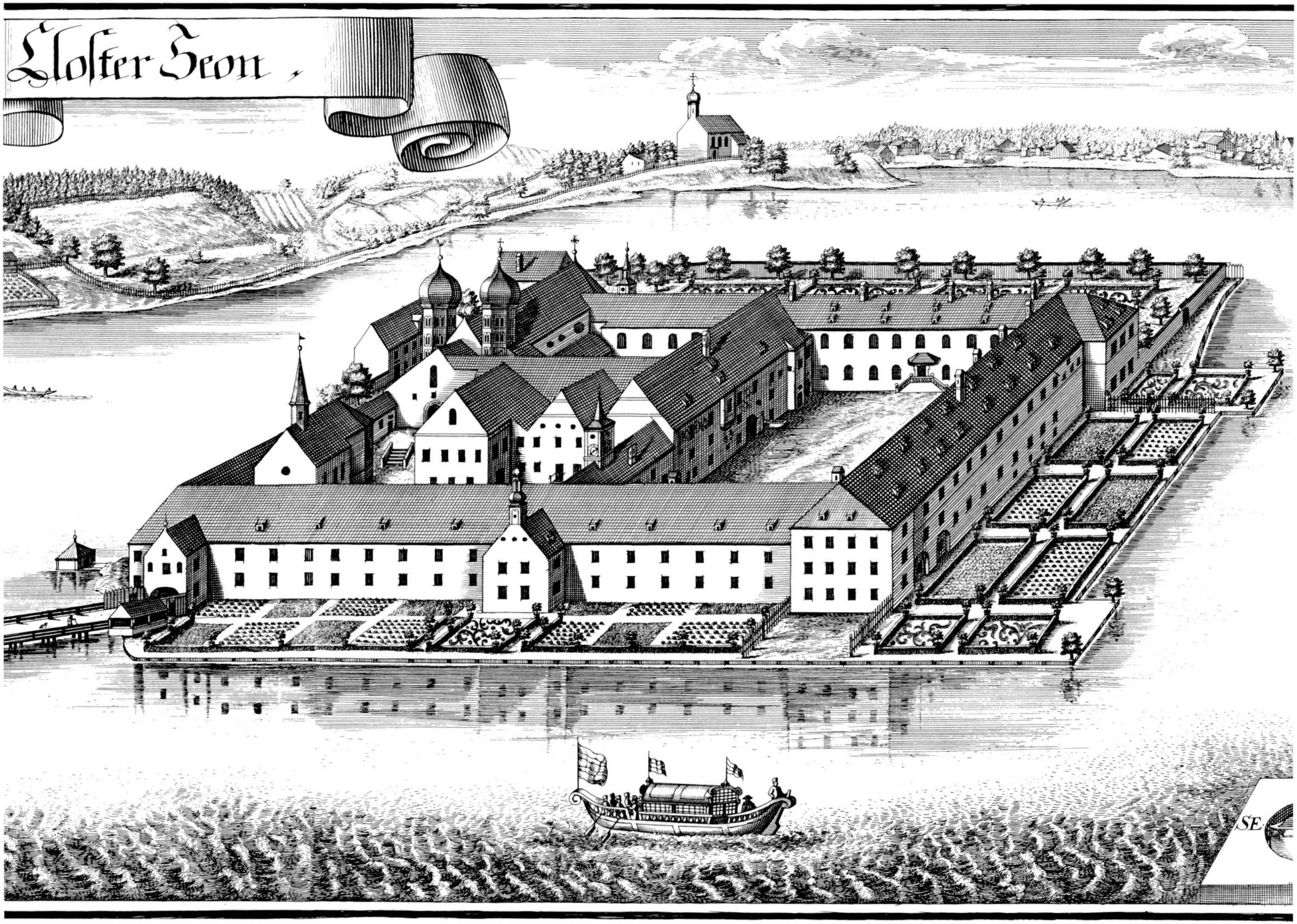

210 *Michael Wening, »Closter Seeon«. Kupferstich, in: Teil II der: Historico-Topographica Descriptio (Bavariae). München 1701–1726*

211 *Ludwig Deurer, Seeon. Aquarell, 1833. Frankfurt, Galerie Schneider*

212 Johann Baptist Dilger, Seeon. Lithographie, um 1840
213 Seeon. Blick von der Wallfahrtskirche Breuhausen nach Südwesten. Öl auf Leinwand, um 1850
Privatbesitz E. Dünninger

214 Seeon. Blick von Osten über den See auf das Kloster. Kupferstich, um 1850

215 *Wilhelm Trübner, Kloster Seeon. Öl/Pappe, 1892. Hamburg, Kunsthalle*

216 *Wilhelm Trübner, Landschaft bei Kloster Seeon, mit Telegraphenstange. Öl/Lw., 1892. Karlsruhe, Staatliche Kunsthalle*
217 *Wilhelm Trübner, Aussicht auf Kloster Seeon. Öl/Lw., 1892. Verbleib unbekannt*

218 *Paul Roloff, Kloster Seeon. Öl/Karton, 1930*

219 *Rudolf Wanka, Seeon. Öl/Holz, 1950er Jahre*

220
Karl Adam Heinisch, Seeon, Bootsanlegestelle. Öl/Leinwand, 1901

221
Otto C. Schuster, Seeon. Öl/Holz, 1989

222
Willy Reichert, Seeon, Aquarell, 1991

223
Sepp Plenk, Inselschloß Seeon. Siebdruck, 1970er Jahre

224 Muir Donaldson, Kloster Seeon. Aquarell 1988
225 Walter Angerer der Jüngere, In Seeon. Zeichnung, 1981

stische und lebendige Darstellung des Ortes: die Gebirgskette fügt sich an die hügelige Landschaft, der bewölkte Himmel hinterläßt im Bildvordergrund Spuren von Licht und Schatten, vor der Kirche von Bräuhausen links erkennt man ein pflügendes Pferdegespann. Weitere Personen beleben die Landschaft, der hohe Baum links rundet die Komposition ab. In der Wiedergabe von Details, besonders in der figürlichen Darstellung, manifestieren sich die Grenzen des Künstlers, vieles wirkt verschwommen und wenig differenziert. Das Bild bietet eine beschauliche Darstellung der Landschaft um Seeon, man spürt die Fülle des Sommers.

Aus der Mitte des 19. Jahrhunderts stammt ein Kupferstich, der dem Buch von Siegert als Illustration dient:[16] Seeon als Kur- und Heilbad. Auf der Vorder-
214 seite des Blattes steht links: »Gest. v. Obermayer«. Der Kupferstecher *Eduard Obermayer* (1831 München–1916 ebd.)[17] ist vermutlich nicht identisch mit dem Künstler, der den Entwurf geliefert hat. Das Blatt ist undatiert, jedoch sicher gleichzeitig mit dem Buch 1856 entstanden. Es zeugt von großer künstlerischer Sicherheit in der Wiedergabe atmosphärischer Stimmung und Figurengruppen. In der Spiegelung der Architektur und Baumgruppen im See entfaltet sich sein technisches Können. Das Festland bildet den Bildvordergrund, links erscheint eine mächtig ausladende Eiche, auf einem ansteigenden Weg schreiten Einheimische in bäuerlicher Tracht, rechts sieht man Reiter, in der Mitte liegen knorrige Äste. Die Insel ist schon weit in den Hintergrund gedrängt, dennoch konzentriert sich der Blick auf die Klosterkirche, die in den Mittelpunkt gerückt ist. Die Vegetation ist bereits differenzierter angegeben, hohe Pappeln wechseln sich mit niedrigeren Baumgruppen und Büschen ab. Daran erkennt man eine malerische Entwicklung, verglichen zu den frühen Kupferstichen, in denen die Vegetation schematisiert dargestellt war. Auch die Gebirgszüge sind klar und individuell strukturiert. Der nur geringfügig bewölkte Himmel unterstreicht die Idylle des Sommers.

Gegen Ende des 19. Jahrhunderts erfolgte der Höhepunkt in den Seeondarstellungen durch *Wilhelm Trübner* und mit ihm zugleich erstmals die naturalistische Wiedergabe der Landschaft. Trübner schuf im Sommer 1892 dreizehn Gemälde in Seeon, die sich heute teils in Museen befinden und teils verschollen sind.

Trübner wurde 1851 in Heidelberg geboren und starb 1917 in Karlsruhe. Er war Lehrer am Städel in Frankfurt und Professor an der Karlsruher Kunstakademie. Er zählt mit Corinth, Slevogt und Liebermann zu den führenden deutschen Impressionisten. Im engeren Sinne wird er jedoch, vor allem in seiner Frühzeit, dem sogenannten Leibl-Kreis zugeordnet, dessen Vertreter von Courbet beeinflußt waren. Trübner verband eine enge Freundschaft mit Carl Schuch, der ihn zur Landschaftsmalerei anregte. Bereits in den siebziger Jahren war er mit Hagemeister am Chiemsee. Die Serie seiner Seeonbilder von 1892 fällt in eine Zeit, die Rohrandt[18] als Höhepunkt seiner Landschaftsdarstellungen bezeichnet. Die Farbpalette hellt sich auf, die Motive zeichnen sich durch intensive Licht- und Schattenkontraste aus.

Für das folgende seien drei Gemälde ausgewählt, die das Kloster von verschiedenen Standorten aus zeigen. Das repräsentativste Werk befindet sich in der
Hamburger Kunsthalle: »Kloster Seeon« (Inv.-Nr. 215
1558, Öl auf Pappe, 59 × 79 cm, bez. unten rechts: W. Trübner. 1892). In einem weiten Landschaftsausschnitt ist die Klosterhalbinsel in den Mittelgrund des Bildes gerückt. Der Vordergrund wird von einem breiten Uferstreifen eingeleitet, der lediglich eine Wiesenfläche darstellt. Diese wird durch farbliche Akzente mit breiten Pinselstrichen belebt, links variieren hellgrüne und türkise Striche, und für die rechte schattige Zone wählte Trübner dunkelgrüne

Töne, vermengt mit Ocker. Die ruhige Seeoberfläche nimmt breiten Raum ein, das Hellblau wird von Ockertönen durchsetzt, die wiederum Belebung erzeugen. Besonders gelungen ist die Spiegelung der Bäume und Architektur im See. Das Kloster und die Walburgiskapelle sowie die übrigen Gebäude sind in Braun-, Grau- und Ockertönen wiedergegeben, ein blasses Rot mischt sich ein. Die Helligkeit wurde so angegeben, daß die linke Bildhälfte im Licht erscheint und rechts die dunkleren Farbwerte die Schattenpartie bezeichnen. Diese Aufteilung setzt sich im Hintergrund bei der Landschaftsgestaltung fort. Die Vegetation wurde unterschiedlich behandelt: die Pappeln auf der Insel sowie einige Laubbäume im Hintergrund werden in den Konturen sichtbar, die übrigen Baumgruppen der Insel werden als Gesamtheit wiedergegeben, ebenso bei der ansteigenden Hügelkette im Hintergrund. Im Anschluß breitet sich über die ganze Bildfläche hinweg das Alpenpanorama aus, das in grauen und hellblauen Tönen ebenfalls von Partien in Ocker durchsetzt ist. Der Himmel erscheint wie ein föhniger Sommertag, das gleichmäßige Hellblau wird von schrägen weißen Wolkenstreifen durchzogen und ebenfalls mit Ockerpartien belebt. Trübner verwendete für alle Bildteile Ocker zur Belebung der Flächen. Er verzichtete auf die Miteinbeziehung von Menschen oder Tieren, so daß die abgeschiedene Idylle dieses Sommertages durch nichts gestört scheint.

Von der anderen Seite her ist das Kloster in dem Bild »Landschaft bei Kloster Seeon, mit Telegraphenstange« wiedergegeben, das sich in der Karlsruher Kunsthalle befindet (Inv.-Nr. 1493, Öl auf Leinwand,
216 62 × 77 cm, bezeichnet unten rechts: W. Trübner).
Hierbei tritt das Kloster weiter in den Hintergrund. Während bei der Fassung der Hamburger Kunsthalle mehr der See im Vordergrund steht und der Uferstreifen sehr schmal ist, nimmt hier das Festland die Hälfte des Bildes ein. Die Wiesenlandschaft des Vordergrundes wird durch einen Weg gegliedert, der diagonal verläuft. Er wird von jungen Laubbäumen und einer Telegraphenstange gesäumt, auf deren Leitungen sich drei kleine Vögel befinden. Auf dem Weg steht ein elegant gekleideter Herr im Profil mit Frack und Hut. Er hält in seinem Spaziergang inne und betrachtet das Kloster. Er wird vom Schatten umgeben, der parallel zum unteren Bildrand verläuft und breiten Raum einnimmt. Dieser Schatten fällt vermutlich von einem hohen Baum, der im Bild nicht mehr ersichtlich ist. Die Schattenpartie ist nicht nur durch dunklere und buntere Farbwerte gekennzeichnet, sondern auch durch unruhigere Pinselstriche, die sich gegeneinander auftürmen. Während der Weg in der besonnten Partie durch helles Ocker markiert ist, ist der schattige Teil mit graublauen und rosa Tönen durchsetzt. Die besonnte Wiesenfläche erscheint in gelbgrünen Farben als kompakte ebene Fläche, der schattige Teil scheint uneben zu verlaufen.

An dieser Stelle bietet sich ein Vergleich zur Maltechnik der französischen Impressionisten an. Die Franzosen lösten Licht und Schatten durch kürzere Pinselstriche auf, womit sie kleinteiligere Umrisse erzielten, Trübner hingegen bewirkt durch breitere und flächigere Malweise einheitliche und klare Konturen sowie einen ruhigeren Bildverlauf. Er geht auch insgesamt sparsamer mit der Farbpalette um.

An die Wiesenfläche grenzt ein schmaler Seestreifen an, an den sich die Halbinsel anschließt. Dadurch bleibt für Spiegelungseffekte weniger Raum. Das Kloster sowie links die Walburgiskirche sind in verschiedenen Grau- und Weißwerten wiedergegeben. Im Hintergrund fügen sich teils bewaldete, teils durch Ackerflächen gegliederte Hügel an. Der Himmel in hellen Blautönen wird von nur wenigen weißen Wolken durchzogen.

Vergleicht man nun die Hamburger mit der Karlsruher Fassung, so ist als Gemeinsamkeit zunächst der strenge parallele Bildaufbau festzustellen; die Bildebenen gliedern sich im wesentlichen in horizontale Streifen auf: Landflächen, der See, das Kloster und die Berge fügen sich aneinander, lediglich die Bäume setzen vertikale Akzente, strenge Diagonalen wurden vermieden. Ähnlich verhält es sich bei den beiden Fassungen in Winterthur, Stiftung Oskar Reinhart. Bei dem Bild »Kloster Seeon mit Holzbrücke« setzt im Vordergrund eine blühende Sommerwiese Akzente, bei dem Bild »Kloster Seeon mit Heuhaufen« sind die Heuhaufen als künstlerische Effekte in die vorderen Bildecken gefügt und erinnern an Monet. Der See wurde mit breiten Pinselstrichen wiedergegeben, die Walburgiskapelle ist in den Hintergrund gerückt. In einer weiteren Fassung der Karlsruher Kunsthalle (Inv.-Nr. 2255) ist das Kloster ausschnitthaft näher in den Vordergrund gestellt, davor erscheint das Bootshaus.

Von all diesen Darstellungen völlig abweichend ist ein weiteres Ölgemälde Trübners, dessen Verbleib unbekannt ist.[19] Es ist im gleichen Jahr entstanden: »Aussicht auf Kloster Seeon« (Öl auf Leinwand, 78
217 zu 92 cm, bezeichnet unten links). Auch hier wurde wieder das Querformat gewählt, jedoch setzen die Bäume dominante vertikale Akzente. Den Vordergrund bildet eine Anhöhe am Ufer, auf der links im Bild ein hölzerner Tisch mit Bank als schattiger Rastplatz einlädt, in der Mitte ist eine Baumgruppe plaziert, deren Laub den Himmel fast gänzlich verdeckt. Nur die unteren Äste sind sichtbar, jedoch ergeben diese bereits ein »Blätterdach«. Diese Anordnung bot Trübner die Gelegenheit, das Spiel von Licht und Schatten auf die Sitzgruppe und die Erde darzustellen. Die Baumstämme reflektieren ebenfalls im Licht, man glaubt die Struktur der Rinde nachvollziehen zu können. Dahinter erstreckt sich niedriges Gebüsch, von gelb bis dunkelgrün plastisch changierend. Der erhöhte Standpunkt gibt den Blick auf die Klosterinsel und das Festland frei. Bedingt durch die Entfernung wirken sie gedrängter und kompakter; auf den rötlichen Dächern der baulichen Anlagen wechseln sonnige mit schattigen Partien ab. Der See in hellem Blau erscheint ruhig und glasklar, an ihn fügt sich die Hintergrundlandschaft an. Acker- und Wiesenflächen, Wald und Bergkette reichen von Ockergelb über grünliche Töne bis zu bläulichen Grauwerten zum Himmel. Der Hintergrund erscheint in seiner Transparenz fast wie in Aquarell gemalt.

Durch das Fehlen jeglicher Personen, Tiere und Boote wird der Charakter der abgeschiedenen sommerlichen Idylle betont und verstärkt. Das Ausblicksmotiv erinnert an Gemälde aus der Romantik. Jedoch belebt bei Trübner das Licht- und Schattenspiel die Atmosphäre. Der erhöhte Standpunkt als Bildeinleitung beschäftigte Trübner bereits in den siebziger Jahren auf der Fraueninsel. Ein Schüler Trübners, der Landschaftsmaler Richard Kaiser, malte das Kloster vom gleichen Standort aus, rückte die Bäume jedoch seitlich an den Bildrand.[20]

Vergleicht man nun die drei vorgestellten Bilder Trübners miteinander, so sind zunächst folgende Gemeinsamkeiten festzustellen: Trübner kam es im wesentlichen auf die Wiedergabe der Stimmung an – die Natur und mit ihr die sommerliche Atmosphäre haben einen hohen Stellenwert. Das Licht spielt eine große Rolle, die Bäume sind realistisch wiedergegeben, insgesamt knüpfen die Darstellungen an naturalistische Traditionen an. Das Kloster bildet den Mittelpunkt der Komposition, es erscheint jedoch, im Gegensatz zu den früheren Kupferstichen, als integrierter Teil der Landschaft. Das Gemälde »Aussicht auf Kloster Seeon« ist das interessanteste Gemälde, weil es in kompositorischer Hinsicht eine sehr eigenständige Bildlösung aufweist. Die Serie der Trübnergemälde kann als Höhepunkt der klassischen Seeonansichten angesehen werden, weil sie in der malerischen Qualität und farblichen Harmonie sehr ausgereift sind. Sie übertreffen zahlreiche Gemälde, die zu dieser Zeit am Chiemsee mit der klassischen Ansicht der Fraueninsel entstanden sind.

Das 20. Jahrhundert

Knapp zehn Jahre nach Trübner malte Heinisch ein Ölgemälde, welches noch ganz den Traditionen des 19. Jahrhunderts verhaftet ist. *Karl Adam Heinisch* (1847 Neustadt/Oberschlesien–1923 München)[21] war hauptsächlich Landschaftsmaler, er malte viel in Oberbayern und am Bodensee. Ab 1870 lebte er in München und war auf zahlreichen Ausstellungen vertreten.

1901 malte er ein Frühlingsbild von Seeon, das sich
220 heute in Privatbesitz befindet (Öl auf Leinwand, 29,5 zu 45 cm, signiert und datiert rechts unten: Heinisch München 1901). Verglichen mit den früheren Ansichten fällt auf, daß das Kloster ganz in den Hintergrund gedrängt ist. Die Anlage mit den Dächern und Türmen verschwindet nahezu hinter den Bäumen. Auch in der Komposition weicht das Bild erheblich von den übrigen Darstellungen ab: ein starker Diagonalzug ist vorhanden, was auf Einflüsse japanischer Kunst, die gegen Ende des 19. Jahrhunderts auch in München bekannt wurde, zurückzuführen ist. Dominant im Bild sind rechts die beiden Bootshäuser mit den Anlegestegen. Dahinter fügt sich ein weiteres hölzernes Bootshaus bzw. eine Fischerhütte an. Im Hintergrund erkennt man schließlich das Kloster von der Rückseite her, es leuchtet weiß durch die Bäume hindurch, die Dächer sind rötlich-braun. Der perspektivische Tiefenzug staffelt sich nach Größe und Helligkeit: die vorderen Hütten liegen noch im Dunkeln, die mittlere Hütte ist bereits im Bereich der Sonnenstrahlen, und auch durch das Lichtspiel der Klosterdächer ist die Lichtquelle rechts, außerhalb des Bildbereiches, lokalisierbar. Die Vegetation der Bäume läßt auf den Vorfrühling schließen: die Zweige der Birkenäste hinter den Hütten sind noch fast kahl, dahinter tragen schon einige Laubbäume hellgrüne Blätter, jene im Hintergrund haben noch nicht ausgeschlagen. Auch dem Schilf am Ufer fehlt das sommerliche Grün, es bietet sich noch im winterlichen Ocker dar. Die Hütten spiegeln sich auch farblich im See, dessen Gewässer in blassem hellem Blau wiedergegeben ist. Darauf nimmt das Ruderboot eine wichtige Rolle ein, in dem zwei Fischer bei der Arbeit mit den Netzen beschäftigt sind. Sie verleihen der Landschaftsstudie einen genrehaften Charakter. Im Hintergrund verschwindet die graue Bergkette beinahe im Dunst, der Himmel ist bewölkt.

Nachklänge an die Freilichtmalerei und den Impressionismus des 19. Jahrhunderts sind deutlich, vom Leibl-Kreis sind am ehesten Parallelen zu Sperl vorhanden. Das Bild ist in stilistischer Hinsicht in die Tradition der Münchner Schule einzugrenzen, für die diese Art von Landschaftsdarstellungen typisch ist. Das Bild von Heinisch ist ein sehr harmonisch komponiertes Beispiel für diese Richtung der Freilichtmalerei und ein repräsentatives Bild in der Reihe der Seeonmotive.

Eine Generation später malte *Paul Roloff* (1877 Jerchel/Altmark–1951 Prien am Chiemsee) das Kloster Seeon. Er studierte zunächst Architektur, wechselte aber bald zur Malerei über, die er an der Münchner und Karlsruher Akademie erlernte. Er war Mitglied der Münchner Sezession und nahm an zahlreichen Ausstellungen teil. Ab 1921 war er in Prien ansässig, wo er 1922 Gründungsmitglied der Künstlergemeinschaft »Die Welle« war, die bis 1933 in Prien zahlreiche Ausstellungen durchführte, an denen auch Slevogt teilnahm. Roloff war überwiegend als Porträtist

und Landschafter tätig, aber er schuf auch zahlreiche
Wandmalereien.[22]

1930 malte er das Bild »Kloster Seeon« (50 × 35 cm,
218 Öl auf Karton, Privatbesitz). Darin drückt sich eine
Abkehr von impressionistischen Tendenzen aus und
eine Hinwendung zum expressionistischen Stil. In
diesem Bild sind die Uferpartien des Festlandes aus-
gegrenzt, der Vordergrund setzt unvermittelt mit der
Seefläche ein und führt den Blick auf die Insel, die die
ganze Bildbreite ausfüllt. Den Mittelpunkt bildet
dabei die Klosteranlage, von der jedoch hinter dem
dichten Sommerlaub der Bäume nur wenig zum Vor-
schein tritt. Anhand der Architektur wird deutlich,
daß das Licht von rechts kommt. Die Büsche und
Bäume füllen den gesamten Inselstreifen aus. Dahin-
ter fügt sich ein wenig bewölkter, sommerlicher
Himmel an. Das Bild ist also aus drei horizontalen
Ebenen aufgebaut, von denen die ruhige Seefläche
durch die Spiegelung der Inselelemente eine lebhafte
Korrespondenz erfährt. Die unruhige untere Bild-
hälfte erfährt ihren Ausgleich durch die klare Him-
melsfläche, deren Farben sich dem Gewässer anpas-
sen. Die Farbpalette reduziert sich auf wenige
Grundtöne und ist kaum differenziert: die Schattie-
rungen bilden keine scharfen Kontraste. Roloff kam
es auf eine Verfestigung und Vereinheitlichung der
Formen an: der kubische Bildaufbau führt zu einer
Schematisierung der Bildelemente, die Vegetation
und das Kloster wirken kompakt, auf die Ausarbei-
tung von Details wurde kein Wert gelegt. Der eng
gewählte Bildausschnitt bewirkt eine Konzentration
auf die Insel, die zur einzigen Bildaussage wird.
Zweifelsfrei weisen die Tendenzen zur Geometrisie-
rung und die flächenhafte Malweise starke Einflüsse
Cézannes auf. Obwohl keine Frankreichreise Roloffs
bekannt ist, waren ihm Cézannes Bilder durch Aus-
stellungen und Literatur bekannt. Er verehrte auch
die Expressionisten, besonders Gabriele Münter, mit
der er gemeinsam ausstellte. Es sind aber auch
Anklänge an den Fauvismus festzustellen, einige
von Roloffs Landschaften erinnern in ihrer heftigen
und vom Gegenstand gelösten Farbigkeit an Werke
Vlamincks. Im Vergleich zu den vorgestellten Bei-
spielen aus dem 19. Jahrhundert fällt bei Roloff der
Verzicht auf eine perspektivische Tiefenwirkung
auf. Auch damit orientiert er sich an der expressioni-
stischen Richtung in der Malerei.

Rudolf Wankas Verbundenheit mit Seeon ist beson-
ders groß, weil er nach dem Krieg einige Jahre im
Kloster gewohnt hat. Er wurde 1908 in Neumarkt in
Böhmen geboren. Er erlernte die Malerei an den Aka-
demien in Wien und in Prag. 1946 war er Mitbegrün-
der der Künstlergruppe »Roter Reiter« in Traun-
stein, die ihren Namen in Anlehnung an den
»Blauen Reiter« wählte. Diese Gruppe organisierte
zahlreiche Ausstellungen im In- und Ausland, an
denen auch namhafte Vertreter des »Blauen Reiter«
und der »Brücke« teilnahmen. Wanka lebte abwech-
selnd im Chiemgau und in München, er starb 1976
in München. Auf zahlreichen Studienreisen schuf er
Landschaften, aber auch Stilleben zählten zu seinen
bevorzugten Bildthemen.[23]

Von seinen noch erhaltenen Seeonbildern haben wir
ein sehr großes Gemälde, das in den fünfziger Jahren
entstanden ist (Öl auf Holzplatte, 75,7 × 113,7 cm, 219
signiert rechts unten: R. Wanka. Privatbesitz), aus-
gewählt. Der Bildausschnitt ist sehr weit von einem
erhöhten Standpunkt aus gewählt. Der Uferstreifen,
die Hügelkette und das Gebirgspanorama bilden
horizontale parallele Bildebenen. Die Vegetation
wird kompakt zusammengefaßt, Einzelheiten der
Laubbäume sind nicht erkennbar. Besonders die
Bäume im Vordergrund entsprechen nicht mehr
ihrer natürlichen Erscheinung, sondern sie sind
expressiv verfremdet. Denn kennzeichnend für den
Expressionismus ist die Wiedergabe des Gegen-
ständlichen nach der subjektiven und emotionalen
Vorstellungskraft des Malers. Auch die Wiesenflä-

chen und die Berge sind flächenhaft ins Bild gesetzt. Licht und Schatten spielen keine Rolle mehr, die Konzentration liegt auf der Vereinfachung der Formen. Die Farbpalette reduziert sich auf wenige Töne. Bezüglich der Farbwahl bleibt Wanka den Traditionen verhaftet, lediglich die roten Flecken im Vordergrund verfremden die realistische farbige Erscheinung der Bäume. Dagegen lösten die Expressionisten ja bereits zu Beginn des 20. Jahrhunderts die Farbe vom gegenständlichen Erscheinungsbild. Im Hinblick auf die flächenhafte Malweise und der Tendenz zur Schematisierung orientiert sich Wanka an seinen expressionistischen Vorbildern.

Es läßt sich feststellen, daß die Intention expressionistischer Landschaftsmalerei eine ganz andere als die der Impressionisten ist. Die Beispiele Trübners zeigen eine naturgetreue Wiedergabe der Natur, die jedoch als Momentaufnahme wiedergegeben ist. Bei dem Gemälde Roloffs bilden das Licht und seine Effekte die wesentliche Bildaussage, die Bäume geben mit ihren bewegten Pinselstrichen eine persönliche Auffassung des Künstlers wieder. Wanka geht noch einen Schritt weiter in die Abstraktion. Er wollte keine vergängliche Stimmung festhalten, sondern das Bleibende. Als Nachexpressionist malt er in einer Zeit, in der die Blüte des Expressionismus bereits vorbei war, noch ganz in diesem Stil verfangen.

Eine Konzentration auf die Nahsicht bietet *Sepp*
223 *Plenk* in seinem Siebdruck »Inselschloß Seeon« aus den siebziger Jahren (43,3 × 69 cm, 3 Exemplare, das erste davon auf der Einzelausstellung im Haus des Gastes in Seebruck, Juli 1991, jetzt Privatbesitz). Plenk wurde 1908 in Ruhpolding geboren, wo er heute noch wohnt. Er studierte in München Architektur und nebenher an der Kunstakademie Malerei. Danach war er als Architekt tätig und malte in seiner Freizeit. Auf vielen Reisen fand er seine Motive, bevorzugt Städte- und Hafenansichten sowie Boote. Er war auf zahlreichen Ausstellungen vertreten.[24] Plenk malt viel in Öl, beherrscht die breite Palette der graphischen Techniken und experimentiert mit Monotypien. Der Beruf des Architekten hat sicherlich einen großen Einfluß auf seine Malweise ausgeübt. Seine Stärke liegt daher auch in den architektonischen Motiven.

In dem hier ausgewählten Siebdruck mit der Seeonansicht werden ein überschaubarer Bildaufbau und klare lineare Strukturen deutlich. Das Kloster ist zentral ins Bild gerückt, es füllt beinahe die ganze Bildfläche aus. Die Türme bilden den Mittelpunkt, deren Hauben vom oberen Bildrand angeschnitten werden. Die dunklen Fenster stehen im starken Kontrast zur weißen Mauerfläche, Schattierungen sind lediglich im Gebäudekomplex rechts in Form von gelblicher Tönung angebracht. Die Bäume sind stark vereinfacht wiedergegeben, deren schwache Spiegelungen im Wasser markieren den See. Der See und der Himmel sind von Ockertönen durchsetzt, die in der Technik des Siebdrucks eine aufgelockerte Struktur ergeben. Die Aussparung von Farbe im Mitteltrakt des Klosters bewirkt dessen Hervorhebung. Der klar gegliederte und lineare Bildaufbau, der sparsame Umgang mit Farben sowie die Aussparung von Binnenschattierungen und Details erzielen eine beinahe nüchterne Bildaussage. Die malerische Insel ist zu einem architektonischen Denkmal reduziert. Den gleichen Bildausschnitt vom selben Betrachterstandpunkt aus wählte *Vera Schilling-Karcher* aus Chieming in den achtziger Jahren in einer Tuschezeichnung (Privatbesitz, ohne Abb.). Durch Lavierung der Tusche gewinnt das Klostergebäude im Vergleich zu Plenk an Plastizität und Volumen.

*Willy Reichert*s Stil hält die Balance zwischen gegenständlicher Wiedergabe und Abstraktion. Der 1937 in München geborene Maler erhielt seine künstlerische Ausbildung in München. Er lebt und arbeitet in Wasserburg. Er war in zahlreichen Aus-

stellungen im In- und Ausland vertreten und erhielt Preise. Reichert malt überwiegend Landschaften und hat sich auf die Aquarelltechnik spezialisiert, in der er einen ganz eigenständigen Stil entwickelte. Mittels einer spontanen Pinselführung erzielt er immer wieder überraschende Effekte. In seinen Aquarellen bilden die tektonischen Formen (meist Architekturen) einen starken Kontrast zu den diffusen Formen (Vegetation). Sie gehen dennoch eine harmonische Verbindung ein, die Grenzen verwischen sich durch Transparenz und lösen sich im Atmosphärischen auf. Er selbst äußerte sich zum Thema Landschaft folgendermaßen: »Ich suche nicht eine ganze Landschaft, sondern nur Fragmente. Es geht mir um die Einheit im Bild und darum, Verbindungen zwischen realen und abstrakten Formen herzustellen. Die Landschaft in ein neues Licht zu setzen, in ein imaginäres, visionäres, unveränderlich, ewig Schönes.«[25] Diese Auffassung spiegelt sich in seinem 1991 entstandenen Seeon-
222 Aquarell wider (56,7 × 76,5 cm, signiert und datiert rechts unten: Reichert 91, Aquarell auf Papier, Privatbesitz). Das Bild setzt unvermittelt mit der Seenfläche ein, die Insel ist in die Bildmitte gerückt und erstreckt sich beinahe bis zum rechten Bildrand, links erkennt man die Umrisse des Festlandes in der Atmosphäre. Der fragmentarische Charakter entsteht nun dadurch, daß sich die Grenzen des Gegenständlichen in der Atmosphäre auflösen. Dies vermittelt etwas Schwingendes, Vibrierendes, vergleichbar einem in Pedal aufgelösten Akkord. Die detailgetreue Wiedergabe des Klosterkerns bewirkt, auch von der Lichtintensität her, eine Reduktion auf das Wesentliche. Die fragmentarische Darstellung der Klostertrakte rechts läßt diese, obwohl räumlich näher, sekundär werden. Mit der Andeutung der Bäume schafft er »die Verbindung zwischen realen und abstrakten Formen«. Auch Reicherts Aussage zu seiner Auffassung über die Rolle des Lichtes wird bei diesem Seeonaquarell deutlich: die Lichtakzente reduzieren sich auf wenige Gebäudeteile, am rechten Bildrand geht die Wasserfläche in den Bereich des Himmels über und schafft somit die »Einheit«, die neutrale Wiedergabe des wolkenfreien Himmels bewirkt den »imaginären und visionären« Charakter. Die Wasserfläche wird nur durch Spiegelungen kenntlich, auch sie verschwimmt im diffusen Licht. Die Farben setzt Reichert gezielt ein, warme Töne (rechts im rötlichen Bereich) kontrastieren zu kalten Tönen (links Varianten von Grün), dazwischen die Dominanz von neutralem Weiß.

Der Himmel erscheint in der Farbigkeit sehr zurückhaltend, um so lebhafter wirkt der See durch den Einsatz bunter Farben sowie durch die Auflockerungen mittels der Spritztechnik.

Das »Unveränderliche, ewig Schöne« drückt sich in dem Klostergebäude aus, das in seiner tektonischen Form für das Dauerhafte steht; die stetige Veränderung der Bäume, des Sees und des Himmels wird mittels diffuser Strukturen angedeutet. Diese Veränderungen kommen auch im Wandel der Jahreszeiten zum Ausdruck, wobei das Kloster die Konstante bildet: Reichert schuf noch weitere Aquarelle von Seeon, so z. B. die nahgerückten Türme im goldenen Herbstlicht oder ein verschneites Winterbild, das aus dem Rahmen der üblichen Sommeridyllen fällt.

In all diesen Seeonaquarellen beweist er die Fähigkeit zur Variation ein und desselben Motives sowie seine meisterhafte Beherrschung des Bildaufbaus, der Technik und des Illusionismus; durch das Unvollendete wird die Phantasie des Betrachters angeregt. Seine Aquarelle strahlen tatsächlich etwas Entrücktes und Zeitloses aus, eben das »ewig Schöne«, wie Reichert seine Ziele selbst formuliert. Architektur und Natur gehen dabei eine überzeugende Synthese ein.

Ein weiterer Maler, der von der Malerei lebt und für die Bedürfnisse des Marktes arbeitet, ist *Otto C.*

Schuster. Landschaften bilden dabei den Schwerpunkt seines Schaffens, er malt auch viel am Chiemsee und schafft stets Skizzen vor Ort. Der 1924 in Eger geborene Künstler zog nach dem Krieg nach München und lebt heute in der Nähe von München. Er lernte bei Knobloch, einem Vertreter der Münchner Schule, weil ihm die flüssige, pastose Malweise besonders entgegenkam. Sein Stil ist daher auch ganz der Münchner Schule verpflichtet, erst in den letzten Jahren scheint er sich von seinen großen Vorbildern zu lösen. Er war in zahlreichen Ausstellungen im In- und Ausland vertreten und erhielt Preise.[26]

Im Sommer 1989 entstand seine hier vorgestellte
221 Seeonansicht (Öl auf Holz, 30 × 40 cm, signiert
rechts unten: »O. C. Schuster«, Privatbesitz). Es bietet den klassischen Seeonblick und gibt die Idylle eines Sommertages wieder. Das dunkelgrüne, satte Laub, die ruhige Seefläche, der etwas bewölkte Himmel und die starke Lichtintensität bewirken, daß sich der Betrachter mit den Personen auf der Terrasse unter den Sonnenschirmen identifiziert. Schuster ist die Wiedergabe der Atmosphäre im gleißenden Mittagslicht gelungen. Hierbei klingen Relikte impressionistischer Errungenschaften nach. Das Bild spiegelt eine realistische Auffassung der Landschaft wieder, die zeitlos ist und deswegen (auch heute noch) bei einer breiten Käuferschicht Zustimmung findet.

Bewegung in die abgeschiedene Klosterruhe bringt
Muir Donaldson in seinem 1988 entstandenen
224 Aquarell. Der 1955 in Schottland geborene Künstler
studierte zunächst Betriebswirtschaft und Theologie, übte in Schottland eine Lehrtätigkeit aus und begann erst 1983 in München an der Akademie das Studium der Malerei und Graphik, u.a. bei Jörg Immendorff. Nach dem Studienabschluß kombinierte er die Malerei mit einer Lehrtätigkeit und lebt derzeit in München. Er war an Ausstellungen in München, Schottland und Kanada beteiligt.

Donaldson vertritt die abstrakte Richtung der jüngeren Generation. Von seinem Œuvre ist jedoch das 1988 entstandene Seeonbild noch relativ gegenständlich. Für das Aquarell wählte er das Hochformat (Aquarell auf Papier, 64 × 53 cm, signiert und datiert mit Bleistift, links »Kloster Seeon«, rechts »Muir Donaldson 88«, Privatbesitz). Für ihn bedeutet ein Landschaftsbild nicht mehr die getreue Wiedergabe der Natur. Die Klosteransicht dient ihm als Medium für geometrische Farb- und Formexperimente. Trotz dieser Verfremdung bleibt das Grundmotiv als Ausgangspunkt klar erkennbar, der Betrachter fügt die Versatzstücke mühelos zu einer Einheit. Das Prinzip der Auflösung und Zergliederung der Formen geht auf den analytischen Kubismus (um 1910) zurück.

Das gewählte Hochformat bewirkt eine Konzentration und Ausschnitthaftigkeit. Der Einsatz kräftiger Farben und starker Kontraste (hellgelb-dunkelviolett) sowie das variantenreiche Spiel mit geometrischen Formen tragen zur Verlebendigung des Bildes bei. Die Seefläche ist in Rechtecke zerlegt, die Bäume sind in vertikale Bahnen eingeordnet, die Dächer flächig, im oberen Teil der Türme spiegeln sich die Gewitterwolken wider. Trotz des hohen Abstraktionsgrades wird die Illusion eines beschaulichen Sommertages nicht zerstört. Auch hier sind die Sonnenschirme auf der Terrasse angedeutet, nur die Gewitterwolken lassen die Idylle ins Wanken geraten.

Die endgültige Störung der abgeschiedenen Kloster-
idylle wagt *Angerer d.J.* in einer Zeichnung von 225
1981. Der 1940 in Bad Reichenhall geborene Künstler studierte an der Polish University/London Graphik, er lebt und arbeitet derzeit in Siegsdorf. Er vertritt die surreale Richtung in der Malerei, d.h. Ausgangspunkt seiner Bildschöpfungen sind meist reale

Objekte oder Menschen, die dann verfremdet werden. Seine Techniken und Themen sind ausgesprochen vielseitig,[27] mit seinen »Shadow-Paintings« ist er berühmt geworden.[28]

Er zählte zu den Teilnehmern des Seeon-Symposiums und schuf 1981 eine Zeichnung, die skizzenhaften Charakter hat (29,5 × 21 cm, Mischtechnik auf gelbem Papier, Stempel und Datierung links unten: »30. Nov. Angerer d. J. 1981, In Seeon«, Privatbesitz). Bei diesem Bild wird die Klosteranlage quasi als Bühnenbild in den Hintergrund gedrängt, sie ist jedoch klar identifizierbar. Sie ist mit Farbstiften, weiß gehöht, wiedergegeben, die Figuren sind mit der Feder gezeichnet und laviert. Links ist als Versatzstück ein Türflügel aus der Kirche angefügt, der Vordergrund läßt Raum für Angerers surreale Gestalten. Der Maler, den in seiner Kindheit die Perchtenläufe stark beeindruckt haben, setzt in seinen Bildern auch häufig das Motiv der Masken ein, die die Zweigesichtigkeit des Menschen und dessen Freude an Spiel, Narretei und Verwandlung symbolisieren.[29] Ganz unten im Bild erscheint solch ein maskierter Kopf im Profil. Die stehenden Gestalten schuf er als Panfiguren, rechts im Profil und links frontal mit verschraubten Ziegenfüßen. Der griechische Gott Pan (römisch »Faun«) ist der Gott der Hirten in Gestalt eines Ziegenbockes. Er ist auch der Gott der Fruchtbarkeit, was in diesem Zusammenhang mit unserem Bild von Bedeutung ist. Denn der Anlaß zu dieser Zeichnung war ein Besuch in Seeon während des Erntedankes, das ja ein Fest zum Dank für die Fruchtbarkeit der Erde ist.

Im Barock kamen Thesen auf, nach denen die christlichen Teufelsdarstellungen auf Pan zurückgehen.[30] Dies impliziert natürlich das böse und dämonische Element, das auch jedem Menschen innewohnt. In Zusammenhang mit dem Erntedankgottesdienst könnte so die Ambivalenz der Kirchgänger zwischen vorgetäuschter Frömmigkeit und der echten religiösen Überzeugung zum Ausdruck gebracht werden. Dazu eignet sich Pan als Zwitterwesen, weil er auch menschliche Eigenschaften besitzt. Der Mensch verstellt sich zwangsläufig, um sich in die Normen der Gesellschaft einzugliedern. So gesehen schlüpft der Mensch gern in andere Rollen, das Leben wird zur »Maskerade«.

Pan ist auch der Gott, der plötzlich und unerwartet auftaucht und Angst und Schrecken verbreitet (daher leitet sich das Wort panisch ab). Wie auch immer der Betrachter das Bild interpretiert, dem Maler ist es gelungen, Schrecken und Unruhe in die Abgeschiedenheit des Klosters zu bringen.

Angerer d. J. beweist mit seinem Bild, daß das Seeonmotiv den Künstlern auch heute noch großen Anreiz für bildliche Darstellungen bieten kann, jedoch nicht mehr, um vordergründig einen bestimmten Ort darzustellen, sondern als Kulisse für andere Bildaussagen.

1 Literatur zu den Chiemseemalern: Fritz Aigner, Maler am Chiemsee. Hrsg. vom Markt Prien am Chiemsee. Bd. I. Prien o. J. (1983). – Karl Raupp und Franz Wolter (Hrsg.), Die Künstlerkolonie von Frauenchiemsee. München 1918. – Anton Sailer, Frauenchiemsee in Oberbayern. In: Gerhard Wietek (Hrsg.), Deutsche Künstlerkolonien und Künstlerorte. München 1976, S. 28–36.

2 An dieser Stelle sei all jenen gedankt, die bei der Entstehung dieser Arbeit behilflich gewesen sind, insbesondere: Fritz Aigner, Prien; Ludwig Bauer, Arlaching; Michaela Bodesheim, Stadtbücherei Traunstein; Hans Heyn, Rosenheim, Gemeinde Seeon-Seebruck, sowie allen Mitautoren, Galeristen, Künstlern und deren Familienangehörigen für wertvolle Auskünfte und Hinweise. Mein Dank gilt auch den Besitzern von Gemälden in Privatbesitz und Museen für die Genehmigung zur Publikation.

3 Philipp Apian und die Kartographie der Renaissance. Ausstellungskatalog Staatsbibliothek München 1989. Weißenhorn 1989, Abb. 120, Kat.-Nr. 3.74.
4 Abbildung 208.
5 H. Eckardt, Matthaeus Merian. Amsterdam MCMLXIII. Nachdruck der Ausgabe von 1887. – Lucas H. Wüthrich, Das druckgraphische Werk von Matthäus Merian d. Ä. 2 Bde., Basel 1966.
6 »Seon inferioris bavariae monasterium, aeri incisum una cum fundatione, privilegiis antiquitatum monumentis et aliis«.
7 Abb. 131–138 Scholz 1971, Bd. I, Abb. 6 und 7.
8 Cod. Seon 3588.
9 Abbildung siehe auf dem Vorsatz dieses Buches.
10 Die Literatur zu Wening befaßt sich hauptsächlich mit historischen Fakten, kunsthistorische Analysen seiner Kupferstiche sind darin nicht enthalten. Die wichtigsten Titel: Michael Wening. Der Kupferstecher der Max-Emanuel-Zeit. Ausstellungskatalog Stadtmuseum München 1977/78. – Gertrud Stetter, Michael Wening. Leben und Werk des bayerischen Kupferstechers und Topographen. München 1964. – Volker von Volckamer, Die Landesbeschreibung Kurbayerns im Zeitalter des Kurfürsten Max Emanuel. In: Ausstellungskatalog Schloß Schleißheim München 1976, Kurfürst Max Emanuel. Bayern und Europa um 1700, S. 406–416. – Hans Weindl, Der Kupferstecher Michael Wening und seine Topographie. In: Verhandlungen des historischen Vereins für Niederbayern. 88. 1962, S. 67–85.
11 U. Thieme/F. Becker, Künstlerlexikon, S. 169 Artikel Deurer Ludwig, dort fälschlicherweise: »Historien-, Porträt- und Genremaler«.
12 Korrespondenz Hr. Andreas, Galerie Schneider, vom 28. 1. 1991.
13 Hans Heyn, Süddeutsche Malerei aus dem bayerischen Hochland. Rosenheim 1979, S. 214.
14 Abbildung in »Schönere Heimat«, 80. Jg. (1991), H. 3, S. 159.
15 Heyn, wie Anm. 13, S. 257.
16 Siegert 1856, S. 193 (Maße 8 × 12,8 cm).
17 Thieme/Becker, Künstlerlexikon Artikel Obermayer Eduard.
18 Klaus Rohrandt, Wilhelm Trübner (1851–1917). Kritischer und beschreibender Katalog sämtlicher Gemälde, Zeichnungen und Druckgraphik. Biographie und Studien zum Werk. Diss. Kiel 1971/72, 4 Bde.; hier Bd. I, S. 163 und 195.
19 Klaus Rohrandt, wie Anm. 18 Bd. II, S. 503 und 504.
20 Abgebildet bei: Die Kunst für Alle. Hg. von Fritz Schwartz. Jg. 26, München 1911, S. 57.
21 Thieme-Becker, wie Anm. 11, S. 296 sowie Hans Heyn, wie Anm. 13, S. 224.
22 Hans Heyn, wie Anm. 13, S. 146 und 245. Ausstellungskatalog Prien, Galerie im Alten Rathaus 1987. Gedächtnisausstellung Paul Roloff. Ausführliche biographische Hinweise verdanke ich den Unterlagen von Frau Dr. Waldmann, München.
23 Literatur zu Wanka: Ausstellungskataloge der Bayerischen Versicherungskammer zum »Roten Reiter«. München 1977, 1987 und 1989. Einzelausstellung in Obing, Franz Rudolf Wanka. Hg. von Elfriede und Knut Wanka, München 1983. Mündliche Informationen von Frau Elfriede Wanka, Chieming.
24 Sepp Plenk. Monotypien. Ölbilder. Zeichnungen. Texte von Klaus J. Schönmetzler u. a. München o. J.
25 Zitiert aus: Ausstellungskatalog Willy Reichert. Rathaus Waldkraiburg 1980, S. 11.
26 Ausstellungskataloge »Gemälde Cabinett Unger« im Schloß Haimhausen, München: »Die letzten Asse der Münchner Schule« 1982 sowie »Vier bayrische Maler« 1983.
27 Leon Jończyk/Michael Hübner, Angerer d. J. Traunstein 1987.
28 Dabei verbindet er den Schatten eines Menschen oder Objekts mit der Malerei durch fotografische Technik.
29 »Das Leben als ewige Maskerade«. Siehe dazu: Manfred van Well, Kampf und Vision. München 1984, sowie René Hocke, Gebrüder Angerer. Phantastik der Sehnsucht. München 1981.
30 Herbert Hunger, Lexikon der griechischen und römischen Mythologie. Wien [6]1978, S. 136 und 300/301.

Rund um den Klostersee – ein Bild der Landschaft heute

Christian Soika

Der Bereich, der in Karten mit großem Maßstab vielfach oft nur als »Seeon« bezeichnet wird, umfaßt neben der Ortschaft Seeon, am Ostufer des Klostersees gelegen, auch einige umliegende Weiler sowie die tausendjährige Anlage des Klosters Seeon, die prägende Anlage des gesamten Umfeldes.
Das Kloster, das idyllisch auf einer Halbinsel des Klostersees liegt, vermittelt ein Bild der Ruhe und Besinnung. Der etwas weltabgeschiedene Eindruck täuscht jedoch. Tatsächlich waren das Kloster und seine Umgebung über Jahrhunderte eng miteinander verbunden, und das heutige Erscheinungsbild der gesamten Natur- und Kulturlandschaft Seeon stellt das Ergebnis einer gemeinsamen ökonomischen und soziologischen Entwicklung dar.
Im folgenden soll eine kurze Betrachtung des heutigen Erscheinungsbildes des Kleinraumes um den Seeoner See vorgenommen werden. Zu diesem Kleinraum seien die Siedlungen Bräuhausen, Weinberg, Neubichl, Waltenberg, Straß, Scheitzenberg, Grünweg, Sandgrub und der Maierhof gezählt. Vor allem aber ist bei einer Betrachtung dieses engeren Siedlungsbereichs um den Klostersee der Ort Seeon an der dem Kloster gegenüberliegenden Seite des Sees zu nennen, der seine im Laufe der Zeit immer größer gewordene Bedeutung seiner früheren Funktion als Zentrum der ehemaligen Hofmark des Klosters verdankt.
Der für die vorliegenden Ausführungen ausgewählte Kleinraum ist nicht identisch mit der früheren Klosterhofmark Niederseeon, die ein wesentlich größeres Gebiet umfaßte: Im Jahre 1803 gehörten dazu weitere Ortschaften und Weiler der Umgebung wie Waltenberg mit zwei Höfen, Engering mit drei, Landertsham mit vier, Neustadl mit fünf, Thalham mit zwei, Wattenham mit neun, Eglhart mit vier, Pavolding mit vier sowie Roitham mit 21 Anwesen. Dazu kam noch eine Reihe von Einödhöfen.[1] Weitere 31 Anwesen gelangten 1662 durch Kauf der Hofmark Obing in den Besitz des Klosters Seeon.
Im Zuge der späteren Gemeindebildungen kam ein Teil dieser Ortschaften zum Gebiet der Gemeinde Obing. Der größte Teil blieb aber bei der dann neu gebildeten Gemeinde Seeon, welche außer den ehemaligen Hofmark-Orten auch noch weitere Ortschaften umfaßte. Im Zuge der modernen Gebietsreform ist die ehemals selbständige Gemeinde Seeon seit 1980 in die Gemeinde Seeon-Seebruck integriert.
Die Landschaft um den Seeoner See ist geprägt von beträchtlichen, von der Rodung stark aufgelösten Waldgebieten, zumeist Nadelbeständen, sowie einigen, mehr oder weniger großen Seen. Schmale Bäche verbinden sämtliche Seen miteinander. Große Teile um die Seen sind biogen zu Mooren verlandet. Mit ihren braunen Pflanzenbeständen umfassen sie die Seeufer. Durch torfbildende Seggenarten und Schilfrohr dringen sie mehr und mehr in die Seen ein. Die

die Seen umgebenden Niedermoore werden teilweise als Streuwiesen genutzt. Wie beim Klostersee handelt es sich auch bei den anderen Gewässern um sogenannte Toteislöcher, Ausprägungen des glazialen Formenschatzes des Alpenvorlandes.
Beim Klostersee zeigt sich der zunehmende Verlandungsprozeß besonders deutlich am Südufer an den ausgedehnten Verlandungsflächen mit den großen Schilfbeständen, wo auch die Straße von Straß über Scheitzenberg in Richtung Kloster Seeon einen Bogen um dieses Feuchtgebiet macht, in dem sich noch drei durch einen dünnen Wasserlauf miteinander verbundene Wasseraugen befinden. Sehr feuchte Ufergebiete befinden sich auch an der Herzogbucht und an der Westseite der Weinbergbucht, was diese Gebiete von Besiedelung freihielt. Bis auf diese letzten Rückzugsgebiete der Natur – wertvolle ökologische Nischen – hatte die Hand des Menschen in den übrigen Teilen über Jahrhunderte hinweg großen Einfluß auf das Erscheinungsbild des Sees und seine Umgebung.
So ist beispielsweise heute kaum mehr wahrnehmbar, daß die Walburgiskirche einst auf einer Insel stand. Der bekannte Stich von Stengel aus dem Jahre 1620 zeigt die frühere Situation noch deutlich. Der breite Damm, der im Jahre 1816[2] von hier aus zur ehemaligen Klosterinsel aufgeschüttet wurde, läßt die Bezeichnung »Inselkloster« für Seeon vom Eindruck her gar nicht mehr zu.
Die Mönche regelten in früherer Zeit selbst den Zufluß und den Abfluß des Sees, und Abt Benedikt I. (1602–1609) ließ die einzelnen Seen der Seeoner Seenplatte mit Kanälen verbinden. Der gewaltigste Einschnitt in die Natur des Klostersees wäre der Erfolg der Bestrebungen von Abt Benedikt I. im Jahre 1606 gewesen, einen Abflußkanal zum südwestlich des Klostersees gelegenen Bansee zu graben. Dieser See liegt etwa fünf Meter tiefer, so daß mit dem ehrgeizigen Projekt eine Absenkung des Seespiegels des Klostersees erreicht worden wäre. Große Seeuferflächen hätten dadurch zur Kulturlandschaftsnutzung erschlossen werden sollen. Unerwartet große Schwierigkeiten führten aber schließlich zum Abbruch dieses Unternehmens. Ein zwar weniger schwerwiegender, aber doch auch erheblicher Eingriff in die Ökologie des Sees war die 1854 erfolgte Tieferlegung des Abzugsgrabens des Klostersees nach Osten um zwei Fuß auf Veranlassung der damaligen Besitzerin der Klostergebäude, der Kaiserin-Witwe Donna Amalia von Brasilien. Die Seefläche wurde dadurch vor allem im Westen und Süden merklich kleiner.
Seit Jahrhunderten wurde der Fischreichtum des Klostersees geschätzt. Schon die Mönche des Klosters widmeten sich der Fischzucht. Sie ließen zu den vorhandenen Fischarten wie Schleie, Hecht oder Waller noch Karpfen einsetzen. Waren die Fische früher von wirtschaftlicher Bedeutung, so diente der Fischbestand des Sees in jüngster Zeit lediglich der Sportfischerei. Im wesentlichen sind heute neben verschiedenen Weißfischarten Karpfen, Schleien, Zander, Hechte, Waller, Barsche, Brachsen, Aale und, wie jüngst bekannt wurde, auch Renken vorhanden. Derzeit ist der See befristet an einen Münchner Angler-Club verpachtet, demnächst wird ihn der Bezirk Oberbayern für seine Fischerei-Fachberatung nutzen.
Die Moränen der letzten Eiszeit gaben der Landschaft auch in unmittelbarer Nähe des Sees ein hügeliges Gepräge. Auf dem Weinberg im Norden können 573,8 m Höhe über dem Meeresspiegel gemessen werden. Der Ortsteil Straß am Südufer des Klostersees liegt auf 537,6 m. Als weitere Meßpunkte seien die im Süden des Sees gelegene Verlandungszone mit 532,8 m, die tiefste Stelle des Klostersees mit 516,6 m sowie die neue Schule, etwas außerhalb von Seeon in Richtung Truchtlaching gelegen, mit 534 m Höhe über dem Meeresspiegel genannt.

Daneben erscheint heute die Landschaft um den Klostersee anthropogen geprägt von bäuerlicher Kultur. Einzelne Weiler, bestehend aus mächtigen Hofanlagen, inmitten von Weideland, Äckern und Wäldern, kennzeichnen das Erscheinungsbild. Diese bäuerliche Kulturlandschaft ist das Ergebnis eines jahrtausendelangen Wirkens von Menschen in der Landschaft um Seeon. Nicht nur die bedeutenden Funde aus römischer Zeit im nahegelegenen Seebruck sind Beweis für eine Besiedelung tausend Jahre vor der Gründung des Klosters. Auch aus Seeon selbst sind römische Funde bekannt.[3] Noch weiter in die Antike hinein weisen Bodenfunde aus der Hallstatt-Zeit, und für das frühe Mittelalter belegen bajuwarische Funde bei Thalham menschliche Zivilisation in der Nähe des Klostersees.[4]

Obwohl es im Dorf Seeon heute nur noch drei Vollerwerbslandwirte gibt, ist das Gebiet um den Klostersee von bäuerlicher Tätigkeit geprägt. Bei einem Blick in die Landschaft um den See fällt die sehr verschiedenartige Feldbestellung auf, wobei eine deutliche Dominanz des Grünlands im Verhältnis zum Ackerland sichtbar ist. Bei der Größe überwiegt eine kurzstreifige Flureinteilung – lediglich um den stattlichen Hof Waltenberg sind größere Blöcke zu erkennen.

Blickt man von der Ortschaft Seeon aus über den See in Richtung Westen, so fängt sich der Blick an den mächtigen Mauern des Klosters, welches das bedeutendste sakrale Baudenkmal in diesem Bereich darstellt. Das Benediktinerkloster und die Pfarrkirche St. Lambert werden in diesem Buch vielfach gewürdigt, deshalb sollen an dieser Stelle die anderen Baudenkmäler noch kurz erwähnt werden:

Das Wallfahrtskirchlein Bräuhausen liegt an der nördlichen Seite des Sees auf einer Anhöhe. Bereits im 18. Jahrhundert ist hier eine vielbesuchte Wallfahrt nachzuweisen.[5] Die Kirche wurde um 1520 erbaut, ihre Einrichtung besticht heute vor allem durch ihre eindrucksvollen barocken Altäre.

Westlich der Klosteranlage liegt die Kirche St. Walburgis. Der gotische Bau ist von einem Friedhof umgeben, in dem sich zahlreiche Grabstätten der herzoglichen Familie Leuchtenberg im russisch-orthodoxen Stil befinden.

Im Ortskern von Seeon befindet sich die Kirche St. Ägidius. Die ursprünglich spätgotische, wohl aus der ersten Hälfte des 15. Jahrhunderts stammende Kirche wurde barockisiert, wovon die Altäre Zeugnis ablegen. Aus gotischer Zeit sind im Chor noch bemerkenswerte bemalte Holzreliefs mit zwei Heiligen aus der Werkstatt des Meisters von Rabenden erhalten geblieben.

An profanen Baudenkmälern haben sich aus dem Bereich der bäuerlichen Kultur noch einige ehemalige Wohnhäuser mit Blockbauobergeschoß erhalten, so in der Altenmarkter Straße Nr. 5, in der Weinbergstraße Nr. 20, Nr. 17 und Nr. 86 sowie im Ortsteil Straß in der Seestraße Nr. 54. Sie stammen alle aus dem 18. Jahrhundert, das älteste in der Altenmarkter Straße Nr. 5, ist mit 1703 bezeichnet.

Auch Bundwerkarchitektur ist an den Gebäuden unmittelbar am Klostersee vorhanden. Diese typische Holzarchitektur – im Chiemgau vor allem an Scheunen und anderen Zweckbauten weit verbreitet – bei der ein kunstvoll durch »Knoten« verbundenes Holzgerüst mit Bretterhinterschalung nicht nur statische, sondern auch dekorative Funktion innehat, findet sich in Seeon am Wirtschaftsteil einiger alter Bauernhäuser in der Weinbergstraße, so am Haus Nr. 12, im Giebel des Hauses Nr. 16 sowie am Stadel des Hauses Nr. 58.

Eng verbunden mit dem Kloster ist der ehemalige Bierkeller aus dem 18. Jahrhundert in der Weinbergstraße Nr. 90. Im Zusammenhang mit der klostereigenen Brauerei erbaut, hielt der Bierkeller jedoch nicht, was sich die Erbauer von ihm versprachen.

Obwohl er weit in den Hang hineingetrieben war, konnte der Keller doch die notwendige Kühle für die Lagerung des Biers nicht halten.
Die mächtige Vierkantanlage des Maierhofes ist ein besonders eindrucksvolles Baudenkmal. Es wurde um 1700 von Abt Marian Berger an der heutigen Stelle errichtet, sein Vorgängerbau war früher näher am See gelegen. Heute ist der ehemalige Maierhof des Klosters im Privatbesitz und wird als Reiterhof genutzt.
Von eher städtischem Charakter erscheint ein zweigeschossiges Wohnhaus in der Weinbergstraße Nr. 88. Das Haus mit dem Schopfwalmdach ist wohl um 1800 erbaut worden.
Zwei Gasthäuser in Seeon sind ebenfalls als Baudenkmäler in der Denkmalliste verzeichnet. Das Gasthaus »Alter Wirt« in der Altenmarkter Straße Nr. 10 ist ein Bau mit quadratischem Grundriß und Rundtürmen an den Ecken. Das 1616 erbaute Gebäude enthält im Obergeschoß einen Raum mit einer mit Renaissance-Elementen verzierten Holzdecke. Der Gasthof »Neuwirt« in der Altenmarkter Straße Nr. 19 ist ein stattlicher Bau im Stil der »Itaker-Höfe« mit gotisierenden Fenstern im Giebel. Er wurde um 1870/85 erbaut.
Das alte Schulhaus in der Schulstraße Nr. 5 im Zentrum Seeons wurde um 1910 erbaut und bis Ende der sechziger Jahre genutzt. Schopfwalmdach und Jugendstildekor zeigen deutliche Anleihen bei städtischer Architektur.
Ein beeindruckendes Baudenkmal ist auch der große ehemalige Getreidekasten an der Straßenkreuzung direkt am Parkplatz beim Kloster in Richtung Pittenhart. Dieser ehemalige Zehentstadel, dessen hauptsächliche Verwendung wohl ins 16. und 17. Jahrhundert fällt, wurde unter Abt Rufin Mayr um die Mitte des 18. Jahrhunderts erbaut.
Bis 1848 diente er als Rentamtsspeicher. Danach stand er längere Zeit leer oder wurde als Fabrikgebäude genutzt. In den vergangenen Jahren wurde das Gebäude – lange auch unter dem Namen »Bavaria-Haus« bekannt – völlig entkernt; heute befinden sich darin Appartements und ein Restaurant.
Auf dem Weg von dort zum Kloster passiert man das Gebäude »Herzogstuben« am Klosterweg Nr. 15. In diesem ehemaligen Mesnerhaus befindet sich heute ein Geschäft, dessen Angebot hauptsächlich am Bedarf von Besuchern und Touristen orientiert ist.
Eines der außergewöhnlichsten profanen Baudenkmäler ist die ehemalige Klosterapotheke unmittelbar neben der Walburgiskirche, ein Haus mit einem auffallenden spitzen, verschobenen Giebel. Diese Klosterapotheke war für die damalige Zeit gut ausgestattet; ein noch vorhandener Katalog aus dem Jahre 1633 zählt als Inventar neben vielen Heilkräutern 300 verschiedene Arzneimittel auf. Nach der Säkularisation fand sich für die Klosterapotheke anfangs kein Kaufinteressent. Die in der Apotheke befindlichen »Tögeln und Salwen« wurden als völlig wertlos erachtet. Nach viel Mühen fanden die Säkularisierer dann für ein relativ geringes Entgelt doch noch einen Käufer. Dieser bezog schließlich das Gebäude, verkaufte jedoch das Inventar separat, das damit für Seeon verlorenging.
An die ehemalige Funktion als Apotheke erinnert heute nur wenig, lediglich im Keller befindet sich noch ein offener Ofen, der zum Herstellen von Heilmitteln genutzt worden sein könnte. Im Laufe der Zeit verfiel die Klosterapotheke zusehends, bis sich in unseren Tagen ein engagierter Idealist des Denkmals annahm und es mit großem persönlichem Einsatz wieder bewohnbar machte und zu einem Schmuckstück gestaltete.
Seeon und der Klostersee sind gut an das überregionale Straßennetz angebunden. Von Seeon aus in Richtung Norden sind es vier Kilometer zur Bundesstraße B 304 auf der Strecke zwischen Altenmarkt und Obing. In südlicher Richtung ist auf einer teil-

weise kürzlich erst neu ausgebauten und begradigten Strecke Seebruck in sechs Kilometern zu erreichen. Die Querverbindung von Kloster Seeon nach Obing in nordwestlicher Richtung hat eine Länge von vier Kilometern. In östlicher Richtung ist über Pavolding das im Nachbarlandkreis Rosenheim gelegene Eggstätt nach sieben Kilometern zu erreichen.

Um den gesamten See herum führt eine durchgehende Straße, die mit dem Pkw allerdings nur für Anlieger zu befahren ist. Sie umschließt den See größtenteils in unmittelbarer Nähe des Ufers; lediglich am Westufer und am Südufer holt sie wegen der erwähnten Feuchtgebiete weiter aus. Am Westufer kürzt ein Fußweg durch das unberührte Naturgebiet am See entlang die Strecke ab. Am westlichsten Punkt dieses Rundwegs kommt der Spaziergänger an einem eindrucksvollen Naturdenkmal vorbei, der sogenannten Mozarteiche – ob diese, wie man erzählt, wirklich zu Lebzeiten Mozarts gepflanzt wurde, muß offenbleiben. Am Südufer führt von der Autostraße ein schmaler Fußweg durch das Moor direkt zum Seeufer hin.

Einen Spaziergang um den See kann man durch Benutzen der 1816 errichteten Holzbrücke über den See zwischen Bräuhausen und dem Kloster Seeon abkürzen. Der Weg führt, kommt man von Bräuhausen her, weiter am Kloster entlang über den aufgeschütteten breiten Damm, der das Kloster heute auf einer Halbinsel stehen läßt, am großen Parkplatz vorbei auf die um den See laufende Straße.

Ein Blick über den Klostersee und seine Umgebung zeigt, wie im Siedlungsbild heute optisch die Ortschaft Seeon dominiert, die sich als Haufendorf um das nordöstliche Ufer des Sees schmiegt. Vor 1969 wurde diese Ortschaft offiziell noch »Niederseeon« genannt. Bereits aus der Zeit der Säkularisation ist Seeon als größte Ansiedlung sowie als wirtschaftliches Zentrum überliefert: 45 Anwesen sind für diese Zeit von dem Ort benannt.[6] Die übrigen Ansiedlungen standen dagegen deutlich hinter Seeon zurück, obwohl Weinberg am nordöstlichen Ufer sowie Straß am Südufer des Klostersees mit je zehn Anwesen überraschen. Deutlich kleiner waren die Orte Bräuhausen und Neubichl mit jeweils drei Anwesen sowie Etz und Esterpoint mit jeweils nur einem.[7]

Die beiden letztgenannten Siedlungen finden sich auf den heutigen Karten nicht mehr. Diese relativ spät auf Weideland entstandenen Siedlungen sind offensichtlich im späten 19. Jahrhundert nicht mehr gebraucht worden. Etz ist als Wohnort des Jägers des ehemaligen Eigentümers der Klostergebäude, des Gafen Arco-Zinneberg, überliefert.[8] Von dem zu Anfang unseres Jahrhunderts abgebrochenen Hof in Etz existiert heute lediglich noch das ehemalige Brechlbad in sehr ruinösem Bauzustand. Das Ende der aufwendigen adeligen Lebenshaltung hat wohl zum Auflassen dieses Hofes geführt.

Ein Licht auf die Entwicklung der Ortschaften um den Klostersee werfen die im folgenden genannten Einwohnerzahlen aus den Jahren 1964 sowie 1973, also aus einer Zeit, in der Seeon noch eine selbständige Gemeinde war, außerdem die neuesten Einwohnerzahlen der Volkszählung des Jahres 1987:

	1964	1973		1987		
	Einwohner	Wohngebäude	Einwohner	Einwohner	Gebäude mit Wohnraum	Wohnungen
Breuhausen	59	11	65	51	13	25
Weinberg	44	7	26	16	8	19
Neubichl	30	6	26	31	11	13
Waltenberg	21	4	13	20	5	7
Straß	47	10	43	45	12	18
Scheitzenberg	16	1	4	1	1	1
Grünweg	9	1	6	6	1	2
Sandgrub	7	1	2	2	1	2

Das Gebiet der Altgemeinde Seeon hatte nach einer Zählung des Jahres 1991 1531 Einwohner mit Hauptwohnsitz und dazu 255 Nebenwohnsitze. Obwohl die selbständige Gemeinde Seeon heute nicht mehr existiert, hat sich der Ort Seeon doch als wirtschaftlicher Mittelpunkt für die umliegende Gegend behaupten können. Der Grundstein zu dieser Mittelpunktfunktion wurde schon zur Zeit der Hofmark Seeon gelegt, als das Kloster auf der gegenüberliegenden Seite des Sees durch seine vielfältigen Aktivitäten zu einer Konzentration der Funktionen und der Infrastruktur führte. Nebenerwerbslandwirte, Kleinbauern sowie kleine Handwerker und Gewerbetreibende sind bereits im 15. Jahrhundert nachweisbar.[9]

Bei der Säkularisation blieb diese Struktur des Ortes erhalten. Sie verstärkte sich sogar danach, und bis heute ruht das wirtschaftliche Schwergewicht auf Handwerk bzw. Lohnarbeit und Handel.

In der von Hans Fehn 1957[10] veröffentlichten Untersuchung des Ortes Seeon sind verschiedene Kramerläden, solche vom altherkömmlichen ländlichen Stil bis zu solchen mit modernem vergrößertem Warenangebot, das sich außer auf Lebensmittel auch auf Haushaltswaren, Schreibartikel, Reiseandenken und gängige Textilien erstreckte, erwähnt. Weiter sind aufgeführt: eine Schuhmacherei, die sich zu einem modernen Schuhwaren- und Ledergeschäft gewandelt hat, eine Fahrzeugreparaturwerkstätte mit Tankstelle und Landmaschinenhandel, hervorgegangen aus einer früheren Wagnerei, eine Bäckerei, erweitert durch eine Konditorei, ein Friseurgeschäft, erweitert durch eine Drogerie, eine Schreinerei mit Ausstellungs- und Verkaufskiosk für Möbel sowie eine Reihe von Spezialgeschäften bzw. -betrieben: eine Herrenmaßschneiderei, ein Elektroinstallateur, eine mechanische Werkstätte und ein kleines landwirtschaftliches Lagerhaus, das vor allem Düngemittel verkaufte. An in Seeon ansässigen Handwerkern sind aufgeführt: ein Zimmerermeister mit drei Gesellen, ein Spenglermeister, ein Kaminkehrermeister, ein Maurermeister, ein Schmiedemeister und ein Sattler. Nach der damaligen Erfassung arbeiteten in Seeon auch fünf Lehrer, drei Post- und zwei Gemeindeangestellte, eine weitere Angestellte in einer Bank und zwei Sprechstundenhilfen. Für die ärztliche Betreuung sorgten zwei Ärzte, einer davon in Bräuhausen, und zwei Dentisten.

Heute spiegelt das entsprechende Bild die gewachsene Einwohnerzahl und die veränderten Bedürfnisse der Bevölkerung wieder: Im Jahre 1992 können in Seeon und dessen unmittelbarer Umgebung drei Lebensmittelgeschäfte, eine Metzgerei, eine Bäckerei, ein Schuhgeschäft, zwei Bekleidungswerkstätten, drei Schreinereien, eine Zimmerei, eine Sattlerei, eine Apotheke, ein Installateur, eine Kraftfahrzeug-Werkstätte, ein Taxiunternehmen, zwei Banken, eine Schmiede, ein Elektroinstallateur, ein Friseur, ein Fahrradverleih, ein Fuhrunternehmen, drei Antiquitätenläden, ein Getränkemarkt und eine Versandhausagentur gezählt werden.

In Seeon sind außerdem drei Ärzte und ein Zahnarzt mit entsprechenden Mitarbeitern niedergelassen. Von amtlicher Seite werden die Einwohner Seeons von den drei Beschäftigten einer Nebenstelle der Gemeinde Seeon-Seebruck mit eigenem Standesamt, Einwohnermeldeamt und Paßamt betreut, außerdem gibt es ein Postamt, ein Forstamt und ein Verkehrsamt mit insgesamt fünf Beschäftigten. Von 1963 bis 1978 war auch eine Station der Bereitschaftspolizei in Seeon vorhanden. Seit 1974 besitzt Seeon einen eigenen Kindergarten, in dem vier pädagogische Fachkräfte tätig sind, 1965 erfolgte der Neubau der Schule, in der fünfzehn Lehrer beschäftigt sind, und 1960 erfolgte der Rathausneubau.

Fehn[11] erwähnt in seinen Ausführungen aus dem Jahre 1957 für die ständig wachsende Gemeinde die

Bedeutung einer einwandfreien und leistungsfähigen Wasserversorgung. Dieses Problem wurde zwar mit der Inbetriebnahme eines Hochbehälters auf dem Waltenberg in 573,2 m Höhe im Jahre 1951 angegangen – aber erst mit der Fertigstellung der Kanalisation 1963/64 hat die Wasserversorgung einen sinnvollen Abschluß erfahren.
Weiter zählt Fehn in seiner Erfassung[12] im Dorf Seeon zwei Gastwirtschaften, den Alten und den Neuen Wirt, sowie zwei Cafés. Er betont dabei ausdrücklich, daß der Ort weit entfernt von einem typischen Fremdenverkehrsort sei. Als einzigen leistungsfähigen Fremdenbeherbergungsbetrieb nennt er das Insel-Schloß-Hotel in den Räumen des ehemaligen Klosters.
Heute hat sich in dieser Hinsicht vieles geändert. Neben den beiden traditionellen Gaststätten Alter und Neuer Wirt gibt es für das leibliche Wohl noch ein Bistro, eine Pizzeria, zwei Café-Restaurants und ein Café. Für Übernachtungen stehen ein Hotel und eine Pension sowie der Pensionsbetrieb beim Neuen Wirt und bei einem der Cafés zur Verfügung. Die Zusammensetzung und die gewachsene Zahl dieser Unternehmen spiegeln zweifellos den enorm gewachsenen Einfluß des Fremdenverkehrs wieder. Die Zahl der Übernachtungen, die im Jahre 1954 mit 7300 gezählt wurden,[13] wobei schon damals eine steigende Tendenz festgestellt werden konnte, dürfte heute sicherlich übertroffen werden. Die zunehmende Hinwendung zum Tourismus hat sich auch in anderer Hinsicht im heutigen Erscheinungsbild des Ortes ausgewirkt: zwei Tennisplätze und ein Reitstall mit Reitschule sowie das 1987 neu ausgebaute Strandbad zwischen Seeon und Straß tragen modernen Freizeit- und Urlaubsgewohnheiten Rechnung.
Zu erwähnen sind hier außerdem eine Reihe von kulturellen Aktivitäten, die zwar auch dem Bedürfnis der einheimischen Bevölkerung dienen, zu deren wirtschaftlichem Gelingen die Teilnahme von Besuchern und Feriengästen jedoch sicherlich viel beigetragen hat. Besonders zu nennen wären hier Theateraufführungen oder die bekannten Musiksommerkonzerte. Ständig wächst auch der Bestand der seit 1962 in Seeon bestehenden Bücherei, die viel benutzt wird. Auch Dorffeste und Feste von Vereinen sind bei Feriengästen und Einheimischen gleichermaßen beliebt. Hier wird der soziale Zusammenhalt gepflegt, wie sich das intakte Gemeinwesen auch in den zahlreich existierenden Vereinen des Ortes dokumentiert. Die Palette umfaßt Bienenzuchtverein, Obst- und Gartenbauverein, Jagdgenossenschaft, Pferdeclub, Heimatbühne, Jugendsingkreis, Freilichtfestspiele Kloster Seeon-Verein, Krieger- und Soldatenkameradschaft, Sportverein, Schützenverein, Frauengemeinschaft, Burschenverein, Seniorenclub, BRK-Ortsgruppe, DLRG-Ortsgruppe, Freiwillige Feuerwehr, VdK, Katholische Arbeiterbewegung, Katholische Landjugend, Kindergartenförderverein und Fremdenverkehrsverein.
Im Ort Seeon befindet sich als weitere beachtenswerte Einrichtung die seit 1970 bestehende limnologische Forschungsstation der Universität München. Unter der Leitung von Professor Dr. Otto Siebeck ist das Institut in der allgemeinen Seenforschung tätig und widmet sich insbesondere den heimischen Gewässern.
Abschließend sei als eine weitere Besonderheit noch ein Grab auf dem russisch-orthodoxen Friedhof der Walburgiskirche erwähnt, dessen Grabstein an der Friedhofsmauer unter anderem die Aufschrift trägt: »Gottes Mühlen mahlen langsam, aber trefflich klein«. Hier ruht die Asche der umstrittenen Anastasia Manahan, die angeblich als Zarentochter Anastasia die Ermordung der russischen Zarenfamilie am Ende der russischen Revolution überlebt haben soll. Ein wechselhaftes Schicksal hat die

schillernde Persönlichkeit schließlich für einige Lebensjahre nach Seeon verschlagen, wo sie auch ihre letzte Ruhe fand.
Durch die Einrichtung des Kultur- und Bildungszentrums des Bezirks Oberbayern erhält das Kloster Seeon eine neue Funktion und Bedeutung. Der Betrieb nimmt so die alte Klostertradition mit ihrer Hinwendung zur geistigen Arbeit und kulturellen Dominanz wieder auf. Sicherlich wird er aber auch eine heute in ihrer genauen Form kaum abschätzbare Weiterentwicklung des Ortes Seeon und des Gebietes um den Klostersee mit sich bringen.

1 Fehn 1957, S. 63. Dazu auch der Beitrag von Klaus Wollenberg in diesem Band.
2 Fehn 1957, S. 64. Zum folgenden auch den Beitrag von Helmut Wittmann in diesem Band.
3 Münze aus der Zeit 37/41 n. Chr., Verbleib unbekannt. Fünf Grabsteine aus der Römischen Kaiserzeit, die sich in der Klosterkirche befanden, wurden 1816 nach München gebracht. Heute befinden sich zwei davon noch in der Prähistorischen Staatssammlung, Inv. Nr. IV 742 und IV 743. Vgl. den Beitrag von Ferdinand Steffan in diesem Band.
4 Ehemaliger Grabhügel ca. 500 m von der Kirche von Seeon. Gewölbe eines mittelalterlichen Töpferofens (?). Vgl. dazu auch Wittmann in diesem Band.
5 Fehn 1957, S. 62.
6 Ebenda S. 63.
7 Ebenda S. 62.
8 Sandberger 1957, S. 57.
9 Ebenda S. 58. Dazu Wittmann in diesem Band.
10 Fehn 1957, S. 67.
11 Ebenda S. 68.
12 Ebenda S. 67.
13 Ebenda S. 75.

Neues geistiges Leben in Seeon

Die Restaurierung des Klosters Seeon durch den Bezirk Oberbayern

Hermann Schuster

Mit der Restaurierung von Kloster Seeon will der Bezirk Oberbayern ein Zeichen im Sinne der Denkmalpflege setzen. Aus der Verpflichtung heraus, Kulturgut zu erhalten, hat er bei einem geschichtlich so bedeutenden und historisch wertvollen Gebäude nach gründlichen Überlegungen den Entschluß zur Sanierung und somit zum Erhalt gefaßt.

Man hatte damit keine leichte Aufgabe übernommen. Um sie auf der politischen Entscheidungsebene zu bewältigen, hat der Bezirkstag von Oberbayern einen eigenen Seeon-Ausschuß eingesetzt, der sich in vielen Sitzungen mit den Fragen des Bauens, der Vergabe, der Kosten und der Nutzung befaßt hat. Mir selbst war dieses Baudenkmal immer ein besonderes Anliegen.

Mit der Planung und Durchführung der Sanierung und der Einrichtung für die neue Nutzung wurde der mit denkmalpflegerischen Aufgaben baufachlich vertraute Architekt Hans-Dieter Meixner aus München beauftragt. Begleitet wurde die gesamte Maßnahme, angefangen bei der Kostenermittlung über die Planung und die Bauüberwachung bis hin zur Baufertigstellung, von der Bauverwaltung des Bezirks Oberbayern. Von Anfang an sorgte ein Projektsteuerungsbüro dafür, daß sich die ursprünglich festgesetzten Kosten und der geplante Zeitablauf von dreieinhalb Jahren für dieses Großprojekt im vorgegebenen Rahmen bewegten. Dankbar kann ich vermerken, daß Zuschüsse von Bund und Freistaat, der Bayerischen Landesstiftung, des Landkreises Traunstein und der Gemeinde Seeon-Seebruck dem Bezirk Oberbayern die finanzielle Last erheblich erleichtert haben. Die hervorragende Zusammenarbeit mit dem Landesamt für Denkmalpflege und seinen Referenten machte es möglich, ein modernes Bildungszentrum in die jahrhundertealten Gebäude zu integrieren.

In den durch vorangegangene Nutzung zerstörten Bereichen konnten die notwendigen technischen Einbauten wie Aufzüge usw. eingeplant werden. Die gesamte Anlage wurde behindertengerecht ausgeführt. Größten Wert legte man auf die Erhaltung der noch vorhandenen originalen Bauteile. Mit hohem Aufwand wurde Stuck freigelegt, wurden Teile verfestigt, ergänzt und wieder farblich gefaßt, – möglichst originalgetreu, soweit dies durch Befunde belegt werden konnte.

Ein besonderes Juwel stellt die Nikolauskapelle dar. Auch hier entschloß sich der Bezirk Oberbayern zu einer umfassenden Renovierung. Die im Stil ihrer Erbauung von 1746 original erhaltene Abtkapelle litt unter der späteren Nutzung nach der Säkularisation (1803). So mußten durch Wassereinbrüche am Stuck, am Altar, an der figürlichen Ausstattung und an der gesamten Raumschale unter Abstimmung mit dem Landesamt für Denkmalpflege größte Schäden behoben werden. Eine umfangreiche Dokumentation belegt dies. Diese und die im gesamten Klo-

sterbereich angefallenen Restaurierungsarbeiten wurden von den Werkstätten Wiegerling aus Bad Tölz in hervorragender handwerklicher und künstlerischer Weise ausgeführt.
Die ersten Arbeiten an der neu übernommenen Anlage galten aber den Fundamenten: Die Gebäude waren auf Hunderten von Holzpfählen errichtet worden. Über diese wurden gewaltige Granitfindlinge zur Lastverteilung geschichtet. Die tonnenschweren Findlinge wurden mühevoll und vermutlich über weite Entfernungen zum Bauplatz am Seeoner See herangeschafft. Auf diese Fundamente hatte man dann die mächtigen Grundmauern des Klosters aufgesetzt. Über die Jahrhunderte hinweg wurde mehrere Male der Seespiegel abgesenkt. Zuletzt hatte man vor 30 Jahren mit einer Absenkung um einen halben Meter neue Felder am Seeufer gewonnen.

Diesen Geländegewinn mußte man, wie sich erst bei der Restaurierung des Klosters zeigte, teuer bezahlen, denn durch die Absenkung des Wasserspiegels begannen die Holzpfähle, die fast ein Jahrtausend überdauert hatten, zu faulen, und die Gebäudeteile senkten sich ab, was verheerende Folgen hatte. Mit aufwendigen Bohrpfählen aus Beton konnte die historische Bausubstanz vor dem drohenden Einsturz gerettet werden. Die im Jet-Grouting-Verfahren eingebrachten Bohrpfähle übernehmen nun die sichere Lastübertragung in den tragfähigen Untergrund, der bei circa acht bis zwölf Metern unter dem Seespiegel vorgefunden wurde.
Probleme bereitete insbesondere die unterschiedliche Fundierung des Klosters: Während der Süd- und der Westflügel auf Holzpfählen ruhten, wurden die Gebäudeteile am Nord- und Ostflügel auf den Überresten älterer, abgebrochener Gebäude, auf Kulturschutt, errichtet. Teilweise wurden die Mauern auch direkt auf einer bis zu vier Metern dicken Torfschicht aufgezogen, und Zwischenwände standen nur auf einem Balkenrost.
Dadurch, daß die Mauern auf einem derart unterschiedlichen Untergrund standen, gab es bereits im Laufe der letzten Jahrhunderte stark unterschiedliche Setzungsbewegungen, die innerhalb der einzelnen Gebäudeteile zu erheblichen Riß- und Setzungsschäden führten und einen beträchtlichen Sanierungsaufwand erforderten.
Während der Bauarbeiten blieben – trotz vorausgegangener eingehender Untersuchungen – unangenehme Überraschungen nicht aus: Es zeigte sich, daß nicht nur die Fundamente gefestigt und die Dachstühle erneuert werden mußten. Die Decken waren in schlechterem Zustand als ursprünglich befürchtet. Dies traf unter anderem für den Bereich der Säle und bei den Decken im Prälatenbau zu. Wo es ging, wurden die historischen Holzbalken belassen und diese, soweit nötig, mit zusätzlichen Holzbalken verstärkt. Dies war unumgänglich, um die Tragfähigkeit zu erhöhen und so die angestrebte Nutzung erst zu ermöglichen. Dabei wurde jedoch mit größtmöglicher Sorgfalt und stets in enger Absprache mit dem Landesamt für Denkmalpflege vorgegangen. So sieht man den Decken ihre höhere Tragfähigkeit nicht an, sie präsentieren sich in ihrem historischen Erscheinungsbild.
Zur Gesamtrenovierung des Ensembles gehört die Klosterkirche. Die Erzdiözese München und Freising erteilte 1991 den Auftrag zur Innenrenovierung, so daß zur Einweihung des Bildungszentrums im Herbst 1993 auch die ehemalige Klosterkirche St. Lambert wieder im alten Glanz erstrahlt.
Die Wiederherstellung eines Gebäudes als Geschäftszweck wäre nicht richtig verstandener Denkmalschutz, und die dafür entstehenden hohen Kosten wären nicht zu verantworten. Denkmalschutz heißt zuvorderst, das Objekt einer adäquaten Nutzung zuzuführen. In diesem Sinne hat sich der

Bezirk Oberbayern entschlossen, das ehemalige Kloster mit neuem geistigen Leben zu erfüllen.

Die Nutzung als Bildungszentrum durch den Bezirk Oberbayern

Der Bezirk Oberbayern beschäftigt derzeit etwa fünfeinhalbtausend Mitarbeiter. Als starker Partner für die 3,8 Millionen Einwohner Oberbayerns hilft, fördert und berät er im sozialen, kulturellen und wirtschaftlichen Bereich. Dabei wendet er den größten Teil seiner Mittel für den Sozialbereich auf: Der Bezirk Oberbayern ist als überörtlicher Träger für die Sozialhilfe, die Kriegsopferfürsorge und die Jugendhilfe zuständig. Psychiatrische und neurologische Versorgung, Suchtkrankenbehandlung sowie Entwicklungsrehabilitation für behinderte Kinder bilden Schwerpunkte seiner Aufgaben. Die Mitarbeiter, die sich diesen Aufgaben stellen, müssen zum Wohl der Menschen, die sie betreuen, stets auf dem neuesten fachlichen Stand sein. Für sie ist die berufliche Weiterbildung besonders wichtig. Die quantitativen und qualitativen Anforderungen an diese Fortbildung steigen ständig. Unabhängig davon, ob sich die Mitarbeiter in der Fachberatung, im Gesundheits- oder dem Sozialwesen engagieren, an einem immer höher werdenden Prozentsatz der Arbeitsplätze sind sie mit dem Computer konfrontiert. Deshalb ist insbesondere auf dem Gebiet der EDV der steigende Schulungsbedarf ungebrochen.
Mit dem neuen Bildungszentrum hat der Bezirk Oberbayern die Möglichkeit, ein breites Spektrum an Weiterbildungsmöglichkeiten im eigenen Bereich und auch nach außen hin anzubieten. Denn die vielfältigen Nutzungsmöglichkeiten von Kloster Seeon können auch von staatlichen und kommunalen Organisationen sowie freien Trägern von kulturellen und Bildungsveranstaltungen als Plattform für ihre Aktivitäten genutzt werden. Ständiger Gast im Hause ist die Pfarrgemeinde Seeon.
Die neugewonnenen Möglichkeiten sind auch für unsere Fachberater für Fischerei, Imkerei, unsere Volksmusik- und unseren Heimatpfleger wichtig: Sie suchten ständig nach besseren Voraussetzungen, um ihr Wissen zu vermitteln und die Bildungsinhalte optimal und anschaulich präsentieren zu können. Im neuen Bildungszentrum in Seeon können sie nun erstmals gemeinsam und zentral ihre Kurse und Informationsveranstaltungen anbieten.
Kloster Seeon bietet jedoch noch mehr als einen Ort für Schulungen und Lehrveranstaltungen: So konnte der Bezirk Oberbayern der Fischereifachberatung mit dem Erwerb der Fischereirechte im Seeoner See auch eine ideale Forschungs- und Arbeitsmöglichkeit gleichsam »direkt vor der Haustür« schaffen. Die Imkereifachberatung findet mit einem Lehrbienenstand in dieser vielgestaltigen, blühenden Landschaft beste Voraussetzungen.
Der Bezirkstag von Oberbayern hatte bereits Anfang der achtziger Jahre wegen des steigenden Bedarfs erkannt, daß man sich rechtzeitig um neue Möglichkeiten für die Fortbildung der Mitarbeiter bemühen müsse. Dabei wurden verschiedene Möglichkeiten ins Auge gefaßt, ein eigenes Bildungszentrum stand jedoch zunächst nicht im Vordergrund.

In dieser Zeit fügte es sich, daß das Erzbistum München und Freising dem Bezirk Oberbayern anbot, die Klosteranlage zu erwerben. Nach der Säkularisation wurden die Klosterräume zunächst als Heilbad, unter den Leuchtenberg als Herzogsschloß mit prächtigem gesellschaftlichen Leben, in der Zeit der Nationalsozialisten als SA-Schule und Lager des Reichsarbeitsdienstes, am Ende des Zweiten Weltkriegs als Lazarett und Heimatvertriebenen-Unterkunft sowie als Möbelfabrik genutzt. Schließlich beherbergte der Ostflügel in den fünfziger und sech-

ziger Jahren den Bundesgrenzschutz und später die bayerische Bereitschaftspolizei.
Im Jahre 1981 trennte sich der letzte private Eigentümer von dem ehemaligen Kloster. Um zu verhindern, daß die ehrwürdigen Gebäude einer Nutzung zugeführt werden, die dem benediktinischen Geist klar zuwiderliefe, griff die Erzdiözese München-Freising mit einem Eil- oder auch »Notkauf« zu. Die ursprünglich von der katholischen Kirche ins Auge gefaßte Nutzung stellte sich dann jedoch als nicht praktikabel heraus. Als das Kloster dem Bezirk Oberbayern im April 1984 zum Kauf angeboten wurde, wurde deutlich, daß die geschichtsträchtige ehemalige Klosteranlage ideale Voraussetzungen für ein Bildungszentrum bieten könnte.
Verschiedene Gutachten, u.a. das des Landesamts für Denkmalpflege, empfahlen dem Bezirk Oberbayern, die Klosteranlage Seeon zu erwerben. Dabei verwies man nicht nur auf den herausragenden denkmalschützerischen Wert, sondern auch darauf, daß sich die ehemaligen Klostergebäude in Seeon in einem besseren baulichen Zustand befänden als andere Objekte. Die Gutachten ergaben zwar schwere Schäden an der Bausubstanz; die mit der Befunderhebung beauftragten Restauratoren entdeckten aber unter den dicken Kalkschichten auch relativ gut erhaltene Reste der Raumausmalung aus der Entstehungszeit. Die Originalteile sind kunsthistorisch von herausragender Bedeutung und boten eine gute Grundlage für die nachfolgende Restaurierung.
Der Bezirk Oberbayern bezuschußt aus seinem Etat unter Denkmalschutz stehende sakrale und profane Gebäude, die mit Hilfe dieser Fördermittel vor dem Verfall gerettet werden. Unabhängig davon, wer die Klostergebäude übernommen hätte, wären dem Bezirk Oberbayern über die Zuschußvergabe beträchtliche Kosten entstanden. Beim Ausbau als »Bildungszentrum Kloster Seeon« konnten diese Aufwendungen im Haus bleiben, und so konnte der Bezirk Oberbayern selbst die Denkmalpflege überwachen und hervorragend umsetzen. 1986 entschied sich der Bezirkstag von Oberbayern mit großer Mehrheit für den Ankauf der Anlage. Damit erwarb der Bezirk Oberbayern auch den etwa 50 Hektar großen See mit dem Fischereirecht. Auf der 2,3 Hektar großen Halbinsel gingen das ehemalige Kloster, die Gastwirtschaft, ein Hofraum und die restlichen Grundstücke mit Ausnahme eines etwas 0,3 Hektar großen Gartens, des ehemaligen Kramerhauses sowie der Klosterkirche mit anteiligem Kreuzgang in das Eigentum des Bezirks Oberbayern über.
Der Besucher findet heute die Gebäude in dem äußerlichen Zustand wieder, in dem sie sich zur Blütezeit des Klosters befanden. Sie bieten nun außer für die Kurse und Lehrgänge ideale Voraussetzungen für Vorträge, Lesungen, für Ausstellungen, Symposien und andere Veranstaltungen. Träger dieser Veranstaltungen werden künftig nicht allein der Bezirk Oberbayern sein, sondern auch die Gemeinde Seeon-Seebruck und der Landkreis Traunstein, welche sich in beträchtlicher Höhe an den Umbau- und Renovierungskosten beteiligt haben. Auf diese Weise soll das alte Kloster Seeon wieder ein lebendiger, kultureller Mittelpunkt für den weiten Umkreis werden, so wie es das zur Zeit der Benediktinermönche achthundert Jahre lang gewesen ist.
Mit dem Bildungszentrum Kloster Seeon hat der Bezirk Oberbayern den Chiemgauern ein Stück Heimat zurückgegeben.

Personen- und Ortsregister

Bearbeitet von Susanne Büllesbach und Hans von Malottki

Kursiv gesetzte Zahlen verweisen auf den Bildteil und bezeichnen Bildnummern

Bildnachweis

Farbaufnahmen von Wolf-Christian von der Mülbe
Umschlag 3 7 14 15 70–73 99 100 116 117 146–150 154–182 184 185 205
Weitere Abbildungen:
Bayerische Staatsbibliothek München 131–138 186 190–194 206 214 Bayerisches Hauptstaatsarchiv München 5 183 Bayerisches Landesamt für Denkmalpflege (W. Sowieja) 93–98 101–115 118–130 Bayerisches Nationalmuseum Frontispiz 17 21–28 151 153 Galerie Appel München 221 Galerie Schneider Frankfurt am Main 211 Gemeinde Eberndorf/Jauntal, Kärnten 19 Gemeinde Millstatt, Kärnten 18 Sammlung Hans Hofer Seeon 197–204 Graf Hubertus v. Kerssenbrock Grünwald 195 Anton H. Konrad 213 Landes- und Murhardsche Bibliothek Kassel 89 92 Alberto Louisa/Diözesanmuseum Freising 152 Prof. Menis Udine 20 Carl Ostermayer Seebruck 11 Gerhard Rieger 196 Yvonne Schmidt 207–209 212 219 220 222–225 Dr. Hubert Scholz 139–145 Otto Siebeck 1 Dr. Christian Soika 6 Staatliche Kunsthalle Karlsruhe 216 Staatsbibliothek Bamberg 74–88 90 91 Steiermärkisches Landesarchiv Graz 12 13 16 Universitätsbibliothek Salzburg 187–189 Georg Unterhauser Waging 8 9 10 G. und E. von Voithenberg/Haus der Bayerischen Geschichte 29–69 Elke Walford/Hamburger Kunsthalle 215 Zentralinstitut für Kunstgeschichte München 217 R. Zahner 2

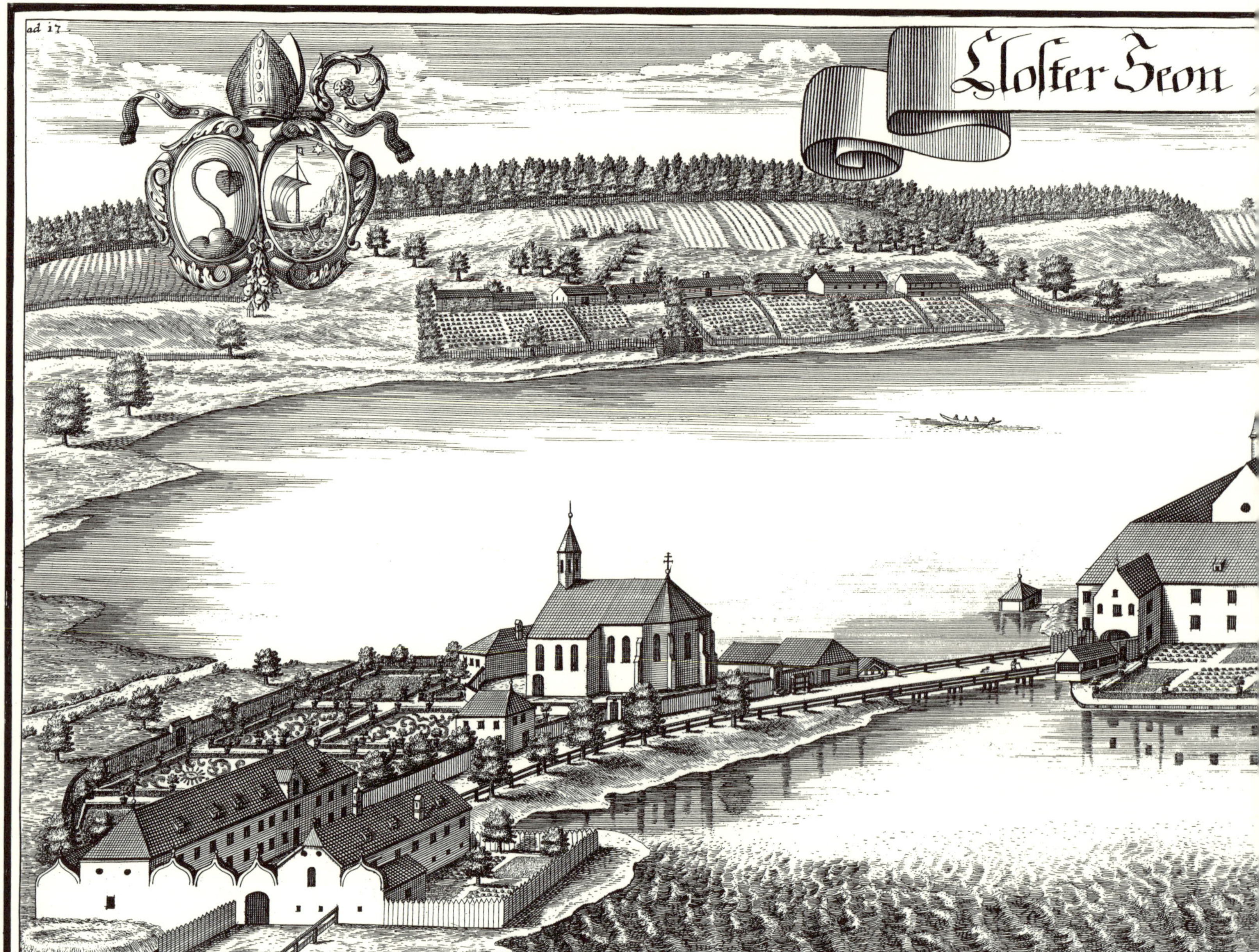
ad 17.
Closter Seon